韓國政治思想史의 諸斷面

-조선조 사림과 정치사상-

韓國政治思想史의 諸斷面

-조선조 사림파 정치사상-

이지경

한국학술정보㈜

　최근 정치학회 모임 전주한옥마을 체험관에서 石田 선생님의 '遊
天戱海'(하늘에서 놀고 바다를 희롱한다)는 묵향 한 점의 향기가
마음에 남아 있다. 그동안 10여 년간 학회에서 발표하거나 학술지
에 게재한 글을 모아서 미완성의 『한국정치사상사의 제 단면: 조선
조 사림파 정치사상』이라는 제목으로 출판하게 되었다.

　비록 부족한 글이지만 책으로 출판 후 정치사상 강의를 하면서
강호제현의 충고와 담론을 거쳐서 수정 작업을 계속해서 제대로
된 한국정치사상사 통사를 쓰고 싶은 학문적 꿈을 가지고 있다.
1992년 스승님의 책을 물려받아 정치학개론 강의를 시작으로 2008
년 현재까지 고려대학교 외, 수많은 대학에서 서양정치사상, 마르
크스의 정치사상, 동양정치사상, 현대정치사상의 비교, 한국정치론,
민주국가론, 민주주의론, 한국정치사상사, 한국사상과 국가안보, 한
국정치사, 한국정치언론사, 한국외교론, 정치사회학, 국제정치의 이
해, 국제관계사, 국제정치와 국제법, 선거론, 미디어와 여론조사, 정
치과정론, 정치와 사회, 정치교육, 정치학교재연구법, 지방자치론,
북한학(북한의 이해, 남북한 정치의 이해, 북한정치와 사회, 북한
정치체제와 권력구조, 북한언론, 한반도와 주변4강, 한반도 평화체
제 구축과 군비통제, 남북한체제 비교, 북한현장연구, 남북한 민족
주의, 북한정세, 민족통일론, 지역안보론, 민족통일과 한반도 평화),

전쟁철학세미나, 교육의 철학적 기초, 실기교육방법론, 지역학, 정보사회론, 심리학, 인간과 환경, 개발과 환경, NGO와 정치참여, PR의 이해 등의 강의를 하면서 많은 선생님들로부터 정신적, 경제적으로 도움을 많이 받았다.

특히, 사화로 인해 소실된 고전적 자료 수집과 고문헌 및 조선왕조실록 해석의 통독, 완미에 많은 한계를 가지고 있다. 한국정치사상사 중에도 한국선비 정신문화의 모델 조선 전기 사림파 정치사상가들의 '진강상(振綱常)' 실천중심 유학사상의 정신세계에 많은 관심을 가지며 글을 써 왔다. 태종, 세종연구(한국학중앙연구원 1년), 홍익인간, 김종직, 정여창, 김굉필, 조광조, 이언적, 이황, 조식, 유성룡, 신채호 등의 정치사상을 중심으로 한국정치사상사 연구의 글을 써 왔다. 그리고 틈틈이 학회에서 한국정치사상, 지방정치, 남북관계 및 북핵문제에 관한 글을 발표하며 정치학 강의를 천직으로 알고 배움과 가르치는 일에 정진해 왔다.

그동안 박사학위 취득까지 힘든 직장생활과 경제적 고충을 함께하며 외롭고 힘든 길을 가는 정치학도에게 힘과 격려를 아끼지 않은 아내 김미란에게 이 기회에 감사를 표현하고 싶다. 아울러 신흥고등학교 3학년이 되어 큰 꿈을 가지고 막바지 대학입시 준비에 온갖 정열을 바치며 엄마 아빠에게 늘 기쁨을 주면서 희망을 가지고 공부를 잘하는 아들 이민치에게도 감사와 미안함을 함께 전하고 싶다.

끝으로 조선시대부터 경주에서 500년 이상 회재 이언적 선생 문중을 지키며 옥산서원, 독락당 그리고 양동민속마을 양동종가(무첨당)를 생명처럼 숭모하는 집안 족친들과 유학사상의 정신적 위안을 준 가족들에게 감사함을 전한다. 또한 어려운 출판 사정에도 불구하고 흔쾌히 책으로 빛을 보게 해준 한국학술정보(주) 채종준 대표 외 기획팀 임은정 선생님 및 출판 관계자께도 진심으로 감사함을 전한다.

우암산이 바라보이는 玉川齋 參樂堂*에서

2008년 8월 여름방학에 著者 紫玉山人 李 志 慶

*參樂(論語: 學而時習, 有朋自遠方來, 人不知而 不溫 君子獨樂의

參樂)임

* 遊華陽九曲 *

華 陽 九 曲 仰 陟 峰
화양 구곡 우러러 오르니

鶴 巢 臺 松 上 鶴 遊
학소대 소나무 위에 학들이 놀고

玉 水 淸 江 魚 流 動
옥같이 맑은 강에 물 따라 고기 놀고

衣 錦 紅 葉 客 行 遲
비단 같은 고운 단풍 나그네 길 늦추네

擎 天 壁 下 琴 三 聲
경천벽 아래서 거문고 세 가락 뜯고

雲 影 潭 邊 酒 一 盃
운영담 가에서 술 한잔 나누었네

華 陽 洞 主 風 瑟 瑟
우암송시열 유허에 바람 소리 쓸쓸한데

苔 碑 含 古 隱 眞 姿
묵은 비석 옛이야기 먹음이 은자의 참자세일세

李志慶 撰 華陽九曲(2006. 09. 09.)

(경주옥산: 獨樂堂: 溪亭)

(경주옥산: 장산서원 지습당)

목 차

제1장

鄭夢周의 義理實踐 政治思想

포은 정몽주(1337-1392): 본관 연일(延日). 자 달가(達可). 호 포은(圃隱). 초명 몽란(夢蘭) 몽룡(夢龍). 시호 문충(文忠). 영천(永川)에서 태어났다.

(용인: 정몽주 묘소)

(영천: 임고서원: 정몽주 추모서원)

圃隱 鄭夢周(1337-1392)

〈鄭夢周先生 年譜〉

1337년 경상북도 영천시 임고면 우항리에서 출생

1367년 탈상을 마친 그는 전농시승, 예조정랑 겸 성균관 박사, 성균관 사예

1371년 태상소경보문각용교 겸 성균관 직강 등을 거처 성균관 사성

1379년 전공판서, 진현관 제학, 예의판서, 판도판서 역임

1384년 정당문학에 올라 명나라에 가 대명 국교를 회복시킴

1389년 진현 이성계와 함께 공양왕을 옹립

1390년 판도평의사사 병조상서시사, 경영전 영사, 익양군 충의백이 됨

1392년 개성 선죽교에서 이방원 신하들에게 피살됨

1401년 태종 이방원은 '대광보국승록대부 영의정부사 수문전 대제학 겸 예문춘추관사 익양부원군' 이라는 김 관직을 추증

(영천: 임고서원 전시각 영정)

'동방이학의 시조 넋 기린다' / 포은 정몽주 선생 배향 영천: 임고서원 춘향제 봉향

현대를 살아가는 우리에게 정신적으로 알게 모르게 영향을 주고 있는 것은 우리 선조들의 전통적 유학사상과 정신문화의 유산인 학문적 가치일 것이다. 그만큼 한국의 학문적 성과는 우리의 역사에 있어서 뿐만 아니라 시대는 변화하였어도 여러 분야에서 유학의 실천적 측면은 생활 속에 그 뿌리를 엿볼 수 있다. 또한 한국의 절의파 정치사상가에 있어서 학문의 깊이와 절개 지킨 인물을 논할 때면 포은 정몽주를 빼놓을 수 없을 것이다. 우리가 흔히 알고 있듯이 정몽주는 고려 말 조선 초 유학학자 가운데 있어서 '충신불사이군' 선비문화의 표상 및 절개의 상징적 志士로 칭송되고 있다.1)

고려말기의 유학자인 정몽주는 고려 말엽 새로운 정치이념 체계로 도입된 주자학을 적극적으로 연구하고 오부 학당과 향교를 새워 널리 보급하는데 공헌하기도 한 사상가이다. 또한 예(禮)를 일반사회에 전파하기 위해 『주자가례(朱子家禮)』에 따라 가묘(家廟)를 세우고 신주(神主)를 처음 세웠다. 고려왕조에 성리학의 기초를 세우고 성리학적 명분을 지키며 충절을 다하다가 죽었기 때문에 후에 '동방이학지조(東方理學之祖)'로 추앙된 사상가이기도 하다. 그러나 실제 그는 정도전의 급진적인 토지개혁에 반대하고 불교에 대해서도 비판적인 태도를 취하는 등 주자학적 이념의 실천에는 다소 온건적 점진적 정치태도의 개혁이었다고도 알려져 있다.

그러나 여러 분야에서 특출한 영향력을 발휘했었던 사상가이라

---

1) 志士란 "지조와 절의가 있는 선비 또는 국가·민족을 위해 몸을 바치는 사람"으로 볼 수 있다.

는 데에는 이의가 없을 것이다. 그러한 정몽주의 유학적 사유체계와 주자학적 학문의 실천적 삶을 바탕으로 그의 학문적 업적과 사상의 실천가로서의 의미를 살펴봄으로써 고려말 조선초 역사의 이해만이 아니라 전통사상, 아울러 한국적 사유체계 우리의 정신에 면면히 흐르고 있는 소중한 한국인의 정신세계까지도 알 수 있을 것으로 생각된다.

따라서 고려 말의 학자이자 충신이었던 정몽주는 그릇된 고려의 국가 기강을 정비하여 국체를 확립하고 훌륭한 인재를 등용하여 제반 제도를 재정비 하였다. 기울어져 가는 국운을 바로 세우고 고려왕조 체제 유지 강화 내에서 점진적 개혁을 위해 노력하였다. 그러나 정몽주의 학설이나 체계화된 논쟁 형식의 잡저가 없는 상황에서 많은 자료적 한계를 내포하고 있지만 정몽주의 유학자, 정치가로서 '충신불사이군'의 실천적 삶의 정통성 의미와 도학적 유학사상, 극가를 위한 다른 대외관계 분야에 있어서의 그의 주요활동과 충효사상의 업적 등을 중심으로 살펴보고자 한다.

Ⅰ. 고려 말―조선 초 시대 정몽주의 생애

고려 말 조선 초기 포은 정몽주, 도은 이숭인, 야은 길재 등을 삼은이라고 한다.[2] 고려 말 조선 초기의 충신학자들을 '영남학맥'

---

2) 『대구매일신문』, '영남학맥' 1982.10월. 정몽주편 2―3. 참조함 高麗末 三隱에 관한 논의는 학자들 간에 논쟁점이 된 적이 있었다. 李丙燾 博

에 관련시킴은 조선조 유학사상의 철학적 기초가 이들에게서 비롯됐고 특히 영남학풍에 끼친 영향은 가히 절대적이기 때문이다. '嶺南學脈'이라는 용어는 '嶺南學派'라는 용어와 거의 같은 뜻으로 사용하고 있는 것으로서, 嶺南이라는 지역적 연대와 동질성의 연고가 있는 인물들이 뚜렷한 學問의 脈을 형성하고 있을 경우에 쓸 수 있는 말이다. 여기서 거론하고자 하는 '영남학맥'은, 적어도 고려 말 성리학이 수입된 이래 영남 지역에 뚜렷한 학문의 전수과정이 있었다는 것을 전제로 하고 있는 것이다. 그러므로 性理學을 바탕으로 하고 있는 영남 지역 학자들이, 家學 중심으로 발전한 學風과 學脈의 師承, 私淑, 전수하는 과정에서 단순히 이어받거나 또는 발전적으로 계승한 학문의 내용들이 바로 '영남학맥'이라고 할 수 있다. 그리고 이 학문의 내용은 스승의 영향이나 학자 개인의 역량에 의하여 우열이 결정되므로, 자연히 學風과 學脈에서 師友·師承 연원을 중심으로 한 개인의 인물 연구를 쌓아가는 것이 '영남학맥'의 연구 과정이 될 수밖에 없었고, 앞으로 개별 사상의 많은 연구 업적이 쌓일 때까지 당분간 이런 방법으로 연구가 진행될 수밖

士는 『國史大觀』에서 牧隱 李穡, 圃隱 鄭夢周 그리고 陶隱 李崇仁으로 三隱을 규정하여 학계에 관심을 끈적이 있었다. 文暻鉉 敎授도 三隱에 冶隱 대신 陶隱을 넣을 것을 主唱하고 있다. 그러나 徐首生 博士는 『善州儒學思想研究』에서 圃隱, 牧隱에 冶隱 吉再를 포함시켜 三隱으로 삼았으며, 金庠基 博士는 『高麗時代史』에서 吉再가 성리학 즉 도학의 전수에 있어 자못 중요한 위치에 있는 것이니 吉再는 이것을 鄭夢周 등에게서 받아 金叔滋에게 전하였으며, 金叔滋는 그의 아들 宗直에게 金宗直은 그것을 다시 金宏弼에게 金宏弼은 趙光祖에게 전수하여 점점 일세를 풍미케 하였다고 하였다. 나아가 吉再는 '高風淸節', '百世淸風'을 지켜 일세의 師表가 되었으므로 후세 사람들은 그를 慕仰하여 牧隱, 圃隱과 아울러 高麗의 三隱이라 일컬었다고 적고 있다. 朴鍾鴻 博士 또한 『韓國思想史論攷』에서 牧隱, 圃隱 및 冶隱을 三隱이라 稱하고 있다.(金明河 1999, 174; 서수생 1975)

에 없을 것이다.

그렇다면 고려 말에 성리학이 수입된 이래 하필 영남 지역에 뚜렷한 학문의 맥이 형성된 배경은 무엇일까 하는 점을 먼저 짚어 보아야 할 것이다. 고려 말에 성리학이 수입된 것은 단순히 선진 학문을 받아들였다는 의미로 해석할 수도 있겠지만, 이는 어디까지나 고려말기에 극에 달했던 불교의 폐해와 관련시켜 이해함이 순리일 것이다. 즉 부패한 불교와 이를 중심으로 한 부패한 정치를 극복할 수 있는 대안으로 성리학이 제시된 것으로 이해하는 것이 바람직하다는 것이다. 이 시기에 가장 확고한 신념을 가지고 억불 숭유 정책 및 이와 관련한 정치 혁신을 을 주도한 사람이 바로 圃隱 鄭夢周(1337-1392)의 고려 '왕조체제 유지및 강화론'과 三峰 鄭道傳(?-1398)의 '재상중심의 전반적 개혁론'이다.[3] 포은 정몽주(1337-1392)의 본관 연일(延日). 자 달가(達可). 호 포은(圃隱). 초명 몽란(夢蘭) 몽룡(夢龍). 시호 문충(文忠). 연일정씨의 시조 용명의 10대손이며 일성부원군 운권의 아들로 1337년(충숙왕 복위 6) 지금의 경상북도 영천시(永川市) 임고면 우향리에서 태어났다. 정몽주의 주자가례를 몸소 실천적 지식인으로서 모범을 보였다. 특히 영남학맥 사림의 원류 정신적 바탕에 주자도학을 인간적 윤리실천과 '충신불사이군'의 충효사상에 기반을 마련하였다. 불교를 멀리하고 주자학을 토착화 시킨 대학자로서 고결한 학문적 신념을 지키

---

3) 물론 晦軒 安珦(1243-1306)에 의해 성리학이 전래된 이후 易東 禹倬(1262-1343), 彝齋 白頤正(1247-1323), 菊齋 權溥(1262-1346), 益齋 李齊賢(1287-1367), 牧隱 李穡(1328-1396) 등을 거쳐 이들에게 이르렀으며, 이들 이외에도 惕若齋 金九容(1338-1384)이나 陶隱 李崇仁(1349-1392), 朴尙衷(1332-1375), 陽村 權近(1352-1409), 浩亭 河崙(1347-1416) 등의 인물이 있어서, 모두 성리학 수용기에 일정한 역할을 하였던 것으로 알려져 있다.

며, 제자백가의 학문을 두루 통달하고 후학지도와 지도층의 모범을 보였다. 도학사상가로서 특유의 고집과 보수성을 지키며 그들의 심오한 학문은 사림파에게 정신적 계승과 사림파 정치적 신념에 절대적 영향을 끼쳤다.

정몽주는 1357년(공민왕 6) 21세에 어사부 신군평이이 주관한 감시에 합격하였는데, 이 시험이후 그는 일정기간 국자감에서 수학했음을 짐작할 수 있다. 왜냐하면 고려의 감시는 조선의 진사시로 국자감 입학시험에 해당하기 때문이다. 그리고 1360년에 그는 정당문학로 있던 김득배(1312 - 1362)가 지공거로 주관한 과거시험에서 급제함으로써 관료의 길을 가게 되었다. 당시 관작의 등용은 주로 과거를 주관하는 지공거와의 사승관계를 통해서 이루어졌으므로, 정몽주는 직간접적으로 상주에서 활동한 김득배에게 수학한 것으로 보인다. 그런데 김득배는 1962년(공민왕 11) 홍건적을 물리쳐 경성을 회복하는 공을 세우지만 김용의 모함으로 상주에서 효수당하고 말았다. 이때 정몽주는 자신의 위험을 돌보지 않고 김득배의 장례를 치루며 문하생의 도리를 다 하였다.

1363년(공민왕 12) 정몽주는 동북면도지휘사 한방신 종사관으로 화주에서 여진족 정벌에 참가하였고, 이듬해 개경으로 돌아와 전보도감판관이 되었다. 1365년에 모친상을 당하여 벼슬에서 물러나 3년 동안 시묘살이를 하였다. 1367년 탈상을 마친 그는 전농시승, 예조정랑 겸 성균관 박사, 성균관 사예를 지냈고, 1371년 태상소경 보문각용교 겸 성균관 직강 등을 거쳐 성균관사성에 올랐으며, 이듬해 홍사범의 서정관이 되어 명나라에 사신으로 다녀오는 길에 태풍을 만나 홍사범은 익사하고 그는 구사일생으로 귀환하였다.

그는 과거에 급제한 후 벼슬살이에 나간 20세 후반에 이색은 문하에 들어갔다. 이색에게서 성리학을 열심히 배우고 현실개혁에도 눈을 떴다. 특히 정몽주는 자기보다 연하인 정도전을 아껴 그에게 '맹자'를 선물로 주며 학문을 권장하기도 했다. 정몽주는 조정에서 촉망받는 벼슬살이를 이어갔다. 그러나 정몽주 · 정도전 등은 신진 세력이었기 때문에 권신들과 잦은 마찰을 빚게 되었다. 또 이들은 유학자 출신이었기에 불교도와도 분란을 일으켰고, 친명파였기에 친원파 와도 정적의 관계가 되었다. 정도전이 이러한 면에 대하여 급진적이었다면 정몽주는 온건적 입장이었다.

1375년(우왕 2), 권신인 이인임 일파에 대해 탄핵하면서 정몽주는 경상도 언양에서 귀양살이를 2년 했다. 귀양에서 풀려난 후 그는 일본에 사신으로 가기도 하고 제학 등의 벼슬을 받아 활동하기도 했다. 특히 왜구의 침략을 막기 위해 정몽주는 조전원수로 이성계를 따라 공을 세우기도 했다. 다시 1383년 이성계와 함께 북쪽 오랑캐 방비에 나서 공을 세웠다. 이러한 과정에서 그는 이성계와 사귀게 되었다. 정몽주는 중국에 사신으로 갈 때 정도전을 서장관으로 임명했다. 그리고 이성계와 정몽주의 도움으로 정도전은 대사성 등의 벼슬을 누렸다.

1388년 최영과 이성계는 요동정벌에 나섰으나, 이성계가 위화도에서 회군하여 개성으로 돌아왔다. 그리고 최영 등 보수 세력을 제거하고 집권했다.[4] 이어 우왕을 폐하고 공양왕을 옹립하여 신진세

---

4) 이성계를 따라 1388년 위화도에서 회군한 병력은 전투병력 3만8천 여 명과 보급병력 1만1천여 명을 합해서 대략 5만 명이었다. 이 병력이 바로 요동정벌군으로서 고려의 주력군이었다. 이때 병력은 좌군과 우군으로 편성되었는데, 좌군은 조민수가 지휘하고 우군은 이성계가 지휘했다. 좌군과 우군의 총지휘는 최영이었지만 그는 직접 전투 병력을 인솔하지 않고 평양에 머물면서 원거리에서 통제했다. 이성계가 조민수만 휘어잡고 회군을 감행 할 수 있었던 이유가 여기에 있다. 이성계를 선두 지휘해 오는 회군 병력의 공격 목표는 우왕과 최영이었다. 자신들을 사지로 몰아넣은 주동자가 이두사람이라 생각했기 때문이다.

력의 기반을 확실하게 했다. 이때 정몽주와 정도전은 각기 좌익·우익에서 이성계를 도왔다.

차츰 이성계는 실세로 부상하였다. 더욱이 이들 신진 세력은 이성계의 명망을 업고 새로운 계획을 추진하고 있었다. 곧 조준·남은·정도전 등은 이성계를 왕으로 추대하려는 움직임을 보인 것이다. 이때 정몽주는 소외되고 있었다. 이에 그는 이들 급진세력을 제거하려는 생각을 굳혔다. 1392년 세자가 명나라에 갔다가 돌아오는 길이었다. 이성계가 마중하러 황주로 가는 길에 해주에서 사냥을 하다가 말에서 떨어져 부상을 당했다. 이 소식을 들은 정몽주는 천재일우의 기회로 여겼다. 정몽주는 대간을 통해 정도전·조준·남은 등을 탄핵하고 죽이려 하였다. 이때 이성계의 아들 이방원이 급히 이 사실을 이성계에게 알렸다. 이성계는 정몽주를 제거하기도 결정하였다. 이 사실을 들은 정몽주는 이성계의 의중을 떠보기 위해 이성계 집으로 찾아갔다. 이성계가 정몽주의 심중을 떠보려할 때 정몽주는 '단심가'로 대답했다. 자기 사람이 될 수 없다는 아버

요동정벌이 논란 될 때 이성계는 이에 반대하는 이유 네 가지 전쟁불가론을 설득력 있게 제시했다. 위화도 회군의 명분도 여기에 근거를 두고 있다. ① 약소국 고려가 강대국 명나라를 공격해 봐야 승산이 없다. ② 농사철인 여름에 전쟁을 해서는 승산이 없다. ③ 명나라를 공격하다 보면 남쪽의 방위가 허술해져서 왜구들이 침입해 온다. ④ 장마철이라 병사들이 질병에 걸리기 쉽다 또한 더위로 활의 아교가 풀어져서 전쟁을 할 수 없다.(이성무 1998, 81-84) 위화도 회군 결과 우왕, 창왕 폐출과 최영 제거, 이성계 일파의 정치, 군사권 장악, 대명관계 호전, 우왕, 창왕을 신돈의 자손이라 하여 폐출하고 공양왕을 옹립, 1391년 조준, 정도전의 전제개혁안 상소 등을 올리며 실권을 잡거다. 1392년 7월 17일 이성계를 중심으로 신왕조 조선이 건국된다. 이성계 추종 공신엘리트 집단들은 고려 귀족의 높은 관직과 혼인에 의한 결속으로 다져진 핵심 세력들이였으며 지역별 가문과 사회·경제적 출신 성분분석은 마르티나 도이힐러/이훈상(역), 2003, 『한국사회의 유교적 변환』, 서울: 아카넷,. pp.139-148. 참조 할 것.

지의 의중을 안 이방원이 수하 장수를 동원하여 선죽교에서 죽였
다. 그리고 정몽주 세력들도 완전 제거되었다. 때는 1392년이었다.

　나중에 이방원(태종이 되었을 때)은 정도전을 제거하면서 그의
라이벌이라 할 정몽주에게 시호를 내리고 복권시켰다. 정몽주는 충
신의 표본으로 받들어 모셔졌다. 효종은 늘 그의 단심가를 읊조리
며 충신의 표상으로 삼았다. 이런 모습은 새로운 충신을 배출해내
기 위한 이미지조작이었을 것이다.

　그러나 정몽주는 임금과 고려왕조에 대해서만 충의 개념을 적용
시켰지 당시의 사회 모순 특히, 백성의 비참한 삶에 대한 인식과
그것을 적극적으로 개혁하고자 하는 정치개혁의 제도화 과정에서
백성에 대한 충성에서는 다분히 한계성을 지니고 있던 인물이었다.

　조선이 건국된 후 1401년(태종원년) 영의정에 추증되었으며, '문
충(文忠)'이란 시호가 내려졌으며, 1406년(태종 6)에 해풍군에서 용
인으로 그의 무덤을 이장하였다. 1432년(세종 14)『삼강행실도』,『충
신전』에 그의 행적이 실렸고, 1517년(중종 12년)에는 문묘에 배향
되었으며, 개성의 숭양서원, 용인의 충렬서원, 상주에 도남서원, 영
일의 오천서원, 영천의 임고서원, 울산의 반구서원, 구강서원 등 11
개 서원에 제향 되었다.5) 문집으로는 『圃隱集』이 있고, 너무도 유
명한「단심가」등의 한시가 전해지고 있다.

---

5) 한국의 전국 서원 분포 현황을 요약해 보면 다음과 같다.

II. 주요활동과 절의사상의 상징성

1401년 태종 이방원은 태종으로 즉위한 후 직접 명을 내려 그를 '대광보국숭록대부 영의정부사 수문전대제학 겸 예문춘추관사 익양부원군' 이라는 김 관직을 추증하며, 문호를 '문충(文忠)' 이라는 시호를 내렸다.[6] 뿐만 아니라 민심수습책의 일환으로 정몽주의 직계 후손을 찾아 벼슬을 내리기도 하였다. 그것은 성리학적 이념을 토대로 하여 건국된 조선이 대의명분을 중시하며 섬기던 군왕에게 충절을 다한 정몽주를 역적으로 평가한다면 조선왕조는 자기모순에 빠져 버리고 말기 때문이다. 그래서 조선왕조는 비록 건국과정에서 정몽주와 그 친족들을 살해하였지만 새로운 나라가 건국된 후에는

행정도명	서원 수	총 서원 수	행정도명	서원 수	총 서원 수
함경북도 함경남도	7 11	18	충청북도 충청남도 대전광역시	54 52 4	110
평안북도 평안남도	11 17	28	전라북도 전라남도 광주광역시	119 74 5	198
황해도	24		경상북도 대구광역시 경상남도	303 25 175	503
경기도 서울특별시 인천광역시	46 4 1	51	부산광역시 울산광역시	1 10	11
강원도	16	16	제주도	2	2
남 한	913		총 계	991	
북 한	78				

자료출처: (한국민족문화대백과사전, 유교대사전 참조 재작성 함)

6) 『圃隱集』年譜와 『太宗實錄』卷1, 즉위 원년. 참조함.

다시 그의 충절을 실천한 전형적 모범 유학자로 내세우지 않을 수 없었던 것이다.

그렇다면 정몽주와 이성계의 악연은 언제부터 시작되었을까? 사실상 정몽주와 이성계는 본래 정치적 동반자였다. 이 두 사람은 2년 차이 동년배이며, 각기 문관과 무관으로 자신의 길을 걸어갔던 동료였다. 정몽주는 학문과 외교 등으로, 이성계는 여진족과 왜구의 토벌로 명성을 얻었다. 또한 이성계를 추종하던 정도전·조준 등은 모두 신진사대부로, 정치적 입장에서 정몽주와 동일한 노선을 걷고 있었기 때문에 서로 갈등하고 충돌하는 일은 없었다.

이렇듯 정몽주는 이성계와 동일한 입장을 취하며, 함께 우왕 때의 전제개혁, 위화도회군, 우왕과 창왕의 폐위, 그리고 공양왕의 추대 등에 동참하였다. 고려 말의 격동 속에서 이 두 사람은 매우 깊은 유대관계를 맺고 있었던 것이다. 그리고 정몽주는 이성계가 창왕을 폐위하고 공양왕을 세우는 과정에서 이성계를 적극 지지함으로서 공신호칭을 받기도 하였다. 고려사회를 개혁하기 위해서는 불교를 배척하고 새로 도입된 주자학적 이념에 바탕을 둔 새로운 질서체계를 세워야 한다는 것이 정몽주의 기본적인 관점이었다. 이점에 있어서는 이성계와 그 추종자들도 큰 차이가 없었지만, 다른 점이 있다면 고려사회를 개혁하는 궁극적인 목표가 무너져 가는 고려의 재건에 있지 않았던 것이다. 이렇듯 동일한 성리학적 이념으로 무장하고, 고려 사회의 개혁을 추진하였지만 그들을 궁극적인 목표에서 서로 다른 길을 택하였던 것이다.

고려 말 조선 초기 건국과정에서 여말선초 군주 중심의 왕권강화론 과 재상 중심의 체제개혁론을 비교해 보면 다음과 같다.

구 분	군주 중심의 왕조체제 유지론	재상 중심의 정치체제 개혁론
사상근원	『춘추』, 『대학』, 『사서삼경』	주자의 정치체론, 『대학연의』
대표자	이색, 우현보, 정몽주, 이성계, 이방원	정도전, 조준 중심 재상론자
경세론	강상론, 도학이념의 순수성, 유교적 국가경영 및 왕권강화 및 질서 확립, 정치제도개선(왕도정치: 덕치, 예치), 문화적, 정신적 교화	혁명론, 재상, 관료 중심의 중앙 집권정치체제 개혁 론(재상정치론), 刑·政수단을 동원한 법률적 행정적 교화
학 문	유교적 국가경영, 도덕정치론	군주, 재상, 6조 체제의 유기적 체제
유교정치 주체	국왕권 중심의 왕조체제 유지론	재상 중심의 정치체제 개혁론
지배 방식	이상군주론, 관료제 운영과 합리적 국가경영,군주성황론,군주수신론,군주정심론,강상론적 의리론, 군신공치론	왕, 재상, 및 사대부 정치참여, 관료 중심의 중앙집권적 지배체제, 법치의 필요성
종 교	숭유척불론, 숭불론, 도교의 부분적 공존	숭유척불론
정치 운영론	요순우의 태평성대 왕도정치, 유교국가의 예적 질서화 회복, 德化禮治主義, 至治主義, 공자의 重王輕覇, 重仁輕法, 仁本人治主義, 修身(體)·文敎(用) 맹자의 崇王斥覇, 崇義斥法, 義本人治主義, 인정, 천명, 덕치, 예치, 정명, 국왕중심, 인의, 삼강오륜의 강상론 강조	군주는 유교적 국가경영에서 군주의 상징적 의미, 군주는 천명의 대행자, 재상의 선택과 임명, 재상과 정사를 협의 및 결정, 작은 정치적 문제는 재상이 독자결정, 실제 통치는 재상, 국왕의 전제억제 국정중심은 재상
개혁 방향성	국왕중심의 왕권강화와 유교적 국가경영, 보수적	재상, 관료 중심의 중앙집권체제 개혁성 강조, 급진적

자료출처: (홍의영 2002, 233−246; 강광식 1992, 9−13; 이지경 2005) 재 작성 함

　　정몽주가 이성계 일파와 대립하게 되는 입장과 논리의 차이는 현실인식과 성리학적 이념의 이해차이에서도 확인할 수 있다. 고려 말일 격변과정에서 역성혁명을 도모하던 이성계 세력과 고려왕조를 수호하려던 정몽주 사이에 야기되었던 갈등은, 먼저 현실인식에 있어서 차이를 보일 수밖에 없다. 고려사회의 기본적인 체제를 유지하면서 개혁을 실현할 수 있다는 정몽주의 온건적인 입장과 고려

사회의 체제로는 근본적이고 전반적인 개혁이 실현될 수 없다는 이성계 일파의 입장은 현실을 바라보는 인식의 차이를 반영한 것이다.

또한 이들의 상이한 입장은 개인의 도덕적 인격을 완성하려는 것과 사회적 실천을 통한 이상사회의 실현이라는 성리학이 추구하는 두 가지 이념 중에서 어느 것에 무게중심을 두는가에 따른 실천방식의 차이에서도 그 원인을 찾을 수 있다. 전자의 입장을 강조할 경우 도덕적 명분론과 절의를 중시하는 입장에 설 수 밖에 없고, 반면 후자의 입장을 강조할 경우 경세론이 강조될 수밖에 없는 것이다. 이렇듯 그들은 고려사회의 현실을 바라보는 시각에서부터, 그리고 그들의 이념적 토대로 삼고 있는 성리학에 대한 이해에서 분명한 정치적 태도의 차이를 보여주고 있던 것이다. 즉 군주중심의 성왕론에 기초한 '왕조유지론'과 전제정치를 비판하고 6전체제와 사대부 정치를 지향하는 재상중심의 '체제개혁론'을 둘러싼 고려사회의 모순을 해결하려는 방법, 강도, 지향점에서 일정한 차이가 있었다. 후자는 정치체제와 권력구조의 전반적 개혁을 주장하였다.[7]

고려의 마지막 충신 정몽주, 죽음조차 꺾지 못한 나라 향한 고려 말 조선 초기 굳은 절개와 지조의 선비정신 온건적 개혁 실천가이다. 이방원이 정몽주를 회유하기 위해 미리 준비한 '하여가'를 읊은 것이다.

> 이런들 어떠하리 저런들 어떠하리
> 만수산 드렁칡이 얽혀진들 어떠하리
> 우리도 이같이 얽혀져 백 년까지 누리리라.[8]

---

7) 홍영의, "고려 말 신흥유신의 성장과 정치 운영론의 전개" 국민대학교 박사학위논문, 2002, pp.233 - 246.

위 내용은 이방원의 '하여가(何如歌)'다. 이렇게 살면 어떻고 저렇게 살면 어떠냐는 식으로 고려를 섬기면 어떻고 조선을 섬기면 어떠냐며 정몽주의 마음을 떠보았고 얽혀 있는 드렁칡에 비유해서 아무렇게나 살면 어떠냐고 강조하며 나와 같이 조선을 위해 일하며 어떠냐면서 직접적으로 회유하고 있다. 칡덩굴에 비유해 상대방에게 시세에 영합해 서로 얽혀 살아갈 것을 은근히 정치적 회유를 한다. 이방원의 하여가 시를 듣고 정몽주는 이방원의 회유를 뿌리치고 단호하게 이방원의 '하여가'에 대한 자신의 고려왕조에 대한 충절 의지를 고려왕조에 대한 '임을 향한 일편단심'이라고 비장하게 직설적으로 표현 한다

답시 '단심가'로 화답하였다.

> 이 몸이 죽고 죽어 일백 번 고쳐 죽어
> 백골이 진토 되어 넋이라도 있고 없고
> 임 향한 일편단심이야 가실 줄이 있으랴[9]

이 시가 그 유명한 정몽주의 이방원에 대한 화답 표현인 '단심가'입니다. 단심가 화답시의 결과가 눈에 보이는 듯한 상황에서 마지막 순간까지도 태연했던 정몽주는 과연 어떤 사람인가? 정몽주의 '단심'은 누구를 위한 것이었을까? 몰락해가는 부패한 왕조에 집착

---

8) 고려의 충신 포은(圃隱) 정몽주(鄭夢周)의 진심을 떠보고 그를 회유하기 위하여 읊은 시조로서, 포은이 이에 답한 것이 「단심가(丹心歌)」이다. 『청구영언』에 실려 전하며, 『포은집』, 『해동악부』 등에는 그 한역시(漢譯詩)가 수록되었다. 그 전문은 다음과 같다. "이런들 엇더ᄒᆞ며 져런들 엇더ᄒᆞ료, 만수산(萬壽山) 드렁츩이 얼거진들 엇더하리, 우리도 이ᄀᆞ치 얼거져 백년(百年)ᄭᆞ지 누리리라."

9) 『포은집(圃隱集)』에는 한역(漢譯)되어 "此身死了死了 一百番更死了 白骨爲塵土 魂魄有也無 向主一片丹心 寧有改理也歟."라고 실려 전한다.

할 정도의 권문세족이 아니었음을 볼 때 유학자로서 지켜야 할 신념과 지조 그리고 절개를 '붉은 마음'으로 표현한게 아니었을까? 예나 지금이나 사람들은 자신의 진솔한 마음이나 투철한 신념을 말할 때 붉은 색과 관련한 어휘를 동원한다. '붉은 피'니 '피를 토하는 심정'이니 하는 것들이 모두 그렇다. 이 화답의 단심가를 들은 이방원은 정몽주의 의지를 바꿀 수 없다고 판단하고 그의 심복인 조영규를 시켜 선죽교에서 정몽주를 살해 하였다. 이때 정몽주의 나이 56세였다.

Ⅲ. 고려 말─조선 초 대외관계와 '충군존숭(忠君尊崇)'의 유학사상[10]

정몽주의 유학사상에 대한 이해가 어느 정도인지를 평가할만한 자료는 없다. 그러나 고려 말 불교의 폐단을 지적하고 주자가례의 실천을 보인 주자학에 대한 깊은 성찰을 실천하고 있음을 알 수 있다. 주자학의 철학적 이해나 사유적 확장에 있었다기보다는 주자학적 유학사상을 윤리적으로 실천하면서 현실적으로 받아들였던 것으로 보인다. 이를 증명한다는 것은 불가능한 일이지만 단편적 자료를 통해서 유추해서 확인하는 작업은 가능한 일이다. 당대 대유학자 이면서 선배격인 이색이 정몽주를 '동방리학지조'라고 격찬

---

10) 『대구매인신문』, '영남학맥' 1982.10월. 정몽주편<3>.: 이병주, 『포은정몽주』, 서당, 1989. 참조 및 인용함.

하였다.그러나 정몽주의 주장이나 체계화된 것이 글로 남아 있는 것이 없어서 학문적 고증에 현실적 어려움이 있다. 어쩌면 주자학적 도학사상이 그의 학문적 요체일 것이다. 또한 주자가례에 의한 가묘를 세우고 향사를 지내며 효사상의 일면인 모친상과 부친상 때 시묘살이를 3년씩 6년간 하였다.

30대 초반에 '東方理學之宗(동방이학지종)'의 칭호를 받은 그는 일신의 영화를 버리고 나라와 백성을 사랑하는 마음으로 일관했다. 고려 말 어려운 시기에 처하여 조정을 위협하여 괴롭히고 백성을 극도의 도탄에 빠뜨리는 여진족과 왜구정벌에 그는 문신이면서도 수차례나 종군하여 큰 공을 세웠다.

또 당시 미묘한 국제정세에 따라 누구나 가기를 꺼려하던 친 노선의 명나라 1372년(공민왕 21)와 사지로 통하던 일본을 그는 서슴지 않고 드나들면서 높은 학식과 인격으로서 대한 외교적 성공을 거뒀다.

정몽주가 38세 때 3월 명나라 사신으로 황해를 건너가던 중 풍랑을 만나 고도에 표류하여 13일 동안 말 안장을 뜯어 먹으며 연명한 고난도 따랐다. 그러나 그는 뜨거운 애국심과 인격으로 명나라 태조를 감복시켜 과중한 고려조의 공물을 대폭 삭감시켜 나라의 어려운 재정을 도왔으며, 이때 명나라 유기는 정몽주에게 헤어질 때 정표로 『주자대전』과 程明道, 程頤川의 문집을 선사했다. 또 왜구에게 불법 납치된 우리포로 수백 명을 귀국시키는 등 그의 외교적 활동은 뛰어났다. 안으로는 퇴패한 교육을 진작 시키기 위해 왕께 진언하여 교육을 진작시키고 의창을 세워 빈민구제에도 힘쓴 그는 행정가로도 손색이 없었다.

홍건적 난입, 여진족 침입, 왜구의 습격 등으로 세곡 운반 마저 어려워지자 그는 경상, 전라, 충청 하삼도에 수참을 정비하여 세곡의 조운을 편리하게 한 것도 그의 마음씀 덕분이었다. 그러나 고려 조정은 원나라를 섬기자는 이인임을 중심한 권신호족과 명나라를 따르자는 신진사류로 크게 양분되어 서로반목 하였다. 물론 정몽주 는 그의 학문적 바탕과 정치적 신념에 의해 친명파(이색, 정몽주, 정도전, 박상중, 김구용)쪽 이였다.[11]

공민왕이 죽고 우왕이 등극하자 고려의 외교정책이 친명에서 친 원 쪽으로 돌아서자 정몽주등 신진사류출신의 쟁쟁한 문신들은 이 의부당성을 지적한 상소문을 올렸다. 정치적으로 힘이 모자라는 이 들은 마침내 투옥되거나 유배를 당했다. 정몽주 역시 언양으로 유 배되어 3년을 지냈다. 이때 그의 나이 41세였다. 다시 조정에 돌아 온 그는 궂은 일 마다않고 오로지 나라와 백성을 위하는 마음으로 동분서주 했으나 깊은 내우외환에 시달려 고려왕조는 소생이 어려 웠다. 호족들의 사욕과 권신들의 횡포, 사찰의 부패, 등 고려 조정 은 난국에 처해 있었다.

---

11) 고려 말기 친명파 신진사대부의 정치적 입장을 요약하면 다음과 같다.
   ① 학풍: 실천윤리를 강조하는 논리적, 경세유학(성리학) 수용에 적극적, 불교 폐단 비판
   ② 정치성향: 향리 및 재지중소지주 중심의 향촌사회 지배 추구 / 과거 제 및 첨설직을 통해서 중앙정계진출: 하삼도(경상도, 전라도, 충청 도)에서 다수의 과거 급제자가 배출되기 시작 / 친원파 중심의 권문 세족을 견제 할 목적으로 토지 사전제도 개혁론을 주장
   ③ 형성시기: 고려 31대 공민왕(1351-1374) 때부터 성균관을 중심으 로 성장 / 신돈 집권기(1365-1371), 신돈의 개혁정치에 협력하며, 중앙정계에서 일정한 세력을 확보.
   ④ 주요인물: 고려 34대 공민왕(1389-1392): 구성로, 박임종, 윤승순, 이숭인 / 정몽주계열: 김진양, 이확 / 진주강씨(공양왕 사돈): 강시, 강 회계. 강회백 / 단양우씨(공양왕 사돈): 우현보, 우홍득, 우홍명, 우홍 수, 우성범 등이다.
   고려말 신진사대부 정치사상의 자세한 내용은 손문호1990 박사학위 논문 참조 할 것

1388년(우왕 14)위화도 회군이후 최영과 조민수를 꺽은 이성계는 우왕을 폐하고 공양왕을 세움으로써 고려조 전권을 잡았다. 정몽주와 이성계는 문무대표적 성격의 라이벌 이였다. 정몽주는 글로써 동양 3국에 명성을 떨친 학자 겸 정치가였고, 이성계는 무관으로서 명성을 떨친 인물 이였다.

이성계를 추종하는 정도전, 조준, 남언 등이 송대의 주자학을 받아들인 유학자들이며, 친명파의 사류들로 정몽주의 노선을 취했기 때문에 서로간의 갈등과 충돌이 없었다. 그러나 이성계를 둘러싼 일파가 역성혁명을 도모하려는 의도가 점차 노골화되자 정몽주는 고려사직을 붙들기 위해 이들을 견제하기 시작했다. 여기서부터 정몽주는 학문상 비범성 뿐만아니라 인간적인 위대성을 유감없이 발휘한다.

도탄에 빠진 백성을 구하고 병든 고려왕조를 재건하는 길은 국교로 된 불교를 멀리하고 새로 도입된 주자학에 있다는 것이 정몽주의 정치적 신념이었다. 이점에서는 이성계 추종자들도 하등의 다를바 없었다. 학풍이 같고 정치적 신념이 동일하다고 해도 국가사직의 존망의 위기를 당하자 그는 현실의 이(利)를 구하지 않고 결연히 충을 택했던 것이다.

1392년 조선조 신왕조체제의 건설이 되고 그 이후 국가의 터전이 제대로 잡힌 태종원년 태종은 민심수습책의 일환으로 정몽주의 직계손을 찾아 벼슬을 주고 편안히 살게 하였다. 조선왕조는 억불숭유 정책을 시도했기 때문에 대유학자이며 도학의 대가인 정몽주를 영원히 역사의 정적으로 몰아붙일 수만도 없었다. 특히, 대의명분을 위하여 충절을 다한 그를 역적으로 몰아세울 경우 충과 효를 근간으로 한 주자학을 국시로 한 조선왕조가 자기모순에 빠지게 된다.

이 모순을 극복하기위해서 조선왕조는 한때 정치적 적 이였던 정몽주를 주살하고 그 친족을 명했지만 뒤따라 정몽주를 충절의 사표로 내세웠다. 여기에 인간이 이해할 수 없는 역사의 모순성과 정치권력의 현실에서 비정을 보여 주는 것 같아 후세인들은 더욱 정몽주를 추앙하고 있는지도 모른다.

정몽주는 한 시대를 꿰뚫어 볼 수 있는 학문과 식견, 그리고 준일한 문장력을 소유한 대학자요 정치가로 멋진 최후를 장식함으로써 자손만대에 걸쳐 충절의 귀감이 된 것이다. 이러한 정몽주의 삶과 실천이 학자가 지녀야할 최고의 가치와 삶일 것이다. 그의 시신은 그의 충절을 애도한 우현보가 몰래 감추어 황해도 해풍땅에 묻었다가 뒷날 향리 영천으로 운구하던 도중 경기도 용인 쇄포촌에서 명정이 땅에떨어지자 하늘의 뜻이라 생각하고 그곳에서 장사를 지냈다.

IV. 결 론

정몽주는 주자학적 윤리의 실천방식을 제시하고 있는 『주자가례』의 시행과 함께, 주자학의 정통성을 확립하기 위한 목적으로 당시 가장 큰 영향력을 행사하고 있던 고려의 불교를 비판하면서, 척불론을 적극적으로 제기하였다. 그리고 정몽주의 『주자가례』 실천운동은 고려 말 주자학의 이념을 새로운 단계로 끌어올리는 중요한 계기를 마련해 주었다. 즉 『주자가례』를 기준으로 주자학적 윤리의 실천방식을 제시하고 의례제도를 개혁한 것은 주자학이 단순한 이론적 지식의 의미를 넘어 유교이념의 실천방식으로 자리 잡을 수 있는 중요한 계기를 형성하였던 것이다. 조선의 건국과 함께 주자학적 이념이 조선사회에 보편적으로 자리잡을 수 있었던 것도 바로 그가 몸소 실천했던 『주자가례』를 중심으로 한 분명한 실천방식이 제시되어 있었기 때문에 가능한 것이었다.

포은 정몽주는 고려 말 조선 초 외교가요, 유학자이며, 온건 개혁 정치가이었다. 정치가는 대의에 죽어야한다는 학자적 양심과 신념을 가지고 결코 불의의 행동을 할려고 하지 않았다. (고권삼 1948, 12) 영남학맥에 있어서의 정몽주 역사적 위치는 생존당시 '동방 성리학의 시조' 라는 평가를 받았다.[12] 정몽주는 '만세사표 (萬世師表)'의 상징적 인물이다. 그의 리기론, 심성론, 정치·사회 실천적 수양론은 전체적인 맥락에서 주자학과 일치하고 있으며, 그의 학풍에 있어서 조선조 사림파가 지향하는 유교적 국가주의 표준 방향을 제시한 것으로 본다. 이렇듯 주자학을 이론적 기초로 한 그의 절의정신은 영남사림의 사상적 연원과 계보의 정신적 토대로 작용하였으며, 조선조 사림파 정치사상에서 더욱더 분명하게 유교적 국가경영의 실천적 모습으로 드러났다고 할 수 있다. 조선조 초

---

12) 初期 性理學의 脈과 嶺南系列 士林派의 儒賢淵源 系譜圖를 要約해 보면 다음과 같다.

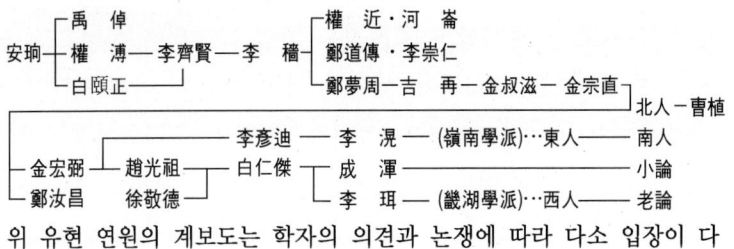

위 유현 연원의 계보도는 학자의 의견과 논쟁에 따라 다소 입장이 다를 수 있다.

기 유교적 덕치주의와 민본사상을 바탕으로 한 왕도정치의 구현에 있어서 유교사상의 '振綱常'(三綱五倫의 실천 및 '天命, 德, 禮'적 질서의 체계화) 소학실천 운동의 하나로 사림파 정치사상에 초석이 되었다.13) 관학에서 유교의 기본 교재로 소학을 채택하고, 경학의 내용도 육경 이전에 사서(논어, 대학, 중용, 맹자)의 학습을 강조하였다.

유교정치에서 유교적 국가경영이란 孔子와 孟子사상을 중심으로 한 원시 유교정치의 이상정치론이다. '治權在民'의 重民意識에 바탕을 둔 '天民一致'의 실천적 유교정치 이념을 지향하는 것이다. 요컨대, '大同社會' 또는 '小康社會'라는 이상향 목표문화를 설정하고 거기에 근접하기 위한 轉移文化로서 "崇道學, 正人心, 法聖賢, 興至治"(정암집)의 도학정치 및 '天命'·'德'·'禮'를 기본수단으로 삼는 '內聖外王'의 治人像 王道政治 전개를 강조한 것이라

---

13) 유교정치에서 정치주체의 천, 군주, 사대부. 민의 역할체계는 다음과 같다.

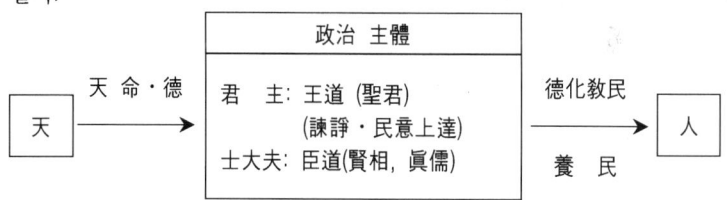

조선조 절대왕조 정치체제하에서 유교정치가 지향하는 정치주체의 역할체계는 한마디로 천명사상에 바탕을 둔 이른바 천일합일설로 집약된다고 할 수 있다. 군왕이 백성을 다스리는 것은 천명을 받은 데 그 근거의 정당성이 있고, 천명에 따라 천도를 실행하는 데 그 역할의 당위성이 있으며, 여기에서 천명의 수명자로 군왕은 수기치인의 행도를 통하여 德化敎民(또는 養民)에 진력함으로서 '天人合一'의 상태에 이르도록 하는데 사명을 지니고 있다고 할 수 있다. 즉, '治權在天'의 天과 民의 동일의미로 天民一致觀을 설정함으로써 天命에 상응하는 重民意識을 강조하고 있다. 그 당위적 방법론으로써 聖君賢相的 德治主義를 강조하고 있다.(강광식 1992, 32−33; 이지경 2005)

할 수 있다. 그 당위적 방법론으로써 刑·政 중심의 法治主義 보다 禮·樂 중심의 '聖君賢相'的 德治主義이다. 그런데 여기서 다시 주목되는 것은 그러한 덕치의 전개가 군주의 개별적인 역량만으로는 불가능하다는 현실 정치적 관점에서 군주 자신의 尊賢意識과 儒者의 出仕문제가 제기되었다는 점이다. 다시 말해서 군주의 聖君的 자질이 德治 전개의 선결요건으로서 요구되는 것이지만, 그와 아울러 군주의 군왕의 자질함양을 보완하고 政事의 집행을 보필할 종정자로서 신료의 역할이 불가피하게 요청되었던 것이다. (강광식 1992, 8 – 34) 이러한 내용을 종합해 볼 때 유교적 국가경영 개념은 『三綱五倫』 원시 유교정치의 '예적 질서의 계서화' 의미로서 의리의 기준은 '大義名分'을 중시하였다. 국가경영 개념은 정도전의 '經國', 정약용의 '經世', 최승로의 '理國', 그리고 서양의 'Governing' 개념과 유사하다고 할 수 있다. 유교적 국가경영 개념은 '한 국가의 최고 국가경영자의 정치적 리더십은 '天命'에 상응하는 '重民意識'을 강조하고, 정치주체의 역할체계에서 君主(王道: 聖君)와 士大夫(臣道: 賢相, 眞儒, 野生士族) 중심으로 '德化教民'의 '天'과 '民'의 일치된 자신의 정치적 아이디어(idea), 비젼(vision), 그리고 개념(conceptions)을 구체화 해가는 통합능력'을 의미한다. (이지경 2005)

● 참고문헌 ●

강광식. 2000.『신유학 사상과 조선조 유교정치문화』. 서울: 집문당.

강광식 외. 1998.『조선시대 개혁사상 연구』성남: 한국정신문화연구원.

강지원. 1950.『근대조선정치사』. 대학생활사.

고권삼. 1948.『조선정치사』. 서울: 을유문화사.

고병익. 1976.『동아사의 전통』. 서울: 일조각.

금장태. 1980.『유교와 한국사상』. 서울: 성균관대학교출판부.

금장태. 고광식, 1986,『유학근백년』, 서울: 박영사.

김만규. 1999.『한국의 정치사상』. 서울: 현문사.

김영모. 1977.『조선지배층연구』. 서울: 일조각.

박수천. 1996,『한국한시작가연구2: 정몽주론』, 한국한시학회.

박충석. 1982,『한국정치사상사』, 서울: 삼영사.

서수생. 1975.『선주유학사상연구』. 서울: 형설출판사.

이병주. 1989,『포은정몽주』, 서울: 서당.

이성무. 1998,『조선왕조사1, 2』, 서울: 동방미디어

이지경. 2006,『회재 이언적의 정치사상』, 한국학술정보.

이지경 외. 2005,『한국정치사상사: 단군에서 해방까지』, 백산서당

최승희. 2002.『조선초기정치사연구』, 서울: 지식산업사.

최완기. 1989,『한국성리학의 맥』, 서울: 느티나무

한국사상연구회(편). 1996.『조선유학의 학파들』, 서울: 예문서원

한국정신문화연구원(편). 1992,『조선조 유교사상과 유교정치문화』.

현상윤. 1982,『조선유학사』, 서울: 현암사.

마르티나 도이힐러 / 이훈상(역). 2003,『한국사회의 유교적 변환』, 서울: 아카넷.

강광식. 1992, "조선조 유교정치문화의 구조와 기능", 한국정신문화연구원(편),『조선조유교사상과 유교정치문화』, 한국의 정치와 경

제, 제1집.

강봉수. 1999, "조선전기 도학적 덕교육론 연구", 한국정신문화연구원
    한국학대학원 박사 학위논문.

김명하. 1999. "포은과 야은 사상에 나타난 의리관". 한국정치사상학회
    (편).『정치사상연구』창간호.

김석근. 1996, "개혁과 혁명 그리고 주자학", 한국정치학회(편),『한국
    정치의 재성찰』

남지대. 1993, "조선초기 중앙정치제도연구", 서울대학교 박사학위논문.

부남철. 1990, "조선전기 정치사상연구: 군주·관료론을 중심으로", 한
    국외국어대학교 박사학위논문.

손문호. 1990, "고려말 신흥사대부들의 정치사상연구 - 유교적 국가주
    의를 중심으로", 서울대학교 박사학위논문.

이지경. 2005, "태종 상왕기 공세적 국가경영과 리더십: 1418 - 1422년
    을 중심으로", 한국정치학회 부산특별학술대회『APEC, 국가경
    쟁력, 그리고 지역균형발전』발표논문, (2005.8, 12: 동의대학교)

유경아. 2000, "정몽주세력의 고려중흥을 위한 개혁방안", 이화사학연
    구소(편),『이화사학연구』

이연재. 1985, "정몽주의 사상과 시세계", 한양대학교 한국학연구소(편),
    『한국학논집』

정재훈. 2001, "조선전기 유교정치사상 연구", 서울대학교 박사학위논문.

홍영의. 2002. "고려 말 신흥유신의 성장과 정치운영론의 전개", 국민
    대학교 박사학위논문.

『대구매일신문』. '영남학맥' 1982. 10월. 정몽주편 2 - 3.

제2장

金宗直 政治思想[1]

---

1) 이 연구는 2003, "점필재 김종직 사림정치사상연구: 유교정치체제의 보강 민본·절의를 중심으로", 한국정치학회 연말 학술대회발표(2003. 12. 03: 외교안보연구원); 한국동양정치사상사학회 2004년도 춘계 학술회의 발표논문(2004. 02. 21: 성신여대)을 수정 보완한 것임.

(밀양: 예림서원: 김종직추모서원)

Ⅰ. 金宗直 先行硏究의 檢討

1972년부터 2008년까지 金宗直의 道學思想 선행연구(41편) 연구 경향을 보면, 역사학, 철학, 국문학 등 학문 분야를 중심으로 詩文 學 연구가 논문의 주류를 이루어 왔다. 서경수 1983(경북대) 석사 논문 1편 있으며, 朴善禛 1985(고려대), 金永峯 1999(연세대) 박사 논문 2편이 있다. 윤영옥 1981, 이원주 1997, 정경주 1990, 김성규 1990, 김영봉 1995, 이태진 1972, 한중희 1997, 이종호 1997, 정종 대 1998, 정시열 2001 등 학자들의 연구논문 외에 단행본으로는 密陽文化院 孫琪鉉 (편). 2002. 『佔畢齋 金宗直의 道學思想과 儒學 史上의 位置』 6編(李佑成, 鄭羽洛, 金忠烈, 李樹煥, 金泰永, 朴丙 鍊); 密陽文化院. 2003. 『佔畢齋 金宗直의 文學世界』 6編(宋載邵, 李鍾虎, 李鍾默, 李熙穆, 鄭容秀, 黃渭周); 朴善禛 1988, 金永峯 2000, 金烏工科大學校, 善州文化硏究所 編. 1996. 13편(金容珏, 金 容晩, 金成圭, 金時晃, 朴善禛, 余鎭鎬, 李樹健, 李鍾建, 兪炳奭, 윤광봉, 李源周, 鄭景柱, 崔根德); 『佔畢齋 金宗直의 學問과 思想』 등의 논문이 수록된 3卷이 있다. 정치학에서 김종직 정치사상 연구 는 朴丙鍊 2002, 李志慶2003 연구논문 2편이 있다.[2]

君主의 정치권력을 누가 어떻게 통치하는가? 군주의 정치권력의 정통성은 무엇을 기준으로 하는가? 군주의 暴君政治에 대한 통제 의 메커니즘은 무엇인가? 유교정치 사상의 이념은 修己治人을 그

---

2) 1972년부터 2008년까지 金宗直 思想 硏究論文, 硏究者 전공영역(國文 學, 歷史學, 哲學, 政治學)별 분포 현황을 10년 단위로 도표화해 보면 다음과 같다.

이념으로 軍國主義, 官僚主義, 民本主義의 조화로 세련된 것이다. 유교국가의 이상적 통치방법은 王道至上主義로서 이는 天命思想, 德治主義, 禮治主義 등의 관념으로 성숙해 갔다. 君主는 天命을 받아 帝王이 되는 것이다. 이러한 군주는 聖人, 君子가 되도록 지도자교육을 하는 것이다(손문호 1990, 25; 1992, 48; 이택휘 1999, 35; 금장태 1980, 43-44). 유교의 정치적 이상은 철두철미한 도덕적 관점에서 실천성의 문제로 논의되어야 한다. 그런 점에서 金宗直의 조의제문도 도덕적 관점에서 재인식되어야 하고 재평가되어야 한다.

현시점에서 조선 전기 유학사상을 한국정치사상사 관점에서 사림들의 정치개혁을 다각도로 재조명할 필요가 있다. 최근에 일어나고 있는 새 경향은 주자학을 교조적으로 받아들일 필요가 없다는 자유로움을 반영하고 있다. 조선 후기 실학자들에 대한 재평가에서 시작해서 조선 중기 조식, 조광조, 이언적, 이황, 이이 등을 거쳐, 조선 초기의 김종직, 정여창, 김굉필, 여말선초의 三隱(길재, 이색, 정몽주), 정도전, 권근에 대한 재조명으로 소급해 올라간다. 지금까지 연구되지 않은 또는 덜 알려진 사상가를 중심으로 재인식, 재평가하는 작업은 조선지성사를 보다 다양한 관점에서 역동적으로 규

구 분	1970년대	1980년대	1990년대	2000-2008	총 계
國文學		5	17	7	19
歷史學	1(1972)		2	4	7
哲 學			1	2	3
政治學				2	2
총 계	1	5	20	15	41

위 내용에서 碩士學位 論文 1편, 博士學位 論文 2편 등 3편 모두 國文學에서 金宗直의 詩文學에 관한 연구에 편중되어 있고, 政治學에서 金宗直의 政治思想研究는 박병련 2002, 이지경 2003, 등 2편의 연구논문이 있다.

명할 수 있다는 점과 한국정치사상사 통사작업에 매우 중요한 연구 영역이라는 점에서 중요하다. 어느 정치학자가 金宗直의 정치사상을 연구하였는가? 朴丙鍊의 "佔畢齋 金宗直의 政治思想과 士林派의 繼承樣相" 논문에서는 일반적으로 특정한 유가적 '學者官僚(scholar official)'의 정치사상을 이해하기 위해, 孔子·孟子·程子·朱子의 사상을 나열한 다음 이를 置換하여 동일시하거나, 이를 기준으로 평가하는 오류를 범하였다. 유교의 기본 종지가 '修己治人'이라는 '정치적 패러다임(political paradigm)' 위에서 전개되고 있음을 긍정한다면, 佔畢齋의 정치적 사유양식에 대한 정당한 이해가 없이 이루어지는 그에 대한 평가는 핵심을 벗어난 것이라 지적하고 싶다. 金宗直의 道學思想에서 문학적 재능만 발견되고 士林派의 정치사상의 핵심 성격이 나타나지 않는다면, 그에게 통사적 지위를 부여하는 것은 잘못된 것이며, 정치사상적 입장에서 연구의 중요성을 제기하고 있는 정치학자의 최초 논문이라는 점, 유교의 기획화 과정에서 金宗直의 節義思想을 연구한 점에서는 그 연구가치의 중요성이 매우 크다고 평가할 수 있다. 하지만 역시 문학적 작품(한시·산문)에서의 사상적 이해의 수준을 벗어나지 못하고 있다는 지적도 함께 하고 싶다(朴丙鍊 2002, 63).

金宗直은 조선 초기 嶺南士林의 祖宗으로서 李穡, 鄭夢周, 吉再 등 三隱의 義理思想 학풍을 계승하여 전파하고 신진사류를 주도, 유학의 이념을 타 지방으로 확산한 대표적 嶺南士林의 宗匠이 金宗直이다.[3] 또한 그의 문하에서 金宏弼, 鄭汝昌, 金馹孫과 같은 3

---

3) 高麗末 三隱에 관한 논의는 학자들 간에 논쟁점이 된 적이 있었다. 李丙燾 博士는『國史大觀』에서 牧隱 李穡, 圃隱 鄭夢周 그리고 陶隱 李崇仁으로 三隱을 규정하여 학계에 관심을 끈 적이 있었다. 文暻鉉 敎授도 三隱에 冶隱 대신 陶隱을 넣을 것을 主唱하고 있다. 그러나 徐首生 博士는『善州儒學思想研究』에서 圃隱, 牧隱에 冶隱 吉再를 포함

대 제자를 배출한 인물이다. 조선 전기 정치개혁의 상징적 士林인 趙光祖가 金宏弼의 제자라는 점에서 그의 사상사적 연원 및 연구의 중요성은 더욱 부각된다. 이러한 이유만으로 金宗直의 사상연구는 조선유학사상사, 조선지성사, 조선정치사에서 역사학, 철학, 국문학에서 연구 못지않게 정치학 분야에서 특히 한국정치사상사 연구에서 金宗直 연구는 중요하지만 그에 대한 연구는 거의 전무한 실정이다. 그러므로 世祖의 왕위찬탈을 전후한 김종직의 정치적 태도의 실천성과 유학사상을 한국정치사상사적 관점에서 조선정치사적 배경, 한국정치사상사상의 위치, 조의제문 절의관 분석 및 후학들의 논평 등 연구해야 할 중요성을 함께 제기하고자 한다(李志慶 2003, 291).

유교국가가 지배했던 당시 麗末鮮初 정치세력의 형성과 갈등에서 정치이념과 정치적 태도는 두 가지의 뚜렷한 특징을 보이고 있다. 고려 말 불교통치론에 대한 긍정적 시각과 주자학을 체제 보강의 방법을 통한 고려 정치체제의 유지를 주장한 수정 보수파 李穡 (1328-1396), 鄭夢周(1337-1392), 李崇仁(1349-1392), 權近(1352 -1409), 吉再(1353-1419) 등 尊王・綱常義理論者를 들 수가 있다. 또 하나는 高麗의 佛敎統治論을 排斥하고 이들의 정치체제를 붕괴시키고 새로운 정치체제 이념으로 朱子學을 수용하여 건국을

시켜 三隱으로 삼았으며, 金庠基 博士는 『高麗時代史』에서 吉再가 성리학, 즉 도학의 전수에 있어 자못 중요한 위치에 있는 것이니 吉再는 이것을 鄭夢周 등에게서 받아 金叔滋에게 전하였으며, 金叔滋는 그의 아들 宗直에게 金宗直은 그것을 다시 金宏弼에게 金宏弼은 趙光祖에게 전수하여 점점 일세를 풍미케 하였다고 하였다. 나아가 吉再는 '高風淸節'을 지켜 일세의 師表가 되었으므로 후세 사람들은 그를 慕仰하여 牧隱, 圃隱과 아울러 高麗의 三隱이라 일컬었다고 적고 있다. 朴鍾鴻 博士 또한 『韓國思想史論攷』에서 牧隱, 圃隱 및 冶隱을 三隱이라 稱하고 있다(金明河 1999, 174; 서수생 1975).

주장한 排佛崇儒論者들인 급진개혁파 李成桂(1335 - 1408)를 중심
으로, 鄭道傳(1337 - 1398), 趙浚(1346 - 1405), 河崙(1347 - 1416),
南誾(1354 - 1398) 등 유교국가 革命論을 들 수 있다(금장태 1980,
46). 이들 두 정파의 핵심적 정치사상은 朱子學的 유학사상이다.
유학이란 그 본질이 정치사상이며 학문 및 사상 전개의 근본 목표
도 정치질서의 확립에 있었다. 따라서 유학을 支配學 또는 帝王學
이라고 한다(김만규 1999, 104 - 130). 조선조의 정치사상을 유교국
가 이념의 관점에서 접근하는 것에 대하여 의문을 제기하는 사람
은 없을 것이다(김석근 2002, 43). 조선조 통치이념으로 유교 '綱
常'의 의리를 정통정신으로 표방했으면서도, 비판의식은 사상적 면
에서 '振三綱五常'의 名分論 · 道理論에 저촉되는 일로 인해서 사
림의 유교국가 正(王)道인 군주와 훈척세력의 權(覇)道 간에 극단
의 대립을 가져왔다. '三綱五倫'이라는 주종관계 복종 윤리에서 볼
때 '以臣伐君'의 행위는 어떤 명분으로도 용납될 수 없고, '不事二
君'의 '大意名節' 義理思想에서 볼 때 '伐君簒國'을 인정하여 '出
仕附逆'할 수는 없는 유교 정치사상에서의 봉건주의 종법 질서인
親親, 尊尊, 賢賢의 正名論에 어긋난 노릇이다(김충렬 2002, 21).
조선조의 국시는 유교이며, 유교국가주의는 건국이념이며 정치의
목표이다. 조선조 유교의 사림정치 특징은 '衛道抗節'에 있다. 유교
적 국가주의란 堯舜時代의 '大同至治'를 통치이념의 大道로 삼는
'국가통치의 禮를 실천하는 儒敎化'이다.[4]

---

4) 도학사상에서는 堯 · 舜 및 夏 · 銀 · 周 삼대의 '大同社會'를 理想政治
   의 모델로 삼아 왔다. '隆古之治'라는 복고적 정치 전개에서의 최고 형
   태인 堯舜的 聖君政治의 회복을 뜻한다. 至治主義 道學政治는 當代
   君民을 堯舜時代의 君民으로 만들고 풍속을 순후하게 하여, 마침내 堯
   舜時代의 日月을 눈앞에 직접 대하듯 한 실천적 정치운동으로서 태평
   성대의 '隆古之治', '大同至治', '大同世界'의 理想政治를 의미한다. 즉

위화도 회군(1388) 이후 太祖 이성계가 1392년 조선을 건국했지만 태조의 왕자들 간의 왕위쟁탈전으로부터 太宗 이방원(1398년), 端宗으로부터 王位纂奪한 수양대군(世祖)의 쿠데타(1453년), 두 '王子의 亂'은 왕위계승 질서를 무시함으로써 정치적 개입과 조작이라는 불행한 전통이 만들어졌다. 유교국가의 왕도정치는 장자계승 권력구조에서 그 내부 권력의 정통성 약화와 대의명분의 정당성 상실을 가져와 그 후에도 中宗反正 등을 반복하였다.

15세기 말부터 조선조 지배계급 내부 모순의 격화로 金宗直을 비롯한 사림들은 국왕의 전횡을 지적하는 중요한 관직인 이른바 言官으로 또는 그 밖의 중요한 벼슬자리(관직)에 등용되었다. 成宗(1470-1494)은 정권을 독차지하고 탐관오리와 부패를 일삼는 훈구 대신들의 전횡을 억제하기 위하여 신진 사림들의 세력을 중앙정부 안에 일정하게 끌어들이었다. 인민들에 대한 훈구 대신들의 가혹한 착취를 폭로 견제하는 士林들에 대하여 인민들이 일정한 기대를 걸고 있는 이상 그들을 중요한 벼슬자리에 등용하는 것은 상대적으로 왕권의 안정을 보장하는 것으로도 될 수 있었다. 成宗이 죽고 燕山君이 왕으로 된 뒤에도 사림들의 세력과 훈구 대신들의 대립은 계속되었다(사회과학원 역사연구소 편 1988, 369). 士林은 '亂世昏君'을 만나면 '殺身成仁'으로 나타나고, '盛世明君'을 만나면 '弘道慧民'으로 나타나는 것이다. 성리학이 지배이념으로의 위상은 확보했으나 초기에는 사실상 형식과 명분만 있고 정권유지 수단으로 존재했을 뿐이다. 여기서 권력의 보수파 역할을 한 훈구파와 성리학적 이념 확산을 주도한 王政運營 道學化의 주체인 士林派의 존재가 두 개의 정치세력으로 존재했다. 이들의 권력유지, 강화를 둘

至治主義의 이론적 근거는 王道政治, 明德政治를 중심으로 王政運營 體制의 堯舜之治를 뜻한다.

러싼 이념논쟁 및 권력투쟁이 연이은 士禍로 이어진다.

本 연구는 金宗直의 유학사상사·사림정치사상 차지하는 역사적 위치를 재조명해 보고자 한다. 즉 金宗直의 정치사상이 그 연구 대상이다. 世祖–成宗 間의 정치적 여건 속에서 金宗直의 학문과 사상은 어떻게 형성되었는가? 특히 그의 節義 사상은 儒敎的 國家主義 관점에서 어떻게 파악되어야 하는가? 嶺南 士林派의 儒宗으로서 단종 폐위와 세조대의 왕위찬탈에 대한 역사적 현실을 金宗直은 어떻게 수용했는가? 金宗直은 왜 조의제문을 썼는가? 金宗直의 학문과 사상이 先代와 後代 金宏弼, 鄭汝昌, 金馹孫 등 사상가들에게 어떤 영향을 미쳤는가? 이러한 연구는 조선 전기 정치사상가 연구에도 중요한 기초가 된다고 생각한다. 또한 지금까지 도외시한 조선 전기의 개별 사상 연구이므로 한국정치사상사의 통사적 연구 작업에도 기여할 것으로 본다. 특히 金宗直의 제자인 金宏弼에게 『小學』을 배운 趙光祖의 도학적 정치개혁사상 연구에서 그 연구의 사상적 연원을 이해하는 데도 도움이 된다고 할 수 있다.

II. 生涯와 한국정치사상사상의 위치

金宗直(世宗13년: 1431–成宗23년 1492)은 조선 초기 도학사상의 『小學』 실천유학자이고 뛰어난 교육자, 문장가로서 門下에 많은 俊才를 길러낸 名儒로 일컬어진다. 자는 季溫, 호는 佔畢齋, 본관은 善山, 시호는 文忠이다. 慶北密陽 출신으로 金叔滋의 아들이다.

高麗末 밀양 출신의 大提學 卞季良의 손아래 사촌동서이며, 卞季良은 權近의 학통을 계승하였다. 부친인 金叔滋는 吉再의 학통을 계승했고, 吉再는 鄭夢周의 學統을 계승했다. 金宗直은 麗末善初의 鄭夢周, 吉再, 金叔滋의 도통을 계승하고 있다. 朝鮮初期 유학의 定礎者로 평가받고 있다.[5] 金宗直은 26세 때 父喪으로 三年 동안 廬墓를 했다. 官職으로는 世祖5년(29세) 때 文科에 及第하여, 承文院 權知副正字를 비롯해 博士 겸 藝文官 奉敎(31세), 司憲府 監察(33세), 嶺南兵馬評事(35세), 弘文院修撰(37세), 吏曹佐郞 兼春秋館 記注官 校書郞 校理 知製敎(38세), 咸陽郡守(40세), 善山府使(46세), 承政院 右副承旨(53세), 吏曹參判 兼同知經筵・弘文館提學・成均館事(55세), 藝文館提學(56세), 兵曹參判(58세), 工曹參判(59세) 등 淸顯職・內外職을 두루 역임하였으나 政權의 중추에는 오르지 못했다.[6] 이러한 조선 초기 도학의 사상사적 유현 연원의 맥과 계보에서 金宗直의 사상적 위치를 추적해 보면 다음과 같다.[7]

---

5) 『佔畢齋集』, 附錄, 年譜. 참조함. 金宗直의 『佔畢齋集』에 성리학에 관한 내용은 없다. 1卷에서 23卷에 이르기까지 1600여 首의 詩가 수록되어 있는 데 반해 文은 序・跋・記・銘 등 雜文 60여 편이 전해질 뿐이다. 현재 전하는 『佔畢齋集』은 1493년 曺偉가 편집했으나 成宗의 昇遐로 刊行되지 못했고, 1497년 鄭錫堅(號, 寒碧齋, 吏曹判書)이 刊行했으나 戊午士禍로 세상에 펼 수 없었고, 現存 古本中 善山本은 中宗 15(1520)년 金宗直의 생질인 康仲珍이 戊午士禍 때 불태우다 남은 글들을 모아서 刊行한 것이다.

6) 조선조 사회에 있어서 정치적 엘리트인 양반관료가 되는 과정은 科擧・門蔭, 推薦의 세 가지의 길이 있지만(김영모 1977, 30) 원칙적으로 과거 급제한다고 반드시 양반 관료로서 등용되는 것은 아니고 文・武科 급제자만이 관료가 될 수 있는 자격이 인정되는 것이었다. 과거에 합격하지 않고서도 입관할 수 있는 길이 있는데 이것이 다름 아닌 門蔭 및 推薦이다. 음덕과 추천에 의해서 入仕할 수 있는 蔭職은 先賢・功臣・巨儒・戰死・寃死・淸白吏의 子孫이나 宮中의 血緣關係 등으로 特叙되기도 하고 學行과 德望이 특출해서 在朝의 高官이나 地方官의 薦擧로 入仕가 가능하였다(양재인 1990, 74).

麗末鮮初期 儒賢淵源의 系譜圖를 요약하면 高麗末, 安珦·權㫊, 權溥·白頤正, 李齊賢, 李穀·李穡, 鄭夢周·權近·鄭道傳 등 초창기는 家學을 중심으로 유학사상이 발달했다. 麗末鮮初의 性理學脈을 기초로, 趙光祖의 學脈은 東方 理學의 祖로 칭송되는 鄭夢周, 吉再, 金淑滋, 金宗直, 鄭汝昌·金馹孫·金宏弼, 趙光祖, 李彦迪·李滉·曺植·李珥 등으로 가학, 학연, 지연, 학맥 형성과정에서 사림의 의리정신과 유학사상의 학통 및 이론적 체계화가 발전하였다.8) 이상과 같이 麗末鮮初 유학연원과 계보에서 金宗直은 여말 정몽주, 길재의 학통을 계승한 부친 김숙자의 영향으로 후대는 김굉필, 정여창, 김일손, 손중돈, 조광조, 김안국, 김정국에게 사상적 영향을 미치고 있음을 알 수 있다. 1453년에 과거에 급제하였다. 그는 영남학파의 종조로서 성종의 총애를 받아 자신의 문인들을 관직에 많이 등용시켰다. 이로 인해 기성세력인 훈구파와 심한 반목과 정치적 대립을 일으켰다. 일찍이 '弔義帝文'을 지었는데 그가 죽은 후 이것이 원인이 되어 무오사화가 일어났다. 이로 말미암아 그는 부관참시를 당하고 많은 문집이 소각되었으며 그의 문인들도 참화를 입었다(유교사전 편찬위원회 편. 1990. 239). 본 연구도 이러한 자료 부족으로 인한 제 단면의 연구에 불과하므로 金宗直의 사상연구에 많은 한계를 지닌다.

---

7) 『仁宗實錄』, 元年(乙巳)6月條; 『靜庵集』. 附錄. 卷三; 『高峯集』, 「論思錄」; 李圭景, 『東國道學傳統圖辨證說』; 『典故大方』1925, 卷三, 誌2-15; 금장태 1980, 47, 68; 김충렬 1988, 268; 장지연 1998, 63-64; 이지경 1999, 11; 김명하 1999, 174; 이수건 1984, 231-262 참조함.
8) 麗末鮮初에서 정몽주, 길재, 김숙자, 김종직, 김굉필, 조광조 이전까지의 조선 전기 유현 연원의 학맥 형성 과정에서 도통은 정설로 인정되고 있는 편이고, 조광조 이후의 영남사림의 영역이 기호지방으로 확산되면서 학맥 형성과 도통 계보의 문제는 학자들의 견해에 따라 다양한 해석과 계보가 다를 수 있으나 대체로 위의 견해가 지배적이라고 본다.

조선 왕조 초기, 즉 15-16세기를 전후하여 강력하게 대두된 사림이란 정치 세력은 일반적으로 金宗直 계열로서 정치적으론 집권층인 훈구파와 대칭이었다. 학문상으론 정몽주의 고려조에 충절을 지켜 죽음으로써 세력에 저항하는 의리정신의 표본을 보여 주었다. 그의 문하에서 길재는 신왕조에 벼슬을 하지 않고 향리에서 연구와 후진교육에 전념하면서 실천윤리와 충절·의리사상을 계승했다(금장태 1980, 68). 이들은 대부분 영남 거주 선비들이라 영남 사림파라 하였다. 성리학적 유학의 이념 확산을 바탕으로 대의명분과 의리사상을 고수한 영남사림파는 그 이후 형성된 영남학파의 정신적 지주로서 사상적 밑거름이 되었다. 영남사림 세계는 16세기 후반에 접어들자 학계와 정계를 장악한 사림의 정파 분열과 동시에 인맥·지연 및 학파상으로 점차 流派가 생기면서 東西分黨과 함께 嶺南學派와 畿湖學派로 대별되어 갔다.

高麗末 鄭夢周·吉再·金叔滋의 학통을 계승한 도학은, 15세기 후반 金宗直을 영수로 한 新進士類를 '嶺南學派'라 한다면, 유학의 계보에서 자세히 보면, 金宗直과 과거 동기인 손소, 손중돈 계열에서 이언적이 나오고 권벌, 이우, 이현보 등이 경상좌도의 기반 위에 이황이 출기하였고, 정여창,[9] 김굉필,[10] 김일손 등의 학문적인

---

9) 鄭汝昌의 硏究現況을 보면 單行本은 鄭在景, 1987,『鄭汝昌硏究』集文堂; 趙南旭, 2003.『鄭汝昌: 朝鮮朝 實踐儒學의 先驅者』, 成均館大學校出版部; 韓國儒敎學會編, 2000,『儒學思想硏究』제13집 등 2권이며, 정준상 2001, 석사논문이 대표적이다. 다음 기회에 1차 자료와 위 자료를 바탕으로 이지경, '鄭汝昌의 政治思想, 2004'이 있고 제3장에서 그 내용을 다루고 있다.

10) 金宏弼의 학문적 논평에 관한 후학들의 평가를 보면 첫째, 奇高峯의 撰 行狀에 보면
"先生, 日誦小學大學書, 以爲規模, 探頤六經, 力持誠敬, 以存養省察爲體, 修齊治平爲用, 期至大聖闢城, 鷄初鳴, 必盥櫛, 整衣冠, 危坐如泥塑人, 引學者講論, 治心要領, 諄諄不怠, 如是三十餘載, 精積力久,

전통 위에서 조식[11]이 경상우도에서 나왔다. 16세기 중반 李彦迪·李滉·曹植의 학풍을 포괄해서 이를 '嶺南學派'라 할 수 있다. 1545년 乙巳士禍 이후에 굴기하여 1575년 東西分黨 이전에 일생을 마치면서 각기 慶尙左道·右道를 대표하여 영남학파의 2대 산맥인 退溪學派와 南冥學派를 형성하였다. 嶺南士林派는 척신, 공신, 훈신 등으로 구성되어 있는 훈구파와 정치적 대립을 함으로써 조선왕조사의 피비린내 나는 연이은 사화의 계기가 되었는가 하면 향리와 향교를 중심으로 한 지방교육의 원천이기도 했다. 金宗直이 활동한 15세기는 名分과 義理를 지킨 선비를 존경하는 사상이 의식 속에 깊이 내리기 시작한 때였다. 이 같은 선비의 尊賢思想은 역성혁명을 일으켜 고려왕조를 뒤엎었다. 조선왕조를 건국한 주체세력들은 그들의 王統 정당성을 계승 발전시킬 수단으로 忠節의 사표가 될 수 있는 인물을 내세워 士大夫와 일반국민의 정신적 지표를 만들지 않을 수 없는 역사적 필요성에 의해 혁명을 단행하였다. 조선 건국 주체세력들은 그들의 강력한 정신적, 정치적 대립세력인 고려왕조 '忠臣 不事二君'의 주창자들인 정몽주, 이숭인, 길재 등을 조선조 건국이념인 성리학에 맞아떨어지는 인물 이외에는 없었기 때문이다. 여기에 15세기 중엽 수양대군의 王位簒奪을 불의로 간주하였던 死六臣과 生六臣 그리고 낙향한 신진사류의 대거 진출로 하여 大義名分과 청빈을 중시하는 선비풍조가 굳건해졌다.

博而不雜, 通而不流, 堅確實篤, 猶皇皇如不及……."이라 하였고, 둘째, 曹南溟 師友錄에 "曰, 先生, 身任道學之倡, 爲近世儒宗, 服小學以培根, 遵大學以立規模, 力持誠敬, 而發揮六經, 以期至於聖賢之城, 此先生爲學之大略也."라고 한 것을 보면 김종직 이후 근세유학의 지평을 연 김굉필의 학문적 도학사상을 높이 평가하고 있음을 알 수 있다.

11) 曹植의 정치사상에 관해서는 李志慶. 2003, "曹植 政治思想의 要諦 '敬·義' 硏究", 한국·동양정치사상사학회 편. 『東洋政治思想史』第2卷2號, pp.33-56 참조할 것.

이러한 배경에서 金宗直은 영남사림의 종장으로서 중앙관계에 진출한 신진사류들에 의해 숭상되었던 길재의 학풍을 전파하고 신진사류를 주도했던 영남사림의 대표적 인물이었다.

III. 士林과 金宗直의 道學政治[12]

1. 15세기 사림정치의 정치사적 배경

조선조 건국(1392) 이후는 전형적인 유교사상이 절대적으로 지배하는 국가였다. 유교국가의 정치체제는 군주주의와 귀족주의의 혼합이다. 그런데 유교국가의 귀족은 학문적 德能의 신분이 특징적인바, 흔히 그것을 士族이라고 부른다. 사족의 비중이 클수록 발전된 유교지배 국가라고 할 수 있다. 조선조 정치체제는 도학적 정치이념의 부정적 측면으로부터 비롯되는 양반 중심의 착취적 사회·경제, 문약하고 공리·공담에 가까운 사변성과 형식주의, 명분주의,

---

12) 道學思想에서 禮는 권력이었다. 儒家의 禮는 父子, 君臣, 義를 三本으로 함께 尊崇되었다. 禮的 질서화로서 禮의 권력화는 조선조 유교정치에서 정점을 이룬다. 禮는 폭력적 강제가 아닌 윤리적 강제였고 禮의 履行層(Carrier)은 君王이 아닌 儒學者들이었다. 즉 유학자층이 군주의 유교도덕으로 통제하려는 강력한 수단이었다. 禮의 권력화 현상을 '道德政治'(Moral Politics)이라는 개념으로 해석할 수 있다. 모랄폴리틱이란 현세적 권력에 대한 반대에서 비롯한 윤리체계가 또 하나의 권력으로 예적 질서화한 정치적 양식을 뜻한다. 유교정치에서 '모랄폴리틱'은 조선조 정치체제 운영원리의 핵심이었다.

체면, 주변국가와의 국방 및 외교정책 빈곤 등과 같은 폐단 또한 없지는 않았으며 실제의 정치행태 면에서 볼 때 비민주적인 신분 차별이나 정치참여 제한, 민중의 복지를 강조하지만 민중의 정치적 권리는 철저히 배제, 권력을 중심으로 하는 士禍, 黨爭, 勢道 등의 당파적 갈등과 투쟁 그리고 변화하는 체계의 내외적 환경에의 적응 실패, 반복되는 왕조체제의 권위주의적 정치, 왕정 운영에서 군주의 절대적 억압정치, 성인·군자화되지 못한 군주의 통제 메커니즘이 존재하지 않았다는 점 등과 같은 부정적 양상 또한 적지 않게 가지고 있었던 것이다. 하지만 정치사적 관점에서 의의가 있다고 여겨지는 중요한 사상가들의 행태들과 사건 중심으로 연구하는 것은 중요하다고 본다. 거시적 차원에서는 한국정치의 정치문화적 접근의 근원적 모태가 되고 있기 때문이다(이택휘 1999, 31-32; 손문호 1990, 26; 1992, 21; 박현모 2003; James B. Palais. 1991).[13]

조선조의 건국은 외세와의 전쟁이 아닌 內部的 혁명론자에 의해 권력 주체와 통치조직만 변경되었다. 人民, 國土, 歷史를 바탕으로 한 國體는 그대로인데 정치체제, 이념, 문화 등 國制만 외형적으로

---

13) 조선조 '士禍'와 '黨爭' 개념적 차이를 보면 과거 일본인 학자들은 한국인 민족성 특징의 하나로서 黨派性을 주장하고, 한국정치사에서 政爭이 장기간 계속되었음을 입증하기 위해서 士禍와 조선 중기 이후 시기의 당쟁을 직접 연결해서 설명하였다. 그러나 '士禍'와 '黨爭' 두 개념은 전혀 다른 의미를 내포하고 있다고 할 수 있다. 士禍가 훈구파와 사림파 사이의 투쟁에서 훈척계열의 자기 분열적 현상이거나 또는 士林에 대한 정치적 보복행태였다면, 黨爭은 사림파 간의 정치투쟁에서 정치권력의 주도권을 장악한 사림지배 세력들 사이에서 행해진 정치행태로서 붕당정치적 성격을 가리키는 것이었다. 하지만 성리학을 바탕으로 하는 사림정치의 발달은 정치참여층의 확대와 정치운영의 활성화를 가져오게 되고 이러한 배경에서 당파 간의 경쟁과 대립이 일어나며, 그러므로 당쟁의 발생은 근대 이전 유교국가에서 조선 정치수준이 그만큼의 긍정적 성숙과 부정적 자기붕괴를 의미한다.

변모한 유교국가였다. 조선조의 국시는 유교이다. 고려의 불교국가
를 지양하고 조선을 유교국가로 만들겠다는 것이 역성혁명의 명분
이었고 건국의 이념이었으며 정치의 목표였다. 유교국가란 '綱常'
으로 나라를 다스리는 것을 大道로 삼는 국가이다. 이른바 三綱과
五常(仁義禮智信)을 인간 삶의 행위규범, 국가 존재의 질서 기반으
로 삼는 교화 국가를 일컫는다. 조선조가 건국이념으로 유교의 강
상을 표방했으면서도, 그 내막은 출발부터 강상에 저촉되는 일로
인해서 正道와 權道 간에 극단의 대립을 가져왔다. 유교의 강상의
논리에 비추어 볼 때 '以臣伐君', '伐君簒國', '不事二君'은 있을
수 없는 일이였다. 하지만 정몽주의 殉節, 杜門洞 七十二賢의 抗
義는 正名論에서 나온 것이며 건국 事功派를 접고, 건국에 반대한
義理派를 인정하였다. 太宗이 죽인 鄭夢周를 만고의 忠臣으로 표
양하고, '不事二君'을 고집한 吉再를 名教의 風範으로 내세웠던 것
이다(김충렬 2002, 20-21).

그러나 조선왕조의 건국(1392년)을 전후한 高麗末 朝鮮初 成宗
(1470-1492) 말에 이르는 100여 년간의 조선정치사는, 君權과 臣
權의 싸움, 골육상잔 등의 권력투쟁을 유발, 강상의 논리는 또다시
파괴되기 시작했다. 유교국가의 왕도정치 표상인 '民貴君輕', '民爲
邦本', '爲民安人'의 의무보다는 帝王權 중심의 세력 강화를 위한
합리화에 급급했다. 수양대군의 왕권장악(1455년)을 전후하여 端宗
까지의 전반기(1392-1455)와 世祖로부터 成宗 末까지의 후반기
(1455-1494) 두 시대로 나누어 볼 수 있다(김만규 1999, 102). 조
선왕조의 창업과정에서 왕권은 강화되었지만, 그것이 곧 초기의 국
왕들의 현명하고도 절제 있는 권력사용을 보장해 주는 것은 아니
었다. 국왕과 신료들에 대한 고양된 신유학의 철학적 지침에도 불
구하고, 조선왕조는 개인적 권력 장악의 야심을 충족하기 위해서

전통과 규범을 무시하는 것과 같은 세계사의 다른 王政들과 똑같이 왕권 폐위와 肉親間의 왕위찬탈이 진행되었다. 1398년과 1400년에 두 차례의 '왕자의 난'에서 태종의 왕위계승 질서가 무시되고, 1455년 세조의 왕위 찬탈은 왕권의 정통성의 토대 자체가 무너지기 시작했다.

세조왕위 찬탈 당시 金時習(1435-1493)과 金宗直의 정치적 태도를 비교해 보면, 수양대군이 왕위찬탈 후 세조가 되자(1455년) 生六臣의 一人 金時習은 20세의 젊은이로 울분에서 삭발하고 불교에 입문하였다. 金宗直은 세조 집권 당시 24세의 약관이었고, 28세 되던 세조4년(1458년)에 과거시험에 응시하여 급제함으로써 관직에 나아가 신정권에 적응하였다. 金宗直과 김시습은 수양대군이 왕권을 장악했을 당시 다 같이 약관의 청년이었으나, 두 사람이 선택한 정치적 태도와 노선은 정반대이었고, 사상적 입장과 시각도 판이하였음에 유의할 필요가 있다. 세조 집권 후의 정치사상은 훈구파는 아니지만 현실주의자였던 士林派의 金宗直과, 반체제적이었고 주자학적 유학 통치이념에 대한 회의론자 金時習의 사상을 대표적으로 생각할 수 있다(김만규 1999, 130-150). 또한, 반정을 통한 정통성이 취약한 군왕과 성인군자가 되지 못한 무능한 군왕을 대치시킬 수 있는 메커니즘이 유교적 왕정체제 안에는 존재하지 않았다. 오히려 조선왕조는 극소수의 관료만이 국왕의 정당성에 도전할 수 있었다. 유교는 국왕에 대한 충성심을 매우 중요시하였고, 국가의 군사력이 국왕에게 집중되어 있었기 때문이다(박현모 2003, 73-76).

15-16세기는 勳臣政治에서 士林政治로 이행하는 과도기였다. 戊午士禍(1498), 甲子士禍(1504), 中宗反正(1506), 己卯士禍(1519), 乙巳士禍(1545) 등 여러 차례 士禍로 인한 정치적 격변기였다. 이

러한 정치과정에서 통치층 내부의 君 · 臣間의 義를 둘러싼, 이른바 통치자의 자기규율과 수신의 문제가 사상가들 사이에 당면의 정치적 과제였다(박충석 1982, 23). 조선조에 있어서 주자학이 조선조 주자학으로서 체계화된 것이 16세기 후반 퇴계의 단계에 이르러서였다고 할 수 있다. 따라서 이렇게 본다면, 주자학의 전래 이래 그것이 체계화된 조선조 주자학으로서 정착하는 데에는 약 200여 년의 기간이 소요되고 있는 것이다. 물론 조선조의 주자학 수용과정을 검토함에 있어서, 이 기간 중에 정몽주, 정도전, 권근 등에 이어서 김종직, 김굉필, 조광조 그리고 그 사후의 서경덕, 이언적 등의 주자학 연구의 경향이 어떠한 것이었느냐 하는 점이 결코 간과될 수 없는(박충석 · 유근호1980, 37) 중요한 연구영역이다.

15-16세기에는 신진사림이라고 불리는 새로운 정치 세력이 등장하여, 중앙의 훈구 세력과 정치적 갈등을 일으켜 몇 차례의 사화를 초래하였다. 거듭된 사화로 사림은 큰 타격을 입었으나, 그 세력은 점점 커져서 16세기 중엽에는 드디어 사림 정권이 성립되었다. 사림이 승리하자, 또 사림 간의 분열, 대립이 생겨났는데, 이것이 당쟁의 시작이었다. 사림은 부국강병이나 그것을 뒷받침하는 패도와 공리주의 그리고 기술학 등을 배격, 천시하고, 도덕 중심의 왕도주의 정치를 추구하며, 향촌 자치를 중요시하였다. 그리하여, 그들은 서원, 향약, 유향소 등을 통해서 향촌 사회를 지배하고 불교, 도교 민간 신앙 등 왕도 사상에 어긋나는 초기 문화를 비판하는 한편, 왕도 사상의 관념만 강조하는 역사를 서술하였다. 사림의 대두는 유교 문화의 성장을 가져왔으나, 국력을 약화시키는 계기를 만들어 주기도 하였다.

이러한 사림 진출의 정치사적 배경은 15세기 후반인 세조 때에 중앙 집권과 부국강병이 지나치게 추구되고, 훈구 대신들이 권력과 재산을 모으자, 사림은 그들을 공격할 수 있는 유력한 입장에 서게 되었다. 또한 사림의 정치이념은 국가나 민족의 성장보다는 그들의 주도권을 향촌 사회에 확립하고 사림을 주체로 하여 운영되는 사회 체제를 희구하였다. 관한 교육(향교)보다는 사학 교육(서원)을, 과거 제도보다는 천거 제도를, 국가의 빈민 구제책인 의창보다는 향촌에서 자치적으로 행하는 사창 제도를, 오가작통제보다는 자치적 공동체로서의 향약을 실시하려 했다. 훈구파가 민족의 외향적 성장에 기여했다면, 사림파는 내향적 성장에 공헌했다고 할 수 있다. 그리고 사림파와 훈구파의 대립은 학통과 출신 지방이 서로 달랐고, 학문적·정치적 입장이 서로 달랐기 때문이다. 또한 절의를 숭상하고 성리학의 정통적 계승자로 자부하였던 사림파는 훈구파의 부국강병책과 사장 중심의 학풍을 비판하고, 유향소 등 향촌 자치제의 실시를 요구했다.

15-16세기는 조선왕조 정치사에서 정치권력의 격변기였으며, 훈구파와 士林派의 권력투쟁, 사상투쟁의 이념적 내면화의 절정을 이루었다. 전자는 건국 주체 훈구세력이고, 후자는 건국이념인 유교국가의 실현 주체세력인 여말선초의 節義派 후계를 계승한 유학자 및 관료들이다. 여기서 士林[14]이라는 말은 유학을 전공하고 그 이

---

14) 士林, 士論, 士流, 士類(族), 士氣, 士(史)禍 개념을 비교해 보면 다음과 같다. 天下의 公言을 '士論'이라 하고, 당세의 제일류를 '士流'라 하고, 성리학자나 사장학자의 구분 없이 폭넓은 의미의 유학을 공부하는 선비집단을 士類(族)라 하고, 四海에 義聲을 울리는 것을 '士氣'라 하고, 君子가 죄 없이 죽는 것을 '士(史)禍'라 하고, 유학사상을 講學論道하는 讀書人, 官僚, 知識人, 大丈夫, 君子, 仁人, 賢人, 有德者, 家産官僚를 총칭하는 것으로 성리학에 보다 충실한, 사회의 건설을 위해 노력했던 在野의 知識人들로서, 在地的 中小지주의 기반을 소유했던 세력을 '士林'이라 한다(『論語』, 옹야편; 금장태 1980, 154-155; 한국사상연구회 1996, 60; 손문호 1996, 31; 고병익 1976, 31; 박선정 1985, 63).

념을 실천하는 독서인, 지식인, 관료의 美稱인 士와 우거진 수풀을 가리키는 말로 많은 뜻을 지닌 접미어 '林'의 合成語이다. 또 士林은 功利를 초월해 '山林'에 거처하면서 科業을 외면하고 관직을 업으로 하지 않으면서 講學, 養德을 통해서 영향을 미치는 在野人事의 분위기를 담고 있다. 中國 周朝 말기, 즉 春秋戰國時代에 출현했던 유가사상은 봉건귀족을 주체로 했던 周朝의 체제에 대해 개혁을 추구했다. 유가사상은 당시 정치적으로 소외되었던 학자, 즉 士를 주체로 격상시키는 내용이었다. 이른바 사대부라는 말은 士와 봉건귀족의 일원이었던 大夫의 합성어로서 士의 승격을 반영하는 말이다. 士大夫는 학문적 능력을 자원으로 하는 새로운 귀족이었던 것이다. 유가사상은 漢朝에 와서 통치이념으로 자리잡는다. 유교라는 말이 유가사상의 발전을 의미한다. 유교국가는 유가사상을 통치이념으로 하는 국가를 가리킨다. 유교국가는 군주 그리고 학문적 능력에 입각한 사대부를 포함한 귀족을 주체로 했다. 유교국가는 전통적인 동양의 국가유형으로서 근대 이전까지 중국은 물론 인접 국가들의 발전 모델이 되었다(손문호 1996, 31; 1990, 211).

士林派를 좀 더 면밀히 구분해 보면, 태종 이방원, 수양대군 두 왕자의 난에서 肉親間 왕위쟁탈전의 정변에 참가하지 못했거나 저항한 在野 中小 地主階層의 양반세력이 광범위하게 형성되었으니 이를 이른바 士林派라고 한다. 이들 사림파를 단종 폐위, 세조의 왕위찬탈에 대한 정치적 태도의 차이에서 節義派, 淸談派, 士林派로 구분하기도 한다.

〈世祖－成宗朝 間 政治엘리트의 政治參與 類型〉[15]

參與類型	정치적 태도의 定向(orientation)	政治 엘리트의 名 單
勳舊派	世祖의 寵臣·功臣으로 官爵이 많은 祿田과 노비소유, 典禮·詞章에 能함	鄭麟趾, 韓明澮, 崔恒, 李石亭, 梁誠之, 權擥, 申叔舟, 徐居正, 姜希孟, 李克墩 等
節義派	綱常논리에 의한 世祖의 王位簒奪·悖倫行爲에 분개, 不事二君의 뜻을 품고, 廢人으로 자처, 杜門, 放浪, 隱居,	死六臣(成三問, 朴彭年, 李塏, 河緯地, 兪應孚, 柳誠源), 生六臣(金時習, 南孝溫또는權節, 元昊, 李孟專, 趙旅, 成聃壽), 等.
士林派	鄭夢周, 吉再의 學脈을 계승한 金宗直등 野生士(班)族으로 士林의 傳統的 기상을 이음, 道學, 詞華, 高蹈的 傾向	金叔滋, 金宗直 等
淸談派	政治에 회의를 느끼고 官職을 포기한 非官僚派, 竹林七賢 등, 超世俗的인 淸談主義·風流主義, 時事評論士(班)族들.	洪裕孫, 南孝溫, 李貞思, 李摠, 禹善言, 韓景琦, 趙自知 等

위 표에서와 같이 節義派는 端宗에 대한 절의와 世祖에 대한 반감에서 형성된 나약한 정치세력이었고 현실적인 정치적 영향력을 행사하지는 못하였던 것 같다. 成三問을 비롯한 死六臣과 生六臣 등을 들 수 있다. 고려 말 '節義派'란 좁은 뜻으로 쓴 것이다. 기존의 절의파에 관한 연구에서는 대개 조선 초기 중종대의 死六臣과 生六臣을 지칭하는 대명사로 썼다. 그러나 이 글에서는 고려 말 절의파가 조선 초의 절의파의 의리사상 실천성에서 선구 역할을 하였다고 보고, 더 나아가 士林派의 연원을 규명하는 데서도 학문적

---

15) 朝鮮前期 政治 엘리트의 參與類型 分析에 참고하기 위하여 世祖－中宗朝 儒學者의 政治參與型의 자료출처는 다음과 같다(한국철학회 편 1987, 129－130; 유명종 1981, 225－241; 이병도 1983, 319－321, 1986, 146; 이성무 1998, 265－336; 부남철 1999, 118; 김만규 1999, 129). 참조 후 재작성하였다.

연원과 역사적 배경으로 나누어 다루고자 하였기 때문에, 비록 양자 간에 절의정신이라는 공통된 특성이 있다 하더라도 시대상·역사상 분명한 차이점이 있음을 참작하여 '高麗末 節義派'라 하여 따로 분류하였다. 역사학자들은 절의파를 "조선조 초기 단종의 자리를 빼앗은 세조의 패륜 행위에 분개하여 그 절의를 지켜 세상을 버리고 폐인으로 자처하면서 일생을 보낸 학자로 成三間을 비롯한 死六臣과 金時習을 비롯한 生六臣이 이에 속한다."고 하였고, 이병도 교수는 "節義派는 곧 死六臣과 生六臣 일파를 말한다."(이병도 1987, 146)고 하여 절의파를 곧 세조 왕위찬탈과의 연계선상에서 이해하였다. 한편 유명종 교수는 절의파의 사상적 연원을 吉再에 두고 士林派와 死六臣을 한데 묶어 논하기도 한다(유명종 1981, 225-241). 반면에 윤사순 교수는 고려 말 정몽주나 길재에서 보이는 절의 정신을 인정하면서도, 다른 한편으로 조선 초기 세조의 왕위찬탈이라는 특유의 여건하에서 형성된 死六臣·生六臣의 절의 정신 또한 士林派에 크게 작용하였음을 인정하여 절의파를 넓은 의미로 이해하되 양자 간에는 농도의 차이가 있으며 士林派에 이르러서야 온전한 도학의 의리정신으로 성숙되었다고 하고 있다(한국철학회 편(중) 1987, 129-130). 이러한 鄭夢周, 吉再 節義派 의리정신의 실천성은 士林 政治思想에 정신적 표상이었고 金宗直, 金宏弼, 鄭汝昌, 趙光祖에 이르러 그 영역이 기호지방으로 확장된다. 淸談派는 관직을 포기한 非官僚派로서 자연을 일시적 안일의 대상으로 삼아 음주, 가무 시사평론으로 욕구불만을 토로한 사람들이었으며, 남효온, 홍유손, 조자지, 한경기, 우선언 등 소위 竹林七賢을 자처한 사람들이었다.

사림파는 영남지방을 중심으로 한 재야의 양반세력으로서, 士林派 학자들이란 金宗直, 金宏弼, 鄭汝昌, 趙光祖, 李彦迪, 李滉, 李

珥 등을 말한다. 이 중에도 15세기 후반에서 16세기 전반에 활약한
전기 사림파 학자들이 奉公의 실현을 위해 목숨까지 던진, 이른바
사화기의 주역이었다는 점에서 더욱 선비의 상징으로 간주될 수
있다(윤사순 1993, 94). 성종조 이후에 관료세력으로 등장했을 때의
사림파란 바로 이들을 말하였다. 이들 정치세력으로서의 士林派의
영도자가 金宗直이었으며, 그는 高麗末 수정보수파로 조선 왕조
건국 후 고향인 경상도 善山으로 은퇴한 冶隱 吉再의 제자 金叔滋
의 아들이었다(김만규 1999, 129). 士林派는 조선 전기 정치세력의
하나로 이어진다. 이들의 학통은 영남지역 일대를 중심으로 계승되
어 儒學의 主流를 형성하였다. 成宗 때부터 정계에 진출하면서 기
존의 勳舊派의 정치질서를 비판하고 이상적 유교정치, 즉 明宗, 宣
祖 때 사림정치는 본격화된다. 李滉이 이때 중심적 인물이었다. 즉
유교국가의 실현을 위한 '隆古主義' 복원 이상주의 왕도정치를 실
현하려는 정치세력이다.

　高麗後期부터 등장하기 시작한 신흥사대부는 조선조 건국과정에
서 학문적·정치적 입장을 달리하는 두 계열의 정치세력으로 나누
어졌다. 그 하나는 건국과정에 참여한 공신 계열이고, 다른 하나는
그에 반대한 인물들로서 그 일부는 향촌에 은거하며 후일을 예비
한 在地士林 세력이었다. 조선조 16세기 사림지배 세력이란 건국
이래 정치권력을 독점적으로 향유해 온 勳舊派와 그 대응세력으로
등장한 사림정치 세력을 의미한다. 사림주의 개혁은 조선조 정치사
의 한 축이었다. 조선정치사는 분명히 士林主義의 정치적 실현과정
이었고, 훈척정치의 일탈현상이었다. 그것은 훈척정치에 대한 사림
주의의 저항이라는 맥락에서 개혁적 성격을 내포하고 있다. 훈구파
보다 사림파에 더 많은 관심을 가지게 되는 중요한 이유는 그들이
유교적 국가건설을 위한 정치개혁을 담당하는 주체세력이었기 때문

이다. 士林政治는 성리학적 윤리질서의 보급과 학문체계의 정립, 새 향촌질서의 수립, 새 인재등용제의 채택과 위훈삭제, 경연활동의 강화와 有德者 賢哲君主論의 전개 등으로 구체화되었다.

이상과 같이 사림파 정치사상의 특징을 정리해 보면, 첫째, 실천적 성리학으로써 道學精神을 구현하고자 한 것을 들 수 있다. 이때 사림파의 의리 실천이란 관료로서의 奉公的 安人과 함께 성리학자로서의 이단 배척 경향으로 나타난다. 둘째, 小學修身派가 보여준 小學 중시 경향을 들 수 있다. 小學과 家禮 등의 보급을 통하여 조선조 '禮'사상의 발전을 가져오게 하는 결과를 낳았다. 셋째, 小學修身派와 때를 같이하여 자각된 至治主義의 개혁정신에 따른 경세적 업적을 들 수 있다. 爲民·民本意識에 입각해 정치적으로 적극적인 경세를 병행한 사림파의 노력이다(한국사상연구회 1996, 89). 넷째, 사림은 경제적으로는 在地 中小地主層이 주류를 이루고 있었고, 학문적·사상적으로는 程朱學에 크게 공감하여 학연을 통해 결속을 이루고 있거니와 이들의 정치적 부상은 왕정운영을 이념적 지향에 근접시키는 전기를 가져오고, 동시에 그들의 정치참여는 장차 기존의 훈척세력에 대항하는 정파정치를 예시하는 것이었기 때문이다. 이러한 맥락에서 볼 때 재야 사류를 대표하는 김종직 일파가 言論三司를 근간으로 왕정에 직접 참여하게 된 성종 때가 정치사적으로 중요한 전환점이었다고 할 수 있다(강광식 외 1998. 80-81). 다섯째, 훈척세력 타파와 사림정치 확립, 성리학적 이념이 명실상부한 국가통치이념으로 격상되어 유교국가 실현, 여섯째, 왕정운영의 도학 학문체계와 윤리적 규범, 자기 수양을 통한 가치관의 지속적 확산, 일곱째, 修己지향성: 經學 위주의 '修己之學', 治人지향성: 사장학의 '治人之學'이며, 여덟째, 유학에서 이상정치인 왕도정치로써 天命思想, 德治, 禮治의 실현을 위한 公論

추구, 유교적 국가주의 추구이다. 아홉째, 조선조 건국 정치이념에 일치된 실천성리학 측면에서 유교사상의 '振綱常' 논리에 의한 '野生士族'으로서 王政運營의 道學化를 주장했다. 이들 양자 공통점은 지배층으로서 도학정신 계승과 성리학 이론의 심화를 위해 국가를 통치하는 民本과 爲民의 실천적 주체로서의 역할이라는 것이다. 사림이 추구해 온 개혁론이 국가의 정책으로 연결되었으며, 戊午人, 甲子人, 己卯人·乙巳人 및 門人·後孫들이 그 실천의 주체가 되었다는 의미를 갖고 있다.

조선왕조는 유교국가를 정치이념으로 표방했지만 실제의 통치는 그것을 내면화하는 데 이르지 못했다. 그런 상황에서 사림은 투철한 유교정신에 입각하여 국가의 예적 질서화를 부르짖었다(서원대신문 1992. 04. 01). 하지만 사림파는 공리주의에 바탕을 둔 부국강병책을 반대하고, 군사학, 기술학을 천시했다. 이것은 유비무환의 국방정책을 소홀하게 하여 여진이나 임진왜란과 같은 왜구의 침입에 대해 적극적으로 대처할 위기관리 능력이 부족했다.

김종직의 정치사상을 제대로 구명하기 위해서는 당시 조정을 구성하고 있던 사대부의 성향을 고찰할 필요가 있다. 15세기 후반 사대부는 크게 세 부류로 나눌 수 있는데, 첫째는 세조의 왕위찬탈을 도운 훈구파로서 그들은 기존의 세조체제를 옹호, 강화함으로써 자신들의 집권태세를 지속시켜 나가려 했으며, 둘째는 世祖期에 출사하고 성종조에 登庸된 사림파의 노장층으로 세조의 찬탈행위를 내심 불의로 간주하면서도 세조체제를 인정하고 훈구파와 공존하면서 점진적, 온건적인 개혁노선을 지향하는 부류인데 金宗直·洪貴達·曹偉 등이 이 계열에 속한다. 셋째는 대개 김종직 문인들로서 성종조에 처음 출사하여 성종을 '吾君'으로 표현하고 기존의 세조체제에 도전하는 급진적 과격한 개혁을 추진하려다 결국 戊午士禍로 인해 직접 피해를 입은 신진, 기예한 소장사림이 이 부류에 해당된다 하겠다(이수건 1996, 98).

15세기 정치적 혼란 속에서 62년 동안 살고 간 金宗直의 조선 초기 정치사적 특징을 정리하면 다음과 같다. ① 조선조 개국 이후 39년에서 100년이 되는 시기로 조선왕조 창업과 수성의 '나라 만들기 사업'이 완성을 보려는 시기에 해당된다. 따라서 지식층은 새로운 문물제도의 정립에 폭넓은 이해를 갖고 있었고 적극 참여하려는 의욕에 차 있었다. ② 국가의 통치이념이 유학을 바탕으로 유교적 국가주의체제로 굳어져 가고 있었다. 성종 2년(1417년)에 『經國大典』, 5년(1474년)에 『國朝五禮儀』 등이 완성되고 신왕조 창건 후 진출한 새 세대가 官界要路와 사회 상층에 포진하면서 유교가 세력화하기 시작하였다. ③ 새 왕조 개국 후 양성한 士類들이 제2세대로 접어들면서 新進氣銳의 투철한 유교이념과 淸新한 士風으로 정치에 참여하면서 이른바 사림이 형성되기 시작했다. 새 왕조는 太祖7년(1398년)에 漢陽에 國立中央大學格인 성균관을 건립해 개교했고, 全國 府·牧·縣 單位로 各地에 鄕校를 재정비, 교육에 주력함으로써 新進士類가 量産되었고 대거 중앙정계에 진출하였다. ④ 程朱學 또는 주자학이라 일컬어진 도학정치가 뿌리를 내리고 있었다. ⑤ 개국 후 昇平하던 새로운 문화와 國初에 형성된 긴장과 새 질서 확립과 기강엄수는 쇠퇴해 가고 있었다(최근덕 1996, 15－29). ⑥ 金宗直이 世祖政權이 안정화되어 가는 과정에서 관직을 한 부분은 많은 비판도 있지만 기존 해석과 다르게 유학사상에서 '小學眞知實踐'인 부모에게 입신양명한 孝의 측면에서 金宗直을 긍정적으로 이해할 필요가 있다고 본다. 金宗直은 전형적인 유가 가정에서 아버님이자 스승이신 金叔滋의 돈독한 訓育 덕택으로 중앙정계에 진출할 수 있었다. 그의 父親 金叔滋도 吉再로부터 학

문을 배웠고, 장남이었지만 밀양에서 처가살이를 했다.16) 金宗直도
密陽外家에서 성장하였다. 金宗直의 가문이 士族化한 지 100여 년
이 지난 자기 대까지 文科及第者는 그의 三父子(金叔滋, 宗碩, 宗
直)와 金從理(金叔滋의 再從兄)밖에 없는 寒微한 家勢였다. 그러다
김종직 형제가 父業을 계승하여 등과 출사함과 동시에 隣近의 在
地士族들과 姻戚關係를 맺게 되고, 다른 한편에서는 金宗直이 당
시 新進士類였던 嶺南士林派 宗匠의 위치에 서게 되자 경제적 기
반도 따라 축적되어 갔던 것이다(이수건 1984, 187-188).17) ⑦ 15
세기 후반 집권세력인 훈구파에 대항해서 성리학적 윤리질서를 확
립하고 사림주도형으로 향촌사회를 건설하며 훈구파의 權貴化와
전횡을 막고 이상적인 유교정치를 구현하기 위한 여러 개혁정치를
추진하는 데 있었다고 하겠다. 小學교육과 家禮의례의 숭상과 보급
운동, 留鄕所 夏立運動과 鄕射·鄕飮酒禮·養老禮 실시, 地志·地
圖誌 편찬 등이다(이수건 1996, 87-95). ⑧ 成宗 이후 暴君 燕山
君 때 훈구정치세력과 사림세력의 권력투쟁과정에서 戊午士禍·甲
子士禍로 많은 士林들의 피해가 이어진다. ⑨ 金宗直의 많은 門下
生들이 무오사화 이후 勳舊權臣들의 謀略에 의해 부관참시당했다.
하지만 '腥風血雨'의 甲子, 己卯, 乙巳 등 잇단 사화로 많은 희생

---

16) 朴弘信(1363-1419)은 密陽에 經濟的 基盤을 가진 사족이었는데, 世
宗 원년에 대마도 정벌 때 사망했으며, 그의 田宅과 奴婢는 無男獨女
인 딸에게 상속되었는데, 金叔滋가 그의 딸인 密陽 朴氏에게 재혼하
며 부모를 善山에 두고 처가인 밀양으로 이거한 뒤부터 경제적인 안
착을 하게 되었다. 김숙자는 선산과 밀양을 왕래하면서 친가와 처가를
돌보았다. 이리하여 박 씨의 소생인 金宗直은 여유롭게 外家의 德으
로 성장하며 家學을 통해서 학문을 수양하였다(『彛尊錄』附錄; 余鎭鎬
1996, 240; 박선정 1985, 15-16).
17) 김종직의 경제적 기반과 재산 소유 형태에 관해서는 이수건1984, 184
-230; 김용만 1996, 161-202 참조할 것.

을 감수하며 도학의 싹은 눈 덮인 凍土에서 수없이 목숨을 잃고 상처를 입었지만 더욱 생생하고 더욱 靑靑하게 자라나고 있었다. 이러한 결과 사림정치는 李滉, 李珥 때 이르러 찬란한 開花를 하고 열매 맺기에 이르는 것이다.

2. '弔義帝文'[18)의 節義觀 分析

사림정치의 실천지향적 학문은 경전 실천 중심의 道學政治이다. 도학은 조선시대를 통하여 정치·사회·문화의 모든 영역에서 지도이념으로 확립되고 지속된 것은 사실이다. '道學'은 '聖學'이라고도 일컬었고 '朱子學', '程朱學', '宋學'과도 일치한다. 그러나 일반적으로 통용하는 '性理學'은 오히려 도학의 철학적 분야에 한정된 것이라 생각된다. 도학은 성리학·義理之學·禮學·闢異端論 등 분야를 포괄하는 개념으로서, 주자학을 정통으로 삼는 조선시대 유

---

18) '弔義帝文'에 나타난 金宗直의 역사·사회의식에 대한 분석은 (朴善禎 1985, 88-99) 참조할 것. 김종직은 역사의 기록이나 시문을 통해서 불의를 고발하고 후세를 경계하는 것을 선비의 사명으로 삼았음을 알 수 있다. 그리고 여기서 김종직의 官曆과 정치적 입장 변화를 修學期(가학-문과급제 세조9년까지), 入朝期(세조11년-성종 즉위 전까지), 治人敎育期(성종즉 위-함양군수시기), 葛藤期(성종2년-성종23년까지)로 구분하고 있다. 자세한 내용은 (박선정 1985, 18-35) 참조할 것, 그 외에도 金宗直이 쓴 詩文 중 『詠弘演1首』, 『古風2首』, 『松臺冬雪』에서도 世祖의 왕위찬탈 비유 내용이 있다. '古風一首'에서 위엄 있는 봉황-梁 簡文帝-端宗, 독수리-侯景-世祖, 새매-侯景추종자-癸酉靖難 功臣, 남산자고새-永安侯 璿-端宗 복위를 꾀하는 자의 비유로 볼 수 있고, '古風二首'에서 木蘭-文宗-端宗, 덩굴·담쟁이·풀-宋申錫·李訓·鄭註-金宗瑞·皇甫仁·死六臣, 본래계획-당 조정의 안정회복-단종복위, 하룻밤의 星火-癸酉靖難 일당의 甘露之變-세조의 왕위찬탈의 비유로 해석할 수 있다.

학에 대한 가장 적절한 명칭이라 생각한다(금장태 1980, 137). 道學은 '바르고 의로운 도리를 탐구하여 몸소 실천하는 학문'이다. 이때의 실천윤리는 상당히 복잡하지만, 대체로 孔子·孟子가 설정하여 역사에 반영한 '春秋大義'로 포섭되는 '인간행위의 바른길, 修己治人 君子學 심화의 실천궁행'인 義理 또는 절의가 가장 대표적인 것이다(김명하 1999, 177). 歷史에서 그 절의정신은 高麗末 朝鮮初 크게 자각되고 실천되었다. 이성계 일파가 역성혁명에 의해 고려조를 청산하고 조선조를 세웠을 때, 春秋大義의 하나인 '不事二君'의 절의를 지킨 선비들이 그에 속한다. 두문동 72인이나 고려말 三隱 (李穡, 鄭夢周, 吉再) 등의 고려 충신들이 그러한 인물이다. 이 중 이성계의 갖가지 회유를 뿌리치고 금오산에 은거하여 연구와 교육에만 종사한 吉再의 문하에서 高麗的 節義精神을 토양으로 하여 金叔滋 등이 나오면서 士林派의 싹이 움텄다. 뒤이어 金叔滋의 자제 金宗直이 나오고 그 문하에서 金宏弼, 鄭汝昌, 金馹孫 등 여러 학자들이 나와, 중앙의 관료로 진출하면서 초기의 사림파의 형성이 본격화하기 시작하였다. 초기 士林派의 선비는 '수양대군의 왕위찬탈'을 불의로 판단하여, 金宗直의 '弔義帝文'을 사초에 넣어 그 불의의 사실을 역사에 고발하는 식으로 절의를 드러냈다(한국사상연구소 편 2001, 428-440).

金宗直은 왜, 누구를 위해 '弔義帝文'을 썼는가? 그 결과와 후대 사람들에게 어떤 영향을 주었는가? 金宗直의 사림의식, 역사의식이 가장 극명하게 나타나 있는 것으로 弔義帝文을 대표로 들 수 있다. 勳舊派와 士林派의 충돌로 표현되는 戊午士禍, 甲子士禍 그것은 분명히 燕山君 최대의 정치적인 사건이었다. 士林派는 세조와 성종의 온실 속에서 한동안 기세 좋게 성장을 거듭했다. 김종직은 鄭夢周의 학통을 계승하여 道學의 정통을 체득했다는 학문적 자부심

도 있었고, '不事二君'의 節義派 후계자라는 점에서 유학자로서의
명분도 당당했다.

高麗의 儒臣으로서 선산에서 교육에 전념하던 吉再門下에서 수
많은 유자들이 배출된 중에 밀양인 金宗直은 당시 영남의 師宗으
로서 그 일파는 사림 사이에 막강한 세력을 갖게 되었고, 김종직을
비롯하여 그 일파가 成宗 때 중앙의 정치무대에 등용되어 벼슬(관
료)을 하게 됨으로써 그때까지 중앙에서 굳은 정치적 기반을 닦은
훈구파와의 사이에 점차적으로 심한 반목과 대립이 나타나기 시작
하였다(양재인 1990, 80). 일찍이 世宗은 선비들의 학문적인 자질을
인정하여 등용의 발판을 마련해 주었다. 김숙자, 이보흠, 이맹전은
그 대표적 인물이다. 戊午士禍(1498년)의 '弔義帝文'은 金宗直이
1457년 여행 도중 숙소에서 지은 글로서 항우에게 죽음을 당한 초
나라 의제를 애도하는 내용이었다. 그러나 이는 단순히 유희적인
풍자의 글로만 치부할 수는 없었다. 항우를 빙자하여 단종의 왕위
를 찬탈한 세조를 은근히 비난하는 가시가 있는 글이었기 때문이
다(이성무 1998, 344-348). 弔義帝文은 후일 무오사화를 일으키는
단초가 되었다.[19) 이것이 발단이 되어 연산군의 즉위 초에 성종이
양성한 사림의 인재들이 조정을 에워싸서 그 세력이 자못 컸는데

---

19) 『燕山君日記』, 4年 7月 17日 辛亥條에 보면, '弔義帝文' 序頭에서 '丁
丑年(세조3년, 1457) 어느 날'이란 4가지로 해석할 수 있다. ① 端宗이
영월에서 10월 죽던 날과 일치한다는 사실은 世祖의 패륜부도한 왕위
찬탈에 대한 강상논리에 저촉, 金宗直의 정치적 비판 의도로 쓰인 節
義思想으로 해석할 수 있다. ② 『金宗直 先生年譜』를 보면 1457년은
김종직이 조의제문에서 "정축년 10월 어느 날 내가 밀양에서 성주로
가는 도중 답계역에서 묵었다."라는 글은 착오인 듯하다. 이때 김종직
이 부친 居喪中에 삼형제가 服喪廬墓살이 中이므로 그곳에 출입했을
리 없다는 것이다. ③ 1457년에 端宗은 영월로 유배되었다가 죽었으니
꿈에 만났을 수도 있고, 의탁해서 조문을 지을 수도 있었을 것이다.

2차의 참화를 戊午士禍·甲子士禍라고 부른다.

무오사화라는 것은 金宗直이 세조조 사실을 기록했는데 그 기사 중에 세조를 단종의 왕위를 찬탈한 점이 있다고 해서 그 제자 김일손, 권오복, 권경우, 정여창, 김굉필, 강한주 등의 명사와 학자 정치가를 혹은 살해하고 혹은 귀양도 보내고 해서 피해자가 실제로 백여 명에 달했었다. 당시 金宗直은 사후이었으므로 관을 떼어 시체를 편편히 끊고 어세겸 등 史修官에게는 사실을 보고 모른 체했었다고 해서 역시 죄를 주었다. 이것은 김일손과 이극돈이란 자 사이에 사감이 있어 유자광·이극돈이 꾸며낸 일인데 김일손은 金宗直의 史記를 절찬했다는 죄밖에 없는데 죽인 것은 稀代의 폭군 연산군이니 그가 아니면 못 할 일이다. 사가가 평하기를 연산군은 공부를 하지 못한 人君이라 이러한 학자 정치가들이 붙어 있어서는 행동이 자유롭지 못하다고 해서 이러한 포악한 짓을 했다고 하니 이것이 의미 있는 말인 듯도 하다(高權三 1948, 34－35).

김종직이 弔義帝文을 쓴 것은 그의 생애 가운데서도 유학 실천이 가장 강했던 수학기에, 세조의 왕위찬탈을 못마땅하게 여겨 사림에 묻힌 父 김숙자의 영향을 받아, 세조의 춘추대의에 어긋난 왕위찬탈은 중국 초패왕 항우를 제시해 하나의 '他山之石'이 될 수 있는 것으로 천리를 따르는 사림이라면 忠憤을 가질 만함을 일깨우기 위해서이며, 교묘한 용사를 쓴 것은 그의 문학적 재능에서 기인하기도 하지만, 立身揚名을 위해서는 직접적인 세조 비난의 적극성을 숨겨야 하겠다는 현실 인식이 바탕이 되었다고 할 수 있다. 그러나 金宗直의 이런 절의를 중시한 弔義帝文과는 관계없이 세조는 즉위했고, 차츰 정국도 안정을 회복하게 되자, 유학자의 節義는 내면으로 가라앉고, 부모에 대한 '孝'로서의 '立身揚名'과 자신의 주어진 현실을 긍정적으로 받아들여 入朝하여 吏曹參判에까지 이르렀던 것이다.

이와 같은 외면적 현실, 즉 관직생활에서는 긍정적이고 타협적인 정치적 현실주의자 태도를 보이고 있다(박선정 1985, 96-99).

이러한 金宗直의 정치적 태도와 사림의 이념적 실천에서 불의에 항거하며 정치개혁을 주장하며 자신의 주장을 관철시킨 조광조, 生六臣의 한 사람인 김시습과는 뚜렷한 대조적 특징을 보인다. 그러나 그의 유학의 실천적 정신을 정책적 개혁의지로 승화하지는 못했다. 다시 말하자면 정치적, 작게는 임금의 총애를 받는 신하로서는 현실을 긍정적으로 받아들여 원만한 처세를 했으며, 新進士林의 스승으로서 투철한 유학의 '衛道抗節'의 실천은 일상적 신변사에만 나타났을 뿐 내면적 이상에 그쳤다고 볼 수 있다. 世祖의 왕위찬탈 정당성 모순에 대한 사림의 영수로서, 즉 '亂世昏君'을 만나면 '살신성인'의 유학자적 모습은 볼 수 없었다. 그러한 이유 때문에 김종직에 대해 출세지향적 수정보수주의자라는 부정적 평가가 뒤따른다. 또한 김종직에 대한 긍정적 평가로서는 당시 어린 단종에 대한 세조의 쿠데타로 왕위찬탈을 한 데 대해 많은 死六臣, 生六臣, 金時習 등이 불의로 보고 항의했는데, 金宗直의 弔義帝文도 세조에 대한 왕위찬탈의 우회적 표현으로 사림의 절의와 실천이라는 知行合一의 한 측면으로 이해할 수 있다. 金宗直의 정치사상은 고려 말 정몽주, 端宗 復位 추진의 死六臣과, 生六臣이 보여 준 '忠臣不事二君'의 의리사상을 지킴으로써 충성을 매개로 한 君臣關係의 전형을 제시했다는 맥락과 조선조 개국의 정치적 명분이었던 '民本經世'의 맥락이 金宗直에 와서 사상적으로 통합, 확장되었다고 볼 수 있다. 金宗直은 여말 節義派의 의리정신을 계승하고, 조선 초기 嶺南士林의 사실상 영수로서 眞知 小學 實踐을 주도한 신진사류의 주도 인물이었다. 김종직은 영남학파에서 도덕적 經世類의 宗祖로 불린다. 그러나 金宗直에 대한 긍정적 평가보다 부정적 평가가 우세한 측면이 있다. 그것은 金宗直의 정치적 태도와 정책적 개혁의 실천에서 적극성이 약하기 때문이다.

조선조는 전형적인 유교국가였다. 초기 유교사상의 국가화 기획은 1차, 2차로 나누어 사회적 레벨에서의 정치적 정당성을 확보하는 방향으로 진행되었으니 그 1차 유교화의 기획 주체들은 정도전과 하륜 등 혁명론자, 소위 '新興士大夫'의 계열로 조선 초기 정계를 이끌었던 유자 관료들이었다. 그들은 文物典章의 整備 등 다분히 실무적이고 실용적인 방향에서 접근이 이루어졌다. 그러나 '두 차례 왕자의 난(太宗, 世祖)'과 같은 정치변동에서는 다분히 전략, 전술적인 '謀策'이 중요시되었다. 따라서 조선조의 제2차 유교화 기획은 강상의리파인 '忠節'을 강조하는 맥락에서 이루어졌고 그 중추세력으로 고려 말·조선 초 義理精神의 節義派 정몽주, 길재, 김숙자의 맥락을 잇는 사림세력이 떠오르게 되는 한 유교적 가치체계에 충실한 도덕적 인물이 김종직이었다. 金宗直은 민본을 정치적 정당성의 원천으로 삼던 시대에서 節義를 정치적 정당성의 원천으로 하는 시대로 가는 과도기에서, 이 두 경향을 조화시키고자 한 사람이었다. 조선조 유교화 2차 기획에서 입안자적인 위치에 있었던 것이다(박병련 2002, 64-67). 유교정치체제 집권강화 수단의 보강론으로서 인재등용론, 유학적 봉건 차별윤리의 실현을 위한 교육론, 재야사림의 세력기반인 유향소 부활을 주장하고 있다.

金宗直은 제일차적으로 정치 과제를 무엇으로 보았는가? 그의 주된 관심사는 백성의 생활안정을 위한 사회·경제적 대책이 아니었던 것 같다. 그보다는 장자세습제 정통성의 파괴와 정치세력의 교체로 인한 군신 질서의 혼란을 바로잡는 일이었고, 왕권 변경에 의한 새로운 체제의 윤리질서를 재확립하는 것이었다. 동시에 신체제의 윤리적 정통성을 마련함으로써 재야사림파의 정계진출을 보장받으려는 저의도 작용했을 것으로 본다. 다시 말하면 金宗直은 세조의 집권 뒤 신정권에 대한 저항과 반란 등 정치적 불안정을 시인하고 윤리질서를 바로잡아 왕권체제를 재확립하기 위한 이론적 토대를 마련하려는 데 주력하였다. 이 점은 그가 정치의 제일차적 과제로, 교란된 君臣, 父子, 長幼, 夫婦, 朋友 사이의 차별 윤리질서를 바로 세울 때, 士·農·工·商 등 온 국민이 사회경제적 안정을 이룰 수 있다고 본 데서도 알 수 있다(김만규. 1982, 137).

金宗直의 사상에서 조선왕조 건국 이래 소외되어 온 사림파의 정계진출의 보장과 파괴된 두 차례(정종에서 태종으로, 단종에서 세조의 왕위찬탈)의 왕자의 난에서 왕통파괴 정통성을 바로잡는 사림의 당위론적 주장을 하고 있다. 또한 백성에 대한 가혹한 수탈과 폭정을 거부하고 仁政을 주장했다. 김종직의 인정론은 양반귀족의 입장에서 통치 질서의 불안정을 막기 위한 수단으로서이었지, 서민의 입장에서 그들의 이해를 대변한 것은 아니었던 것 같다. 이상과 같이 김종직의 도학정치 사상에 대한 두 정치학자의 정당성 원천 의견이 다르게 나타나고 있다. 박병련 교수는 긍정적 입장에서 조선조 유교화의 기획으로서 민본경세 쪽으로, 김만규 교수는 부정적 관점에서 통치철학의 장자세습제 정통성 파괴에서 윤리질서의 확립과 정계진출 보장의 의도로 金宗直의 정치과제 해결 우선순위를 두고 입장 차이를 보이고 있다. 이러한 내용에서 어느 한쪽의 주장보다 양자 간의 상호보완적 입장에서 김종직의 사림정치사상을 유교정치체제라는 보강의 논리로 民本과 節義의 통합과 정치적 의도로 해석하는 것이 중요하다고 본다.

金宗直은 조선조 사림정치상의 기본구도를 제시했던 도덕적 경세유의 한 사람이었다. 도학적 레벨에서 이루어지는 퇴계의 부정적 평가에도 불구하고 그가 왜 조선조 사림의 도통에서 지워질 수 없는 인물인가를 이해할 수 있게 된다. 김종직의 문인인 김굉필의 학문을 계승한 정암 조광조는 김종직의 남/북의 구도와 충절/간역의 구도는 물론, 정학/이단의 구도로 함께 나타난다. 조광조에게 나타나는 '민본사상'은 남/북의 구도를 수용하고 있는 것이고, 중종반정 공신들과의 위훈삭제의 투쟁 및 '君子小人論'은 충절/간역의 구도를 수용한 것이며, 소격서 철폐 운동은 김굉필의 정학/이단의 구도를 수용하고 있는 것으로 볼 수 있다(박병련 2002, 74). 유학의 정치사상에서 '民本經世'는 부정할 수 없는 정치의 궁극적 가치요, 목적이라 할 수 있다.

3. '弔義帝文'에 대한 後學들의 批判的 論評

金宗直은 世祖 때 벼슬을 하면서 世祖의 왕위찬탈에 대한 '弔義帝文'의 비판적 인사들의 글에 대한 後學들의 金宗直에 대한 후대 인들의 논평을 보면 다음과 같다.

① 柳成龍은 입조한 金宗直이 왜 '弔義帝文'을 지었는지 알 수 없다고 하면서 "泉壤의 화는 자기로부터 말미암은 것이니 어찌 남을 허물할 것인가."[20]

② 許筠은 "그가 지은 '弔義帝文'이나 '述酒詩'는 더욱 가소롭다. 이미 벼슬을 했으면 내 임금이거늘 헐뜯는 데 여력을 남기지 않았으니, 그 죄는 더욱 크다. 죽은 뒤에 당한 화가 불행함이 아니다. 문득 하늘이 그 간교함을 성내어서 남의 손을 빌려 많은 사람이 보는 데서 죽인 것이다."[21] 金宗直의

---

20) 柳成龍, 『西厓別集』, 卷4, 「雜著」.

간교함과 천하의 이록을 벼슬하면서 차지하고도 군자라는 명
망을 훔쳤다고 비난하고 있다.

③ 張維는 "점필재가 세조에게 신하 노릇을 하면서도 '弔義帝文'
을 지어 『春秋』의 이른바 '높은 이의 잘못을 숨긴다.'는 의리
를 크게 범했다. 대개 이러한 마음이 있었다면 그 조정에 벼
슬하지 않았어야 했고, 이미 벼슬했거든 이러한 글을 짓지 않
았어야 했을 것이다. 마음과 일이 서로 모순되고 의리와 명분
이 다 함께 이지러졌으나, ……무오사화 뒤에 사람들이 그 일
을 의논하려고 하지 않았으니, 먼 뒷날에 후학들이 상론하게
된다면 어떻게 할는지 모를 일이다."[22]

④ 尹拯은 "일찍이 점필재의 '弔義帝文'을 읽어 보니 뜻이 있어
지었음이 분명했고, 그의 문집을 살펴볼 때 「和淵明述酒」(卷
11) 및 「古風」 2수도 ……모두 우연한 것이 아닌 듯하다. 가
만히 말하건대, 점필재가 만약 湯武를 그르게 여기는 뜻을
품고 있었다면, 차라리 金時習처럼 행동하였더라도 옳지 않
음이 없었을 터인데, 이내 세종의 조정에 등제하여 벼슬이 判
書에 이르면서도 이런 말투를 시문 속에 나타냈으니, 이는 豫
陽(中國 春秋戰國時代 晉人)이 이른바 남의 신하가 되어 두
마음을 품은 것이다. 부끄럽지 않겠는가."[23]

⑤ 李滉의 金宗直 평가는 『退溪集』, 「言行錄: 論人物」, "先生曰,
佔畢齋非學問底之人, 終身事業, 只在詞華上, 觀其文集 可知
(김점필은 학문하는 사람이 아니다. 평생의 사업이 오로지 화
려한 사장에 있었으니 그 문집을 보면 알 수 있다)."고 한 부

---

21) 許筠, 『惺所覆瓿稿』卷11, 文部8. 「金宗直論」.
22) 張維, 『谿谷漫筆』, 卷2.
23) 尹拯, 『明齋遺稿』, 卷31, 「手錄」.

정적 평가를 볼 수 있다. 퇴계의 金宗直에 대한 논평은 金宗直의 사상을 문학적 입장에서만 연구하는 경향을 가능하게 했고 사상사적 연구의 장애요인으로 지적되고 있다.[24]

⑥ 김종직 일파의 진출을 경계 내지 시기했던 훈구대신들과 기호출신 言官들은 그를 '言不顧行者'로 표현하는가 하면, "正直淸苦하고 문장에 능한 사람에 지나지 않다."고 평하였다.[25]

⑦ 鄭澈도 沈方叔의 말을 빌려 喪中에 조의제문을 唱酬한 것과 세조를 찬양하여 '花雨詩'를 쓴 것, 朴柔仲의 말을 빌려 韓明澮의 '狎鷗亭'에 題咏한 데 대해 不快한 뜻을 같이한다.

(鄭澈. 『松江日記』)

⑧ 조광조는 金宗直의 위치에 대하여 「經筵의 啓」에서 "金宗直은 역시 유자입니다. 그때 김굉필 같은 무리는 비록 일시에 크게 베풀지는 못했으나, 근대에 와서 그의 풍성을 듣고 추모하는 자가 착한 일을 하는 데 분발하였으니, 역시 이 사람의 공입니다. 착한 사람이 국가의 元氣인 것을 여기서 보겠습니다. …… 저 종직의 아비는 길재에게 배웠으며, 한때의 선비로서 일컬을 만한 것이 좀 있는 사람은 모두 종직의 문하에서 수업하여, 마음을 같이하고 뜻을 모아 무리를 상종하였던 것입니다(『靜庵集』, 卷3)." 이러한 조광조의 金宗直에 대한 긍정적

---

24) 李滉의 金宗直 평가는 『退溪全書』四, 「言行錄: 論人物條」, "先生曰, 佔畢齋非學問底之人, 終身事業, 只在詞華上, 觀其文集可知." 이러한 평가는 지금까지 김종직 연구의 장애 요인으로 작용했다. 이와는 대조적으로 李滉의 『陶山全書』卷1 「和陶集飮酒二十首」漢詩 중에 金宗直에 관한 내용을 보면 "……矯矯鄭烏川, 守死終不更, 佔畢齋起衰, 求道盈其庭." 이러한 내용은 그동안 金宗直에 대한 이황의 비판적 관점과는 대조를 이루는, 金宗直의 정몽주 이후 도학의 학문적 정통성과 절의를 인정하는 긍정적 평가의 내용을 담은 이황의 제 단면이라고 본다.

25) 『成宗實錄』卷251, 22년 3월 丁酉條, 卷273, 24년 정월 壬午條 참조.

　　찬양의 평가는 조광조의 스승인 김굉필의 학문적 정통성 강조
와 유교국가 기획화 차원에서 긍정적 평가로 해석할 수 있다.
　이상과 같이 金宗直의 '弔義帝文'에 대한 후학들의 비판적 논평
들에서 金宗直이 세조 때 벼슬을 하면서 세조에 대한 비난의 '弔
義帝文' 작성에 대한 유학의 '綱常'논리에 맞지 않게 君臣間 節義
思想과는 정면 배치되는 정치적 태도를 보인 부분에 대한 비판이
다. 이러한 士林의 정치·사회에 대한 비판의 기능이라 할 수 있
다. 이러한 유학의 의리 중심적 가치관이 약화되었을 때의 피해자
는 사림지신들이라는 깊은 사명의식이라는 역사적 교훈을 말해 주
고 있는 것이다. 사림사상의 현대적 의의는 앎(인식)과 행위(실천)
가 이원화되고 있는 현대정보화 사회의 인간관계가 신의를 간과하
는 현대사회를 절의의 사회로 전환시키는 데 크게 기여할 수 있을
것이기 때문이다.
　김종직 만큼 후대의 평가가 난해한 유학사상가도 드물 것이다.
그는, 조선조 유학의 학통에서 확고한 위치를 점하고 있는 것으로
인식되어 왔다. 그럼에도 불구하고 그에 대한 평가가 분명하지 않
은 것은, 일차적으로 그의 정치적 지향이나 사상적 경향을 분명하
게 밝힌 글이 많지 않다는 데에 있다. 현존하는 『佔畢齋集』은 대
부분이 詩로 구성되어 있고, 그의 학술사상이 표명된 잡저 형식의
산문은 거의 없다. 이 점이 점필재라는 한 인간을 평가하는 데에
어려움을 주고 있다. 그에 대한 후대의 평가가 분분한 두 번째 이
유는, 그의 節義 문제를 보는 관점이 서로 다르기 때문이다. 世祖
의 왕위찬탈을 풍자한 것으로 해석되어 온 '弔義帝文'의 작자로서
의 佔畢齋와, 세조 정권에 출사하여 세조를 찬양한 佔畢齋를 어떻
게 연결시키고 어떻게 분리시키느냐에 따라 그에 대한 평가가 엇
갈리고 있는 것이다. 물론 한 인간의 내면세계나 사유체계를 간단

히 평가할 수는 없다. 한편 점필재와 같이 정치적 격랑기를 겪으며 살다 간 인물의 경우에는 더욱 그렇다(송재소 2003, 1). 이 점에 대해서 이우성은 유학사상의 사상가 문집에서 詩와 散文보다 『雜著』 부분을 훨씬 중시한다. 그 이유는 『雜著』는 대체로 학술적 논변이 주류를 이루고 있기 때문이다. 그러나 『佔畢齋集』에는 "대체로 학술적 논변이 주류를 이루고 있는", 『雜著』가 없기 때문에 "그의 學術思想 내지 이론적 체계가 어떠한 것인지 알 수가 없다."고 말한 바 있다(이우성 2002, 3). 또한, 士(史)禍 때 著書가 소실되어 자료가 절대적 부족하다.

조선조 성리학의 학파적 계승은 고려 말의 정몽주에서 발달한다. 鄭夢周는 '東方 理學의 시조'라고 일컬어지며, 그는 유교정치체제의 명분인 '振綱常'의 논리에 의한, 高麗朝에 충절을 지키기 위해 죽음으로써 조선조 건국 공신세력에 저항하는 의리정신의 표본을 보여주었던 사림의 정신적 지주인 것이다. 그의 門下에 吉再(1353－1419)가 나왔으며, 吉再는 신왕조에 벼슬을 하지 않고 향리에서 '百世淸風' 연구와 후진교육에 전념하였다. 吉再의 뒤로 金叔滋, 金宗直, 鄭汝昌과 金宏弼이 학풍을 계승하여 조선 전기 사림학파의 정맥을 이루었다. 이들 사림은 振綱常 의리를 중시하고 성리학을 연구하는 데 노력하였으며, 권력에 쉽게 영합하는 것을 수치로 여기어 왔다(금장태 1980, 66－69). 권력과 이익을 추구하는 무리를 小人으로 규정하여 배척하고 의리정신에 입각하여 유교적 국가주의를 확립, 실천하려던 사림들로서 군자 지향적 정치이념을 목표로 하고 있다.

15－16세기 조선조 사상의 지배적 지위를 차지한 것은 성리학이었다. 조선조 유교국가의 사림 정치사상에서 民本과 節義는 부정할 수 없는 정치의 궁극적 가치요, 목적이었다. 成宗은 '崇儒明君'으로서 김종직을 비롯한 일련의 성리학자들이 중앙정계에 등장하게

된 것도 바로 이 같은 시대적 요청에 부응한 것이었다. 유교국가의 생존 질서는 '道義'이다. 유교국가란 삼강오상을 인간 삶의 행위 규범, 국가 존재의 질서 기반으로 삼는 교화 국가를 일컫는다. 이 질서를 세우고 바로잡고 밀고 나아가는 주체가 사림이다. 이들 성리학자들의 등장은 훈구파 세력에 대항하면서 15-16세기 정치의 판도를 바꾸어 놓았으며, 유학을 공부하는 중소재지주 계급의 선비 집단인 사림이라는 새로운 정치세력을 형성하게 되었다. 15-16세기의 도학사상은 세종 때 정몽주, 길재의 학통을 계승하여 성리학의 정통을 체득했다는 節義派 후계자로 김숙자, 이보흠, 이맹전이 그 대표적 인물이다. 여기서 김숙자·金宗直은 부자간이다. 佔畢齋 金宗直과 그의 門下生 김굉필, 정여창, 김일손의 학통을 이어받은 김굉필은 조광조와 그 뒤의 추종파의 사림파정치이론으로 대표된다. 정암 조광조는 金宗直 이래의 영남 士林派 학맥을 계승하여, 무엇보다도 왕의 정치태도 반성, 즉 왕이 어떠한 정치적 태도를 지녀야 할 것이냐는 왕도정치 실현이라는 도학정치론을 전개하였다 (김만규 1987, 44). 이들의 공통점은 훈구파와 士林派의 정치적 대립과 갈등으로 훈구파와 왕권으로부터 사림은 사화라는 정치적 피해를 입었다. 성리학의 '三綱五倫'의 위계질서 근원인『小學』을 중시한 修身·實踐派 유학자들이라고 할 수 있다.

成宗代 영남사림의 영수로서 중앙정계에 진출한 金宗直의 '조의제문'과 사상사적 평가 및 역사적 위치에 대하여서도 부정적 관점과 긍정적 관점으로 양분된다. 먼저 부정적 평가로서는 김만규·정우락의 평가를 들 수 있다. 첫째, 金宗直은 세조의 왕권 탈취를 시인하고 젊은 나이에 관직에 연연했던 인물로 고작 '弔義帝文'으로 자신의 권력욕을 합리화하거나, 유학적 봉건도덕론을 정치론의 주제로 보았던 인물 이상의 평가를 받기는 어려울 것이다(김만규 1982,

141). 둘째는, 金宗直 이해에 있어 우리는 두 가지 난점을 발견하게 된다. 하나는 사장적 한계를 지닌다는 것이고, 다른 하나는 도학적 한계를 지닌다는 것이다. 사장파의 입장에서는 경술을 지나치게 강조하였다고 비판하였고, 도학파의 입장에서는 문장만 일삼은 사람으로 비판하였다(정우락 2002, 18). 이와 반대로 김종직의 긍정적 평가로서는 박병련, 김충렬, 김용각, 이수건의 평가를 들 수 있다. 첫째, 박병련의 평가를 들 수 있다. 조선조는 유교를 통치이데올로기로 삼고, 정치, 사회적 '儒敎化(confucianization)' 정책을 천명하였다. 이것은 불교 및 도교와 연관된 고려 조정의 정책이 갖는 '反民本的' 성격에 대한 비판으로부터 출발한다. 그런데 유교 정치사상의 본질은 '정치적 정당성(天命: political legitimacy)은 백성들에 의해서 결정된다.'는 것이었고, 조선조 개창의 이론적·실질적 명분도 여기에 있었다. 김종직은 절의파 이후 사림파 형성의 근원점에 있었고, 동방도통의 연결자이며, 실질적인 개조라고 할 수 있는 점필재에게 만약 문학적 재능만 발견되고 士林派 정치사상의 핵심 성격이 나타나지 않는다면, 그에게 도통의 역사적 지위를 부여하는 것은 잘못된 것이라 할 수 있다. 왜냐하면 '儒者'는 궁극적으로 정치지향적일 수밖에 없고(修己治人), 또 조선의 사대부는 정치적 활동이 허락된 계층이었기 때문이다. 조선조 영남 사림파 宗匠으로서 사림정치 사상의 민본과 절의의 두 흐름을 사상적으로 통합하고, 스스로 실천을 통한 기본구도를 제시했던 사람이다(박병련 2002, 62-75). 둘째는, 金宗直은 조선 유학 도통 계보에서 관절적 위치를 점하는 도학의 宗師요, '强毅直節'한 선비였다. 조의제문으로 인한 무오사화의 불씨가 되어 死後에는 勳舊 權臣의 모략에 걸려 부관참시를 당함으로써 '腥風血雨' 속에서 빛나는 신진사림의 대부이자 宗匠으로서 士(史)禍의 首魁로 알려졌다(김충렬 2002, 22-31). 셋째, 김종직이 세조의

불의를 '조의제문'으로 풍자한 것은 정몽주, 길재로 이어지는 절의
정신의 영향의 발로였으며, 立朝를 한 것은 당시 훈구파에 의해 파
행적으로 흐르는 현실의 부조리를 개혁하지 않으면 안 될 시대적
요청과 역사의식의 바탕에서 宦路 진출을 도모하였던 것이다(김용
각 1996, 159). 넷째, 당대 김종직과 정적 관계에 있는 훈구 및 기호
계 言官들의 논평은 객관적인 공정성을 가졌다고 볼 수 없다. 李滉
과 許篈을 비롯한 16세기 후반 이후 인사들의 논평은 당시의 시대
상을 잘 모르고 道學이 정착된 조선 중기 이래의 사고방식을 갖고
『佔畢齋集』과 그의 出處·名分문제를 논평자 자신의 시대와 사림
계보와 사색당파적 입장과 동일시하면서 동일선상에서 보려고 한
데서 나온 결과로 볼 수도 있다(이수건 1996, 86). 이처럼 김종직에
대한 후학들의 논평과정을 종합하면 유학 정치사상의 '振綱常' 논리
에서 긍정과 부정 양면성이 늘 동시에 존재하고 있다.

IV. 結 論

金宗直은 강상의리론 도통을 계승하여 조선조 초기 정치이념인
유교 정치체제 보강론을 위한 유교국가화에서 나타난 '두 차례의
왕자의 난' 모순을 극복하고 조선조 유교국가의 정치권력 정당화를
위한 2차의 유교국가화에서 민본을 정치의 궁극적 가치로 제시하
였고 사림정치의 기본구도를 제시한 영남사림의 종장이었다. 또한
金宗直은 사림의 도덕적 經世儒學者로서 '道義'를 강조하면서 고

려 말 절의파와 조선 초기 성리학의 정치사상에서 민본사상의 초
석을 다졌으며, 이러한 두 흐름을 사상적으로 통합했다. 그 이후
그의 학통을 계승한 3대 제자 金宏弼, 鄭汝昌, 金馹孫 등이, 무오
사화, 갑자사화로 많은 피해를 입는다. 그 후 金宏弼의 제자 조광
조는 조선 중기 사림의 도학정치에서 개혁정치 사상가의 선봉적
역할을 한다. 金宗直은 고려 말·조선조 초기와 중기를 연결하는
關節的 자리에 위치에 있다. 훈구파의 집권하에 영남 사림파의 宗
匠으로서, 도학 정착과 조선 중기 사림정치 수립에 기초를 마련했
다고 보았다. 특히 소학과 가례의 실천을 중시하고 漢唐儒學과 신
유학, 경술과 문사를 겸비한 사상가 겸 문장가이다.

조선 초기 金叔滋·金宗直 부자는 寒微를 딛고 일어서서 麗末
鮮初의 여러 계파를 한 몸에 모아 '中流砥柱', '激濁揚靑'의 순수
유학 사림파의 연원이 되었고, 조선조 유교 정치사상의 특징인 훈
구파의 권력형 비리에 대항하여 '衛道抗節', '撥亂匡正', '強毅直
節'을 志(士)氣로 하는 영남 사림의 旗幟이 되었다. 조선조의 유교
정치사상은 건국 초기의 '君·臣間의 義理思想', '君權·民權思想'
등의 正當性을 기초로 유학자 내에서 眞儒(士林)와 腐儒(훈구·척신
세력)로 나눌 수 있는데, 조선조 유교국가의 통치이념에 '振綱常'논리
를 강조하고 실천한 주체가 사림이었다. 김종직은 부패한 왕권과 훈
구·척신 세력으로부터 조선조 초기 도학정치 실현을 목적으로 유교
정치체제 『經典』, 『小學』을 중심으로 민본·절의를 실천한 眞儒(士
林)의 한 사람, 士(史)禍의 한 사람이었다. 김종직은 『小學』의 학습과
실천을 통한 인간 본원의 함양, 즉 治心之學을 통한 修己治人을 강
조하고 있다. 또한 성리학적 규범에 의거한 일상적 실천과 '振綱常'
을 지향하는 조선 전기 실천적 도학의 도통을 연결한 사상가이다.

金宗直은 세조의 왕위찬탈에 대한 저항적 정통성을 주창한 개혁

주의자는 아니다. 내면의 세계에서 머무르고 있다. 金宗直은 세조 집권 이후 정치적 태도와 노선에서 훈구파는 아니지만, 嶺南士林派의 영도적 先河로서 『小學』의 眞知實踐을 중시하고 유교국가 지향의 정통성 강조와 유교정치체제의 보강을 위한 民本과 節義를 통합한 수정 보수파의 정치적 태도를 지닌 정치적 현실주의자이며, 經典·小學에 근거한 孝·悌·忠·信의 도리를 사회화하기 위해 향교교육을 강조한 도덕적 이상주의자라 할 수 있다. 김종직과 정몽주의 정치적 태도에서 '亂世昏君'을 만나 유학자로서의 '殺身成仁'의 의리정신 名分과 節義는 다르게 평가되고 있는 것이다.

金宗直 사상연구에 대한 평가는 긍정과 부정의 많은 한계를 내포하고 있으며, 사화로 인해 소실된 자료 부족, 金宗直의 문학적 재능에 비추어 볼 때 雜著나 著述이 없다는 것이 이해하기 힘든 부분이며, 그의 시문학에 나타난 탁월한 문장력을 보았을 때, 전자의 주장에 설득력을 갖게 한다. 김종직은 조선조 초기 유현 연원의 형성과정에서 고려 말·조선 초 鄭夢周, 吉再가 보여 준 '忠義, 恩義, 信義, 道義, 節義, 義俠' 이후 조광조의 중간을 연결하는 關節的 위치의 중요한 사상가이다. 世宗에서 成宗 시대를 62년 살다 간 金宗直이 조선시대 사림정치의 사실상 영수였다면 그가 남긴·산문만을 남기고 학술적 논변을 담은 글이 없다는 이유로 폄하해서는 안 된다.

조선 초기 유교의 국가화에 공헌한 점, 소학교육과 가례 의례의 숭상과 보급운동, 유향소 복립운동 전개와, 鄕射·鄕飮酒禮·養老禮 실시, 향촌사회를 사림 주도형으로 운영하기 위하여 유교적 교화정책, 地志·地圖誌 동국여지승람 편찬 등에서 金宗直의 조선조 초기 사상가로서 긍정적 평가의 부분이라고 생각한다.26) 또한, 李

---

26) 『成宗實錄』卷157, 14년 8월 16일 丙子條 南孝溫 上疏文; 卷166, 15년 5월 7일 癸巳條; 卷172, 15년 11월 12일, 乙未條; 卷174, 16년 1월

滉의 金宗直 논평은 객관적이며, 金宗直에 대한 보다 폭넓은 논의를 제한하는 한 이유가 되고 있다고 보는 측면도 있다. 김종직의 연구에서 자료 부족의 많은 한계로 인해 그의 정치사상을 구체적으로 구명할 수 없는 것이 필자의 아쉬운 현실이다. 본 연구에서도 그러한 한계를 느끼며 김종직의 삶의 근원을 찾아서 유적지인 고령(종택), 밀양(추원재, 신도비각, 묘소, 밀양향교, 예림서원), 함양, 선산(금오서원), 밀양문화원, 금오공과대학교, 선주문화연구소 등을 찾아다니며 관계되는 사람들과 면담 및 관찰을 통해, 흩어진 자료를 수집하였다. 아울러 조선왕조실록(『世祖實錄』; 卷28, 기미조, 경신조; 卷29, 기묘조)에 보면 중용, 경서 등을 講學論道한 내용이 많이 있으나, 김종직의 대학, 중용 등 경전 해석 부분과 잡저의 저술들을 볼 수 없어 김종직 사상 연구가 단면에 불과하다고 본다.

조선조 전기 15–16세기는 사화와 당쟁 등 통치계급 내부적 모순과 정치적, 경제적, 모순으로 계급적 권력투쟁 이익의 격화가 그 어느 때보다 심했다. 하지만 같은 조선왕조라 하더라도 15세기와 16세기 후반 이후는 사상이나 의식, 관습 등에 현저한 차이가 있다. 사림파는 중소지주계급의 출신으로서 程朱理學을 추구했다. 조선조 사림파 정치이념적 특징은 "崇儒明君, 崇王斥覇, 仁本·義本 人治主義, 衛道抗節, 殺身成仁, 弘道慧民, 忠·義 思想, 剛毅直節, 不事二君, 大義名分의 實踐躬行" 등으로서 '振綱常'義理 논리에 충실한 '野生士(班)族' 저항 정치세력이 사림파였다. 사림파는 요순 시대의 '太平聖代', '大同至治'와 같은 天命, 德治, 禮治 사상을 바탕으로 王道政治의 實現, 保守勢力과의 和合, 暴君(燕山君)에 抗爭, 中宗反正 이후 유교국가 정치체제 운영의 도학화를 위한 대항

6일, 己丑條; 卷200, 18년 2월 8일 庚辰條;『燕山君日記』卷5, 元年 5월 庚戌條 金馹孫 上疏文 참조함.

한 대표적 세력이었다. 金宗直은 高麗末 鄭夢周, 吉再, 金叔滋와 조선 중기 金宏弼, 趙光祖의 時間的 中間地點, 精神的 橋梁役割의 位置에서 繼往開來한 사상가이다. 의리사상의 꺼져 가는 불씨를 키워 '振綱常'의 유교국가화에 공헌한 조선 초기 대표적 사림의 한 사람이 김종직이었다. 김종직의 유학사상은 철저하게 程朱學에 바탕을 두고 있는 도학을 중심으로 하고 있다. 소학을 주춧돌 위에 놓고, 大學, 論語, 孟子, 中庸 등을 그 위에 쌓아 올려서 조선 초기 도학의 정초자, 신진사류의 宗匠으로 영남사림의 중심에 자리해 있다. 濟濟多士를 門人으로 길러낸 그의 학문적 식견과 뛰어난 문장력은 높이 평가받고 있다. 그는 사림들의 의리정신의 푯대로 세울 수 있었다. 만일 靈的 世界가 있다면, 김종직이 부관참시를 당하면서 제자 金馹孫을 어떻게 생각했을까? 아마도 자신의 제자로서 도학자의 의무를 다할 수 있게 해 준 제자가 한없이 고마웠을 것이고, 역사에서 '正義直筆'은 반드시 승리할 것이고, 振綱常의 절의는 '大義長春'할 것이라고 믿었을 것이다.

(밀양: 영남루)

● 參考文獻 ●

1. 原典

『佔畢齋集』, 『朝鮮王朝實錄: 世宗－燕山君, 中宗, 宣祖, 正祖』, 『景賢錄』, 『一蠹集』, 『濯纓集』, 『靜庵集』, 『高峯集』, 『退溪集』, 『東國道學傳統圖辨證說』, 『游頭流錄』, 『弔義帝文』, 『擇里志』, 『典故大方』, 『靑丘風雅』, 『東文粹』, 『堂後日記』, 『彛尊錄』, 『西厓別集』, 『谿谷漫筆』, 『明齋遺稿』, 『松江日記』, 『古風二首』, 『詠弘演一首』, 『惺所覆瓿稿』, 『奇高峯의撰: 金宏弼 行狀』, 『曹南溟, 師友錄』, 『陶山全書』, 『慶北鄕校誌』(嶺南大), 『東儒師友錄』, 『孟子』, 『仁宗實錄』, 『輿地勝覽』, 『一善誌』

2. 參考文獻

강광식. 2000. 『신유학 사상과 조선조 유교정치문화』. 서울: 집문당.

강광식 외. 1998. 『조선시대 개혁사상 연구』, 성남: 한국정신문화연구원.

강지원. 1950. 『근대조선정치사』. 대학생활사.

고권삼, 1948. 『조선정치사』. 서울: 을유문화사.

고병익. 1976. 『동아사의 전통』. 서울: 일조각.

금장태. 1980. 『유교와 한국사상』. 서울: 성균관대학교출판부.

김만규. 1999. 『한국의 정치사상』. 서울: 현문사.

김영모. 1977. 『조선지배층연구』. 서울: 일조각.

김영봉. 2000. 『김종직시문학연구』. 이회.

김충렬. 1988. 『고려유학사』. 서울: 고려대학교출판부.

김충렬 외. 1976. 『한국인물유학사1』. 한길사.

금오공과대학교 선주문화연구소(편). 1996. 『점필재 김종직의 학문과 사상』.

민족문화추진회(편). 1988. 『韓國文集叢刊』12(佔畢齋集).

밀양문화원(편). 2002. 『佔畢齋 金宗直의 道學思想과 儒學史上의 位置』.

_____. 2003. 『佔畢齋 金宗直의 文學世界』.

박선정. 1988. 『점필재문학연구』. 이우출판사.

박용운. 2000. 『고려시대사』. 서울: 일지사.

박충석. 1982. 『한국정치사상사』. 서울: 삼영사.

사회과학원역사연구소(편). 1988. 『조선통사(상)』. 오월.

서수생. 1975. 『선주유학사상연구』. 서울: 형설출판사.

서울대학교정치학과(편). 2003. 『한국정치사상: 문헌과 해제』.

성낙훈(역). 1972. 『한국의 사상대전집8: 김종직(점필재집)』. 서울. 동화출판.

소공권/손문호·최명(역). 1998. 『중국정치사상사』. 서울대학교출판부.

양재인. 1990. 『한국정치엘리트론』. 서울: 대왕사.

이병도. 1987. 『한국유학사』. 아세아문화사.

_____. 1983. 『한국사대관』. 서울: 동방도서.

이상백. 1976. 『한국사: 근세 전기편』. 서울: 을유문화사.

이성무. 1998. 『조선왕조사1. 2.』. 서울: 동방미디어.

이수건. 1984. 『영남士林派의 형성』. 영남대학교출판부.

_____. 1995. 『영남학파의 형성과 전개』. 일조각.

이종항. 1974. 『한국정치사』. 서울: 박영사.

이재석 외. 2002. 『한국정치사상사』. 서울: 집문당.

이택휘. 1999. 『한국정치사상사』. 서울: 전통문화연구회.

유명종. 1981. 『한국사상사』. 이문출판사.

유교사전편찬위원회(편). 1990. 『유교대사전』. 서울: 박영사.

유근호·박충석. 1980. 『조선조의 정치사상』. 서울: 평화출판사.

윤사순. 1997. 『한국유학사상론』. 서울: 예문서원.

장지연/조수익(역). 1998. 『조선유교연원』. 서울: 솔출판사.

조남욱. 2003. 『정여창: 조선조 실천유학의 선구자』. 서울: 성균관대학
    교출판부.

최연식. 2003. 『창업과 수성의 정치사상』. 서울: 집문당.

최영성. 1995. 『한국유학사상사』. 서울: 아세아문화사.

한국사상연구회(편). 1996. 『조선 유학의 학파들』. 서울: 예문서원.

한국사상연구소(편). 2001. 『자료와 해설 한국의 철학사상』. 서울: 예문서원.

한국철학회(편). 1987. 『한국철학사』(상·중·하). 서울: 동명사. 『한국
　　　의사상 대전집 8』. 1972. 서울: 동화출판공사.

황선명. 1985. 『조선조 종교사회사』서울: 일지사.

현상윤. 1982. 『조선유학사』. 서울: 일지사.

溝口雄三·丸山松幸·池田知久(편저)/김석근·김용천·박규태(역).
　　　2003. 『中國思想文化事典』. 서울: 민족문화문고. 3. 參考論文.

강광식. 1997. "한국정치사상사 자료선집(조선 시대편) 편찬을 위한 예
　　　비연구", 『한국의 정치와 경제』제10집.

김명하. 1999. "포은과 야은 사상에 나타난 의리관", 한국정치사상학회
　　　(편). 『정치사상연구』창간호.

김만규. 1987. "조선조 전기의 사화·반정과 정치사상의 수정", 한국정
　　　치외교사학회 편. 『조선조 정치사상연구』. 서울: 평민사.

김석근. 2002. "삼국 및 남북국시대의 정치사상", 이재석 외. 『한국정
　　　치사상사』. 서울: 집문당.

김성규. 1990. "점필재의 역사·풍속시에 대하여", 『성대문학』27. 성균
　　　관대학교 국어국문과.

김영봉. 1999. "점필재 김종직의 시문학연구", 연세대학교대학원 박사
　　　학위논문.

_____. 1995. "점필재 김종직의 관료문인적 성격", 『연민학지』3. 연민
　　　학회.

金烏工科大學校, 善州文化硏究所 編. 1996. 13편(金容珏, 金容晩, 金
　　　成圭, 金時晃, 朴善楨, 余鎭鎬, 李樹健, 李鍾建, 兪炳奭, 윤광
　　　봉, 李源周, 鄭景柱, 崔根德) 『佔畢齋 金宗直의 學問과思想』.

密陽文化院 孫琪鉉(편). 2002. 『佔畢齋 金宗直의 道學思想과 儒學史上
　　　의 位置』6編(李佑成, 鄭羽洛, 金忠烈, 李樹煥, 金泰永, 朴丙鍊).

密陽文化院. 2003. 6編 (宋載邵, 李鍾虎, 李鍾默, 李熙穆, 鄭容秀, 黃

渭周). 『佔畢齋 金宗直의 文學世界』.

박선정. 1985. "佔畢齋 金宗直 연구", 고려대학교대학원(국문학)박사학 위논문.

박현모. 2003. "조선초기 정치체제의 해체: 1592년까지", 국제문화학회 편. 『역사와 사회』제30집.

_____. 2003. "세종의 공론정치연구: 세제개혁과정을 중심으로", 한국 정치사상학회발표논문, 강원대, 2003. 10. 18.

부남철. 1990. "조선전기 정치사상연구: 군주·관료론을 중심으로", 한 국외국어대학교대학원 박사학위논문.

손문호. 1990. "유교국가와 그 대두과정", 서원대학교 사회과학연구소 (편). 『사회과학연구』제3집.

_____. 1992. "동양의 전통적 국가에 관한 논의", 서원대학교 사회과 학연구소(편). 『사회과학연구』. 제5집.

_____. 1996. "조선후기의 정치사상연구: 붕당과 세도의 논리를 중심 으로", 서원대학교 사회과학연구소(편). 『사회과학연구』. 제9집.

서경수. 1983. "점필재 한시문학연구", 경북대학교 석사학위논문.

윤영옥. 1981. "동도악부의 연구", 『신라가야문화』12. 영남대학교.

이원주. 1979. "점필재연구", 『한국학논집』6. 계명대학교 한국학연구소.

이종호. 1997. "점필재 김종직의 문학관에 나타난 계층의식", 『한문학 연구』12. 계명한문학회.

이지경. 1999. "李彦迪의 政治思想研究", 동국대학교대학원 박사학위 논문.

_____. 2002. "주자의 『대학장구』에 대한 이언적의 비판", 한국·동 양정치사상사학회(편). 『동양정치사상사』. 제1권2호.

_____. 2003. "조광조의 유교국가에 관한 연구: 정치개혁론을 중심으 로", 한국사회역사학회 편. 『담론201』. 봄·여름호. 제14집 (2003/08/30). 담론사.

_____. 2003. "조식 정치사상의 요체 '敬·義' 연구", 한국·동양정치 사상사학회(편). 『동양정치사상사』제2권2호. (2003/09/30).

_____. 2004. "정여창 정치사상에 대한 평가", 한국·동양정치사상사
학회(편). 『동양정치사상사』제3권2호. (2004/09/30).

이태진. 1972. "士林派의 留鄕所夏立運動", 『진단학보』34. 진단학회.

정준상. 2001. "일두정여창의 도학사상연구", 성균관대학교 석사학위논문.

정경주. 1990. "점필재 기속시의 문명의식에 대하여", 『石堂論叢』16.
동아대학교 석당전통문화연구원.

정시열. 2001. "佔畢齋 金宗直의 嶺南詠考", 한민족어문학회 편. 『한
민족어문학』제38집.

정우락. 2002. "金宗直의 문학정신과 동국문화에 대한 자각", 밀양문화
원 편. 『佔畢齋 金宗直의 道學思想과 儒學史上의 位置』.

정종대. 1998. "金宗直의 詩와 士林意識", 『先淸語文』제26호(서울대학
교 국어교육과).

최연식. 1996. "여말선초 성리학적 정치담론의 형성과 분화에 관한 연
구", 연세대학교 박사학위논문.

한중희. 1997. "점필재 김종직의 생애와 정치·교육활동", 『한문학연구』
12. 계명한문학회.

4. 外國文獻 및 定期刊行物.

James B. Palais. 1991. Politics and Policy in Traditional Korea.
Cambridge: Harvard University Press.

_____. 1996. Confucian Statecraft and Korean Institutions.
Seattle; University of Washington Press.

『중앙일보』. 2002년 10월 22일자. "朝鮮初 思想家 金宗直 다시보기".

『대구매일신문』. 1982년 11월 03일자. '嶺南學脈' 기획<15>: "김숙자·
김종직 부자".

『서원대신문』, 1992년 04월 01일자. 손문호, "조선왕조개국 6백주년의
회고와 전망: 완숙한 「儒敎國家」朝鮮王朝와 그 歷史"

경남 함양군 상림에 있는 점필재 선생 흉상

제3장

鄭汝昌 政治思想[1]

---

1) 이 연구는 한국·동양정치사상사학회, 『동양정치사상사』2004년 제3 권2
호 게재 논문을 수정한 것임.

(함양 정여창 고택)

I. 緒 論

본 연구는 한국정치사상사 관점에서 정여창의 유학 정치사상을 연구대상으로 한 최초의 연구라 할 수 있다. 정치학에서 조선 초기 유학사상 연구가 수준의 부족성을 보여 주는 현주소이다.

정여창은 '東方五賢'의 한 사람으로 조선조 유학사상사에서 중요한 역사적 위치를 점유하고 있다. 정여창 사상은 김종직과 조광조의 중간을 연결하는 관절적 위치에 있다. 이러한 이유만으로도 그의 유학 정치사상에 관한 개별 연구의 중요성은 크다. 정여창은 조선지성사, 사림정치사에서 사화기 실천유학의 선구자였다. 지금까지 정치학자로서 정여창의 정치사상에 관한 선행연구는 없었다.2)

사화라는 당시의 정치·사회적 상황과 그 과정에서 희생된 정여창이 어떤 이유에서 그의 정치의식과 실천적 삶이 그렇게 높이 평가되는 것이었을까? 이러한 점에서 정여창의 정치사상연구는 지금까지 알려지지 않은 사상가3) 연구로서 조선 전기 사림 정치엘리트의 분화와 변천과정에 대한 이해를 돕는 데 학문적 기여할 것으로 본다. 이러한 사림의 연구는 유교적 국가경영 정치체제를 정당화할

---

2) 한국정치사상의 연구의 현황과 문제점은 두 논문 신복룡, "한국정치사상사 집필을 위한 예비적 담론", 한국동양정치사상사학회(편). 『동양정치사상사』제1권2호, 2002. p.17; 이택휘, "한국 사회과학의 정체성과 한국정치사상 연구", 한국·동양정치사상사학회(편). 『동양정치사상사』제3권1호, 2004. pp.7-14.

3) 『栗谷全書』에서는 "言論風旨가 미약하여 드러나지 않았다."고 지적하고 있다. 여기서 言論은 著述이고 풍지는 학풍과 지취를 말한다. 언론 풍지가 약하다는 점과 명성과 지위가 드러나지 않았다는 점이 그 이유일 수 있다. 『栗谷全書』卷29, 「經筵日記(二)」, "……鄭文獻則言論風旨, 微而不顯, 李文元則出處頗有可議者, ……."

수 있는 근거를 밝힐 수 있을 것으로 본다. 한 사상가의 사상 연구는 많은 한계를 인정하고 있지만, 특히 본 연구의 한계는 사화로 인해 소실된 문헌자료의 부족으로 하여 연구가 근본적으로 제약받고 있다. 본 연구는 정여창이 어떠한 정치체제, 어떤 시대적 배경 속에서 무엇을 지향하며 삶을 실천해 왔는가? 선행연구의 비판적 검토 후 문제점을 지적하고 흩어진 1차 자료에서 그의 유학 정치사상을 규명하고자 한다. 정여창 사후, 2004년이 500주년, 출생 559주년이 되는 현시점에서의 연구이다. 사림파 학자로서 정여창의 유학적 경세관과 연결되는 실천적 정치사상 이론을 규명하고, 차후 연구자를 위해 연구과제의 한계를 제시하고, 정여창의 성리학적 실천의 정신세계를 재인식·재평가하고자 한다.

II. 先行研究의 批判的 檢討

조선조 정치사상은 '天命, 德, 禮' 등 유교적 국가경영(Confucian Statecraft)의 실천적 정치이념으로 성숙하였다. 즉 군주의, 군주에 의한, 백성을 위한(爲民·愛民·利民) 군주 지배체제이며 군주의 善政을 통치규범으로 하였다. 여기서 통치의 주체는 군주였고 군주는 義와 公에 의한 民의 인도와 교화의 仁政이었다.[4] 군주는 국가

---

4) 유교적 국가경영 관점에서 '經國' 또는 '經世'란 용어는 역대 조선왕조 실록에 걸쳐 다양한 맥락에서 사용되고 있다. 실제로 『조선왕조실록CD』에서 '經國'과 '經世'라는 용어(原文)를 검색해 보면, 각각 206건과 557건으로 나타난다. 1392년 조선 건국이념은 崇儒抑佛, 重農主義, 民本

의 상징이며, 국가통합의 구심체라 했다. 그래서 군주를 국가의 '원수'라고 했다.[5] 역사적으로 15세기 중엽에서 16세기 중엽에 걸쳐서의 정치과정은 훈신정치에서 사림정치로 이행하는 권력투쟁과 사상투쟁의 과도기였다. 세조의 왕위찬탈을 비롯한 일련의 무오사화(1498), 갑자사화(1504), 중종반정(1506), 기묘사화(1519), 을사사화(1545) 등 여러 차례 사화로 인한 정치적 격변기였다. 이러한 정치과정에서 통치층 내부의 君·臣間의 義를 둘러싼, 이른바 통치자의 자기규율과 수신의 문제가 사상가들 사이에 당면의 정치적 과제였다. 이러한 당면과제는 주자학의 수신론과 결부하게 되었던 것이다(박충석 1982, 23). 조선 전기 성종 때 신진사림으로 중앙정계에 진출한 김종직,[6] 김굉필, 정여창, 조광조 등의 '道學尊崇 王道政治論' 연구의 경향이 어떠한 것이었느냐 하는 점이 결코 간과될 수 없는 중요한 유학 정치사상 연구 영역이다(박충석·유근호 1980, 37). 15세기 후반에서 16세기 전반기 활약한 사림은 봉공실현을 위해 목숨까지 던진 사화기의 실천적 사림의 상징으로 간주됨으로 유교국가 유학 정치사상 연구의 중요한 한 부분이다(윤사순 1997, 94).

1965년부터 2004년까지 정여창 유학사상을 연구하고 있지만 선

主義, 事大交鄰 정책이 중심을 이룬다. 즉 유교적 국가경영의 통치이념과 정치체제운영원리를 담고 있다. 여기서 국가경영이란 "한 국가의 최고지도자가 국민들과 상호작용하는 가운데 정치권력, 인적/물적 자원 그리고 각종 기회들을 동원하고 활용함으로써 문제를 해결하고 자신의 비전을 구체화해 가는 국가관리기능"으로 정의할 수 있다(정윤재 외 2004, 7). 이러한 국가경영 개념은 정도전의 '經國', 정약용의 '經世' 그리고 서양의 현대적 'governing' 개념과 유사하다고 볼 수 있다.

5) 鄭道傳, 『三峰集』, 「經濟文鑑」(下)後序, "蓋君原(元)首也 宰相爲君可否 君之腹心也"
6) 1972년부터 2004년까지 정치사상에서 金宗直 研究論文은 박병련 2002: 이지경 2003, 2004 등 3편의 논문이 있으며 총 41편의 영역별 분석 현황은 졸고 2004, 1 참조할 것.

행 연구자 전공별 30편의 논문을, 역사학, 철학, 정치학, 경제학 등 분야별로 연구자 현황을 분류해 보면 다음과 같다.

구 분	1965-1970년대	1980년대	1990년대	2000-2004년도	총 계
철 학	2	4	5	12	23
국문학			1(1996)		1
정치학(사상)				2(2004)	2
역사학			1(1994)	1(2004)	2
경제학				2(2004)	2
총 계	2	4	7	17	30

위 표에서와 같이 정여창 정치사상 연구의 기본 자료는 1차 원전 자료로서 『一蠹集』, 『一蠹先生遺集』, 『文獻公實記』 등이며, 단행본은 정재경, 1987; 조남욱, 2003; 일두사상연구원(최영성, 황의동, 성교진, 조남욱, 유준기, 정광배, 나정원, 정일상) 2004에서 8편; 한국유교학회 편(조남국, 황의동, 정병연, 최일범 조남욱, 김호성) 2000에서 理氣論 위주의 6편의 철학 논문, 2002년 정병국의 『일두집』유집3권, 속집4권 번역은 정여창 연구의 또 하나의 초석이라 할 수 있다. 정여창 연구의 단행본 중 정재경과 조남욱 연구가 대표적 유학사상 연구 저서라 할 수 있다. 정여창 정치사상 연구의 기본 자료는 연구서나 연구논문의 대부분이 아주 적은 분량의 1차 자료를 유학, 성리학이라는 큰 맥락 속에서 충실히 해석하고 있다. 또한 정경주 1987, 정병국 2002, 조남욱 2003, 일두사상연구원 2004의 단행본 중 정경주 연구는 준1차 자료라고 볼 수 있는 조선왕조실록, 비문 등의 내용들도 빠짐없이 소화하고 있다. 따라서 극히 제한된 기본 자료에 의거한 기존 연구는 새로운 자료의 발굴이 없는 한 상호인용에 그치고 말 가능성도 있다고 지적하고 있다. 그

외 연구논문은 장도규 1996; 한상련 1965; 이의권 1983; 김용곤 1983; 성교진 1990; 유명종 1996; 황의동 1998; 도광순편 1998; 조남욱 1999; 정준상 2001 석사학위논문 등 철학에서 23편 내외 '理氣論' 중심의 철학사상 연구가 주류를 이루고 있다. 최근 정여창의 정치사상 연구는 나정원 2004, 이지경 2004 등 2편의 연구 논문이 있다. 정여창 연구 논문은 총 30편 중 2000년 이후 연구 논문이 17편에 달한다. 정여창 2004년이 사후 500주년 기념사업으로 최근에 '인산문화연구원'에서 함양을 중심으로 일두 선생 유적 성역화 사업 추진을 하고 있으며, '일두사상연구원'(2003)과 '2004년 일두 사상연구원'(편) 『일두 정여창의 생애와 사상』 8편(철학7, 정치학1)의 연구논문이 단행본으로 출판되어 있다.

　이러한 기존 연구는 정여창의 철학연구에 편중된 전기적 연구, 문중사학적 연구라는 점에서 동일한 서술적 연구이다. 또한 기존연구자들이 동원한 자료의 질과 양, 범위의 차이는 있지만 정여창을 사화기 김종직 문하의 사림엘리트였지만 무오사화, 갑자사화 때 폭군정에 참혹하게 희생당했다는 단편적 평가라는 점에서 일치하고 있다. 정여창이 사림엘리트로서 어떠한 정치체제와 시대성을 배경으로 유교국가의 정치적 태도와 삶을 실천했는지에 대한 구체적 분석이나 논리적 설명이 부족하다. 기존 연구들은 정여창에 대한 자료가 빈약한 가운데에서도 역사학, 철학 분야에서 그의 행적과 사상을 기록하고 평가하고 있다는 점에서 모두 귀중한 연구 성과라 할 수 있다. 본 연구는 조선왕조가 유교적 국가경영이라는 점에서 철학, 역사학 연구도 중요하지만 정치학 분야의 유교정치사상, 사림정치사 연구의 중요성을 제기하고자 한다. 본 연구도 사화로 인해 소실된 자료의 부족으로 인한 연구의 많은 한계를 지니고 있다. 특히 『庸學註疏』, 『進修雜著』의 소실은 정여창의 중용과 대학

의 학문적 논쟁점을 볼 수 있는 중요한 자료임에도 불구하고 소실
되었으므로 그의 사상 연구에 어려움이 증폭되고 있다. 그런 의미
에서 본 연구는 정여창 정치사상의 많은 부분 중 한 부분인 제 단
면에 불과하다.

Ⅲ. 韓國政治思想史上의 位置

조선조 유교정치체제제하에서 문묘종사의 정치사상사적 의의를 정
리해 보면 첫째, 국가사상으로서의 유교, 즉 성리학을 정학으로 재
천명하며 선비들의 학구열을 제고시키는 계기가 되었다는 점이다.
둘째, 조선조 자국 출신의 유현을 문묘에 봉안함으로써 유학자로서
의 자긍심을 심화시키고 있었다는 점이다. 셋째, 學行一致의 수준
향상을 꾀하고 있었다는 점이다. 넷째, 정치적 권세를 넘어서는 의
리사상의 가치가 제고되었다는 점이다(조남욱 2003, 179-180). 다
섯째, 문묘는 국가의 祀典 안에서 정치적 위상을 높이고 또 이를
통해서 국가는 사림들의 정치적 영향력을 인정한 것이라 하겠다.
조선왕조에서 문묘의 배향문제는 억불숭유 정책에서 기인한다고 볼
수 있다(유준기 2004, 207). 이러한 사실만으로도 정여창의 유학 정
치사상이 차지하는 비중은 실로 크며, 그가 한국정치사상사에서 어
떠한 역사적 위치를 점하고 있는가에 대하여 이미 많은 사람들에
의하여 언급되기도 했다. 이런 점에서 그에 대한 연구의 중요성이
제기된다. 그의 스승은 누구이었나, 학문적 동지는 누구이며, 학파

는 정치 및 제반 사회관계의 위상을 결정하는 중요한 환경적 요인
이었다.

　一蠹 鄭汝昌(세종32년: 1450 - 연산군10년: 1504)은 金宗直의 제
자로, 김굉필과 함께 조선유학의 '理氣論'을 태동한 경남함양·산
청 유림의 거봉이었다. 그의 본관은 하동이다.7) 자는 伯勖, 호는
一蠹 또는 睡翁이며, 시호는 文獻이다. 그는 광해군2년 1610년 조
선조 대표적 사상가인 '東方五賢' 또는 '士林五賢'의 한 사람으로
문묘에 배향된다. 조선 전기 '東方五賢 또는 士林五賢은 金宏弼,
鄭汝昌, 趙光祖, 李彦迪, 李滉'을 통칭하는 것으로, 사림들의 절대
적인 추앙을 받아 宣祖가 즉위하던 1567년 10월 奇大升은 경연에
서 趙光祖를 '賢士', 李滉·金宏弼을 '賢人', 李彦迪을 '賢者'로 칭
송한 일이 있었다. 표현은 다르지만 '어진 사람(仁人)'이라는 점에
서는 동일하다. 이후 1568년 李滉이 金宏弼, 鄭汝昌, 趙光祖, 李彦
迪을 '賢士'로 평가했다. 1570년 李滉이 죽자 당시 사림들이 李滉
을 '賢士, 賢人' 칭호를 주면서 士林四賢에서 '士林五賢'이라는 용
어가 歷史的으로 발로되었고 그 후 40년이 지난 光海君2년 1610
년 6월 1일 완료되어 문묘에 배향되었다.8)

---

7) 鄭汝昌의 『文獻公實記』: 附錄 家系圖를 보면 다음과 같다. (⇒從祀 繼
　承을 의미함)
　鄭之義⇒鄭復周⇒鄭六乙⇒鄭汝昌→鄭希稷→如山(제2부인)→天壽, 桂壽
　　　(父)　　　　⇒ 希皐
　　　　　　希參⇒彦男⇒大民⇒弘緖⇒光漢……炳鎬(17代宗家, 宗孫)
　　　　　　(從姪: 行狀, 撰) 秀民(『文獻公實記』撰: 鄭述, 監修)
8) 儒者 聖賢의 尊崇 최고성전인 成均館의 文廟從祀에는 18명의 명현이
　종사되어 있는데 설총, 최치원, 안향은 고려 때에 이미 종사가 된 분이
　고, 정몽주 이후 15인은 조선시대 들어와서 종사되었다. 이것을 시대별
　로 구분해 보면 다음과 같다. ① 신라시대: 설총, 최치원, ② 고려시대:
　안향, 정몽주, ③ 조선시대: (동방오현 또는 사림오현): 정여창, 김굉필,
　조광조, 이언적, 이황(1610년), 김인후, 이이, 성혼, 김장생, 조헌, 김집,

정여창의 한국정치사상사상 위치는 김종직과 조광조의 중간인 관절적 위치에 있다. 조선 전기 유현의 학맥형성과정을 보면 東方理學의 祖로 칭송되는 鄭夢周, 吉再, 金淑滋, 金宗直, 金宏弼・鄭汝昌・金馹孫, 趙光祖, 徐敬德・李彦迪・李滉・奇大升・曺植・李珥로 道學이 발전하였다.9)

15-16세기는 조선왕조 정치사에서 정치권력의 격변기였으며, 훈구파와 士林派의 권력투쟁기, 사상투쟁의 이념적 내면화에서 절정을 이루었다. 전자는 건국 주체 훈구세력이고, 후자는 건국이념인 유교국가의 실현을 위한 사상투쟁의 주체세력인 麗末鮮初의 節義派 후계를 계승한 유학자 및 관료들이다.

정여창은 이관의, 김종직 두 스승과 학문적으로 깊은 사제관계를 맺는다. 정여창은 김종직의 문인이라는 학맥성과 '영남'이라는 지역성이 동시에 작용하여 도학적인 의리 정신을 드높이는 사림문화를 선도하며 『小學』의 실천을 중시했는데 그의 효행은 특별히 주목되고 있다. 그의 부친의 공로로 나라에서 정여창에게 벼슬을 주려고 했지만 사양한다. 성종14년, 1483년 43세 때 진사시에 합격하여 성균관에 들어갔다. 관직으로는 전주부사, 예문관검열, 시강원설서(세자 연산군 교육), 안음현감, 중종2년(1507) 승정원 도승지에 증직되고 그 10년 뒤에는 의정부 우의정에 추증되었다.

이때 중앙정계에서는 무오사화(1498년: 연산군4년)가 발생한다. 훈구파인 유자광이 사림파인 金宗直 일파를 숙청한 이 사건은 그 여파가 정여창에게도 제자라는 이유 하나로 영향을 미쳐 함경도

송시열, 송준길, 박세채 등이 문묘종사에 배향되었는데 그중에 조선 후기에 배향된 9명은 모두 기호학파의 西人 일색이다.
9) 朝鮮前期 儒賢 淵源의 학맥 형성과정에서 趙光祖까지는 정설로 인정되나 그 이후는 학자 간의 다양한 관점과 의견의 다양함을 보일 수 있다.

종성으로 유배된다. 그리하여 유배지서 6년 동안 유배 생활 후 55
세 나이로 생을 마감한다. 그 후 甲子士禍 때 부관참시를 당한다.
정여창은 『中庸』과 『大學』에 큰 관심을 가졌다. "그는 주자의 중
용장구에 나온 '氣로서 현상을 이루고 理를 또한 부여했다.'는 말
을 비판하여 어찌 氣에 따르는 理가 있겠느냐." 했다.10) 이로써 보
면 그의 理氣論은 主理論에 가깝다고 하겠다. 그는 『中庸』과 『大
學』의 기존 주석에 대하여 자신의 견해를 '疏' 형식으로 밝힌 『庸
學註疏』, 성리학 연구에서 문제가 될 부분에 대한 질문과 응답의
내용을 전개한 '主'와 '客'의 대화체로 정리한 『主客問答』, 『周易』,
'文言傳'에서의 이른바 '進德修業'의 본의를 따라 '進修'라 하며
'雜著'의 목적의식을 천명하고 있는 경우의 『進修雜著』 등을 저술
했으나 1498년 무오사화를 당하자 애석하게도 부인이 이들을 몽땅
태워 버렸다. 그의 사후에 鄭逑가 遺稿를 정리한 『文獻公實記』,11)
『一蠹集』에 그의 철학적 규명의 단편인 「理氣說」, 「善惡天理論」,
「立志論」 등이 실려 있을 뿐이다.12)

정여창은 氣보다 理에 한층 높은 가치를 부여하고 있다. 그의 理
氣論은 主理論에 가깝다고 하겠다. 정여창의 理氣 哲學이 程朱性
理學의 이론을 정밀하게 이해하고 있었으며, 리기론에서부터 심성

---

10) 南孝溫, 『秋江集』, "鄭汝昌取朱子中庸章句, 天以陰陽五行化生萬物,
而不取其氣以成形理亦賦焉, 曰: 安有後氣之理乎."

11) 鄭汝昌의 文集에 준하는 『文獻公實記』는 ① 정여창의 증손인 鄭秀民
이 관련 자료를 모아 撰한 것을 그의 스승인 鄭逑에게 監修하여
1635년(인조13년)에 『文獻公實記』로 간행하였다. ② 그 후 1743년 李
緯가 거듭 간행하였다. ③ 1919년 鄭近相이 '남계서원'에서 속집을 붙
여 『一蠹續集』을 발간하였다. ④ 그 후 새로 발견된 자료와 함께 후
손 鄭煥周가 모은 시문과 현풍의 郭孝根의 집에 보관되어 온 자료를
종합하여 艮齋 田愚의 감수를 거쳐 『一蠹先生遺集』으로 발간되어 현
재 전하고 있다.

12) 鄭汝昌, 『一蠹集』附錄. 年譜. 참조함.

론과 수양론에 이르기까지 일관된 체계를 가지고 있었던 것을 알수 있다. 그럼으로써 그는 근본적으로는 김종직이 보여 준 유학의 실천정신을 계승하여 성리학의 도학화에 힘쓰는 한편, 이를 철학적으로 체계화하여 그에 대한 이론 근거를 제시하고자 하였던 것이다(한국사상연구회 1996, 74).

理氣의 선악에 있어서 程子와 周敦頤의 입장에 반대하고 性 또한 선으로 악이 생기는 것은 기의 淸濁이 있기 때문이라며 天理가 人慾으로 덮여 악이 된다고 하였다.[13] 학문의 목적은 聖人이 되는 것이라 하여, 學이란 聖人을 배우는 것이며 志란 그 학문을 완성하는 것이라 하였다. 그러자면 뜻을 굳게 세우고(立志正道) 그것을 관철하려는 강인한 의지가 필요하므로 物慾에 이끌리고 功利를 추구하여서는 목적을 이룰 수 없다는 것이다. 그러므로 먼저 굳건히 뜻을 세우는 일(立志)이 가장 중요하다고 강조하였다. 그러므로 성인이 '中正仁義'의 道를 알아서 실행하여 그 본연의 성품을 회복시키려 하였다. 이를 위해 착한 이치를 밝히는 '明善之功'을 다하지 않으면 안 된다.[14]

정여창은 학문하는 사람은 모름지기 먼저 그 뜻을 세워야 하고, 그 뜻을 세우되 굳세게 세우지 않으면 안 된다는 점을 강조하고 있다. 따라서 이 뜻을 세우는 데는 세 가지의 원칙이 있다. 즉 뜻에는 ① 뜻을 세움[立志]이 있어야 하고 ② 뜻을 기름[養志]이 있어야 하며 ③ 뜻을 이룸[成志]이 있어야 한다. 인간이 살아가는 데 있어 첫째 뜻을 세우는 것이 가장 중요하다. 그 뜻을 세우되 큰 뜻을 세우고, 옳은 뜻을 세워야 하며, 굳은 뜻을 세워야 한다는 것을 밝힌 것이다. 그와 같은 영향을 받아 李栗谷도 그가 쓴 교육학의

---

13) 鄭汝昌. 『一蠹集』, 「善惡天理論」.
14) 鄭汝昌, 『一蠹集』. 「立志論」.

명저인『擊蒙要訣』의 첫머리에서 '先須立志', 즉 모름지기 먼저 뜻을 세워야 한다고 갈파했던 것이다. 둘째, 뜻을 세운 것만으로는 별 의미가 없다. 그 뜻을 갈고 닦는 노력이 있어야 한다. 그것이 곧 양지인데 쉬지 않고 흐르는 강물만이 망망한 바다에 이르는 것과 같다. 특히 학문에 뜻을 세운 사람이 노력하지 않고 뜻을 성취하기란 어렵다. 셋째, 사람이 뜻을 세워놓고 그 뜻을 이루고자 하는 노력 그 자체가 성지이다. 인생의 목표, 이상을 정해 놓고 반드시 그것에 도달하지 않았다고 해서 뜻이 성취되지 않은 것은 아니다. 즉 인생의 목표도 중요하지만 과정 그 자체는 더욱 중요한 것이다. 자신의 목표를 성취시키기 위하여 어떻게 노력해 왔는가에 따라 성지의 평가는 달라지기 마련이다.

정여창은 앞선 시기의 성리학자들이 理의 1차성을 극도로 관념화한 것을 극복하기 위하여 理氣說을 내놓았다. 그는 理와 氣가 서로 밀접한 연관을 가지고 있다고 주장하였다(사회과학원역사연구소 1988, 349). 金宗直[15]과 달리 奇大升의『高峯集』: 「論思錄」에 보면 鄭汝昌의 사상은 曺植[16]에게 사상적 근원의 되고 있다고 주장하고 있다.

---

15) 졸고, "김종직 정치사상의 연구", 한국·동양정치사상사학회 2004년도 춘계학술대회 발표논문(성신여대: 수정관, 2004. 02. 21).
16) 졸고, "조식 정치사상의 요체 '敬·義' 연구", 한국·동양정치사상사학회(편),『동양정치사상사』제2권2호. 2003, pp.33-56.

IV. 鄭汝昌의 政治思想

1. 士林과 鄭汝昌

1) 新進士林의 형성과 성장

조선조 건국 이후 유교 국가경영에서 정치엘리트 분화와 변천과
정을 전망하고 조선정치사의 통일적 체계파악과 유교정치체제를 장
기화할 수 있는 근거를 밝히고 있다. 훈구세력과 사림세력, 권귀세
력과 벌열세력의 개념을 이해하는 것은 중요하다고 본다. 조선 초기
태종, 세조, 성종의 列朝에 걸쳐 정난, 익대 등 각종 명의의 공신
사대부들 중에서 나와 논공행상에 의한 특권의 정당한 향유 외에
권력을 이용한 광범위한 토지와 衆多한 노비의 점취가 유행되기도
했다. 그것이 하나의 기성세력으로 권위를 가지게 될 때 훈구파라
부르고, 王과 妃嬪들의 사적관계를 통하여 권세를 부리는 자들을
권귀세력이라 불렀다. 또한 사대부층에 훈척을 중심으로 한 소수의
가문이 연합하여 권력의 집약형태로 세도정치를 한 자들을 벌열정
치 세력이라 하였다(이우성 1979). 이들 세력의 견제기능으로 성종
때 신진사림 김종직 문하의 사림엘리트들이 중앙정계에 등장한다.
　'士林' 개념은, 天子, 諸侯, 大夫, 儒者集團, 士族, 士流 또는 士
大夫 등의 용어는 주로 고려 후기부터 나타난다. 『高麗史』에 士人
또는 士流란 말이 나온다. 이때의 士人 또는 士流는 科擧合格者를
지칭하였다. 일반적으로 士林이라는 말은 儒學을 전공하고 그 이념
으로 하는 讀書人, 知識人, 家産官僚[17]의 미칭인 士와 우거진 수

풀을 가리키는 말로 많은 뜻을 지닌 접미어 '林'의 合成語이다. 또 士林은 功利를 초월해 '山林'에 거처하면서 科業을 외면하고 官職을 업으로 하지 않으면서 講學, 養德을 통해서 公論에 영향을 미치는 在野人士(손문호, 1990: 211) 또는 中小在地의 경제적 기반을 갖고 있는 野生士族의 분위기를 담고 있다. 유교는 그 본질에 있어서 사회참여를 지향한다. 후세에 와서 역사적 특수한 환경 속에서 유자들 가운데는 세상을 등지고 山林으로 은둔해서 절개를 지키는 山林思想이 일어난 일도 있지마는 이것도 결국 사회참여에서 실패하거나 또한 참여가 불가능하다고 생각될 때에 취해지는 행동이고, 그것 자체가 유일한 옳은 방식이라고 생각되어서 하는 일은 아니었다(고병익, 1976: 31). 『論語』에서 孔子는 子夏더러 "너는 君子儒가 되지 小人儒가 되지 말라(옹야편)." 한 것을 보면 士林의 기본목표는 君子儒임을 유추해 볼 수 있다(이성무, 1998: 334-402). 또한 朴趾源의 『燕巖集』 양반전에서 '讀書人', '兩班'[18]으로, 『圃隱集』附錄 遺墨에서 '兩班'으로,[19] 李重煥의 『擇里志』에서는 경제적 토대 위에서 관혼상제의 전통예법을 지키면서 가문의 체통을 지키는 '士다운 생활에 종사하는 사람' 또는 '在朝者', '在野者', '山林假道學者', '山林學者', '山林養德之士' 등 다양한 의미를 내

---

17) Max Weber의 '家産官僚'는 행정 스태프들을 거느리고 수행하는 전통적인 가부장적 지배의 유형이며, 행정스태프들은 '가신'의 역할을 수행하면서 ① 부역의 면제, ② 처벌의 면제, ③ 복록의 특권을 향유하게 된다(Max Weber, "The Religion of China", New York: the free press, 1964, pp.45-47, 129, 133-138.). 조선 초기에 있어서 太宗朝에 공신들을 비롯한 私田의 확대화를 유지하여 大土地領有化가 자행되기 시작하였던 것이다.

18) 朴趾源, 『燕巖集』卷8, "讀書曰士 從政爲大夫 有德爲君子 武階列西 文秩敍東 是爲兩班."

19) 『圃隱集』附錄 遺墨 "崔鄲之女之母族 亦眞兩班也."

포하고 있다.[20] 中國 思想書인 禮, 樂, 詩, 書, 易, 春秋를 공부한 정신적 문화적 유산을 대표하는 '聖스런 賢者'로 보고 있다.[21] 이상과 같이 士林, 士論, 士流, 士類(族), 士氣, 士(史)禍 개념을 비교해 보면 다음과 같다. 天下의 公言을 '士論'이라 하고, 당세의 제일류를 '士流'라 하고, 성리학자나 사장학자의 구분 없이 폭넓은 의미의 유학을 공부하는 선비집단을 士類(族)라 하고, 四海에 義聲을 울리는 것을 '士氣'라 하고, 君子가 죄 없이 죽는 것을 '士(史)禍'라 하고, 유학사상을 講學論道하는 讀書人, 知識人, 大丈夫, 君子, 仁人, 賢人, 儒者集團, 有德者, 家産官僚, 聖스런 賢者를 총칭하는 것으로 성리학에 보다 충실한 유교국가의 건설을 위해 노력했던 在野의 知識人들로서, 在地的 中小지주의 기반을 소유했던 '野生士族'의 세력을 '士林'이라 할 수 있다.[22]

조선 왕조창건 이후 태종 때까지 조선조는 잇단 宮中政變(1. 2차 왕자의 난, 세조 왕위찬탈)으로 정치적 혼란을 경험했다. 위대한 성군의 영민한 자질로 유교적 국가경영을 오랫동안 존위했던 世宗의 대를 통해 조선조는 안정기로 접어드는 듯했으나 어린 端宗의 폐위와 그의 숙부 世祖의 즉위과정에서 피비린내 나는 정변을 다시 경험했다. 그러나 世祖의 강력한 리더십과 그 손자 成宗의 賢君的 자질을 통해 조선조는 안정기로 접어들었다. 그런데 그것은 세조대의 공신귀족이 확고히 정치주도권을 잡게 됨을 의미했다. 성종대에 와서는 공신귀족의 권력이 토지제도의 모순 및 사병의 전횡 등으

---

20) 李重煥 『擇里志』, "凡士之仕於朝者 與不仕以在下者 苟其人從事於士 則通爲之士大夫."

21) Fritjof Capra, The Tao of Physics/이성범·김용정(역), 『현대물리학과 동양사상』(서울: 범양사, 1979), p.123.

22) 『論語』, 옹야편; 금장태 1980, 154-155; 한국사상연구회 1996, 60; 손문호 1996, 31; 고병익 1976, 31; 박선정 1985, 63. 참조함.

로 왕권을 위협할 정도에 이르렀다. 이에 성종은 공신 귀족을 견제할 목적으로 신진사림들을 과감하게 등용했다. 그들이 바로 신진사림의 정치세력의 선구인 것이다(손문호 1990, 212).

　조선 건국에 중심적 역할을 하였던 훈구세력들은 왕권을 강화하고 권력의 중앙 집중화를 통해 부국강병을 추구하였다. 그러나 이들에 의한 장기집권이 가져온 폐해로 인해 결과적으로 왕권의 약화를 초래하게 되었다. 이에 성종은 이들을 견제코자 그간 정치무대에서 소외되어 있으면서 유교에서 이상으로 삼은 왕도정치와 향촌자치 등을 추구하는 사림 세력을 대거 등용하였다. 길재의 학통을 이은 김종직의 제자인 김굉필, 정여창, 김일손 등과 같은 사림세력들이 성종 초에 중앙정계에 진출하여 세조 말에 혁파된 유향소 제도를 부활하여 향사례, 향음주례를 시행하고자 하였다. 그 결과 성종 때 공신귀족과 사림세력의 대립이 성종의 선정을 이상으로 하는 왕도정치에 균형을 이루었다. 조선조는 대내적으로 공신·척신과 사림세력의 대립과 갈등으로 인하여 무오사화와 갑자사화로 정치적 안정을 이루지 못하는 한편, 연산군의 방도함은 어두운 국정의 요인이 되었다. 연산군의 폐위와 중종반정으로 옹립이 있은 후 士氣가 재기되는 듯하였으나, 공신과 권신들은 기존세력을 이용하여 사림을 박해하였고 명종 즉위 원년에는 외척의 정권투쟁 속에서 사림의 피해가 다시 발생하여 마침내 학문과 정치를 분리하는 경향이 나타나기 시작하였다. 조선조 초기의 정치·문화적 안정과 발전에 뒤이어 나타나는 사화기의 전반적 정치사적 상황은 대내외적 불안성과 함께 정치적으로 건국 주체 세력인 事功派와 세조왕위 찬탈 전후 死六臣과 生六臣, 김종직, 김굉필, 정여창, 조광조로 이어지는 사림파의 갈등이 상존하고 있어 사림의 많은 피해로 이어졌다.[23] 연이은 사화의 정치과정에서 사림의 정치의식 특성을 보면 다음과 같다. 당시 유학적 세계에서 강조된 仁·義의 治道보다 利源을 높이는 功臣들에게는 義와 利, 公과 私의 분변이 확립되지 않으면, 사직의 방법으로 저항하는 사림의 의리정신을 드러내기도 했던 것이다. 이러한 위도항절의 사림들의 정치의식에서 公道에 따르는 시비의 판단성은 대내적 모순을 극복할 수 있게 함으로써 사림의 정치적 주체성을 이루어 왔고, 대외적으로 국제문제에 있어서도 민족적 자주성을 강조하였음을 볼 수 있다. 연산군의 폭정으로 정치적 무질서와 기존 정치세력의 균형이 붕괴되고 공신세력과 사림세력의 맥이 붕괴되기에 이르렀다. 그러나 소수의 무인세력 박원종, 성희안, 유순정 중심의 조선 왕조 건국 이래 신하가 임금을 교체시킨 거사, 연산군이 축출된 '중종반정'으로 새로운 정치 판도가 형성되었다.24) 이때 등장한 개혁의 상징적 인물 조광조와 중종의 정치개혁의지가 크게 상호작용했으나 결국은 정치개혁보다는 왕권유지에 무게를 둔 중종에게 조광조는 기묘사화로 희생되고 그의 개혁은 실패로 좌절되고 만다.

　조선은 건국 초기부터 유교입국, 즉 중세적 질서의 확립을 뚜렷한 목표로 내세우고 그것을 실현해 나갔다. 근 1세기를 거쳐 중세 질서가 뿌리를 내렸고 그로부터 성리학 정치사상의 난숙현상이 나타나게 되었다. 조선왕조가 유교입국을 내세웠지만 초기의 1세기 동안은 신왕조 특유의 왕권을 둘러싼 갈등으로 말미암은 불안정을 노정했다. 조선조 사화기의 시대적 배경에서 사화가 일시에 다수의 사림에게 참혹한 박해를 가한 사건이라고 통칭될 때, 사화기는 조

---

23) 조선조 '士禍'와 '黨爭' 개념적 차이를 보면 士禍는 謀利와 得勢를 위하여 小人이 士類에게 해를 끼친 것이요 黨爭은 士類의 自體 내에서 相爭한 것이라고 말할 수 있기 때문이다(士禍者 小人之害士類 古其宜也 黨論則士類自相爭也 『黨議通略原論』).
24) 이성무, 『조선왕조사』(서울: 동방미디어, 1998), pp.355－362.

선조 연산군에서 명종에 이르기까지 약 반세기 동안 이른바 사대 사화가 일어났던 시기를 뜻한다고 하겠다. 조선조의 건국은 여말에 있어서 이성계 일파의 친명외교, 척불숭유, 전제개혁 등 일련의 혁신정책으로 고려왕조의 수구세력과 대항하여 승리함으로써 이루어졌다.[25] 조선의 통치이념을 유교사상에 두었으므로 유학이 크게 성하기 시작했다. 유학을 적극적으로 장려하고, 오랫동안 불교사상에 압병이 났던 인심이 또한 공맹의 사상을 존숭함으로 인하여, 유학은 활발하게 전국 도처에 보급되었다. 백성을 교도함에 따라서 조정에서 국정을 논하는 자는 言必 堯舜, 孔子, 孟子를 칭하고 野에 있어서는 유교와 윤리도덕을 말하는 자 또한 四書五經을 근거로 삼지 않는 자 없게 되었다.[26]

신왕조가 뿌리를 내리게 되자 유교입국의 이념과 현실 사이의 괴리가 중요한 문제로 부각됐다. 성리학에 보다 투철한 신진의 세력이 이념에 입각한 개혁운동으로 현실을 비판하고 나섬으로써 조선조 성리학적 정치사상은 본격적인 전개를 보게 된다.[27] 이른바 김종직 이후 신진사림으로 불리는 그들이 비판의 초점으로 삼은 것은 비유교적인 공신·척신들의 발호와 군주의 포악으로 말미암은 폭군정의 현실이었다. 유교는 학덕을 지닌 현자의 지배를 지향하는 것이고, 그런 유교의 관점에서 볼 때 당시의 현실은 비판을 면할 길이 없는 것이었다. 학덕이 아닌 물리적인 힘이나 사적인 배경을 업은 공신, 척신과 학덕을 갖추지 못한 군주에 의해 정치적 혼란이 야기됐다고 보고 그들은 그에 대해 비판을 가했던바, 사화와 반정

---

25) 이상백, 『이조건국의 연구』(서울: 을유문화사, 1949) 참조함.
26) 현상윤, 『조선유학사』(서울: 현암사. 1982), p.31.
27) 이태진. 1979. "16세기 사림의 역사적 성격", 성균관대학교 대동문화연구소(편), 『대동문화연구』제13집. 참조함.

은 바로 그런 정치적 갈등의 표현이었다.

사림의 성리학적 정치사상은 군주정 이외의 정치는 생각할 수 없고, 현실의 정치는 건전한 군주정이 아니면 폭군정이라고 본다. 사림의 관심은 어떻게 폭군정을 막고 건전한 군주정을 이룩할 수 있을까가 성리학 정치사상의 궁극적 관심사였다. 성리학 정치사상은 군주가 유교적 수양을 통해 현군이 되어 현명한 신료를 뽑아 군신 간의 조화가 이루어질 때 건전한 군주정이 되고, 군주가 지도자 교육에 소홀하여 나타난 수양의 실천성 부족으로 간신들에 의해 둘러싸일 때 폭군정이 된다고 결론짓는다. 조선조의 성리학적 정치사상은 군주가 인간으로서 갖는 한계 때문에 타락하게 마련이라는 현실적인 전제 위에 있었다. 타락의 가능성은 군주가 직접 정권을 행사할 때 더욱 커진다. 그래서 조선조의 성리학적 정치사상은 공평한 기준에 입각해 뽑힌 신료에게 군주가 전권을 일임해야 한다고 하는 '君臣共治論'을 강조한다. 유교정치사상은 치자의 실천적 윤리에 초점을 둔다. 先秦儒學에서는 그에 관한 논의가 세밀하지 못했으나 성리학에 와서는 군주와 신료의 윤리가 엄격히 나뉘어 이야기되고, 君主와 臣僚간의 조화가 이상적인 정치의 실현을 위한 필수조건으로 규정된다(손문호 1987, 92-93).

조선 전기 사림의 정치적 성격에서 사화와 당쟁을 보면 사화가 훈구파와 사림파 사이의 투쟁에서 훈척계열의 자기 분열적 현상의 의미를 내포하고 있고 사림파에 대한 정치적 보복의 형태가 강했다. 그러나 당쟁은 사림정치 세력 간의 권력 주도권에 대한 붕당적 성격을 내포하고 있다. 하지만 사림정치의 발달은 정치참여층의 확대와 왕정 운영의 도학화에 촉진을 가져왔고 이러한 배경에서 당파 간의 경쟁과 대립이 일어났으며, 당쟁 발생의 정치적 의미는 근대 이전 조선조 정치 수준의 긍정적 자기성숙과 부정적 자기붕괴의 의미를 동시에 포함하고 있다.

 특히 중종 때에 정계에 진출한 조광조 등은 進 君子 退 小人論, 현량과 실시, 여씨향약 실시, 소격서 혁파, 위훈삭제 등의 정치개혁을 단행하였다.[28] 사림세력이 대거 조정에 진출하면서 기존의 훈구세력들과의 충돌이 불가피 하였다. 그 결과 대규모 사화가 잇달아 발생하여 수많은 사림들이 희생을 당하였으니 이른바 사대사화가 그것이다. 이로써 사림세력은 조선 전기 정치의 중심축으로 등장하게 되었다. 그러나 고려 말 조선 초 연구에서 조선조 중기 이후 이황, 이이로 뛰어넘어 인물 중심으로 집중적 연구 경향을 보이고 있다. 조선 초기에서 중기의 사상가 개별 연구가 역사학, 철학분야의 사상연구에 비해 정치학적 연구 성과가 거의 전무한 실정이다. 유학 정치사상에서 특히 사림정치사의 유학에 이러한 긍정적인 면이 있다고 생각하게 되자 지금까지 덜 알려진 사상가의 연구 필요성과 사림정치에 대한 재검토, 재평가의 필요성을 있다고 느끼게 되었다.

 2) 유교국가 정치체제[29]

 절대주의 정치체제는 군주주권론과 연관된 정치사상이다. 군주주권은 구속받지 않는 권력을 소유하고 있다는 점에서 절대적이다. 군주는 외부기관에 의해 제약을 받지 않는다. 그럼에도 불구하고

---

28) 조광조의 정치개혁 사상연구에 관해서는 고권삼 1948; 김영두 1965; 강주진 1979; 강광식 1998; 김만규 1982; 손문호 1996; 신복룡 2001; 부남철 2002; 이지경 2003; 최병덕 2002; 최연식 2003 논문 참조할 것이며, 한국정치학자들의 조광조 정치사상 선행연구 경향의 긍정적 입장과 부정적 입장의 자세한 내용분석은 졸고 2003, 86-87.
29) 나정원, "인간과 정치사상 그리고 정치체제", 나정원 외, 『인간과 정치 사상』(서울: 인간사랑, 2002), pp.46-65.

절대주의적 원칙은 王權神受說의 권력처럼 무제한적 통치권을 주장한다. 군주의 절대주의 정치사상은 질서와 전통지향적 정치문화를 제도화하여 정치안정의 보장을 전제로 한 믿음으로 발전하였다. 그러나 절대주의는 독재정치와 구별돼야 한다. 절대주의는 왕정 운영의 도학화라는 선정의 원칙에 기초를 두고 있다. 폭군에게 임의적이며 무제한적 정치권력을 부여하지는 않는다.

조선조 건국(1392) 이후는 전형적인 유교사상이 절대적으로 지배하는 유교적 국가주의이다. 유교국가의 정치체제는 군주주의와 귀족주의의 혼합이다. 그런데 유교국가의 귀족은 학문적 德能의 신분이 특징적인바, 흔히 그것을 士族이라고 부른다. 사족의 정치세력화 비중이 클수록 발전된 유교국가 정치체제라고 할 수 있다. 조선조 정치체제는 도학적 정치이념의 부정적 측면으로부터 비롯되는 양반 중심의 착취적 사회 · 경제, 문약하고 공리 · 공담에 가까운 사변성과 원리원칙에 따라 매사를 처리하는 형식주의, 파벌주의, 명분주의, 체면, 주변국가와의 국방 및 외교정책 빈곤, 보수적 · 수구적 질서와 주자학적 세계관등과 같은 폐단 또한 없지는 않았으며 실제의 정치행태 면에서 볼 때 사농공상의 비민주적인 신분차별이나 정치참여 제한, 민중의 복지를 강조하지만 민중의 정치적 권리는 철저히 배제, 권력을 중심으로 하는 士禍, 黨爭, 勢道 등 당파적 갈등과 투쟁 그리고 변화하는 체계의 내외적 환경에의 적응실패, 반복되는 왕조체제의 권위주의적 정치, 왕정 운영에서 군주의 절대적 억압정치, 성인 · 군자화 되지 못한 군주의 통제 메커니즘이 존재하지 않았다는 점 등과 같은 부정적 양상 또한 적지 않게 가지고 있었던 것이다. 하지만 정치사상적 의미에서 왕정운영의 도학화 추구, 언로의 개방, 공론정치의 활성화 등은 정치발전에 기여한 바 크다고 할 수 있다. 또한, 중요한 사상가들의 행태들과 사건 중심으로 연구하는 것은 정치사적 관점에서 중요하다고 본다. 거시적 차원에서는 현대한국정치의 정치문화적 접근의 근원적 모태가 되고 있기 때문이다.30)

조선조 초기 인간관의 측면에서 군주제의 인간관은 1차적으로 지배세력은 이성적-정신적-자율적-논리적 존재로 피지배세력을 감성적-육체적-예속적-비논리적 존재로 규정한다. 하지만 사림 세력의 일원으로서 정여창은 군자, 성인의 개념을 일반 백성에게까지 확대하는 교육에 진력함으로써 이러한 1차적 인간관의 역전을 모색한다. 조선조 초기에 제시된 인간관은 지배세력과 피지배세력의 상호소통을 통한 이성적 인간관이라고 할 수 있다. 일두와 사림의 목숨을 건 노력은 이상으로 제시된 이성적 인간관의 복원이다.

군주나 훈척세력은 더 이상 이성적-정신적-자율적-논리적이지 못하며, 사림세력만이 이성적-정신적-자율적-논리적이다. 연산군에 대한 교육의 시도와 포기, 피지배세력인 일반 백성들에 대한 끊임없는 실천적 교육의 시도 등은 감성적-육체적-예속적-비논리적 존재를 이성적-정신적-자율적-논리적 존재로 전환시키려는 정여창의 지독스런 고집과 노력이다.

조선조 정치체제는 유교적 국가주의, 왕조주의의 외형을 유지하면서, 왕권과 신권의 갈등 속에서 조선조 정치사상은 군주정체와 귀족정체의 모습을 보이기도 한다. 하지만 귀족정체의 모습을 보일 때에도 군주정체라는 외형은 그대로 유지되었다. 군주는 물론 훈척세력이나 사림세력들은 자신들이 이성적-정신적-자율적-논리적임을 강조하는 반면 국민들을 감성적-육체적-예속적-비논리적 존재로 보면서 교화의 대상으로 본다. 군주정체가 제도화되고 피지

---

30) 이택휘 1999, 31-32; 손문호 1990, 26; 1992, 21; 박현모 2003; James B. Palais. 1991. 참조하였다.

배세력에 대한 통제 기구가 강화되면서 훈척세력들이 등장하고, 이 훈척세력에 대한 견제세력으로 사림세력이 활동한다.

여기에서 사림의 적극적 역할은 백성과 군주사이의 매개로 상호 일치의 가능성을 열어 준다. 군주정체가 참주-폭군정체로 변질될 때 귀족들의 할거, 분할지배체제가 성립되기도 하지만 그래도 외형 은 군주정체이다. 폭군정체만은 방지하자는 사림세력의 주장은 계 몽군주제로 이어지지만, 서양에서처럼 입헌군주제의 주장은 나타나 지 않는다. 조선조 후기 피지배세력들은 현실에 대한 저항의 표현 으로 이상정체를 주장하기도 했다. 또한 이러한 저항에 피지배세력 이 현실적으로 가세하여 군주정체가 근본적으로 위기에 처했을 때 서양에서처럼 타협책으로 공화정체가 형성되어 군주-귀족-백성들 의 견제와 균형이 잠정적으로 유지되지는 않았고, 귀족(문벌귀족) 중심의 세도정치가 나타났다.

민주정체에서 자유롭고 평등한 국민은 감성적-이성적, 육체적- 정신적, 노예적-자율적, 현재적-미래지향적, 예속추구-자유추구, 의존적-자립적, 정적-동적, 비논리적-논리적, 소극적 적극적인 모습 모두를 갖고 있지만 조선조 이전 한국정치사상의 인간관은 대부분 전자들의 모습을 강조했다. 하지만 서양의 민주주의적 인간 관이 현실적으로 제도화되었던 시점은 불과 2세기도 안 된다는 점 에 우리는 주목할 필요가 있으며, 19세기 이전 동서양은 모두 정치 체제에서는 군주제, 인간관은 군주제적 인간관을 갖고 있었다는 점 을 분명히 인식할 필요가 있다. 한편 인간관을 뒷받침해 주는 세계 관은 정치에 대한 기본입장인 정치 이념의 기초를 제공해 주는데, 조선조 사림세력의 정치사상적 세계관은 성리학적 이상주의에 기반 을 두고 있다. 군주제에서 백성의 역할은 수동적 객체이기 때문에 군주에 대한 적극적 저항은 하지 못한다. 하지만 군주-사림-백성의 구도에서 사림은 적극적 역할을 할 수 있다. 군주에게 인욕을 버리고 수양할 것을 요구하고, 백성을 교화할 수 있는 사림은 관리의 충원 대상으로 실천의 모범을 보인 역할이었다. 조선조 정치체제는 군주 한 사람에게 주권이 있는 군주주권론이다.

3) 사림 엘리트의 정치참여 유형

사림정치의 실천지향적 학문은 도학이다. 道學은 '性理學', '理學', '禮學', '聖學', '義理之學'이라고 하듯이, '바르고 의로운 도리를 탐구하여 몸소 실천하는 학문'이다. 이때의 실천윤리는 상당히 복잡하지만, 대체로 孔子가 설정하여 역사에 반영한 '春秋大義'로 포섭되는 義理 또는 節義가 가장 대표적인 것이다. 조선조를 유교적 국가주의라는 데 의문을 제기할 사람은 없다고 본다. 역사에서 그 節義 精神은 여말선초에 크게 자각되고 실천되었다. 성종 때 金宗直은 영남사림의 종장으로서 중앙관계에 진출한 신진사류들에 숭상되었던 길재의 학풍을 전파하였고 김종직의 대표적 제자인 정여창과 김굉필이 대표적 인물이었다. 여기서 사림의 공통된 경세관과 세조왕위찬탈 이후 사림엘리트들 정치참여유형을 중심으로 고찰하고자 한다.

이들 양자 공통점은 지배자층으로서 도학정신 계승과 성리학 이론의 심화를 위해 국가를 통치하는 民本과 爲民의 실천적 주체로서 관료의 역할이라는 것이다. 사림이 추구해 온 개혁론이 국가의 정책으로 연결되었으며, 戊午人, 甲子人, 己卯人·乙巳人 및 門人·後孫들이 그 실천의 주체가 되었다는 의미를 갖고 있다.

朝鮮前期 政治 엘리트의 參與類型 分析에 참고하기 위하여 세조의 왕위찬탈 이후 정치엘리트의 분화된 정치적 태도에 따라 政

治參與型을 유형화하면 다음과 같다

〈世祖－中宗朝 間 政治엘리트의 政治參與 類型〉31)

參與類型	정치 엘리트의 政治的 態度 定向	政治 엘리트의 名 單
勳舊派	世祖의 寵臣·功臣으로 官爵이 많은 祿田과 노비소유, 典禮·詞章에 能함	鄭麟趾, 韓明澮, 崔恒, 李石亨, 梁誠之, 權擥, 申叔舟, 徐居正, 姜希孟, 李克墩 等
節義派	綱常논리에 의한 世祖의 王位篡奪·悖倫行爲에 분개하여, 不事二君의뜻을 품고, 廢人으로 자처, 杜門, 放浪. 隱居,	死六臣(成三問, 朴彭年, 李塏, 河緯地, 兪應孚, 柳誠源), 生六臣(金時習, 南孝溫또는權節, 元昊, 李孟專, 趙旅, 成聃壽), 等.
士林派	鄭夢周, 吉再의 學脈을 계승한 金宗直등 野士(班)族으로 士林의 傳統的 기상을 이음, 道學, 詞華, 高蹈的 傾向	金叔滋, 金宗直, 金宏弼, 鄭汝昌, 金馹孫, 趙光祖, 等
淸談派	政治에 회의를 느끼고 官職을 포기한 非官僚派, 竹林七賢 등, 超世俗的인 淸談主義·風流主義, 時事評論士(班)族들.	洪裕孫, 南孝溫, 李貞思, 李摠, 禹善言, 韓景琦, 趙自知 等

위에서와 같이 정치엘리트의 네 가지 참여유형은 사상적 흐름에서 볼 때 절의파, 사림파, 청담파란 서로 일맥상통하여 이들 모두 사림으로 볼 수 있고, 훈구파와 사림파 사이의 정치적 갈등이 심화되어 가는 양상을 보이는 것이 이 시대 특징이다.

정여창의 정치사상은 왕도정치, 즉 현인정치 내지 도학정치의 구현이 그의 이상이었다. 정여창의 왕도정치사상이 그 다음 조광조로 이어지면서 혁신정치 내지는 지치주의 정치사상으로 표출되었다(정재경 1987, 335－341). 정여창은 송대 성리학의 학문적 기반으로

---

31) 이병도 1983, 319－321, 1986, 146; 이성무 1998, 265－336; 부남철 1999, 118; 김만규 1999, 129; 이지경 2004, 9－10; 김호성 2000, 203－204. 참조하였다.

사림정치관에 입각한 정치사상을 이론적으로 체계화하고 있다. 사림파의 유학사상 이론과 실천, 실질과 명분의 조화는 현대문명사회에서 인간을 물질적 모순에서 해방시키려는 인간성 회복의 문제가 새로운 휴머니즘으로 많은 역사적 교훈을 시사해 주고 있다. 사림은 사회적 지도엘리트로서 지식계층을 형성하여 정치질서와 사회정의를 확립하고 至公無私한 大義名分을 지켰던 것이다. 사림이 정치인의 利源을 근절한 것과 節用愛民을 주장한 것은 바로 重民精神에 직결되었다. 여기서 대내적 정치의 모순을 해결하고 신의를 지킬 수 있는 기본정신이 출현된 것이다(조남욱 1983, 74-75). 사림파는 중소지주계급의 출신으로서 程朱理學을 추구했다.

조선조 사림파 정치 이념적 특징은 "崇儒明君, 崇王斥覇, 仁本·義本人治主義, 衛道抗節, 殺身成仁, 弘道慧民, 忠·義 思想, 剛毅直節, 不事二君, 大義名分의 實踐躬行" 등으로서 '振綱常'義理 논리에 충실한 "野生士(班)族" 저항 정치세력이 사림파였다. 사림파는 요순 시대의 '太平聖代', '大同至治'와 같은 '天命, 德治, 禮治' 사상을 바탕으로 王道政治의 實現, 暴君(燕山君)에 抗爭, 中宗反正 이후 유교국가 정치체제 운영의 도학화를 위해 대항한 대표적 세력이었다. 이런 점에서 조선조 사림사상가들의 유학적 개혁정치사상을 오늘날 새롭게 연구하는 것도 중요한 의미가 있는 것이라 본다. 사림의 정치의식은 유교적 질서의 체계화 및 왕도정치체제의 구현이다. 堯舜至治를 목적으로 의리정신에 입각한 실천유학정신이며, 언로와 공론을 기반에 둔 爲民政治的 정치논리이다.

2. 鄭汝昌의 經世論

조선조 '振綱常'의 의리사상인 『三綱五倫』의 규범형식으로 받아들여졌을 때 그 규범은 절대불변의 가치기준으로서 사회질서의 핵심을 이루었으며, 가장 빈약한 행위기구로서도 모든 사회계층을 분수에 안정하게 함으로써 수백 년간 사회적 안정을 확보해 가는 원동력이 되었다. 또한 의리가 尊王賤覇와 事大事小의 형식으로 국제사회에 확인되었을 때 국가의 안전과 국제평화의 원리로서 유교문화권의 세계질서를 유지해 주었다(금장태 1980, 49). 당시 사림의 정치적 목표와 경세론의 특징을 요약하면 다음과 같다.

그 당시 유교적 국가경영의 왕도정치 추진 세력인 사림파의 정치적 목표는 ① 조선 건국 이후 공신들과 훈척세력의 횡포를 견제하는 것, ② 훈척사족의 부정부패를 추방하고 사회를 정화하는 것, ③ 세조의 왕위찬탈의 정통성을 부정하고 단종을 복위시키는 것 ④ 소능을 복원하여 인륜의 기강을 확립하는 것, ⑤ 鄭夢周의 '臣不事二君'의 의리정신 계승, 사육신의 복권운동, ⑥ 왕정운영의 도학화, ⑦ 尊王斥覇의 정치사상, ⑧ 공론에 의한 정치, ⑨ 민본정치와 삼사(사련원, 사헌부, 홍문관)의 기능 강화 등이었다.[32] 이와 더불어 조선 전기 사림엘리트 정치사상의 경세론 특징을 정리해 보면 다음과 같다.

첫째, 군주의 마음은 선정이 기본이다. 즉 군자를 중시하고 소인을 멀리해야 한다.

둘째, 소학과 주자의 가례 등의 보급을 통하여 조선조 '禮'사상의 발전을 가져왔다.

---

32) 정경주, 『정여창연구』(서울: 집문당, 1987), pp.371-373.

셋째, 지치주의의 개혁정신에 따른 경세적 업적을 들 수 있다.

넷째, 사림의 경제적으로는 재지 중소지주층이 주류를 이루고 있다.

다섯째, 사림의 정치의식은 의리정신에 입각한 실천 유학정신이며 언로와 여론에 기반을 두고 있다.

여섯째, 왕정운영의 도학화와 윤리적 규범, 자기수양을 통한 가치관의 지속적 확산이다.

일곱째, 국법이라도 시대가 변천하고 민생을 위한 정책이 아니면 개혁되어야 한다.

여덟째, 天命思想, 德治, 禮治의 실현을 위한 公論추구이다.

아홉째, 조선조 건국 정치이념에 일치된 실천성리학 측면에서 유교사상의 '振綱常' 논리에 의한 '野生士族'으로서 왕정운영의 도학화를 주장했다.

당시 사림파과 훈구파 정치세력의 공통점은 지배자층으로서 도학정신 계승과 성리학 이론의 심화를 위해 국가를 통치하는 民本과 爲民의 실천적 주체로서 관료의 역할이라는 것이다. 사림이 추구해 온 개혁론이 국가의 정책으로 연결되었으며, 戊午人, 甲子人, 己卯人・乙巳人 및 門人・後孫들이 그 실천의 주체가 되었다는 의미를 갖고 있다.

유교 정치사상의 이상적 통치방법은 왕도지치주의로서 덕치주의, 예치주의이다. 즉 天命・德・禮이다. 사림의 유교사상에서 禮는 권력이었다. 예적 질서화로서 禮의 권력화는 조선조 유교정치에서 정점을 이룬다. 禮는 폭력적 강제가 아닌 윤리적 강제였고 禮의 이행층(Carrier)은 군왕이 아닌 유학자들이었다. 즉 경전과 소학을 중심으로 실천의 주체인 유학자층이 군주의 유교도덕으로 통제하려는 강력한 대항적 수단이었다. 禮의 권력화 현상을 '도덕정치'(Moral Politics)이라는 개념으로 해석할 수 있다. 도덕정치란 현세적 권력에 반대에서 비롯한 윤리체계가 또 하나의 권력으로 예적 질서화한 정치적 양식을 뜻한다. 유교정치에서 '모랄폴리틱'은 조선조 정치체제 운영원리의 핵심이었다. 정치권력의 도덕적 종속의 중세적 성격을 내포하고 있다.

유교국가의 이상정치는 공자, 맹자에 의해 제시된 仁政, 王道정치로서 '天命', '德', '禮' 등의 관념으로 성숙해 갔다(손문호 1992, 48). 유교의 국가관 내지 권력관의 기본 틀은 인간은 본래 仁義禮智의 본성을 깨달아 완전하게 발휘하는 것이다. 天命, 民心, 君師로 표현되고 그의 임무는 治와 敎로 규정된다는 점이다. 따라서 유교국가의 정치와 권력은 신성한 것이다.

정여창은 안음현감, 예문관의 검열, 시강원설서 등 관직을 하였다. 정여창의 정치사상은 유교의 德治主義가 그 근본이다. 덕치주의란 덕이 있는 사람이 도덕적으로 각성되지 못한 사람을 깨우치고 지도함으로써 정치의 요체로 삼는 것을 뜻한다. 덕치주의에 있어서 治者는 聖賢이 되어야 하는 것이고 그의 규범은 예이다. 따라서 그 정치는 賢人政治 내지는 禮治主義로도 일컬어지며 孔子, 孟子의 가르침을 대표로 한다.

정여창의 정치사상은 왕도정치, 즉 현인정치 내지는 도학정치의 구현이 그의 이상이었다. 왕도정치를 실현하는 데는 먼저 군주의 마음을 바르게 함이 근본이고, 그 근본이 바르지 아니하면 선정과 교화가 나올 수 없음을 깨닫고 그 당시 세자 연산군에게 格物致知와 誠意正心의 君主의 학문인 『大學』을 열심히 강론하여 장차 군왕으로서의 큰 뜻을 세우기를 바랐으나 그것이 수용되지 않았던 것이다. 정여창은 왕도정치에 있어서 군주의 자질이 얼마나 중요한지 항상 마음에 두고 있었다. 그와 같은 정여창의 왕도정치사상이 그다음에 조광조로 이어지면서 그가 왕도정치의 이상을 실현해 보

기 위하여 혁신정치 내지 유신정치론을 표방하였으나 그도 역시
훈구파에 의해 기묘사화 때 사사됨으로써 그 뜻이 좌절되고 만다
(정경주 1987, 333-334). 이와 같은 성리학적 이상주의가 왕도정치
의 강화라는 정치적 현실주의 주장세력인 훈구세력에 의해서 많은
정치적 갈등과 대립으로 사화라는 형태로 희생되어 왔다.

정여창은 폭군인 연산군의 계몽군주 교육에 실패하고, 안음으로
내려와 왕도정치를 바르게 구현해 보고자 했다. 민본정치와 덕치
그리고 안민사회를 건설하기 위하여 지금까지의 모든 폐단을 불식
하고 백성들이 편하고 사람답게 사는 세상을 건설해 나가는 데 힘
썼다. 정여창의 경세론은 안음현감 시 국정쇄신 정책 내용이 林薰
의『鄕祠堂記』와 成彭年의『鄕祠堂 奉安 時祭文』에 전해지고 있다.[33]

첫째, 民本思想의 왕도정치론을 주장하고 있다. 정여창은 "도가
없으면 먹을 것이 없고, 먹을 것이 없으면 백성이 없고, 백성이 없
으면 나라가 서지 못한다."(無道無食, 無食無民, 無民無國) 나라의
근본은 백성이 근본이라고 강조해 왔다. 공자의 '修己安民'의 강조
이다. 관리의 덕목을 청렴결백, 검소한 생활 그리고 공평무사의 법
도에 어긋나지 않아야 한다(정준상 2001, 98-99). 이처럼 정여창은
修己治人에 바탕을 두고 公과 義를 실천한 유학자로 爲民, 愛民,
利民으로 표현되는 민본적 정치이념을 실현하려다 희생된 당시 사
림의 대표적 인물 중의 一人이였다. 정여창은 세자인 연산군을 가
르치면서 치자의 도리가 중요함을 염두에 두고 있었고, 그의 정치
사상이 직접적으로 조광조, 조식, 이황 등에 연결되지는 않았으나

---

33) 林薰(1500-1584) 朝鮮朝 明宗, 宣祖 때에 性理學者요 孝子임. 조정
에서 효자의 정문이 내려짐. 본관은 은진이며 자는 仲成 號는 自怡堂
또는 葛川이다. 成彭年은 선조 때의 학자, 號는 石谷이라 했으며 본
관은 창녕이다. 임훈의 문인이다.

간접적으로는 많은 영향을 미치게 된 것이다.

둘째, 번거로운 규범을 개정하여 제도적 정비를 통한 사회정의 실현하는 데 힘썼다.

"선생께서는 고을에 있을 때 민원규칙 10여 개를 개정하였는데 후임으로 오는 현감 누구도 그대로 지켜 규범으로 삼고 그것을 고치는 자가 없었다."[34] 이것은 鄕祠堂記에 기록된 내용이다. 민본정사에 연관되는 각종 법규를 자세히 살펴서 필요성 여부를 확인하여 改廢하였던 것이다. 정여창이 안음현감으로 부임하여 채 1년도 되지 못하여 정사가 깨끗해지고, 백성들이 기뻐했으며 경내가 서로 조심하여 속임이 없었으니 이는 그가 올바른 법도에 따라 정사를 돌봄으로써 사회가 정의로워졌음을 나타내는 말이다.

셋째, 백성의 조세 부담을 줄이고 安民에 힘썼다.

"지방의 특산물을 바치는[貢] 시기의 일찍 함과 늦음을 정하고 또 늦출 것과 급한 것의 시기를 조정하고 명목 없는 것은 폐지해서 부역하는 일을 가볍게 하였을 뿐 아니라 쉽게 하였다."[35] 이상과 같이 정여창은 평소 수령들의 貢, 賦의 가중함을 시정하는 백성들의 조세와 부역을 줄이는 安民에 힘썼다.

넷째, 법을 집행 시 처벌보다 교화에 힘썼다.

"교화를 세우던 방법인즉 부화한 버릇을 통절하게 잘랐습니다. 그 까닭으로 다스림에 스물 조목에 있어 낮춤과 올림, 가벼움과 무거움이 모두 그 형평을 얻었고, 다섯 해를 다스려서 넓음과 가늘음, 큼과 자잘함이 각각 마땅하게 되었습니다."[36] 정여창은 백성을

---

34) 『一蠹遺集』, 卷3「鄕祠堂記」, "有治民十餘條後繼之者世守爲範莫敢有改"와 「鄕祠堂 奉安 時祭文」.

35) 『一蠹續集』, 「鄕祠堂 奉安 時祭文」, "若其辨風土 而定方物之貢時 早晚而適緩急之期罷 無名而休力役之"

36) 『一蠹續集』, 「鄕祠堂 奉安 時祭文」, "立敎之方則惇尙本實而痛劃浮習

가르쳐 이끌어 착한 백성이 되게 하는 데 실속 없이 겉만 화려하게 하는 버릇을 잘라 없애기 위하여 치민 법규 20여 개 조목을 고르게 개정하여 공평하게 백성을 다스렸다.

다섯째, 교육을 진흥시켜 향촌사회의 기풍 진작에 주력하였다. 또한, 협동의식을 고취시키고 사회복지에 주력하였다.

정여창은 "규모가 크고 원대하였으며 덕량이 깊고 넓었습니다."[37] "선생의 교화가 한때의 효과일 뿐 아니라 대대로 길이 힘입음이 있는 것은 선생께서 덕을 취하지 아니하였으면 어찌 이와 같은 다스림에 이를 수 있겠습니까." 하였다.[38] 그리고 정여창의 교화가 이루어지고 덕량이 넓고 원대하고 깊었다고 하였다. 정여창은 그의 입지론에서 "배운다는 것은 성인을 배우는 것이요, 뜻이라는 것은 학문을 이루는 것이다."[39] 하여 학문을 하되 뜻을 굳게 세워서 꾸준히 하면 학문을 이룰 수 있다고 하였다. "오직 학문을 지향하되 성으로 하고 몸을 단속하되 경으로 하기를 바라는 마음 간절할 뿐이다."라고 하였다.[40]

여섯째, 상부상조의 기풍을 진작시켜 서로 믿고 도우며 사랑하도록 했다.

정여창은 仁政 5년 동안 많은 변화를 가져왔다. 백성들은 가정윤리가 확립되어 서로 사랑하고 효도하고 우애하고 공손하니 가정이 평화롭고 각자가 맡은 일을 충실히 실천하니 미풍양속의 사회가 되었고 백성들의 물정이 순진하여 협동하는 마음과 상부상조의 기

故治柳卄條而低仰輕重皆得其平臨之五載而洪纖巨細各適其宜"

37) 『一蠹續集』, 「鄕祠堂 奉安 時祭文」, "蓋先生規模弘遠 德量廣闊"

38) 『一蠹續集』, 「鄕祠堂 奉安 時祭文」, "先生之化不徒效於一時而世永有賴者也"

39) 『一蠹續集』卷1. 「立志論」, "學者所以學聖人也 而志者所以成其學也"

40) 『一蠹續集』卷1. 「書」, "惟以向學 以誠律身 以敬爲望"

풍이 진작되었다. 그리하여 서로가 두텁게 믿고 후덕하게 사는 신용사회가 이룩되었으니 실로 견줄 데가 없다고 한 것이다. 일두는 부임한 후 편의 조목 10여 조의 규정을 제정하여 이를 부분적으로 시행하였다. 그리하여 일두는 주민들이 상부상조하도록 권장하였던 것이다. 농사를 지음에 있어서도 두레, 품앗이 등으로 협동을 하도록 했으며 마을마다 상포계를 권장하여 상사에는 마을 사람들이 서로 돕는 풍속을 진작시켰다. 특히 일두는 주민들에게 경로효친 사상을 고취시키기 위해 관에서 봄, 가을로 양효예를 거행했다. 이때 내외청에서 함께 잔치를 베풀었는데 내청에서는 부인이 직접 노인들을 대접하게 했으며 외청에서는 일두 자신이 손수 노인들을 대접하면서 지방의 실정을 듣는 기회로 활용했다(정재경 1987, 341). 정여창은 일생을 두고 효행과 의리정신으로 일관된 실천유학자였다. 이상과 같이 여섯 가지 내용을 통해 본 정여창은 유교경전의 왕도정치 구현을 위한 도학정신을 현실정치에 적용하여 도학주의의 실천자였다. 그의 스승인 김종직과 이관의에게 배운 도학적 가치관을 철저하게 실행에 옮기려고 노력한 조선조 실천유학 사상가였다.

이상과 같이 정여창의 도학 실천 사상의 특징을 요약하면 다음과 같다.

첫째, 유학자로서의 기본 태도인 경전 이해에 철저했다는 점이다.

둘째, 정여창의 사상적 기초에는 신유학사상으로서의 성리학에 조예가 깊었다는 점이다.

셋째, 마음으로 체득하는 학문의 실질성이 강조되고 있었다는 점이다.

넷째, 자기 관리에의 의지가 철저했다는 점이다.

다섯째, 일두는 學行一致 부모 공경인 효행실천에 철저했다는 점이다.

여섯째, 일두는 남다른 겸양의식을 보이고 있었다는 것이다.

일곱째, 일두는 자신의 내면이나 외면 그 어느 경우에 있어서도 인간 보편의 도덕의식에 철저하였다. 그것은 유교사회의 심화과정에서 '인간다움'의 척도로서 인식되는 것이었던바, 일두 그 개인의 일로만 간주되는 것은 아니었다. 그리하여 그의 덕행은 물론, 대소사의 의례 거행방식 또한 주위 사람들에게 모범적으로 크게 영향을 끼쳤다(조남욱 2003, 145 - 157).

여덟째, 김종직과 이관의 두 스승의 사제관계에서 인간다움의 교양과 진리추구의 궁리에 깊은 사명의식을 가지고 높은 단계의 眞知小學 實踐 유학자이다.

아홉째, 사림으로서 '殺身成義'의의 의리 중심의 가치관은 정치사회의 비판적 기능을 다 하고 있다는 점이다.

이상과 같이 정여창 및 사림의 정치의식은 사화라고 하는 정치적 탄압이 계속되는 가운데 사림의 의리사상이 후대 정치사상에 미친 영향은 ① 도학의 학문적 주체의식의 실천적 심화, ② 대내적 정치의 모순에 대하여 시비의 정도를 밝히고 사림의 정치적 주체를 확인시켰다. 대외적으로는 민족의 자기 주체를 강조하였으며, 박해를 받을 때 죽음을 불사하고 의리정신을 표출했다. ③ 사림은 정치적 지도 엘리트로서 지식계층을 형성하였으며 정치질서와 사회정의를 확립하고 대의명분을 지켰다. 사림이 정치인의 利源을 근절한 것과 節用愛民을 주장한 것은 사림정치사상의 民本政治와 직결된다고 할 수 있다.

3. 鄭汝昌의 '小學振興運動論' 評價

소학과 가례의 교육은 피교육자 모두 명륜과 경신을 통하여 수신과 제가를, 관혼상제와 의장도수를 통하여 명분과 애경이라는 근본을 이룰 수 있다는 계몽적 인간관이며, 폐쇄된 군주제에 대한 견제였다. 인간관을 역전시키려는 시도는 이성적 인간관의 보편화라고 평가할 수 있다. 모든 인간이 수신제가를 통하여 치국의 일원이 되는 것은 국가와 군주가 제1의적인 군주제하에서 사회와 개인의 적극적 역할을 유도함으로써 군주제의 역동성과 순기능을 강화하는 것이었다. 이것은 사림 인간관의 실천이다(최일범 2000, 147-165).

정여창의 인간관 측면에서 學行一致에 관한 박재형의 『海東續小學』에서 정여창의 언행41) 및 인간관을 평가해 보면 다음과 같다.

첫째, 立敎篇: 鄭一蠹 선생 정여창은 젊었을 때 술을 좋아하였다. 어느 하루는 친구와 함께 술을 많이 마시고 취하여 들판에서 밤을 새우고 돌아왔는데, 어머니는 꾸짖어 이르기를 "너의 아버님께서 이미 돌아가셨으니 내가 의지할 바는 오직 너뿐인데 지금 네가 이와 같으니 내가 누구를 의지해야 하겠느냐?"라고 하였다. 선생은 깊이 스스로 잘못을 뉘우치고 술을 다시는 입에 대지 않았다.

둘째, 嘉言篇의 廣立敎: 鄭一蠹 선생은 공부에 있어서 독실함으로 기본을 삼았다. 그는 일찍이 말하기를 "나의 바탕은 남들보다 낮으니 많은 공을 들이지 않는다면 어찌 작은 효과라도 얻을 수

---

41) 박재형의 『海東續小學』 그 원본이 乾坤 2책6권128장으로 구성되었다. 이에 대한 연구는 渡部學의 "海東續小學에 대하여", 계명대학교 한국학연구소 『한국학논집』제7집, "진계 박재형선생 소론" 대구담수회 편, 1976 『담수』6집이 있으며, 박문현, "박재형의 해동소학연구", 영남대학교 석사학위논문(1979)이 있다. 그리고 국역본으로는 김종권 譯註의 1987, 『海東續小學』, 명문당을 볼 수 있다.

있겠는가. 비유컨대 학문이란 씨를 심어 기르는 것과 같으니, 자갈밭에는 좋은 벼라 할지라도 잘 자라지 않고 기름진 땅에서는 강아지풀도 쉽게 자라는데, 만일 재배하고 호미질 하는 노력이 없다면 비록 좋은 밭이 있다 하더라도 또한 어떤 유익함이 있겠는가?"라고 하였다.

셋째, 善行篇의 實明倫: 鄭一蠹 정여창 선생의 아버지 육을은 함길도 우후가 되어서 이시애의 난에 사망하였는데, 선생은 쌓인 시체 속으로 들어가 부친의 유체를 찾아 모시고 돌아와서 장사하였으니, 이때의 나이가 열일곱이었다. 상복을 벗자 임금은 그 아비의 공을 가상히 여겨 벼슬 이어 가기를 명하였다. 선생은 아버지가 패하였는데 자식이 영화롭게 되는 것은 차마 할 수 없다고 여기어 사양하고 받지 않았다.

넷째, 善行篇의 實敬身: 鄭一蠹 선생은 말하기를 "공부하면서 마음을 알지 못한다면 학문하여 무엇에 쓰리오."라고 하였다. 한훤당이 말하기를 "마음은 어느 곳에 있습니까." 하니, 一蠹는 말하기를 "있지 않는 곳이 없으며 또한 있는 곳이 없습니다." 라고 하였다.

이상과 같이 정여창의 孝사상 의미는 자녀가 부모를 기쁘게 하여 드리는 자녀의 세심한 주의와 그 실천의 모든 것으로 정의된다. 그런데 이러한 효의 의미가 실행되기까지의 그 형성과정이 전제되지 않고 그러한 효가 가능하겠느냐 하는 것이다. 따라서 효행이 나타나기까지의 어떤 과정이 밝혀져야 효의 의미를 효과적으로 설명하는 데 도움이 된다는 견해이다(조남국 2000, 10). 정여창의 효 실천은 행인의 모범을 보여 왔다. 정여창의 효행론에서 이시애의 난에서 전사한 부친의 시신을 찾아서 여묘 생활 3년 모친의 전염병도 유학의 효 실천은 막지 못한다는 주위의 평가와 추존이 높다. 소학진지 실천론은 그가 살았던 그 당시부터 후대 사림의 선비사

회에 이르기까지 선비들 자신의 학덕 고양의 한 모델로서 그 가치
를 갖는 점에서 높은 가치가 있다고 본다.

정여창을 통해서 효의 실천적 측면이 강조된 이유는 무엇일까?
그것은 남다른 정여창의 효의 높은 단계, 『소학』실천유학자의 선구
적 모범이 아닐까. 효행은 유교경전은 물론 유교문화를 심화하는
과정에서 제일 덕목으로 강조되고 있기 때문이다. 조선 전기의 통
치 질서를 이끌어 왔던 사대부정신 혹은 사림정신을 선비정신이라
고 하며 그 전형적 인물 중 하나가 정여창이다. 지독스럽게 고집스
런 정여창은 의리실천의 중요성을 당시 누구보다도 일찍 깨닫고
몸소 그 모범을 보이기 위해 평생토록 실천하며 노력해 왔다. 그런
의미에서 미래지향적 계몽군주의 통치자 교육과 국가발전, 소학 실
천론자로서 정여창의 삶을 재조명하는 것은 유학 정치사상 연구에
매우 중요한 의미를 지니는 것이다.

V. 정여창 사상연구 한계 및 결론

1. 선행연구자들의 정여창 평가

정여창의 활동시기인 15세기 후반은 유교정치이념의 조선왕조가
개창한 지 100년이 지난 시점, 성종의 유교 중흥시기였으며 김종직
과 이관의 두 스승에게 학문을 배웠고 김굉필과도 깊은 학문적 뜻
을 같이하였다. 그러나 혼란스러운 당시 세조의 왕위찬탈, 연산군

이란 폭군으로 발생되는 무오사화, 갑자사화를 중심으로 정치상황
이 전개되고 있는 상황에서 정여창은 그 뜻을 제대로 펼치지 못했
다. 정여창의 정의와 의리 중심적 가치관은 무모한 왕권수호의 정
치권력 앞에 처참하게 화를 당하는 형국이었다. 하지만 높은 단계
의 실천유학의 선구적 역할을 한 정여창의 효의 실천자, 인간존엄
과 의리중시의 가치관, 知行一致 선비상은 조선 시대뿐만 아니라
현대사회의 지도층의 도덕적 의무에 많은 시사점을 주고 있다. 정
여창 學行一致의 도덕적 실천성이 한국정치 개혁 기준이 되었으면
한다. 명분보다 실리, 의리보다 변절을 합리화하는 정치지도자들을
물갈이하는 정치개혁의 정화제로 작용할 수 있기를 기대해 본다.

이상과 같이 조선조 건국 후 유교국가의 정치이념을 표방한 명
분에 정면 배치된 두 왕자의 난(태종 이방원, 세조의 왕위찬탈)의
정치과정에서 조선 전기 권력투쟁의 훈구파와 사상적 대립과 갈등
의 주체인 사림정치 의리의 가치관이 약화될 때 그들의 정치적 결
속력의 약화로 인해 피해자는 그들 자신이라는 역사적 교훈을 주
고 있다.

정여창은 조선조 전기의 대표적인 도학자의 한 사람일 뿐 아니
라, 탁월한 성리학자로 주목되고 있다. 그가 성리학에 깊은 이해를
가지고 있다 함은 여러 가지로 입증된다. ① 정여창은 여러 해 동
안 공부에 정진하여 성리학에 정통하였다.[42] ② 정여창은 21세 되
던 해 壽城君 李昌[43]의 권유로 경기도 이천에 사는 栗亭 李寬
義[44] 문하에서 2년간 성리학을 수학하였으며 이관의의 학통을 이

---

42) 『文獻公實記』, 「事實大略」.
43) 壽城君 李昌은 朝鮮朝 전기 定宗大王의 제12子 桃平君 李末生의 아
들이다. 字는 昌汝 號는 太玄이다. 문과에 급제하고 世宗朝에 兵曹判
書, 吏曹判書를 역임하였고 시호는 孝敏이다.
44) 『廣州李氏栗亭公派庚辰世譜』 참조.

어받았다(이수건 1984, 137). 이 무렵 一蠹라는 호가 지어진 것으로 보이며,[45] ③ 정여창은 하동의 岳陽亭으로부터 남원 중방리에 사는 湫溪 尹孝孫을 찾아가 朱子學을 강론하고[46] ④ 또 윤효손은 정여창에게 보낸 답서에서 "보내 주신 禮說과 성리에 대한 論說은 어리석고 무딘 제가 올바르게 논란할 바가 아니다. 저같이 몽매한 사람으로서는 수정할 수 없으며 만분 너그럽게 용서를 바란다."[47] ⑤ 鄭希參은 「行狀」에서 "지리산에서 五經을 밝히고 깊이 성리의 근원을 탐구하였다."[48] ⑥ 남효온은 「秋江冷話」에서 정여창은 周·程·張·朱子의 견해가 있고 五經에 깊이 통하였다.[49] ⑦ 정여창은 주자가 지은 『중용장구』에 "하늘이 음양오행으로써 만물을 생성한다고 받아들이지 않으면서, 그 기로써 형체를 이룩하며 理도 또한 풍부하다는 것은 받아들이지 않으면서 그 氣보다 뒤처진 理가 어찌 있겠는가."[50] ⑧ 崔益鉉은 "그의 학문은 오로지 한결같이 朱子를 좇았다." 하고[51] ⑨ 『朝鮮名賢錄』에서는 "그는 유독 김굉필과 더불어 知己의 벗으로 허락하여 도의를 講磨하고 理學에 정통하니라." 이상과 같이 정여창의 성리학은 송대 성리학에 뿌리를 두고 있음이 분명하고, 따라서 주염계, 장횡거, 정명도, 정이천, 주희에 이르는 송대 성리학에 기반을 두고 있음을 확인할 수 있다(장지연 1975, 27; 현상윤 1948, 38; 이병도 1987, 161). ⑩ "정여창은 경상도 함양군 사람으로서 벼슬은 현감까지 하였다. 義를 좋아했으

---

45) 『文獻公實記』, 「事實大略」.
46) 『一蠹遺集』卷2, 「事實大略」.
47) 『一蠹遺集』卷3, 「附錄 書1」.
48) 『一蠹遺集』卷3, 「附錄」行狀.
49) 『一蠹遺集』卷3, 「撰述」.
50) 『一蠹遺集』卷3, 「撰述」.
51) 『一蠹遺集』卷3, 「岳陽亭 重修記」.

며 학문은 실천하기를 힘썼다. 김굉필과 더불어 점필제를 함께 스
승으로 섬겼는데 뜻이 같고 道가 같아서 당시 사람들이 '김굉필·
정여창'이라 일컬었다. 스스로 일두라 칭했고 별세한 뒤에 우의정
으로 증직되었으며 고을사람들이 서원을 세워 제사하였다."52) 그동
안 정여창의 사상연구는 김종직의 문하로서 김굉필과 더불어 조선
도학의 학맥선상에서 유학사적 위치를 중심으로 평가되어 온 것이
사실이다. ⑪ 一蠹는 일찍부터 독서를 좋아함에 마음을 가다듬고
오경의 참뜻을 찾으며 聖學의 體와 用을 탐구하였다. 그 학문은
정주학으로 기준을 삼았고 마음가짐은 스스로를 속이지 않는 것을
위주로 하였다. 그리고 김굉필과 뜻을 같이하고 학문을 함께하여
평생 연구한 것은 모두 성리학의 깊은 곳이요 날을 새우며 강론한
것은 모두 도학의 오묘한 이치였으니, 그가 유학을 북돋으며 후학
을 양성시킨 공이 어찌 앞선 현인들에 못하겠으리오.53) ⑫ 조선 전
기 동방오현의 문묘종사에서 김굉필, 정여창, 조광조, 이언적, 이황
등은 조선조 동방오현의 도학자중 한사람이다. 그분들의 올바른 마
음가짐과 도에 깊이 나아간 것은, 위로 선대의 철인에 부끄러움이
없고 아래로는 후학을 계발하게 하는 것이다. 따라서 공자의 문묘
에 배향하여 선비들로 하여금 표준으로 삼아 흥기하도록 해야만
한다. 이것은 실로 이 나라에 대소 신민들의 공통된 의견인 데도,
제도를 새롭게 하는 때에 있어서도 시행하지 못하게 되었으니 슬
프기 그지없다. 오현의 종사는 실로 온 나라 공통의 의견이다. 진
유를 표창하여 사문을 부지해 가는 일은 오늘의 급선무인데도, 지

---

52) 『退溪集』, "鄭汝昌 慶尙道 咸陽郡人 官至縣監 信古好義學務踐履 與
　　金宏弼同師佔畢齊 知同道合時人稱爲金鄭 自號一蠹 卒贈右議政 郡
　　人立書院以祀之"
53) 『秋江集』卷5, 「心論」.

연시키고 시행하지 않으면서 훗날을 기다려 보라고 한다면, 이것이 어찌 성군시대의 일대 결점이 아니겠는가?[54] 그 이후 광해군2년 1610년에 확정되었다. 이러한 이유만으로도 한국정치사상사에서 정여창의 역사적 위치의 중대성에 비추어 조선 전기 정여창 연구의 필요성이 충분하다. 그러나 여기서 조광조를 제외한 문묘종사에도 4명이 학맥 형성과정에서 영남의 지역적 연고성을 지적할 수 있다. 하지만 이러한 동방오현의 공론을 통한 사림세계의 추존행사는 조선조 유교국가의 진유 세계를 향한 자기관리에서부터 태평성세를 향한 유교국가, 유교문화 발전의 큰 활력소가 되고 있었다.

2. 정여창 정차사상 연구과제 및 재평가

정여창 정치사상 연구과제 및 재평가 과정에서 제기된 문제점을 보면 다음과 같다.

첫째, 鄭汝昌의 『一蠹集』에서 「理氣說」에 대해 황의동은 「정여창의 이기론」에 대한 김기현의 논평은 다음과 같다. "자료가 극히 제한되어 있으므로 연구의 방법을 개발해 볼 필요가 있다."고 생각한다. "일두가 살았던 시대의 조선사회의 흐름과 관학파의 사상조류, 산림 주자학자들의 사상 경향 등을 일두의 사상과 비교하는 작업"은 최우선 과제라고 주장하고 있다.

둘째, 정여창 정치사상의 연구과제의 문제점으로서 무엇보다도 먼저 사화 때 소실된 1차자료 발굴의 노력이 지속되어야 한다. 이름만으로 전해지는 『용학주소』, 『주객문답』, 『진수잡저』 등을 전국

---

54) 『宣祖實錄』 37년 10월 17일 癸亥, 39년 1월 18일 丁亥.

의 유학자 종갓집, 문중, 고서점을 중심으로 흩어진 자료를 수집하
도록 제안한다. 필자가 참고문헌에 제시한 모든 자료들이 모두 자
료의 한계를 느끼고 있으며, 기존연구 조차 이중 · 삼중의 상호 중
복 인용이 많다. 같은 학맥의 유학 사상가들의 저술 발굴도 역시
필요하다.

셋째, 기존 연구자들에게 주의해야 할 내용은 조선조 정여창의
학맥으로 통상적으로 인정되고 있는 선대 김종직과 동시대 김굉필,
후대 이희증, 고숭걸, 노우명의 정치사상 비교연구이다. 인간관, 세
계관, 정치체제론 등으로 이들의 사상을 비교하여 사림으로서의 실
천이 어떤 차이가 나는지를 비교분석해야 한다. 이를 위해 공동연
구 및 체계적으로 기획하여 접근하면 짧은 시간 안에 기본적인 연
구 축적은 가능하다고 본다.

넷째로 서양 정치사상 연구 전공자들이 동양과 한국정치사상에
관심을 갖는 것은 좋으나 연구할 때 주의해야 할 연구자로서의 태
도는 서양의 사상연구 방법론적 내용을 소개하면서 기존내용을 조
금 끼워 넣고 마치 전체를 연구한 것처럼 무비판적으로 그대로 수
용 또는 인용한 논문이 있다. 또한, 동시대를 전후한 서양의 사상
가들을 기계적으로 대비하거나 일면만 부각해서 도식화, 단순화하
거나, 1차 원전 인용의 어려움에 부딪혀 기존 연구자들의 연구에서
이중 · 삼중으로 재인용한 초보적으로 소개하는 원전 인용의 한계에
직면한 논문이 있다.

결론적으로 정여창의 정치사상은 유교적 덕치주의와 현인정치가
그 근본이다. 정여창의 정치사상은 왕도정치, 즉 현인정치 내지 도
학정치의 구현이 그의 유교적 이상주의였다. 정여창의 정치사상은
조선조 유교정치체제에서 이해되어야 한다. 조선조 정치사상은 군
주와 국가를 동일시하면서 군주의 왕권유지와 국가의 존속을 위해

개인과 사회를 국가주의에 편입시키고 있다. 조선 건국 주체세력은 선정을 이상으로 하고 있지만 폭군정에 대한 제도적 통제의 메커니즘은 취약하다. 그러므로 군주의 수양과 도덕적 당위성을 강조하고 있다. 정여창은 공자의 도학정신에 투철하여 인의 사상을 실천하고자 했으며, 유교적 이상주의, 사회건설을 꿈꾸었던 실천적 사상가, 유교국가 발전을 위한 계몽군주의 통치자 교육에 힘썼다. 정여창이 제시한 인간관은 이성적 인간의 복원이었다. 그러나 연산군에 대한 교육을 통해, 연산군을 전제군주가 아닌 계몽군주로 만들려는 노력, 참주제를 진정한 군주제로 만들려는 일두의 노력과 이상은 사화로 인해 좌절되고 만다.

조선조 전기 15-16세기는 유교적 국가경영이라는 실천성리학의 주춧돌을 놓은 정초기라 할 수 있다. 정여창과 사림의 정치의식은 사화기 정치과정에서 유교적 국가경영의 도학화 본질성을 밝히는데 초석이 되었다. 뿐만 아니라 공론의 정치, 군주의 왕정운영 도학화, 重尊王輕覇道 政治, 사화기 義理思想으로 향한 죽음을 불사한 저항의식 표출, 忠孝節義와 百世淸風의 실천자적 삶의 모범을 보였다. 사림의 정치사상사적 함의는 利보다 義理思想을 실천하고, 나아가 殺身成仁의 奉公精神은 군주정에서 민본·애민에 역행하는 훈척세력의 전횡과 전제 군주제를 계몽군주로 전환하는 이성적 인간의 복원을 강조한 유교적 국가주의 이상정치를 유지하려 했다는 점은 높이 평가되어야 한다고 생각한다.

정여창의 정치사상은 사회나 개인에서 사림의 적극적 역할을 강조하는 실천하는 도학정치사상이다. 전제군주제의 지양, 계몽 군주제 및 도학정치의 구현이다. 김종직, 정여창, 조광조로 이어지는 사림의 왕도정치론의 이념은 ① 임금의 마음은 선정의 기본이다. ② 군자를 중히 여기고 소인을 멀리해야 한다. ③ 여론을 중시해야 한다. ④ 인군은 언로를 넓혀야 한다. ⑤ 미신을 타파하고 교화에 힘 써야 한다. ⑥ 관리는 가정보다는 국가에 봉사해야 한다. ⑦ 군신 이란 백성을 위해 존재한다는 것을 기본으로, 백성의 마음으로 자 신의 마음을 삼으면 바른 치도를 이룰 수 있다. ⑧ 국법이라 할지 라도 시대가 변천하고, 민생에 맞지 아니하면 개혁해야 한다. ⑨ 백성을 위해 제도와 법규가 만들어지고 임금, 대신, 관료가 존재한 다는 것이다(정재경 1978, 334-335). 정여창은 연산군에 대한 군주 의 통치자 교육에서 계몽군주의 노력은 사화로 인해 실패로 끝난 다. 하지만 그의 경세론은 안음현감 시 국정쇄신 정책의 실천적 모 습으로 나타난다. 지독하게 고집스러운 정여창은 義의 실천적 삶을 살았으며 조선 초기 유학실천의 선구자적인 사상가였다. 사화에 의 한 학문의 탄압에도 불구하고 타인의 비판을 찾아볼 수 없으며, 유 배지 함경도 종성까지 유학을 전파하고 국가발전을 위한 후학 양 성의 교육자적 자세는 서양사상사에서도 보기 드문 경우이다. 이런 사림의 유교사상과 유교정신문화 유산을 한국사상의 세계화 차원에 서 세계학계에 반드시 알려져야 한다. 이것은 정여창의 경우에만 해당하는 사항은 아니며 한국정치사상사에서 사상가 연구 전체에 해당한다. 한국사상가 사상연구를 바탕으로 외국어 번역작업에 필 요한 최소한의 선행연구 작업이 되어야 한다.

(정여창 추모: 남계서원)

불타기 전의 농월정. 36×50cm, 2007

● 參考文獻 ●

1. 原典(1차자료)

『一蠹集』, 『一蠹先生遺集』, 『文獻公實記』, 『朝鮮王朝實錄: 成宗實錄, 中宗實錄, 宣祖修正實錄』, 『光海君日記』, 『朝鮮名賢錄』, 『燕山君日記』, 『景賢錄』, 『濯纓集』, 『高峯集』, 『含城儒行錄』, 『庸學註疏』, 『主客問答』, 『進修雜著』, 『立志論』, 『理氣說』, 『善惡天理論』, 『海東續小學』, 『東國陞廡十八儒賢年譜』, 『具瓚書』(1928), 『東國文廟十八儒賢年譜』, 『葛川集』, 『朝鮮名賢集』, 『篤學行疏』, 『大東野乘』, 『周易』, 『景賢續錄補遺』, 『廣州李氏栗亭公派庚辰世譜』, 『師友名行錄』, 『咸陽郡誌』, 『黨議通略原論』, 『靜庵集』, 『東國道學傳統圖辨證說』, 『典故大方』, 『秋江集』, 『岳陽亭誌』, 『花開縣舊莊圖』, 『國朝儒先錄』, 『退溪集』, 『文獻公神道碑文』, 『栗谷全書』, 『宣平襄公行狀』, 『圃樵雜錄』, 『褒贈祀典』, 『高麗史』, 『擊蒙要訣』, 『擇里志』, 『燕巖集』, 『圃隱集』, 『儒先錄』, 『鐘城記聞』

2. 참고문헌

강광식 · 전락희 · 유종선 · 장인성. 『조선시대개혁사상연구』(성남: 한국정신문화연구원, 1998).

고병익, 『동아시아의 전통』(서울: 일조각, 1976).

김충렬, 『고려유학사』(서울: 고려대학교출판부, 1988).

금장태, 『유교와 한국사상』(서울: 성균관대학교출판부, 1980).

도광순(편), 『영남학파의 연구』(서울: 병암사, 1998).

박충석, 『한국정치사상사』(서울: 삼영사, 1982).

박충석 · 유근호, 『조선조의 정치사상』(서울: 평화출판사, 1980).

신복룡, 『한국의 정치사상사: 전기정치학을 위한 시론』(서울: 집문당, 1999).

윤사순, 『한국유학사상론』(서울: 예문서원, 1997).

이병도, 『한국유학사』(서울: 아세아문화사, 1987).

이상백, 『이조건국의 연구』(서울: 을유문화사1949).

이성무, 『조선왕조사1 · 2』(서울: 동방미디어, 1998).

_____, 『조선시대당쟁사1 · 2』(서울: 동방미디어, 2000).

이지경 외, 『한국정치의 쟁점과 과제』(서울: 정익사, 1997).

이택휘. 『한국정치사상사』(서울: 전통문화연구회, 1999).

일두사상연구원. 『일두 정여창 생애와 사상』(서울: 일두사상연구원, 2004).

전락희, 『동양정치사상연구』(증보판)(서울: 단국대학교출판부, 1997).

정재경, 『정여창연구』(서울: 집문당, 1987).

조남욱, 『정여창: 조선조 실천유학의 선구자』(서울: 성균관대학교출판부, 2003).

정대환, 『조선조 성리학연구』(춘천: 강원대학교출판부, 1992).

정윤재 외, 『한국정치사상의 비교연구』(성남: 한국정신문화연구원, 1999).

최상용 외, 『인간과 정치사상』(서울: 인간사랑, 2002).

한국사상연구소(편), 『자료와 해설 한국의 철학사상』(서울: 예문서원, 2001).

_____, 『조선유학의 학파들』(서울: 예문서원, 1996).

한국정치외교사학회(편), 『조선조 정치사상연구』(서울: 평민사, 1987).

한국정치외교사학회(편), 『한국정치사상의 조명』. (秋澗이택휘교수화갑 기념논문집, 1999).

현상윤, 『조선유학사』(서울: 현음사, 1982).

3. 참고논문

김만규, "조선조 전기의 사화 · 반정과 정치사상의 수정", 한국정치외교
　　사학회(편).『조선조 정치사상연구』(서울: 평민사, 1987).

김호성, "일두 정여창의 정치사상", 한국유교학회(편).『유학사상연구』
　　제13집(2000).

나정원, "일두 정여창 정치사상과 그 연구과제", 일두사상연구원(편),『일
　　두정여창의 생애와 사상』(사후500주년 기념행사 논문집, 2004).

_____, "인간과 정치사상 그리고 정치체제", 나정원 외,『인간과정치사
　　상』(서울: 인간사랑, 2002).

박선정. "점필재 김종직 연구", 고려대학교대학원 박사학위논문, 1985.

박현모. "조선초기정치체제의 해체: 1592년까지", 국제문화학회(편).『역
　　사와 사회』제30집, 2003.

성교진, "일두정여창의 철학사상",『한국철학종교사상사』(익산: 원광대
　　학교출판부, 1990).

_____. "일두정여창의 선악론", 일두사상연구원 편,『일두정여창의 생
　　애와 사상』, 2004.

손문호, "조선조 성리학 정치사상의 역사적 성격", 한국정치외교사학회
　　(편).『조선조 정치사상연구』(서울: 평민사, 1987).

_____, "조광조의 정치사상 연구: 유교적 개혁주의를 중심으로", 서원
　　대학교 논문집 제25집, 1990.

_____, "조선중기의 개혁사상: 조광조를 중심으로", 서원대학교 사회과
　　학연구소(편),『사회과학연구』제9집, 1996.

신복룡. "한국정치사상사 집필을 위한 예비적 담론", 한국동양정치사상
　　사학회(편).『동양정치사상사』제1권2호, 2002.

유준기, "조선중기 사림파 형성과 일두 정여창의 위상", 일두사상연구
　　원(편),『일두정여창의 생애와 사상』, 2004.

이우성. "이조 사대부의 성격", 영남대학교 민족문제연구소 발표논문,
　　1979.

이지경, "이언적의 정치사상연구", 동국대학교 대학원 박사학위논문, 1999.

_____, "16세기 사림파 정치사상연구", 서원대학교 사회과학연구소(편), 『사회과학연구』제8집, 1995.

_____, "회재 이언적의 『대학장구보유』에 관한 연구", 청주대학교 사회과학연구소(편), 『사회과학논총』제16집, 1997.

_____, "회재 이언적의 왕도정치사상", 유광진 외 『한국정치의 쟁점과 과제』(서울: 정익사, 1997)

_____, "회재 이언적의 『중용구경연의』에 관한 연구", 서원대학교 사회과학연구소(편), 『사회과학연구』제11집, 1998.

_____, "주자의 대학장구에 대한 이언적의 비판", 한국·동양정치사상사학회(편). 『동양정치사상사』. 제1권2호, 2002.

_____, "조광조의 유교국가에 관한 연구: 정치개혁론을 중심으로", 한국사회역사학회(편), 『담론201』봄·여름호, 제14집, 2003.

_____, "조식 정치사상의 요체 '敬·義' 연구", 한국·동양정치사상사학회(편). 『동양정치사상사』제2권2호, 2003.

_____, "점필재 김종직 사림정치사상 연구: 유교정치체제의 보강을 위한 민본·절의를 중심으로", 한국정치학회 연말학술대회, (2003. 12. 3-5: 외교안보연구원).

_____, "김종직정치사상연구", 한국동양정치사상사학회연례학술발표회, (2004, 02, 21: 성신여대, 수정관430호)

_____, "일두정여창 정치사상의연구", 2004년도 한국정치학회 춘계학술대회발표논문. (외교안보연구원 2004. 3. 19).

_____, "일두 정여창 정치사상에 대한 재평가", 한국동양정치사상사학회 하계학술회의 발표논문(서원대학교 미래창조관 2004. 07. 08).

_____, "이황의 정치사상"(미발표 논문).

이지경 외(김성건, 박희, 김영우: 공동연구), "중등사회과 현직교사 연수프로그램의 실태와 개선방안", 서원대학교교육연구소(편). 『교육발전』제23권2호. 특성화연구과제: 교원연수특집, 2004.

이지경 외, (정윤재, 부남철, 배병삼, 박현모, 강숙자, 박현모⋯⋯공동연구), "세종의 국가경영 연구", 2004년도한국학술진흥재단 인문사회분야 기초학문연구(2차연구계획서).

유명종, "일두 정여창", 『한국인물유학사』, 남백최근덕선생화갑기념논총, 1996.

이의권, "동방오현의 文廟從祀 小考", 『전북사학』제7집, 1983.

이태진. "16세기사림의역사적성격", 성균관대학교대동문화연구소(편), 『대동문화연구』제13집, 1979.

이택휘, "한국 사회과학의 정체성과 한국정치사상사 연구", 한국동양정치사상사학회(편). 『동양정치사상사』제3권1호, 2004.

황의동, "정여창의 인물과 학문사상", 도광순(편), 『영남학파의 연구』(서울: 병암사, 1998)

_____, "정여창의 리기론", 한국유교학회(편), 『유학사상연구』제13집, 2000.

_____. "정여창의 성리학과 그 의의", 일두사상연구원(편), 『일두정여창의 생애와 사상』, 2004.

장도규. "일두 정여창의 역행과 詩 小考", 단국한문학회. 『한국학논집』제14집, 1996.

정광배. "일두 정여창의 정치철학", 일두사상연구원(편), 『일두정여창의 생애와 사상』, 2004.

조남국, "일두 정여창의 생애와 학행", 한국유교학회(편), 『유학사상연구』제13집, 2000.

조남욱, "문헌공일두정여창", 율곡사상연구원(편), 『東國十八賢』, 1999.

_____. "일두 정여창의 윤리사상", 한국유교학회(편), 『유교사상연구』13권, 2000.

_____, "일두 정여창의 역사의식", 일두사상연구원(편), 『일두정여창의 생애와 사상』, 2004.

정병국, "일두 정여창 선생의 생애와 斯文扶植 고찰: 資料集", 2001.

정준상, "일두정여창의 도학사상연구", 성균관대학교 석사학위논문, 2001.

정일상, "일두정여창의 탄신 그리고 그 선계와 가문", 일두사상연구원(편), 『일두정여창의 생애와 사상』, 2004.

최영성. "일두정여창의 생애와 학문: 제가기술을 중심으로", 일두사상연구원(편), 『일두정여창의 생애와 사상』, 2004.

한상련, "善惡天理論: 일두의 사상을 中心으로", 동국대불교학회·철학회, 『東國思想』제13집, 1965.

4. 定期刊行物 및 外國文獻

≪대구매일신문≫, 영남학맥20, 「일두 정여창」(1982/11/27).

≪성대신문≫, 유정동, 「수옹 정여창」(1970/11/14).

≪서원대신문≫, 손문호, 「조선왕조개국6백주년의 회고와 전망: 완숙한 유교국가 조선왕조와 그 역사」(1992/04/01).

Max Weber, The Religion of China, (New York: the free press, 1964).

James B. Palais, Politics and Policy in Traditional Korea. (Cambridge: Harvard University Press, 1991).

일두 정여창의 흉상

孤雲 崔致遠 先生이 造成했다는 咸陽 所在 上林에 있는 人物
公園 내에 있는 일두 정여창 선생의 흉상.

청계산 정상의 이수봉(二首峯)기념비

조선조 연산군(燕山君) 때의 유학자
(儒學者)인 정여창(鄭汝昌) 선생이
그의 스승 김종직(金宗直)과 벗 김
굉필(金宏弼)이 연루된 무오사화(戊
午士禍)의 변고를 예견하고 한때
이 산에 은거하며 생명의 위기를
두 번이나 넘겼다 하여 후학(後學)
인 정구(鄭逑) 선생이 이수봉(二首
峯)이라 명명하였다. 이 이수봉은
강남구 서초동 뒤편에 있는 지금의
청계산 정상인데, 그 아랫마을 상적
동 주민일동이 이를 기념하기 위해
비를 세워 오늘에 이르고 있다.

제4장

寒暄堂 金宏弼의 도학정치사상[1]

---

1) 본 연구는 2004년 9월에서 2005년 8월 말까지 한국학중앙연구원에서 학술진흥재단 기초학문연구 '세종국가경영연구' 연구원으로 있을 때 자료의 한계로 인해 틈틈이 글을 쓰다가 중단한 글을 2008년 여름방학에 어렵게 완성한 글임.

(도동서원)

Ⅰ. 김굉필(1454-1504)
선행연구의 비판적 검토[2)]

  조선왕조 유교적 국가주의에서 '振綱常'의 의리사상인 『三綱五倫』의 규범형식으로 받아들여졌을 때 그 규범은 절대불변의 가치기준으로서 사회질서의 핵심을 이루었으며, 가장 빈약한 행위기구로서도 모든 사회계층을 분수에 안정하게 함으로써 수백 년간 사회적 안정을 확보해 가는 원동력이 되었다. 또한 의리가 尊王斥覇와 事大主義 형식으로 국제사회에 확인되었을 때 국가의 안전과 국제평화의 원리로서 유교문화권의 세계질서를 유지해 주었다(금장태 1980, 49). 조선조는 전형적인 천명사상, 덕치, 예치 중심의 유교적 국가주의로 성숙하였다. 유교적 국가주의에서 '振綱常'의 논리 실천 성리학에서 사림의 유학사상 연구는 매우 중요하다. 유교 정치사상의 이상은 수기치인을 그 이념으로 군국주의, 관료주의, 민본주의의 조화로 세련된 것이었다(손문호 1990, 25). 『大學』에서는 明明德·親民·至於至善의 三綱領과 格物·致知·誠意·正心·修身·齊家·治國·平天下의 八條目으로 구체화하였다(『大學』). 여기서 평천하란 명덕을 천하에 밝히는 주체를 무력으로 제패하는 것이 아닌 모든 사람들이 자신의 明德을 밝혀 스스로 聖人·君子가 되도록 지도자를 교육하는 것이다(이택휘 1999, 35). 유교의 정치적 이상은 철두철미한 도덕적 관점에서 논의되고 있다. 1392년 조선이

---

2) 金宏弼의 道學思想 硏究는 손인수, 성교진, 조원래 등 3편의 철학, 교육에 치우친 연구가 주축을 이루며 정치학에서 한국정치사상사적 측면에서 그의 유학사상 연구는 전무한 상태이다.

건국된 이후 조선조의 정치사상을 '유교국가 정치이념'의 관점에서 접근하는 것에 대해 별다른 의문을 제기하는 학자는 없는 듯하다.

 유교정치의 긍정적 측면과 부정적 측면을 보면, 한국의 역사에 있어서의 유교 내지 유학의 사회적 역할에 대하여 오래전부터 상당히 부정적인 견해를 지녀 왔다. 말하자면 조선시대에는 지배계급인 양반 특권층이 성리학의 수기치인의 형식을 통하여 저들의 권익을 옹호-대변하면서 피지배계급인 민중, 즉 농민-천민을 억압한 것으로 봐 온 것이다. 그리고 20세기에 들어와서는 먼저 일제가 유교의 사회윤리를 그 주 내용으로 하는 수신교육을 실시하여 저들의 식민지 통치를 강화하려고 했던 것으로 또한 해방 후에도 박정희 정권이 '삼강오륜'을 강조하는 새마음 운동을 벌여 군사독재 체제를 유지하려고 한 것으로 파악해 온 것이다. 물론 오늘날에 와서 그렇게 오래 간직해 온 견지를 그리 쉽사리 버리는 것은 아니다. 유교에서 아니면 유교의 정치적 남용에는 그런 위험한 요소가 다분히 내포되어 있다고 믿는 것이 필자의 확고한 입장이다. 하지만 사림이라고 일컫는 유학자들의 긍정적인 사회적 양상, 즉 전제정치의 폐단을 규제하고 민중을 옹호하는 사상과 활동을 발견하게 된 것이다. 한국의 유학사 특히 사림의 유학에 이러한 긍정적인 면이 있다고 생각하게 되자 사림에 대한 재검토할 필요가 있다고 느끼게 되었다(John B. Duncan. 1995. 535-557).

 사림파 학자들이란 김종직,3) 김굉필, 정여창,4) 조광조, 이언적,5)

---

3) 이지경. 2003. "점필재 김종직 사림정치사상연구: 유교정치체제의 보강 민본·절의를 중심으로", 한국정치학회 연말 학술대회 발표논문(2003. 12. 05: 외교안보연구원), 2004. "김종직(1432-1492)의 정치사상연구", 한국·동양정치사상사학회 2004년도 춘계학술대회발표논문(성신여대: 2004. 02. 21).
4) 鄭汝昌의 研究現況을 보면 單行本은 鄭在景, 1987, 『鄭汝昌研究』集文

이황, 이이 등을 말한다. 이 중에도 15세기 후반에서 16세기 전반
에 활약한 전기 사림파 학자들이 봉공의 실현을 위해 목숨까지 던
진, 이른바 사화기의 주역이었다는 점에서 더욱 선비의 상징으로
간주될 수 있다(윤사순 1993, 94). 여기서 김굉필은 조선 전기 '東
方五賢'의 유학사상가로서 역사적 위치를 점유하고 있다.6) 조선유

───────────────

堂; 趙南旭, 2003. 『鄭汝昌: 朝鮮朝 實踐儒學의 先驅者』, 成均館大學
校出版部; 韓國儒敎學會編, 2000, 『儒學思想硏究』제13집 등이 있으며,
硏究論文은 韓相璉, 1965, "善惡天理論: 一蠹의 思想을 中心으로", 동
국대불교학회 · 철학회, 『東國思想』제13집; 李義權, "東方五賢의 文廟
從祀 小考", 『전북사학』제7집; 金鎔坤, 1983, "16세기 士林의 文廟從祀
運動", 『김철준박사회갑기념논총』; 成校珍, 1990, "一蠹鄭汝昌의 哲學
思想", 『韓國哲學宗敎思想史』, 원광대학교출판부; 劉明種, 1996, "一蠹
鄭汝昌", 『韓國人物儒學史』; 黃義東, 1998, "鄭汝昌의 인물과 학문사
상" 도광순 편, 『嶺南學派의 硏究』, 병암사; 趙南旭, 1999, "文獻公一
蠹鄭汝昌" 율곡사상연구원 편, 『東國十八賢』; 鄭炳國, 一蠹先生의 斯
文扶植에 대한 事實類聚: 資料集; 鄭煥相, 2001, "一蠹鄭汝昌의 道學
思想硏究" 성균관대학교 석사학위논문; 이지경. 2004. "정여창 정치사
상의 재평가" 한국동양정치사상사학회 편 『동양정치사상사』제3권2호
등이 있으며, 신문기사는 『대구매일신문』, (1982/11/27); 『성대신문』,
(1970/11/14)일자 등 참조할 것.

5) 이지경. 『회재이언적의 정치사상』, (서울: 한국학술정보, 2006).

6) 東方五賢 또는 士林五賢은 金宏弼, 鄭汝昌, 趙光祖, 李彦迪, 李滉을
통칭하는 사림들의 절대적인 추앙을 받아 宣祖가 즉위하던 1567년 10
월 奇大升은 경연에서 趙光祖를 '賢士', 李滉 · 金宏弼을 '賢人', 李彦
迪을 '賢者'로 칭송한 일이 있었다. 표현은 다르지만 '어진 사람'이라는
점에서는 동일하다. 이후 1568년 李滉이 金宏弼, 鄭汝昌, 趙光祖, 李彦
迪을 '賢士'로 평가했다. 1570년 李滉이 죽자 당시 사림들이 李滉을
'賢士, 賢人' 칭호를 주면서 士林四賢에서 士林五賢이라는 용어가 歷
史的으로 발로되었고 그 후 40년이 지난 光海君2년 1610년 6월 1일
완료되었다. 1610년 음력 9월 5일 文廟從祀되었다(이성무 1998. 490 -
496). 여기서 曺植이 빠져 있다는 것이다. 여기서 韓國儒學思想 先儒
(陞)18賢을 보면 설총, 최치원, 안향, 정몽주, 김굉필, 정여창, 조광조,
이언적, 이황, 김인후, 이이, 성혼, 김장생, 조헌, 김집, 송시열, 송준길,
박세채 등이 문묘종사에 배향되었는데 그중에 조선 후기에 배향된 9명
은 모두 기호학파의 西人 일색이다. 김인후와 이이는 당쟁 발생 이전
의 인물이라 할 수 있으나 그들의 출신지역과 학문적 연원 관계와 정

학 사상에서 도학이라는 지평을 연 김굉필의 위치를 말해 준다. 사림파의 사상적 배경으로 성장한 도학은 김굉필의 문인 조광조, 김안국, 김정국 형제 등에 의하여 맥이 끊이지 않고 계승 발전되어 이기론을 중심으로 하는 영남학파를 형성했다. 후일 영남학파의 양대 지주가 된 이황과 조식이 모두 김굉필을 近世道學之宗으로 받든 까닭도 여기에 있다. 하지만 역사학, 철학, 문학에서의 그의 연구도 중요하지만 정치학에서 정치사상사적 관점에서 연구의 필요성이 제기된다.

조선조 건국(1392) 이후 戊午士禍, 甲子士禍 등 15－16세기 조선조 정치사, 조선지성사에서 사림파와 훈구파의 권력투쟁 정치과정에서 정치사와 정치사상사적 관점에서 김굉필의 도학정치사상 연구는 거의 없었다. 본 연구가 최초의 연구라 할 수 있다. 본 연구는 김종직 이후 김굉필, 정여창의 사상 연구를 후대 조광조의 정치사상연구와 연결할 수 있는 한국정치사상사의 통사연구에 기여할 수 있는 의의를 가지고 있다. 특히 유배지에서 조광조와의 사제관계 학맥 형성은 조선 전기 유현 학맥 연원 형성의 추적에 중요한 연구의 의미를 가지고 있다. 특히, 김굉필 사후 500주년이 되는 현시점에서 그의 도학사상을 재인식·재평가하는 의미도 함께 포함되어 있다.

현시점에서 조선조 유교국가의 사림 정치사상을 원리원칙, 공론정치, 지도자의 성현정치를 중시하는 정치개혁적 차원에서 다각도로 조명하는 움직임이 활발하다. 최근에 일어나고 있는 새 경향은 주자학을 교조적으로 받아들일 필요가 없다는 자유로움을 반영하고 있다. 조선 후기 실학자들에 대한 재평가에서 시작

치적 행동 정향으로 보아 西人 등이 추앙하는 지역 편중된 인물이다.

해서 조선 중기의 남명조식, 정암 조광조, 회재 이언적, 퇴계 이
황, 율곡 이이 등을 거쳐, 조선 초기의 점필재 김종직, 一蠹 정
여창, 한훤당 김굉필, 여말선초의 삼은(길재, 이색, 정몽주), 김
시습, 삼봉 정도전, 양촌 권근에 대한 재조명으로 소급해 올라
간다. 이러한 학술적 연구 동향들은 「한국정치사」연구의 중요성
에 비해 덜 알려진, 연구되지 않은 사상가들의 개별연구 재인식,
재평가를 통해 朝鮮朝知性史를 보다 역동적으로 살펴볼 수 있다
는 점과 한국정치사상사 통사 연구의 연결 작업 공헌에서 그 意
義를 찾을 수 있다. 김굉필 사후 500주년 되는 현시점에서 「경
현록」과 「한빙계」를 중심으로 재 평가한 정치사상 연구이다.

II. 韓國儒學思想史上의 金宏弼 位置

전국 소학실천운동의 효시 역할을 한 소학수신파 한훤당 김굉필
(단종2년 1454 - 연산군10년 1504)의 자는 大猶, 호는 寒暄堂 시호
는 文敬, 본관은 瑞興이며 김종직의 문인이다. 벼슬은 형조좌랑에
이르렀는데 무오사화 때 김종직의 문인이라는 이유로 희천에 유배
되었다가 다시 갑자사화(1504) 때 戊午黨人이라는 죄목으로 사형당
했다.[7]

---

7) 金宏弼, 『景賢錄』, 附錄. 年譜 참조.

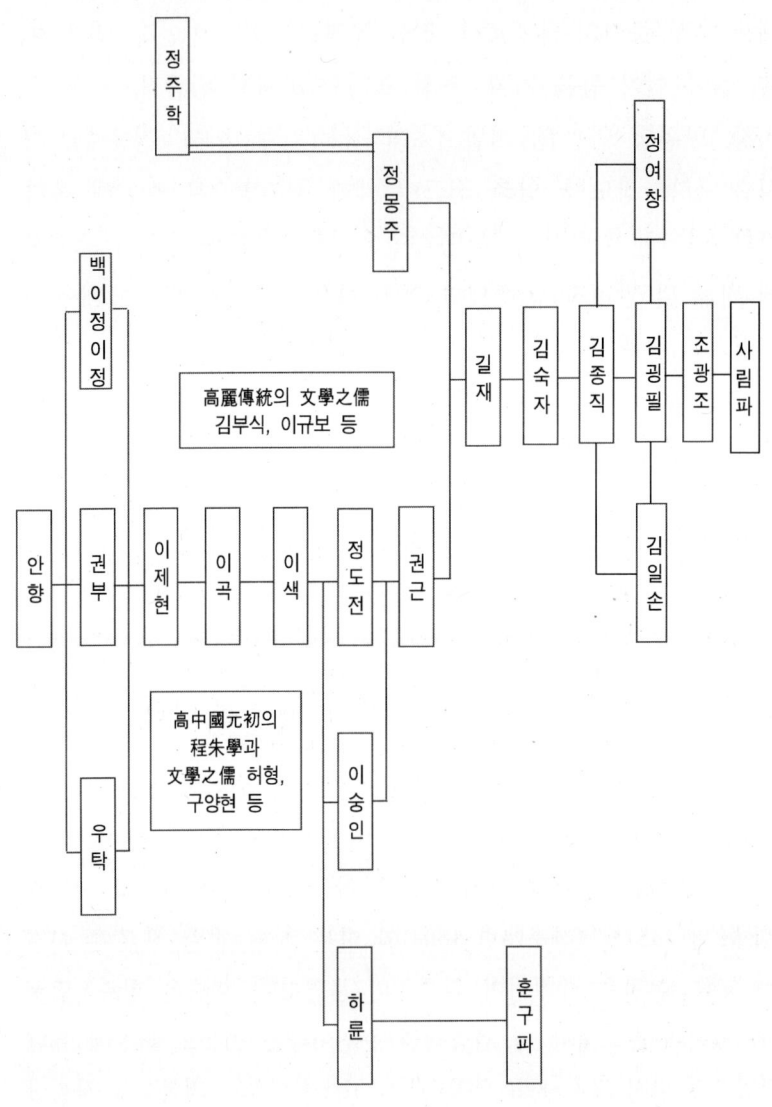

<표 1> 一直受 및 師承, 私淑****從遊＿直追……承受(출처: 李志
慶 1999, 11; 『靜庵集』. 附錄. 卷三; 『高峯集』, 『論思錄』; 李圭景,
『東國道學傳統圖辨證說』; 김충렬 1988, 268; 장지연 1998, 63－64;

『典故大方』1925, 卷三, 誌2 - 15; 김호성 2000, 189; 정준상 2001, 109 - 112; 금장태 1980, 47, 68)

위 도표에서 정여창의 사상사적 위치는 麗末鮮初期 儒賢淵源의 系譜圖를 요약하면 高麗末, 安珦·權晅, 權溥·白頤正, 李齊賢, 李穀·李穡, 鄭夢周·權近·鄭道傳 등 초창기는 家學을 중심으로 발달했다. 麗末鮮初의 性理學脈을 기초로, 東方 理學의 祖로 칭송되는 鄭夢周, 吉再, 金淑滋, 金宗直, 金宏弼·鄭汝昌 金馹孫, 趙光祖, 李彦迪·李滉·曺植·李珥로 性理學이 발전하였다.[8]

15 - 16세기는 勳臣政治에서 士林政治로 이항하는 과도기였다. 甲子士禍(1504), 中宗反正(1506), 己卯士禍(1519), 乙巳士禍(1545) 등 여러 차례 士禍로 인한 정치적 격변기였다. 이러한 정치과정에서 통치층 내부의 君·臣間의 義를 둘러싼, 이른바 統治者의 自己規律과 修身의 문제가 사상가들 사이에 당면의 정치적 과제였다 (박충석 1982, 23). 조선조에 있어서 주자학이 조선조 주자학으로서 체계화된 것이 16세기 후반 퇴계의 단계에 이르러서였다고 할 수 있다. 따라서 이렇게 본다면, 주자학의 전래 이래 그것이 체계화된 조선조 주자학으로서 정착하는 데에는 약 200여 년의 기간이 소요되고 있는 것이다. 물론 조선조의 주자학 수용과정을 검토함에 있어서, 이 기간 중에 정몽주, 정도전, 권근 등에 이어서 김종직, 김굉필, 조광조 그리고 그 사후의 서경덕, 이언적 등의 주자학 연구의 경향이 어떠한 것이었느냐 하는 점이 결코 간과될 수 없는(박충석·유근호 1980, 37) 중요한 연구 영역이다. 15 - 16세기는 조선왕조 정치사에서 정치권력의 격변기였으며, 훈구파와 士林派의 권력

---

8) 조선조 전기 유현 연원의 학맥 형성과정에서 조광조까지는 정설로 인정되나 그 이후는 다양한 관점에서 학자에 따라 다른 의견이 있을 수도 있다.

투쟁기, 사상투쟁의 이념적 내면화에 절정을 이루었다. 전자는 건국 주체 훈구세력이고, 후자는 건국이념인 유교국가의 실현 주체세력인 麗末鮮初의 節義派 후계를 계승한 유학자 및 관료들이다.

조선 왕조의 문물제도가 완성된 성종 때를 고비로 하여 새로운 정치세력으로 등장하기 시작한 것이 사림파이다. 사림의 연원은 정몽주, 길재로 거슬러 올라간다. 하지만 김종직 이후 정여창, 김일손, 김굉필, 조광조에 이르러 영남, 기호지방으로 확산된다. 15-16세기에는 신진사림이라고 불리는 새로운 정치 세력이 등장하여, 중앙의 훈구 세력과 정치적 갈등을 일으켜 몇 차례의 사화를 초래하였다. 거듭된 사화로 사림은 큰 타격을 입었으나, 그 세력은 점점 커져서 16세기 중엽에는 드디어 사림 정권이 성립되었다. 사림이 승리하자, 또 사림 간의 분열, 대립이 생겨났는데, 이것이 당쟁의 시작이었다. 사림은 부국강병이나 그것을 뒷받침하는 패도와 공리주의 그리고 기술학 등을 배격, 천시하고, 도덕 중심의 왕도주의 정치를 추구하며, 향촌 자치를 중요시하였다. 그리하여 그들은 서원, 향약, 유향소 등을 통해서 향촌 사회를 지배하고 불교, 도교 민간 신앙 등 왕도 사상에 어긋나는 초기 문화를 비판하는 한편, 왕도 사상의 관념만 강조하는 역사를 서술하였다. 사림의 대두는 유교 문화의 성장을 가져왔으나, 국력을 약화시키는 계기를 만들어 주기도 하였다.

이러한 사림 학풍의 특징을 보면 첫째, 경학에 치중하고 성리학에 대한 신봉이 깊었다. 둘째, 성리학 외의 학문과 사상을 이단으로 배격하고, 공리 사상에 바탕을 둔 부국강병을 반대하였다. 셋째, 군사학과 기술학을 천시했다. 넷째, 도덕과 의리를 숭상하고, 학술과 언론을 바탕으로 하는 왕도 정치를 희구하였다. 다섯째, 강력한 중앙 집권 체제보다는 향촌 자치제의 발달을 기대했다.

이러한 사림 진출의 정치사적 배경은 15세기 후반인 세조 때에 중앙 집권과 부국강병이 지나치게 추구되고, 훈구 대신들이 권력과 재산을 모으자, 사림은 그들을 공격할 수 있는 유력한 입장에 서게 되었다. 또한 사림의 정치이념은 국가나 민족의 성장보다는 그들의 주도권을 향촌 사회에 확립하고 사림을 주체로 하여 운영되는 사회 체제를 희구하였다. 관한 교육(향교)보다는 사학 교육(서원)을, 과거 제도보다는 천거 제도를, 국가의 빈민 구제책인 의창보다는 향촌에서 자치적으로 행하는 사창 제도를, 오가 작통제보다는 자치적 공동체로서의 향약을 실시하려 했다. 훈구파가 민족의 외향적 성장에 기여했다면, 사림파는 내향적 성장에 공헌했다고 할 수 있다. 그리고 사림파와 훈구파의 대립은 학통과 출신 지방이 서로 달랐고, 학문적 정치적 입장이 서로 달랐기 때문이다. 또한 절의를 숭상하고 성리학의 정통적 계승자로 자부하였던 사림파는 훈구파의 부국강병책과 사장 중심의 학풍을 비판하고, 유향소 등 향촌 자치제의 실시를 요구했다.

조선조 전기 동방오현의 문묘종사에서 김굉필, 정여창, 조광조, 이언적, 이황 등은 우리 동방의 도학자이다. 그분들의 올바른 마음가짐과 도에 깊이 나아간 것은, 위로 선대의 철인에 부끄러움이 없고 아래로는 후학을 계발하게 하는 것이다. 따라서 공자의 문묘에 배향하여 선비들로 하여금 표준으로 삼아 흥기하도록 해야만 한다. 이것은 실로 이 나라에 대소 신민들의 공통된 의견인데도, 제도를 새롭게 하는 때에 있어서도 시행하지 못하게 되었으니 슬프기 그지없다. 오현의 종사는 실로 온 나라 공통의 의견이다. 진유를 표창하여 사문을 부지해 가는 일은 오늘의 급선무인데도, 지연시키고 시행하지 않으면서 훗날을 기다려 보라고 한다면, 이것이 어찌 성군시대의 일대 결점이 아니겠는가?[9] 그 이후 광해군2년 1610년에

확정되었다.[10) 이러한 이유만으로도 한국정치사상사에서 김굉필의
역사적 위치의 중대성에 비추어 조선 전기 김굉필 연구의 필요성
이 충분하다.

여기서 문묘종사의 사상사적 의의를 정리해 보면 첫째, 국가사상
으로서의 유교, 즉 성리학을 정학으로 재천명하며 선비들의 학구열
을 제고시키는 계기가 되었다는 점이다. 둘째, 조선조 자국 출신의
유현을 문묘에 봉안함으로써 유학자로서의 자긍심을 심화시키고 있
었다는 점이다. 셋째, 學行一如의 수준 향상을 꾀하고 있었다는 점
이다. 넷째, 정치적 권세를 넘어서는 의리의 가치가 제고되었다는
점이다(조남욱 2003, 179-180). 그러나 여기서 조광조[11)를 제외한
문묘종사에도 4명이 학맥 형성과정에서 영남의 지역적 연고성을
지적할 수 있다. 하지만 이러한 동방오현의 공론을 통한 사림세계
의 추존행사는 조선조 유교국가의 진유 세계를 향한 자기관리에서
부터 태평성세를 향한 유교국가, 유교문화 발전의 큰 활력소가 되
고 있었다. 그 이후 조선 후기에도 이러한 추존행사는 계속되었다.[12)

9)『선조실록』37년 10월 17일 癸亥, 39년 1월 18일 丁亥.
10)『광해군일기』2년 9월 5일 丁未 1610년 그 이전에 문묘종사 명현은
   설총, 최치원, 안향, 정몽주 네 명뿐이었다.
11) 조광조의 개혁정치사상에 관한 정치학자의 연구로는 이지경. 2003.
   "조광조의 유교국가에 관한 연구: 정치개혁론을 중심으로", 한국역사
   사회학회 편.『담론201』2003봄·여름호, pp.76-109; 손문호. 1996.
   "조선중기의 개혁사상: 조광조를 중심으로", 서원대학교 사회과학연구
   소 편.『사회과학연구』제10집, pp.41-54; 부남철. 2002. "정암 조광조
   와 사림의 도학정치사상", 이재석 외.『한국정치사상사』. 서울: 집문당,
   pp.183-199; 최병덕. 2002. "지치주의 개혁론의 정치사유구조: 조광조
   정치사상의 체계적 인식",『대한정치학회보』제10집2호, pp.143-167;
   최연식. 2003. "정암조광조의 도덕적 근본주의와 정치개혁",『한국정치
   학회보』제37집5호, pp.7-26; 신복룡, 1999.『한국의 정치사상가』. 서
   울: 집문당, pp.227-272. 참조할 것.
12) 김인후, 이이, 성혼, 김장생, 조헌, 김집, 송시열, 송준길, 박세채 등이

이상과 같이 조선조 士林派 政治思想의 특징을 정리해 보면, 첫째, 실천적 성리학으로써 道學精神을 구현하고자 한 것을 들 수 있다. 이때 사림파의 義理 실천이란 官僚로서의 奉公的 安人과 함께 성리학자로서의 이단 배척 경향으로 나타난다. 둘째, 小學修身派가 보여 준 小學중시 경향을 들 수 있다. 小學과 家禮 등의 보급을 통하여 조선조 '禮'사상의 발전을 가져오게 하는 결과를 낳았다. 셋째, 小學修身派와 때를 같이하여 자각된 至治主義의 개혁정신에 따른 경세적 업적을 들 수 있다. 爲民・民本意識에 입각해 정치적으로 적극적인 경세를 병행한 사림파의 노력이다(한국사상연구회 1996, 89). 넷째, 사림은 경제적으로는 在地 中小地主層이 주류를 이루고 있었고, 학문적・사상적으로는 程朱學에 크게 공감하여 학연을 통해 결속을 이루고 있거니와 이들의 정치적 부상은 왕정운영을 이념적 지향에 근접시키는 전기를 가져오고, 동시에 그들의 정치참여는 장차 기존의 훈척세력에 대항한 정파정치를 예시하는 것이었기 때문이다. 이러한 맥락에서 볼 때 재야 사류를 대표하는 김종직 일파가 言論三司를 근간으로 왕정에 직접참여하게 된 성종 때가 政治史的으로 중요한 전환점이었다고 할 수 있다(강광식 외 1998. 80-81). 다섯째, 훈척세력 타파와 사림정치 확립, 성리학적 이념이 명실상부한 국가통치이념으로 격상되어 유교국가 실현, 여섯째, 왕정운영의 성리학 학문체계와 윤리적 규범, 자기수양을 통한 가치관의 지속적 확산, 일곱째, 修己지향성: 經學 위주의 '修己之學'과 治人지향성: 사장학의 '治人之學'이며, 여덟째, 유학에서 이상정치인 왕도정치로써 天命思想, 德治, 禮治의 실현을 위한 公論추구 儒教的 國家主義 추구이다. 아홉째, 조선조 건국 정

문묘종사에 배향되었는데 그중에 조선 후기에 배향된 9명은 모두 기호학파의 西人 일색이다.

치이념에 일치된 실천성리학 측면에서 유교사상의 '振綱常' 논리에 의한 '野生士族'으로서 王政運營의 道學化를 주장했다. 이들 양자 공통점은 支配者層으로서 도학정신 계승과 성리학 이론의 심화를 위해 국가를 통치하는 民本과 爲民의 실천적 주체로서 官僚의 역할이라는 것이다. 사림이 추구해 온 개혁론이 국가의 정책으로 연결되었으며, 戊午人, 甲子人, 己卯人·乙巳人 및 門人·後孫들이 그 실천의 주체가 되었다는 의미를 갖고 있다.

조선조 통치이념인 성리학은 양반 중심의 착취적 사회·경제, 문약하고 공리공담에 가까운 성리학적 문화, 그리고 그 위에서 사화와 당쟁, 세도 등으로 점철된 왕조체제의 권위주의적 정치, 군주의 억압정치, 그런 것들이 일반적으로 조선왕조에 대한 역사상을 구성해 왔다. 조선왕조는 유교국가를 정치이념으로 표방했지만 실제의 통치는 그것을 내면화하는 데 이르지 못했다. 그런 상황에서 사림은 투철한 유교정신에 입각하여 국가의 예적 질서화를 부르짖었다 (서원대신문 1992. 04. 01). 하지만 사림파는 공리주의에 바탕을 둔 부국강병책을 반대하고, 군사학, 기술학을 천시했다. 이것으로 인해 여진이나 임진왜란과 같은 왜구의 침입에 대해 적극적으로 대처할 위기관리 능력이 부족했다.

Ⅲ. 金宏弼의 道學 政治思想[13]

성종 25년(1494) 겨울 경상감사 이극균(李克均)이 김굉필을 천거 하였다. "성리학에 마음을 전일(專一)하게 집중하며 행실과 실천이 반듯하다." 한양의 남부참봉(南部參奉)이 되었다. 40세 때였다. 정 예관료라면 맡을 수 없는 미관말직이었지만 순순히 받아들였다. 그 리고 1년 후, 전생서(典牲署)와 군자감(軍資監) 주부를 거쳐 사헌부 감찰과 형조좌랑으로 옮겼다. 그래도 겨우 정6품이었다.

김굉필은 묵묵할 뿐 드러나지 않았다. 사림파와 국왕 및 훈구대 신 사이에 대립구도가 확연하던 시기였음에도 어떠한 주장이나 언 론을 전개하지 않았다. 오히려 관료사회의 악습으로 신참에게 이상 한 옷을 입히고 여러 가지 유희를 시키는 '귀복백희(鬼服百戲)'도 마다하지 않았다. 훗날 조식(曺植)은 '보통 사람과 다르게 하고자 하지 않았다.'고 이해하였다.

연산군 3년(1497) 정월 예종 계비 안순왕후(安順王后)의 친동생 인 한환(韓懽)의 불법축재를 조사한 적이 있었는데, 사헌부 감찰의 직책을 수행한 것이지, 처음부터 문제를 제기하고 풀어낸 사안이 아니었다. 더구나 한환이 외척이었기 때문에 더욱 철저하게 조사했 다는 징후도 없다.

---

13) 조선시대를 통하여 도학이 정치·사회·문화의 모든 영역에서 지도이 념으로 확립되고 지속된 것은 사실이다. '도학'은 '성학'이라고도 일컬 었고 '주자학', '정주학', '송학'과도 일치한다. 그러나 일반적으로 통 용하는 '성리학'은 오히려 도학의 철학적 분야에 한정된 것이라 생각 된다. 도학은 성리학·의리학·예학·벽이단론 등의 분야를 포괄하는 개념으로서, 주자학을 정통으로 삼는 조선시대 유학에 대한 가장 적절 한 명칭이라 생각한다(금장태 1980, 137).

또한 여러 사람과 활발히 교유하였던 것도 아니었다. 김굉필이 갑자사화로 참형을 당하자 세월이 무서워 이름을 드러내지 못하고 지었던 반우형의 조시(弔詩) 「사화를 통곡한다(哭史禍)」서문에 나온다.

지금의 사습이 동한에서 절의를 내세우던 때와 흡사하여 기이한 화가 닥칠 것 같아 전일 동지와 많이 절교하였다. 동한 말기 절의의 선비들이 환관에 반대하다가 '당고(黨錮)의 화'를 당한 상황과 비슷하다는 것이다. 김굉필은 위기가 닥치고 있음을 예감하고 있었던 것이다. 무서운 참화가 있을 것을 예견하였던 김일손의 시국관과 거의 같았다.

김굉필은 한때 벼슬을 사임하고 현풍으로 내려간 적이 있었다. 임사홍의 아들이지만 부마가 된 형들과는 달리 김종직의 문인으로 학문을 갖춘 임희재(任熙載)가 이목(李穆)에게 '권오복도 장차 사직을 올려 수령이나 도사(都事)가 될 모양이며, 김굉필도 이미 사직장을 내고 시골로 떠났음'을 알렸는데, 권오복이 연산군 2년(1496) 초에 합천현감으로 나갔으니 바로 직전이었을 것이다. 무오사화로 압수된 편지에 나오는데 『연산군일기』 4년 7월 14일에 있다.

그러나 곧바로 다시 올라왔다. 이즈음이었을 것이다. 신영희에게 권유하였다. "동한 말기와 같은 환란이 박두하였으니 속히 숨으라." 김굉필의 말을 듣고 직산으로 내려가서 훗날 기묘사림의 주역의 한 사람인 김정(金淨) 등을 가르치며 여생을 마친 신영희가 지난 시절 사우를 회상하며 지은 『사우언행록(師友言行錄)』에 나온다. 그러면서 자신은 '정녕 진퇴를 어찌할 도리가 없다' 혹은 '나 같은 사람은 진실로 화를 면할 수 없다' 하였다. 조식의 「유사추보」가 전한다. 왜 돌아왔으며 떠나지 않았을까?

1. 도학 정치사상

高麗末 朝鮮初에 걸쳐서 확립되어 갔던 유교의 새로운 학풍은 몇 가지 측면에서 새로운 특징을 찾아볼 수 있다. 첫째, 유교 교리 체계의 성리학적 이해이다. 당시에 동방 理學의 시조라고 인정받은 정몽주나, 天人·心性의 문제를 비롯하여 유교의 기본사상을 도형으로 해설하여 『입학도설』을 짓고 우리나라 최초의 유교경전주석인 『오경천견록』을 저술한 권근은 성리학의 이론체계를 통하여 유교의 근원적 세계를 설득력 있게 제시하였던 것이다. 둘째, 불교를 이단으로 배척하는 벽이단론의 제기이다. 정도전의 『불씨잡변』은 성리학적 이론체계 위에서 불교를 극복하고 유교를 진리로 선언하는 포교서라 할 수 있다. 셋째, 예제의 개혁과 제도의 정비이다. 정몽주가 『주자가례』를 받아들여 민중의 불교식 상제 의례를 유교식으로 고치게 하고, 가묘를 설립하게 하였던 것은 유교의례의 대중적 생활화를 위한 중대개혁이었다. 정도전의 『경제문감』과 『조선경국전』은 유교이념에 근거한 정치제도의 정비를 위한 설계이었다고 볼 수 있다. 넷째, 강상의 의리를 정통정신으로 확립하였던 것이다. 왕조교체 시기에 정몽주의 강상론과 정도전의 혁명론이 대립되었다면, 세종 때 『삼강행실도』에서 정몽주를 충신에 열거하는 것은 진 강상론이 정통화되고 있음을 알 수 있다. 조선시대의 유교는 이러한 성리학·의리정신·예학·벽이단론의 과제를 포괄하여 '도학'을 확립하였던 것이다. 도학은 성리학의 이론적 정통과 의리정신의 행동적 정통을 포함하는 '도통'을 골격으로 삼고 있다. 도통의 자기기준이 확보되었을 때 도학은 자율적 영역을 확보하고 있는 것이다. 도학이 훈구관료가 아니라 정몽주→길재→김숙자→김종직→김굉필

· 정여창→조광조로 이어지는 사림파를 도통으로 삼을 때, 도학은 정치권력과 혼동될 수 없는 독자적 조직을 갖는다. 조선조의 도학이 주자를 존중하는 데 극진한 것은, 주자 이후의 元·明·淸대 중국유학을 배제하고 주자에 이어지는 도통의 정맥을 조선조 도학자에서 찾음으로써 중국유교로부터 독립하고 있는 것이다(금장태 1980, 45-47).

일생 동안 소학동자로 자처하며 소학의 윤리를 실천하는 데 힘쓴 김굉필은 가정을 다스리는 데 소학의 수기율신(修己律身)에 기반을 둔 가범(家範)을 지어 실천하였다. 그가 가정도덕을 지키기 위하여 가범을 지은 것은 가도(家道)를 확립하는 것이 치국(治國)의 근본이 된다는 유교적 실천윤리를 그의 집안에서부터 실천해 모범을 보이려는 데서 나왔다. 이것은 당시 사림파의 2대 강령이기도 한 『소학』과 『주자가례』에 바탕을 둔 성리학의 실천윤리의 발로였다. 그의 가범에 대한 기본사상은 부자, 형제, 부부, 고부 등 모든 가족이 제 위치를 바로 지키면 가도가 바르게 되고 따라서 국가가 안정된다는 데 있다.

그의 가범은 자녀들에게만 적용된 것이 아니어서 집안 노비들에게도 가훈을 하나씩 정해 주고 지키게 했다. 매달 초하루 보름에는 집안 식구들을 불러 모아 예절을 가르치고 훈계하는 규칙을 정하기도 했다. 그는 노비들에게도 일정한 직명과 직급을 주고 일을 맡겨서 일의 성과에 따라 직급을 승격시키거나 감등시켜 봉급에 차이를 뒀는데 이 같은 일은 당시로서는 유례를 찾을 수 없는 일이었다.

김굉필은 한국유학사상 처음으로 도학을 창도하고 이를 실천하는 데 힘쓰면서 한편으로 문우(門友)·문인들과 학문을 토론하는 데 열심히 하였다. 특히 4살 위인 정여창과는 막역한 사이였고 뜻과 학문이 같아서 밤이 새도록 도학을 토론하기도 하면서 형제처

럼 지냈다. 이 무렵 김굉필은 학자로서 이름이 널리 알려져 제자문
인들이 언제나 집안에 가득 차서 다 수용할 수 없을 정도였다. 관
청의 일이 아무리 바쁘더라도 가르치는 일을 게을리 하지 않았다.
한 번은 "정여창이 비방하는 사람이 많으니 잠시 수업을 중단하는
게 좋겠다."고 충고하자 "먼저 안 사람이 후진을 가르치고 깨우치
게 하는 것은 당연히 해야 할 일인데 화를 당해도 그만둘 수 없
다."고 하면서 끝내 강의를 중지하지 않았다.

이 무렵 김굉필은 사헌부 감찰직에 있었는데 당시 성균관 대사
성 반우형이 찾아와 문인이 되기를 청했다. 이때 김굉필은 43세였
고 반우형은 38세였는데 벼슬은 반우형이 훨씬 높았다. 김굉필이
"친구라면 가하지만 스승은 불가하다."고 사양하며 돌려보내려 하
자 반우형은 "도가 있는 곳에 스승이 있습니다."고 하면서 끝내 돌
아가지 않자 그를 문인으로 받아들이고 그의 도학의 핵심인 한빙
계(寒氷戒)를 지어 가르쳤다. 우연하게도 김굉필의 학문을 전하는
글은 무오사화·갑자사화에 모두 태워졌으나 이 한빙계는 화를 면
하게 되어 그의 심오한 실천적 도학을 전해 준다.

이 한빙계는 모두 18개 조목으로 된 짧은 글로서 몸을 다스리고
사물을 탐구하는 도학방법을 담고 있다. 김굉필은 그가 주창한 도
학이 실천적이었던 만큼 한빙계의 내용은 공리공론과는 거리가 먼
현실적인 교육방법이라는 특색이 있다. 한빙계의 내용은 다음과 같다.
한훤당 김굉필의 『경현록(景賢錄)』, 「한빙계(寒氷戒)」.
'가난하고 얼음처럼 찬 이성으로 지켜야 할 계율'

1. 동정유상(動靜有常): 움직이거나 머물고 있을 때 항상 평상심
   을 갖도록 하라
2. 정심솔성(正心率性): 항상 마음을 바로 해서 착한 본성을 따르라
3. 정관위좌(正冠危坐): 갓을 바로 쓰고 의관을 정제하고 무릎을

꿇고 앉아, 자세를 바르게 하라

4. 심척선불(深斥仙佛): 신선이 되고자 하는 도교와 부처가 되려
   는 불교를 깊이 배척하라

5. 통절구습(痛絶舊習): 낡은 습관을 철저하게 끊어버려라

6. 질욕징분(窒欲懲忿): 욕심을 막고 분한 마음을 참아라

7. 지명돈인(知命敦仁): 하늘의 뜻을 알고 어짊에 힘쓰도록 하라

8. 안빈수분(安貧守分): 가난함 속에서도 편안한 마음으로 자신
   의 분수를 지키도록 하라

9. 거사종검(去奢從儉): 사치와 허영을 버리고 근검절약하도록
   하라

10. 일신공부(日新工夫): 날마다 새로워지는 공부를 하라

11. 독서궁리(讀書窮理): 책을 많이 읽고 깊이 생각도록 하라

12. 불망어(不妄語): 망령된 말과 삿된 거짓말을 하지 않도록 하라

13. 주일불이(主一不二): 마음을 하나로 집중하여 절대로 흩어지
    지 않도록 하라

14. 극념극근(克念克勤): 잘 생각하고 게으르지 말고 항상 부지
    런하라

15. 지언(知言): 말을 아끼고 말의 의미를 깊이 새기도록 하라

16. 지기(知幾): 일의 기미를 알도록 하라

17. 신종여시(愼終如始): 시작할 때와 같이 끝도 신중하게 하라

18. 지경존성(持敬存誠): 공경하는 마음을 지니고 성실함이 있으라

김굉필의 「한빙계」는 언뜻 조문의 제목만 보면 '자기관리를 엄격
히 하라' 정도로 보인다. 그러나 자기 이익과 행복을 추구하는 관
점과는 거리가 멀었다. 선비와 관료에 대한 매서운 질타를 담았다.
<구습을 철저히 끊다>에 이렇게 나온다. 지금 벼슬 공부를 하는 사

람들은 거의가 출세에만 조급하여 의리를 돌보지 않으니 마치 처녀 총각이 혼인도 않고 구멍 뚫고 담장을 넘어 간통하는 것과 같다. <통절구습(痛絶舊習)> 의리와 분수에 어긋한 재물과 권세는 결코 용납하지 않는 차원에서 벼슬을 위한 벼슬, 출세를 위한 진취를 부정한 간통으로 비유한 것이다. <욕심을 없애고 분노를 막다>에서는 더욱 매서웠다.

사람의 욕심은 음식과 남녀만 한 것이 없는데, 예(禮)로써 억제하지 않으면 누가 탐욕과 음탕에 이르지 않겠으며, 사람의 분노는 벼슬과 재화를 다투는 분노가 가장 큰데, 의(義)로써 재단하지 않으면 누가 이리나 살쾡이 같은 간사한 도둑이 되지 않겠는가. <질욕징분(窒慾懲忿)> 식욕과 색욕, 그리고 관작과 재물을 둘러싸고 벌어지는 다툼이 얼마나 인간을 야비하게 만드는가를 지적한 것이다. 무사안일과 이기적 사치풍조에 대한 냉엄하고 통렬한 비판이었다.

물론 김굉필이 원천에서 재물과 권세를 부정한 것은 아니었다. 공자의 '부귀를 구할 때라면 기꺼이 말채찍이라도 잡겠지만, 그렇지 못하면 좋아하는 공부를 하겠다'는 어록을 인용하며 사람은 누구나 '부자가 되고 싶은 마음이 있다'고 하였다. 다만 분수와 도리를 넘어서는 이기심을 충족하려는 입신출세와 관작과 재물을 배척하였던 것이다.

「한빙계」는 『소학』을 넘어서 인격완성과 자아확립에 요구되는 '차가운 얼음'과 같은 계율이었다. 그러나 수기를 위한 가르침만 담지 않았다. 반우형에게도 "어찌 『소학』만을 공부하고 그칠 수 있으랴!" 하였다. 그러면서 <말을 함부로 하지 않는다>, <말을 알아듣는다>, <징조를 살핀다> 등 몇 조문에 대해서는 특별히 '혹여 틈새를 보여 소홀히 하면 금일의 화를 면하기 어려울 것이라'는 당부를 보탰다. 몇 구절을 옮긴다.

"난(亂)은 언어를 사닥다리 삼아 일어나니 임금의 말이 신밀(愼密)하지 못하면 신하를 잃고 신하의 말이 신밀하지 못하면 몸을 잃는다. <불망언(不妄言)> 말이 경솔하면 뜻을 이루기도 전에 무너진다는 것이다.

장차 배반할 자는 말이 부끄럽고, 마음이 의심스런 자는 말이 산만하고, 좋은 사람은 말이 적고, 조급한 사람은 말이 많고, 착함을 모함하는 자는 말이 들떠 있으며, 뜻을 지키지 못하고 잃는 자는 말이 비굴하다. <지언(知言)> 말은 사람의 마음과 행실의 드러남인데 각각의 말을 알아듣지 못하면 결국 그릇된 사람을 만나서 화를 당하고 뜻을 이루지 못한다고 하였다."

"군자는 윗사람과 사귀더라도 아첨하지 않고 아랫사람을 사귀지만 모독하지 않아야 하니, 윗사람에게는 반드시 공손하되 신중하게 하고, 아랫사람에게는 반드시 화평하되 조심한다. <지기(知機)> 인간관계는 내밀한 절도가 필요하며 위치와 처지에 온당한 처신이 필요함을 말하였다. 일의 징조를 아는 것이 신통이라 할 것이니, 군자는 은미함에서 드러남을 보고, 부드러움에서 강건함이 있음을 알아야 뭇사람이 우러러본다. <지기(知機)> 모든 사업은 시세의 기미를 알고 양면을 살피는 안목이 필요함을 역설하였다. 모두 『주역』, 「계사전」을 인용하여 풀어냈다."

이들 조문은 모두 세상을 살아가며 부딪히게 되는 난관과 재앙을 방지하고 극복할 수 있는 유념해야 할 지침이었다. 어떻게 보면 관료 및 사회생활의 지침으로 읽힌다. 그러나 시세에 따라 살아남기 위한 처세술과는 거리가 멀었다. 어디까지나 맹자의 '도가 통하는 세상에 나서면 착함을 천하와 더불어 이루어야 한다.'는 '겸선천하(兼善天下)'를 위한 각오와 자세를 말한 것이다. 이에 그치지 않았다.

김굉필은 세상을 책임지겠다는 선비는 자신을 인내하며 성찰하는 덕목이 필요함을 역설하였다. 더구나 언제 환란이 밀어닥칠지 알 수 없는 상황이었다. 김굉필은 첨예하고 과격한 언론으로 시절의 위기가 양성된 측면이 있음을 굳이 감추지 않았다. 이렇게 풀었다.

지금 많은 선비들은 기개를 높이 세우고 의논이 바람을 일으키는 듯하며 꺼리는 바가 없으니 환란이 닥칠 것이 염려된다. <불망언(不妄言)> 그러나 기개와 언론을 부정하는 것은 아니었다. 어디까지나 선비의 진정한 포부는 드높은 기개나 현란한 언론만으로는 이룰 수 없으므로 오히려 '제 몫을 충실히 해야 한다'에 방점을 찍는 교시였다. 시류에 휩싸이지 말고 현실감을 가지고 차분히 전진하여야 꿈을 이룰 수 있다는 당부였던 것이다. 그러나 구차한 삶을 연명할 수 없음도 상기시켰다.

위태로운 징조를 알고도 피할 수 없는 경우가 있으니 살신성인(殺身成仁)을 해야 할 것 같으면 군자라면 죽음 보기를 집에 돌아가듯 하고 구차할 수는 없다. <지기(知機)> 물론 무작정 순교의 길을 결심하라는 뜻은 아니었다. 세상을 바꾸는 힘은 구차한 삶보다는 죽음을 선택할 수 있는 각오에서 생긴다는 수준에서 읽으면 될 것 같다.

김굉필이 글의 제목 '한빙(寒氷)'에 숨긴 뜻을 보면 '한빙'이라고 한 것도 까닭이 있었다. 세 가지 의도를 담았다. 먼저 '쪽에서 나온 푸른 물감이 쪽보다 푸르고(靑出於藍), 물이 얼어 생긴 얼음은 물보다 차갑다(氷寒於水)'고 하여 후배가 선배보다, 제자가 스승보다 진취가 있어야 한다는 바람을 담았다. 그러나 '청빙(靑氷)'이라 하지 않고 군이 '한빙(寒氷)'이라고 한 것은 다름이 아니었다. '청빙'으로는 수신과 처세의 동시적 중요성을 한꺼번에 담을 수 없기 때문이었다. 김굉필은 말한다. 반우형이 「한빙계」 뒤에 적은 글에 있다.

『소학』 공부는 '얇은 얼음 밟듯이 하라'는 증자의 말씀이 대강령이 되고, 또한 『주역』은 '추워지면 얼음이 얼고 서리를 밟으면 얼음이 굳어진다.'고 하였으니, 한빙에는 일의 기미를 알아 조심하고 두려워하라는 뜻이 있다. <제한빙계후(題寒氷戒後)> 『소학』의 조심스럽고 신중한 행실과 『주역』의 일의 기미, 시세의 변화를 살피는 안목과 처신을 '한빙'이란 한 단어에 함축한 것이다. 추운 계절, '박빙(薄氷)의 행실'과 '견빙(堅氷)의 처신'은 충돌의 개념이 아니었다. 전자가 개인 수양에 중점을 둔 것이라면, 후자는 치국평천하를 위한 성찰이며 대응이니, 상호보완이며 결국은 하나인 셈이었다.

한 마디 덧붙이고 싶다. 쉬운 듯 보이는 수신부터 두렵고 조심스럽게 하여야 실로 어렵게 보이는 변화의 기미도 알고 인사를 쉽게 가져갈 수 있는 것이다. 같은 문자[易]가 '바꾸다와 쉽다'는 뜻을 같이 가지고 '역'으로 읽고 '이'로 읽은 것은 '변화를 알면 인사가 쉽다'는 경험지식의 산물이라는 점을 새겨보면 간단하다.

오늘날 흔히 김굉필이 '소학동자'를 자처하였으므로 「한빙계」 역시 수신의 가르침일 것이라고 생각하는 경향이 있다. 그러나 결코 그렇지 않다. 수신에 못지않게 『주역』에서 찾아낸 일상의 교훈을 비중 있게 제시하며 기미를 살피며 변화에 대처하고 세상을 책임질 수 있는 처신의 중요성을 강조하였던 것이다.[14]

김굉필의 한빙계는 누구나 쉽게 깨우치고 실천할 수 있는 것이었다. 김굉필은 한빙계의 결론으로서 '지경존성(持敬存誠)'을 들면서 공경함을 가지고 성실함을 지니는 것이 소학과 도학의 목표이고, 인격을 닦고 국가를 다스리는 요체가 된다고 했다. 김굉필의 실천적 도학사상을 대표하는 글이 한빙계라 할 수 있다. 그 유명한

---

14) 이종범, 『사림열전 김굉필(金宏弼): 침묵』, 미래와의 대화 ④ 참조함.

<한빙계>는 이후 조광조를 비롯하여 이퇴계, 이율곡 등 모든 성리학자들이 반드시 지켜나가야 할 18가지의 계심(戒心)이 되었다.

2. 리일분수(理一分殊)적인 우주론

김굉필의 리일분수(理一分殊)적인 우주론은 "추호가병어태산(秋毫可並於泰山)"이라는 짧은 부(賦) 형식의 논문에 담겨 있다. 그는 여기서 "나는 아노라 대저 천하의 사물은 理가 있고 分이 있는데 理는 일만 가지를 합쳐서 하나가 됐고, 分은 일만 가지의 차이가 있어도 순탄하지 않았다. 저 따지기 좋아하는 작은 智는 사물만보고 理를 빠뜨렸다."고 하여 리일분수(理一分殊)로써 우주의 시원과 현상세계를 설명하였다. 그는 정주학의 태극도설(太極圖說)과 이기설을 인용하면서 추호(秋毫)가 비록 작지만 태극을 갖추고 있고, 태산이 크기는 하지만 하늘이 만든 것인데 세상 사람들은 근본은 생각지 않고 대통 속으로 하늘을 헤아리듯 한다고 하였다. 그의 이 우주관은 문인들에게 계승돼 후일 '심성이기(心性理氣)'의 문제로 발전하는 도화선이 됐다는 평가를 받게 되었다.

김굉필의 생존기 정치사적 배경인 성종이 승하하고 연산군이 즉위한 것은 당시 학계와 사상계에 큰 변동을 가져왔다. 호학의 군주인 성종은 훈구세력의 독재를 막기 위하여 영남사림파를 대거 등용하여 중앙정계에 새바람을 불러일으켰고 세조의 왕위찬탈을 비난하는 생육신이나 죽림우사(竹林羽士)와 같은 청담사상을 가진 인사들에게 관대했다. 그러나 훈구파에 둘러싸여 즉위한 연산군은 본성이 학문을 싫어하는데다 마침 왕을 비방하는 투서가 날아들자 투서가 국문으로 돼 있다는 이유로 국문을 아는 학자와 죄 없는 선비들을 체포하고 국문서적을 불태워 인심이 흉흉했다. 조만간 사화가 일어날 것은 필연적이었고 뜻있는 인사들은 친구가 죄에 연좌되어 화를 당하지 않도록 단교하기도 했다.

김굉필이 스스로 화를 당할 줄 예견하고 친구 신영희를 찾아가 단교하고 멀리 피하게 한 것도 이때였다. 이보다 앞서 문우인 남효온이 병이 위독해서 문병을 갖는데 친구가 왔는데도 문을 열어 주지 않았다. 김굉필이 억지로 문을 열고 들어가니 남효온은 거들떠보지도 않고 벽을 향해 누운 채 끝내 말 한마디 없이 죽었다. 남효온 역시 자기로 인하여 김굉필이 연좌되지 않기를 바라는 심정에서 죽음을 앞두고 말 한마디 없었다고 한다. 이 같은 사림파의 뛰어난 학자들은 시국의 암운을 예견했으나 자신들의 학문적 신념을 굽히거나 피하지 않았다.[15)]

IV. 결 론

김종직의 문하에서 소학의 학풍을 이어 도학을 창도한 김굉필은 정여창과 함께 16세기에 영남 사림이 심성이기철학으로 발전하는 기반을 만들어 준데서 그의 학문적 위치가 두드러진다. 특히 이들의 학통은 조식, 오건, 정구 등 경상우도의 학자들에게 계승 발전되었

---

15) 『대구매일신문』, 「영남학맥17 – 18: 한훤당 김굉필」; 이상백, 『한국문화사연구논고』, 을유문화사, 1984; 박종홍, 『한국사상사논고: 유학편』, 서문당, 1986, pp.521 – 528. 참조함.

다. 소학의 화신이었던 김굉필은 귀양지인 전라도 순천에서 51세의
나이로 참형에 처해졌는데 죽음을 앞두고 수염을 단정히 하여 물고
는 "신체와 터럭 살은 부모에게 받은 것이므로 이것마저 상하게 할
수는 없다."고 하여 소학의 가르침을 죽음 앞에서도 실천하였다.

　김굉필 사후 500주년이 조금 넘은 현시점에서 조선조 유교국가의
사림 정치사상을 원리원칙, 공론정치, 지도자의 성현정치를 중시하는
정치 개혁적 차원에서 다각도로 조명하는 움직임이 활발하다. 최근
에 일어나고 있는 새 경향은 주자학을 교조적으로 받아들일 필요가
없다는 자유로움을 반영하고 있다. 조선 후기 실학자들에 대한 재평
가에서 시작해서 조선 중기의 남명조식, 정암 조광조, 회재 이언적,
퇴계 이황, 율곡 이이 등을 거쳐, 조선 초기의 점필재 김종직, 一蠹
정여창, 한훤당 김굉필, 여말선초의 삼은(길재, 이색, 정몽주), 김시
습, 삼봉 정도전, 양촌 권근에 대한 재조명으로 소급해 올라간다. 이
러한 학술적 연구 동향들은 중요성에 비해 덜 알려진, 연구되지 않
은 김굉필의 도학정치사상에 관한 개별연구 재인식, 재평가를 통해
朝鮮朝知性史를 보다 역동적으로 살펴볼 수 있다는 점과 한국정치
사상사 통사 연구의 연결 작업 공헌에서 그 意義를 찾을 수 있다.

　'小學童子' 김굉필의 학문적 논평에 관한 후학들의 평가를 보면

　첫째, 奇高峯의 撰 『行狀』에 보면

　"선생은 날마다 『小學』, 『大學』책을 강송하여 학문의 규모로 삼
고 육경을 깊이 탐구하였으며, 誠敬을 힘써 지녔다. 그리고 존양성
찰을 체로 삼고 修齊治平을 用으로 삼아 大聖의 경지에 이를 것을
기약하였다. 첫닭이 울 때면 반드시 세수하고 머리를 빗은 뒤 의관
을 정제하고 반듯이 앉았는데, 마치 찰흙으로 만든 사람의 형상과
도 같았다. 학자들에게 마음을 다스리는 요령을 강론할 때면 곡진
하여 게으르지 않았는바, 30여 년을 이와 같이 하였다. 학문은 넓

어도 순수하였고 두루 통했어도 잡된 것에 흐르지 않았으니, 견고하고 확실하며 성실하고 극진하되 오히려 皇皇하게 미치지 못하는 것처럼 하였다."16)

둘째, 曺南溟『師友錄』에 "曰, 先生, 身任道學之倡, 爲近世儒宗, 服小學以培根, 遵大學以立規模, 力持誠敬, 而發揮六經, 以期至於聖賢之城, 此 先生爲學之大略也"라고 한 것을 보면 김종직 이후 근세유학의 지평을 연 김굉필의 학문적 깊이를 높이 평가하고 있음을 알 수 있다.

셋째, "김굉필 같은 유학자는 당시 벼슬은 하지 못하였으나 지금 선비들이 그의 풍모를 듣고 선행하려는 자가 많으니 김굉필의 힘으로 사습의 원기가 이같이 보존되었습니다."17)

김종직의 문인으로 전국소학 실천운동의 효시인 김굉필은 정여창과 함께 16세기에 영남사림이 心性理氣 철학으로 발전하는 기반을 만들어 준데서 그의 학문적 위치가 두드러진다. 김종직, 정여창·김굉필로 이어지는 학통은 지치주의 유학의 태두 조광조에게 계승되었거니와 김굉필의 학통을 이은 문인들은 그의 실천적 도학의 학통을 이어 16세기 사림정치의 주역이 된다. '小學童子' 김굉필은 성리학의 근본 목표인 '수기·안인'을 구현하기 위해서는, 우선 자신의 도덕적 인격을 완성해야 하고 이를 바탕으로 안인을 실천해야 한다고 강조하였던 것이다. 즉 지치적 안인의 실천에 목표를 두되 일의 선후 관계로는 심성수양의 수기적 궁행을 우선하여 수기서로서의 『소학』을 중시하였던 것이다. 그 결과 그는 형이상학적

---

16) 奇高峯의 撰『行狀』에 보면 (先生, 日誦小學大學書, 以爲規模, 探賾六經, 力持誠敬, 以存養省察爲體, 修齊治平爲用, 期至大聖閫城, 鷄初鳴, 必盥櫛, 整衣冠, 危坐如泥塑人, 引學者講論, 治心要領, 諄諄不怠, 如是三十餘載, 精積力久, 博而不雜, 通而不流, 堅確實篤, 猶皇皇如不及).
17)『中宗實錄』13년 4월 28일. 참조함.

성리 이론을 추구한 조선 초기 성리학의 풍토와 달리 실천을 위주로 하는 도학의 흥기에 힘썼다. 후생의 교도를 자신의 소임으로 삼았기에 조광조, 김안국, 이장곤과 같은 실천적 도학자들이 그의 문하에서 배출되어 조선조 성리학의 도학화에 큰 공헌을 하였던 것이다(한국사상연구회 1996, 70-71).

김종직의 제자로 김굉필로 이어지는 학통은 지치주의 유학사상의 태두 조광조에게 계승되거니와 김굉필의 학통을 이은 30여 명에 이르는 많은 문인들은 현풍, 합천, 평안도 희천을 오가며 사제관계를 맺은 관계로 영남학파와 기호학파로 확산된다. 그의 대표적 문인들 조광조, 김안국, 김정국, 이정국, 이장곤, 이연경 등 많은 문인들이 그의 실천적 도학의 학통을 이어 16세기 시림정치의 주역으로 활동한다.

김굉필은 조선 전기 동방오현의 한 사람으로서 김숙자, 김종직의 학통을 계승하고, 이기론 중심의 학파 형성, 전국 소학실천운동의 효시, 평안도까지 유학을 일으켰으며, 경상우도 학자에 학통 계승되었으며, 18개 조목의 「한빙계」를 지어 도학의 실천적 방법을 제시한 유학자이다.

● 參考文獻 ●

1. 원전(1차자료)

『景賢錄』,『寒暄箚錄』,『易學啓蒙覆繹』,『寒暄堂集』,『家範』,『奇高峯行狀』,『靜庵集』;『高峯集』,『論思錄』,『東國道學傳統圖辨證說』,『宣祖實錄』,『光海君日記』,『秋江集』,『入學圖說』,『五經淺見錄』,『佛氏雜辨』,『朱子家禮』,『經濟文鑑』,『朝鮮徑國典』,『三綱行實圖』,『師友錄』(조식)

2. 參考文獻

강광식. 2000.『신유학 사상과 조선조 유교정치문화』. 서울: 집문당.

강광식·전락희·유종선·장인선. 1998.『조선시대 개혁사상 연구』. 성남: 한국정신문화연구원.

강지원. 1950.『근대조선정치사』. 대학생활사.

고권삼, 1948.『조선정치사』. 서울: 을유문화사.

김충렬. 1987.『고려유학사』. 고려대학교출판부.

금장태. 1997.『조선전기의 유학사상』. 서울대학교출판부.

_____. 1980.『유교와 한국사상』. 성균관대학교출판부.

도광순(편), 1998.『嶺南學派의 研究』, 병암사.

박충석. 1982.『한국정치사상사』서울: 삼영사.

배종호·강주진(편저). 1980.『한훤당의 생애와 사상』. 한훤당선생 기념사업회.

부남철. 1996.『조선시대7인의 정치사상』. 사계절.

성교진. 1997.『송대 신유학과 한국성리학』. 이문출판사.

유광진 외. 1997.『한국정치의 쟁점과 과제』. 서울: 정익사.

유명종. 1981.『한국사상사』. 이문출판사.

유교사전편찬위원회(편). 1990.『유교대사전』. 서울: 박영사.

유근호·박충석. 1980.『조선조의 정치사상』. 서울: 평화출판사.

유미림. 2002.『조선후기의 정치사상』. 서울: 지식산업사.

윤사순. 1993.『한국유학사상론』. 예문서원.

이병도. 1987.『한국유학사』. 아세아문화사.

이상익. 2001.『유가사회철학연구』. 심산.

이수건. 1984.『영남 사림파의 형성』. 영남대학교출판부.

이태진. 1986.『한국사회사연구』. 서울: 지식산업사.

이택휘. 1999.『한국정치사상사』. 서울: 전통문화연구회.

장지연. 1979.『조선유교연원』. 단국대학교출판부.

장지연/유정동(역). 1975.『조선유교연원상편』. 삼성문화재단.

鄭在景, 1987,『鄭汝昌硏究』. 서울: 集文堂.

조남국. 1989.『한국사상과 현대사조』. 교육과학사.

조남국 외. 1999.『東國十八賢』, 율곡사상연구원.

趙南旭, 2003.『鄭汝昌: 朝鮮朝 實踐儒學의 先驅者』, 成均館大學校出
版部.

정윤재 외. 1999.『한국정치사상의 비교연구』. 성남: 한국정신문화연구원.

조남욱. 2003.『정여창: 조선조 실천유학의 선구자』. 서울: 성균관대학
교출판부.

최연식. 2003.『창업과 수성의 정치사상』. 서울: 집문당.

최영성. 1995.『한국유학사상사』. 서울: 아세아문화사.

한국사상연구회(편). 1996.『조선 유학의 학파들』. 서울: 예문서원.

한국철학회(편). 1987.『한국철학사』(상·중·하). 서울: 동명사.

한국사상연구소 편. 2001.『자료와 해설 한국의 철학사상』. 서울: 예문
서원.

韓國儒敎學會 編, 2000,『儒學思想硏究』제13집.

황의동. 1995.『한국의 유학사상』. 서광사.

현상윤. 1982. 『조선유학사』. 현암사.

3. 參考論文

강광식. 1997. "한국정치사상사 자료선집(조선 시대편) 편찬을 위한 예
  비연구", 『한국의 정치와 경제』제10집.

강광식 · 손문호 · 이익주 · 박현모. 2003. "조선시대 정치사상사 자료선
  집 편찬 및 해제연구(Ⅰ): 조선전기", 한국정신문화연구원(2003
  년 11월 30일: 자료집)

김명하. 1999. "포은과 야은 사상에 나타난 의리관", 한국정치사상학회
  (편). 『정치사상연구』창간호.

김만규. 1987. "조선조 전기의 사화 · 반정과 정치사상의 수정", 한국정
  치외교사학회(편). 『조선조 정치사상연구』. 서울: 평민사.

김석근. 2002. "삼국 및 남북국시대의 정치사상", 이재석 외, 『한국정
  치사상』. 서울: 집문당.

김재구. 1990. "조선초 소학주의 전통연구", 『석당논총』16집 동아대학
  교 석당 전통문화연구원.

김호성, 2000. "一蠹 정여창의 정치사상", 한국유교학회(편). 『유학사상
  연구』제13집.

金鎔坤, 1983, "16세기 士林의 文廟從祀運動", 『김철준박사회갑기념논
  총』.

成校珍, 1990 "一蠹鄭汝昌의 哲學思想", 『韓國哲學宗敎思想史』, 원광
  대학교출판부.

손문호. 1990. "유교국가와 그 대두과정", 서원대학교 사회과학연구소
  (편). 『사회과학연구』제3집.

_____. 1992. "동양의 전통적 국가에 관한 논의", 서원대학교 사회과
  학연구소(편). 『사회과학연구』. 제5집.

손인수. "한훤당 김굉필의 교육사상", 한국정신문화연구원(편). 『정신문화연구』제8집.

성교진 "寒氷戒에서 본 한훤당의 踐履精神", 『효성여대논문집』제50집.

조원래. "사림기 호남사림의 학파와 김굉필의 도학사상", 단국대학교 동양학연구소 편. 『동양학』제25집.

이병걸. 1990. "조선전기 지배세력의 갈등과 사림정치의 성립", 영남대학교 민족문제연구소(편). 『민족문화논총』제11집.

이지경. 1992. "회재이언적의 정치사상연구", 한국외국어대학교대학원 석사학위논문.

_____. 1995. "16세기 사림파 정치사상 연구", 서원대학교 사회과학연구소 편. 『사회과학연구』제8집.

_____. 1997. "회재이언적의 왕도정치사상", 유광진 외. 『한국정치의 쟁점과 과제』. 서울: 정익사.

_____. 1998. "회재 이언적의 『중용구경연의』에 관한 연구", 서원대학교 사회과학연구소(편). 『사회과학연구』제11집.

_____. 1999. "李彦迪의 政治思想硏究", 동국대학교대학원 박사학위논문.

_____. 2002. "이언적의 중용 정치사상에서 致中和 개념에 관한 연구", 2002년 한국정치학회 춘계학술대회 발표논문(2002. 05. 18).

_____. 2002. "주자의 대학장구에 대한 이언적의 비판", 한국·동양정치사상사학회(편). 『동양정치사상사』. 제1권2호.

_____. 2003. "조광조의 유교국가에 관한 연구: 정치개혁론을 중심으로", 한국사회역사학회(편). 『담론201』. 봄·여름호. 제14집. (2003. 08. 30). 담론사.

_____. 2003. "조식 정치사상의 요체 '敬·義' 연구", 한국·동양정치사상사학회(편). 『동양정치사상사』제2권2호. (2003. 11. 30출판예정).

_____. 2003. "조광조의 개혁사상연구: 유교적 국가주의를 중심으로", 2003년 한국정치학회추계학술대회발표논문(2003. 10. 16: 연세대학교).

_____. 2003. "점필재 김종직 사림정치사상연구: 유교정치체제의 보강 민본·절의를 중심으로", 한국정치학회 연말 학술대회 발표논문(2003. 12. 05: 외교안보연구원).

_____. 2004. "김종직(1432-1492)의 정치사상연구", 한국·동양정치사상사학회 2004년도 춘계학술대회발표논문(성신여대: 2004. 02. 21).

_____. 2004. "일두 정여창의 정치사상연구", 2004년한국정치학회 춘계학술대회 발표논문(2004/03/18-19: 외교안보연구원).

_____. 2004. "정여창 정치사상의 재평가", 한국·동양정치사상사학회(편).『동양정치사상사』. 제3권2호. (2004. 09. 30).

_____. 2004. "세종의 공세적 안보정책: 대마도 정벌을 중심으로", 한국정신문화연구원(편), 세종의 국가경영연구팀, 『정치사상과 유교적 국가경영』연구발표논문(2004. 11. 22).

_____. 2004. "이황의 정치사상", 국제문화학회 편, 『역사와 사회』제33집 겨울호. (2004. 12. 15).

_____. 2005. "지방의 균형발전과 자치단체장의 정치적 리더십", 2005한국정치학회 충청지회춘계학술대회(2005. 5. 23: 충북대학교 개신문화관).

_____. 2005. "세종조 사대교린의 국가경영: 대마도 정벌과 파저강 토벌을 중심으로", 한국학중앙연구원, 세종국가경영연구소 개소기념 학술대회 발표논문(2005. 5. 27: 한국학중앙연구원 대강당).

4. 정기간행물 및 기타

『대구매일신문』, 1982. <기획17. 18호>. 한훤당김굉필(상, 하)

5. 외국문헌

Allan. Sarah. 1981. "Sons of Suns: Myth and Totemism in Eary China",Bulletin of the School of Oriental and African studies, Vol.XIVI part3: 290－326.

Chang. Kwang－chih. 1983. Art, Myth and Ritual. Cambrigge and London: Harvard University Press.

_____. 1980. Shang Civilization. New Haven: Yale University Press.

_____. 1977. The Archaeology of Ancient China. New Haven: Yale University Press.

Erich Fromm1955, Free of Freedom(London: Routeledge & Kegan Paul, Ltd.), Chapter. Ⅴ.

Edward W. Wagner. 1980. "이조 사림문제에 관한 재검토",『전북사학』4.

Tully, James ed. 1988. Meaning & Context: Quentin Skinner and his Critics. Cambridge: Polity Press.

James B. Palais. 1991. Politics and Policy in Traditional Korea. Cambridge: Harvard University Press.

_____. 1996. Confucian Statecraft and Korean Institutions. Seattle; University of Washington Press.

John B. Duncan. 1995. "A Reconsideration of The 'Sarim' of The Choson Dynasty: Cho Nam－Myong and the Sarim", 남명학연구원 편. 1995.『남명학연구논총』. 제3집.

Kneightley. David. 1999. "The Oracle－Bone Insccriptions of the Late Shang Dynasty", De Bary and Bloom(ed). Sources of Chinese Tradition, second edition. New York: Columbia University Press. pp.3－23.

_____. 1978. "The Religious Commitment: Shang Theology and Genesis of Chinese Political Culture", History of Rligions

Vol.17: 211－225.

Latourette. Kenneth Scott. The Chinese. Their History and Culture. New York: The Macmillan Companyenneth Scott. 194.

제5장

趙光祖의 儒敎國家 政治改革[1]

---

1) 이 연구는 한국사회역사학회 『담론201』, 2003년 봄·여름호, 제6권1호 게재한 논문을 수정한 것임.

(용인: 조광조추모서원)

★ 정암 조광조의 한시 ★

愛君如愛父　(애군여애부)
임금은 어버이 같이 사랑하고

愛國如爲家　(애국여위가)
나라일 내 집같이 근심하였노라

白日臨下地　(백일임하지)
밝고 밝은 햇빛이 세상을 굽어보니

昭昭照丹裏　(소소조단이)
거짓 없는 이 마음 훤히 비추리

靜庵 趙光祖 (1482－1519) 조선 중기 문신
38세에 사약(賜藥)을 받고 지은 시(詩)

司憲府大司憲
贈領議政靜菴趙光祖之像

Ⅰ. 問題提起

　　『靜庵先生世系圖』年譜에 의하면, 趙光祖(1482-1519)의 號는 靜庵 字는 孝直, 本貫은 漢陽이다. 그의 高祖父 漢陽府院君 補國崇祿大父 溫은 開國功臣으로서 벼슬은 議政府 左贊成에 이르렀고 諡號는 良節이었다. 사후 시호는 文正이다. 그는 司憲府 감찰(正六品)을 지낸 趙元綱의 아들로 역대 관리 가문의 출신이다.[2]

　　趙光祖는 金宗直의 제자로 戊午士禍 피해자로 유배 중이었던 金宏弼(1454-1504)에게 수학함으로써 嶺南 士林의 學統을 이어받은 사림파의 대표적 인물이었다(김만규, 1982: 163-164). 본 연구는 朝鮮朝 개혁사상의 代表的 思想家中 한 사람인 趙光祖의 도학정치 개혁론의 개혁준거와 논리, 구체적 정치개혁안들의 사유구조를 분석한 個人別 政治思想 研究이다.[3]

---

2) 『靜庵集』附錄, 卷4, 靜庵先生世系圖의 年譜를 참조하였으며, 4년간 짧은 官職에서 正二品의 司憲府 大司憲에 오르기까지의 그의 官職을 보면, 戶曹佐郞, 禮曹佐郞, 工曹佐郞, 弘文館副修撰, 經筵檢討官, 春秋館記事官, 弘文館修撰, 校理, 應敎, 經筵侍讀官, 春秋館記注官, 編修官, 弘文館副提學, 經筵參贊官, 春秋館修撰官, 承政援同副承旨, 嘉善大夫, 同知成均館事, 同知中樞府事, 司憲府大司憲, 元子輔養官 등 화려한 官職들은 임금 中宗을 가까이할 수 있는 요직이었다. 이러한 官職으로 그는 中宗反正의 功臣錄 개정을 주장하였던 것이다. 그 일대 사건이 훈구 세력 홍경주, 심정, 남곤 중심의 모략과 중종의 돌변에 의해 발생한 1519년 11월 己卯士禍이다. 당시의 政治的 음모에는 趙光祖가 왕이 될 것이라고 하는 그 유명한 『走肖爲王』의 나뭇잎 벌레까지 동원된 사건이 되었다. 趙光祖는 이 사건으로 38歲라는 젊은 나이로 一生을 마감한다. 이것이 王朝國家 시대의 政治改革의 한계를 보여 주고 있다.

3) 麗末鮮初期 性理學의 脈과 嶺南系列 士林派의 儒賢淵源 系譜圖는 (李志慶, 1999: 11; 『靜庵集』. 附錄. 卷三). 참조하였으며, 麗末鮮初期 儒賢淵源의 系譜圖를 요약하면 高麗末, 安珦·權㫜→權溥·白頤正→

朝鮮朝의 政治理念은 性理學이었다. 朝鮮朝의 정치사회에서 정치질서를 비롯하여 사회질서 전반을 재구성하는 지도원리(강광식·전략희·유종선·장인성, 1998: 71)로 원용된 政治理念은 성리학이었다. 이 性理學은 高麗末에 元을 통해 전래된 주자 성리학으로 朝鮮朝라는 새로운 정치사회 형성의 이념적 기반이 되었으며, 나아가 그 체계의 지속을 보장하는 지배적 사유체계로 작용하면서 정치사회 전반을 규정하였다(최병덕, 2002: 144).

그러나 그것이 처음부터 확고한 統治 理念으로 작용한 것은 아니다. 성리학은 체제가 어느 정도 안정된 16세기 초에 이르러 현실적 당면문제를 해결하기 위한 수단이나 단순한 道德的 價値體系 또는 학문체계가 아니라, 政治體制를 정당화시키고 統治構造의 原理를 제공하는 國家理性의 源泉이 된 것이다. 그런데 朝鮮朝에 있어서 이러한 朱子學的 政治理念을 賢人政治의 理想으로 삼고 그것을 실현하고자 했던 정치집단이 士林이다. 사림은 國王의 統治權과 밀착하여 政治·社會的 機能을 담당하고 있던 지배층이기 때문에 그들은 朝鮮朝 政治體系에서 朱子學的 政治思想을 이념의 차원에서뿐만 아니라 실천의 차원에서 책임지고 있었던 것이다(이택휘, 1999: 130).

朝鮮朝 개국 이래 정치참여의 훈척 세력의 權力化로 각종 王道政治의 부패현상에 대한 이들 비판 세력으로서 중앙에 진출한 사림세력이 성리학의 '公'인식에 대한 道學政治 실현의 대의명분 아

李齊賢→李穀·李穡→鄭夢周·權近·鄭道傳 등 초창기는 家學을 중심으로 발달했다. 麗末鮮初의 性理學脈을 기초로, 趙光祖의 學脈은 東方 理學의 祖로 칭송되는 鄭夢周→吉再→金淑滋→金宗直→金宏弼→趙光祖로 性理學의 正統的 學者로서 性理學을 배우고 發展시켰으며, 그들의 精神史 및 學問의 영향을 받았다고 볼 수 있다. 특히, 熙川에서 유배살이 하던 金宏弼에게 직접 『小學』을 배웠다.

래 적극적 政治改革 운동을 추진한다. 堯舜時代의 太平聖代 王道
政治 복원을 위한 개혁운동의 주체로서 정치적 세력화를 추구하는
과정에서 士禍와 暴政에 좌절되기도 하지만 中宗反正 이후 정치적
개혁을 바라는 시대적 요구에 부흥하여 士族勢力으로서 중앙정치
에 본격적으로 정치참여를 주도하게 된다. 이러한 상황에서 趙光祖
는 도학정치론 至治主義를 실현하기 위해 전반적 정치개혁을 추진
하였던 것이다(손문호, 1996: 2).

15세기 중엽에서－16세기 중엽에 걸쳐서의 정치과정에 보이는
바와 같이 세조(1455－1468)의 王位簒奪事件을 비롯한 일련의 戊
午士禍(1498), 甲子士禍(1504), 己卯士禍(1519) 및 乙巳士禍(1545)
를 통하여 통치층 내부에 君·臣의 義를 둘러싼, 이른바 통치자의
자기규율과 수신의 문제가 사상가들 사이에 있어서 당면의 정치적
과제였다.[4] 이와 같은 修身論이 결국 주자학과 결부하게 되었던
것이다. 특히 김종직으로부터 김굉필을 거쳐 趙光祖에 이르러 영남
파의 道德尊崇論은 치자로서 修身論의 핵심이었다(박충석, 1982:
23). 훈구파와 사림파의 정치권력 투쟁의 격변기였다고 할 수 있다.
특히, 연산군 이후, 조선왕조가 건국된 이래 처음으로 신하가 임금
을 바꾼 이 거사를 1506년 中宗反正이라고 한다(이성무, 1998:
358).[5] 이 쿠데타는 성공했다. 본고는 진성대군이 중종이 된 이 시

---

4) 朴忠錫, 『韓國政治思想史』, 三英社, 1982. p.23.에서 재인용하였다.
5) 中宗反正은 燕山君12年(1506) 9월 1일 前 사조판서 성희안, 지중구부
　사 박원종, 사조판서 유순정 등이 신윤무, 박영문, 홍경주 등의 협력을
　얻어 일으킨 쿠데타이다. 이 쿠데타의 성공으로 성종의 둘째 아들인 진
　성대군이 왕위에 올랐다. 이 공로로 117명이 1, 2, 3, 4등으로 나뉘어
　공신록에 녹훈되었으며, 공신호를 靖國功臣이라고 하였다. 이후 그의
　개혁안의 하나로 中宗反正의 유공자로 훈구파가 된 정국공신76명의 훈
　공삭감을 주장하는 등 제도 개혁을 서두르다 훈구파로부터 사림파의
　권익 확충을 도모한다는 공격을 받아 38세의 나이로 사헌부 大司憲을

대에 유학정치 실현에서 정치개혁의 선봉으로 활동한 趙光祖의 儒敎政治思想 연구이다.

이상과 같이 여러 政治學者들이 주장한 혼란된 정치질서에서 활동한 사상가가 趙光祖였다. 中宗反正 이후 16세기는 정치적 격변기였다. 여기서 趙光祖의 儒敎國家의 政治思想을 연구하고자 한다. 趙光祖의 至治主義는 中國 古代의 堯舜之治의 聖君賢相, 致君澤民, 德化禮治의 王道政治 복원이 그 사상 핵심이다.[6] 사림정치 개혁을 위한 연구로서 그의 政治思想에서 中宗의 정치개혁론의 쟁점과 과제에 관한 연구의 한 단면이다. 趙光祖의 정치개혁 사상은 기본적으로 (1) 中宗의 王道政治 현실에 대한 비판으로서 趙光祖는 당시까지의 역사를 어떻게 인식했는가. (2) 至治主義的 유학 사상의 대안적인 사회상의 제안으로서 堯舜之治의 王道政治 부활을 어떻게 정책적으로 주장을 했는가. (3) 中宗의 유교정치 실현을 위한 구체적 내용으로서, 崇道德, 正人心, 法聖賢, 興至治를 위한 어떻게 그러한 대안적 儒敎國家로 갈 것인가에 대한 이론으로 이루어진다고 할 수 있을 것이다. 여기서 君子와 小人, 昭格署 혁파, 靖國功臣錄 개정 중심으로 연구하고자 한다. 趙光祖는 16세기 士林派의 대표자로 훈구 관료에 대하여 반대적인 입장에서 道學政治

끝으로 제거당한다(이병휴, 1984: 188－189). 『정암문집』, 卷5 附錄 年譜와 卷6 行狀 및 『中宗實錄』 卷23, 10년 6월－7월 참조함.

6) 趙光祖의 政治思想은 孟子의 王道政治思想과 관계가 깊으며, 孟子의 王道政治思想 연구의 이론적 배경 및 정치권력의 정당성에 관한 政治思想 연구는 尹大植, "孟子의 政治思想 硏究: 王道主義와 政治權力의 正當性을 中心으로", 2001, 한국외국어대학교 박사학위논문에서 왕도주의의 배경과 이론적 기초, 왕도주의의 정치적 교의, 왕도주의의 실천적 형태를 중심으로 연구하였다. 또한 남일재, "맹자의 시각으로 본 조광조의 정치이념", 한국정치외교사학회(편), 1999. 『한국정치사상의 조명』. 추간 이택휘교수 화갑기념논문집. pp.181－220. 참조할 것.

와 中宗 때를 추진하다가 시의가 맞지 않아 좌절된 조선 전기의 정치가이다. 조광조에 대한 당시의 시대적인 상황과 사화가 일어나게 된 정치변동의 정치사상적 연구는 정치학뿐만 아니라 역사학, 철학, 조선유학사상 연구에도 중요한 자료가 될 것이다. 뿐만 아니라 그의 學統은 麗末鮮初의 鄭夢周, 吉再, 金叔滋, 金宗直, 金宏弼의 道學淵源을 이어서 趙光祖, 李彦迪, 李滉, 李珥에게 연결시켜 주는 사림정치의 관절적 위치에 있으므로 韓國政治思想史에 있어서 중요한 위치를 차지하고 있다. 그럼에도 불구하고 趙光祖에 관한 정치학자들의 政治思想연구에서 개별연구는 4편(손문호, 부남철, 이지경, 최병덕)으로 그에 대한 연구가 매우 미흡하다 할 수 있다.7) 물론 한 사상가의 개별연구의 한계가 없는 것은 아니지만, 본 연구는 趙光祖 정치개혁론에 관한 선행연구들과 정치개혁 근거와 사상적 공통점을 추출해 보고, 그의 精神史的 궤적을 추적함으로써 韓國政治思想史, 韓國知性史에서 사상사적 위상과 歷史的 위치를 재인식·재평가하고, 韓國政治에서 전개되는 政治改革의 現代的 相關性을 탐구하고자 한다.

본 연구의 목적 趙光祖의 개혁정치에 관한 주장과 논의를 연구함으로써 역사 속에 개혁의 실패와 그 원인을 규명하고 오늘날 한국정치 권력변동기마다 제기되는 정치개혁 논의의 문제점을 발견하고, 이후 전개될 정치개혁들에 대한 성공적 패러다임을 제공하고자 한다. 조선 중기의 대표적인 사상가 趙光祖에 의해 제기된 도학정치에 나타난 개혁정치에 관한 제 주장과 논의를 체계적으로 다루

---

7) 政治學에서 韓國政治思想史 전공 연구자들의 趙光祖 政治思想에 관한 個別研究는 손문호, 1996; 부남철, 2002; 이지경, 2003; 최병덕, 2002; 최연식, 2003. 등 5편의 논문이 있고, 그 이외는 歷史學, 哲學, 朝鮮政治史, 儒學思想研究에서 政治思想의 서술 형태인 단편적 지적의 글이 주를 이루고 있다.

고자 한다. 朝鮮이 비록 '仁義禮智', '三綱五倫'을 실천윤리로 하는 유교적 국가였다고 하는 점에서는 趙光祖가 주장하는 개혁정치 논의가 이념상의 한계를 지니기는 하지만 그들의 개혁론을 현대적 관점에서 새롭게 해석, 체계적으로 연구할 필요성은 여전하다. 즉 ① 성리학적 이념에 충실한 그들이 어떠한 시대적 상황 속에서 개혁을 주장했는가, ② 그들이 강조한 개혁의 분야와 그 구체적 내용은 무엇인가, ③ 그들이 주장하는 개혁론이 당시에 어떤 시대적 의미를 갖고 있었는가, ④ 그럼에도 불구하고 개혁에 관한 여러 가지 논의와 주장들이 어떤 이유로 실천되지 못하고 실패했는가, 그 원인이 무엇인가 규명하려고 한다. ⑤ 趙光祖 정치개혁론 연구가 현대 한국의 정치상황에 어떤 의의와 적실성을 갖고 있는가에 대한 연구의 초점을 두고자 한다.

II. 趙光祖 先行硏究의 批判的 考察

1. 政治學(韓國政治思想史, 政治史) 硏究者들의 評價의 쟁점들

어떤 역사나 사상가에 대한 정치사상사적 평가는 긍정적 측면과 부정적 측면을 동시에 지닌다. 16世紀 中宗代 조광조의 유교국가 실현에 대한 정치개혁론을 韓國政治思想史 전공하는 政治學者들의 평가가 다양하게 전개되고 있다. 긍정적 측면과 부정적 측면 또

는 긍정·부정의 양 측면을 동시에 평가하는 세 가지 측면으로 나
타나고 있다.

첫째, 朝鮮朝 개혁운동의 사상적 대표로서 趙光祖의 改革思想의
含意를 士林勢力의 선봉이자 領袖로서 堯舜時代의 복원을 治道의
근본으로 두고 있었다. 堯舜時代는 中國傳統의 이상향이다. 『예기』
예운편의 이른바 '至治' 또는 '大同'이라는 유교적 表現으로 집약
되는 요순시대가 과연 실재하였는지는 논란의 여지가 있지만 그에
대한 지향은 儒敎政治思想 요소가 되어 왔다. 孟子의 王道論은 유
교적 방안의 표본이었다. 君主가 私心이 아닌 與民同樂의 公心을
가져야 한다. 儒敎政治思想은 군주의 滅私奉公의 확보가 피치자의
안정 확보 보안책이었다. 즉 治者의 실천에 대한 강조가 道學이었
다. 趙光祖의 理想主義는 急進主義와 道德主義 및 正統主義와 친
화적이다. 그의 개혁은 일단 실패로 돌아갔고 朝鮮朝 중기의 개혁
은 온건한 방향으로 조정되었다.[8] 趙光祖는 賢君賢相의 道學政治
에서 士族이야말로 진정한 유교세력으로서 朝鮮朝 國家와 정치의
정당한 주체라고 강조했다. 朝鮮朝 道學政治論에 미치지 못하는
한계에도 불구하고 王政運營體制 원리에서 유교정치가 道學化되는
과정에서 불가피하게 거쳐야 할 과도기적 사명을 나름대로 수행하
였다(강광식 외, 1998: 93-96).

둘째, 趙光祖는 朝鮮에 있어서 儒敎的 國家主義 건설을 위한 稀
有한 學者요 위대한 政治家요 유일한 敎育家이었다. 조광조의 政
治理念은 聖道治平主義니 爲政者의 마음을 바로잡고 然後에 백성

---

8) 이 시대의 儒敎的 國家主義 趙光祖의 개혁사상을 대표하는 논문으로
서는 손문호, ("조선중기의 개혁사상: 趙光祖를중심으로", 『사회과학연
구』, 서원대학교사회과학연구소, 1990: 44-47)에서 잘 집약 분석하고
있다. 또한 이 논문에서 조선 중기를 정치적 격변기 改革政治의 시기
인 中宗代로 보고 있다.

을 바로잡는 것이다. 爲政者는 萬民의 儀表이므로 그 一動, 一靜, 一言, 一句가 곧 治化와 人心에 직접 影響이 있은즉 本源이 澄清한 然後에야 비로소 政治를 논할 수 있다는 것이다. 다시 말하면 道義國家建設이 그 終局의 理想이니 道義의 世界는 社會 全體로서 圓滿한 생활을 할 수 있는 동시에 개인이 각기 그 뜻을 이룰수 있는 太平聖代를 의미하는 것이었다. 정암은 학자로서의 理論뿐만 아니라 政治家로서의 實踐力을 兼有했었다(고권삼, 1948: 38).

셋째, 趙光祖가 연산조 때 戊午士禍, 甲子士禍로 살육의 대타격을 받은 영남의 사림파의 學統을 이어받았고, 현직에 연연하였으며, 훈구파에 대항하여 자파의 新進 士類들을 대량으로 등용하도록한 점으로 미루어 볼 때, 그의 정치태도는 지나치게 그가 속한 학파 및 정파의 권익에 집착하였던 것 같다. 그의 정치적 의도가 사림세력의 정계진출을 꾀함으로써 권력을 재분배하는 데 있었던 점은 그의 정계진출태도와 정치활동을 보면 알 수 있는 것이다.

그는 兩班官僚 간의 權力鬪爭이 본격화되고 朱子學的 統治理念의 적용으로 사회적 불안이 커지고 있음도 잘 알고 있었다. 이러한시대상황에 처하여 趙光祖는 왕과 관료의 자각에 의한 군신 질서의 확립이 중요하다고 보았다. 무엇보다도 王의 정치적 태도에서반성을 요구했다. 즉 왕이 어떠한 정치적 태도를 지녀야 할 것이냐는 왕도를 중시한 도학정치론을 전개하였다. 趙光祖의 王道論 개혁에서 그가 추진했던 인재등용론, 조세감면과 국가경비절감, 현량과 설치 인재등용 등 그의 개혁정치론은 오히려 政爭을 격화시키고 정치의 효율성을 거두지 못했다고 혹평하고 있다(김만규, 1982: 164－171).

넷째, 朝鮮朝 유학은 모두 「窮理盡性」의 心性發露에서 黨爭時代를 고뇌하는 提論이 되었던 중 엄연한 光風으로 칭송된 정암 趙光

祖야말로 民族出身의 바로 플라톤(Plato, B.C. 427-347) 같은 存在였다. 말하자면 新羅精神의 李朝期的 顯現 같은 그의 至治主義는 哲人君主라기보다 聖人君主의 理念이었다. 君主는 그와 같은 지위에 있는 '天地之大兆'라 하여 民衆이 그 一人에서 상징되며, 是非善惡이 그 마음 하나에서 마련되지 않음이 없다 한 것이다. 그리고 흡사 天下之事가 그 理를 얻고 天下之物이 각기 平安을 얻어야, 萬化가 이루어지고 治道가 성립한다고 흡사 近代 自然法思想의 몽테스키외(C. L Montesquieu, 1689-1765) 같은 理念이 되었다. 9) 즉 특히 紀綱을 중대시하여 一心의 妙가 紀綱과 法의 根本이라 하였다. 私를 버리는 公心에 있어 物情이 통하여 是非를 알게 되는바, 邪正을 가리는 明에 있어서의 剛毅와 果斷이 君主인 자 一日이라도 잊어서는 안 될 일이라 한 것이다. 또 功利를 攻擊하여, 국가는 必須的으로 그러한 習俗을 禁해야 한다고 주장한 그는 黨爭 要因인 참소(간악한 말로 헐뜯어 없는 죄도 있는 것처럼 윗사람에게 고해바침)謀略과 君聽을 籠絡하는 私心을 看破하는 國王의 明察과 果斷이 있기를 호소하였다. 그 原理는 古道를 力行할

9) 서양정치사상가 몽테스키외는 프랑스의 절대주의가 절정을 이룬 시기에 형성되었다. 그는 마키아벨리(N. Machiavelli, 1469-1527)의 로마사론의 영향을 받아 『로마흥망의 원인에 대한 고찰』(1733)을 저술했는데, 이 책에서 그는 로마의 공화제와 군주제의 장단점을 비교하고, 폴리비우스(Polybios, BC. 204-122)가 지적한 1인 지배, 소수 지배, 다수 지배의 혼합정체론의 우수성을 도출했다. 특히 20년의 연구를 통해 이룬 『법의 정신』(1748)에서는 견제와 균형의 원리에 입각한 권력분립, 국가의 권력과 시민의 정치적 자유("법이 허용하는 범위에서 원하는 것을 행할 수 있고, 원하지 않는 것을 강제 당하지 않는 것")·평등("동등한 사람에게 복종하고 동등한 사람에게 지배하는 정신")의 조화 등 그의 사상을 집약하고 있다. 몽테스키외는 기후·지리 등 자연적 요소에 따라 국민성이 결정된다고 함으로써 자연에 의한 문명결정론을 주장하였다. 이러한 자유이론과 권력분립 이론은 이후 프랑스 혁명과 미국의 독립혁명 및 헌법에 큰 영향을 미쳤다.

것을 밝힌 그는 治政은 耳目이 미치지 않는 機微를 洞察하는 데 있다고, 觀念論的 理想主義와 哲人政治思想을 크게 主張하였다고 극찬하고 있다(김영두, 1965: 96‒101).

다섯째, 改革의 根據로서 儒敎國家가 三國時代 中葉 태동, 高麗末 新興士大夫에 의해 급진전되었으며, 朝鮮朝는 成宗代 儒敎國家의 제도적 기틀이 완성되었다. 그 후 中宗反正으로 일대 개혁을 의미했다. 이때 개혁세력이 士林이었고 趙光祖는 사림의 영수였다. 儒敎國家의 속성은 儒敎國家이며, 內聖外王 군주의 哲人化이다. 儒敎國家의 군주는 철인적 자질의 요구와 정치사회의 주체를 사대부, 즉 讀書人, 知識人, 官僚로 본다. 유교는 官僚主義 政治思想이다. 賢能한 인재등용과 인재의 適材適所 배치할 것, 그들에게 全幅的 政事를 맡기는 것이 聖君의 길이라고 유교는 주장한다. 또한 유교적 국가 내지 政治理念은 民本主義였다. 趙光祖의 改革思想은 도학정치의 미숙, 歷史的 經驗的 인식결여 등으로 실패로 규정하면서 士族의 정치주도를 추구하는 道學的 개혁사상은 歷史的인 의미를 충실하게 지닐 수 있다. 이러한 개혁의 실패가 그 후 李滉, 李珥, 宋時烈의 선조 이후 본격적인 士林政治의 聖君賢相 개념을 조정, 계승, 변형으로 보고 있다. 이와 같이 儒敎國家는 근대 이전의 국가치고는 통치구조, 사회경제적 기반 등 제반에서 성숙한 질서의 국가였다. 趙光祖의 개혁사상은, 소위 신진사림들은 儒敎國家의 재건 정비 내지 성숙을 지향하는 개혁을 추구하였던 것이다(손문호, 1990: 215‒217).

여섯째, 趙光祖의 改革政治는 원리원칙의 실현 그 자체에 매몰되어 현실적 상황의 변화를 충분히 고려하지 못하였기 때문에 실패로 귀결되었지만, 朝鮮朝 정치사회가 지향해야 할 政治理念的 정향을 분명히 했다. 性理學이 儒敎的 理想國家를 지향하는 朝鮮

朝 정치사회의 확고한 統治理念으로서의 지위를 획득하게 되었으며, 그것은 이후의 政治思想家들이 當代의 모순을 극복하기 위한 추진한 개혁정치의 理念的 표준으로 계승되었다. 原理原則에 충실한 趙光祖의 改革政治思想을 음미하면서 역대 한국 最高政治指導者들의 정당성 강화, 보강을 위한 부패한 정치개혁의 正當性을 의심하면서 기본적 원리 원칙마저 흔들리고 있는 韓國政治의 개혁 논의의 실패와 반성에서 韓國社會가 지향해야 할 정치개혁의 원리 원칙의 대안을 다시 한 번 생각하게 해 주는 歷史的 교훈을 주고 있다(최병덕, 2002, 166).

일곱째, 趙光祖의 개혁정치는 도학정치, 개혁정치, 언론정치, 性理學的 윤리와 君主權 안정을 중심으로 政治思想을 규명했으며, 성리학적 세계관의 사회적 실천적 개혁은 己卯士禍로 잠시 위축되기는 하였으나 이후 조선에서 性理學은 더욱 발전하여 이황, 이이와 같은 성리학자가 나왔다. 趙光祖와 士林의 도학정치는 조선에서 性理學이 이론적으로 불교, 도교, 민간신앙, 미신을 배척하고, 政策의 중심 가치로 자리잡게 되는 분기점이 되었다. 또한, 中宗統治 이후 조선 유교가 특화된 면을 몇 가지 지적하자면, 첫째로 그것은 아랫사람은 어떠한 경우에도 윗사람의 權威에 도전할 수 없다는 점에 유독 강조점을 두게 되었던 것이다. 둘째, 儒敎가 기존 政治權力을 유지하는 장치로 전용됨에 따라 政治共同體에 대한 정의보다 특정인간에 대한 의리를 강조하는 경향을 갖게 되었다는 것이다. 셋째는 유교 자체에 내장되어 있던 政治權力에 대한 批判意識은 둔해지고 現狀維持的 경향이 강화되었다는 것이다. 이러한 경향은 중종 이후부터 더욱 굳어져 군주 中心의 政治體制를 안정시키는 데는 한몫을 했지만, 君主權과 官僚權이 서로 견제하면서 政治하는 경향이 소홀해지게 되었다(이재석 외, 2002: 199; 부남철,

1996: 112).

여덟째, 趙光祖는 현실을 직시하지 못한 이상주의자였으며 그의 개혁은 실패한 것이란 평가가 뒤따른다. 그 실패의 원인을 趙光祖의 개혁정치는 현실을 인정하지 않은 이상주의자였다는 데 문제가 있다. 개혁은 개혁가의 의지와 지혜의 상승작용에 의해서 이루어지는 것이지 이상만으로는 실현되지 않는다. 그럼에도 불구하고 그는 주자학적 명리에 지나치리만큼 집착했다. 이러한 실질적 예로서 소격서 혁파를 들 수 있다. 유학자인 그로서는 노장의 사상을 받아들일 수 없었기에 소격서를 폐지하지 않고서는 유학이 바로 설 수 없다고 생각했다. 즉 역사적 현실과 단계에 대한 냉철한 인식이 결여되어 있는 개혁은 성공할 수 없음을 보여 준다. 趙光祖는 공맹의 군자·소인의 단순한 논리로써 세상을 읽으려 한다. 이러한 그의 인식이 현실로 나타난 것이 현량과를 두어 인재를 특채할 것을 요구한 점이다. 개혁에 대한 지나친 질주로 살아남는 지혜가 부족한 것으로 보고 있다. 한 예로 소격서를 혁파하는 등의 엄청난 질주는 사태를 더욱 악화시켰다. '세상은 썩었는데 나만 깨끗하다'(擧世皆濁 我獨淸)는 그의 의식도 특권의식에서 비롯된 것이다. 또한 개혁가에게 절의와 죽음만이 최고의 가치요 미덕일 수 없다.[10]

아홉째, 조광조의 도학정치사상에서 君子小人論의 정치이론을 강조하고 있다. 天·君·人의 一致思想에서 인내천 사상과 상통하는 '天與人本乎一, 君與人本乎一'의 일치를 주장했고 天理는 性이 되고, 性에 따라 행동하면 道이고, 性에 따라 행하는 방법을 연구하는 것이 道學이다. 民本思想은 인간의 지위를 하늘과 같은 높은 지위로 올리는 것이며 군주의 임무는 백성을 바르게 덕화하는 것

---

10) 『동아일보』, 1997. 09. 20: 신복룡 교수의 한국사 새로 보기, "趙光祖의 흥망", 2001. 06. 15. 글을 재인용하였다.

이니 현대적 의미로는 인권지상주의 사상이라 볼 수 있다. 즉 '君臣者爲民而設'(군신은 백성 내지 국민을 위해서 있는 것이다.), 立憲君主 國家思想을 중심으로 正統 性理學의 學統을 계승한 사상가로서 긍정적 측면에서 보고 있다. 또한 조광조의 도학정치사상은 기대승의 『論思錄』의 도학정치, 이이의 『東湖問答』의 도학정치에 이르러 체계화되었다고 보고 있다.[11]

이상과 같이 좌절한 朝鮮朝 개혁의 표상, 현실과의 괴리 속에서 儒敎的 理想國家主義의 政治改革을 주장했다. 하늘이 무너져도 堯舜의 王道政治의 이상국가를 실현, 성리학의 이념을 실천하려 했던 趙光祖였다. 중종의 사사명령인 죽음의 앞에도 의연히 대처하며, 朝鮮朝 최고의 성리학자 개혁의 화신이었다. 이러한 趙光祖에 대한 韓國政治思想史, 朝鮮政治史를 전공한 政治學者들의 선행 연구들을 종합적으로 검토해 보면, 趙光祖에 대한 평가 역시 두 갈래다. 긍정적 측면의 평가와 부정적 측면의 평가, 논평들을 구조화하면 다음과 같다.

---

11) 강주진. 1979. 『조정암의 생애와 사상』(서울: 박영문고205). pp.108 – 136. 참조함.

〈표 1〉 한국정치학자들의 趙光祖 政治思想에 대한 논평을 도표화

구분	긍정적 측면	부정적 측면
①강광식외	賢相賢君의 道學政治, 朝鮮朝 개혁운동의 사상적 대표, 士林勢力의 先鋒・領袖, 理想主義者(急進主義＋道德主義＋正統主義) 孟子의 王道政治論의 標本.	
②강주진	天・君・人의 一致思想: '天與人本乎一, 君與人本乎一' 民本思想: '君臣者爲民而設' 立憲君主國家思想(崇道學: 道義國家)三權分立論: 立法機關→三政丞六判書, 執行機關→六曹判書監察機關→司憲府, 司諫院君子小人論의 政治理論강조	
③고권삼	朝鮮朝 稀有, 政治家, 思想家, 敎育家, 萬民의 儀表, 聖道治平主義. 道義國家建設 서양정치사상의 플라톤, 몽테스키외에 비유함	
④김만규		人材登用論, 조세감면과 국가 경비절감, 현량과 설치 등 그의 改革政治는 政爭격화시키고 君主政治의 效率性을 거두지 못하고 실패함.
⑤김영두	觀念的 理想主義者, 哲人政治思想, 民族出身의 플라톤과 같은 존재, 近代 自然法 思想家 몽테스키외 같은 이념이라고 극찬함.	
⑥부남철	趙光祖의 改革政治는 道學政治, 言論政治, 改革政治, 性理學的 윤리와 君主權 안정을 중심으로 규명하면서, 性理學的 世界觀의 社會的 實踐的 개혁은 己卯士禍이후 잠시 위축됨. 朝鮮朝 性理學이 불교, 도교, 민간신앙, 미신배척(소격서 혁파).	中宗 이후 朝鮮儒敎의 3가지 특화: 아랫사람은 어떠한 경우에도 윗사람의 權威에 도전할 수 없다, 儒敎가 기존 政治權力을 유지하는 장치로 전용됨에 따라 政治共同體의 正義보다 특정인간에 대한 義理 강조, 유교 자체에 내장된 政治權力에 대한 批判意識은 둔해지고 現狀維持的 傾向강화됨.

구분	긍정적 측면	부정적 측면
⑦손문호	聖君的 儒敎國家主義, 賢良科實施, 僞勳削除, 鄕約實施, 昭格署廢止, 民生安定圖謀, 儒敎的 國家主義는 근대 이전의 국가치고는 統治構造, 사회경제적 기반 등 완숙한 儒敎國家, 당쟁은 유교국가적 정치적 갈등으로서 발전적 의미임.	道學政治의 미숙, 역사적 경험적 인식부족 실패함, 당쟁현상은 유교국가의 완숙과 자기붕괴, 그러나 그 후 이황, 이이의 士林政治는 趙光祖의 聖君賢相의 조정, 계승, 변형으로 봄.
⑧신복룡		1. 현실을 직시하지 않은 이상주의자였다. 2, 孔子·孟子의 君子·小人의 단순논리로 세상을 읽으려 했다. "세상은 다 썩었는데 나만은 깨끗하다.(擧世皆濁 我獨淸) 3. 살아남는 지혜를 갖추지 못했다. 中宗의 총애로 인한 겸손, 신중성, 그리고 경륜이 부족했다.(신복룡 1997, 339-341)
⑨최병덕	儒敎國家의 實現	原理·原則의 실현에 매몰되어 現實狀況의 변화를 고려하지 못하여 실패함.
⑩이지경	주요내용: 개혁유형: 1. 군자소인론 2. 소격서 혁파 3. 정국공신록삭제 조광조 정치개혁론 근거: 기존연구의 치도관, 개혁수단, 개혁과정, 실패원인별 분석 평가: 정치개혁의 역사 발전에 대한 믿음, 미래 정치개혁의 대안제시, 공론정치에서 개혁의지의 원리원칙 준수, 개혁을 위한 자기희생을 높이 평가함, 조광조를 개혁주의자, 실천주의자, 이상주의자(이지경, 2003)	개혁의 이념: 고갈등 저협력, 비현실성, 소인군자론으로 단순성, 현량과실시의 객관성부족개혁세부계획의 구체성 결여개혁대안의 치밀성 부족개혁 범위의 광범위성: (태조-중종) 개혁의 정당성: 과속, 급진성, 신속성현실적 국방, 외교, 경제적 개혁이 부족여진이나 왜구침입에 대한 위기관리 능력대처능력부족, 정치세력화 실패 (조광조의 죽음)
⑪최연식	도덕적 근본주의 정치개혁론자 주요내용: 개혁의 특성(당위성, 신속성, 지속성), 제도개혁보다 의식개혁 강조 1. 현량과 실시, 2. 소격서 혁파, 3. 정국공신 개정)	실패원인: 이상주의적 급진성, 개혁의 비현실성

구분	긍정적 측면	부정적 측면
⑪최연식	정치적 평가: 절대왕정의 구조적 제약 속에서 왕권의 도덕적 일탈을 견제하고 교정하는 도덕적 근본주의자, 개혁론자로 평가하고 있다(최연식, 2003)	실패원인: 이상주의적 급진성, 개혁의 비현실성
⑫배병삼	1. 天道實現의 지향성 2. 有德者 賢哲君主의 王道政治 실현 3. 儒教國家 政治理念 실현을 위한 道德性 回復(배병삼, 2001)	
⑬남일재	1. 맹자의 시각에서 본 조광조의 至治主 義 또는 道學政治 주장 2. 民本主義와 修己治人에 바탕을 둔 유학정치 3. 天人合一과 君民一致 4. 정치적 공리주의 배격 仁義의 정치 5. 천명, 권력의 정당성 강조	

　이상과 같이 16명의 政治學者들 선행연구 결과 趙光祖 政治思想의 論評 구조화에서 두 갈래의 평가로 분류할 수 있다. 긍정적 측면은 강주진, 강광식·전락희·유종선·장인성, 고권삼, 김영두, 배병삼, 남일재 등 趙光祖의 개혁정치에 대한 평가 부분의 강조로 볼 수 있다. 여기서 특이할 만한 주장은 강주진의 조광조의 도학사상에서 권력분립의 착상인 六曹判書의 입법기능과 집행기관의 동일시하여 합병하였다.12) 이와는 대조적으로 부정적 측면은, 김만규, 신복룡 등 개혁의 방법론상의 현실적 적실성에 대한 당시 상황의 고려이다. 그리고 손문호, 부남철, 이지경, 최연식, 최병덕, 등은 양

---

12)『靜庵集』, 卷四, 經筵, 陳啓 大司憲 時啓 二:「法之變改三公六卿之所爲也若法司則只爲監察而已吏曹行吏曹之法刑曹行刑曹之法可也」

면을 다 포함한 부정과 긍정적 측면의 논평을 하고 있다. 여기서 趙光祖의 유교적 국가에 대한 정치개혁은 그 이전 세조, 연산군 때까지 왕권의 정당성을 지적한 그 범위가 광대하고, 소격서 혁파, 위훈 삭제 등은 중종과의 대립 속에서 왕권의 절대성을 뛰어넘은 것이라 할 수 있다. 반면에 國防, 外交, 經濟的 改革에는 대단히 비현실적인 개혁의 한계를 보여 주고 있다고 비판할 수 있다. 그리고 개혁의 실현방법에서도 훈구파 세력, 왕권의 절대성과 정면충돌함으로써 그의 정치적 타협과 조화에 의한 협상력을 무시했다. 그 당시 趙光祖가 활동하던 시기는 세조의 왕위찬탈, 연산군의 전제정치, 中宗反正 이후 기존 훈척세력을 무시했다. 즉 政治的 現實主義 추구세력인 훈척세력과 王道政治의 儒敎的 國家를 실현하려던 훈척세력을 비판한 士林勢力, 君主主權의 絶對性이 보장된 王朝政治體制의 삼중 충돌의 權力鬪爭의 장이었다. 여기서 趙光祖는 儒敎國家의 王道政治 실현의 정치욕망이 작동하는 정치적 공간이었다. 이러한 공간에서 임금의 聖君的 儒敎國家 건설을 위한 道德的 修身, 成就, 感化의 德治主義를 요구한 것은 그를 이상주의적 개혁주의자로 볼 수도 있다. 이것은 君主를 說得, 交感, 依存을 포기한 왕을 넘어선 革命的 政治改革이었다. 麗末鮮初의 정몽주, 길재, 김종직, 김굉필로 이어지는 사림의 왕도정치의 政治理念的 존재기반을 훨씬 뛰어넘은 道學的 理想主義者였다.

2. 後代 儒學者 李滉, 李珥의 趙光祖 論評

朝鮮朝 사상가들이 趙光祖의 유교적 국가주의 실현에 대한 역사적 기록과 평가적 내용도 많지만 대표적 사례들을 확인해 보고 朝

鮮朝 사림정치의 대표적 학자라 할 수 있는 李滉과 李珥의 논평을 중심으로 긍정적 측면과 부정적 측면의 평가를 살펴보고자 한다.

첫째, 이황의 경우는 趙光祖의 개혁사상에 대해 긍정적 측면과 부정적 측면을 모두 포함하고 있다. 이황이 쓴 趙光祖의 行狀에서 보면 다음과 같다.

"義理와 私利, 王道와 覇道의 변별과 古今 治亂의 기미, 그리고 君子・小人의 進退와 消長에 관한 경계에 이르기까지 깊은 포부를 다하여 상세한 이론으로 극진히 말하니 혹은 날이 저무는 데 이르러도 임금은 모두 겸허한 마음으로 귀 기울여 송구히 여기며 들었다. ……임금을 堯舜이 될 수 있다. 이르고, 우리 百姓을 어질고 오래 사는 경지에 이르게 할 수 있다고 하였으니, 그 충성은 금석을 뚫고 그 용기는 孟賁과 夏育(중국 秦나라 때, 무왕 때 힘이 센 장사들)보다 더하였다. 자기 몸을 돌보지 않고 임금을 위하는 신하로서 최고의 번성한 때를 만났다."13)

이러한 내용은 趙光祖의 정치참여 과정 속에서 특히 중종을 대할 때의 모습을 이황이 趙光祖의 儒敎國家 정치개혁의 적극적 측면의 평가로 볼 수 있으며, 趙光祖의 도학정치 이념을 이해할 수 있다. 또한 긍정적 논평의 한 부분으로 평가되기도 한다.

"조정암은 천부적 자질이 진실로 아름다웠으나 학력이 충분치 못하여 그 시행하는 바에 지나침이 있음을 면치 못하였다. 그러므로 마침내 일을 실패케 하는 데까지 이르렀었다. 만약 학력이 이미 충분하고 德器를 성취한 연후에 나아가 세상의 업무를 담당하였더라면 그 성취한 바를 쉽게 헤아릴 수 없었을 것이다."14)

위 내용은 논평과 다른 입장을 비교해 볼 때 이황이 제자와의

---

13) 『退溪集』, 卷48, 靜庵趙先生行狀, 참조함.
14) 『退溪集』, 言行錄, 卷5, 論人物 참조.

대화 내용이지만 기묘사화의 권력투쟁 과정에서 훈구파와 중종의 정치개혁에 대한 원인적 측면에서 趙光祖의 정치개혁을 반성하고 비판해 보는 입장의 상반된 견해를 보이고 있다.

둘째, 이이의 趙光祖에 대한 논평을 보면 다음과 같다.

"우리 정암 선생은 한훤당 문경공에서 발단하면서 돈독히 실행함에 더욱 힘쓰고 스스로 터득함이 더욱 깊어서, 몸가짐에는 반드시 성스러움을 짓고 조정에 나가서는 반드시 도를 행하고자 하였으며, 항상 끊임없이 힘썼던 바는 임금의 마음을 바로잡고 왕도정치를 펴가며 의로운 길을 열어가며 잇속차림의 근원을 막는 것 등으로써 우선하였다."[15]

이이는 趙光祖의 학덕과 정치적 개혁정치에 대해서는 '眞儒'의 차원으로 높이 평가하고 있다. 하지만 그의 짧은 관직 경험으로 정치참여의 각종 개혁정책은 정착화하지 못하고 실패한 경우를 지적하고 있다. 李滉의 行狀에서도 지적한 趙光祖의 3가지 불행은 등용이 되어 발탁됨이 너무도 빨랐다는 점, 물러나기를 요구했어도 물러나지 못하게 되었다는 점, 그리고 귀양 가서 그대로 죽게 되었던 점을 안타까워하고 있다.

이상과 같이 지금까지의 내용을 종합해서 평가해 보면 韓國政治思想史, 朝鮮政治史를 연구하는 韓國政治學者들과 朝鮮朝 이황, 이이의 趙光祖 政治思想 연구의 논평을 통해서 趙光祖의 개혁정치에 관한 내용을 긍정적 평가하는 학자는 강주진, 강광식·전낙희·유종선·장인성, 고권삼, 김영두, 배병삼, 이이 등이며, 부정적 평가는 김만규, 신복룡을 들 수 있다. 또한, 긍정·부정 양 측면을 동시에 평가를 하는 학자는 손문호, 부남철, 최병덕, 이황 등을 들 수

---

15) 『栗谷全書』, 卷13, 道峯書院記, 참조.

있다. 본인은 손문호, 부남철의 논평과 뜻을 같이한다. 한 걸음 더 나아가 趙光祖의 정치개혁에 관한 정치참여의 의미, 도학정치 개혁의 정당성, 정치개혁에 관한 실패 논의 쟁점과 역사적 교훈의 함의를 요약해 보면 다음과 같다.

趙光祖의 儒敎國家의 改革政治는 실패한 것으로 평가되고 있다. 趙光祖의 개혁은 왜 실패했을까? 趙光祖 자신이 己卯士禍로 사림의 세력들이 숙청되고 죽음을 당했기 때문에 실패의 한 요인이 되기도 한다. 그것은 이들 개혁정치의 추진과정에서의 자세와 태도에 問題點의 原因과 역사적 교훈의 含意를 分析하면 다음과 같이 요약할 수 있다.

첫째, 이념적 측면에서는 性理學을 崇尙하면서 지나치게 堯舜禹時代의 太平聖代인 이상적인 정치를 목표로 삼음으로써 朝鮮朝 中期의 士林政治와 中宗反正 이후 勳戚勢力의 政治狀況을 무시한 非現實的인 면모를 드러냈다.

둘째, 趙光祖와 己卯士林은 集團化하여 자신들만 옳다는 獨善的 意識에 사로잡혀 있었기 때문에 정책시행에 너무나 急進的이고 과격하였다. 또한 다른 政治勢力의 입장이나 그들과의 저갈등·고협력에 의한 타협의 정치에는 관심을 두지 않음으로써 정치적 고립을 자초하였다. 즉 당시 中宗反正으로 신하들에 의해 군주에 오른 중종이라는 왕권의 절대적 정당성을 간과하고 있다.[16]

셋째, 趙光祖의 개혁정치는 道德的 理想主義에 충실했으나 現實政治의 기술이나 경륜이 크게 부족한 國防, 外交 및 經濟 방면에 뚜렷한 업적이 없었으며, 실제로 이를 實踐하기 위한 制度的 改革

---

16) 서울대학교 사회발전연구소, 1996. 『한국역사와 개혁정치』, 61-66. 참조함.

과 改善에는 이르지 못하였다.

넷째, 道德政治에 바탕을 둔 이들이 政治的 思考는 儒教的 王朝國家主義이다. 그러나 실제로 朝鮮朝 중기 신분사회였던 객관적 현실과는 거리가 먼 점이 그만큼 시대적 한계가 많았다.

다섯째, 中宗反正으로 君主가 된 중종은 己卯士禍 당시 30대 나이로 정치적 透明性과 학문적 德行이 有德者는 아니었다. 勳舊勢力을 약화시키고 士林세력을 정치적 세력화를 일관성 있게 진취성을 발휘했더라면 己卯士禍의 勳舊勢力과 그들의 모략적 작태를 참화를 위한 통치자의 결단을 내리지 않을 수도 있었을 것이다. 中宗의 政治權力 탄생의 正當性 약화로 인한 勳戚勢力 눈치 보기 및 意圖的 趙光祖 중심의 士林勢力 약화를 위한 전술로 볼 수 있다.

여섯째, 趙光祖의 개혁의 이상이 아무리 아름답고 고귀한 것이라도 이를 현실정치에서 실현할 수 있는 수단을 조직적으로 구체성, 과정, 속도, 대안의 치밀성, 정치적 세력화에서 훈구세력과 왕권의 결정에 신하는 이길 수 없는 왕조 중심의 정치체제라는 점이 실패한다는 것을 보여주었다. 개혁의 성공은 다른 정치세력에 대한 견제와 함께 높은 설득과 고신뢰의 대타협이 포함되어야 성공할 수 있다는 점이다.

이상과 같이 趙光祖의 政治理念과 개혁정치의 주장은 封建的 身分社會를 전제로 한 朝鮮社會의 지배이데올로기를 반영한 시대적 산물일 수도 있지만 본질적으로는 그것을 초월하는 유토피아적 理想主義 觀念形態였다고 할 수 있다. 조광조의 정치개혁안은 너무도 단순하고, 세부적인 계획이 결여된 것처럼 보인다. 누가 통치하는가? 어떻게 권력이 탄생되었는가? 趙光祖는 君王의 존재를 어느 누구보다 높게 평가하고 있었다. 이것은 中宗反正이라는 커다란 政治變動을 몸소 체험했었기 때문인지도 모른다. 특히 燕山君의

暴政으로 말미암은 政界의 혼란과 民生의 불안을 몸소 겪은 그는 王의 통치자로서의 자질이 얼마나 중요한가를 생각하게 했던 것 같다. 그래서 趙光祖는 君王이 반드시 賢君이 되어야 함을 강조한다. 賢君이라고 생각하는 君王은 어떠한 인물인가. '至治'를 이룩할 수 있는 君王이다. '至治'를 이룩할 수 있는 賢君은 德性의 性品을 갖춘 所有者로 보고 있다. 그러므로 君王은 德을 배양하는 데 힘을 써야 한다. 德의 배양은 仁(天理를 극진히 하고 조금도 사사롭고 사특한 마음이 없는 상태)과 敬(마음이 항상 분명하여 해이해지지 않는 상태, 일의 처리에서 공평무사, 마음이 純一하고 잡념이 없는 상태)17)의 자세에서 함양됨으로 보고 있다. 이러한 경험은 결국 朝鮮朝 중기 사회의 政治理念의 지배이데올로기였던 性理學에 대한 이해의 미성숙을 반영하는 것이었다고 할 수 있다. 또한 사림세력이 훈척 세력에 의해 연이은 사화로 희생되었다는 점과 왕조체제하에서 군왕의 절대권이 보장되어 있다는 점이다. 趙光祖의 朝鮮朝 중기 개혁정치 실패 이후 朝鮮朝 性理學과 士林政治의 본격적 시기는 宣祖 이후이다. 中宗代 정치개혁의 실패를 거울삼아 내적 침잠의 시기를 거쳐 발전해 李滉·李珥 때 朝鮮朝 統治理念인 性理學의 理論的 體系化되었다 할 수 있다.

---

17)『中宗實錄』13年9月 壬子條.

Ⅲ. 趙光祖 政治改革論의 再認識

1. 趙光祖의 歷史認識과 政治改革論

趙光祖는 朝鮮朝 朝鮮初期 太祖에서 中宗 때까지의 歷史를 어떻게 인식했는가? 과거와 현재 역사 진행 속에서 정치개혁 논의는 끊임없이 계속되고 있다. 새로운 왕권, 정권의 변동기마다 최고정치 지도자들은 자신의 정치권력 탄생에 대한 부당한 정당성을 강화하기 위해 합리적 지배의 강화수단으로 정치개혁 작업을 전개했다. 정치개혁이란 명분 아래 자신의 정치권력 정당성을 유지, 강화, 지속, 확대하기 위해 정치권력의 상징적 조작을 계속해서 하고 있다. 특히 15세기 중엽에서 16세기 중엽, 100년 전후 조선 중기는 그 어느 시기보다 정치적 상황이 훈척세력과 사림세력 간 권력투쟁의 격변기였다.

1) 儒敎國家 政治改革論

(1) 儒敎國家論

동양과 서양을 막론하고 '국가'라는 개념을 쉽사리 규정하기 어렵다. 국가는 시대와 지역에 따라 서로 다른 형태와 양상을 띠고 변하기 때문이다. 동양의 국가이론은 거시적으로 유가, 도가, 법가로 구분된다. 도가에 있어서 국가는 일체의 인위적인 행위를 배제하는 무위자연의 '小國寡民'을 주장하였고, 법가에 있어서는 인위적인 강제세력을 제창하는 權謀術數와 富國強兵을 주장하고 있다.

여기에 비하면 유가는 도가의 인위적 배제나 법가의 철저한 강제성을 부정하는 『중용』의 '治國救民'을 지향한다. 유가의 국가사상은 무엇보다도 가족공동체의식을 기반으로 하고 있다. 유가의 국가사상적 기반은 가족조직이 종법질서와 더불어 공동체로 확대 결성되어 국가공동체로 발전한다. 유가에서는 堯舜의 정치적 왕도와 국가적 기틀을 근간으로 하고, 文, 武, 周公의 '制禮作樂'을 본받고자 함이 있다. 이와 같이 공자의 유교국가 사상은 『書經』에 나타나 있는 堯·舜·禹·湯·文·武·周公의 업적을 근거로 인물을 부각시키고 도덕적 정치의식으로 발전하였다. 덕치주의에 입각한 王道政治 그것이다. 그러나 덕치주의는 민본을 본질적 대상으로 위민이 정치의 목적이다. 결국은 국가운영 원리체계로 발전되었던 것이다. 유교에서 국가의 개념은 가족공동체, 天·王·民의 天人合一 사상 또는 天下一家, 天下國家의 의미를 포함하고 있다. 유가에서 국가형성은 天, 地, 人의 三才意識과 국가체제로서의 예의 실천이 일체가 된 국가공동체를 형성하고 있다. 유교국가의 구조는 봉건제도(feudalism)에 기인한다. 봉건체제로서 외적구조는 '分王分權'적 성격과 내적 구조는 '設官分職'이 특징이다(최병철 1993, 265 - 288). 유교국가는 인간사회의 특수성 가운데 중요한 하나는 의식과 사유를 통해서만 사회현실을 주체적으로 변혁, 개조해야 한다는 사실이다. 유교국가는 진보된 '大同至治'로의 건설을 위하여 끊임없는 유교의 예적 질서의 실천을 위한 개혁을 해야 한다는 것이다. 유가의 국가 개념은 무엇보다도 '家族共同體意識'이 전제된 정치적 공동체였다. 그리하여 『禮記』와 『周易』에서는 '大同'을 설명하였고, 孟子는 '天下統一'을 예견했으며, 『春秋』, 「공양전」은 '大統一'을 말했다.

朝鮮朝 儒敎國家의 통치이념인 性理學은 양반 중심의 착취적

사회·경제, 문약하고 공리·공담에 가까운 性理學的 文化, 그리고 그 위에서 士禍와 黨爭, 세도 등으로 점철된 왕조체제의 권위주의적 정치, 군주의 억압정치 그런 것들이 일반적으로 조선왕조에 대한 역사상을 구성해 왔다. 조선왕조는 유교국가를 統治理念으로 명백히 표방했지만 실제의 통치는 그것을 內面化하는 데 이르지 못했다. 그런 상황에서 사림은 투철한 儒敎精神에 입각하여 국가의 근본적인 儒敎的 禮의 秩序化를 부르짖었다. 이른바 士禍 등과 같은 격렬한 정치적 갈등과 權力鬪爭을 거쳐 사림은 儒敎政治를 주도하게 되었다. 그로부터 정치적 갈등은 적어도 표면상으로는 君主 내지 貴族과 士林 사이에서가 아니라 사림들 사이에서 君主와 政略結婚의 人脈形成, 政治的 利益, 地域, 學風과 學脈에 따라 일어나게 되었다. 당쟁 현상은 바로 그 표본인 것이다.

世界史의 흐름에서 존재해 온 國家의 형태는 대체로 君主國家, 貴族國家, 民族國家, 民主國家로 분류할 수 있다. 儒敎國家는 대체로 中國의 진한왕조에서 정형을 이루고 인접사회에도 파급되어 東洋史에서 民主國家가 탄생할 때까지 發展的으로 지속되었다. 韓國史에서는 유교국가가 三國時代 中葉에 태동하여 高麗王朝를 거치고 朝鮮王朝에 와서 완숙했다. 그 과정은 유교가 성숙한 統治理念으로 발전해 가는 과정이었고, 統治機構로서의 官僚制가 세련되어 가는 과정이었다. 무엇보다도 그것은 君主나 貴族에 대항하여 참신한 세력이 형성 대두하는 과정이었다. 구체적으로 말해 이른바 士林勢力이 그것이었다. 사림세력은 조정에서 官僚制를 장악하여 국가를 주도하거나 최소한 在野에서 비판적 역할을 수행했다. 그들은 통치에서의 公道를 강조하고 그것을 실현하거나 與論化함으로써 國家의 公論을 合理化했다. 그와 같은 사림은 군주와 귀족의 자의적 지배에 대항하는 개방적 세력이었고, 朝鮮王朝에서 국가의 주체가 바로 그들 사림이었다는 점에서 朝鮮王朝의 유교 국가적 발전성과 역사성을 인정할 수 있겠다. 朝鮮王朝가 완숙한 유교국가 였다고 했지만 그것은 儒教國家史의 큰 틀에서였다. 조선왕조의 역사는 훨씬 더 근본적인 儒教國家化의 과정이었다. 그것은 朝鮮 中期에 이른바 사림세력이 대두함으로써 비약의 단계를 맞이한다. 高麗王朝에 비한다면 朝鮮王朝가 훨씬 성숙한 儒教國家지만 그때 까지의 朝鮮王朝는 儒教國家로서의 측면보다는 일반적인 君主, 貴 族國家의 측면을 다분히 지녔다.[18]

東洋의 傳統的 國家는 유교라는 통치규범 내지 이념과 관료제를 통해 군주의 전제나 귀족의 사적 지배를 거부하는 憲政國家였다. 구체적으로 유교국가의 헌정은 王道的 제약을 의미하고 국가가 君 主와 官僚制에 의해 共治되어야 한다는 것을 내용으로 하고 있다 (손문호. 1992. 15).

이러한 상황에서 趙光祖는 구체적 정치개혁은 어떻게 儒教的 國 家主義 정치의 실현을 추구했는가? 趙光祖의 政治思想은 儒教國 家的 聖君主義인 至治主義라 불린다. 이는 堯舜의 政治, 儒教國家 의 실현을 가리키는 것이다. 堯舜의 政治는 王道政治의 전형이다. 즉 趙光祖의 至治主義는 王道政治를 내용으로 하고 있다. 여기서 王道政治란 '德·禮'에 의한 통치를 말한다. 趙光祖의 王道政治는 유교에서 공자가 말하는 王道政治와 공통되는 면이 많다. 孔子는 『論語』에서 王道政治를 다음과 같이 말하고 있다.

"正命과 刑罰로 다스린다면 百姓들은 그것을 피하려고만 하여, 잘못하여도 反省하지 않지만, 德과 禮로써 다스린다면, 百姓은 진 실로 반성하고 또한 제대로 될 것이다."[19]

---

18) 『서원대신문』, 1992년 4월 1일자.
19) 『論語』爲政篇, "子曰 道之以政, 齊之以刑, 民免以舞恥, 道之以德, 齊

이상과 같이 孔子는 法治보다 德治를 높였다. 德治는 곧 道德政治이다. 統治者인 君主나 정치에 참여하는 君子들이 인격을 완성하고 絶對善인 하늘의 도리를 따라 率先垂範해서 德을 세워야 한다. 동시에 百姓을 사랑하는 仁心을 바탕으로 만백성을 잘살게 하는 仁政을 베풀어야 한다. 孔子는 그 德目으로 仁을 말하고 있다. 仁이란 愛人, 즉 사람을 사랑하는 것이다(論語, 顔淵篇). 仁은 인간의 本性이므로 仁政은 天道에 따르는 政治라 하겠다. 여기서 禮는 일반적으로 '예의·범절·儀禮'의 뜻이다. 그러므로 德治나 禮治는 바로 儒敎國家의 理想的 道德政治이다. 따라서 趙光祖는 孔子의 道를 아래와 같이 강조하고 있다.

"孔子의 道는 天地의 道이며. 孔子의 마음은 곧 天地의 마음이므로, 天地의 道와 萬物의 許多한 것들은 다 이 道를 따라서 이루어지지 않는 것이 없고, 天地의 마음과 陰陽의 感應함도 또한 마음으로 말미암아 調和되지 않는 것이 없다. ……道 밖에는 事物이 없으며, 마음 밖에는 일이 없으니, 그 마음을 지니고 그 道를 펴나가면, 仁이 되어 하늘의 봄기운과 같이 만물을 仁으로 길러내는 데 이를 것이며, 義가 되어 하늘의 기운과도 같이 萬民을 義로 바르게 하는 데 이른다. 仁義禮智의 道가 天下에 선다면 國政하는 規模와 施設의 방법이 이보다 나은 것이 있겠는가?"[20]

이와 같이 趙光祖는 그의 道學政治는 堯舜의 理想的 儒敎國家의 정치실현을 목표로 후대에 그러한 堯舜의 政治가 이루어질 수 있도록 天下의 道를 밝힌 孔子의 政治가 최선의 方法임을 주장한 것이라 볼 수 있다. 趙光祖는 孔子의 道德政治를 실현하기 위하여 治者로서 德을 敦厚하게 하여 禮로서 實踐해서 다스려야 함을 강

之以禮, 有恥且格."
[20] 『靜庵集』, 卷2, 謁聖試策 참조함.

조하고 있다. 이것이 政治의 根本으로 보고 있다. 趙光祖는 王道를 仁義의 道와 결부시켜 治者의 德을 仁政이라 보고 있다.

中宗代(1506-1544)는 본격적인 士林政治가 시작되기 전 단계인 과도기적인 시기였다. 中宗反正으로 왕위에 오른 중종은 性理學을 위주로 하는 새로운 인물들을 등용하여 燕山君(1495-1506) 이후 혼란스러운 정치적 사회적 분위기를 쇄신하고자 하였다. 이러한 시대적 분위기 속에서 趙光祖(1482-1519: 중종10년) 1515년 중앙정계에 진출하여 유교정치의 이상주의 형태를 堯·舜·禹 삼대의 王道政治 회복에 두고 왕도정치의 실현을 위하여 개혁정치를 시행하였다(박충석 1982: 30-31).

그러나 성리학적 政治理念에 의거하여 이상정치를 실현하려 한 趙光祖는 원리원칙에 치중한 나머지 현실상황의 변화를 충분히 고려하지 않은 채 개혁운동을 추진하였다. 성리학적 이념에 따라 체제를 근본적으로 변화시키려 한 그의 개혁은 급진적 경향을 보이게 되었고, 결국 급진 개혁보다는 체제 안정을 요구한 군주와 훈척세력의 반발에 부딪혀 좌절되고 만다. 그럼에도 불구하고 趙光祖의 성리학적 개혁사상은 朝鮮朝 개혁사상의 표본이 되었고, 그것이 朝鮮朝 政治思想의 전개 방향에 결정적 영향을 미치게 된다. 왜냐하면 그 과정에서 성리학이 이념적 정당성을 확보하면서 보다 확고한 통치이념으로 확립되어 갔으며, 그것의 담지자인 사림이 정치주도세력으로 확립되어 갔기 때문이다. 그것은 다음 시대의 이황과 이이의 政治思想은 趙光祖의 개혁사상의 좌절에 대한 반성 내지 그 발전적 계승의 의미를 지니는 것이라 할 수 있다(손문호, 1996: 3).

이러한 관점에서 趙光祖의 정치개혁 논의는 정치사회의 질서를 확립하기 위한 도덕성 함양과 정치제도 개편을 유교적 국가주의 확립을 위한 기능주의적 관점에서 병행했다고 볼 수 있다. 또한 趙

光祖의 유교적 국가주의 정치실현을 위한 개혁사상 분석은 당시 연산군, 中宗反正, 중종의 시대적 배경을 근거로 해서 그의 개혁논의에 초점을 맞추어 분석해야 한다. 성리학의 政治理念에 의한 趙光祖의 개혁정치는 성리학이 朝鮮朝 지배이념으로 체계화되어 그 이후 이황·이이의 본격적인 사림정치가 시행하는 데 그 단초를 제공하고 있다.

　趙光祖의 개혁정치의 구체적 내용들에 대한 성격과 실패원인이 정확히 파악될 때, 성리학이 朝鮮朝의 정통적인 이론적 지주로 체계화되는 선조 때부터 본격적인 사림정치의 본질이 규명될 것이다.21) 또한 趙光祖 정치개혁의 실패요인 분석적 연구의 토대는 현

---

21) 士林에 대하여 좀 더 면밀히 살펴보면 다음과 같다. '士'의 用列는 우리나라 文獻에서 찾아보면, 天子, 諸侯, 大夫, 士族, 士流 또는 士大夫 등 用語는 주로 高麗後期부터 나타난다. 『高麗史』에 의하면 士人 또는 士流란 말이 나온다. 이때의 士人 또는 士流는 科擧 合格者를 지칭하였다. 일반적으로 士林이라는 말은 儒學을 전공하고 그 이념을 德化禮治하는 讀書人, 知識人, 官僚의 美稱인 士와 우거진 수풀을 가리키는 말로 많은 뜻을 지닌 접미어 '林'의 合成語이다. 또 士林은 功利를 초월해 '山林'에 거처하면서 科業을 외면하고 官職을 업으로 하지 않으면서 講學, 養德을 통해서 公論에 영향을 미치는 在野人士의 분위기를 담고 있다(손문호, 1990: 211). 儒敎는 그 本質에 있어서 社會參與를 지향한다. 後世에 와서 歷史的 특수한 환경 속에서 儒者들 가운데는 세상을 등지고 山林으로 隱遁해서 절개를 지키는 山林思想이 일어난 일도 있지마는 이것도 결국 社會參與에서 실패하거나 또한 參與가 不可能하다고 생각될 때에 취해지는 행동이고, 그것 자체가 唯一한 옳은 方式이라고 생각되어서 하는 일은 아니었다(고병익, 1976: 31). 공자에게까지 거슬러 올라가 보면 『論語』에서 공자는 子夏더러 "너는 君子儒가 되지 小人儒가 되지 말라(옹야편)." 한 것을 보면 士林의 기본목표는 君子儒임을 유추해 볼 수 있다. 또한 士林派는 朝鮮前期 時代 政治勢力의 하나, 高麗末의 鄭夢周, 吉再, 金叔滋를 祖宗으로 하며 朝鮮時代에 와서는 金宗直, 金宏弼, 趙光祖, 李彦迪, 李滉으로 이어진다. 이들의 學統은 영남지역 일대를 중심으로 繼承되어 儒學의 主流를 형성하였다. 成宗 때부터 정계에 진출하면서 기존의 勳舊派의 정치질서를 비판하고 理想的 儒敎政治, 즉 명종, 선조

대적 한국정치의 개혁에 관한 상관성의 의의는 한국정치의 정치권력의 최고지도자들이 정치개혁 논의의 추진 상태, 방향성, 속도, 양상 발전적 패러다임의 근거를 제공할 것이다.

(2) 儒敎國家의 政治改革論

儒敎思想의 어제와 오늘에서 현재에 쓰이지 못하는 學問은 죽은 학문이고, 변화에 적응해서 歷史를 이끌어 가지 못하는 文化는 단절된 문화이다. 朝代와 政權이 역사 무대에서 흥기와 쇠멸을 거듭하는 것처럼, 그 나름 생명을 지닌 학문과 문화 역시 때에 따라 흥성하기도 하고 쇠망하기도 한다. 돌이켜 보면 오늘날은 어떠한가? 儒敎國家가 망했으니, 儒敎도 따라서 쇠퇴하는 것은 당연하지만, 긴 세월 동안 觀念 형태에서 生活一般에 이르기까지 우리 民族과 同一性이 되다시피 한 儒敎思想이고 보면, 그 理念이 그렇게 쉬이 무너질 리는 없다. 인간 내부의 道德 心性만은 여전히 儒敎思想이 지배했기 때문이다(김충렬. 2001. 15-16). 儒敎國家에서 儒敎思想은 朝鮮朝 政治理念에 대단한 영향력을 지니고 있다. 16세기는 역사적으로 勳戚政治에서 士林政治에로의 이행기였다. 당시 儒敎國家에서 정치개혁을 주장한 조광조 중심으로 연구하고자 한다. 趙光祖의 儒敎的 國家主義 전개의 근본원리는 지지주의의 이론적 근거로 王道政治를 제시하고 다시 왕도정치의 實踐原理로 孔子의 '道'라는 용어로 나타내고 있다는 점이다. "그 마음을 바르게 하여 그 道를 드러내는 까닭에, 정치 전개에서 어짊(仁)이 얻어지는 것이요. 사물을 처리함에 옳음(義)을 얻게 되는 것이니, 모든 일과 사물들

때 사림정치는 본격화된다. 즉 儒敎國家의 실현을 위한 '隆古主義' 복원 이상주의 王道政治를 실현하려는 政治勢力이다(손문호, 1996: 211; 이성무, 1998: 334-402).

이 하나라도 도에서 비롯하지 않는 것이 없다."22)라는 부분과 같이
'道' 중심적 정치이론을 전개하였다. 여기서 趙光祖가 말하는 道란
道家나 佛家의 성격이 아닌 儒家政治의 道를 말하는 것이다.23) 趙
光祖가 공부했던 중심내용인 儒敎政治의 서적,『小學』,『近思錄』,『性
理大全』,『通鑑綱目』,『四書三經』의 經學思想과 性理學的 감각으로
'道'를 설명하고 있다. 儒敎的 傳統에서 道는 天人合一 意識의 이
념지향 순수 至善한 天道의 실현의 지향성이다. 君·民 同質 意識
을 바탕으로 賢哲君主의 王道政治의 실현, 그리고 '理'를 전제로
한 사리추구의 배제 '道' 인식의 儒敎政治 理念을 실현하기 위한
도구로서 道德性 回復 등이다(배병삼, 2001: 54-55). 성리학적 태
도 및 『中庸』에서의 道論과 『大學』에서의 '誠意正心論'까지 통섭
하는 趙光祖의 堯舜之治, 隆古之治 복원의 王道政治 실현의 崇道
學 政治哲學을 볼 수 있다.24) "趙光祖가 경연의 자리에서 매양 도

22) 趙光祖,『靜庵文集』, 卷2, 謁聖試策: 正其心而出其道也 故爲政而仁
得焉 處物而義得焉 事事物物 無一不出於道.
23) 儒敎에서 '道'란 가장 기본이 되는 원리를 뜻하고, '德'이란 도를 따
라 사람들이 사물을 통하여 발휘되는 훌륭한 성능을 뜻한다. 다시 말
하면 '德'이란 '道'의 발현이기 때문에 '德'의 성격은 '道'에 의해 결
정된다. 그렇다면 『論語』에서 孔子가 말하는 '道'를 요약해 보면 다음
과 같다. "朝聞道夕死可矣(理仁); 所謂大臣, 以道事君, 不可則止(先
進); 邦有道穀, 邦無道穀, 恥也. (憲問); 君子學道則愛人, 小人學道則
易使(陽貨); 誰能不由戶 何莫由斯道也(雍也); 君子道者三, 我無能焉,
仁者不憂, 知者不惑, 勇者不懼(憲問); 子曰, 參乎, 吾道一以貫之. 曾
子曰: 唯, 子出, 門人問曰; 何謂也 曾子曰; 夫子之道, 忠恕而已矣(里
仁)." 이러한 孔子의 道개념은 趙光祖의 '隆古之治'의 堯舜之治 復古
主義와 일맥상통하여 道學政治의 哲學이 되고 있다.
24) 趙光祖의 '隆古之治' 개념은 '드높은 옛 정치'라는 표현으로 과거 답
안지에서 볼 수 있으며, 이것은 孔子의 『論語』述而 편에서 "子曰 述
而不作 信而好古……"에서 '옛것을 좋아한다(好古)'에서의 '古'가 뜻하
는 바의 성격은 時間的으로 먼 옛날이지만 儒敎國家의 이상적인 堯
舜의 精神을 이어 온 옛 聖賢의 世界를 通稱하는 의미를 내포하고
있다. 따라서 그 '隆古之治'라는 말은 意味上으로는 '儒敎國家 理想

학을 높이고(崇道學), 인심을 바로잡고(正人心), 성현을 본받으며
(法聖賢), 지극한 정치를 일으키는(興至治) 설명으로 반복하여 말씀
올림에 있어서, 말의 취지가 근실하고 간절하여 中宗이 경청하였
다."[25] 그 최상의 경지를 '天理'로 보고 있다.

趙光祖의 구체적 정치개혁안으로서 첫째, 君主의 君子小人論은
조광조의 도학정치의 중요한 政治理論이다.[26] 君子와 小人의 식별
문제를 강조하고 있는 부분이 주목된다. 당시 政界를 개혁하기 위
해서 小人的 태도의 政治參與를 적극 비판하고 君子인 知識人, 讀
書人, 官僚 등 新進士類들이 정치 주체로 참여하기를 주장하고 있
다. 新進士類들은 개혁의 당위성, 필연성에 대한 논리로 볼 수 있
다. 趙光祖는 인재등용을 위한 현량과 설치를 제기하고 있다. 君子
중심의 人材 登用方法에서도 詞章뿐만 아니라 德行도 함께 보아
야 한다는 견해를 제시하고 있다.[27] 이것은 趙光祖가 孔子·孟子

社會 구현'이라는 뜻이 含蓄되어 있음과 동시에 方法的으로는 隆平思
想이다. 융평사상이란 인간사회를 현재의 상태에서 평등하게 한다는
사상이다. 至治主義가 지금의 세계를 堯舜의 세계로 끌어올리기 위해
서는 비이성적인 요소를 개혁하지 않으면 안 된다. 따라서 隆平思想
은 개혁사상을 동반한다. 지치주의 운동은 결국 이 융평사상과 개혁사
상을 중심으로 전개된다. 趙光祖의 정치적 실천 단계에 있어서 실현
방법으로 법제 개혁 등을 포함한다. 趙光祖의 至治主義는 '復古的 進
取主義' 성격이 內在되어 있는 聖賢의 世界에 뜻을 두는 當爲性이라
하겠다.

25) 李珥, 『栗谷全書』卷28, 經筵日記1. 참조함.

26) 조광조의 君子小人論 政治理論에서 기대승의 『論思錄』의 도학정치와
이이의 『東湖問答』의 도학정치는 조광조가 체계화하지 못한 도학정치
사상을 그대로 표현하고 정리한 것이라 해도 과언은 아닐 것이다(강
주진. 1979. 108-119. 참조).

27) 『中宗實錄』13年 3月 庚戌참조하였으며, 중종 때 시행한 賢良科는 中
國 漢나라의 賢良方正科를 모방한 것으로, 중앙정부기관과 지방관청에
의해 추천된 자를 대상으로 왕이 임석하여 '對策'으로 시험하여 인재
를 선발하는 방식이었다.
選良(선양): 가릴 선, 어질 량. 훌륭한 인물을 뽑음. 選良은 '선택현량

의 君子·小人의 단순논리로써 세상을 읽으려 함을 알 수 있다. 中宗이 정치적 위업을 이루지 못하고 있는 것은 바른 인재를 등용하지 못하고 있기 때문이라고 생각한 것이다. 그가 현량과를 요구한 것은 또 다른 특권층의 등장을 의미하는 것이기 때문에 그 자체로서 저항을 불러일으키기에 충분했다(신복룡, 2001).

(選擇賢良)', 곧 '賢良(어질고 착한 사람)을 뽑는다'는 뜻이다. 옛날 한(漢)나라 때는 효렴(孝廉)과 현량방정(賢良方正)의 方法으로 官吏를 選拔했다. 孝廉은 글자 그대로 孝誠이 至極하고 行動이 청렴결백(淸廉潔白)한 사람을 일컫는다. 옛날에는 그런 사람도 얼마든지 官吏가 될 수 있었다. 즉 각 주(州)·군(郡)의 장(長)에게 命해 管轄 고장에서 孝誠으로 이름난 사람을 朝廷에 薦擧하게 해 그중에서 選拔했다. 孝廉에서 重視되었던 것은 그 사람의 '품행(品行)'이었다. 그러나 賢良方正은 문묵재학(文墨才學), 곧 詩나 文章·學識 따위의 '재주'를 가진 者 중에서 뽑았으므로 選拔 人員도 孝廉보다 많았을 뿐만 아니라 才能을 위주로 選拔했기 때문에 品行에 問題가 있는 사람도 섞여 있게 마련이었다. 비슷한 制度가 우리나라에도 있었다. 朝鮮 中宗은 趙光祖의 建議로 현량과(賢良科)를 두어 官吏를 選拔했다. 國政改革 次元에서 實施된 이 制度는 재주와 品行을 兼備한 人物을 選拔하는 데 主目的이 있었다. 그 賢良科에서 人才를 選拔하던 것이 언제부턴가 「選良」으로 줄어지더니 '훌륭한 인물'이 되어 지금은 '國會議員'을 뜻하는 말로 사용되고 있다. 國民의 選良을 뽑는 投票 때에는 才能과 品行을 兼備한 훌륭한 人物을 뽑아야겠다. 이 현량과는 趙光祖의 주청에 의하여 중종 13년에 설치한 후, 곧바로 그다음 해에 시행되었다. 이때 120명의 응시자 중 金湜 등 28명이 선발되었다. 그런데 이들의 대부분 趙光祖를 추앙하는 신진사류들이었으며, 이러한 결과로 기성 훈구파의 불만이 높아져 갔다. 이러한 趙光祖의 정치세력이 훈구파에게 또 다른 불신의 계기가 되었다.

〈표 2〉儒學에서 君子와 小人의 比較分析

君 子	小 人	資 質	比 考
循天理, 上向的,	徇人慾, 下向的,	통달(達)	天理·人慾
泰而不驕	驕而不泰	태교(泰·驕)	天理·人慾
易事而難說	難事而易說	모심과 기쁨(事說)	天理·人慾
畏天命·畏大人· 畏大人之言	不畏天命·狎大人 ·侮誠人之言	세 가지 두려움(三畏)	正理·不識正理
公義의 實賤, 陽, 剛明, 日章·淡· 簡·溫	私利의 추구, 陰, 柔暗, 亡·不淡· 不簡·不溫	道	德不孤·不孤
坦蕩蕩	長戚戚	마음(蕩戚)	天理·役於物
敬天愛人	易使	學道	仁·多少仁
成人之美不成人之惡	不成人之美成人之惡	이루어 줌(成人)	厚·薄
周而不比	比而不周	사랑(周比)	周·比→公·私
中庸·市中· 致中和	反中庸·反市中· 不致中和	中庸·中正	平常之理· 肆欲妄行
喩於義	喩於利	깨달음(喩)	義·利→天理· 人慾
和而不同	同而不和	和同	義·利→公·私
懷德·懷刑	懷土·懷惠	사고(懷)	善·務得→公·私
求諸己	求諸人	찾음(求諸)	不病人之不己知· 違道干譽
固窮	窮濫	어려움(窮)	處困而亨· 放逸爲非
居易以俟命	行險而徼行	素其位而行	素位而行· 不當得而得

(출처:『論語』; 홍영환·공영립, 2001: 9 참조 재작성)

여기서 말하는 조광조의 '進君子退小人'이라는 用人策의 논리는 어떤 중요성을 갖는 것이었는가? 사화의 정치적 격돌이 연속되는 과정에서 사림세력이 일관하여 정치적 무기로 사용하게 된 君子小人辨의 논리는 宋代에 歐陽脩와 朱子가 당시의 정파정치현상과 관련하여 제기한 이른바 '君子有朋論'과 '引君爲黨說'에 전거를 둔 것이었다. 歐陽脩는 朋黨을 구분하여 公道 실현을 주로 추구하는 '君子의 黨'과 사리사욕을 탐하는 '小人의 黨'으로 대별, 전자를 眞朋, 후자를 僞朋이라고 규정한 바 있거니와, 그는 이러한 분별을 바탕으로 "군주가 眞朋의 승세를 유지한다면 정치가 저절로 이끌어질 수 있다."고 주장하였다.[28] 그리고 朱子 역시 歐陽脩의 이러한 '君子有朋論'에 입각하여 "붕당이 있는 것을 염려할 것이 아니라 그 붕당이 '君子의 黨'이라면 승상도 그 당에 들기를 주저하지 말아야 하며 나아가 군왕도 그 당이 되게끔 승상이 이끌어야 한다."는 이른바 '引君爲黨說'을 제기한 바 있다.[29] 따라서 조광조의 君子小人辨의 논리는 사림세력이 공도실현에 목적을 두고 있는 만큼 이념적으로 정당하며, 이러한 이념적 정당성에 기반을 둔 사림세력의 집단적 정치활동을 공식화하려는 것이다. 조광조는 군왕의 임무가 군자와 소인을 변별하는 데 있다고 전제하고, 군자를 純用하지 못하고 同收竝用하는 경우에는 邪正이 서로 뒤섞이고 충언·간설이 함께 분분하여 소인이 발호하도록 함으로써 나라를 난망케 할 것이라는 논지를 제기하였다.[30]

둘째, 趙光祖와 중종의 대립 속에서 진행된 昭格署 革罷問題이

---

28) 『宋史』, 卷319, 列傳 第18 「歐陽脩條」 참조함.
29) 『朱子大典』, 卷28 참조함.
30) 『中宗實錄』, 卷30, 中宗12年 10月, 乙丑條; 中宗12年 10月 壬申條: 中宗13年 6月 庚午條 참조함.

다.31) 朝鮮朝 초기부터 日月星辰에 대하여 道敎式 제의, 즉 醮祭
意識을 담당할 목적으로 설치된 궁중 내 官廳으로 太宗 때 昭格殿
에서, 世祖 때 昭格署로 개칭되어 존속한 국가기관이다. 소격서 철
폐 문제는 단순한 邪敎 배척에 그치지 않고 儒敎國家의 道學政治
理念에 배치되므로 趙光祖는 昭格署 폐지문제로 중종과 정면 대결
속에서 결국 趙光祖의 적극적 주장대로 폐지되고 만다. 또한 趙光
祖 실각 후 중종은 소격서를 부활한다(정두희, 1998: 194－196). 이
것은 당시 宮中 내 불교, 道敎·노장사상, 미신적 신앙의 요소가
유교국가의 政治理念에 배치되는 소격서는 폐지되어야 한다(부남철
1996. 112). 이러한 소격서 폐지만의 의미가 아닌 중종과 趙光祖와
의 정치적 대립에서 조광조의 개혁정치 정치적 영향력이 대폭 확
대의 의미로 볼 수 있다. 소격서 폐지는 왕권인 중종과 훈구세력의
횡포에 대항한 사림정치의 성리학적 유교국가 통치이념 관계를 새
롭게 설정하려는 데까지 발전하였다고 볼 수 있다. 즉 세조와 연산
군에 의해 크게 실추된 왕권보다 성리학의 유교국가 실현이 우위
에 있다고는 것을 확실히 하고 싶었던 것이 조광조의 소격서 폐지
개혁안이라 할 수 있다. 그 이후 현량과 실시로 과거제도를 획기적
으로 개혁하려 하였다. 나아가 공신록 개정 등으로 조정의 권력구

---

31) 趙光祖와 中宗의 대립 昭格署 혁파 문제를 비교적 자세하게 다룬 논
   문으로는 이병휴. 1985. "昭格署의 혁파 논의와 사림파", 영남대학교
   『嶠南史學』1.이라고 할 수 있으며, 그는 昭格署의 혁파는 성리학 및
   그 전에 대한 얼마간의 소양을 지녔을 것으로 판단되는 본격적인 左
   道意識·淫祀意識의 토대 위에서 士林派가 성취한 역사적 과업으로
   평가해야 한다고 주장하고 있다. 또한, 정두희. 1998. "昭格署 폐지 논
   쟁에 나타난 趙光祖와 中宗의 대립", 『진단학보』181－196. 논문을 趙
   光祖의 昭格署 폐지에 관한 상소, 中宗 이전의 昭格署에 관한 논의
   들, 昭格署 폐지를 둘러싼 王과 유신들의 대립, 昭格署 폐지, 趙光祖
   의 실각과 昭格署의 부활, 昭格署 논쟁이 의미하는 것들에 대한 분석
   이 잘된 代表的 논문으로 볼 수 있다.

조를 개혁하려 하였으며, 영향력 확대로 이어지는 중요한 정치적 의미를 가지고 있었지만 훈척세력의 격렬한 반발을 초래하였으며, 그 결과 기묘사화가 일어났다.

셋째, 中宗反正 이후 지나치게 많은 정국공신록 삭제에 관한 정치개혁이다.[32] 中宗反正과 뒤이은 혼란에서 功臣이 대거 策定되어 당시에 貴族의 행세를 하고 있었다. 위훈삭제는 中宗反正 때 책봉된 공신들 106명 중 문제가 있는 76명의 공신 명단 삭제를 주장한 것으로 훈척의 집권기반을 무너뜨릴 수 있는, 거의 혁명적 개혁이

---

[32] "대개 功臣을 중하게 여기면 功을 탐하고 이익을 탐해서 王을 시해하고 나라를 빼앗는 일이 이로 말미암아 일어나게 됩니다. 임금이 만약 나라를 잘 다스리고자 한다면 이익의 근원을 막아야 합니다." 『中宗實錄』, 卷37, 14年 10月 乙酉條. 참조함. "(위훈 삭제의 일)은 정사의 잘못과 같지 않아 사람마다 다만 이익만이 있는 것을 알고 인의가 있는 것을 알지 못하게 됩니다. 이것으로 풍속을 이루게 되면 장차 이르지 못할 것이 없을 것입니다." 『靜庵集』, 卷2, "因不從改正功臣事辭職啓 2", "此事非如政事之失, 人人但知有理, 而不知有仁義. 以此成俗, 將無所不至. " 공신록을 개정하는 것은 中宗反正 세력의 공신책정에 대한 정책적 잘못을 인정하는 것이고, 나아가 中宗 권력 기반을 뒤흔드는 것이 된다. 더욱이 世祖에 의해 폐위된 소릉을 복위시키고, 端宗의 후사를 정하여 그에 대해 제사를 지내게 한다는 것은 곧 世祖의 王位 登極이 정당하지 않다는 의미를 담고 있다. 이는 世祖 및 그의 뒤를 이은 王들의 正統性에 대한 심각한 도전으로서 燕山君 시대의 戊午士禍 역시 이 문제와 직결되어 있다. 이토록 민감한 사안이 中宗 시대에 줄곧 문제가 되었다는 것은 그만큼 그 시대가 과거의 청산과 새로운 사회의 건설이라는 과제가 부여된 시기였음을 뜻한다. 바로 그러한 과제를 자신의 임무로 떠맡았던 사람들이 趙光祖를 위시한 이른바 士林이었다. 공신록의 개정은 趙光祖가 적극적으로 추진했던 일이고, 결국 戊午士禍의 직접적인 원인이 되었던 사안이다. 이처럼 趙光祖는 燕山君의 恐怖政治는 물론이고 世祖의 王位簒奪에 대해 비판적이었으며, 中宗反正의 공신 세력에 대해서도 비판적이었다. 그는 朱子學的 義理와 名分을 기준으로 과거의 역사와 현실의 정치를 비판하였다. 이런 의미에서 趙光祖는 朱子學的 義理를 바탕으로 儒敎國家를 실현시키려는 이상을 소유했던 인물이고 더욱이 그러한 理想을 도덕적인 방법으로 실행하고자 했던 理想主義者였다.

었다(동아일보, 1997. 09. 20). 이는 훈척의 강력한 반발을 불러일으켰고 여기서 중종의 사림에 대한 견제 심리까지 더하여 기묘사화로 이어졌다. 여기서 僞勳이란 功이 없으면서도 功臣이 되거나 功에 비해 과다하게 보상받은 경우를 말한다. 僞勳의 削奪은 그전에도 間歇的으로 있었지만 趙光祖의 개혁정치론에서 대대적으로 그것을 감행했다. 그것은 공신귀족들에 대한 공격인 동시에 政治紀綱을 刷新하고, 功臣에게 부여된 재산의 還收를 통해 國用을 충족시킴으로써 民生을 安定시키려는 정치 개혁의 의미가 있다고 볼 수 있다(손문호, 1990: 225). 또한, 공신록 개정을 둘러싼 선(의리)과 악(이욕)의 대립이며, 趙光祖의 개혁은 악의 제거와 그 악의 담지자인 공신을 정치적 영역에서의 배제의 개혁적 의미를 가지고 있다. 이것은 사림세력과 훈구세력의 정치적 대립이고 권력투쟁이었다. 공신록 개정의 주체인 왕에게 있고, 개혁적 차원에서 요구한 것이고 왕의 정치적 결단을 촉구하는 중종과 사림세력의 대립을 의미한다. 실질적으로는 훈구세력의 제거라는 정치적 목적도 있었지만, 이념적으로는 선과 악의 정치적 투쟁이고, 표면상으로는 사림세력과 중종(왕)의 정치적 대립이라는 형태로 진행이 된 것이다.

趙光祖의 정치개혁의 광범위는 조선 초기부터 중기 전후의 모든 왕권의 잘못된 사림의 복권, 세조의 왕위찬탈 및 주자학적 의리와 명분에 의한 개혁이었다. 세조, 연산군 때 잘못된 왕들의 정치권력의 정통성에 관련된 이 모든 그간의 잘못을 중종 때 바로잡으려 한 개혁의 폭과 내용이 너무 광범위한 이상주의에 치우친 정치개혁이었다. 또한 정치개혁에서 가장 경계해야 할 것은 개혁의 과속이다. 구체성 없는 단순 논리에 의한 이상주의적 과격한 개혁은 많은 사람들을 공포의 도가니에 몰아넣음으로써 불필요한 적을 만들게 된다는 사실이다. 이상 趙光祖 정치개혁론을 요약해 보면 다음과 같이 요약할 수 있다.

〈표 3〉 趙光祖 政治改革論 근거

구 분	趙光祖 政治改革論 根據
治道觀	堯舜禹의 太平聖代 王道政治 儒敎國家의 禮的秩序化 회복, 德化禮治主義, 至治主義 孔子의 重王輕霸, 重仁輕法, 仁本人治主義, 修身(體)・文敎(用) 孟子의 崇王斥霸, 崇義斥法, 義本人治主義, 保民養氣(恒産恒心, 與民同樂) 趙光祖 道學政治의 目標: 崇道學, 正人心, 法聖賢, 興至治
개혁 수단	儒敎國家의 治道觀 실현, 王道政治의 非理性的 요소들 제거를 위한 制度의의 改革政治, 훈척 세력 제거, 君・臣의 義를 둘러싼 統治者의 修身, 格致內聖外王之治, 聖君賢相, 有德者君主論.
개혁 과정	君子중심의 士林政治, 靖國功臣 개정을 통한 民生安定, 昭格署 혁파로 宮中內 불교, 도교, 미신타파・老莊思想제거 儒敎國家 실현, 賢良科 설치로 人材選拔, 鄕約실시. 절대 왕권의 일탈 견제와 교정추구, 공론정치 추구

실패
원인
	• 개혁의 범위: 지나치게 광범위(太祖에서−中宗까지),
	• 개혁의 속도: 과속에 의한 오만과 독선(고갈등, 저협력의 경륜부족)
	• 개혁의 특징: 지치주의 실현(당위성, 신속성, 지속성, 비현실성)
	• 개혁의 방향: 일방적, 단순성, 振綱常性
	• 개혁의 논리: 堯舜之治, 隆平思想의 상승, 孔子・孟子의 王道政治, 儒敎國家의 질서화
	• 개혁의 방법: 堯舜禹 三代의 聖賢政治 實現, 崇儒敎國家, 斥霸道政治
	• 개혁이념과 정치적 태도: 유교국가를 위한 과격・급진적 이상주의
	• 개혁의 주체: 士族勢力 중심의 中央政治 참여, 미숙한 정치력,
	  中宗反正으로 政治權力의 正當性 약한 中宗의 훈척세력
	  눈치 보기(연이은 士禍로 사림세력의 정치세력화 실패)
	• 개혁의 적실성 평가: 극단적인 개혁성과 경륜부족, 歷史的 非現實性 이상과 현실의 괴리, 개혁안이 너무도 단순하고 세부 계획의 구체성 결여
	• 中宗의 위기관리에 대한 決斷力과 推進能力 부족, 조광조의 죽음.

이상과 같이 趙光祖의 정치개혁에 대한 구체적 내용들로는 군자와 소인논쟁, 소격서 혁파, 정국공신록 개정은 강력한 왕권 중심의

儒敎國家 건설을 위한 것이었다. 어느 시대를 막론하고 그 시대의
정치권력 현상에 대한 비판은 있기 마련이고 분노하며 도전하고
직언하는 개혁을 주장했다. 특히, 중종의 中宗反正 이후 勳戚勢力
으로부터 독립된 왕권정치 실현에서 趙光祖의 정치개혁이 받아들
여 성공했다면 儒敎的 國家主義는 앞당겨졌을 것이다. 또한 中宗
은 政治權力이 훨씬 더 강력한 군주가 되었을 것이다. 그러나 그
당시 군주주권의 절대적 정당성을 가졌던 朝鮮朝가 유교를 政治理
念으로 한 사회의 사실을 감안한다면 趙光祖의 개혁안은 이상과
현실의 괴리 속에서 어쩔 수 없는 한계라고 할 수밖에 없다. 모든
정치의 最終決定權者는 君主였다. 또한, 역사적 현실과 이상의 괴
리에서 나타난 근대 이전의 16世紀 王朝國家의 政治體制에서 中
宗과 趙光祖의 정치적 대립에서 나타난 朝鮮政治史 정치개혁 한
단면이라 볼 수 있다.

IV. 政治思想史的 含意 및 結論

中宗反正을 계기로 新進士林의 개혁운동이 급격히 대두하게 되
는데, 趙光祖는 그 개혁정치의 수장이었다. 趙光祖의 改革主義는
유교정치의 이상을 현실에 구현하려는 취지였다. 趙光祖는 儒敎國
家 건설이라는 政治理念이 뚜렷하고, 李朝 士林의 최고선봉, 정치
개혁 실천주의자, 士林정신적 지표, 治者로서 전제군주의 暴權을
경계한 점, 賢者의 선출로써 民意의 반영을 위한 賢良科 설치, '君

民平等'의 民本主義思想, 輿論政治에 의한 言路의 개방, '愛國憂國'의 충정, '正道正理'로 향하려는 正義에 대한 실천적 집착능력, 患難을 의연히 가슴에 寶玉을 안고 天命을 다하는 大丈夫의 氣象 등이다. 趙光祖의 評價에서 긍정적 내용이다. 그러나 왕조체계로서의 시대적 상황성과 유교문화의 사상적 특수성으로 볼 수 있다. 그런데 그 실패 자체가 그 이후 명종, 선조 때 본격적인 이황·이이의 사림정치에 儒敎政治思想의 초석이 되었다. 사림정치 참여의 의미, 개혁의 정당성, 성공적인 개혁의 긍정적 측면과 부정적 측면 등 趙光祖의 개혁정치 사례를 통해 많은 역사적 교훈을 얻게 되었던 것이다.

조광조의 왕정운영의 도학화 과정에서 제기되는 정치개혁론의 사상사적 함의는 구체적으로 어떠한 것인가? 긍정적 측면과 부정적 측면이 있다. 긍정적 측면은 첫째, 요순시대의 부활에 개혁의 지표를 두고 있다. 이른바 大同至治이라는 이상주의를 추구하고 있다. 조광조의 개혁은 실패로 돌아갔지만 조선조 중기의 개혁사상에 속성이 되었다. 둘째, 성리학적 이념에 의한 왕조운영의 도학화에서 개혁과정의 급진주의적 성격이다. 조광조는 유교적 국가주의 지향의 정통강조로서 소격서 혁파 이단제거를 주장한다. '重王道·斥覇道'를 강조한다. 셋째, 성군현상의 君臣義合을 정치의 주체로 보고 군주와 관료의 역할의 중요성을 제기하고 있다. 넷째, 연이은 사화로 사림정치의 사기 저하로 보고 언로개방을 강조하고 현량과 실시를 주장하고 있다. 다섯째, 정치는 민심안정을 전제로 한다. 여기서 치자의 도학적 솔선수범을 통한 간접교화와 향약실시를 통한 직접교화를 주장하고 있다. 향약의 실시는 사족의 지배확보를 위한 것이다(강광식 외 1998, 79-96). 이상과 같이 조광조의 왕정운영의 도학화 개혁운동은 실패했지만 조선조 유교정치가 도학화되는 과정에서 불가피하게 거쳐야 할 과도기적 성격을 가지고 있다. 이에 반하여 부정적 측면의 평가인 조광조는 위민과 인의를 강조함으로써 공자·맹자 사상의 재현을 꾀하려 하였지만 실패하고 말았다. 그 이유는 유가정치사상을 한국사회에 적용했을 때, 그 적합성이 없었는데도 이를 알지 못하고 고집한 데 있었던 것 같다. 그렇다면 왜 그는 유가사상의 정치적 적용에 집착하게 되었는가. 왜냐하면 조광조는 위에 언급한 대로 유가사상의 학통 속에서 성장함으로써, 지배학인 유학의 본질적 허위성을 알지 못한 무의식에 사로잡혀 유가사상 자체가 지닌 배타성·지배성·특권성·절대성만을 고집하여 비현실적인 관념론에 빠져 있었기 때문이다. 정치적 태도에서 전개된 조관조의 도학정치사상은 사림의 자파 세력의 신장과 훈공세력의 억제를 통한 권력의 균형도모와 유교적 국가주의 정치체제 보강론이다. 조광조의 현실적 정치태도는 첫째는, 지배학으로서의 유학적 사고의 표출인 입신양명의 공명 욕구로 나타났다. 둘째는, 훈구파에 대항하여 자파의 신진사류를 대량 등용하도록 함으로써, 지나치게 그가 속한 학파 및 정파의 권익 추구에 집착하였던 것 같다. 셋째는, 왕도정치에 초점을 두고 공자·맹자가 표방한 차별원리를 전제로 한 치자층 내의 세력 균형에 바탕을 두었다. 넷째는, 조광조의 대외관은 매우 비현실적인 명분으로서 국가보위문제에 있어서 안이하고 지배계급으로서 안위만을 추구하였다(김만규 1987, 44-49).

어느 시대든 政治權力에 대한 批判勢力은 늘 존재해 왔다.[33] 趙

---

33) 趙光祖의 己卯士禍 이후 38세의 나이에 1519년 12월 능주 유배지 죽음에서 改革家들의 삶은 늘 북풍한설 앞에선 사람처럼 고독하고 위태로웠다. 趙光祖의 행적에서 프랑스 혁명기의 로베스삐에르의 흔적을 엿보게 된다. 忠直했고, 淸廉潔白했고, 강직한 성품, 자신을 포함하여 누구의 잘못도 용서하지 않았고, 改革을 향해서 질주했고 이러한 과

光祖가 개혁의 이상을 펼쳤던 16세기 초반은 朝鮮政治史에서 朝鮮前期와 中期의 전환점이 되는 시기로 이해되어 왔다. 말하자면, 歷史的으로 시기구분의 기준이 될 정도로 중요했으며 그만큼 政治的 변화가 많았다. 朝鮮 中期 새로이 등장한 政治勢力인 士林은 執權勢力인 勳戚의 비리와 不道德性을 비판하고 '송곳 하나 꽂을 땅도 없이' 추위와 굶주림에 신음해야 했던 당시 상황을 性理學的 政治理念과 制度로 극복하고자 했다. 이들 사림은 燕山君代 사화로 인한 피해에도 좌절하지 않고 꾸준히 학문을 연마하고 儒敎的 國家主義 개혁의 실현의지를 불태웠다. 그리하여 1515년 드디어 趙光祖를 중심으로 己卯士林의 중심인물들은 三司를 비롯한 요직에 두루 포진, 본격적인 개혁을 추진했다.

　朝鮮朝 代表的 改革思想家 趙光祖를 두고 狂者, 禍胎라고 부른다. 미친 사람, 화를 낳는 사람이란 뜻이다. 趙光祖의 급진 개혁에 공포와 증오를 갖게 된 연산군 이래의 勳臣인 그들은 中宗反正의

정에서 인간적 驕慢과 독선, 젊은 나이에 비운의 죽음을 맞이했다는 점에서 두 사람에게는 共通點이 많다. 혁명가에게 죽음이 욕된 것은 아니지만, 꿈을 이루지 못한 채 죽지 않아도 될 자리에서 죽는 것은 결코 칭송받을 일이 아니다(신복룡, 2001). 그들의 통찰력은 옳았지만 나머지 동료들과 의견이 대립되었다. 그들의 관점에 비해 戰術은 효과적이었을까 하는 문제를 제기할 수 있다(김응종, 1990, 135-172). 趙光祖의 非現實的 상황인식에서 비롯된 오만과 독선, 무모함은 中宗反正 이후 조광조는 훈척세력과의 대화와 타협에 의한 저갈등·고협력의 政治力 미숙, 謙遜의 부족 그리고 中宗과의 정치개혁 논의에서 대립은 조광조의 살아남는 지혜의 부족으로 볼 수 있다. 조광조가 염두에 둔 선비의 전형은 宋 太祖 趙匡胤을 도와 宋 建國을 주도한 趙普였다. 宋의 건국과정에서 趙普는 성격이 강직하고, 자신의 뜻을 굽히지 않고 관철시킨 인물이다. 조광조는 조보의 행동이야말로 진실로 굳세고 과단성 있는 것으로 대신의 체모가 서는 일이라고 평가하고 있다(『宋史』, 卷256, 列傳15, 趙普: 『中宗實錄』, 11년12월戊午, 13년 5월戊午). 조광조가 조선조에 도학을 밝힌 위치를 송의 주염계에 견주고 있다(송시열, 『深谷書院講堂記』).

주동 세력이기도 했다. 그들이 신진세력인 사림을 타도하고 단합하고, 게다가 趙光祖의 힘이 왕마저 위협하는 것으로 의심한 중종의 불안감이 합성돼서 만들어진 결과적 산물이 기묘사화이다. 그것은 정치학적 관점에서 본다면 기득권 정치권력과 신진사림 개혁세력 간의 권력투쟁이다. 그러나 趙光祖의 이상과 비전은 그런 차원을 뛰어넘은 것이었다. 堯舜禹 時代의 '格致內聖外王之治'의 王道政治 '隆古主義' 복원은 朝鮮朝 중기 趙光祖와 더불어 儒敎國家 건설을 위한 정치적 목표로 도전과 응징은 시작되었다. 趙光祖의 政治思想은 유교적 국가주의 실현을 위한 改革主義이다. 그러나 그 당대 王朝國家 정치체제에서 중종의 군주주권에 대항한 정치개혁은 실패로 끝났다. 중종과 趙光祖의 대립 속에서 제2의 儒敎國家 건설이었다. 조선왕조는 애초에 性理學으로 무장한 高麗末의 급진적 新興士大夫들에 의해 유교를 統治理念으로 표방하며 출범하였다. 국가는 公論에 입각하여 운영되고 公益을 추구해야 한다는 것이 朝鮮王朝 政治理念의 핵심이었다. 公論의 주체는 士大夫이고, 소수 특권층의 이익이 아닌 전체의 이익을 추구하는 정치를 지향했던 것이다. 그런데 전기까지의 현실은 이념과 거리가 멀었다. 王과 勳戚 중심의 측근들에 의해 政治勢力이 권력투쟁을 주도하게 되었고, 또한 정치의 방향이 그들의 이익을 보호하거나 증대시키는 쪽으로 정치체제 능력이 극대화되었다. 이에 유교 政治理念에 충실한 근본적인 개혁을 외치는 新進士林 세력이 대두하게 되었던바, 사림이 바로 대항 政治勢力이었다. 新進士林은 한동안 王과 勳戚 勢力에 의해 정치적 탄압을 받았고 그 결과 戊午士禍, 甲子士禍로 많은 사림세력이 피해를 입었다.

趙光祖가 추구했던 聖王的 君主論과 君子資質論, 그리고 公私 義利의 辨別性에 대한 강조라는 이유로 趙光祖의 개혁정치를 동경하고 있는지 모른다. 한국에서 최고정치지도자들이 추진하고 있는 政治改革의 正當性, 過程, 速度, 具體性이 부족한 治者를 위한 시사점을 주고 있다. 정치권력의 正當性 확보를 위한 과속, 독선, 그리고 오만의 정치개혁이 아닌 정치권력의 정당성을 갖춘 철저한 계획 아래 국민의 삶의 질적 변화를 위한 상승 작용에서 적실성 있는 정치개혁이 되어야 한다.

趙光祖는 改革主義者, 實踐主義者, 理想主義者였다. 趙光祖는 朝鮮朝 중기 戊午士禍, 甲子士禍의 연이은 혼란된 정치적 상황에서 유교적 이상국가를 건설하려고 했다. 趙光祖가 추진했던 군주의 개혁정치에서 도덕성과 수신의 강조, 성리학 이념의 사회적 실천 등은 새 시대에 대한 방향을 체계적으로 명확히 제시한 것이다. 또한 그의 실천적 행동은 훈척까지도 성리학의 실체를 새롭게 인식하고 성리학을 자기 시대의 政治理念化하려 했다고 볼 수 있다. 趙光祖의 政治思想 연구에서 그의 유교적 국가주의에 관한 개혁정치는 긴 역사의 흐름에서 볼 때 趙光祖의 개혁은 실패한 것이 아니라 오늘날 정치개혁을 주도하고 있는 정치세력들에게 오히려 성공한 개혁의 정신적 지표로 볼 수 있다. 그것은 정치개혁의 역사 발전에 대한 믿음, 미래 정치개혁에 대한 대안제시, 공론정치에서 개혁의지의 원리원칙준수, 그리고 개혁을 위한 자기희생 등이다. 趙光祖의 실천적 삶을 통한 정치개혁은 현재 한국정치 지도자에게 많은 가르침과 개혁의 正道를 암시해 주고 있다. 지금 이 순간에도 정치개혁을 주도하면서 한국정치를 이끈다고 부산을 떠들었던, 떠는 문민, 국민, 참여정부의 통치자들의 정치개혁 덕목에 몇 가지 도덕적 정당성을 갖추고 구체적 정치개혁의 적실성, 속도, 과정, 대안을 명확히 추구하고 있는가? 권력 장악의 수단으로 정치개혁을 주장하는 한계를 내포하고 있지는 않은지? 현실적 적실성의 구체성

미비로 인한 개혁으로 혹 좌초된 실패는 없었는가? 그들이 추구했던 정치개혁이 과연 한국정치발전과 국가를 위한 개혁이었는가? 정권연장의 수단이었는가? 왜 정권이 끝나기가 무섭게 임기 내 추진한 대형 국책사업, 정치개혁, 국회의원·대통령 선거 등이 부정부패와 연관되어 있는 우울한 사실은 조광조의 개혁정치론이 오늘날 한국 정치 제도 개혁론에도 여전히 상징적 시사점을 주고 있음을 잘 보여 준다. …….

● 참고문헌 ●

1. 1차자료(원전)

『朝鮮王朝實錄: 中宗實錄』, 『光海君日記』, 『論語』, 『中庸』, 『高麗史』, 『朱子大典』

『정암집』, 『회재전서』, 『퇴계전서』, 『남명집』, 『고봉집』, 『율곡전서』, 『송사』, 『深谷書院講堂記』

2. 저서

강광식. 2000. 『신유학사상과 朝鮮朝 유교정치문화』. 집문당.

강광식 외. 1998. 『조선시대 개혁사상연구』. 한국정신문화연구원.

고권삼. 1948. 『朝鮮政治史』. 을유문화사.

고병익. 1976. 『東亞史의 傳統』. 일조각.

고병익. 1984. 『東아시아의 傳統과 近代史』. 삼지원.

강지원. 1950. 『근대조선정치사』. 대학생활사.

강주진. 1979. 『조정암의 생애와 사상』. 박영문고 205.

고려대학교민족문제연구소(편). 1965. 『한국문화사대계Ⅱ: 정치경제사』. 고려대학교.

권정언 외. 1988. 『朝鮮朝 유학사상의 탐구』. 여강출판사.

김만규. 1982. 『朝鮮朝의 政治思想研究』. 인하대학교출판부.

김영국 外. 1991. 『한국政治思想』. 박영사.

빅용운. 2000. 『고려시대사』. 일지사.

박충석. 1982. 『韓國政治思想史』. 삼영사.

박충석·유근호. 1980.『조선의 政治思想』. 평화출판사.

서울대학교 사회발전연구소. 1996.『한국역사와 개혁정치』.

신복룡. 1997.『한국정치사상사』. 나남.

이병휴. 1984.『조선전기기호사림파연구』. 일조각.

이성무. 1998.『조선왕조사』1, 2. 동방미디어사.

이재석 외. 2002.『韓國政治思想史』. 집문당.

이택휘. 1990.『韓國政治思想史』. 전통문화연구회.

정두희. 2000.『趙光祖: 실천적 지식인의 삶, 이상과 현실의 사이에서』.
　　　아카넷.

전락희. 1995.『東洋政治思想研究』증보판. 단국대학교출판부.

정윤재 외. 1999.『韓國政治思想의 비교연구』. 한국정신문화연구원.

한국사상사연구회(편). 1996.『조선 유학의 학파들』. 예문서원.

한국정치외교사학회(편), 1999.『한국정치사상의 조명』. 추간 이택휘교
　　　수 화갑기념논문집.

황원구. 1985.『한국사상의 전통』. 박영문고130.

현상윤. 1982.『조선유학사』. 현음사.

漢陽書院. 1925.『典故大方』卷. 三. 대동인쇄주식회사.

소공권/최명·손문호(역). 1998.『中國政治思想史』. 서울대학교출판부.

F. 퓌레, D. 리세/김응종(역). 1990.『프랑스혁명사』. 일월서각.

3. 논문

강광식. 1993. "정파정치와 관련한 조선조의 유교정치문화: 사화와 당
　　　쟁의 정치문화 비교분석",『한국의 정치와 경제』제3집. 성남:
　　　한국정신문화연구원.

＿＿＿. 1997. "韓國政治思想史 자료선집(조선시대편) 편찬을 위한 예
　　　비연구",『한국의 정치와 경제』제10집.

김만규. 1976. "朝鮮朝 초기의 政治思想과 정책론 변동에 관한 연구", 연세대 박사학위논문.

_____. 1987. "조선조 전기의 사화·반정과 정치사상의 수정", 한국정치외교사학회(편). 『조선조 정치사상연구』. 서울: 평민사.

김충렬. 2001. "남명학과 21세기 유교의 부흥", 남명학연구원 편. 『남명학과 21세기 유교부흥운동 전개』. 남명선생탄신500주년기념국제학술회의의 논문집.

남일재. 1999. "맹자의 시각으로 본 조광조의 정치이념", 한국정치외교사학회(편), 『한국정치사상의 조명』. 추간 이택휘교수 화갑기념논문집.

부남철. 1990. "조선전기 政治思想 研究", 한국외국어대학교박사학위논문.

배병삼. 2001. "전통한국의 '정치'의 의미변화에 대한 연구", 『21세기 정치학회보』제11집2호.

_____. 2001. "공자의 정치관과 권력론", 韓國政治思想學會 편. 『政治思想研究』제5집.

손문호. 1990. "趙光祖의 政治思想연구: 유교적 개혁주의를 중심으로", 서원대학교 논문집. 제25집.

_____. 1992. "동양의 전통적 국가에 관한 논의", 서원대학교 사회과학연구소(편). 『사회과학연구』제5집.

_____. 1996. "조선중기의 개혁사상: 趙光祖를중심으로", 『사회과학연구』. 서원대학교 사회과학연구소.

신동준. 1998. "선진 유법가의 치도관과 치본관의 비교연구: 관중에 관한 논의를 중심으로", 서울대 박사학위논문.

신복룡. 2002. "한국정치사상사 집필을 위한 예비적 담론", 한국·동양정치사상사학회발표논문.

_____. 2001. "신복룡 교수의 한국사 새로 보기: 趙光祖의 흥망", 2002. 06. 15.

오문환. 2003. "동학사상이 보는 통치의 정당성 문제: 유가와의 연속성과 단절성", 한국·동양정치사상사학회(편). 『동양정치사상사』. 제2권1호.

윤대식. 2001. "孟子의 政治思想 硏究: 王道主義와 政治權力의 正當性을 중심으로", 한국외국어대학교 박사학위논문.

이지경. 1999. "李彦迪의 政治思想硏究", 동국대학교 박사학위논문.

_____. 1995. "16세기 사림파 정치사상 연구", 서원대학교 사회과학연구소(편). 『사회과학연구』제8집.

_____. 2002. "주자의 『대학장구』에 대한 이언적의 비판", 한국·동양정치사상사학회(편). 『동양정치사상사』. 제1권 2호. (2002. 09).

_____. 2003. "조광조의 유교국가에 관한 연구: 정치개혁론을 중심으로", 한국사회역사학회(편). 『담론201』. 봄·여름호. 제14집. 담론사. (2003. 08. 31).

_____. 2003. "曹植 政治思想의 要諦 '敬·義' 硏究", 한국·동양정치사상사학회(편). 『동양정치사상사』제2권2호(2003. 09. 30).

_____. 2003. "조광조의 정치개혁사상연구: 유교적 국가주의를 중심으로", 2003년도 한국정치학회 추계학술대회 발표논문(2003/10/16: 연세대학교: 연희관).

_____. 2003. "점필재 김종직 사림정치사상연구: 유교정치체제의 보강을 위한 민본, 절의를 중심으로", 2003년 한국정치학회 연말학술대회 발표논문(2003/12/03: 외교안보연구원)

_____. 2004. "김종직의 정치사상연구", 한국·동양정치사상사학회 발표논문(2004/02/21: 성신여대)

_____. 2004. "일두 정여창의 정치사상연구", 2004년도 한국정치학회 춘계학술대회발표논문(2004. 03. 18-19: 외교안보연구원).

_____. 2004. "일두정여창 정치사상에 대한 재해석", 2004년도 한국동양정치사상사학회 하계학술대회발표논문(2004. 07. 08: 서원대 미래창조관).

_____. 2004. "이황의 정치사상"(미발표 논문).

이지경외(3인 공동연구). 2004. "중등사회과 현직교사 연수프로그램의

실태와 개선방안". 서원대학교 교육연구소(편), 『교육발전』제23
집2호. (특성화 연구과제: 교원 연수 특집).

이지경 외(8인 공동연구). 2004. "세종의 국가경영 연구", 2004년도 한
국학술진흥재단 기초학문육성 인문사회분야 프로젝트(KRF-
2004-074-BM0002).

이현출. 2002. "사림정치기의 공론정치 전통과 현대적 함의", 『한국정
치학회보』. 제36집. 가을호.

정두희. 2000. "趙光祖의 복권과정과 현량과 문제: 16세기 조선 성리
학의 성격에 관한 첨언", 『한국사상사학』제16집.

_____. 1998. "소격서 폐지 논쟁에 나타난 趙光祖와 中宗의 대립", 『진
단학보』.

최병철. 1993. "유교의 국가형성론", 유교학회(편). 『유교사상연구』제6집.

최병덕. 2002. "지치주의 개혁론의 정치사유구조: 趙光祖 政治思想의
체계적 인식", 『대한정치학회보』제10집2호.

최연식. 2003. "정암 조광조(1482-1519)의 도덕적 근본주의와 정치개
혁", 『한국정치학회보』제37집5호. 겨울호.

홍영환·공영립. 2001. "四書에서 시민자질", 우리사회문화학회. 『우리
사회문화연구』제8집.

Allan. Sarah. 1981. "Sons of Suns: Myth and Totemism in Eary
China", Bulletin of the School of Oriental and African studies,
Vol.XIVI part3: 290-326.

Chang. Kwang-chih. 1983. Art, Myth and Ritual. Cambrigge and
London: Harvard University Press.

_____. 1980. Shang Civilization. New Haven: Yale
University Press.

_____. 1977. The Archaeology of Ancient China. New
Haven: Yale University Press.

Palais James B. 1991. Politics and Policy in Traditional Korea.
Cambridge: Harvard University Press.

Duncan John B. 1995. "A Reconsideration of The 'Sarim' of The Choson Dynasty: Cho Nam－Myong and the Sarim", 남명학연구원 편. 1995.『남명학연구논총』. 제3집.

Kneightley. David. 1999. "The Oracle－Bone Insccriptions of the Late Shang Dynasty", De Bary and Bloom(ed). Sources of Chinese Tradition, second edition. New York: Columbia Univertiy Press. pp.3－23.

＿＿＿＿＿＿＿＿. 1978. "The Religious Commitment: Shang Theology and Genesis of Chinese Political Culture", History of Rligions Vol.17: 211－225.

Latourette. Kenneth Scott. 1946. The Chinese. Their History and Culture. New York: The Macmillan Company.

4. 신문 및 기타자료

『동아일보』. 1997년 09월 20일자.
『서원대신문』. 1992년 04월 01일자.

죽수서원은 문정공 정암 조광조(1482~1519)와 혜강공 학포 양팽손(1488~1545)을 배향한 서원으로 전남지방에서는 순천의 옥천서원에 이어 두번째로 1570년에 사액(賜額)을 받은 서원이다. 정암은 1519년(중종 14) 기묘사화의 화를 입어 능성현에 유배되었다. 이때 평소 정암선생을 흠모하고 생원시와 현량과에 함께 등용되는 등 여러 모로 인연이 깊었던 학포선생도 관직을 삭탈당하여 고향인 능성현에 와 있었다.

이에 자연히 조석으로 만날 수 있게 된 정암과 학포는 서론 강론하면서 의리를 교환하였다. 그러나 정암선생이 유배된지 1개월 정도에 사사를 당하자 학포는 은밀히 시신을 거두어 능성현 쌍봉(雙峰) 중조산(中條山) 아래 (현재 이양면 증리 서원동 일명 조대감골)에 가매장하였다가 이듬해 그의 선영하로 옮기고 그 자리인 서운태(서원터) 마을에 모옥(茅屋)을 짓고 춘추로 문인 제자들과 함께 제향하였다.

이후 1568년(선조 1)에 정암선생은 영의정에 추증되었으며 그 이듬해에는 문정이란 시호를 받았다. 이와 때를 같이하여 조정에서는 정암을 향사할 서원의 건립이 논의되었고 1570년(선조 3) 다시 능성현령 조시중의 협조로 천일대 옆(현 위치)에 서원을 짓고 죽수란 사액을 받았다. 그후 1613년 서원을 중수하였고 1630년(인조 8) 도내 유림들과 조정에서는 사계 김장생 등의 발의로 학포선생을 죽수서원에 배향하였다.

1868년(고종 5) 서원철폐령에 따라 훼철되어 위패는 매안(埋安)하였고 단만을 마련하고 제향하였다. 1971년 능주의 유림과 제주양씨 후손들이 도곡면 월곡리에 죽수서원을 복원하였다. 그러다가 1983년 다시 한양조씨 조국조를 중심으로한 정암선생 후손들에 의하여 원래의 위치이자 죽수서원 사액을 받은 모산리에 죽수서원 복원을 추진, 월곡리의 건물을 재건하고 신축하였다. 천의사(天意祠)와 불우문(不遇門), 강당을 두었다.

현재의 한천면의 죽수서원은 1986년부터 1987년 사이에 도곡에서 천의사와 불우문을 이건한 후 증축한 것이다.

서원의 경내는 중앙에 정면 3칸 측면 2칸의 맞배지붕의 내삼문과 좌우로 둘러진 담장에 의해 제향구역과 강학구역으로 분리된 전학후묘의 형태를 갖추고 있다. 1989년 동재를 신축하고 1994년에 외삼문을 보수하고 1997년에 내삼문을 보수하였다.

죽수서원(竹樹書院) / 지정번호: 문화재자료 제130호 / 소유자: 사유(한양조씨 문중)
소재지: 화순군 한천면 모산리 산 15-3

제6장
사림(士林)의
지치주의(至治主義) 정치사상[1]

---

1) 본 연구는 한국동양정치사상사학회(편), 『한국정치사상사: 단군에서 해방까지』, 백산서당, 2005. 제12장 이지경·최연식, "사림의 지치주의 정치사상" 내용을 수정보완한 것임.

I. 사화시대의 정치·사회적 배경

조선조 성리학적 지치주의 정치사상은 '천명(天命), 덕(德), 예(禮)'
등 유교적 국가경영(Confucian Statecraft)의 절대군주 주권론으로
성숙하였다. 여기서 국가경영 이란 "한 국가의 최고지도자가 국민
들과 상호작용하는 가운데 정치권력, 인적/물적 자원, 그리고 각종
기회들을 동원하고 활용함으로써 문제를 해결하고 자신의 비전을
구체화해 가는 국가관리 기능"으로 정의할 수 있다.2) 이러한 국가
경영 개념은 정도전의 경국(經國), 정약용의 경세(經世), 그리고 서
양의 현대적 통치(Governing)개념과 유사하다고 볼 수 있다. 유교적
국가경영에서 정치는 군주의, 군주에 의한, 백성을 위한 군주 지배
체제이며 군주의 선정을 통치규범으로 하였다. 여기서 통치의 주체
는 군주였고 군주는 의과 공에 의한 민의 인도와 교화의 인정덕치
(仁政德治) 중심이었다.3) 군주의 '내성외왕', 관료 및 신하의 '충군
존왕', 군주가 민에 대한 '인정덕치'가 그 핵심이다. 군주는 국가통
치의 상징이며, 국가통합의 구심체라 했다. 그래서 군주를 국가의
'원수'라고 했다.4)

---

2) 정윤재 외, "세종의국가경영연구", 2004년도한국학술진흥재단기초학문
연구연구계획서(KRF-2004-074-BM0002), p.7.
3) 유교적 국가경영 관점에서 '經國' 또는 '經世'란 용어는 역대 조선왕조
실록에 걸쳐 다양한 맥락에서 사용되고 있다. 실제로 『조선왕조실록CD』
에서 '經國'과 '經世'라는 용어(原文)를 검색해 보면, 각각 206건과 557
건으로 나타난다. 1392년 조선 건국이념은 崇儒抑佛, 重農主義, 民本
主義, 事大交鄰 정책이 중심을 이룬다. 즉 유교적 국가경영의 통치이
념과 정치체제운영원리를 담고 있다.
4) 鄭道傳, 『三峰集』, 「經濟文鑑」(下)後序, "蓋君原(元)首也 宰相爲君可否
君之腹心也"

역사적으로 15세기 중엽에서 16세기 중엽에 걸쳐서의 정치과정
에서는 훈신정치에서 사림정치로 이행하는 권력투쟁과 사상투쟁의
과도기였다. 세조의 왕위찬탈을 비롯한 일련의 무오사화(1498), 갑
자사화(1504), 중종반정(1506), 기묘사화(1519), 을사사화(1545) 등
여러 차례 사화로 인한 권력투쟁의 격변기라 할 수 있다. 이러한
정치과정에서 통치층 내부의 군·신간의 경(敬)·의(義)를 둘러싼,
이른바 통치자의 자기규율과 수신의 문제가 사상가들 사이에 당면
의 정치적 과제였다. 이러한 당면과제는 주자학의 수신론 결부하게
되었던 것이다.5) 정몽주, 정도전, 권근 등에 이어서 조선 전기 성종
때 신진사림으로 중앙정계에 진출한 김종직,6) 김굉필, 정여창, 김일
손, 조광조, 서경덕, 이언적 등의 도학존숭론(道學尊崇論) 연구의
경향이 어떠한 것이었느냐 하는 점이 결코 간과될 수 없는 중요한
유학 정치사상 연구 대상 영역이다.7) 15세기 후반에서 16세기 전
반기 활약한 전기사림은 봉공실현을 위해 목숨까지 던진 사화기의
실천적 사림의 상징으로 간주됨으로 유교국가 유학 정치사상 연구
의 중요한 한 부분이다.8)

조선조 건국 이후는 전형적인 유교사상이 절대적으로 지배하는
유교국가이다. 유교국가의 정치체제는 군주주의와 귀족주의의 혼합
이다. 그런데 유교국가의 귀족은 학문적 덕능의 신분이 특징적인바,
흔히 그것을 사족(士族)이라고 부른다. 사족의 정치세력화 비중이
클수록 발전된 유교국가 정치체제라고 할 수 있다. 조선조 정치체

---

5) 박충석, 『한국정치사상사』(서울: 삼영사, 1982), p.23.
6) 1972년부터 2004년까지 金宗直 研究論文 41편. 현황은 이지경, "김종직
   정치사상연구", 2004년도 한국동양정치사상사학회춘계 발표논문, 2004,
   p.1.
7) 박충석·유근호, 『조선의 정치사상』(서울: 삼영사, 1980), p.37.
8) 윤사순, 『한국유학사상사론』(서울: 예문서원, 1997), p.94.

제는 도학적 정치이념의 부정적 측면으로부터 비롯되는 양반 중심의 착취적 사회・경제, 문약하고 공리・공담에 가까운 사변성과 원리원칙에 따라 매사를 처리하는 형식주의, 파벌주의, 명분주의, 체면, 주변국가와의 국방 및 외교정책 빈곤, 보수적・수구적 질서와 주자학적 세계관등과 같은 폐단 또한 없지는 않았으며 실제의 정치행태 면에서 볼 때 사농공상의 비민주적인 신분차별이나 정치참여 제한, 민중의 복지를 강조하지만 민중의 정치적 권리는 철저히 배제, 권력을 중심으로 하는 사화, 당쟁, 세도 등의 당파적 갈등과 투쟁 그리고 변화하는 체계의 내외적 환경에의 적응실패, 반복되는 왕조체제의 권위주의적 정치, 왕정 운영에서 군주의 절대적 억압정치, 성인・군자화되지 못한 군주의 통제 메커니즘이 존재하지 않았다는 점 등과 같은 부정적 양상 또한 적지 않게 가지고 있었던 것이다. 하지만 정치사상적 의미에서 왕정운영의 도학화 추구, 언로의 개방, 공론정치의 활성화 등은 정치발전에 기여한 바 크다고 할 수 있다. 또한, 중요한 사상가들의 행태들과 사건 중심으로 연구하는 것은 정치사적 관점에서 중요하다고 본다. 거시적 차원에서는 한국정치의 정치문화적 접근의 근원적 모태가 되고 있기 때문이다.9)

조선조 초기 인간관의 측면에서 군주제의 인간관은 1차적으로 지배세력은 이성적-정신적-자율적-논리적 존재로 피지배세력을 감성적-육체적-예속적-비논리적 존재로 규정한다. 하지만 사림세력의 일원으로서 사림은 군자, 성인의 개념을 일반 백성에게까지 확대하는 교육에 진력함으로써 이러한 1차적 인간관의 역전을 모색한다. 조선조 초기에 제시된 인간관은 지배세력과 피지배세력의 상호소통을 통한 이성적 인간관이라고 할 수 있다. 사림의 목숨을

---

9) 이지경, "일두정여창 정치사상에 대한 재해석", 2004년도 한국・동양정치사상사학회 하계학술발표논문, p.27.

건 유교국가 건설 이상으로 제시된 이성적 인간관의 복원이다.[10]

조선조 건국 이후 유교 국가경영에서 정치엘리트 분화와 변천과정을 전망하고 조선정치사의 통일적 체계파악과 유교정치체제를 장기화할 수 있는 근거를 밝히는 데 훈구세력과 사림세력, 권귀세력과 벌열세력의 개념을 이해하는 것은 중요하다고 본다. 조선 초기 태종, 세조, 성종의 열조에 걸쳐 정난, 익대 등 각종 명의의 공신 사대부들 중에서 나와 논공행상에 의한 특권의 정당한 향유 외에 권력을 이용한 광범위한 토지와 衆多한 노비의 점취가 유행되기도 했다. 그것이 하나의 기성세력으로 권위를 가지게 될 때 훈구파라 부르고, 왕과 비빈들에게 사적관계를 통하여 권세를 부리는 자들을 권귀세력이라 불렀다. 또한 사대부 층에 훈척을 중심으로 한 소수의 가문이 연합하여 권력의 집약형태로 세도정치를 한 벌열정치 세력이라 하였다.[11] 이들 세력의 견제기능으로 성종 때 신진사림 김종직 문하의 김굉필, 정여창, 김일손, 조광조 등 사림 엘리트들이 중앙정계에 등장한다.

조선조 정치체제는 유교적 국가주의, 왕조주의의 외형을 유지하면서, 왕권과 신권의 갈등 속에서 조선조 정치사상은 군주정체와 귀족정체의 모습을 보이기도 한다. 하지만 귀족정체의 모습을 보일 때에도 군주정체라는 외형은 그대로 유지되었다. 군주는 물론 훈척 세력이나 사림세력들은 자신들이 이성적-정신적-자율적-논리적 임을 강조하는 반면 국민들을 감성적-육체적-예속적-비논리적 존재로 보면서 교화의 대상으로 본다. 군주정체가 제도화되고 피지

---

10) 나정원, "일두정여창의 정치사상과 그 연구과제", 일두사상연구원(편), 『일두정여창의 생애와 사상』(서울: 일두사상연구원, 2004), p.238.
11) 이우성, "이조 사대부의 성격", 영남대학교 민족문제연구소 발표논문, 1979. 참조.

배세력에 대한 통제 기구가 강화되면서 훈척세력들이 등장하고, 이 훈척세력에 대한 견제세력으로 사림세력이 활동한다.

신왕조가 뿌리를 내리게 되자 유교입국의 이념과 현실 사이의 괴리가 중요한 문제로 부각됐다. 성리학에 보다 투철한 신진의 세력이 이념에 입각한 개혁운동으로 현실을 비판하고 나섬으로써 조선조 성리학적 정치사상은 본격적인 전개를 보게 된다.[12] 이른바 김종직 이후 신진사림으로 불리는 그들이 비판의 초점으로 삼은 것은 비유교적인 공신·척신들의 발호와 군주의 포악으로 말미암은 폭군정의 현실이었다. 유교는 학덕을 지닌 현자의 지배를 지향하는 것이고, 그런 유교의 관점에서 볼 때 당시의 현실은 비판을 면할 길이 없는 것이었다. 학덕이 아닌 물리적인 힘이나 사적인 배경을 업은 공신, 척신과 학덕을 갖추지 못한 군주에 의해 정치적 혼란이 야기됐다고 보고 그들은 그에 대해 비판을 가했던바, 사화와 반정은 바로 그런 정치적 갈등의 표현이었다.

사림의 성리학적 정치사상은 군주정 이외의 정치는 생각할 수 없고, 현실의 정치는 건전한 군주정이 아니면 폭군정이라고 본다. 사림의 관심은 어떻게 폭군정을 막고 건전한 군주정을 이룩할 수 있을까가 성리학 정치사상의 궁극적 관심사였다. 성리학 정치사상은 군주가 유교적 수양을 통해 현군이 되어 현명한 신료를 뽑아 군신 간의 조화가 이루어질 때 건전한 군주정이 되고, 군주가 지도자 교육에 소홀하여 나타난 수양의 실천성 부족으로 간신들에 의해 둘러싸일 때 폭군정이 된다고 결론짓는다. 조선조의 성리학적 정치사상은 군주가 인간으로서 갖는 한계 때문에 타락하게 마련이라는 현실적인 전제 위에 있었다. 타락의 가능성은 군주가 직접 정

---

12) 이태진. 1979. "16세기 사림의 역사적 성격", 성균관대학교 대동문화연구소(편), 『대동문화연구』제13집. 참조함.

권을 행사할 때 더욱 커진다. 그래서 조선조의 성리학적 정치사상은 공평한 기준에 입각해 뽑힌 신료에게 군주가 전권을 일임해야 한다고 하는 군신공치론(君臣共治論)을 강조한다. 유교정치사상은 치자의 윤리에 초점을 둔다. 선진유학에서는 그에 관한 논의가 세밀하지 못했으나 성리학에 와서는 군주와 신료의 윤리가 엄격히 나뉘어 이야기되고, 군주와 신료 간의 조화가 이상적인 정치의 실현을 위한 필수조건으로 규정된다.13)

조선 전기 사림의 정치적 성격에서 사화와 당쟁을 보면 사화가 훈구파와 사림파 사이의 투쟁에서 훈척계열의 자기 분열적 현상의 의미를 내포하고 있고 사림파에 대한 정치적 보복의 형태가 강했다. 그러나 당쟁은 사림정치 세력 간의 권력 주도권에 대한 붕당적 성격을 내포하고 있다. 하지만 사림정치의 발달은 정치참여층의 확대와 왕정 운영의 도학화에 촉진을 가져왔고 이러한 배경에서 당파 간의 경쟁과 대립이 일어났으며, 당쟁의 발생의 정치적 의미는 근대 이전 조선조 정치 수준의 긍정적 자기성숙과 부정적 자기붕괴의 의미를 동시에 포함하고 있다.

---

13) 손문호, "조선조 성리학 정치사상의 역사적 성격", 한국정치외교사학회(편), 『조선조 정치사상 연구』(서울: 평민사, 1987), pp.92-93.

II. 사림개념과 정치사상사적 함의

　사림(士林) 개념은, 천자, 제후, 대부, 유자집단, 사족, 사류 또는
사대부 등의 용어는 주로 고려 후기부터 나타난다. 『高麗史』에 의
하면 사인(士人) 또는 사류(士流)란 말이 나온다. 이때의 사인(士
人) 또는 사류(士流)는 과거 합격자를 지칭하였다. 일반적으로 사림
이라는 말은 유학을 전공하고 그 이념으로 하는 독서인, 지식인,
가산관료[14]의 미칭인 사(士)와 우거진 수풀을 가리키는 말로 많은
뜻을 지닌 접미어 림(林)의 합성어이다. 또 사림은 공이(公利)를 초
월해 '산림'에 거처하면서 과업을 외면하고 관직을 업으로 하지 않
으면서 강학, 양덕을 통해서 공론에 영향을 미치는 재야인사[15] 또
는 중소재지의 경제적 기반을 갖고 있는 야생사족의 분위기를 담
고 있다. 유교는 그 본질에 있어서 사회참여를 지향한다. 후세에
와서 역사적 특수한 환경 속에서 유자들 가운데는 세상을 등지고
산림으로 은둔해서 절개를 지키는 산림사상이 일어난 일도 있지마
는 이것도 결국 사회참여에서 실패하거나 또한 참여가 불가능하다
고 생각될 때에 취해지는 행동이고, 그것 자체가 유일한 옳은 방식
이라고 생각되어서 하는 일은 아니었다.[16] 『論語』에서 공자는 자하

---

14) Max Weber의 '家産官僚'는 행정스태프들을 거느리고 수행하는 전통
　　적인 가부장적 지배의 유형이며, 행정스태프들은 '가신'의 역할을 수
　　행하면서 ① 부역의 면제, ② 처벌의 면제, ③ 복록의 특권을 향유하
　　게 된다(Max Weber, "The Religion of China", New York: the free
　　press, 1964, pp.45－47, 129, 133－138). 조선 초기에 있어서 太宗朝에
　　공신들을 비롯한 私田의 확대화를 유지하여 大土地領有化가 자행되
　　기 시작하였던 것이다.
15) 손문호, "조광조의 유교적 개혁주의", 김영국 외, 『한국정치사상』(서울:
　　박영사, 1991), pp.35－36.

더러 "너는 군자유가 되지 소인유가 되지 말라(옹야편)." 한 것을
보면 사림의 기본목표는 군자유임을 유추해 볼 수 있다.[17] 또한 박
지원의 『燕巖集』 양반전에서 '독서인', '양반'[18]으로, 『圃隱集』부록
유묵에서 양반(兩班)으로,[19] 이중환의 『擇里志』에서는 경제적 토대
위에서 관혼상제의 전통예법을 지키면서 가문의 체통을 지키는 '사
다운 생활에 종사하는 사람' 또는 재조자(在朝者), 재야자(在野者),
산림가도학자(山林假道學者), 산림학자(山林學者), 산림양덕지사(山
林養德之士) 등 다양한 의미를 내포하고 있다.[20] 이상과 같이 사림
(士林), 사론(士論), 사류(士流), 사족(士族), 사기(士氣), 사화(士禍)
개념을 비교해 보면 다음과 같다. 천하의 공언을 '사론'이라 하고,
당세의 제일류를 '사류'라 하고, 성리학자나 사장학자의 구분 없이
폭넓은 의미의 유학을 공부하는 선비집단을 사족이라 하고, 사해
(四海)에 의성(義聲)을 울리는 것을 사기(士氣)라 하고, 군자가 죄
없이 죽는 것을 사화(士禍)라 하고, 유학사상을 강학론도(講學論道)
하는 독서인, 지식인, 대장부, 군자, 인인(仁人), 현인, 현자, 유자집
단, 유덕자, 가산관료를 총칭하는 것으로 성리학에 보다 충실한 유
교국가의 건설을 위해 노력했던 재야의 지식인들로서, 재지적 중소
지주의 기반을 소유했던 '야생사족'의 세력을 사림(士林)엘리트라고
할 수 있다.[21]

15세기 유학 정치사상 분야에서 지배적 지위를 차지한 것은 도

---

16) 고병익, 『동아시아의 전통』(서울: 일조각, 1976), p.31.
17) 이성무, 『조선왕조사』(서울: 동방미디어, 1998), pp.334-402.
18) 朴趾源, 『燕巖集』卷8, "讀書曰士 從政爲大夫 有德爲君子 武階列西
    文秩敍東 是爲兩班"
19) 『圃隱集』附錄 遺墨 "崔鄲之女之母族 亦眞兩班也"
20) 李重煥 『擇里志』, "凡士之仕於朝者 與不仕以在下者 苟其人從事於士
    則通爲之士大夫"
21) 이지경, 앞의 글, p.30.

학이다. 조선시대를 통하여 도학이 정치·사회·문화의 모든 영역에서 지도이념으로 확립되고 지속된 것은 사실이다. 도학이란 사람이 사람답게 사는 인간의 마음을 밝힌 심학이요, 행동철학이다. 그러므로 그것은 성리학의 토양에서 자라난 인간학이다. 즉 도란 목숨을 걸고 행할 수 있는 진리를 찾아 그것에 헌신적으로 종사함으로써 이 세상에 유교국가 질서를 확립하고자 했던 행동의 철학이다. 따라서 그 도(道)란 대의명분을 뜻한다. 도학이란 지적성취만을 의미하지 않고 힘써 행하는 데 그 참뜻이 있다.22) 이러한 경향은 항상 인의도덕을 강조한 유가의 정치담론은 선정을 이상으로 하고 있었다. 그러나 현실은 왕도를 지향하는 패도에 불과한 것이었다.23) '도학'은 '성학'이라고도 일컬었고 '주자학', '정주학', '송학'과도 일치한다. 그러나 일반적으로 통용하는 '성리학'은 오히려 도학의 철학적 분야에 한정된 것이라 생각된다. 도학은 성리학(性命義理之學)·의리학(義理學)·예학(禮學)·벽이단론(闢異端論) 등의 분야를 포괄하는 개념으로서, 주자학을 정통으로 삼는 조선시대 유학에 대한 가장 적절한 명칭이라 생각한다.24)

조선조 통치자들은 불교를 반대하고 유교를 적극 내세우는 이른바 억불숭유(抑佛崇儒) 정책을 실시하였다. 따라서 불교의 존속을 부정함으로써 성리학의 독존을 가능케 하였을 뿐만 아니라, 불교적인 정치사회를 성리학적인 정치사회로 변화시켜 갔다. 이 같은 변화과정에서의 개혁논의는 성리학을 독존적인 위치에서 통치 담론으로 등장하게 되었고, 담론의 주체가 신흥사대부들이 새로운 정치세

---

22) 정경주, 『정여창연구』(서울: 집문당, 1987), p.257.
23) 전락희, "체제개창기의 개혁사상: 여말·선초 성리학적 담론의 형성과 그 개혁사상적 함의", 강광식 외, 『조선시대 개혁사상연구』(성남: 한국정심문화연구원, 1998), p.17.
24) 금장태, 『유교와 한국사상』(서울: 성균관대학교출판부, 1980), p.137.

력으로 부상하게 되었다.25) 사림 엘리트들은 훈척세력의 패도정치를 비판하고 왕도정치의 핵심인 도학정치의 발현과 지치주의 정치개혁 운동의 중심축이 되었다. 군주에게는 끊임없는 경전공부를 통한 내성외왕의 성군으로써 통치자자 자질교육과 수신을 강조했고, 신료 및 관료에게는 충군존왕(忠君尊王)의 역할과 민(民)에게 성리학적 실천자의 모범을 강조했다.

조선조 사림파 정치 이념적 특징은 "숭유명군(崇儒明君), 숭왕척패(崇王斥覇), 인본·의본인치주의(仁本·義本人治主義), 위도항절(衛道抗節), 살신성인(殺身成仁), 홍도혜민(弘道慧民), 충(忠)·의(義) 사상, 강의직절(剛毅直節), 불사이군(不事二君), 대의명분(大義名分)의 실천궁행" 등으로서 진강상(振綱常) 의리 논리에 충실한 야생사족(野生士族) 저항 정치세력이 사림파였다. 사림파는 요순시대의 태평성대(太平聖代), 대동지치(大同至治)와 같은 천명, 덕치, 예치 사상을 바탕으로 왕도정치의 실현, 폭군(연산군)에 항쟁, 중종반정(中宗反正) 이후 유교국가 정치체제 운영의 도학화를 위한 대항한 대표적 세력이었다. 이런 점에서 과거 사림사상가들의 유학적 개혁사상을 오늘날 새롭게 연구하는 것도 중요한 의미가 있는 것이라 본다. 사림의 정치의식은 왕도정치의 구현이다. 요순지치를 목적으로 유교국가의 의리정신에 입각한 실천유학정신이며, 언로와 공론을 기반에 둔 위민·애민·양민의 정치적 정치논리이다.

조선조 진강상(振綱常)의 의리사상인 『三綱五倫』의 규범형식으로 받아들여졌을 때 그 규범은 절대불변의 가치기준으로서 사회질서의 핵심을 이루었으며, 가장 빈약한 행위기구로서도 모든 사회계층을 분수에 안정하게 함으로써 수백 년간 사회적 안정을 확보해

---

25) 전락희, 같은 책, p.33.

가는 원동력이 되었다. 또한 의리가 존왕척패(尊王斥覇)와 사대사소(事大事小)의 형식으로 국제사회에 확인되었을 때 국가의 안전과 국제평화의 원리로서 유교문화권의 세계질서를 유지해 주었다.[26] 당시 사림의 지치주의 정치적 목표와 경세론의 정치사상사적 함의를 요약하면 다음과 같다.

그 당시 유교적 국가경영의 왕도정치 추진 세력인 사림파의 정치적 목표는 ① 조선 건국 이후 공신들과 훈척세력의 횡포를 견제하는 것, ② 훈척사족의 부정부패를 추방하고 사회를 정화하는 것, ③ 세조의 왕위찬탈의 정통성을 부정하고 단종을 복위시키는 것, ④ 소능을 복원하여 인륜의 기강을 확립하는 것, ⑤ 정몽주의 신불사이군(臣不事二君)의 의리정신 계승, 사육신의 복권운동, ⑥ 왕정운영의 도학화, ⑦ 존왕척패의 정치사상, ⑧ 공론에 의한 정치, ⑨ 민본정치와 삼사(사련원, 사헌부, 홍문관)의 기능 강화 등이었다.[27] 이와 더불어 사림엘리트 정치사상의 경세론 특징을 정리해 보면 다음과 같다.

첫째, 군주의 마음은 선정이 기본이다. 즉 군자를 중시하고 소인을 멀리해야 한다.

둘째, 소학과 가례 등의 보급을 통하여 조선조 예(禮)사상의 발전을 가져왔다.

셋째, 지치주의의 개혁정신에 따른 경세적 업적을 들 수 있다.

넷째, 사림의 경제적으로는 재지 중소지주층이 주류를 이루고 있다.

다섯째, 사림의 정치의식은 의리정신에 입각한 실천 유학정신이며 언로와 여론에 기반을 두고 있다.

여섯째, 왕정운영의 도학화와 윤리적 규범, 자기수양을 통한 가

---

26) 금장태 같은 책, p.49.
27) 정경주, 같은 책, pp.371-373.

치관의 지속적 확산이다.

일곱째, 국법이라도 시대가 변천하고 민생을 위한 정책이 아니면 개혁되어야 한다.

여덟째, 천명사상, 덕치, 예치의 실현을 위한 공론추구이다.

아홉째, 조선조 건국 정치이념에 일치된 실천성리학 측면에서 유교사상의 진강상(振綱常) 논리에 의한 '야생사족'으로서 왕정운영의 도학화를 주장했다.

조선조 유교정치체제하에서 사림에 대한 국가차원의 문묘종사 내용을 정치사상사적 함의를 정리해 보면 다음과 같다. 첫째, 국가 사상으로서의 유교, 즉 성리학을 정학으로 재천명하며 선비들의 학구열을 제고시키는 계기가 되었다는 점이다. 둘째, 조선조 자국 출신의 유현을 문묘에 봉안함으로써 유학자로서의 자긍심을 심화시키고 있었다는 점이다. 셋째, 학행일치(學行一致)의 수준 향상을 꾀하고 있었다는 점이다. 넷째, 정치적 권세를 넘어서는 의리사상의 가치가 제고되었다는 점이다.[28] 다섯째, 문묘는 국가의 사전(祀典) 안에서 정치적 위상을 높이고 또 이를 통해서 국가는 사림들의 정치적 영향력을 인정한 것이라 하겠다. 조선왕조에서 문묘의 배향문제는 억불숭유 정책에서 기인한다고 볼 수 있다. 당시 사림파과 훈구파 정치세력의 공통점은 지배층으로서 지치주의 정신 계승과 성리학 이론의 심화를 위해 국가를 통치하는 民本과 爲民의 실천적 주체로서 관료의 군신공치론(君臣共治論) 역할이라는 것이다. 그러나 유교적 국가주의 군신의리의 실천 문제에서 차별성을 보이고 있다. 사림이 추구해 온 도학정치 개혁론이 국가의 정책으로 연결되었으며, 무오인, 갑자인, 기묘인·을사인 및 문인·후손들이 유교적 국가

28) 조남욱, 『정여창: 조선조 실천유학자』(서울: 성균관대학교출판부, 2003), pp.179-180.

주의 개혁정치 실천의 주체가 되었다는 중요한 의미를 갖고 있다.

조선조 사림의 지치주의 정치사상은 인간에 의하여 다스려지는 이 세상이 바로 하늘의 뜻이 펼쳐진 유교적 국가의 이상세계가 되도록 하여야 한다는 것이다. 이는 중국의 성리학이 수용되고 정착되면서 나타난 한국유학 정치사상사의 특징이라 할 수 있다. 고려말에 수입된 성리학이 뿌리를 내리면서 나타나는 하나의 특징은 천인무간(天人無間)의 인간존재를 자명한 명제로 전제하였다. 하늘과 사람이 하나로 연결되어 있는 합일체로 보는 이 전제는, 하늘의 뜻이 인간의 일과 분리되지 아니한다는 천리불리인사의 명제로 발전하여 사람에 의하여 다스려지는 세상이 하늘의 뜻이 실현된 이상사회가 되지 않으면 안 된다는 정치적 당위성이 도출됨으로써 지치주의 운동이 일어나게 되었다. 지치란 『書經』 군진편(軍陣篇)의 '지치형향(至治馨香) 감우신명(感于神明)'에서 따온 것인데, 잘 다스려진 인간세계의 향기는 신명을 감명시킬 수 있다는 것이다. 그런데 사림의 지치주의 운동이 우리나라에서는 하늘의 뜻이 실현된 유교국가의 이상사회 건설을 목표로 하는 정치적 실천운동으로 구체화되었다. 유가에서의 이상사회는 요순시대의 대동사회(大同社會)를 말하므로 지치주의 운동의 내용은 정치적 실천에 의하여 당시의 군민(君民)을 요순시대의 군민으로 만들어 직접 요순삼대의 일월을 눈앞에 출현시키려는 유교적 국가경영의 현실적 실천운동인 것이다. 본래 사람들은 하늘과 사이가 없이 직접 연결되어 있는 존재이고, 사람의 일은 하늘의 뜻과 떨어질 수 없는 것이기 때문에 현실적으로도 그렇게 되지 않으면 안 된다는 것이다. 조선시대에 전개된 사림의 지치주의 정치사상의 구체적 발현과정과 정치개혁 내용을 살펴보고자 한다.

III. 도학정신의 발현

성리학이란 말 자체는 성명(性命)과 의리(義理)에 관한 학문이라는 뜻이다. 성명에 관한 학문이라는 의미에서 성리학은 인간의 본성과 우주의 원리를 종합적으로 탐구하는 형이상학적인 사변철학이지만, 동시에 의리에 관한 학문이라는 의미에서 성리학은 천인합일(天人合一)의 이념에 기초한 도덕원리를 현실에서 적극적으로 구현하고자 하는 실천철학이다. 이처럼 성리학은 객관적인 지식의 탐구와 그것에 기초한 도덕의 실천을 모두 포괄하는 용어이지만, 그중에서도 의리사상의 실천을 중시하는 학문 경향을 도학(道學)이라고한다.

원래 도학이라는 용어는 장재(張載)의 『답범손지서(答范巽之書)』에 처음 등장하기 시작했고,[29] 주희(朱熹)에 의해 도학의 학문적전통이 도통(道統)으로 확립되면서 정통과 이단을 구분하는 기준으로 활용되었다.[30] 그 후 『송사(宋史)』를 편찬한 원대(元代)의 성리학자들이 소옹(邵雍), 주돈이(周敦頤), 장재(張載), 정호(程顥), 정이(程頤) 등 북송(北宋)의 다섯 학자들과 주희 및 그 문인들의 전기를 「도학전(道學傳)」에 수록하면서, 성리학의 별칭으로서 도학이라는 개념이 본격적으로 사용되기 시작했다. 따라서 도학은 순정(醇正)한 성리학을 계승한 특정 학파의 학문만을 배타적으로 지칭하는개념이었다.

조선에서도 도학사상의 전통은 고려 말 조선 초 정몽주(鄭夢周,

---

29) 『張橫渠集』, 卷11, 答范巽之書, "朝廷以道學政術爲二事."
30) 『中庸』, 「中庸章句序」.

1337-1392) 이래로 비교적 선명한 계보를 따라 전승된 것으로 받아들여졌다. 즉 조선 전기의 도학 전통은 정몽주를 필두로 길재(吉再, 1353-1419), 김숙자(金淑滋, 1389-1456), 김종직(金宗直, 1431-1492), 김굉필(金宏弼, 1454-1504)을 거쳐 조광조(趙光祖, 1482-1519)에게 계승되었다는 것이 일반적으로 받아들여지는 정설이다.31) 이 점에서 조선 전기 사림의 도학정신은 고려 말의 절의파(節義派)에 정신적 연원을 두고 형성되었다고 평가할 수 있다. 그리고 이러한 불사이군(不事二君)의 절의정신은 부당한 권력행사에 저항하는 사림의 시대정신으로 부활했다.

조선 전기 사림파의 도학 전통을 관통하는 공통의 이념 기반은 『소학(小學)』 정신이었다. 물론 『소학』은 기본적으로 어린이들을 위한 성리학 입문서로 편집된 것이다. 그러나 주희는 이에 그치지 않고 『소학』을 풍속을 바로잡고 인재를 양성하는 출발점으로 활용하고자 했다.32) 조선 전기의 사림들이 『소학』에 주목했던 것은 바로 『소학』이 갖고 있는 이러한 정치적 기능 때문이었다. 따라서 조선 전기의 사림들은 자신들의 학문적 전통이 『소학』 정신의 전승을 통해 계승되었음을 강조했다. 우선 김종직은 자신의 부친 김숙자가 길재의 문하에서 쇄소응대(灑掃應對)의 학문을 수학했다는 점을 들어,33) 주희의 『소학』 정신이 자신들의 학문적 뿌리인 길재에 연결되어 있다고 판단했다. 또한 길재의 학통을 계승한 김숙자는 아들 김종직을 가르칠 때 반드시 『소학』으로부터 시작하고, 그다음

---

31) 『靜菴集』, 附錄 卷3, 年譜. (張志淵, 『朝鮮儒教淵源』(서울: 明文堂, 1983), p.11. ?)
32) 『小學』, 「小學題辭」, "世遠人亡 經殘教弛 蒙養弗端 長益浮靡 鄉無善俗 世乏良材 利欲紛拏 異言喧豗 幸茲秉彝 極天罔墜 爰輯舊聞 庶覺來裔."
33) 『佔畢齋集』, 「彝尊錄」 下, 先公事業.

에 유학의 다른 여러 경전들을 강습했던 것으로 알려져 있듯이,[34] 『소학』을 중시하는 길재의 학풍을 계승하고자 했다. 김종직 역시 이러한 부친의 학풍에 영향을 받아 김굉필에게도 학문에 뜻을 둔 다면, 반드시 『소학』으로부터 시작해야 한다고 가르쳤다.[35] 김종직 의 문하에서 수학한 김굉필은 스스로 '소학동자(小學童子)'를 자처 할 만큼 『소학』을 중시하여 스승으로부터 원(元) 나라 허형(許衡) 에 버금간다는 평가를 받았으며,[36] 김굉필의 문하에서 수학한 조광 조는 이황으로부터 "『소학』을 인재 육성의 근본으로 삼고, 향약을 풍속 교화의 방법으로 삼았다."는 평가를 받았다.[37]

　그러나 이들이 그토록 『소학』을 중시했던 정치적 의도가 처음부 터 명확하게 드러났던 것은 아니다. 이들의 의도가 보다 분명해진 것은 조광조를 중심으로 한 신진사림들이 본격적으로 활약하기 시 작한 중종 10년(1515) 이후였다. 이때 신진 사림들은 우선 일상윤 리의 실천을 강조하는 『소학』 정신이 연산군의 학정 이후 재상의 자제들에게 제대로 교육되지 않았던 현실을 비판했다.[38] 이어서 사 림들은 군주가 『소학』 교육에 모범을 보임으로써 선비들의 무너진 기강을 바로잡아 정의로운 정치를 구현해 줄 것을 요구했다.[39] 특 히 사림들은 『소학』 정신을 지식인 사회의 윤리적 실천문제에 국 한시키지 않고 제왕의 학문으로 격상시키고자 했다. 이를 위해서 사림들은 경연에서 『소학』을 진강(進講)하는 문제를 실현시켰고,[40]

---

34) 『佔畢齋集』, 年譜.
35) 『佔畢齋集』, 年譜.
36) 『佔畢齋集』, 年譜.
37) 『退溪全書』, 卷48, 靜庵趙先生行狀, "小學爲育材之本 鄕約爲化俗之方."
38) 『中宗實錄』, 12년 8월 辛亥; 12년 11월 丁亥.
39) 『中宗實錄』, 12년 9월 丙戌.
40) 『中宗實錄』, 12년 8월 癸酉.

『소학』이 제왕의 수기치인(修己治人)과 무관하지 않음을 강조했다.[41] 그 후『소학』진강은 기묘사화(己卯士禍, 1519)가 일어나기 직전이었던 중종 14년(1519) 5월까지 계속되었다.[42]

이 과정에서 김종직은『소학』정신에 입각한 도학 전통, 즉 길재로부터 계승된 불사이군의 절의정신을 조선 전기의 새로운 시대정신으로 재현한 상징적인 인물로 부각되었다. 특히 사림들이 주목했던 것은 무오사화(戊午士禍, 1498)의 발단이 되었던 「조의제문(弔義帝文)」이었다. 사림들은 「조의제문」에서 정치와 도덕의 날카로운 대립을 포착했고, 파렴치한 권력행사에 맞선 숭고한 저항의 의미를 복원시키고자 했다.

「조의제문」은 글자 그대로 항우(項羽)에게 왕위를 빼앗기고 억울한 죽임을 당한 초 회왕(楚懷王) 의제(義帝)를 조문하는 글이다. 김종직이 「조의제문」을 쓴 세조 3년(1457) 10월은 마침 세조가 강원도 영월 청령포(淸冷浦)에서 단종을 살해한 시기와 일치한다는 점에서,[43] 김종직은 세조의 왕위찬탈과 단종의 억울한 죽음을 겨냥하고 이 글을 쓴 것으로 보인다.[44] 김종직은 시를 통해서도 부당한 왕위찬탈에 대한 비평을 시도했는데, 「화도연명술주시(和陶淵明術酒詩)」에서는 남조(南朝)의 송 태조(宋太祖) 유유(劉裕)가 진 공제(晋恭帝)의 왕위를 찬탈하고 시해한 사실을 비평했고,[45] 「고풍이수(古風二首)」에서는 후경(侯景)이 양 간문제(梁簡文帝)를 시해한 사실을 비평했다.[46] 특히 도연명(陶淵明)의 술주시(述酒詩)에 화답하는 시

---

41)『中宗實錄』, 12년 8월 壬申.
42)『中宗實錄』, 14년 5월 癸卯.
43)『莊陵誌』, 卷1, 舊誌, 事實.
44)「조의제문」의 전문과 그에 대한 훈구파의 해석은『燕山君日記』, 4년 7월 辛亥 참조.
45)『佔畢齋集』, 詩集, 卷11, 和陶淵明術酒.

에 덧붙여진 서문에서는 비평의 목적이 후세의 난신적자(亂臣賊子)를 경계하기 위한 것이라는 점을 분명히 밝혔다.[47]

그러나 「조의제문」은 김종직이 환로(宦路)에 들어서기 이전에 지어진 것이다. 김종직은 세조 5년(1459)에 문과에 급제한 후 성종20년(1489)에 형조판서를 역임하기까지 평생을 세조와 그 직계 자손들의 충실한 신하로 살았던 인물이다. 게다가 그는 세조가 지은 제범(帝範)에 관한 훈사(訓辭)를 인쇄하여 올리라는 예종의 명을 받고는 그날 밤 기뻐서 잠을 이루지 못하고 시 3수를 지었는가 하면,[48] 세조의 왕위찬탈을 미화하는 악장 두 곡을 남겼다.[49] 이쯤 되면 김종직에게서는 이미 「조의제문」을 지었을 때의 절의정신과 도학정신을 찾아보기 어렵게 되었다.

김종직의 이러한 태도변화는 그의 문도(門徒)들에게도 탐탁지 않게 여겨졌다. 김굉필은 김종직이 이조참판이 되었는데도 정치를 밝히는(建明) 일에 힘쓰지 않자, 그에게 시를 지어 올리면서 "난초가 시속을 따라 끝내 변한다면, 소로 밭 갈고 말에 올라탄다고 한들 누가 믿겠습니까."라고 비평했고,[50] 김종직에게 두시(杜詩)를 배운 홍유손(洪裕孫, 1431－1529)은 "시세의 일을 올바로 건의(建白)하지 않고 어찌 헛되이 남의 작록(爵祿)만 취하고 있습니까."라고 간

---

46) 『佔畢齋集』, 詩集, 卷13, 古風二首.
47) 『佔畢齋集』, 詩集, 卷11, 和陶淵明述酒, "後世亂臣賊子 覽余詩而知懼 則竊比春秋之一筆云."
48) 『佔畢齋集』, 詩集, 卷5, 十月初六日上命本署印進帝範訓辭是夜喜而不寐.
49) 두 개의 악장은 외외곡(巍巍曲)과 천명곡(天命曲)이다. 『佔畢齋集』, 詩集, 卷6, 世祖惠莊大王樂章.
50) 『秋江先生文集』, 卷7, 雜著, 師友名行錄, "佔畢先生爲吏曹參判 亦無建明事 大猷上詩曰 道在冬裘夏飲氷 霽行潦止豈全能 蘭如從俗終當變 誰信牛耕馬可乘."

언했다가 김종직의 미움을 샀다.[51] 또한 후학인 이황(李滉, 1501-
1570)도 "김종직은 학문적인 사람은 아니었다. 그의 종신 사업은
다만 문장치레(詞華)에만 있었으니, 그의 문집을 보면 알 수 있다."
고 하면서, 그의 학문과 도학정신을 폄하했다.[52] 이처럼 문도들과
후학들이 공통적으로 문제 삼았던 것은 김종직의 정신과 정치행태
가 일치하지 않았다는 점이었다.[53]

  김종직의 사림정신과 정치행보를 일치시킨 것은 역설적으로 훈
구파들의 공격이었다. 연산군대에 훈구파들은 사림파에 대한 정치
공세를 취하기 위해 「조의제문」의 상징성을 적극적으로 활용했다.
무오사화의 주동자 유자광(柳子光, ?-1512)이 김종직을 "세조와
그 자손 대대로의 원수"라고 평가했듯이,[54] 김종직은 연산군과 훈
구파에 의해서 단종에 대한 절의를 지키기 위해 세조를 배신한 반
역의 표상으로 각인되었다. 게다가 이 때문에 김종직 자신이 부관
참시(剖棺斬屍)당한 것은 물론이고,[55] 그의 제자들까지도 단지 김
종직의 문도라는 이유만으로 사화의 소용돌이에 휘말리게 되자, 사
림들은 자연스럽게 김종직을 정치적 수난의 상징으로 받아들일 수

---

51) 『秋江先生文集』, 卷7, 雜著, 師友名行錄, "諫先生 不建白時事 何空取
    人爵祿爲也."
52) 『退溪先生言行錄』, 卷5, 論人物, "金佔畢非學問底人 終身事業 只有
    詞華上 觀其文集 可知也."
53) 김종직의 모순적 행태는 그 후에도 계속 문제가 되었다. 장유(張維,
    1587-1638)는 김종직이 「조의제문」을 지었음에도 불구하고 세조의
    조정에 벼슬함으로써, 결국은 마음과 실제가 모순되고 의리와 명분을
    모두 잃었다고 평가했으며(『谿谷先生漫筆』, 卷2, 圃隱佔畢齋皆有重名
    於斯文而皆有大可疑處), 허균(許筠)은 김종직을 가학(家學)이나 주워
    모으고 문장 공부나 해서 스스로 발신하려 했던 위선적인 인물로 묘
    사했다(『惺所覆瓿藁』, 卷11, 文部8, 金宗直論).
54) 『中宗實錄』, 2년 2월 丙子.
55) 『燕山君日記』, 4년 7월 辛酉.

있게 되었다.

그러나 중종 원년(1507)에 이미 김종직과 무오사화의 희생자들에 대한 명예회복 조치가 이루어졌음에도 불구하고,[56] 세조에 대한 반역행위 자체는 세조의 직계 후손인 중종에게는 쉽게 용납되기 어려운 민감한 문제였다. 따라서 정순붕(鄭順朋, 1484-1548), 기준(奇遵, 1492-1521), 이청(李淸), 조광조 등 신진 사림들은 먼저 세조의 왕위 찬탈에 맞선 성삼문(成三問, 1418-1456)과 박팽년(朴彭年, 1417-1456)의 행위를 옹호함으로써,[57] 「조의제문」이 세조에 대한 반역행위로 간주되어 희생된 김종직과 그 문도들의 행위를 정당화하고자 했다. 그러나 김종직에게 씌워진 불충의 멍에는 그 후에도 오래도록 벗겨지지 않았다. 연산군 5년(1499)에 완성된 『성종실록』의 김종직 졸기(卒記)에 따르면, 김종직의 사후에 내려진 원래 시호(諡號)는 문충(文忠)이었는데, 후에 대간의 논박을 받고 문간(文簡)으로 개정되었다.[58] 이것은 김종직의 세조에 대한 불충을 용납할 수 없었던 무오사화 직후의 분위기를 반영한 것이다. 그 후 김종직은 숙종 34년(1708)에서야 비로소 원래의 시호를 회복하고 불충의 멍에를 벗을 수 있었다.[59]

조선 전기의 도학정신은 일반적으로 선명한 학문적 계보를 따라 전승된 것으로 받아들여졌지만, 실제로 도학정신이 발현된 것은 연산군 시대의 정치와 밀접하게 관련되어 있었다. 우선 연산군 시대의 훈구파들은 성종대 이후 급속히 성장한 사림파들을 견제하기 위해서 김종직과 그 문도들의 세조에 대한 불충을 문제 삼음으로

---

56) 『中宗實錄』, 원년 10월 壬子.
57) 『中宗實錄』, 12년 8월 戊申; 辛亥.
58) 『成宗實錄』, 23년 8월 丁巳.
59) 『肅宗實錄』, 34년 7월 丙申.

써, 역설적으로 사림들을 도학정신의 기치하에 결집시키는 결과를
낳았다. 이어서 중종반정이 성공한 뒤 개혁적 신진사림들은 연산군
대의 정치적 유산을 청산하고 진정한 의미의 반정을 완성하기 위
해 도학정신을 그들의 이념적 구심점으로 삼고 세력을 결집했다.
이 점에서 이 시기의 도통 확립에 대한 논의에는 단순히 도학의
전승과정을 분명히 한다는 학문적 의도뿐만 아니라, 도학정신에 충
실한 새로운 정치를 구현하려는 조광조와 그 추종세력의 정치적
의도가 개입되어 있었다.

Ⅳ. 반정(反正)시대의 지치와 정치개혁

반정(反正)이란 발란반정(撥亂反正)을 줄여 쓴 것으로,[60] 정치적
문란(紊亂)의 원인을 제거하여 정도(政道)를 회복한다는 뜻이다. 따
라서 반정은 정치체제의 새로운 설계도를 제시하는 혁명과 달리
선대의 경험을 통해 정당성이 입증된 성헌(成憲)의 회복을 지향하
는 복고적인 정치변동이다. 연산군을 몰아내고 성종의 둘째 아들
진성대군(晋城大君) 이역(李懌)을 옹립한 중종반정 역시 혁명적인
체제의 변화보다는 연산군대 이전의 정상적인 정치를 회복하는 데
목표를 두고 있었다. 특히 연산군이 폐위된 마지막 날의 실록 기록
에 묘사된 것처럼, 중종반정이 평정하려 했던 정치적 혼란의 근원
은 평정심을 잃고 방탕과 광포로 일관했던 연산군 개인의 패륜과

---

60) 『公羊傳』, 哀公 14년.

부도덕에 있었다.[61] 따라서 중종이 즉위교서에서 "예전부터 내려온 법과 제도를 변란(變亂)하여 새로 만들어진 조항들은 말끔히 제거하고, 조종(祖宗)이 이루어 놓은 법도를 한결같이 준수할 것"이라고 밝혔듯이,[62] 반정 정권이 출범 초기부터 목표로 삼았던 것은 연산군대 이전의 성헌을 온전히 회복하는 것이었고, 그것은 곧 정치의 도덕성 회복을 의미했다.

그러나 중종반정이 성공한 이후에도 정치와 도덕의 대립은 쉽게 해소되지 않았고, 권력에 맞서다 희생당한 자들의 후예들에게는 여전히 의혹의 눈길이 끊이지 않았다. 중종 5년(1510)에 진사 시험에 합격하여 성균관에 입교한 조광조에게도 사정은 마찬가지였다. 이때 일부의 성균관 유생들은 김굉필의 학문을 전수한 김식(金湜, 1482-1520)과 조광조의 학행을 궤이(詭異)하다고 비난했고,[63] 그 후 조광조를 천거하여 관직에 등용하는 과정에서도 여러 차례의 논란이 제기되었다. 그리고 마침내 중종 10년에 비로소 조광조는 다시 천거되어 종6품의 조지서(造紙署) 사지(司紙)에 제수되었지만,[64] 그에 대한 여론이 반드시 곱지만은 않았다. "한 권의 『소학』이라도 부지런히 읽으면 사지의 공명(功名)이 저절로 온다."[65]는 당시의 조롱 섞인 평판은 『소학』 정신에 충실했던 김굉필과 그의 제자들에 대한 폄하와 부정적 시선을 반영하고 있었다.

정치와 도덕의 대립을 극복하기 위해서는 정치현실에 참여하는 것이 필요했지만, 천거에 의한 출사는 사림의 정치적 진출을 경계

---

61) 『燕山君日記』, 12년 9월 己卯.
62) 『中宗實錄』, 원년 9월 戊寅.
63) 『中宗實錄』, 5년 10월 癸巳.
64) 『中宗實錄』, 10년 6월 癸亥.
65) 『燃藜室記述』, 卷8, 己卯黨籍 趙光祖, "一部小學須勤讀 司紙功名自然來."

하던 반대세력을 설득할 수 있는 적절한 방법이 아니었다. 따라서 천거에 의해 관직에 진출하는 것을 우려하던 숙부 조원기(趙元紀, 1457-1533)의 권고도 있었지만, 조광조 자신도 정계 진출이 정당하게 받아들여질 수 있는 방법이 강구되어야 한다고 판단했다. 조광조의 표현대로 "부득이 과거를 거쳐서 도를 행하는 단계를 밟아야" 되었던 것이다.[66] 결국 조광조는 조지서 사지로 임명된 지 두 달 만에 열린 알성시(謁聖試)에 급제하여 정계 진출을 위한 공식적 절차를 밟았다.[67]

조광조가 알성시에서 제출한 답안은 그가 공식적으로 정치무대에 등장하면서 표명한 제일성인 셈이었다. 이 시험에서 중종이 출제한 문제의 요점은 두 가지였다. 하나는 기강과 법도가 땅에 떨어진 춘추시대였음에도 불구하고, 공자는 3년이면 바른 정치를 실현할 수 있다고 했는데,[68] 그렇다면 공자가 제시한 정치의 요체는 무엇이었는가 하는 것이었고, 다른 하나는 요·순 시대의 이상적인 정치를 당대에 구현할 수 있는 방법을 논하라는 것이었다.[69] 말하자면 공자는 자신을 등용해 주는 이가 있다면 3년 안에 바른 정치를 이룰 수 있다고 호언장담했는데, 중종 자신은 반정이 성공한 지 10년이 지나도록 만족할 만한 성과를 거두지 못했으니, 그 대책을 강구하라는 것이었다.

이에 대한 조광조의 답안은 정치에 대한 도덕적 원칙을 제기하는 것으로 일관되어 있었다. 우선 조광조는 공자의 정치를 도(道)와 심(心)이라는 도덕적 원칙에 입각한 감동의 정치로 요약했다.

---

66) 『靜菴集』, 附錄 卷5, 年譜.
67) 『中宗實錄』, 10년 8월 丙子.
68) 『論語』, 子路, "子曰 苟有用我者 朞月而已 可也 三年 有成."
69) 『靜菴集』, 卷2, 謁聖試策.

조광조의 표현에 따르면, 정치란 "천하에 공유된 도(共天下之道)로써 나와 하나가 될 수 있는 사람을 인도하고, 천하에 공유된 마음(共天下之心)으로써 나와 하나가 될 수 있는 마음을 감동시키는 것"[70]이었고, "치란의 구분은 나의 도와 마음이 진실한가, 진실하지 못한가의 여부에 달려 있었다."[71] 다음으로 요·순 시대의 이상적인 정치를 구현할 방법에 대해 조광조가 제시한 대안은 근본과 원칙을 바로 세우는 것이었다. 조광조의 표현에 따르면, "도덕적 원칙이야말로 정치적 판단의 출발점(道乃出治之由)"이었다. 따라서 조광조는 중종반정이 성공한 지 10년이 지나도록 기강과 법도가 확립되지 못했던 이유도 바로 "근본은 서지 않았는데, 오직 말단만을 추종해서 도(道)를 얻지 못했기 때문"[72]이라고 주장했다.

알성시책문에서 표현된 조광조의 정치에 대한 관점은 적어도 표면적으로는 지도자의 도덕적 자질을 강조하고, 그것으로부터 감동의 정치를 기대하는 전형적인 유학의 정치관에서 크게 벗어난 것으로 보이지는 않는다. 그러나 조광조의 감동의 정치에 대한 기대는 그리 낙관적이지 않았다. 우선 조광조는 감동의 정치가 실현되기 위해서는 도덕과 원칙의 공유가 전제되어야 한다고 판단했다. 사실 "천하에 공유된 도로써 나와 하나가 될 수 있는 사람을 인도하고, 천하에 공유된 마음으로써 나와 하나가 될 수 있는 마음을 감동시킨다."는 표현에는 도덕과 원칙을 공유하지 않는 경우에는 감동의 정치가 실현되기 어렵다는 도덕적 엄격주의가 강하게 배어 있었다. 게다가 조광조는 군주의 자질에 대해서도 다분히 회의적인

---

70) 『靜菴集』, 卷2, 謁聖試策, "以共天下之道 導與我爲一之人 以共天下之心 感與我爲一之心."
71) 『靜菴集』, 卷2, 謁聖試策, "吾之道與心 誠未誠如何 而治亂分矣."
72) 『靜菴集』, 卷2, 謁聖試策, "其本未立 惟末之從 而未得其道也."

인식을 가지고 있었다. 따라서 조광조는 "법도와 기강의 확립은 대신을 공경하여 그들에게 정치를 맡겼기 때문에 가능했다."[73]고 주장하면서, 책문의 말미에는 군주에게 항상 명도(明道)와 근독(謹獨)으로 경계할 것을 요구했다. 말하자면 조광조는 유학적 정치이상을 실현하는 데 있어서 군주에 의한 감동의 정치를 낙관적으로 기대하는 것은 현실적이지 못하다고 판단했던 것이다.

조광조는 알성시에서 급제한 후 초고속 승진을 거듭했고, 중종을 최측근에서 보좌하면서 자신이 제기하는 정치의 도덕적 원칙을 중종이 받아들이도록 요구했다. 조광조가 강조했던 것은 "인군(人君)은 마땅히 도덕으로 근본을 삼아야 한다."[74]는 점이었다. 이 점에서 조광조에게는 "삼공(三公)도 역시 선비이며, 국왕은 단지 사기(士氣)의 종주(宗主)"에 불과했다.[75] 이 기사에 관한 사관의 평가처럼, 조광조는 "중종의 학문 성취를 자신의 임무"로 여기고 있었다. 게다가 조광조는 군신 간에는 장벽이 없어야 한다는 점을 강조하면서, "오직 위세를 잊을 수 있어야 불치하문할 수 있다."[76]고 주장했다. 조광조의 중종에 대한 요구는 군주의 위세를 버리고 신하들의 도덕적 원칙을 받아들이라는 것이었다.

조광조가 중종에게 요구했던 것은 위인지학(爲人之學)이 아니라 위기지학(爲己之學)이었다. 정자(程子)의 해설에 따르면, 위기지학은 자신을 위한 학문을 하여 마침내 남을 완성시키는 데 이르는 것이고, 위인지학은 남을 위한 학문을 하여 끝내는 자신을 상실(喪失)하는 데 이르는 것이다.[77] 그런데 조광조의 판단에 따르면, 당시

---

73) 『靜菴集』, 卷2, 謁聖試策, "若法度之所以粗定 紀綱之所以粗立者 未嘗不在乎敬大臣而任其政也."
74) 『靜菴先生續集』, 卷1, 筵中記事5, "人君當以道德爲本."
75) 『中宗實錄』, 11년 6월 壬子.
76) 『靜菴先生續集』, 卷1, 筵中記事4, "惟能忘其位勢 然後方能不恥下問."

는 위기지학보다는 위인지학이 성행하던 시대였다. 그리고 조광조는 학자들이 위인지학을 버리고 위기지학을 실천하도록 하기 위해서는 먼저 임금이 위기지학을 실천해야 한다고 판단했다.[78] 따라서 조광조는 중종에게 임금이 먼저 자신의 덕을 길러 실천에 옮길 것을 요구하면서, 그렇게 된다면 사람들이 모두 감복하여 일부러 교화하지 않더라도 스스로 교화될 것이라고 주장했다.[79]

위에서 언급한 검토관 시절(중종 11년)의 경연 기사나 참찬관 시절(중종 13년)의 계문(啓聞)은 모두 중종의 물음에 대한 대답이었다. 이 점에서 중종과 조광조 사이에는 어느 정도의 이념적 공감대가 형성되어 있었던 것도 사실이다. 그러나 중종과 조광조의 관계는 위계가 분명한 군신관계였고, 학문과 정치를 판단하는 군신 간의 입장 차이도 분명했다. 중종 11년(1516) 12월의 석강(夕講)에서 제기된 학문과 정치에 대한 판단의 차이가 그 단적인 예였다. 이 자리에서 조광조는 제왕의 학문하는 도리를 논하면서, 중종에게 "학문이 고명해지면, 다른 일은 자연히 노력하지 않아도 다스려진다."고 주장했다. 반면에 중종은 "임금이 학문을 좋아하는 것이 마음을 보존하고 정치를 하는 요도(要道)이기는 하지만, 정령(政令)도 소홀히 할 수는 없다."고 반박했다.[80] 조광조는 중종에게 위기지학을 요구했지만, 중종에게는 군주로서의 권력행사도 소홀히 할 수

---

77) 『論語集註』, 憲問, "程子曰 古之學者 爲己 其終至於成物 今之學者 爲人 其終至於喪己."
78) 『靜菴先生續集』, 卷1, 筵中記事 5, "理學乃爲己之學 而非爲人之學 今者多成宗朝舊相 豈無傳習之地乎 朱子進講于光宗 値其機會而斥僞學 今之學者 皆爲人之學 而不知爲己之學 若自上崇尙示其所好 則下之人 自樂爲之 豈無爲理學者乎."
79) 『靜菴集』, 卷3, 參贊官時啓1, "自上先養己德 推之行事 則人皆誠服 不期化而自化矣."
80) 『中宗實錄』, 11년 12월 戊午.

없는 문제였던 것이다.

그러나 조광조는 신하가 군주의 위엄을 두려워해서는 안 된다고 판단했다. 조광조에 따르면, 바른 선비란 임금의 뜻을 거슬러 직언하여 결국 원망과 노여움을 사더라도, 자신을 돌보지 않고 나라를 걱정하는(委質憂國) 선비였다.[81] 이 점에서 조광조는 중종에게 필요한 학자는 비록 중용을 지키지는 못하더라도, 기상이 탁월하고 입지(立志)가 고원(高遠)한 사람이어야 한다고 생각했다. 조광조는 "중도(中道)의 선비를 찾을 수 없다면, 광견(狂狷)을 찾아 가르치겠다."[82]고 했던 공자의 말을 염두에 두고 있었던 것이다. 광자(狂者)는 뜻은 높지만 실천이 뒤따르지 못하는 사람이며, 견자(狷者)는 지식은 미치지 못하지만 절조를 굳게 지키는 사람이다.[83] 중용을 지키는 선비가 최선의 선택이라면, 광견의 선비는 차선에 불과하다. 그러나 조광조의 비유에 따르면, 정상(頂上)에 오르려는 기개가 있어야 산허리에라도 도달할 수 있다.[84] 그리고 조광조는 중종에게 절개를 지키는 선비의 충고를 겸허하게 받아들여야 한다고 요구했다.[85]

조광조가 염두에 둔 바른 선비의 전형은 송(宋) 태조 조광윤(趙匡胤)을 도와 송 건국을 주도한 조보(趙普)였다. 조보는 송 태조의

---

81) 『靜菴集』, 卷3, 參贊官時啓2, "自古正直之流 盛行於世 則必有大禍隨其後 是故深於自謀 周於涉世者 不敢抗志直言以召怨怒 而低回俯仰周旋彼此 保其身全其妻子 蓋亦多矣 此非委質憂國之人也 夫不顧其身 惟國是謀 當事敢爲不計禍患者 正士之用心也."

82) 『論語』, 子路, "子曰 不得中行而與之 必也狂狷乎 狂者 進取 狷者 有所不爲也."

83) 『論語集註』, 子路, "狂者 志極高而行不掩 狷者 知未及而守有餘."

84) 『靜菴集』, 卷5, 筵中記事1, "蓋志大之人 雖未必做經綸之業 當大節能不失其所守 故聖人云 必也狂狷乎 譬之登山 期至山頂者 雖不至頂 可至山腰矣 若期至山腰 則不離山底必止矣."

85) 『靜菴集』, 卷5, 筵中記事1, "自上當提警臣僚 以盡君師之責 而亦當容受臣僚啓沃之言也."

권유로 『논어(論語)』를 배우기 시작하여, "절반으로는 태조를 도와 천하를 안정시켰고 나머지 절반으로는 태종을 도와 태평을 이룩했다."고 알려진 인물이었다.86) 특히 조보는 성격이 강직하여 송 태조에게도 자신의 뜻을 굽히지 않고 관철시켰던 일화로 유명했다. 한번은 조보가 천거한 인물을 송 태조가 받아들이지 않고 천거한 문서(奏牘)마저 찢어버리자, 조보는 다음 날 그것을 꿰맞추고 다시 천거하여 결국은 자신의 뜻을 관철시킨 일이 있었다. 또 한번은 송 태조가 평소 싫어하던 인물을 천거하여 송 태조가 궁문(宮門)을 닫고 들어가 버리자, 조보는 궁문을 지키고 서서 자신의 뜻을 관철시킨 일도 있었다.87)

조광조는 중종 13년(1518)년 5월 조강(朝講)에서 조보가 문서를 꿰맞추어 송 태조에게 아뢴 일과 궁문을 지키고 서서 떠나지 않았던 일화를 장황하게 언급했다. 조광조는 이러한 조보의 행동이야말로 진실로 굳세고 과단성 있는 것으로 대신의 체모가 서는 일이라고 평가했다. 그리고 조광조는 송 태조가 조보에게 모든 일들을 맡겼고 조보 역시 천하를 자임했듯이, 기왕에 재상의 자리를 만들었다면 자신의 포부를 펼 수 있도록 전적으로 그에게 책임을 맡겨야 한다고 주장했다.88) 군주의 권력 앞에서 자신의 뜻을 굽히지 않았던 조보와 마찬가지로, 조광조는 자신의 의리론에 입각한 정치의 원칙을 중종에게 관철시키고자 했던 것이다.

조광조가 중종과의 마찰을 무릅쓰면서 관철시키고자 했던 것은 유학의 이상을 현실정치에 구현하는 것이었다. 조광조의 표현에 따르면, 그것은 "도에 부합되는 정치",89) 즉 요·순 시대의 지치를

---

86) 『中宗實錄』, 11년 12월 戊午.
87) 『宋史』, 卷256, 列傳15, 趙普.
88) 『中宗實錄』, 13년 5월 戊午.

실현하는 것이었다. 그러나 조광조는 지치의 실현을 낙관적으로 기대하지 않았다. 조광조는 오히려 지치의 효과는 빨리 기대할 수 없으며,[90] 군주가 당우삼대(唐虞三代)를 목표로 한다고 해서 반드시 당우삼대의 정치를 실현할 수 있는 것은 아니라고 판단했다.[91] 고전적인 의미에서 지치는 군주의 덕치에 대한 낙관적 기대를 표명하고 있었지만,[92] 조광조가 염두에 두고 있었던 지치는 군주가 신하들의 도덕적 원칙을 받아들임으로써 실현될 수 있는 것이었다. 따라서 조광조는 군주가 사림들을 보호하여 그들로 하여금 자신의 뜻을 펼칠 수 있도록 적극적으로 기용한다면, 요·순 시대의 지치도 실현할 수 있다고 강조했다.[93]

지치의 실현을 갈망했다는 점에서 조광조는 분명히 개혁론자였다. 조종의 옛 법을 함부로 고칠 수는 없지만, 그것이 현실에 부합하지 않는다면 마땅히 변통(變通)시켜야 한다는 것이 조광조의 기본 입장이었다.[94] 그리고 조광조는 개혁의 당위성뿐만 아니라 개혁의 신속성을 강조했다. 조광조는 구습에 젖어서는 복고(復古)할 수 없으며, 고쳐야 할 것은 신속하게 고쳐야 요·순 시대의 정도(正

---

89) 『靜菴集』, 卷3, 侍讀官時啓13, "道洽政治."

90) 『靜菴集』, 卷3, 侍讀官時啓15, "近來朝廷之事 庶幾向治 而亦未可遽期其治效也."

91) 『靜菴集』, 卷3, 侍讀官時啓6, "人主以唐虞三代爲期 未必卽致唐虞三代之治."

92) "지치는 향기로워 신명을 감동시키니, 기장이 향기로운 것이 아니라 밝은 덕이 향기로운 것이다(至治馨香 感于神明 黍稷非香 明德惟香)." 라는 표현에서 볼 수 있는 바와 같이, 지치는 도덕적 감동의 정치를 지향하는 개념이다. 『書經』, 周書, 君陳.

93) 『靜菴集』, 卷3, 檢討官時啓2, "必須上下相孚 而君相常以保護士林爲心 使爲善者有所恃 且知其爲善 則表而用之 不使賢愚混淆 則可見至治矣."

94) 『靜菴集』, 卷3, 檢討官時啓4, "祖宗舊章 雖不可猝改 若有不合於今者則亦可變而通之."

道)를 회복할 수 있다고 판단했다.[95] 또한 조광조는 개혁의 일시적
인 성공에 안주하지 말아야 하며, 개혁은 지속적으로 추진되어야
한다는 점을 강조했다. 즉 조광조에 따르면, 약간의 성공에 안심하
여 머뭇거린다면 결국 제왕의 정치를 이룩할 수 없게 된다는 것이
었다.[96]

조광조가 개혁의 문제를 본격적으로 논의하기 시작했던 것은 중
종 13년(1518)이었다. 이때 개혁을 주도하면서 조광조가 처음으로
제기했던 문제는 한(漢) 나라에서 실시되었던 현량방정과(賢良方正
科)의 전례에 따라 전국의 숨은 인재를 발탁하여 효과적으로 활용
하자는 것이었다. 조광조가 이러한 제안을 했던 배경에는 무엇보다
도 개혁을 추진하는 데 필요한 인재가 부족하다는 판단이 작용했
다. 즉 조광조는 "이미 출신한 자들은 모두 고위직에 있고, 아래로
부터는 계승할 만한 사람이 없으니, 지금이 사람을 뽑아 쓸 적기"
라고 생각했던 것이다.[97] 그리고 조광조는 자신의 이러한 제안에
대한 중종의 적극적인 지지도 확보했다.[98]

조광조가 제안한 천거에 의한 인재선발 방식에 대해서 여러 가
지 절차적 문제점들이 지적되었지만, 적어도 김우증(金友曾)의 모
반사건 전까지는 조광조가 현량과를 통해 붕당을 결성하려 했다는
공개적인 비난은 제기되지 않았다. 게다가 중종14년 3월에는 현량
방정과 출신들이 조정을 장악하여 정국공신들을 제거하기 전에 그

---

95) 『靜菴集』, 卷3, 侍讀官時啓12, "流俗 固不可一朝而猝變也 但悠悠泛
泛 以俟其漸變 則習俗趨向 安於踵舊 不能復古矣 當以俗尙商量 可
改者 卽改之 使耳目觀感 優游而善導之 則斯民亦直道而行者也 安有
扭於舊習 終不改革之理乎."
96) 『靜菴集』, 卷3, 參贊官時啓5, "若安於小成 苟且因循 則帝王之治 何
可致也."
97) 『中宗實錄』, 13년 3월 庚戌.
98) 『中宗實錄』, 13년 3월 庚戌; 辛亥.

들을 제거하자는 김우증의 모반사건이 일어났지만,[99] 이 사건은 오히려 김우증을 경흥부(慶興府)로 귀양 조치하는 것으로 매듭지어졌다.[100] 그리고 한 달 뒤 4월에는 김식을 포함한 28명이 조광조가 제안한 새로운 방식에 의해 최종 선발되었다.[101]

김우증의 모반 사건은 정국공신 세력의 위기감을 단적으로 보여주는 사례였고, 그들의 위기의식은 중종14년 10월에 조광조가 정국공신의 개정을 요구하면서 현실로 나타났다. 그러나 기묘사화 전까지 그 어느 누구도 현량과의 실시에 담긴 조광조의 정치적 의도를 공개적으로 비난할 수 없었던 것은 그 사안의 도덕적 정당성 때문이었다. 즉 조광조가 현량과를 제안하면서 강조했던 "임금과 도의(道義)를 강론할 수 있는 학문과 덕기(德器)가 겸비된 선비"의 필요성을 부인하기는 어려웠던 것이다.[102] 게다가 조광조는 현량과의 실시에 대한 중종의 지지가 확인되자, 중종에게 연산군 때보다는 나아졌지만 여전히 선비의 기풍(士習)이 바르지 못하다는 점을 지적하면서, 군자와 소인의 준별을 요구했다.[103] 그리고 조광조는 임금이 군자와 소인을 명확히 분변할 수 있을 때 비로소 지치를 실현할 수 있다는 점을 강조했다.[104] 특히 조광조가 "소인은 마땅히 기미가 보일 때 통렬히 응징해야 한다."고 주장했을 때,[105] 그가 염두에 두고 있었던 논거는 『주역(周易)』의 태괘(泰卦)와 비괘(否卦)였다. 즉 조광조에 따르면, "『주역』에도 군자를 안으로 하고 소인

---

99) 『中宗實錄』, 14년 3월 乙未; 丙申; 丁酉.
100) 『中宗實錄』, 14년 3월 戊戌.
101) 『中宗實錄』, 14년 4월 丙子.
102) 『中宗實錄』, 13년 3월 庚戌.
103) 『中宗實錄』, 13년 4월 丁酉.
104) 『중종실록』, 13년 5월 壬寅.
105) 『中宗實錄』, 13년 5월 丙辰.

을 밖으로 한 것은 태괘가 되고, 소인을 안으로 하고 군자를 밖으로 한 것은 비괘가 되듯이, 군자가 진출하면 천하가 태평하고 소인이 등용되면 천하가 막히게 된다."는 것이다. 그리고 조광조는 이러한 근거를 바탕으로 중종에게 재위 10년이 지나도록 지치가 실현되지 않는 이유가 신하들의 보좌에 문제가 있다는 점을 강조했다.106) 따라서 중종도 조광조의 이러한 설득에 귀 기울이지 않을 수 없었던 것이다.

1518년의 개혁을 주도하는 과정에서 조광조가 제기한 두 번째 문제는 소격서를 혁파하자는 것이었다. 유교입국을 표방한 조선에서도 소격서는 연산군 때 잠시 형식적으로 폐지된 것을 제외하고는107) 조종의 오랜 관행이었다는 이유에서 계속 존속되고 있었다. 중종대에 들어서도 소격서는 사도(邪道)를 숭상하는 곳이므로 혁파되어야 한다는 의견이 지속적으로 제기되었지만, 중종은 번번이 조종의 관행을 이유로 이 문제에 반대해 왔다. 그러자 조광조는 "조종이 도교를 신봉했다는 사실을 들어 반대한다면, 그것은 선조의 허물을 드러내는 것이며, 소격서는 단지 인습에 따라 우연히 존속하게 된 것인데 그 책임을 조종에게 돌린다면, 그것은 선조에게 누를 끼치는 것"이라고 주장하면서, 중종의 조종에 대한 불경과 무례를 비난하고 나섰다.108) 조광조의 입장은 조종으로부터 내려온 제도적 관행이라고 해서 정치의 이념적 원칙을 훼손할 수는 없다는 것이었다. 이 점을 조광조는 이 상소의 첫머리에서 "도덕적 원칙이 일관되지 않아서 정치가 불순하게 되면, (도덕과 정치가) 갈라져서

---

106) 『中宗實錄』, 13년 6월 庚午.
107) 『燕山君日記』, 12년 1월 丙戌.
108) 『中宗實錄』, 13년 8월 戊辰. 『靜菴集』에는 중종 13년 7월의 상소로 기록되어 있다. 『靜菴集』, 卷2, 弘文館請罷昭格署疏.

혼란스럽게 된다."는 말로 요약했다. 그리고 전반적으로 이 상소에서 조광조가 강조하고자 했던 것은 이단에 현혹되지 않는 정신적 순수성을 지켜가는 것이 왕도정치의 관건이라는 점이었다.

그러나 중종의 입장도 완강했다. 소격서의 혁파를 주장하며 전 대간이 사직하는 사태가 발생했는데도, 중종은 "조종조(祖宗朝)에서 혁파하지 못한 일을 스스로 잘난 체하면서 바꾸지는 못하겠다."면서 자신의 입장을 굽히지 않았다.[109] 그러자 조광조는 "명주(明主)는 남의 말을 잘 받아들이고 자기 의견을 고집하지 않으며, 암군(暗君)은 자기 의견을 고집하고 남의 말에 귀 기울이지 않는다."는 말로 중종을 압박했다.[110] 말하자면 조광조가 중종에게 요구했던 것은 신하들이 제기한 정치의 도덕적 원칙을 군주가 받아들여야 한다는 것이었다. 중종13년 8월 초하루에 시작된 조광조의 끈질긴 요구는 한 달 이상 계속되었고, 마침내 중종도 조광조의 요청을 사실상 받아들였다.[111]

개혁이 성공하기 위해서는 기회를 놓치지 않는 것이 중요하다. 조광조는 시기는 놓치기 쉽고 기회는 얻기 어렵다는 것을 잘 알고 있었다.[112] 그리고 그는 지금 기회를 놓쳐버린다면 다음을 기약하기 어렵다는 점도 직감하고 있었다.[113] 이 두 계문은 조광조가 두 번째로 홍문관 부제학에 제수된 이후 중종13년 9월과 10월에 올린 글들이다. 소격서 혁파 문제에 관한 논쟁에서 조광조가 중종을 설득하여 자신의 입장을 관철시킨 이후의 발언들이었다.

---

109) 『中宗實錄』, 13년 8월 庚寅.
110) 『中宗實錄』, 13년 8월 丁酉.
111) 『中宗實錄』, 13년 9월 己亥.
112) 『靜菴集』, 卷4, 復拜副提學時啓8, "盖時易失 而機難得也."
113) 『靜菴集』, 卷4, 復拜副提學時啓10, "今者 聖學已至高明 若失此機 後不可圖."

소격서 혁파가 마무리되고 이어서 중종14년 4월에 현량과가 실시되자 조광조는 곧바로 그의 오랜 숙원이었던 세 번째 개혁 작업, 즉 정국공신의 개정 작업에 착수했다. 그리고 조광조는 이 문제를 중종13년 5월에 있었던 군자·소인 논쟁의 연장선상에서 추진했다. 이 점은 정국공신 개정 논의가 본격화되기 전인 중종14년 5월에 행한 조광조의 다음과 같은 발언에서도 확인할 수 있다. 이 발언에서 조광조는 "연산군 때 조정에서 위세를 떨친 사람들은 단지 공신 되기만 서로 숭상하여 아첨으로 진출하기를 바랐고, 그 과정에서 행적은 비록 높지 못하지만 옛사람에 감탄하여 숭모하는 뜻을 가진 사람들은 도리어 논박과 공격을 받아 용납되지 못했다."면서, 군자·소인의 분변과 정국공신 개정의 필요성을 우회적으로 표현했다.114)

조광조가 발의한 정국공신의 개정의 목표는 공신으로서의 합당한 자격을 갖추지 못한 자들을 훈적(勳籍)에서 삭제하는 것이었다. 즉 조광조에 따르면, 정국공신들 중에는 상당수가 연산군대의 총신(寵臣)들로 구성되어 있으며, 이들이 바로 임금을 시해하고 국가를 찬탈하는 사익(利)의 근원이라는 것이다. 조광조는 정국공신 개정의 문제를 의리(義)와 사익(利)의 분변 문제로 파악했던 것이다. 그러나 중종은 사익의 근원을 막아야 한다는 점에는 동의할 수 있지만, 완급의 조절이 필요하다는 점을 강조하면서 정국공신의 개정을 허용할 수 없다는 입장을 분명히 했다.115)

정국공신 개정 문제와 관련된 중종과 조광조의 대립은 상당 기간 지속되었다. 경우에 따라서는 조광조의 집요한 설득이 3고(鼓)까지 계속되기도 했다.116) 조광조를 위시한 대간은 중종에게 정국공신

---

114) 『中宗實錄』, 14년 5월 癸卯.
115) 『中宗實錄』, 14년 10월 乙酉.

에 대한 시비를 분명히 가려 임금의 도리를 지킬 것을 요구했지만,[117] 반면에 중종으로서는 자신을 국왕으로 옹립한 세력을 일거에 제거해야 한다는 요구를 쉽게 받아들일 수는 없었던 것이다. 그러나 결국 중종은 조광조의 요구를 받아들였고, 100여 명의 정국공신 중에서 문제가 있는 76명을 삭훈(削勳)하라는 전지를 내렸다.[118]

기묘사화는 76명의 정국공신을 삭훈하라는 중종의 전지가 내려진 지 4일 만에 발생했다. 이때 중종이 의금부에 내린 전지에서 밝힌 조광조, 김정, 김식, 김구 등의 죄목은 사사로이 붕당을 결성하고 후진을 유인하여 궤격(詭激)한 풍습을 조장함으로써, 국론과 조정을 분열시켰다는 것이었다.[119] 그러나 조광조는 자신은 오로지 임금의 마음만을 믿고 사익의 근원을 근절하여 국가의 기강을 쇄신하고자 했을 뿐 다른 의도는 전혀 없었다고 변명했다.[120] 정광필, 안당(安瑭), 신상(申鏛) 등도 조광조 등의 언행이 과격했던 것은 사실이지만, 조정을 어지럽히는 붕당 죄에는 해당되지 않는다는 점을 지적했다. 그리고 마침내 중종도 이 점을 받아들여 처음의 사사(賜死)해야 한다는 주장을 번복하여 고신(告身)을 박탈하고 장(杖) 1백과 원방(遠方)에 안치하는 것으로 감형 조치했다.[121]

중종이 조광조의 감형을 결심했던 것은 그들이 급박하게 지치를 추구하여 물정(物情)에 어긋나긴 했지만, 그것이 나라를 위하는 충정에서 비롯되었다는 점을 인정했기 때문이었다.[122] 그러나 중종은

---

116) 『中宗實錄』, 14년 10월 己丑.
117) 『中宗實錄』, 14년 11월 己亥.
118) 『中宗實錄』, 14년 11월 辛丑.
119) 『中宗實錄』, 14년 11월 乙巳.
120) 『靜菴集』, 卷2, 獄中供辭, "士生斯世 所恃者君心而已 妄料國家病痛 在於利源 故欲新國脉於無窮而已 頓無他意."
121) 『中宗實錄』, 14년 11월 丙午.
122) 『中宗實錄』, 14년 11월 丁未.

더 이상의 감형은 용납하지 않았다. 대각(臺閣)이 권력을 행사하여 정치를 혼란시킨 것에 대한 응분의 책임을 물어야 한다는 것이 중종의 생각이었다.[123] 그리고 그로부터 약 한 달 뒤 중종은 조광조를 마음이 곧지 못한 사람으로 평가하면서, 그를 능주(綾州: 현 전남 화순군 능주면)의 유배지에서 사사(賜死)했다.[124]

사약을 받는 마지막 순간까지도 조광조는 언젠가는 중종이 자신의 단충(丹衷)을 알아주리라는 기대를 버리지 않았다. 그러나 이날 중종은 조광조의 죽음을 전혀 슬퍼하지 않았다. 당시의 사관(史官)은 이러한 중종의 태도 변화를 "예전에 총애하던 것에 비하면, 마치 두 임금에게서 나온 일 같다."고 평가했다.[125] 조광조는 비판세력의 음모가 개입되어 있을 것이라고 생각했지만, 주위의 만류를 물리치고 냉혹한 결정을 내렸던 것은 중종이었다.

중종은 자신을 옹립한 반정세력으로부터 자유로워지기 위해서 절의를 강조하는 조광조와 그 추종세력을 중용했다. 그러나 중종의 이 선택은 처음부터 모순적이었다. 집권 초반에 부도덕한 과거를 청산하고 공신세력의 영향력을 배제하기 위해서는 사림의 도덕론이 필요했고 그것은 현실적으로도 유용했지만, 도덕론을 앞세워 권력을 교정하려는 사림의 시도는 결국 왕권에 치명적 손상을 가져다줄 수도 있었다. 따라서 중종은 호생지덕(好生之德)을 갖춘 제왕의 도리가 아니라는 비난에도 불구하고, 왕권의 수호를 위해서 조광조의 처형을 단행했던 것이다. 이 점에서 조광조가 추진한 개혁이 그의 죽음과 함께 실종되었던 이유는 단순히 개혁의 이상주의적 급진성 또는 비현실성 때문이었다기보다는 권력에 대한 도덕적 교정

---

123) 『中宗實錄』, 14년 11월 戊申.
124) 『中宗實錄』, 14년 12월 丙子.
125) 『中宗實錄』, 14년 12월 丙子.

을 용납하지 못하는 왕권이라는 구조적 장벽 때문이었다.

도덕적 근본주의자 조광조는 "간언하는 선비는 먼저 군주의 총애를 확인해야 한다."[126)는 한비자의 충고를 받아들이지 못했고, 그 결과 그는 권력의 장벽을 뛰어넘지 못했다. 그러나 조광조는 선조 원년(1568)에 영의정에 추증되었고, 광해군2년(1610)에는 김굉필(金宏弼), 정여창(鄭汝昌), 이언적(李彦迪), 이황(李滉) 등과 함께 동방 오현(東方五賢) 또는 사림오현(士林五賢)이라 칭하며 문묘에 배향 되었다. 조광조의 정치활동은 4년에 불과했고, 그는 학문적으로도 뚜렷한 업적을 남기지 못했지만, 정치의 도덕적 원칙을 엄격히 지키려 했던 그의 신념이 정치적으로 재평가되었던 것이다. 그리고 이러한 정치적 복권과정을 통해서 조광조의 도덕적 근본주의는 한 국정치사상의 독특한 전형으로 굳어져 갔다. 조선시대의 유학이 단순한 도덕의 담론이 아니라 정치사상으로 확립될 수 있었던 것은 절대왕권을 부정할 수 없는 구조적 제약 속에서도 공론정치 과정을 통한 왕권의 도덕적 일탈을 견제하고 교정하는 소명을 꾸준히 지켜 갔기 때문이다.

---

126) 『韓非子』, 說難, "故諫說談論之士 不可不察愛憎之主而後說焉."

● 참고문헌 ●

1. 원전

『公羊傳』, 『谿谷先生漫筆』, 『論語』, 『三峰集』, 『書經』, 『惺所覆瓿藁』, 『小學』, 『肅宗實錄』, 『燃藜室記述』, 『燕山君日記』, 『燕巖集』, 『莊陵誌』, 『張橫渠集』, 『佔畢齋集』, 『靜菴集』, 『中庸』, 『中宗實錄』, 『圃隱集』, 『秋江先生文集』, 『退溪全書』, 『韓非子』, 『擇里志』

2. 참고문헌

강광식 외, 『조선시대 개혁사상연구』(성남: 한국정신문화연구원, 1998).

강지원, 『근대조선정치사』(서울: 대학출판사, 1950).

고권삼, 『조선정치사』(서울: 을류문화사, 1948).

고병익, 『동아시아의 전통』(서울: 일조각, 1976).

김태완, 『책문』(서울: 소나무, 2004).

금장태, 『유교와 한국사상』(서울: 성균관대학교출판부, 1980).

묵민기념사업회(편), 『회재 이언적의 철학과 정치사상』(서울: 박영사, 1999).

박충석, 『한국정치사상사』(서울: 삼영사, 1982).

박충석·유근호, 『조선의 정치사상』(서울: 삼영사, 1980).

성균관대학교 대동문화연구원(편), 『이회재의 사상과 그 세계』(서울: 성균관대학교출판부, 1992).

이지경 외, 『한국정치의 쟁점과 과제』(서울: 정익사, 1997).

안자산, 『조선문명사』(서울: 회동서관, 1923).

윤사순, 『한국유학사상사론』(서울: 예문서원, 1997).

이성무, 『조선왕조사1. 2』(서울: 동방미디어, 1998).

일두사상연구원(편), 『일두정여창의 생애와 사상』(서울: 일두사상연구원, 2004).

장지연, 『조선유교연원』(서울: 명문당, 1983).

정두희, 『조광조』(서울: 아카넷, 2000).

정경주, 『정여창연구』(서울: 집문당, 1987).

조남욱, 『정여창: 조선조 실천유학자』(서울: 성균관대학교출판부, 2003).

최연식, 『창업과 수성의 정치사상』(서울: 집문당, 2003).

한국정치외교사학회(편), 『조선조 정치사상연구』(서울: 평민사, 1987).

3. 참고논문

이지경, 『이언적의 정치사상연구』(동국대학교박사학위논문, 1999).

최연식, 『여말선초 성리학적 정치담론의 형성과 분화에 관한 연구』(연세대학교박사학위논문, 1996).

제7장

李彦迪의 政治思想

無爲(무위)*

李彦迪(이언적)

萬物變遷無定態(만물변천무정태) / 하는 일 없이 변화하는 세상 이치 고정된 모습 없나니
一身閒適自隨時(일신한적자수시) / 이 몸도 한가로이 때 따라 노니노라
年來漸省經營力(연래점생경영력) / 몇 해 째 차츰차츰 애쓰는 맘도 줄어들어
長對靑山不賦詩(장대청산불부시) / 오래 청산 마주할 뿐 시도 짓지 않는다네

* 회재(晦齋) 이언적 선생의 인생관이 엿보이는 작품이다. 여러 가지 품상을 다 경험하고 드디어는
자연과 하나되는, 순리자적(順理自適)한 경지에 도달한 선생의 만년작인 듯 하다. 일찍이 공자는
도(道)를 묻는 제자들에게 흐르는 시냇물을 가리키며 "흐르는 것이 저와 같구나, 밤낮으로 쉬지 않
는구나!"하고 탄식하였는데, '이 몸도 한가로이 때에 따라 노닌다'고 한 선생의 경지는 그런 공자
의 천상지탄(川上之歎)과도 부합된다. 이 시의 압권은 결구에 있다. '오래도록 청산을 마주하고 지
낼 뿐, 시도 짓지 않는다'는 이 구절은 산을 읊은 고래의 많은 시가 중에서도 단연 돋보이는 절창
이다. '마주 보아 서로 싫지 않은 건 오직 경정산 뿐(相看兩不厭 只有敬亭山)'이라 한 이백의 고
백이나, '종일토록 바라봐도 물리지 않으니, 그 산 한 자락 사다가 그 속에서 늙었으면(終日看山不
厭山 買山終待老山間)'하고 바란 왕안석과 비교해서 조금도 떨어지지 않는 명구(名句)로 평가된다.

李彦迪의 王道政治思想[1]

I. 緒 論

本 연구는 16세기 이조사회의 정치적 격변기의 시대라 할 수 있는 4대 사화인 戊午·甲子·己卯·乙巳에 이르는 네 번의 士禍를 거치면서 훈구파로부터 가혹한 탄압을 실제 경험하면서 고려에 대한 충절을 지키며 향촌에 은거하며 후진양성과 道學思想에 전념하면서 이조시대 정치의 중추를 장악한 士林派 정치사상 연구의 한 분야로서 士林의 선두에서 이론의 수립과 실제정치에서 참여한 주리파 선구자인 이언적(1491~1553, 성종 22년, 명종 8년)의 道學的 王道政治思想의 연구라 할 수 있겠다. 특히 본 연구는 士林의 세계에서 이언적의 위치와 그 당시 중종·명종대 정치사회적 배경 및 이언적의 대응, 그리고 그의 도학적 왕도정치의 이론적 근거인 王道政治의 實踐論 및 達成方法 등 그의 고전적 문헌 분석을 주로 이루었으며 이러한 개별사상연구가 韓國政治思想史定立에 좀더 구체적으로 朝鮮朝 政治史學 建設에 기여하고자 한다. 또한 역사발전에 있어서 개인의 역할이나 그 의미를 어떻게 평가해야 하는가의 문제는 인식의 방향에 따라 차이가 서로 다르게 이끌어 낼수 있을 것이다. 그것은 개인이 초월적인 존재로 잘못 인식되어 영웅사관으로 또는 개인과 공동체가 만들어 내는 사회적 존재의식이

---

[1] 본 연구는 이지경 외,『한국정치의 쟁점과 과제』, (서울: 정익사, 1997), pp.55-94. 게재글을 수정한 것임.

개인의 존재가 무시되거나 과소평가되는 것은 바람직한 일이 아닐 것이다. 물론 인물연구의 제약조건과 한계로 인하여 매우 조심스러움을 느끼면서도 개별연구의 중요성을 인식하며, 그의 遺著를 通讀·玩味해 보면서 그는 사림파에 속하는 官人의 1인으로서 당시 국가와 사회가 직면한 어려운 현실문제를 올바르게 인식하고 그 해결과 대비할 방책을 강구한 훌륭한 政治思想家요, 경세가였다. 따라서 회재의 사상이 지금까지 알려지지 않았던 새로운 諸斷面과 이조 王道政治思想의 방향과 성격을 밝히는 데 중요한 역할을 규명할 수 있다. 16세기 士林派 政治人들이 가지고 있었던 思想과 時國觀을 이해하는 데 도움을 줄 수 있을 것이다. 또한 한국정치사상의 통사적 정립에 기여하고자 한다.

II. 士林과 李彦迪

1. 士林[2]의 意味와 嶺南士林의 脈

士林의 形成은 고려 말 朝鮮朝 前期王朝交替期[3]에 士大夫 지

---

2) 李樹建, 『영남사림파의 형성』, 대구: 영남대학출판부, 1984, pp.18 -19.
士林의 意味에 관해서는, '士'의 用列를 우리나라 文獻에서 찾아보면, 天子, 諸條, 大夫, 士族, 士流 또는 士大夫 등의 用語는 주로 高麗後期부터 나타난다. 『高麗史』에 의하면 士人 또는 士流란 말이 나온다. 이때의 士人 또는 士流는 文科科學合格者를 지칭하였다. 일반적으로 士林이라는 말은 讀書人 知識人의 美徵인 士와 우거진 수풀을 가리키는 말로 많은 뜻을 지닌 접미어 林의 合成語이다. 또 士林

배계층은 집권세력과 在野勢力으로 分化되었다. 재야세력으로 밀려난 정몽주-길재-김종직의 학통을 계승한 新進士類가 15세기 후반에 중앙 정치세력으로 크게 진출하면서 士林이란 用語가 공식적으로 쓰이게 되었다. 또한「王朝實錄」에 의하면 士林이란 용어가 집중적으로 나오는 시기는 中宗朝 趙光祖一派가 정계에 진출한 때부터였다.4) 이상과 같이 士林이란 用語가 집중적으로 사용된 시기는 己卯士禍 前後한 中宗期였다. 士林派는 成宗朝의 金宗直一派를 비롯한 四大士禍 때 被害測의 新進士類를 지칭하였다. 고려 후기 권문세력의 지배하에 新興士大夫가 성장하였듯이 15세기 이조 건국 초기 역성혁명 지지파인 士林派는 勳舊派의 집권하에서 성장하였다. 15세기 사림파는 길재 김종직으로 이어지는 영남지방의 在地士類 중소지주 계층 중심으로 형성되어 갔는데 그 계보는 고려의 王朝末期에 圃隱 鄭夢周 '義理精神'으로 대표된다. 이러한 15세기 嶺南士林派의 형성배경과 출신기반 및 학문적 경향과 政治的性向에 있어서는 孔·孟·朱子의 道學思想을 기초로 한「小學」과「家禮」를 교육하고 修身의 기초로 삼아 '德化禮治'를 몸소 실

은 功利를 초월해 山林에 거처한다는 분위기를 담고 있다. 공자에게까지 거슬러 올라가 보면 공자는 子夏더러 "너는 君子儒가 되지 小人儒가 되지 말라(論語, 옹아편)." 한 것을 보면 士林의 기본목표는 君子儒임을 유추해 볼 수 있다. 김운태, 『조선왕조행정사<근세편>』, 서울: 박영사, 1981; 李佑成, "이조유교정치와 사림의 존재", 『창작과 비평』, 서울: 창작과 비평사, 1982; 손문호, "조광조의 정치사상 연구: 유교적 개혁주의 중심으로", 청주: 서원대학교 사회과학연구소 편, 『사회과학연구』, 1990; 조남욱, "이회재의 유가정치론 연구", 부산: 『부산대통일논총』 제5집, 1984; 이장희, 『조선시대 선비연구』, 서울: 박영사, 1989, pp.47-52; 최완기, 『한국 성리학의 맥』, 서울: 느티나무, 1989, pp.259-269; 이해영, "선태유가의 士意識에 관한 연구", 유교학회(편), 『유교사상연구』, 제6집, 1993. 참조.

3) 조선 전기의 王系를 도표로 보면
　① 太祖(1392-1398)

천하고 '冠婚喪祭'에 있어서는 「朱子家禮」를 모범[5]으로 삼았다.

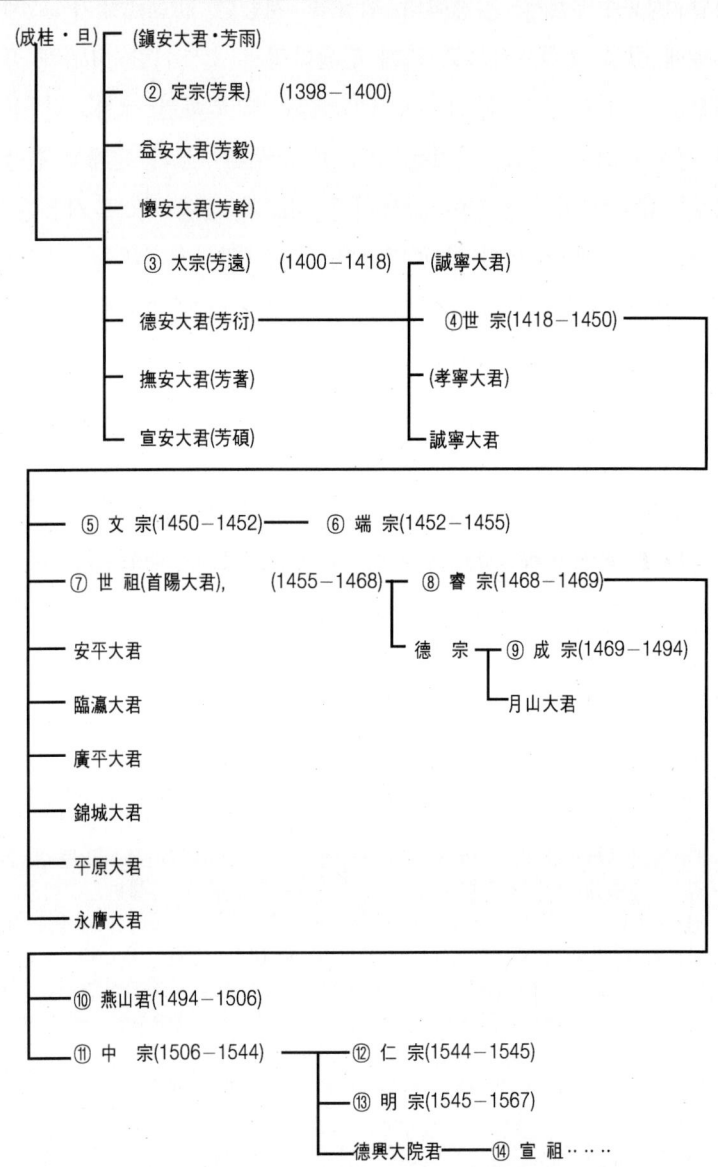

4) 「中宗實錄」, 중종 10년 8월 任戌條, 史臣曰……朝廷不請, 士林反目, 其
   禍慘兵……<중략>, 中宗 12년 12월 10일 辛酉條, 士林之禍 ……<중

15세기 戊午·甲子의 양대 사화로 김종직 일파가 타격을 받자 士林의 세계는 士族의 성장으로 土姓中心으로 門閥貴族이 그 학통을 이어 갔으며 김굉필, 정여창, 김안국, 조광조, 이언적 등 16세기 초에 와서 조광조·이언적·이황 등에 의해 발전하여 마침내 嶺南學派6)의 脈이 확립되었다.

략>······ 중종 14년 7월 壬子條, 趙夫祖回······發朝士林之禍慘丙告······
이상과 같이「朝鮮王朝實錄」중종시대에 士林에 대한 용어 사용의 어원적 근거를 볼 수 있고, 여기서 우리는 朝鮮前期王朝實錄을 비판적, 학문적 입장에서 볼 때 특히, 士林派는 집권세력인 훈구세력의 반대파이므로 先祖 이전까지 實錄을 通讀·玩味함에 있어서 참고자료의 중요한 근거로 인용하지만 특히 주의해야 할 점은 비판적 입장에서 연구함으로써 그 시대 정치사회적 배경에 客觀性을 가질 수 있다고 볼 수 있다.
여기서 조선조 영남士林派의 形成과정에 관한 연구로서는 이수건,『영남사림파의 형성』, 대구: 영남대학출판부, 1984; 조선조 지배 엘리트인 조선시대 선비에 관한 연구로서는 선비의 개념, 선비와 학문, 선비의 정도, 선비의 성립과정, 선비의 분포와 경제적 기반, 정치, 사회적 배경, 선비의 유형과 그 정신, 선비의 신분관, 선비의 변질, 선비의 실상과 허상 등은 이장희,『조선시대선비연구』, 서울: 박영사, 1989를 참조하였고, 영남 士林派의 系譜는 금장태·고광석,『유학근백년』, 서울: 박영사, 1986; 최완기,『한국성리학의 맥』, 서울: 느티나무, 1989;『全古大方』卷 1, 2, 3 등을 참조할 것.
5) 初期 性理學의 脈과 嶺南系列 士林派의 儒賢淵源 系譜圖를 要約해 보면

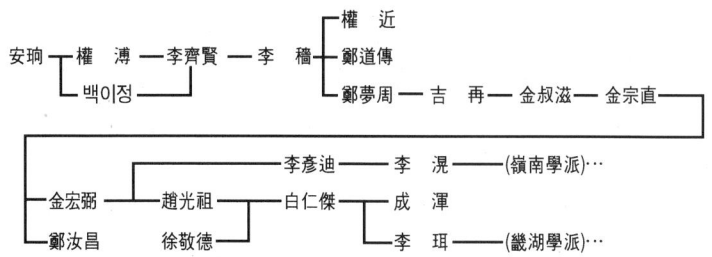

〈출처〉1) 금장태, 고광식,『유학근백년』, 서울: 박영사, p.558.
　　　2) 최완기,『한국성리학의 맥』, 서울: 느티나무, p.37.
　　　3)『典古大方』, 卷三, 誌 二, 三 등을 참조하여 도표화함.
6) 嶺南 士林派의 思想的 系譜는 15세기와 16세기의 교량적 役割을 했던

15세기에 확립된 嶺南士林派는 戊午·甲子의 양 사회로 큰 타격을 입었지만 士林派의 계속적인 成長에 의해 16세기에 가서는 李彦迪·이황 등에 의해 「理氣哲學」을 기반으로 하는 조선조 道學思想의 定立 및 嶺南學派를 發展시켰을 뿐만 아니라 中國의 孔·孟·朱子의 正統儒學思想을 조선조 이성계의 역성혁명 이후 王權交替期의 통치 이데올로기인 유교적 국가주의를 特徵[7]으로 하는 德治國家를 지향하는 政治思想을 理論的으로 體系化하는 데 기여하였다.

2. 晦齋 李彦迪의 生涯[8]와 政治史的 背景

晦齋는(1491－1553) 朝鮮王朝 前期 中宗·仁宗·明宗·三代에

金安老에 의해 己卯士禍後에도 士林派를 영도해 나가는 위치에 있었다. 李彦迪은 愚齊: 孫仲暾(김종직 제자임)에 의해 後學하였고, 權撥, 李愚, 李賢輔, 李滉, 柳成龍, 金誠一, 鄭述, 曹植, 吳健 등에 의해 嶺南派가 확립되었다. ; 최완기, 『한국성리학의 맥』, 서울: 느티나무, 1989, pp.64－86. 참조.

7) 고려 말 신흥사대부들의 정치사상에 관한 연구로는 손문호, 「고려말 신흥사대부들의 정치사상연구 — 유교적 국가주의 중심으로」, 서울대학교 박사학위논문, 1989.를 그 대표적 연구로 볼 수 있으며; 조선이 절대군주국가라는 전제하에서는 군주권의 변동에 초점을 맞추었고 그 정치사를 정리한 이달순, 「조선왕조정치연구－한국정치사 I」, 수원: 수원대출판부, 1990.를 대표적인 것으로 볼 수 있다.

8) 玉山書院 淸芬閣建立委員會 (편), 『회재선생과 옥산서원』, 경주, 1972, pp.19－24; 성균관대학교 대동문화연구원(편), 『이회재의 사상과 그 세계』, 서울: 성균관대학교 출판부, 1992, pp.345－429; 驪州李氏 族譜 卷一, 驪州李氏 上系 分派圖 및 年譜; 성균관대학교 대동문화연구원 (편), 앞의 책, 1992, pp.347－429; 이지경, "회재이언적의 정치사상연구", 한국외국어대학교 대학원 석사학위논문, 1992, pp.88－98 등을 根據로 해서 解釋을 添加함.

활동한 性理學 思想家로서 휘는 彦迪(처음 휘는 迪이었으나, 후에 中宗의 명에 의하여 彦 자를 더하였음)이요. 자는 復古, 호를 晦齋 또는 紫溪翁이라 하였으며, 그 선대는 여주(驪州)사람 이이 향공진사 세정[시조](鄕貢進士 世貞[始祖])의 후손이다. 그 고조(高祖)의 휘는 권(權)이니 벼슬은 부사직(副司直)이고 증조(曾祖)의 휘는 숭례(崇禮)이니 병조참판(兵曹參判)을 종직하였고 조(祖)의 휘는 수회(壽會)이니 훈련원 참군(訓練院 參軍)인데 이조판서(吏曹判書)를 종직하였고 부(父)의 휘는 번(蕃)이니 성균생원(成均生員)인데 의정부 좌찬성(議政府 佐贊成)을 종직하였다. 1562년 선조2년 8월에 시호는 文元(여기서 文은 '道德博文', 元은 '德行主義'을 뜻함) 본관은 驪州9)로서 1491년(성종22년) 11월 25일 당시 慶州府(현재는 慶北 慶州君 江東面 良洞里)에서 아버지 成均生員蕃과 어머니 孫씨 부인(精忠出氣 敵愾功臣 鷄川君 孫昭의 따님) 사이의 맏아들로 세상에 태어났다.

역사적으로 16세기 전반기에 해당된다. 이 時期의 朝鮮朝社會는 그 自體가 基本的인 정치질서에 동요와 변화가 심한 권력투쟁의 격변기였다.

즉 1498년 8세 때 무오사화가 발생, 조의재문의 발단으로 유자광, 노사신, 이극돈, 윤필상 등에 의해 김종직, 김일손, 이목 등을 사약게 했다.

先生은 겨우 10세에 早失夫하고 2남 1녀의 맏아들로 30이 갓 넘은 어머니 孫씨 부인 슬하에서 어려운 환경 속에 자랐다. 그러나 남달리 賢淑하고 識慮 있는 모친의 訓道를 받아 勉學에 전념을 하였다. 12세 때에 외삼촌인 愚齋 孫仲暾 先生을 따라 그의 任地인

---

9) 회재 이언적과 여주 이씨 世系를 보면;

梁山, 金海, 尙州 등지에 다니면서 배웠고 1504년(연산군10년) 14세 때에는 聖賢의 학문에 뜻을 두었고(이때 1504년, 갑자사화로 연산군 생모 윤비의 죽음의 발단으로 연산군, 임사홍 등에 의해 정여창, 김굉필 양대 사화로 죽음) 18세 부인 咸陽 朴氏를 맞았다.

1513년(중종8년) 23세에 生員에 '이구복방가부(利口覆邦家賦)'를 지어 그 내용을 보면 이구복방가부는 척당과 권신들에 의해 몽롱

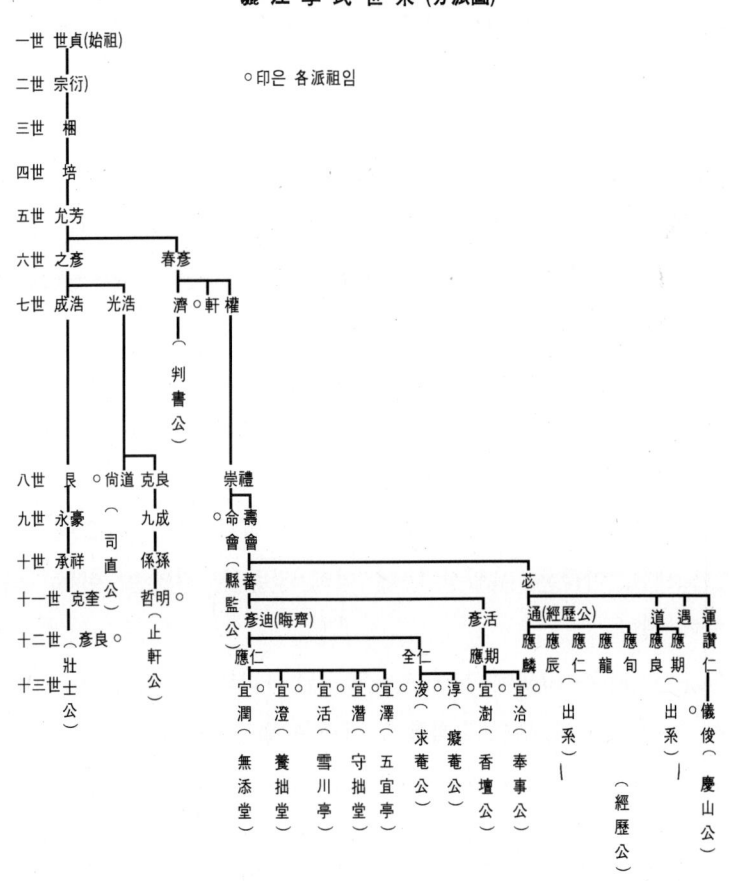

驪 江 李 氏 世 系 (分派圖)

〈자료: 여주이씨 족보 참조함〉

해진 임금을 깨우치고 탐관오리들에게 옳은 생각, 바른말을 가려서 처신토록 해야 한다는 풍자적이면서도 당시 정치사회적 권력투쟁을 비판한 내용으로 합격하였고 이듬해 文科別時에 급제하니 당시 考試官이었던 慕齋 金安國이 先生의 第文을 보고 "王佑의 才가 있다."고 칭찬하였다. 이에 權知教書館 副正字를 거쳐 이듬해 慶州州學校官에 임명되고 1515년(25세)에 楊州 石氏를 맞이하여 1516년 26세 때 子 全仁潛俟公을 낳았다. 1517년(27세)에 원조오잠(元祖五箴)을 지었는데 외천(畏天), 경신(敬身), 개과(改過), 양심(養心), 독지(篤志)함으로써 성학에 대한 뜻을 굳히면서 교서관 부정자, 정자(校書官 副正字, 正字)가 되었다. 이때 진사 망기당(忘機當) 조한보(曺漢補)와 진사 망재(忘齋) 손숙돈(孫叔暾)에게 무극태극설(無極太極說)에 대한 비판을 한 「太極論辨」이 있다. 이 철학적 논쟁은 이로 최초의 철학적·학문적 논쟁의 의미가 있고, 망기당은 선학(禪學)에 대해 강설하고 망대는 육상산(陸象山)학설에 젖어 있어 후인들이 맹목적으로 따라 갈 것 같아 무극태극(無極太極)에 대한 4편을 가지고 노학자를 기어코 설득시켰다. 퇴계 이황(李滉)은 회재 선생의 행장(行狀)에 약관의 시절에 지은 독독지묘(獨得之妙)한 경지에 이른 이 글을 읽고 깊이 깨달은 바가 있어 스스로 후학이라고 하였다. 이어 正字를 지나 28세 되던 12월에 조부(휘는 壽會)가 88세 고령으로 떠나며 고향에 돌아가 承重으로서 3년상을 치르고 1519년(29세) 때 조무 상중(喪中)에 기묘사화가 발생하였다. 주초위왕이 발단이 되어 남곤, 심정, 김안로, 홍경주 등에 의해 조광조(당시 사헌부 대사헌), 김안두, 심식 등 75명이나 화(禍)를 입었다. 31세 되던 8월에 다시 벼슬길에 올라 31세 때 弘文館 博士, 32세 때 侍講院 說書, 33세 때 成均館 典籍을 지나 兵曹佐郎·吏曹佐郎이 되었다. 이에 내직으로 돌아가 36세 때에 司憲府持平,

兵曹正郎으로서 慶尙道御使가 되고 吏曹正郎, 37세 때 侍講院文學, 司憲府掌令, 奉常寺 僉正, 內資寺 副正, 成均館 司成을 역임하고 8月에 慶尙道 御史가 되고, 11月에 모 부인을 모시기 위해 다시 密陽府使가 되어 2년간 재임 후 40세 때 司諫院 司諫이 되었다. 1531년 (중종26년) 41세 때 이조 역성혁명 지지파인 후군파 1人 金安老를 기용함에 正言 蔡無擇과 大司憲 沈彦光에게 金安老가 소인임을 지적하고 그 불가함을 역설한 끝에 成均館 司藝로 좌천되었다가 향리로 돌아왔다.

1532년 42세 때 紫玉山中(경주시 안강읍 옥산리)에 獨樂堂10)(現在 보물 제413호)을 짓고 6년 동안 자연과 책을 벗 삼아 哲學的 思索에 잠겼던 것이며, 1537년(중종32년) 47세 되던 해 11월 이르러 金安老가 敗死하자 다시 官職에 復院하여 掌樂院 僉正 宗薄寺 僉正, 弘文館 副校理, 校理, 弘文館 應敎, 春秋館 編修館를 거쳐

---

10) 獨樂堂(문화재보물 413호)은 玉山書院의 西方 700미터의 거리에 있으며, 1532년(조선 중종27년) 회재 선생이 42세 때 朝廷에서 물러나신 후 山水自然과 화초를 사랑하시며 공부와 사색에 잠기신 별장인데 처음에는 '초려삼간' 玉山精舍를 지으시고 溪亭을 후에 지으시고 옥계천 반석에 이름을 붙여 五臺 징심대(澄心臺), 탁영대(濯纓臺), 관어대(觀魚臺), 영귀대(詠歸臺), 세심대(洗心臺)라 하시고 四方의 四山(紫玉山, 道德山, 華蓋山, 無鶴山)과 이를 四山五臺라 부르시며, 임거십오영시(林居十五詠詩)를 짓고 시중 관심시 내용을 보면, "한 점 등불은 내 마음 한 조각이라, 본체는 이미 세상을 경험하네만, 진리의 근원은 고요 속에 찾으리라." 이때 성학에 대한 마음자리를 볼 수 있다. 이 일대의 自然을 즐기셨다. 좌우에는 항상 서책을 두시고 단정히 앉아 사색과 성리학 연구에 몰두하신 곳이다. 현재의 건물들은 6·25사변 후에 증축한 것이 많다. 과거나 현재에도 시인·묵객이 많이 찾아와 회재 선생의 학덕을 사모하여 참배한 이가 많으며, 先生이 직접 심으신 산수유와 주엽나무는 천연기념물 제115호로 지정되어 있고, 현재는 종손이 독락당을 관리하여 살고 있다. : 옥산서원 청문각 건립위원회(편), 앞의 책, 1972, pp.9-10; 문원공 승모사업회 (편), 『여강이씨와 회재선생』, 서울: 여강출판사, 1991, pp.226-229. 참조함.

48세 때 議政府 檢詳이 되었다가 이어 軍器寺正, 弘文館 직제학, 兵曹參知를 역임하고 全州府尹으로 있을 때 憂國之念으로 상소문 『一綱十目疏』를 올려 그 당시 王道의 德과 禮를 강조하고 君과 臣의 조화에 의한 「有德者 君主論」으로써 民에 대한 敎化의 王道 政治實現을 강조하였다.

이어 내직으로 49세 때 兵曹參判, 世子石副賓客, 50세 때 禮曹 參判, 成均館 大司成, 司憲府 大司憲을 역임하고 1541년 51세 때 世子副賓客이 되었다가 다시 弘文館 副提學, 漢城判尹, 議政府 右 參贊이 되고 1542년 刑・禮曹判書, 議政府 在參贊, 司憲府 大司 憲 그해 11월에 임명되었다.

1544년 54세 때 중종이 昇遐하고 仁宗에 이어 明宗이 12세 나 이로 왕위에 오르니 55세 때, 왕실은 이른바 尹任(인종의 생모 章 敬王后의 형)을 둘러싼 大尹派와 尹元衡(명종의 생모 문정왕후의 아우)을 싸고도는 小尹派가 권력투쟁을 해 왔는데 명종이 즉위하고 문정왕후가 청정하자 크게 힘을 얻은 소윤파는 대윤파와 그 배경 이 되는 士林을 배제하기 위하여 이들과 사감이 있던 鄭順明・李 荒・林百齡・許磁 등을 심복으로 삼아 갖은 계책을 꾸미는 동시에 尹任이 鳳城君(중종의 8제자)에게 왕위를 옮기도록 획책하고 있다. 또는 인종이 승하할 때 윤임은 명종이 추대하지 않고 桂林君(성종 의 제3자 桂成君의 양자)을 세우려 하였다고 거짓으로 꾸며진 사 실임을 들어 그 불가함을 직력하였다. 그러나 정세는 尹任 일파와 士林派에게 불리하여 마침내 尹任・柳灌柳・仁淑 등 세 대신과 허다한 士類가 가혹한 죽음을 당하고 쫓겨나니 이것이 朝鮮朝 支 配層의 權力鬪爭의 하나인 乙巳士禍이다.

1547년 을사사화로 인해 晦齋도 57세 때 9월 평안도 江界에 유 배되었다. 그곳에서 6년 동안 많은 저술을 남겼으며, 이것은 회재의 후기 王道政治思想에 해당되는 저서들로서 특히 「大學章句輔遺」, 「續或聞」, 「秦先雜儀」, 「求仁錄」, 「進修入規」, 「中庸九經 衍義」(未完成) 등 방대한 저술을 남겼다. 1553년(명종8년) 11월 23일 心身이 危化하여 天涯邊方의 謫所에서 향년 63세에 일생을 마쳤다.

이에 待奉中이던 子 잠계공(휘 全仁)이 12월 12일에 강계를 떠나 이듬해 2월에 고향에 와서 11월에 흥해군의 남쪽 達田理 禱陰山 기슭 先塋下에 안장하였다. 그 후 잠계공은 회재 선생의 저술을 혈성으로 수집하여 퇴계 선생에게 나아가 行狀을 받는 데 애쓰는 한편 明宗 21년(1566년)에는 회재의 「進修八規」를 왕에게 전달하는 등 孝誠을 다한 결과 13년 만에 復爵의 명이 내렸다. 1569년 (선조2년)에는 文元의 시호를 내리고 1572년(선조5년)에 경주부윤 이제민이 향중 士林의 소원을 좇아 『四山五臺』 위에 玉山書院[11]을 건립하여 1573년 12월에 나라에서 賜額이 있었다. 그리고 1610년(광해군2년) 8월에는 가묘에 사제가 있었고, 9월에는 李彦迪, 金宏弼, 鄭汝昌, 趙光祖, 李滉을 함께 文廟에 從祀하니 유명한 '東方五賢'이란 존칭이 여기서 유래한 것이다.

---

11) 玉山書院은 1572년(朝鮮朝 宜祖5년 壬申) 당시 嶺南士林들이 晦齋先生의 학문과 道德을 숭앙하여 경상도백과 경주부윤의 후원을 얻어 창건하였고, 1574년에 사액서원(賜額書院)이 되었으며 任亂兵火에도 피해 없이 보존되었다. 良洞에 大宗定(無添堂)에서 1460년 건립한 서쪽 8Km 거리에 있음. 이듬해(癸酉)에 선생의 위판을 경주(西兵鄕賢祠)에서 玉山書院 체인묘로 옮겨 재향을 봉행하였으며, 그해 12월 3일 國家에서 '玉山書院'이라 賜하였다. 지금도 경주 鄕內의 儒林이 모여 春秋亭祀를 엄수하고 每月 朔·望에 梵番祀를 드린다. 서원 내의 건물로서는 사당인 '체인묘'와 강당인 '求仁堂'과 齊舍인 '晦求齊', '闇修齊'가 동·서로 並立하고 門樓인 '無邊樓'가 있고 비각으로는 '神道碑閣', 각종 木板 및 서재가 보관된 '御書閣', '文集板閣' 등이 있으며, 1972년에 신축건물은 '淸芬閣'에서 각종 서재 및 유물 및 목판을 보관하는 장소가 있다. 정부에서는 玉山書院을 사적 제154호 문화재로 지정하고 있다.

3. 士林世界에서 李彦迪의 위치

性理學思想이 高麗末에 1290년 '忠烈王 十六年' 安珦에 依하여 傳來된 후 性理學思想을 研究하는 學者가 漸次 많아졌으나 2세기를 지나서 退溪 栗谷에 이르러서야 비로소 全盛期를 이루었다고 할 때 晦齋는 이에 先驅的 役割을 하였다고 보겠다. 또한 晦齋는 金宏弼, 鄭汝昌, 趙光祖, 李滉과 함께 東方五賢으로 稱道되고 있다. 이들 모두는 16세기의 士林의 領袖들이다. 그러나 前者三賢 모두는 많은 저서를 남기지 못했다. 따라서 晦齋는 士林派의 정치적 이데올로기의 理論的 體系化에 기여하였으며, 四大士禍를 몸소 체험한 主理派[12]의 先驅者的 위치에 있다.

---

12) 주리파와 주기파의 주요 주장을 비교해 보면 다음과 같이 요약해 볼 수 있다.

계 통	주리파	주기파
내용 및 특징	객관적·주관적·내향적·도덕적 원리문제 중시, 이기일원론	객관적·물질적·외향적· 경험적 현실세계중시, 일원적 이기이원론
선 구 자	이언적	김시습, 서경덕
대 표 자	이황(聖學+圖)	이이(聖學輯要)
예 법	주가가례를 중시	가례집람을 중시
학 과	영남학파	기호학파
후 계 자	조식, 유성룡, 김성일, 정구 등	조혼, 성혼, 김장생, 송시열 등
대 표 서 원	玉山書院(경주), 도산서원(안동)	문화서원(배천), 소수서원

조선조 유학사에 있어서 주리·주기학파에 관한 연구논문은 이기동, "이조유학사에 있어서 주리파·주기파의 발달에 대한 분석", 동양철학연구회(편),『동양철학연구』, 제12집, 서울: 성균관대학교 동양철학연구소, 1984, pp.3-11; 이동희, "이회재의 경학사상 — 대학장구보유", 한국학논문 11호, 1984, pp.23-45; 조남국, "조선주유학사에 대한 남북학계의 연구성과제시", 동양철학연구회 (편), 앞의 책, 1984, pp.12-22. 참조할 것.

회재의 思想은 孔子·孟子·朱子思想을 中心축으로 하여 正統 儒學과 주염계의 學 특히 朱子學 바탕으로 이루어진 것이다. 그것 은 先生이 28세경 망기당 조한보와 往復한 有名한 「太極論辨」에 서 이미 두드러지게 나타난다. 忘機堂의 老莊的 禪의 要素를 철저 히 배제하고 주자학적 이론에 근거하여 論爭한 유교적 실학을 定 立해 놓은 이 「太極論辨」은 後日 退溪를 감탄시키고 영남유학의 개종이 된 卓越한 哲學論文이거니와 이조 최초 철학적 논쟁이었 다. 그것은 단순한 주자학의 論理를 驅使한 것이 아니라 깊은 사 색과 참된 수양의 결과라 하겠다.[13]

조선왕조 前期의 政治思想은 中國의 孔·孟·朱子의 正統的 儒 敎文化를 全的으로 받아들이면서 그것을 獨自的立場에서 把握하 려는 晦齋의 학문 속[14]에 있고 '修身齊家治國平天下'를 生活化하 려는 당시 士林派들의 政治的 進出을 隨伴한 自己 이데올로기에 는 信念 반영이었다고 할 것이다.

15·16세기 朝鮮王朝 社會는 性理學派로서의 士林派가 하나의 政治勢力[15]으로 등장하여 李成桂의 易姓革命에 동조세력인 勳舊 派와 대립하면서 대토지소유자인 훈구파와 지방의 新興中小土地所 有者인 士林派와의 투쟁인 士禍라는 歷史的 사건으로 나타난다. 그러한 가운데 思想的으로 性理學이 정착의 뿌리를 확고히 하게 되는 시기다.[16]

---

13) 이우성, "이언적선생의 역사적 위치와 그 경세사상", 묵민회갑기념사 업회(편), 『국역회재전서』, 첨가논문, 1974, pp.867-869.
14) 회재의 「대학장구보유」에서 朱子의 大學편의 순서를 수정함으로써 중 국 유학의 조선조 성리학 수용에 있어서 그 당시 주자의 학문을 무조 건 숭앙하려고 한 다른 학자와 다른 독자적 해석의 측면을 볼 수 있 다. 자세한 내용은 이지경, 앞의 글, 1992, pp.33-44. 참조할 것.
15) 이태진, "16세기 사림의 역사적 성격", 『대동문화연구』제13집, 서울: 성균관대학교 대동문화연구소, 1979, p.106.

이러한 士禍記에 주목할 것이라면 性理學的 敎化에 의한 實踐的 儒學의 대표라 할 수 있는 훈구파에 대항하는 재야의 時代的 精神을 代辯하는 知性이 곧 "士林이며 그들의 義理精神이 곧 士林精神이다." 즉 15세기 후반에 기성의 집권세력인 훈구파와의 權貴化에 대한 방지 및 비판세력으로 등장한 것이 士林派였다.

여기서 士林의 연원과 학맥을 보면, 李成桂의 조선조 건국이라는 易成革命은 政治史에 있어 高麗風의 節義를 土養으로 자라난 鄭夢周의 義理精神은 '東方理學의 祖'로서[17] 士林의 儒學思想은 돋보이게 했고, 端宗 復位를 둘러싼 死六臣·生六臣의 출현은 사림의 節義精神은 '신하는 신하답게'(臣臣) 행동해야 하는 儒敎 正統의 大意名分인 '正名' 사상에 입각하여 非理와 不義를 배척하고 옳은 것을 위해서는 生死를 實踐的 표상으로써 드높이던 그때 이미 嶺南의 士林이 진출하기 시작하였고 圃隱의 節義·名分精神을 이어받은 冶隱은 士林에 들어가 講進하여 後學을 위해 '文風進興'에 힘썼고 그의 학문은 金叔滋에 전수되었다. 金叔滋는 그의 자인 金宗直에게 學統을 전하여 마침내 金宗直은 朝鮮朝 新進士林의 領袖로서 指導的 役割을 한 것이다.

成宗代에 있어서 在野의 사림을 與起시켰던 金宗直의 學問을 이어받은 많은 後學들 가운데 金宏弼(1454-1504)과 鄭汝昌(1450-1504)은 더욱 學行에 警實하였다.[18] 이러한 사림학파의 正統學派는 지역과 학문적 주장에 의해 크게 두 가지 계통으로 나누어진다. 그 하나는 李彦迪을 중심으로 한 主理派와 다른 하나는 조광조를 中心으로한 기호학파로 불리는 主氣派였다.

---

16) 윤사순,『한국성리학과 실학』, 서울: 열음사, 1992, p.38.
17) 이 색, (고려사열전 권34)에서 정몽주를 '東方理學之祖'로 설명함.
18) 윤사순, 앞의 책, 1992, p.38; 조남욱, 앞의 글, 1983, pp.14-15.

그래서 정몽주-길제-김숙자-김종직-김굉필-이언적-이황-조식으로 이어지는 朝鮮朝 嶺南學派의 사람이 선비의 學風인 사림정신으로 확립되는 것이다.

여기에서 晦齋 李彦迪의 士林派에서 그의 학문적 위치는 士禍期의 性理學 思想은 주로 花潭 徐敬德(1489-1546)과 晦齋 李彦迪의 학문에 의해 대표적인 위치를 차지하고 회재 이언적은 8살 때 戊午士禍를, 14살 때 甲子士禍를, 29살 때에 己卯士禍를, 54살 때 乙巳士禍를 겪었다. 즉 4대 사화[19) 生涯一代에 몸소 체험한 이

---

19) 조선조 4대 사화는 혁명 주최세력인 훈구파와 성종 때 문물진흥책에 따라 영남사림들의 대거 중앙정계에 진출하여 정치적 갈등과 정치권력의 투쟁 양상으로 시작된 훈구파와 정치적 의견을 달리하는 사림파와의 권력투쟁에서 사림파의 많은 피해를 입은 정치적 사건으로서 사림의 정계 진출은 성종이 왕권을 강화하기 위해 훈구파의 견제세력으로 사림을 등용하는 데 있기도 하며, 사림은 주로 언론직·사관직에 있으면서, 주로 의정부와 육조의 관직을 차지한 훈구파와 대립을 하였다. 이들은 학통과 출신 지방이 서로 달랐고, 학문적, 정치적 관점도 서로 다르다고 할 수 있다.
사림파는 節義를 숭상하고 성리학의 전통적 계승자로 자부하였으며, 유향소 등 향촌 지방자치제의 실시를 요구했으며, 훈구파는 권력을 장악했고, 농지를 확대하여 사림의 정치적 세력기반을 침해했다. 이러한 배경 속에서 4대 사화는 주로 15·16세기의 사림파와 훈구파와의 권력 투쟁에 있어서 사림파가 훈구파로부터 당한 4번의 참화를 말한다. 4대 사화에 대해서 간략히 요약해 보면, 첫째, 무오사화(1498, 연산군 4년)에 사초 '조의제문'을 계기로 주체세력은 이극돈, 유자광 등이며, 피해를 당한 자는 김종직(부관참시: 관을 파헤쳐 시체를 베는 것), 김일손, 김굉필 등이 주요 내용이라 할 수 있다. 둘째, 갑자사화 1504년 연산군 10년에 생존왕비인 윤비폐비사건을 계기로 연산군, 임사홍 등 중종세력이 주체로서, 피해를 당한 자로서는 윤필상, 정창손 등 훈구파와 김굉필, 정여창 등 사림파가 이에 속한다. 셋째, 기묘사화는 1519년 중종 14년 공신록 삭제사건을 계기로 중종, 남곤, 홍경주, 심정, 김안로(김종직의 문인인 김소의 아들이다. 따라서 그는 일찍부터 사림파와 연결될 수 있었으며, 사림파의 이자와는 동서 간이었다. 그는 士論이 을묘인에게 쏠리고 있음을 알고 권벌의 재서용을 주선함으로써 그들과의 관계유지에 유념하기도 하였다. <중종실록>70. 25년 12

가 바로 회재 이언적이며, 회재 조선조 性理學의 全盛期를 인도한
主理派의 先驅者이며……(중략) 嶺南學派의 宗匠인 李退溪(禮安人)
를 자극하여 李滉 이후 주리파는 柳成龍, 金誠一, 鄭述, 李瀷, 曺
植, 吳建 등 제자에 의해 영남학파로서 계통을 이어 왔고 日本學
系에도 큰 영향을 주어 近世日本儒學에 主流[20]를 형성하였을 뿐
만 아니라(중략) "退溪는 晦齋를 精詣의 見, 獨得의 妙가 있다."
하여 더욱 그의 「立言垂後」의 일사로서 東方稀有의 儒學者로 추

월 신유조 참조함) 등이 주체세력으로서 피해를 당한 자로서는 사헌
부 대사헌인 士林의 개혁주의에서 대표적인 조광조 등이 피해자임.
기묘사화 이후의 시기는 거의 대부분의 연구자들에게 붕당 발생의 한
과정으로 인식되어 정국변화의 실상이 제대로 해명되지 못하였으나,
최근에 이르러 이 점을 보충할 수 있는 연구결과를 보면,
① 김 돈, "중종 대인관의 성격변화와 사림", 「한국사론」10, 서울대국
사학과, 1984.
② 우인수, "조선 명종조 위사공신의 성분과 동향", 「대구사학」33,
1984.
③ 최이돈, "16세기 사림파의 천거제 강화운동", 「한국학보」54, 1989.
④ 이병걸, "조선전기 지배세력의 갈등과 사림정치의 성립", 「민족문
화논총」II, 영남대학교 민족문화연구소, 1990. 등을 참조할 것.
넷째, 을사사화는 1545년 명종 원년에 중종의 이복형제의 왕위계승문
제로 윤임(인종의 외숙: 대윤파)과 윤원형(명종의 외숙: 소윤파)의 외
척 간의 정권투쟁에서 발생한 소윤파 윤원형 등이 주축이 되어 일으
킨 사화로서 피해를 당한 측은 윤임 등 대윤파로서 이에는 이언적(을
사사화와 회재 이언적의 현실대응 방식에 관해서는 이우성, "을사사화
의 일고찰", 성균관대학교 대동문화연구원 편, 1992, pp.317-343참조
할것)과 사림파가 대표적이다.
이상과 같이 4대 사화 내용은 주로, 『朝鮮王朝實錄』; 변태섭, 『한국사
통론』, 서울: 삼영사, 1990; 이기백, 『한국사신론』, 서울: 일조각, 1981;
이기백 외,『한국사의 대조명』, 서울: 민성사, 1988;『典古大方』卷1. 2.
3.을 참조함.
20) 윤사순, 앞의 책, 1992, pp.34-45; 이병도, 『한국사대관』, 대구: 동방
도서, 1983, pp.132-147; 이기백, 『한국사신론』, 서울: 일조각, 1981,
pp.189-195; 유명종, 『한국사상사』, 대구: 이문사, 1981, pp.291-295.
참조할 것.

인하여 鄭汝昌(세종3-2년 경오생 연산군 13년 갑자후), 金宏弼(단종2년 갑무생 연산군 10년 갑사후), 趙光祖(성종13년 임인생 중종 14년 을묘후)의 三賢·李滉과 아울러 稱하는 東方五賢의 一人이 되게 하였다. 이러한 점으로 보아 晦齋의 朝鮮儒學史上에 處한 地位뿐만 아니라 李氏 朝鮮王朝의 統治理念인 儒敎的 絶對君主國家라는 전제下에서는 李氏 朝鮮의 德治國家건설에 晦齋의 공헌은 韓國政治思想史 특히 朝鮮朝 政治思想史에서 그의 道學的 王道政治 연구의 定立에는 매우 중요한 의미를 갖고 있다.

Ⅲ. 李彦迪의 道學的 王道政治理論의 근거

1. 道學政治의 實踐論

朝鮮王朝에서 儒敎政治社會는 「修己治心」에 의한 '有德者 君主論'의 王道政治思想이 그 핵심이다. 즉 德이 있는 君主가 統治할 때 그 政治社會는 禮的 秩序가 확립된 道德的 理想社會가 된다고 할 수 있다. 여기서 德의 구체적 내용은 求仁을 통한 '愛民思想'으로 實踐되어야 한다.

晦齋의 政治思想에서 핵심은 '有德者 君主論'으로서 君主의 修身論의 중요성에 대한 강조가 많음을 볼 수 있다. 회재가 中宗에게 올린 1539년(中宗 34년)의 「一綱十目疏」등 대표적인 上疏文과 平安道 江界의 適所에서 장차 明宗에게 올릴 目的으로 기초한 「進修

八規」와 「中庸九經衍義」와 같은 저서에서 '帝王之學'……이라 할 만큼, 君主는 참된 學問과 間斷없는 修養을 통해 마음의 姿勢를 '大公至正'한 위치에 두고 萬機를 總攝해야 한다는 것이다. 이러한 意味에서 회재가 말하는 '帝王之學'은 일종의 君主政治思想論이라 해도 무방할 것이다.[21]

晦齋의 君主論은 中宗反正 이후 王權이 權臣들에 의하여 牽制를 받고 勳舊勢力이 是非를 分辯하지 못한 채 고립된 國王을 啓導함으로써 王權을 강화하려는 士林政治人의 念願的 表現이라 할 수 있다. 그의 君主政治思想을 저서 및 상소문 분석을 통해 규명해 보기로 하겠다.

회재의 「進修八規」[22] 王道政治는 君主의 政治的 實踐中心의 心學之要라 할 수 있으며 4대사화로 인한 문란한 政治社會秩序를 확립하는 그 당시의 시대적 배경을 내포한 君主의 政治的 實踐論이라 할 수 있다. 즉 道學的 王道政治思想의 핵심이라 할 수 있다.

1) 修身明理의 道

晦齋가 사용하고 있는 道理의 개념은 '日用事物의 當行의 理致이다.' 이 도리는 性의 德으로서 心의 主體化 된 道理, 즉 心學의

---

21) 이원균, "이회재와 그 정치사상", 부산: 부산수산대논문집, 29, 1982, p.62.
22) 「疏, 進修八規」는 1550년 회재 先生의 江界適所에서 完成하였으나 1553년 회재가 그곳에서 孝終하고, 1566년에 子全仁이 상소와 함께 明宗에게 進遠된 그의 心學의 요제라 할 수 있다.
그 내용을 보면 ① 道理를 밝히는 것, ② 大本을 세우는 것, ③ 天德을 본받는 것, ④ 前代聖人을 본받는 것, ⑤ 총명을 넓히는 것, ⑥ 仁政을 시행하는 것, ⑦ 天心을 순응하는 것, ⑧ 中和를 이루는 것 등 8가지로 王道政治의 핵심내용을 담은 상소문이라 할 수 있다.

修身化를 의미한다. 日用事物의 가장 接近한 것으로서 君臣이 된 자는 君臣의 道理가 있고, 父子가 된 자는 父子의 道理가 있고, 夫婦, 長幼, 明友든지 出入과 起居와 事物을 應接하는 모든 것에 이르기까지 각기 道理가 있지 않음이 없다.[23]

　이러한 道理를 밝히는 데는 '居敬窮理'가 先行되어야 한다고 주장하고 있다. 따라서 성리학은 시종 바르게 정치하는 것이 帝王의 心學의 근본적 主題가 된다고 주장하고 있다. 이러한 사상은 孔子의 "君君, 臣臣, 夫夫, 子子"를 기초로 하여 孟子의 五倫사상의 道理에 그 사상적 기초라 할 수 있다.[24] 회재의 명덕의 도에 가장 중요한 것은 窮理이며 窮理의 基礎는 讀書에 있고 또한 讀書의 法이 그 차례를 따르는 데 있다. 여기서 窮理에는 '收放心', '居敬'이 先行되어야 한다고 강조하고 있다. 따라서 그의 聖學의 成市成終이 居敬에 있다고 주장하고 있으며, 修身·明德化의 道는 道理를 밝히는 데 根本이 된다고 주장하고 있다.

---

23) 김길환, 『조선조유학사상연구』, 서울: 일지사, 1986, pp.32－33, 원문을 첨가하면, "以日用之最近者言之, 則爲君臣者有君臣之理, 爲父子者有父子之理, 爲未婦長幼爲明友, 以至於出入起居應事接物之際亦莫不各有理焉".

24) 儒敎思想에 禮的秩序가 확립된 정치 사회는 孔子에 의하면 倫語의 안연 "君君·臣臣·父父·子子"의 도리를 다하는 주장보다 孟子의 단계에서 禮系的 理論化가 할 수 있는 <孟子>의 勝文公上, "人之有道也, 飽食煖衣……聖人有憂之使契爲司徒 敎以人倫, 父子有親, 君臣有義, 夫婦有別, 長幼有序, 朋友有信."을 강조한 <五倫>은 聖人이 발견한 天道와 합치된 인간사회의 政治社會學 윤리규범이며 天人合된 경지에 있는 被治者 民이 도덕적 가치의 세계로 이행하기 위한 실천윤리를 君子인 帝王이 알아야 하는 기초적인 道의 사상이라 할 수 있다.

2) 君主의 大義名分論

君主의 立大本이란 「中庸」의 首章에 나오는 말이다. 喜怒哀樂의 감정이 나타나지 않은 것을 '中'이라 하고 이 중을 大本이라 하였다. 大本[25]을 세운다는 것은 心의 明體를 保有하고 확립한다는 뜻이다. 즉 君主의 心이 바르면 天下의 일이 바르지 않는 것이 없다는 것이다. 따라서 君主의 心體의 喪失과 妄却은 一身의 敗亡의 원인일 뿐만 아니라 帝王의 心體 保佐와 回復은 兼善天下의 地

---

25) 김길환, 앞의 책, 1986, p.36; 고전에서 中의 언급 내용을 살펴보면 중국 선태시대, 춘추 전국시대의 양계초는 "儒墨道法 四家而己", 中을 통치천하의 大經丈法이 바로 '中'으로 집약함. 그리고 中에 관한 내용을 보면 "不偏不倚하고, 大中至正, 無過不及" 中 또는 中庸思想을 유교사상의 핵심으로 보고 있다. 그러면 경전에 나타난 中의 내용을 살펴보면 ① 書經에는 中을 政治의 지도원리로서 協中, 執中, 建中……, 즉 中正, 中庸의 道를 강조하고 있다. ② 禮記에서 禮는 사람이 지켜야 할 바른 형식으로 나타낸 행동규범으로 禮治主義를 강조하고 있고 「禮所以也」(예기 제28편), 즉 예는 실행을 中의 적당함을 맞도록 制定하는 것으로 보고 있다. ③ 春秋左傳에는 「民受天地之中以生」 인간에는 動作, 禮儀威儀, ④ 論語에는 「克己復禮」는 中의 내용이며, 공자의 中庸에 "完善完美", 논어 옹야편에 "中庸之爲德也, 其至矣爭, 民鮮久矣", 中正之道, 允執其中 등의 내용이 있다. ⑤ 中庸에는 전편 33장 중 중용의 언급은 7개 장, 中의 언급은 3개 장에서 하고 있다. 여기서 '中'은 희로애락이 發하지 않는 상태를 의미하며, 和는 희로애락이 發하여 절도에 맞는 것이며 이것은 禮와 用, 本質과 作用, 性과 情의 관계 中은 天下의 大本이요, 和는 天下의 達道이다. 위 내용을 중용 1장에서 찾아보면 "喜怒哀樂之夫發, 謂之中, 發而皆中節, 謂之和, 中也者, 天下之丈本也, 和也者, 天下之達道也, 致中和, 天地爲焉, 萬物育焉", 즉 중용은 至德으로서 君子가 따라야 할 道이고 특출한 知者나 聖者가 아니고는 실천하기 어려운 덕목이 강조되고 있음을 알 수 있다. 이러한 中和 개념을 현대적 의미로 해석해 보면 '中'은 주권 국가로서 해석을 해 볼 수 있으며, '和'는 정치적 통합(Integration), 安定(Stability) 의미로 연결해 볼 수 있다. 선태유학에 있어서 중사상에 관해서는 민황기, "선태유학에 있어서의 「中」사상에 관한 연구", 충남대학교 대학원 박사학위논문, 1992. 참조할 것.

位[26])를 갖고 있기 때문이다. 또한 이것이 民의 조화와 心身의 안정에 영향을 주는 君主의 政治哲學이라 할 수 있다.

3) 君主의 德化禮治認識論

「周易」의 「乾爲天」의 卦에서 天은 剛健하고 위대한 君子의 道를 설명하고 있다. 즉 "天行이 建하니 君子는 自强不息."한다는 이론에서 君子는 이것을 본받아 쉬지 않고 노력한다는 내용이 있다. 즉 "勉强不息 修德格天下"의 내용은 德治에서 認識論의 핵심으로 있다. 이것을 君主의 道誠으로 보고 있다.[27])

그러므로 君主는 '德化禮治', '修己治心'을 위해서 君子의 省察과 存養을 강조하고 있으며 天行의 建함을 主體化하는 것이 君主의 心學의 요제이며 이러한 실천적 의미는 君主의 '德化體治'의 승화를 위해, 끊임없는 '求仁'을 위해 노력해야 한다.

4) 君主의 政治哲學

晦齋의 君主論은 晦齋가 中宗에게 올린 1359년(中宗 34년)의 「一綱十目疏」와 1541년(中宗36년)의 「弘文館上疏」 등 疏章과 또 平安道 江界의 適所에서 장차 明宗에게 상소할 目的으로 기초한 「進修八規」와 「中庸九經衍義」[28]) 같은 저서에는 이른바 '帝王의 學'에 대

---

26) 회재전서, 「疏, 進修八規」, 二規를 참조할 것.
27) 「周易」乾爲天卦를 참조할 것.
28) 이 저서는 1553년 회재 선생이 63세 때 강계적소 유배 시 저술한 것이나 病患으로 완성하지 못한 未完成의 저서이다. 그러나 1553년에 손자 이준(李浚) 등이 간행하였다. 구경(九經)은 「중용」 제22장에 나오는 수(修), 제(齊), 치(治), 평(平)의 아홉 가지 절목(節目)으로 修身

·尊賢·親親·敬大臣·體群臣·子庶民·來百工·柔遠人·懷諸侯를 가리킨다. 별집에서는 따로 體天道·畏天命·戒滿盈의 제목으로 구경을 보완 설명하였다.

회재는 自序에서, 구경은 공자가 애공(哀公)에게 고한 천하국가를 다스리는 절목이며「大學」의 팔 조목(條目)과 더불어 서로 표리(表裏)가 된다고 하였다. 또 말하기를. "「大學」의 글은 학자에게 修己治心하는 道를 가르치는 것이므로 進德修業의 功은 자세히 말하였으나 爲治의 節目은 간략하고, 「중용」의 구경(九經)은 임금에게 爲政의 道를 고하는 것이므로 經世의 절목은 상세하지만 修己의 功은 간략하여 두 책의 뜻이 서로 발한다."라고 하였다. 卷1에서는 '총론위치지도(總論爲治之道)'란 題目下에「중용」의 九經에 관한 글을 앞에 싣고, 이어서「大學」의 삼강령(三綱領)·팔조목(八條目)과 혈구장을「맹자」에서 구경에 관계되는 삼장을 실었다. 또한 동중서(董仲舒)의 글과 주돈이의「通書」의 1장을 제시하였으며 程失을 비롯한 여러 선현들의 설을 원용하여 자신의 입장을 설명하였다. 卷2 이하 卷17까지의 체제는 동일하며, 먼저 사서오경의 경문을 제시하고 諸子의 說 가운데 글을 추리고 다음과 같은 목차에 따라 회재의 의견을 첨가하고 있다. ① 수신(修身): 총론수신지도(總論修身之道), 강학명리지공(講學明理之功), 언행위의지근(言行威儀之謹). ② 존현(尊賢): 총론존현지의(總論尊賢之義), 존호현지성(存好賢之誠), 변현사지실(辯賢邪之實), 심소장지기(審消長之幾), 거참사지간(去讒邪之間), 원색화지고(遠色貨之蠱). ③ 친친(親親): 총론친친지의(總論親親之義), 진효제지도(盡孝弟之道), 중배필지제(重配匹之際), 돈구족지서(惇九族之敍). ④ 경대신(敬大臣): 위조섭지직(委調燮之職), 치예우지륭(致禮遇之隆), 심충사지실(審忠邪之實). ⑤ 體群臣: 명일체지리(明一體之理). 존애호지성(存愛護之誠), 통상하지정(通上下之情), 양겸양지절(養兼讓之節), 용직량지언(容直諒之言), 포절의지신(襃節義之臣). ⑥ 자서민(子庶民): 염가색지간(念稼穡之艱), 민수역지고(憫戍役之苦), 박부세지렴(薄賦稅之斂), 성형벌지시(省刑罰之施), 명인륜지교(明人倫之敎), 점예악지화(漸禮樂之化). ⑦ 내백공(來百工). ⑧ 유원인(柔遠人). ⑨ 회제후(懷諸侯). 이상과 같이 수신으로부터 자서민까지의 6경에는 29개의 세목(細目)이 실려 있고 나머지 3경에는 세목이 없다. 또한 실제로 내용이 수록되어 있는 것은 수신, 존현, 친친의 14개 세목이며 나머지 6경은 목차만 있을 뿐이다. 별집에는 국가를 다스리는 요점으로 體天道·畏天命·戒滿盈의 제목 아래 12개의 세목으로 나누어 설명하고 있다. 이 저서는 천하국가를 다스리는 근본을「중용」의 九經에서는 조목으로 나누어 거의 모든 경전을 諸儒 설로 이끌었다. 설명한 것으로서 회재의 경전 연구의 심도를 알아볼 수 있을 뿐만 아니라 그의 후기 사상의 중요한 자료로 하여 …… 반복 논술하고 있다. 그 大要를 살펴보면 君主는 참된 學問과 間斷없는 修養을 통해 마음의 姿勢를 大公至正한 位置에 두고 萬機를 總攝해야 한다는 것이다. 이러한 意味에서 회재가 말하는 帝王의 學은 일종의 君主論이라 하여도 무방하다고 생각한다. …… 그의 君主論에 의하면 君主는 항상 學問에 專念해야만 되는 것이다. 왜냐하면 君主가 학문을 하느냐, 하지 않는가의 여부는 世上의 否泰와 國家治亂 그리고 人民의 休戚에 절대적인 영향을 미친다고 보기 때문이다. 그가 말하는 학문이란 것은 곧 道學이며, 이것은 바른 그대로 帝王의 學인 것이다.[29] 즉 君主의 修身인 心學을 의미한다. 회재의 帝王의 學은 君主의 精神姿勢가 대중 至正 位置에서 萬機를 總攝해야 한다는 것이다. 燕山君의 荒異로 왕의 威信이 땅에 떨어지고 反正以後 勳舊派 貴族이 勢力을 펴고 있는 당시의 정치상황에서 士林의 '帝王의 學'으로 表現된 晦齋의 有德者 君主論은 문란한 王權을 强化하고 中央集權的 秩序의 確立과 勳舊派의 문란한 勢力柳制에 依한 民패의 上揚으로 그 이념으로 삼고 있다. 이러한 帝王之學의 기초는 그의 心學哲學이며, 心學의 목표는 君主 또는 聖者가 되는 것이고 이러한 心法之要는 精一(精粹純一)이며, 德行之要는 仁・孝라고 하고 있다.

  "聖人의 道는 仁에 근본을 두고 仁을 行하는데는 반드시 孝에서

서 그의 사상을 연구하는 데 매우 중요한 저서이다. 특히 경세의 근본으로서 수신을 말하는 것은 중용의 구경에 수신을 心學 쪽으로 내면화시키는 것은 대학의 八條目에 주목하고 있다. 자세한 내용은 이원균, "이회재의 중용구경연의에 대하여", 부산: 부산수산대논문집, 16, 1976, pp.40-56; 김정진, "도덕정치의 철학적 의의와 중용구경연의의 고찰 ― 회재선생의 도학사상을 중심으로",『한국철학』9호, 대구: 경북대 퇴계연구소, 1980, pp.169-210. 논문 참조할 것.
29) 이원균, 앞의 글, 1982, pp.62-63.

始作되는 孝라는 것은 百行의 根本이고 萬化의 根源이다. 대개 天에는 四德이 있는데 元이 으뜸이다. 사람이 그 理를 稟受하였으니 이를 本心의 全德이라 이른다. 사람마다 이 마음이 없지마는 이것을 保佐하는 사람이 드물다. 오직 성인만이 그 本心을 保全하여 仁·孝의 道를 다하고 愛親하는 마음을 미루어 民에게 영향을 주게 하고 仁政을 행하여 서민을 편안하게 교육하고 홀로 고독하여 각각 生養의 즐거움을 수행하게 한다."[30]

이상과 같이 帝王의 道는 精一로 存心하여 心體를 세우고 仁孝의 道를 다하는 사람이라고 하고 사화기에 다소 약해진 王權에 대한 보다 강력한 帝王權 體制를 확립하기 위한 君主의 '德化體治'를 위한 修身의 중요성을 강조하고 있다.

5) 輿論政治 强化論

회재의 「一綱十目疏」에서 여론정치의 강화는 王道의 修己治人에서 治人의 道理로써 言路의 廣開로 忠言을 受容하고 奸言을 물리치는 것이 중요한 의미를 갖고 있고 특히, 을사사화의 피해자로서 강계적소에서 유배 시 爲國之念의 상소는 士林派의 節義精神을 한 단면으로 이해될 수 있다. 晦齋는 「一綱十目疏」에서 輿論과 言論에 대해 언급하기를

"言路를 넓혀 民聲을 중히 여겨 輿論 政治에 힘써야 된다는 뜻이다. 臣은 듣건대 옛날에 天下를 다스릴 때 朝廷에는 進善旍과 誹謗

---

30) 회재의 「疏, 進修八規四規에 보면」, "聖人之道本於仁而爲仁必始於孝, 孝者百行之本萬化之源也, 盡天有四德而元爲之長人稟其理是謂本心之全德, 人莫不有是心而存之者鮮矣, 惟愛親之心以乃於民, 發政施仁撫育燕黎使, 寡孤獨各途其生養之樂……".

木이 있었다 하니 治道를 通하게" 하고 直鍊하는 사람을 登用한 것입니다.

孔子는 舜帝의 大智를 稱道하시니 항상 남에게 묻기를 좋아하면서도 저속한 말을 살피기를 좋아하며 바로잡아 주고 또 나쁜 점은 숨겨 주고 장점은 칭찬하여 또 좋은 점 중에서도 다시 兩端을 비교하여 그 中間을 擇하여 民에게 政治를 施行한다 하였습니다. 대개 天下의 이치는 한이 없으며 人間의 所見도 또 한없이 같지 않은 점이 많습니다.

故로 聖智의 君主도 또한 衆論을 널리 받아드리고 民衆의 여론을 採擇하여 同과 異의 理論을 참작하고 可否를 살펴서 그 中을 擇해 선정하였습니다. 옛날 聖帝 明王의 政治가 光明正大하여 靑天百日처럼 하늘에 구름 한 점 없이 깨끗한 道를 썼던 것입니다."

이상과 같이 군주는 民의 輿論과 言論의 保障으로 民에 대한 禮的 秩序가 확립된 선한 政治를 위해 爲國志念의 일환인 사람의 상소와 여론과 언론의 보장의 길을 넓힐 것을 주장하고 있다.[31]

이상과 같이 회재는 君主라면 天下의 여론을 모두 파악하여 예부터 아랫사람의 의사를 통하지 않고 政治를 잘하는 임금은 없었다는 신하의 爲國之念의 내용이라 할 수 있으며, 또한 君主는 中和의 표준을 세우고 偏堂의 氣習을 없애고 人材를 登用할 때는 近親 간을 莫論하고 그 사람의 사람됨과 德性과 正直함을 신중히 살펴서 정치권력의 충원에 대한 중요성을 주장하고 있다. 이것의 올바름이 국가의 蕩蕩平平의 政治라고 君主에게 유념시켜 주는 내

---

31) "晦齋, 疏, 一綱十目, 七目, 廣言路, 臣周古之治天下 朝有進善之施, 耕訪之木所而通治道 而諫者也, 孔子稱舜之大智曰 好問而好祭通旨隱惡面揚善 執其兩端 用其中於民 蓋天下之理無窮 而人之所見 亦多不同 故離聖智之君 亦必廣理衆論 …… 曰可, 曰否 可否相齊 …… 而務合於理 曰是曰非是非相參 …… 而漢漢平平之治 庶復見矣 推 聖明留食焉" 경북대학교, 퇴계연구소, 한국의 철학. 제9호, 金丁眞, "道德政治의 哲學的 意義와 中庸九經衍義考察", p.186. 인용.

용이라 할 수 있다.

6) 民의 敎化에 의한 求仁의 政治思想

儒敎思想에서 仁을 根本으로 하고 仁의 정치사상을 核心으로 하고 있다. 仁은 平易하고 普遍的 함축의 의미를 가질 뿐만 아니라 廣大하고 深遠한 의미를 가진다. 仁의 함축적인 의미는 매우 광대하고 여러 가지 人類의 모든 美德을 통괄하고 있으나 仁의 內的 함축의 의미는 하나의 個人的 精神修養으로서 完全한 人格의 最高表現인 完善完美라 할 수 있는 최고의 가치요 도덕표준이다. 공자는 "군자는 仁을 떠나면 어찌 군자란 이름을 이루겠는가? 일일 생활 자체에 모든 것이 仁과 떠날 수 없다."고 강조하였다.[32] 그리고 仁의 外的 含義이다. "仁人心也",[33] "仁者愛人",[34] "仁者無不愛也",[35] "愛人能仁"이라 했으며 孔子는 汎愛象而親仁 "人民愛物"[36]와 같이 愛人이다.

이러한 고전상의 孔子의 仁의 사상은 그가 이상으로 한 完全한 人格者를 聖人이라 하고 성인 또는 君主의 도덕을 德의 측면에서 仁·行의 측면을 孝라 하고 仁의 사상은 내면적 세계에서 實踐的 측면을 중요시하고 있다. 仁의 의의에서 仁은 하나의 종합적 德으로서 모든 道德의 本體요 具體的 現象이요 표현이다. 따라서 유교

---

32) 孔子는 "夫溫良者之本也, 愼敬者仁之地也, 寬裕者 仁之行也, 遜接者 仁之能也, 禮節者仁之鴉也, 言談者仁之文也, 歌樂者仁之和也, 分散者仁之施也, 儒皆兼布有之……不敢言仁也", 「禮記」, 儒行.
33) 「論語」, 里仁篇. "君子去仁 惡乎成名 君子無終食之間違仁 造次必於是."
34) 「孟子」, 告子上.
35) 「孟子」, 離婁下.
36) 同上, 盡心上.

에서 모든 덕은 仁에 근원하고 仁은 德의 本이요 諸德을 統攝한다. 즉 修身을 통한 德을 체득하여 禮로써 통치하는 德化禮治의 의미를 가지고 있다. 儒敎에서 仁의 政治思想은 孔子·孟子 以前에 이미 堯舜에 如源하여 夏·殷·周 三代에 걸쳐 장기간에 정치적 경험과 성찰의 체계적 集積의 結晶이며 總結이라 할 수 있다. 이러한 유교에서 仁의 정치사상 내용은 공·맹자의 경전을 통해 규명해 보기로 한다.

孔子는 政治에도 교육과 마찬가지로 德으로서 民을 敎化시켜 禮로서 "修身齊家治國平天下"의 의미를 담은 '德化禮治主義'의 王道政治를 주장하고 있다. 이러한 덕화예치의 사상은 人民을 敎化하고 禮에 의해 人民을 자연스럽게 질서 있는 생활을 영위하게 하는 왕도정치 사상이다.

이러한 儒敎經典에서 德化禮治主義의 유교에서 仁의 정치사상은 '拓利求禮', '德化禮治'로 가장 중요한 특색을 이룬다. 여기서 道德的 實踐은 개개인의 人格的 修身에 의한 修己治人의 한 내용이라 할 수 있다. 특히 유교에서 '德化禮治'의 觀念과 實質內容은 絶對主義的 王朝國家에서는 공적 지위다.

회재의 仁의 政治思想은 孔·孟·朱子의 경전을 통한 실천을 재강조되고 있으며, 이러한 내용과 비교분석해 볼 수 있는 회재의 저서 속에서 敎化에 의한 求仁의 政治思想을 분석해 보면, 특히 '德化禮治', '修己治心'의 心學哲學을 강조하고 있음을 엿볼 수 있고 그는 君主의 民에 대한 敎化政治의 도덕적 가치의 세계로 인도하는 愛人의 思想을 기본요소로서 특히 帝王의 修身에 대한 강조를 그 기초로 하고 있다. 晦齋의 저서에서 仁에 대한 句節을 찾아 보면[37] 특히 「關西問答」에서 '德化禮治'의 實踐的 내용이 포함된 그의 子 全仁과의 대화체 형식의 언행록이라 할 수 있다.

이러한 孔·孟子의 仁을 중심으로 한 '儒敎道學' 정치의 本質과 德治는 朝鮮朝 性理學의 정치사상에서는 그러한 덕목의 실천지향성으로서 仁의 강조가 나타난 것이라 할 수 있다. 朝鮮 王朝에서 儒敎思想이 뿌리[38]를 내리게 되자 성리학사상에 많은 발전을 가져왔다.

이른바 "新進士林으로 불리는 그들이 비판의 초점으로 삼은 것은 비유교적인 功臣 寇臣들의 발호와 君主의 포악으로 말미암아 暴君政의 현실이었다. 儒敎는 학덕을 지닌 賢者의 支配를 지향하는 것이고 그런 儒敎의 觀點에서 볼 때 당시의 현실은 비판을 면한 길이 없는 것이었다. 학덕이 아닌 물리적인 힘이나 사적인 배경을 없는 功臣 寇臣과 학덕을 갖추지 못한 군주에 의해 정치적 혼란이 야기됐다고 보고 그들은 그에 대해 비판을 가했던바 士禍와 反正은 바로 그런 정치적 갈등의 표현이었다. 士林의 性理學的 政治思想은 君主政 이외의 정치는 생각할 수 없고 현실의 정치는 건전한 君主政이 아닌 폭군정이라고 본다.

이렇게 폭군정을 막고 건전한 군주정을 이룩할 수 있을까 하는 것이 성리학 정치사상의 궁극적 관심사였다. 性理學 政治思想은 군주가 유교적 수양을 통해 賢君이 되어 현명한 臣僚를 뽑아 군신간의 조화가 이루어질 때 건전한 군주정이 되고 군주가 수양 부족으로 간신들에 의해 둘러싸일 때 폭군정이 된다고 결론짓는다. 朝鮮朝의 性理學 政治思想은 군주가 인간으로서 갖는 한계 때문에 타락하게 마련이라는 현실적인 전제 위에 있었다. 타락의 가능성은

---

37) 회재의 저서에서 인의 정치사상을 요약해 보면 다음과 같다.
　"人之性且 五常 而仁爲之道 斯所言謂, 心德之全而萬善之本也……".
　"仁民愛揚. 仁以恤民", "純孝盛德", "至誠之德", "非禮勿視聽言動",
　"仁之道至大", "禮循人情……以禮之正則兄說一位以乎宜當", "奉天仁民".

38) 이태진, 앞의 글, 1979, p.106.

군주가 직접 정권을 행사할 때 더욱 커진다. 그래서 朝鮮朝의 性理學적 政治思想은 공평한 기준에 입각해 뽑힌 臣僚에게 군주가 전권을 위임"39)해야 한다고 강조한다.

이러한 政治·社會的 배경으로 한 晦齋의 思想을 요약해 보면 조선조 건국 이후 儒敎思想의 정착화 과정에서 유교사상에 현실과 이론의 괴리에서 士禍와 反正의 과정에서 회재의 孔·孟子적 王道政治思想에 의한 民의 敎化에 대한 강조로 君主의 修身이 平天下의 기본을 강조하고 있는 朝鮮朝 儒敎思想을 이론적 체제화에 회재는 유교정치에서 禮的 秩序確立을 경전의 재해석에 의한 實踐指向的 理想社會建設을 목표로 하고 있는 것이 특징으로 볼 수 있다. 회재의 정치적 식견은 "孟子가 政事를 논할 때 항상 仁과 義를 主張했듯이 회재의 사상에서도 仁義思想的 立場에서 政論을 주장한 점은 바로 孟子의 民本思想과 일치점을 이루고 있다. 따라서 항상 民本主義를 主張하면서 또 언제나 民에 의한 與論政治는 勿論이요 公明正大하고 剛直한 言論政策을 받아들여야 한다고 주장했다. 따라서 孟子의 政治的 識見에서 찾아볼 수 있듯이 民心을 천심으로 받아들여 언제나 民이 願하는 政治가 무언인가를 잘 파악하여 人材登用에서부터 모든 行政까지 中庸을 벗어나지 않는 致中和의 道理를 잘 善用해야 바로 政治는 勿論이요, 즉 仁政을 배울 수 있으며 天地自然의 無私함과 같이 天에 順變하는 政治를 할 수 있다고 보았다. 또한 民에 대한 仁政으로서 德治40)를 강조하고 있다. 즉 君主의 修身에 의한 君主로서 仁政에 의한 敎化政

---

39) 손문호, "조선조 성리학 정치사상의 역사적 성격", 정치외교사학회(편), 『조선조정치사상연구』, 서울: 평민사, 1987, pp.92-93. 참조함.

40) 晦齋의 一綱十目疏에서 참조함. 그 內容을 보면, "其一曰嚴家政二曰養國本, 其三曰政朝廷, 其四曰愼用舍, 其五曰則天道, 其六曰正人心, 其七曰廣之路, 其八曰戒侈欲, 其十曰畜幾術"임.

治로써 禮的 秩序 確立을 위해 德化禮治의 仁의 정치사상을 볼
수가 있다."

회재는 그의 저서 「求仁錄」에서 仁은 인간의 善한 本性이요 '仁
義禮智' 중의 으뜸이요, 仁을 행하면 다른 本然의 性이 發現하게
된다고 하였다.

"여기서 그는 仁은 일단 孔子의 설명인 '愛人'에 근거하여 '愛의
理'로 해석한다. '仁은 愛의 理이며 愛는 仁의 事이다.' 仁은 愛의
體이며 愛는 仁의 用이다."라고 한다. 그렇기 때문에 君主의 仁心
은 '愛民'의 결과를 가져올 것임은 물론이다. 이러한 愛民의 政治
가 또한 '德治'로서의 仁政을 벗어나는 것이 아님은 더 말할 나위
없다. 그의 道學思想은 이렇게 여기서 유교적인 이상정치가 '愛民'
의 '仁政'임을 밝히는 것이다. 여기서 愛民하는 仁의 實現 조건을
아울러 밝힌다. ……회재는 程朱學의 성리학자답게 仁이 '生意'와
'生物之心'임을 강조한다. 그리하여 仁이 사람들로 하여금 天地萬
物과 더불어 일체로 되는 것(與天地萬物爲一本)임은 시인 역설한
다. 이러한 것은 仁의 구현이 철저하여지면 愛民뿐아니라 愛物까
지 하게 되어 마침내 萬物의 生産까지 도모하는 '天人合一'의 경
지에 이른다는 이론이다. 따라서 이것은 仁政을 宇宙論 차원에서
이론화하는 것이다.[41]

이상과 같이 晦齋의 政治思想은 '仁'을 治國平天下의 핵심으로
儒敎的 民本主義 그 基礎를 두고 있는 것이며 또한 그것은 집권
자인 훈구세력을 비판하고 士林의 實踐的·政治的 입장과 연결되
는 것이다. 仁에 대한 회재의 本性탐구는 至治가 그 목표이다.

---

41) 윤사순, 앞의 책, 1992, pp.189-190.

2. 李彦迪의 致中和思想

회재는 강력한 제왕권(帝王權)의 확립만이 당시의 질서 교란을 막을 수 있다고 보았다. 때문에 君臣의 上下 사이의 차별원리로 천리(天理)를 규정함으로써 서민대중의 복종을 요구하였다. 동시에 양반계급(支配 Elite)에게는 修養論을 통한 인욕(人欲)의 억제를 주장함으로써 지나친 권익추구를 삼갈 것을 요청하였다.[42] 이러한 차별 윤리질서의 확립의 양반 계급과 서민대중 상호간의 양보와 조화를 통해서만 가능하다는 中和論로 제시함으로써 회재는 中庸의 天道思想을 주장하였다. 그러므로 "하늘이 부여한 이 차별원리는 모든 정치, 사회의 어디에나 작용한다. 인간에게 있어서 크게는 군신(君臣), 부자(父子), 부부(夫婦), 장유(長幼) 사이의 윤리질서로 나타나고, 작게는 활동과 정치, 식사와 휴식, 나아가고 물러가는 행위, 오르고 내리는 일체의 행동과 생활을 지배한다. 언어와 행위에서도 이 차별원리를 떠날 수 없고 조금만치의 어김도 없어야 하는 것은 이러한 원리가 작용하지 않는 데가 없기 때문"[43]이라고 하였다. 이상과 같이 회재는 가정과 국가의 차별원리의 확립을 도학적 정치이상으로 삼았으며 중용의 제왕권 강화론을 강조하였다. 따라서 그가 제시한 계층 간의 양보와 조화인 중화론은 왕권강화를 위한 수단이라 할 수 있으며 이러한 강력한 제왕권체제 확립하기 위

---

42) 김만규, 『조선조의 정치사상 연구』, 인천: 인하대학교출판부1982, pp.173-175.

43) 晦齊文集, 卷五 雜薯答忘機堂第三書에서 원문을 보면,
"凡天地之內, 無適而非此道之流行, 無物而非此道之所體, 其在人者, 則大而君臣 父子夫婦長幼之論, 小而動靜食息, 進退升降之節, 以至一言一默, 嚬一笑之際, 各有所當然, 而不可須兒離, 亦不可毫釐差者, 莫非此理之妙."

한 체제 강화 및 中和思想은 그 당시 사화로 인한 격변기의 상황
에 양반계급과 서민계급 상호 양보를 주장한 사회계급적 모순을
조화시키려는 中和論의 핵심이다.44) 이언적의 사상과 조광조의 왕
도정치를 비교하면 조광조는 맹자의 왕도 사상에서 본받은 바가
많고, 이언적은 중용의 天道思想에 좀 더 관심을 기울였다고 보겠
다. 두 사람은 양반관료 정치체제의 유지 강화를 위하여 그 윤리질
서의 교란을 바로잡으려는 점에서는 둘 다 도학적 입장에 섰다는
점에서는 같다. 그러나 차별 윤리의 붕괴를 어떻게 저지하여 바로
잡을 것이냐는 수정방법에서는 차이가 있었다. 조광조는 왕과 양반
귀족 등 치자층의 정치적 반성과 이들 상호간의 세력균형을 요구
하였다. 이에 비하여 이언적은 지배계급은 물론이거니와 피치자 서
민에게도 윤리질서의 교란에 대한 책임의 반성을 요청하였다. 반상
(班常) 양자 간의 상호양보를 주장하여 중화(中和)를 제기하였다.
그러나 이언적은 보다 강력한 제왕권 체제를 확립하기 위해 체제
강화를 위한 우주론을 주장하였다.45) 또한 中和思想은 홍문관상소
문에서도 볼 수 있다.

弘文館上疏는 회재 51세 때 (中宗36년 1541 辛丑)년 홍문관 부
제학(副提學)으로 있으면서 校理 李退溪 등 管下의 여러 臣僚들과
합동으로 中宗에게 올린 상소문이다. 회재는 상소문 序頭에서 君
主의 至高한 位置와 至誠의 品德이 天地萬物의 화변과 모든 政治
現象에 직결되는 것이므로 求仁으로 政治能力培養함으로써 도덕적
이상국가의 王道政治現象을 위한 君主의 직무태도에 관심을 기울
여야 할 10가지 내용을 상소한 것이다.

이른바 군주통치의 '十事'란 그 구조를 살펴보면 그 一綱이 하나

44) 회재집, 권5 참조함.
45) 김만규, 앞의 책, 1982, pp.175-176.

이고 이 目이 아홉이다. 여기서 一綱이라 함은 '中和'를 이루는 그
것이다. 中和의 論理는 「中庸」에서 밝혀지는 本體와 現象에 대한
철학적 설명이다. 즉 '中'이란 희·노·애·락 등의 心的作爲가 일
어나기 이전의 本體의 境地로서 天下의 大本으로 지적되는 것이
고, '和'란 그것이 그대로 드러나는 最良의 現象으로서 이른바 天
下의 達道로 표현된다. 이처럼 本然의 純粹性을 뜻하는 中和的 次
元에 君主의 政治理念을 설정하고 있다. 여기서 회재의 기본입장
이 확인된다. 또한 그런 경지에서만이 君主에게 정치적 절대성이
발휘된다 하더라도 어떤 대립이나 갈등의 不調和的 現象이 나타날
수 없다는 論理가 가능하므로 더욱 중요하다. 따라서 君主는 그
次元이 일치될 수 있도록, 항상 부족함을 자인하면서 聖學工夫에
더욱 盡力할 것을 요구한다. 이와 동시에 仁政具現의 基本課題로
9개 條目을 설명하고 있다. 그 내용을 살펴보면

- 一條目: 宮禁을 엄격히 할 것 (宮禁不可不嚴也)
- 二條目: 紀綱을 바르게 할 것 (紀綱不可不正也)
- 三條目: 人材를 辨別할 수 있을 것 (人材不可不辨)
- 四條目: 제사를 신중히 할 것 (祭祀不可不謹也)
- 五條目: 백성의 어려움을 알아줄 것 (民隱不可不血也)
- 六條目: 敎化를 밝혀 갈 것 (敎化不可不明也)
- 七條目: 形獄을 신중히 할 것 (形獄不可不愼也)
- 八條目: 사치를 금지해야 한다는 것 (奢侈不可不禁也)
- 九條目: 연쟁을 용납할 것

이상과 같이 一綱九條目의 홍문관 상소는 당시 士林間에 사회로
인한 支配勢力(power elite)들의 권력투쟁의 정치현상을 반성하고
君主의 修身과 政治能力培養의 중요성과 엄격한 王家의 기강확립

과 인재의 변별(辨別) 중요성 강조는 그 당시 政治論의 중요성은 매우 크며 특히 中和思想은 독특한 면이 있다 할 수 있으며 상소문 末尾에 君主가 지향해야 할 王道政治具現을 주장하는 政治發展(political development)을 希願하며 끝을 맺고 있다.

3. 國政刷新政策으로서 「一綱十目疏」의 王道 政治方法

「一綱十目疏」[46]는 晦齋 李彦迪의 全州府尹 在任時 중종에게 올린 상소문으로서 國政刷新策으로서 中和世界(理想社會) 實現을 目的으로 한 漸進的 革新을 촉구한 내용이다. 君主의 立場에서 統治者로서의 몸가짐과 治者로서의 道理, 卽 內在한 心性에 世界를 어떻게 民을 爲하여 관심을 쓸 것인가 하는 가치판단력을 건의한 것이다는 이회재의 道學的 中和思想의 王道政治思想의 핵심을 담고 있다. 中宗의 그간 훈구파 세력의 지나친 인사정책 및 각종 실정에 대한 비판으로서 일강십목의 상소문은 士林의 爲國志念[47]을 대변하고 있다. 여기서 一綱은 君主의 立場에서 통치자로서의 몸가짐 또는 治者로서의 道理, 즉 內在한 心性에 世界를 어떻게 人民을 위하여 關心을 쓸 것인가 하는 價値判斷力을 뜻하고 있다.

---

46) 「一綱十目疏」는 이회재가 1539년(中宗 三四年 己亥) 全州府尹으로 있을 때 王旨(中宗)에 依하여 上疏한 것인데 中宗은 이 疏를 東官과 外朝에 전시하여 官中의 規範으로 삼게 하였다. 이것은 당시 이언적의 정치적 입장이라 할 수 있으며, 그는 사림의 공론을 주도하면서 기묘사림파가 시도했던 개혁정치를 환원 내지는 재현하려고 노력하였다(「중종실록」102, 39년 4월 을해조 참조).
47) 李泰鎭, 이회재의 성학과 仕宦과, 회재선생 탄신5백주년 기념 강연요지, 유인물 참조.

여기에 君主는 우선 학문을 익혀 언제나 治者의 마음은 '大中至正'의 위치에서 賢者를 登用하여 政事를 맡길 수 있는 人格的 소양을 충분히 갖추고 있어야 한다는 것이다. 즉 '帝王之學의 修己治人'을 그 내용으로 담고 있다.

그러면 여기서 十目疏의 내용을 요약해 보면 다음과 같다.

一條目은 嚴家政, 즉 宮廷의 政治는 嚴하게 다스려 齊家와 治國의 關係性이 最高의 統治者에 있어서 더욱 확실함을 밝히며 王家의 嚴正性이 政治安定과 禍亂豫防에 직결되어 있음을 말한다. 私的인 청탁행위를 防止하고 治人의 道理를 다할 것을 뜻한다. (人格敎育과 社會秩序)

二條目은 國本(世子)의 德輔養論으로 여기서 國本이란 王位를 뜻하는바 君主나 世子의 政治能力培養에 관한 내용이다. 治政의 기초교육의 강조라 할 수 있다. 장차 王으로 될 世子의 敎育으로서 太子의 細心한 人格形成과 學問의 도는 德行으로 行하는 도리를 말한다. 즉 세자교육이 후일 군주의 治道에 중요한 만큼 세심한 주의와 군주의 현실적으로 부족한 덕을 심학의 수신을 통한 有德者 君主로 승화를 위한 군주 교육론을 강조하고 있다. (指導者 資質養成의 方道)

三條目은 正·朝廷論으로서 朝廷의 紀綱確立을 뜻한다. 즉 政治實務者들의 人倫的 紀綱과 風節이 定立되는 朝廷을 지향하고 있다. 거기서 公道와 公議에 의한 政治展開가 바르게 된다고 본다. 아울러 節操 있는 士風을 중시하며 上下에 그 正이 疏通될 支配層의 精潔性을 지적한다. (公明正直한 政府의 紀綱確立)

四條目은 愼用舍論으로서 人材行政管理의 신중성을 의미한다. 즉 聖君賢相의 政治에 가장 중요한 人材의 적재적소 충원 및 관리를 주장하고 있다. (人事行政管理의 公政性)

五條目은 天道 順應을 바탕으로 한 天의 무궁하고 넓은 의미를 표본으로 '仁民愛物'의 民愛思想의 의미를 포함하고 있다. 즉 聖人之心과 一致하는 政治樣相은 仁政으로서 民隱意識에 의거 刑獄을 愼重히 하며 稅儉을 가볍게 하여야 될 것이라 한다.

六條目은 民心의 正道論이다. 즉 人心을 바로잡아 미풍양속을 溫和하고 淳厚하게 계승하여 社會人心을 바로 세워 서로 信義 있는 生活을 해야 한다. 人心을 政治安定의 根本要素로 보고 그 定立위에 是非의 判斷과 公論의 政治를 기할 수 있으며 人間의 節義인 士風振興을 중시한다. (民弊除去 및 美風良俗 宜揚)

七條目은 廣言路로서 言論의 自由를 暢達하고 民聲(여론)을 바르게 청취하여 상하 원활하고 通達해야 한다. 君主의 해박한 통찰과 判斷力이 요구되며, 특히 편파적 黨論에 흡수되지 않을 能力이 중시된다. 言路를 넓히는 데 있어 公論政治를 기대할 수 있으며 政治的 葛藤의 해소와 政治安定의 중요한 容認으로 보고 있다. (民衆의 輿論保障)

八條目은 과욕을 경계하는 것이다. 즉 君主의 근검절약을 自身이 誠意 正心의 工夫와 修身齊家를 통한 과욕 경계를 통한 經濟安定과 國民의 과욕의 방종한 生活을 경계해야 한다. (國力培養)

九條目은 修軍政을 整齊하는 것으로 국방의 有備無患과 國保衛精神으로 安民할 것과 軍의 人和團結을 강조하고 있다. (有備無患 卽 國保衛精神)

十條目은 審其徵를 살피는 것이다. 국가를 다스리는 데 국민의 여론이나 국가에 있어서 만사의 모든 일과 其徵, 즉 국내외의 혼란을 미연에 방지하고 국민이 안심하게 살도록 해야 한다는 뜻(將次 國家興亡과 內憂外患의 대비책 및 정보)

이상과 같이 회재의 「一綱十目疏」에서는 于先學問을 익혀 언제
나 治者의 마음은 「大中至正」의 위치에서 賢者를 登用하여 政事
를 맡길 수 있는 人格的 修己治心으로 '德化禮治'를 갖추고 있어
야 된다. 士禍期에서 극도로 문란해진 군주의 (중종) 王政에 대한
비판과 경계를 통한 晦齋의 政治思想의 진면목을 함축하고 있다.
그러면 이회재의 「一綱十目疏」는 綱이란 것은 體이니 政治를 하는
本領이요 目이란 것은 用이나 곧 政治를 하는 方法을 의미한다.

4. 道德的 王道政治 達成 方法論

1) 人材登用論

회재는 그의 政治行政的 改革論으로서 대표적인 것은 「一綱十
目疏」에서 人材를 쓰고 버리는 것은 愼重히 해야 된다고 주장하고
있다. 이 같은 주장을 하게 된 이유는 당시 政權이 一部 勳舊派들
에 의해 人材의 行政管理 公正性이 喪失하고 小數人의 私意에 따
라 決定되고 있기 때문이었다.[48] 즉 당시의 權臣 金安老가 文武官
의 人材權을 가지는 使曹와 兵曹의 堂上官을 늘 그 門中에서 세

---

48) 「中宗實錄」券85. 1537. 中宗32年 10月 庚午條, 병조판서 尹安仁이 王
에게 上啓한 말을 보면 당시 사정을 잘 말해 주고 있다. (金)"安考一
家居處 亦過구 侈……常時史 兵曹堂上立其門 臺速 待從有關 則必賣
可而後擬望 人物進退 在其掌握 頃者沈貞 比之於此如兒虛耳"; 또한
김안로의 부정부패한 人事行政에 대해서는 慶州 玉山書院의 회재선
생신도 碑文에도 자주 나타나고 있다. 또한 中宗·明宗代 權臣·戚
臣政治의 推移와 晦齋의 對應에 관해서는 성균관대학교 대동문화연
구원 편, 1992, pp.271-315 참조할 것.

워 두었기 때문에 壹諫과 待從에 闕員이 생기면 반드시 이들이 그에게 소회하며 許可를 받은 후에야 擬望을 하게 되니 결국 人物의 進退는 완전히 金安老의 손에 달려 있었던 것이다. 회재는 이와 같이 그릇된 人事行政을 是正하지 않고서는 오랜 勳舊派政治의 폐단을 지양할 수 없으며 또한 良心的이고 有能한 人材가 政界에 進出할 수 없다고 생각하였다. 따라서 公正한 人事行政을 期하기 위해서는 무엇보다도 먼저 군주가 人物의 賢雅를 正確히 把握해야만 된다는 것이다.[49] 그러면 회재의 상소문에서 「一綱十目」에서 四條目의 人材登庸論에 관한 것을 살펴보면 다음과 같다.

> 人材를 쓰고 버리는 것은 愼重히 하는 것입니다. 伊尹이 말하기를 官職을 人命하되 賢材로서 任命할 것이며 左石의 輔弼할 大臣을 선택할 때는 반드시 適任者를 등용해야 합니다.
> 臣下의 職責은 德으로서 임금을 보필하고 따라서 民衆을 平安케 하는 데 그 意義가 있는 것이니 人材를 任用함에 愼重히 考慮하여 可否가 相濟하고 始終이 如一해야 합니다.[50]
> 대개 人材를 쓰고 버리는 것의 선택에서 성공과 실패함은 國保의 安危가 달려 있으니 옛날에 明王은 특히 人材를 씀에 愼重히 하고 감히 경솔하지 아니하였으니 반드시 衆論에 參酌하고 獨居할 때를 잘 살펴 그 賢能한가 奸邪한가 실상을 파악한 뒤에 昇進도 시키고 退職도 시켰습니다.[51]
> 賢한 者는 그 사람을 깊이 알고 독실하게 믿어서 疑心하지 아니하였으며 不賢한 者에게는 그 사람을 明確히 살펴서 勇斷을 내려 다시 滯留치 못하게 추방하였으니 이것이 바로 三代(夏‧銀‧周) 聖王들

---

49) 이원균, 앞의 글, 1982, p.67.
50) "一綱十目疏", 四條目, 「愼用舍 伊尹曰 任官惟賢材 左石惟其人 臣爲上爲德, 爲下爲民 其離其愼 愼和惟……".
51) 「一綱十目疏」, "蓋用舍得失 安危所擊 古之明王 愼之而不敢易 必參之於衆 察之於獨 洞見其賢邪之實 然後從而進退之".

이 賢人을 인용하고 人을 제거시켜 人材 登用의 한 방법입니다.52)

後世에 君主들은 이 뜻에 밝지 못하여 擧措(들고 제거함)에 우유
부단하여 賢人을 임용하여도 능히 끝까지 正과 不正을 다스리지 못
하고 信任치 못하였습니다.

人材를 쓰고 버림이 착오됨으로써 그 國家가 다스려지고 어지러
운 것이 드디어 나누어지게 되니 이것은 능히 일찍 분별하고 시초에
살피지 못한 때문입니다.

臣은 가만히 살피옵건대 殿下의 마음이 賢한 이를 좋아하고 奸邪
한 者를 미워함이 처음부터 公平하셨으니 항상 어진 사람을 들으시
면 비록 소원한 처지에 있더라도 그를 選拔하여 빠뜨려 쓰지 아니
한 바가 없었으며 또 그 사람이 奸邪한 사람이라 알게 되면 비록
窮貴한 處地에 있더라도 조금도 용서하지 아니하였으니 王께서 至
極히 明察하시고 公正하지 않고서야 어찌 이렇게까지 公明하셨겠습
니까.53)

다만 遺憾스러운 것은 輔하는 臣下가 光明한 大道를 따르지 않
고 暗昧하고 邪經을 많이 따르게 되어 임금의 淸明한 政治에 累를
끼친 것이 되니 수십 년 내로 人物을 進用退黜하고 縉紳을(官使)
형벌하는 데 公義에 합당치 못한 점이 많았습니다. 대개 人材를 進
退시키는 데는 마땅히 公平正大한 論으로 決斷할 것이니 어찌 편견
된 모략이나 奸邪한 凶計를 들어 黑白을 가릴 수 있으며 자기와 반
대된다고 해서 함부로 挑斥하겠습니까.

密啓54)와 아첨이 있다는 것은 先儒가 벌써 論辯하였으니 이런 것
은 마땅히 明王은 미워해야 될 것입니다. 옛날에 漢나라 文帝가 長
安에 도착하니 周勃이 조용한 것에서 會談하기를 要請하니 宋昌은
말하기를 公이면 公的으로 말하라 하였고 私的이면 王者는 私가 없

---

52) 「一綱十目疏」, "於賢者 知之深 信之 而無所疑貳 於不賢者 燭之明
去之決 而不得留 此蓋三代聖王 任賢去邪之要法也".

53) 「一綱十目疏」, "用舍一治亂途分 臣不能辨之於早 而審之於始也 臣窮
見 殿下之心, 好賢惡邪 初無偏擊 聞人之賢 離在路遠 拔無所貸 非聖
金監之 至虛以至此".

54) 密啓는 비밀리에 신하가 王에게 올리는 글.

는 법이라고 嚴하게 경고하였습니다. …….

모든 人材를 進用 退黜할 적에는 항상 愼重히 살펴서 조그마한 편견이 있어서는 안 될 것입니다.[55]

만약 바르지 못한 길을 밟아 王을 眩惑하는 자가 있을 때는 私 없이 進黜하여 嚴하게 退斥시켜 太陽이 밝은 것같이 한다면 비록 약간의 奸邪한 무리가 있더라도 틈에 들어오지 못할 것입니다. …….

지금 公論에 挑斥을 원망을 품고 엿보는 者가 반드시 옛날의 經 路를 꾀할 수 있을 것이니 이런 점을 깊이 살피시고 미리 防備하지 않아서는 안 될 것입니다.[56]

이상과 같이 회재의 人事行政管理의 不公定成을 君主에게 지적 하고 정당한 인사등용을 구함으로써 인사행정은 小數人의 사의로 결정될 것이 아니고 '國人'의 의사에 따라 시행되어야 한다고까지 주장하고 있으며 「一綱十目疏」에서 '國人'이라는 것은 당시 각 지 방사회에 뿌리를 박고 있는 士林派들을 의미하는 것으로 그것은 소수의 특권자들의 남용하는 인사를 回收하여 사림의 여론을 위에 공적 공정성을 살리려는 것이며 그것은 朝鮮王朝 社會가 요구하는 정당한 方向이라 볼 수 있다.

2) 民本主義 思想

회재의 王道 政治思想에서 높이 평가되어야 할 特徵의 하나는 民本에 대한 認識이라 할 수 있다. 朝鮮王朝의 支配下에서 民本에 대한 회재의 疏章 속에 民本主義 思想이 나타나 있다. 회재는 말 하기를

---

55) 김정진, 앞의 글, 1980, pp.181−182.
56) 김정진, 앞의 글, 1980, p.182.

書經에 "백성은 나라의 근본이니 튼튼하여야만 나라가 평안할 것이라" 하였으며 傳에 "백성은 나라에 의지하고 나라는 백성에 의지하니 그 백성을 사랑하지 않고서 그 나라를 保存한 이는 있지 않았다."고 하였습니다. 그런 까닭으로 先生은 백성을 자기 몸같이 사랑하고 자기 자식같이 保護하여 백성의 고통을 모두 내 몸에 당한 것처럼 하고 鰥寡派獨을 반드시 撫養하며 그 田理(土地家宅)를 마련하여 뽕나무를 심는 것, 家畜 기르기를 가르쳐서 백성에게 父母를 섬기고 妻子를 기르게 하여 豊年에는 한평생 배부르게 하고 凶年에는 死亡을 免하게 하였으니 이것이 王政의 根本입니다.[57]

이상과 같이 회재는 王政의 근본을 民本이라 과거 주장하고 있는 또한 民本은 누구나 다 人間으로서의 마음속에 '仁'을 具有하고 있으며 天과 地의 資養 속에 萬物과 함께 生을 成遂를 잘 보장해 주는 것이 좋은 政治 곧 '仁'의 政治이며 이 '仁'의 政治를 通하여 平和의 極致인 '中和'의 世界가 具顯되어야 한다는 것이다. 그런데 이 仁의 政治에 妨害가 되는 것이 두 가지가 있으니 하나는 刑罰이고 또 다른 하나는 賊稅라는 것이다. 회재는 國家權力에 의한 法律的, 經濟的 作用이 民의 辛福을 妨害하는 要素가 되고 있다고 설명하였다.

회재의 民本思想은 그 당시 "4대 사화를 겪어 오면서 勳舊派의 專橫無道한 對民搾取를 反對하고 制限된 條件에서나마 農民의 利益을 代辯해 주는 당시 士林派의 政治的 立楊과 연결되는 것"이다.[58]

---

57) 회재 「弘文館上疏」에서 참고 인용함. 원문에 보면 "書曰 民惟邪本 本固邪寧 傳曰 民依於國 國依於民 不愛其民 而能輔其國者 未之有也 是古先王愛之如己 保之如子 庠炳疾痛 擧切於吾身 鮮寡孤獨 必先於撫養 制其田里 敎之樹畜 이 之의足以事父母 府足以畜妻子 樂歲終身 食包 凶年 於死亡此王政之本野." 여기서 「弘文館上疏」는 1537年 (中宗32年 丁酉) 때 金安老가 敗死하자 再登用되어 弘文館提學으로 있을 시 올린 상소문이다.

이상과 같이 晦齋의 王道政治思想은 당시 사화기의 혼란 속에 연산군과 같은 특권을 경계하고 有德者 君主修身을 강조함으로써 현실적으로 부족한 君主의 '德'을 승화하여 이상적 德治를 이상적 政治社會의 國家建設로 禮的 秩序가 확립된 이상사회를 확립하기 위한 그 당시 士林의 爲國之急이라 할 수 있다. 즉 왕도정치의 達成方法으로서 군주 有德者 君主가 民의 敎化에 의한 求仁의 政治思想을 강조함으로써 禮的秩序가 確立된 平和의 극치인 中和의 世界를 희구하고 있다.

회재의 王道政治의 實踐論으로서 國家의 施策에 있어서 '民의 政治的 意義는 民本主義思想을 志向할 것과 民全體의 經濟的 安定이 王道政治의 根本'이라고 주장함을 볼 수 있다.

3) 政治指導者 資質 養成論

朝鮮朝 前記의 사화기에서 파란이 가장 심했던 시기가 이른바 사화기의 政治的 혼란기였다. 이러한 四大士禍를 몸소 체험한 회재는 政治 指導者의 자질 양성을 위한 교육을 강조하면서 연산군과 같은 폭군을 경계하고 君主의 心法과 聖賢의 敎訓이 經傳에 실려 있음을 강조하고 특히 世子의 政治的 資質養成에 대해 그의 상소문 「一綱十目疏」二條에 말하기를

"옛날 明王은 太子를 敎養함에 반드시 敦良方正하고 學術과 德行이 있는 선비를 선택하여 輔導를 맡겼으며 ……學問하는 道는 本(根本)과 末(末節)이 있으나 그 本(根本)을 먼저하고 그 末(末節)을 뒤에 하는 것이 進德하는 規度입니다. 帝王의 心法과 聖賢의 謨訓

---

58) 이우성, 앞의 글, 1974 참조함.

이 經傳에 실려 있어 日星처럼 환하게 밝으니 마땅히 潛心熱講하고
優游玩味하여 다만 그 文辭만 통독할 뿐이 아니라 그 理致를 解得
하여야만 될 것이고 그것을 履行하여야 될 것이다. ……또한 마음이
道에 통한 뒤에 歷史를 보아야만 古人의 是非得失을 한 번 보고도
눈 속에 환하게 될 것이며, ……임금의 學問은 마땅히 二濟(堯·舜)
三王이 行한 治道의 법을 따를 것이나 三代以上 外에는 어느 歷史
를 본받겠습니까. 다만 心學만 하였을 뿐이다. …… 지난번에 士林
사이에서 假借하여 羽翼한다는 말이 있어 兇邪의 혼수를 引用하여
師傳의 地位에 두었으니 그 輔導한 것은 道理에 어긋난 것이 많았
습니다.
　君主의 一念이 存하고 亡하는 데 따라 聖人과 狂人의 區分되오
니 輔翼의 道를 다하지 않아서는 안 될 것입니다.[59)]

　이상과 같이 晦齋의 王道政治 達成論에서 장차 君主가 될 政治
指導者의 資質 敎養을 위한 方法으로서 君主의 경전을 통한 心學
敎育의 중요성과 堯舜의 道德的 實現의 理想社會건설을 모범으로
한 '正心修德', '純孝盛德'을 '修己治心'함으로써 '有德者 君主政
治'의 실현을 위한 心學的 修己治心을 주장했고 또한 당시 연산군
과 같은 폭군을 경계를 목적으로 하고 훈구파 세력인 金安老 中心
의 王政에서의 冠錄의 부패성에 대한 경계를 하도록 하는 그 당시
상소문을 통해 士林의 '爲國之念'의 王道政治 達成의 方法的 주체
성을 제시했다고 볼 수 있다. 그의 政治的 개혁의지는 시종「大學

<hr>
59) 晦齋의「一綱十目疏」二條目에서 원문을 보면, "古之明王 敎養太子
必擇敦良方正 有學術德行之士以職輔導……苦夫學問之導 自有本末
先其本後其末 乃進德之規也 帝王心法 聖賢謨訓 布在經傳 炳如日星
所宣瓚必熱講 優旅玩味 不徒通其文 而必有以會其理……盡心通乎道
然後觀史 則古人是非得失 一賢目寮然於目中矣人……主之學當以二帝
三王爲法 三代以上 何史可讀 心學而已矣……士林之間 有假借羽翼之
說 引進兇邪之 置諸師傳之位 其所以輔導之者乘 必多……一念亡望狂
所分 輔翼之道 不可不盡."

」과 '求仁', '人民愛物'의 世界의 本源을 두고 경전의 강조함을 볼
수 있다. 또한 그의 정치사상에서 특히 조선조 사화기의 혼란된 政
治秩序 속에 '致中和', '修己治心'의 修身論을 통한 有德者 君主
政治論의 實踐志向的 특성에 대한 강조를 강하게 한 것은 그 당시
시대상황의 반영이라 할 수 있다.

4) 國防論(修軍政)

晦齋 李彦迪은 時務策에서 특히 「一綱十目疏」 九條目에서 '修
軍政'을 살펴보면 국방안보에 대한 지대한 관심과 그 당시 勳舊派
와 士林派의 권력투쟁 당시 국가안위를 위해서 유비무환이라는 국
방의 중요성을 강조하고 있다. 이러한 내용을 상소문 원문을 인용
해 보면 다음과 같다.

"나라를 防衛하고 백성을 편안케 하는 데는 군사가 가장 急務가
되는 것이나 걱정 없는 세상일수록 더욱 늦추어서는 안 될 것입니
다. 옛날의 聖王은 세상이 다스려져도 어지러운 것을 잊지 않으며
편안하여도 위태로울 것을 잊지 않아서 閑暇한 時期에 兵器를 다스
리고 危急의 즈음에 軍威를 크게 떨쳤으나 이것이 이른바 防備가
있어 걱정이 없는 것입니다. 대개 軍政의 事務는 將帥를 選任하고
士卒을 訓鍊하고, 군수물자(지원)를 풍부하게 하고 兵器를 잘 정비
하게 하고 城堡를 修築하는 다섯 가지 일에 있을 뿐이며 軍政의 根
本은 또한 人心과 和合과 信賴에 있습니다. 人心이 和合하지 못하
면 衆人의 뜻을 믿지 못하게 되니 비록 군사 百萬名이 있더라도 어
찌 쓰임에 도움이 되겠습니까.60)"

---

60) 晦齋의 「一綱十目疏」의 九條目인 「修軍政」의 원문내용을 첨가하면,
   衛國安民 兵爲最急, 無虞之世 尤不可緩 古之聖王 治不忘危 克詰於

이상과 같이 晦齋 李彦迪의 국방론은 조선시대 최대 국난위기인 임진왜란을 반세기 앞두고 나온 것이라는 것에 그 중요성이 있다고 할 수 있다. 그 이후 이이의 「십만양병설」도 있었지만 조정의 상황으로 미루어 보아 晦齋 李彦迪의 5가지 군 軍政의 要諦가 중종에게 정책에 받아들여졌다면 歷史上 日本의 대침략 전쟁인 임진왜란에 '有備無患'으로 대처할 수 있는 위기를 극복할 수 있었을 것이다. 또한 '人和國結'의 강조도 당시 조정의 혼란성에서 매우 중요한 의미를 부여할 수 있다.

IV. 맺음말

晦齋 李彦迪의 道學的 王道政治 思想은 조선조 건국이후 혼란된 정치적 이데올로기 및 사화기에 고려 말 포은 정몽주·사육신 등 유교의 義理精神 및 도덕적 근본원리를 孔子·孟子·朱子의 사상과 재해석을 강조함으로써 德化禮治의 질서가 확립된 조선조 통치 이데올로기의 정통 유학사상을 이론적 체계화에 공헌하였다. 뿐만 아니라, 조선조 성리학의 철학적 흐름으로서, 우주론적 입장으로서, 理·氣의 논쟁, 의식구조론적 입장으로서의 인간론, 행위 실천 당위론적 입장에서 도덕적 이상정치를 강조하였으며, 회재의 사상

閑暇之日 張皇於緩急之際 此所謂有備 而無患者也 蓋軍政之務 在於選帥訓士卒 廣信者蓄 利甲兵 修城偉 五者而己 而軍政之本 則又在於和與信也 人心不和 衆志不信 雖有兵百萬 何益於用…….

은 구조적 측면에서보다는 理를 중시한 주리파의 선구자이다. 이러한 이기리원론에 입각한 주리적 경향은 근거에서 많은 영향을 주어 주리론의 완성을 보게 되었다. 그 후 서애 유성룡, 학봉 김성일, 한강 정술, 우복 정경세, 밀암 이재, 대산 이가위, 남명 조식 등에 의해 영남학파로서 그 사상은 다산 정약용, 조선 후기 실학의 거주인 성호 이익에까지 영향을 끼쳤던 실학의 것으로 조선조 희유의 유학자, 철학자, 사상가로서 연구되어야 할 중요한 뜻이 담겨 있다.

회재 이언적의 정치 및 사상적 태도는 조광조의 개혁주의와는 대조적으로 修己治心, 德化禮治, 致中和를 강조하는 정통유학사상에 더욱더 철저히 재강조 되었음을 볼 수 있다. 회재는 당시 사화로 인한 혼란된 정치상황에서 강력한 재왕권의 확립만이 당시의 교란된 정치질서를 바로잡을 수 있으므로 그 당시 법과 같이 강제적 의미를 포함한 君·臣 上下 사이의 三綱·五倫으로 삼았다. 즉 이것을 천리로 규정함으로 政治思想으로 계급에로의 복종을 요구하고 지배계급(Elite)은 '修己治心'을 통한 인욕의 억제를 실천함으로써 지배계급과 民의 상호간의 양보와 조화를 통한 중화론을 제시하였다. 따라서 그의 사상은 중용의 재왕권 강화론을 재천명한 것이다.

회재의 王道政治思想의 특징은 정치사적 士林世界에서 학술사적 위치뿐만 아니라 그의 실천지향성·가치지향성을 강하게 의미하고 있으며 그의 「상소문」이나, 「중용구경연의」, 「구인록」, 「대학장구보유」에서 수미일관하여 견지하는 경세에 대한 깊은 관심에서 찾아볼 수 있다. 그의 모든 학문적 세계의 궁극적 목표는 경세를 주장하고 있으며, 그것은 당대의 失政에 대한 전반적인 시국관 통찰을 극복하기 위함이라 할 수 있다. 또한 회재의 王道政治思想의 특징은 修身의 측면인 修己治心과 정치적인 측면의 思想의 禮治

의 中和 및 統合을 강조하고 있으며 이것은 朝鮮朝 儒敎의 王道
政治思想의 핵심이라 할 수 있다.

이것의 大學之道와 中庸之道의 실천적 자세는 致中和, 거경궁
리, 求仁 등을 강조함으로써 四書五經의 이론을 포섭하고 있는 것
이다.

회재가 帝王學을 중심으로 한 지배층의 修己治心·中和·愛民
을 위해 公的영역의 公意識을 강조한 것은 정치의 도덕의식 없이
도덕정치가 이루어질 수 없다는 것이 진실이라면 이러한 정신은
오늘날 더욱 계승해야 할 사상이 아닐 수 없다. 특히 道學的 王道
政治達成方法論에서 人材登用論·民本思想·指導者 資質論·國
防論에 대한 강조는 朝鮮朝 政治思想으로서의 정치적 이상주의 형
태를 포함한 형이상학적 정치사회의 추구사상이지만 現代政治思想
研究를 위한 비판적 능력을 패러다임 형성에 도움을 줄 것이다.

회재의 사상에서 중종 이후 '抑佛崇儒'의 정치를 주장하면서 儒
敎的 德治國家건설의 실현의 정치목표를 삼았고, 이러한 朝鮮朝
王道政治思想의 현대적 의의 연결은 아직도 미약한 상태이지만 이
들 사상가들의 개별연구의 제 단면이 축적되어 韓國政治史의 정립
에 기여하여야겠다. 16세기 士林派의 道學的 王道政治思想은 賢哲
君主論에 입각한 仁政과 支配層의 民에 대한 일정한 양보를 전제
로 한 爲國政治를 추구한다. 즉 王權을 中心으로 公道政治의 실현
이 곧 우주자연의 보편적 理의 실현과 통하는 것이다. 회재의 '中
和'사상의 현대정치학적 연결의 의미를 찾는다면 사화로 인한 파벌
논쟁은 국익의 정신에 도움이 되지 못하므로 政治的 統合(Integra-
tion), 政治的 安定(Political stability)의 강조로 해석할 수 있다.

회재의 民本·愛民·爲民의 강조가 民主에 이르지 못한 이론이
라 할지라도 民本과 爲民의 의식 없이 民主 또한 있을 수 없는 내

용임을 강조하고 싶고, 회재의 民本思想은 民主의식의 초석의 의미를 지니는 것임에 틀림없다. 더욱이 회재가 君主의 帝王學을 중심으로 한 지배층(Elite)의 修身·正心을 강조한 것이라든지 公意識의 강조는 바로 政治의 道德性을 교시함이며 이것은 政治만을 이룰 수 없다는 뜻에서 당시 士林들이 강조했던 그들의 奉公精神에 깃든 道德意識이요, 회재의 왕도정치에서 주장된 내용을 요약해 보면 ① 君主의 聖君的 統治理念 培養, ② 宮中의 純粹性 維持, ③ 爲政者들의 紀綱確立, ④ 有德者로서 賢能者의 登用, ⑤ 心學的 修身으로서의 求人政治 實現, ⑥ 公明政治로서의 民隱의 重視, ⑦ 言路의 擴張으로서 公開政治의 追求, ⑧ 軍政의 改善으로 國家保衛能力의 增大 등 이러한 精神은 오늘날 繼承해야 할 중요한 의미를 갖고 있는 思想的 脈의 한 斷面이라 할 수 있다.

〈이언적 한시: 등봉산령〉

● 참고문헌 ●

近思錄

江界府 詞朝記

經國大典

慶北地方 古文書集

論語

大學

孟子

禮記

大學章句補遺

東國三綱行實圖

奉先雜儀

續大學或問

性理大全

五倫行實圖

中庸九經衍義

周易

潛溪集

進修八規

政府書啓十條

朱子大全

朱子語類

朝鮮王朝實錄: 中宗實錄

晦齋集

晦齋全書

退溪全書

晦齋先生行狀

晦齋神道碑銘

晦齋墓誌

弘文館 上疏

一綱十目疏

太極問辯

求仁錄

典古大方 卷, 1, 2, 3, 4.

강지원, 『近代朝鮮政治史』, 大學生活社, 1950.

고권삼, 『朝鮮朝政治史』, 을유문화사, 1948.

고려대학교 민족문화연구소, 『한국문화사대계Ⅰ: 민족국가사』, 서울: 고려대학교 민족문화 연구소 출판부, 1972.

_____, 『한국문화사 대계Ⅱ: 정치경제사(上)』, 서울; 고려대학교 민족문화연구소 출판부, 1972.

_____, 『한국문화사대계 Ⅳ: 종교철학사』, 서울: 고려대학교 민족문화연구소 출판부, 1972.

고대민족문화연구소 (편), 『한국문화사대계』, 고대민족연구소출판부, 1970.

고영진, 『조선중기 예학사상사』, 한길사, 1995.

고회민·정병석, 『주역철학이해』, 문예출판사, 1995.

교보편집부 (편), 『동서사상의 원류』, 백산출판사, 1996.

권인호, 『조선중기 사림파의 사회 정치사상』, 한길사, 1995.

權正諺 外 編, 『朝鮮朝儒學思想의 探求』, 서울: 驪江出版社, 1988.

금장태, 『유학사상과 유교문화』, 전통문화연구회, 1995.

____, 『韓國儒教의 再照明』, 展望社, 1982.

____·고광식, 『儒學近百年』, 서울: 박영사, 1986.

金吉煥, 『韓國陽明學研究』, 서울: 一志社, 1981.

____, 『朝鮮朝儒學思想研究』, 서울: 一志社, 1986.

金桐孝, 東西哲學에 대한 主體論的 記錄, 서울: 고려원, 1985.

金萬圭, 『朝鮮朝의 政治思想硏究』, 인천: 仁荷大出版部, 1982.

김성준, 『한국중세 정치 법제사 연구』, 서울: 일조각, 1985.

김영국 외, 『韓國政治思想』, 서울: 박영사, 1991.

김영모, 『조선지배층연구』, 서울: 일조각, 1986.

김운태, 『朝鮮王朝行政史<近世篇>』, 서울: 박영사, 1981.

김태영, 『조선전기 토지제도사 연구』, 서울: 지식산업사, 1983.

김옥근, 『조선왕조 재정사연구』 서울: 일조각, 1984.

김홍식, 『조선시대 봉건사회의 기본구조』, 서울: 박영사, 1981.

대동문화연구원 (편), 『이회재의 사상과 그 세계』, 서울: 성균대학출판부, 1992.

동경대 철학연구실(편), 『중국사상사』, 동경: 동경대학출판회, 1981.

동경대학 출판회(편), 『동양사상(유가사상)』, 동경, 1976.

라의준, 『評新儒家』, 중국: 상해인민출판사, 1991.

몽배원, 『중국심성론』, 법인문화사, 1996.

묵민회갑기념사업회 (편), 『국역회재전서』, 서울: 동아출판사, 1974.

문원공 회재선생 승모사업회 (편), 『여강이씨와 회재선생』, 서울: 여강출판사, 1991.

민족문화추진회 (편), 『국역중종실록 52권』, 서울: 민족문화문고, 1989.

박종홍, 『한국의 사상적 방향』, 박영사, 1987.

박충석, 『한국정치사상사』, 서울: 삼영사, 1982.

박충석·유근호, 『조선조의 정치사상』, 평화출판사, 1982.

배종호, 『한국유학사』, 연세대출판부, 1974.

변태섭, 『한국사통론』, 서울: 삼영사, 1990.

사회과학출판사 (편), 『철학사전』, 평양: 사회과학출판사, 1985.

서복관·유일환, 『중국인성론사』, 을유문화사, 1995.

서복관, 『중국사상사논집』, 대만: 학생서국, 민국 68.

서울대동아문화연구소 (편), 『한국학』, 현암사, 1972.

성교진, 『송대신유학과 한국정치사상』, 이문출판사, 1995.

성균관대학교 대동문화연구원 (편), 『16세기 사림파의 사상과 정치』, 1991.

성균관대학교 대동문화연구원 (편), 『李晦齋의 思想과 그 世界』, 서울: 성균관대학교출판부, 1992.

성균관대학교 (편), 『유학사상』, 성균관대학교 출판부, 1996.

송영배, 『중국사회사상사』, 서울: 한길사, 1986.

守本順一郞, 『東洋政治思想史研究』, 東京: 未來社, 1971.

숙공권, 최명(역), 『중국정치사상사』, 서울: 법문사, 1988.

小林日出部, 『陽明學入門』, 동경: 명덕출판사, 소화 45.

시마다겐지 (저), 김석근·이근우 (역), 『주자학과 양명학』, 까치, 1985.

신일철 외, 『동양사상과 사회발전』, 서울: 동아일보사, 1996.

정치외교사학회(편), 『조선조 정치사상연구』, 서울: 평민사, 1987.

안자산, 『조선문명사』, 서울: 회동사관, 1923.

양국통, 『王學通論』, 중국: 상해삼방서점, 1988.

옥경회 (편), 『문원공 회재선생과 잠계공의 생애와 사상』, 청주: 청탑사, 1995.

玉山文獻刊行會, 『晦齋先生全書』, 경주옥산, 1962.

옥산봉수회 (편), 『玉山書院』, 경주옥산, 1995.

옥산서원청분각건립위원회 (편), 『회재선생과 옥산서원』, 경주옥산, 1972.

옥산서원 (편), 『玉山書院 沿革 및 晦齋先生年譜』, 경주옥산, 1994.

유교사전편찬위원회 (편), 『유교대사전』, 서울: 박영사, 1990.

유교학회 (편), 『유교사상연구』, 1, 2, 3, 4, 5, 6, 7, 8집, 유교학회.

_____, 『한국유교원전윤독 자료집』, 제16, 1994.

유명종, 『한국사상사』, 대구: 이문사, 1981.

____, 『송명철학(주자학과 양명학)』, 서울: 형설출판사, 1976.

유승국 외, 『이성과 현실』, 박영사, 1974.

유승원, 『조선초기 신분제도 연구』, 서울: 을유문화사, 1987.

유인희, 『주자철학과 중국철학』, 서울: 범학사, 1980.

윤사순, 『한국의 성리학과 실학』, 서울: 열음사, 1992.

_____, 「신실학사상론」, 서울: 예문서원, 1996.

윤남한, 『조선시대의 양명학 연구』, 서울: 집문당, 1982.

이광율, 『주자철학연구』, 중문출판사, 1995.

이강수, 『도가사상의 연구』, 고려대학교 민족문화연구소, 1984.

이기백, 『한국사신론』, 서울: 일조각, 1981.

이경식, 『조선전기 토지제도 연구』, 서울: 일조각, 1986

이병도, 『한국사대관』, 대구: 동방도서, 1983.

_____, 『한국유학사략』, 서울: 아세아문화사, 1986.

_____, 『한국유학사』, 서울: 아세아문화사, 1987.

이병도 외, 『한국의 유학사상』, 서울: 삼성출판사, 1985.

이병주, 『포은 정몽주』, 서당, 1989.

이상일 외, 『한국사상의 원천』, 박영사, 1989.

이상백, 『이조건국의 연구』, 서울: 을유문화사, 1954.

이성무, 『조선초기 양반연구』, 서울: 일조각, 1980.

_____, 『한국의 과거제도』, 춘추문고, 한국일보사 1976.

이성규, 『中國古代帝國成立史硏究 — 濟民支配體制의 形式』, 서울: 일
       조각, 1984.

이수건, 『영남사림파의 형성』, 대구: 영남대학출판부, 1979.

이수윤, 『정치철학: 인식과 실철의 통일』, 서울: 박영사, 1981.

이원재, 『문원공회재선생학문』, (소책자), 1984.

李章熙, 『조선시대의 선비연구』, 서울: 박영사, 1989.

이재룡, 『조선예의사상에서 법의통치까지』, 예문서원, 1995.

이종항, 『한국정치사』, 서울: 박영사, 1963.

이청원, 『조선사회사독본』, 일본동경: 백양사, 1936.

이태진, 『조선유교사회사론』, 서울: 지식산업사, 1989.

이희덕, 『고려유교 정치사상의 연구』, 서울: 일조각, 1984.

잠계공기적사업회(편), 「주해잠계집」, 경주: 경북인쇄소, 1984.

장군려, 『新儒家思想史』, 중국: 홍문관출판사, 1975.

장기지, 『儒學·理學·實學·神學』, 중국: 협서인민출판사, 1991.

장입문, 『氣』. 중국: 인민대학출판사, 1990.

_____, 『理』, 중국: 인민대학출판사, 1991.

전수준, 『신과학에서 동양학으로』, 대원출판사, 1995.

전영배, 『한국사상의 흐름』, 지구문화사, 1995.

정가주, 『現代新儒學槪論』, 중국: 엄서인민출판사, 1990.

정병린, 『한국철학의 심층분석』, 전남대학교 출판부, 1995.

정신문화연구원(편), 『한국전통사회의 관혼상제』, 고려원, 1984.

_____, 『한국적 사고의 원형』: 그 원천과 흐름, 고려원, 1990.

정인보, 『양명학 연론』, 서울: 삼성문화문고, 1972.

정사희, 『조선초기 정치 지배세력연구』, 서울: 일조각, 1983.

정종화, 『한국전통사회의 정신문화구조양상』, 고려대학교 출판부, 1995.

조월당 외, 『中國古代政治思想史』, 중국: 남아대학출판부, 1992.

주홍성·주칠성·이홍순, 『조선철학사상사』, 중국: 연변인민출판사, 1989.

지교현 외, 『한국사상가의 새로운 발견3』, 한국정신문화연구원, 1995.

_____, 『동양철학과 한국사상』, 민속원, 1995.

진단학회(편), 『한국사』, 서울, 을유문화사, 1962, 제2권, 중세편.

천관우 외, 『한국사의 재조명』, 서울: 민성사, 1988.

천관우, 『근세조선사 연구』, 서울: 일조각, 1979.

최근덕, 『유학강의』, 서울: 성균관대학출판부, 1995.

최승희, 『조선초기 언관·언론 연구』, 서울: 서울대학출판부, 1976.

최영성, 『한국유학사상사Ⅱ』<조선전기편>, 아세아문화사, 1995.

_____, 『한국유학사상사Ⅲ』<조선전기편 上>, 아세아문화사, 1995.

_____, 『한국유학사상사Ⅳ』<조선전기편 下>, 아세아문화사, 1995.

최완기, 『한국성리학의 맥』, 서울: 느티나무, 1989.

최창규, 『근대한국정치사상사』, 일조각, 1972.

한국동서철학연구회, 『동양철학사상의 이해』, 문경출판사, 1995.

한국동양철학회, 『동양철학의 본체론과 인성론』, 서울: 연세대학교 출판부, 1982.

한국사상연구회 (편), 『한국사상총서』, 경인문화사, 1973.

한국역사연구회 (편), 『조선정치사: 1800–1863』, 1900, 서울: 청년사.

한국철학회 (편), 『한국철학사 상·중·하』, 서울: 동명사, 1989.

한영우, 『조선전기사회경제연구』, 서울: 지식산업사, 1983.

_____, 『정도전 사상의 연구』, 서울: 서울대학교 출판부, 1983.

현대일본정치연구회 (편), 『국권론과 민권론』, 서울: 한길사, 1981.

玄相允, 『朝鮮儒學史』, 현암사, 1982.

丸山眞男, 김석근(역), 『日本政治思想史研究』, 서울: 통나무, 1995.

홍이섭, 『한국사의 방영』, 탐구당, 1983.

황원구, 『한국사상의 전통』, 서울: 박영사, 1985.

황의동, 『한국의 유학사상』, 서광사, 1995.

회재선생탄신 오백주년기념사업회 발기준비위원회(편), 기념강연요지유인물, 1987.

候外廬, 『中國思想史1. 2. 3. 4. 5卷』, 중국: 인민출판사, 1995.

Anderson P. 함택영외(공역), 『절대주의 국가의 계보』, 서울: 경남대학교극동문제연구소, 1990.

A. C. Graham, Disputers of th TAO, Illinois, 1989.

WM. THEODORE DE BARY, The Message of The Mind, Columbia University Press, 1989.

강경원, "성호이익의 정치외교사상", 유교학회(편), 『유교사상연구』, 제7집, 1994.

강주진, "이조정치사연구의 제문제", 『한국정치학회보』제5집, 서울: 한국정치학회, 1971.

금장태, "의리정신과 선비정신", 조명기 외 공저, 「한국사상의 심층연구」, 서울: 우석, 1982.

김기현, "회재이언적의 철학사상", 고려대학교, 민족문화연구 15점, 1980.

김낙진, "회재이언적의 심성론연구", 고려대학교 석사학위논문, 1986.

김만규, "조선조 초기의 정치사상과 정책론 변동에 관한 연구", 연세대
　　학교 박사학위논문, 1976.

김정진, "도덕정치의 철학적 의의와 중용구경연의 고찰 ― 회재선생의
　　도학사상을 중심으로 ―", 경북대퇴계연구소, 한국철학 9호,
　　1980.

김종국, "이언적의 무극태극론에 대한 고찰", 동양철학 Ⅰ, 1961.

김태영, "회재의 정치사상", 성균관대학교 대동문화연구원(편), 『이회재
　　선생과 그 세계』, 1992.

____, "초기사림파의 성격에 대하여: 김종직을중심으로", 『경희중학』
　　6, 7합본, 서울: 경희대학교사학회, 1980.

김형효, "회재의 형이상학", 한국학보 16, 1979.

南智大, "朝鮮初期 中央政治制度研究", 서울대학교 박사학위논문,
　　1993.

방문정, "맹자의 왕도정치사상연구", 이화여자대학교대학원 석사학위논
　　문, 1985.

배종호, "조선성리학의 사상사적특질", 율곡사상연구원(편), 『한국사상
　　의 본질과 율곡학』, 한국사상논총3, 1984.

____, "동양인성론의 의의", 한국동양철학회, 『동양철학의 본체론과
　　인성론』, 서울: 연세대학교 출판부, 1982

부남철, "조선전기정치사상연구", 한국외국어대학교 대학원 박사학위논
　　문, 1990.

夫南哲, "朝鮮前期 政治思想研究 ― 君主·官僚論을 中心으로", 한국
　　외국어대학교 박사학위논문, 1990.

민황기, "선태유학에 있어서의 「中」사상에 관한 연구", 충남대학교 대
　　학원 박사학위논문, 1992.

성교진, "조선성리학사 서설", 효성여자대학교 현대 사상연구소, 『현대
　　사상연구』, 제2집, 1991.

손문호, "고려말 신흥사대부들의 정치사상연구 ― 유교적 국가주의를
　　중심으로 ―", 서울대 박사학위논문, 1989.

_____, "조광조의 정치사상연구: 유교적 개혁주의 중심으로", 서원대학 논문집 24집, 1990.

_____, "조선조 士林의 정치사상연구: 조선조 정치의 보다 근원적인 이해를 위하여", 정신문화연구원(편), 『정신문화연구』, 가을호, 1983.

_____, "동양의 전통적 국가에 관한 논의", 서울대학교 사회과학연구소 (편), 『사회과학연구』 제5집, 1994.

손영식, "송대 신유학에서 철학적 쟁점의 연구: 도덕 형이상학의 원칙성·실천성·현실성문제를 중심으로", 서울대학교 대학원 박사학위논문, 1993.

송하경, "만물일체관으로부터 본 왕양명의 발본색원론과 대학문", 전북대학교 논문집, 제24집, 1982.

_____, "왕양명의 지행합일론고찰", 대계 최일운박사 회갑기념 논문집, 1975.

_____, "왕양명의 유·불·도 사상배경에 관한 연구", 『동서철학의 연구』, 창간호, 1984.

양재열, "유가에 있어서 人間主體에 관한 연구: 程朱學과 陸王學을 중심으로", 성균관대학교 대학원 박사학위논문, 1993.

유명종, "이언적의 철학사상", 『한국철학연구』, 1978.

유정동, "화담·회재 퇴계의 성리설 전개", 『한국사상대전』 IV, 1984.

윤용남, "주자의 채용이론에 관한 연구", 성균관대학교 대학원 박사학위논문, 1993.

윤사순, "회재의 인 사상", 성균관대 대동문화연구원(편), 『이회재의 사상과 그 세계』, 1992.

_____, "조선조 의리사상 형성과 내재", 유교학회(편), 『유교사상연구』, 제7집, 1994.

이광호, "이퇴계의 학문론의 體用的 構造에 관한 연구", 서울대학교 대학원 박사학위논문, 1993.

이기동, "이조유학사에 있어서 주리파·주기파의 발달에 대한 분석", 동양철학연구회(편), 「동양철학연구」 제12집, 1991.

이동희, "회재 이언적의 경학사상 ― 대학장구보유", 한국학 논문 11, 1984.

＿＿＿, "禮의 本質과 그現代的意義", 정신문화연구원 편,『정신문화연구』, 여름호, 1986.

＿＿＿, "조선조 주자학사에 있어서 주리·주기 용어사용의 문제점에 대하여", 동양철학연구회(편),『동양철학연구』제12집, 1991.

＿＿＿, "주자학의 철학적 특성과 그 전개 양상에 관한 연구", 성균관대 박사학위논문, 1990.

이병도, "이회재와 그 학문",『진단확보』6, 1936.

이상은, "이회재의 무극태극론의 학술사적 의의", 학술원논문집 13, 1974.

＿＿＿, "회재선생의 철학사상", 묵민회갑기념사업회(편),『국역회재전서』, 1974.

이완재, "회재의 조망기당과의 태극론변에 관하여", 대구사학 12, 13집, 1977.

이우성, "이언적선생의 역사적 위치와 그 경세사상", 묵민회갑기념사업회,『국역회재전서』부록첨가논문, 1974.

＿＿＿, "이조 유교정치와 사림의 존재", 창작과 비평사, 1982.

＿＿＿, "이조 사대부의 기본성격",『창작과 비평』, 서울: 창작과 비평사, 1979.

이원균, "이회재의 경세사상과 시무론", 점증환기념논집, 1974.

＿＿＿, "이회재의 중요구경연의에 대하여", 부산수산대 논문집 16, 1976.

＿＿＿, "이회재와 그 정치사상", 부산수산대 논문집 29, 1982.

이원술, "선태정치사상에 있어서 '중'의 의의", 대구: 영남대학,『사회과학연구』, 1982.

이을호, "사림의 가치관과 위정척사사상", 율곡사상연구원(편),『한국사상의 본질과 율곡학』, 한국사상논총3, 1984.

이지경, "회재 이언적의 정치사상연구", 한국외국어대학교 대학원 석사학위논문, 1992.

_____, "16세기 사림파 정치사상연구", 서원대 사회과학연구소(편), 『사회과학연구』제8집, 1995.

_____, "회재이언적의 「求仁」정치사상에 관한 소고", 동국대학원 신문, 학술논단, 1995년 10월 25일 4면, 1995.

이태진, "정조의 태학탐구와 회재속대학혹문에 대한 평가", 유인물, 1991.

_____, "16세기 士林의 歷史的 性格", 『대동문화연구』제13집, 성균관대학교 대동문화연구소, 1979.

_____, "조선시대의 정치적 갈등과 해결", 『조선시대 정치사의 재조명』, 서울: 범조사, 1985.

_____, "붕당정치 성립의 역사적 배경", 『조선유교사회사론』, 서울: 지식산업사, 1988.

이해영, "선태 유가의 士意識에 관한 연구", 유교학회(편), 『유교사상연구』, 제6집, 1993.

조남국, "조선조유학사에 대한 남북학계의 연구성과제시", 동양철학연구회(편), 『동양철학연구』제12집, 1984.

조남욱, "조선조 사림의 정치의식에 관한 연구 ― 사화와 의리 사상을 중심으로", 성균관대 석사학위논문, 1983.

_____, "이회재의 유가정치론 연구", 부산대통일농촌 5집, 1984.

최봉영, "조선시대 선비정신연구", 정신문화연구원 편, 『정신문화연구』, 가을호, 1983.

최병철, "유가경전에 나타난 국가의 형성이론에 관한 연구: 가족공동의식을 중심으로 한 역사적 고찰", 성균관대학교 대학원 박사학위논문, 1992.

한형조, "주희에서 정약용에로의 철학적 사유의 전환", 한국정신문화연구원 한국학대학원 박사학위논문, 1993.

(독락당계정)

이언적의 新雪(신설)

新雪今朝忽滿地(신설금조홀만지)
況然坐我水精宮(황연좌아수정궁)
柴門誰作剡溪訪(시문수작섬계방)
獨對前山歲暮松(독대전산세모송)

첫눈 내린 오늘 아침 땅을 가득 덮었으니,
황홀하게 수정궁에 나를 앉혀 놓았구나.
사립문에 누군가가 섬계(剡溪) 찾아 왔으려나,
앞산에 소나무를 나 혼자서 마주하네.

李彦迪의 『太極問辯』[1]

I. 緒 論

晦齋 이언적(1491 – 1553)은 朝鮮 王朝 전기 中宗, 仁宗, 明宗, 三代에 활동한 性理學의 思想家로서 16세기 전반기 이른바 士禍期의 주역이었던 士林派의 대표적인 金宏弼(1454 – 1504), 鄭汝昌(1450 – 1504), 趙光祖(1482 – 1519)와 함께 東方四賢의 1人으로서 알려져 있다. 이러한 사실만으로도 그가 士大夫로서 차지하고 있는 중요한 위치를 알 수 있다.[2] 이러한 士林세계에서 중요한 위치에 있음에도 불구하고 회재 이언적의 연구가 매우 미비한 상황에 있고 특히 朝鮮朝 四大士禍는 勳舊派와 士林派의 권력투쟁임에도

---

1) 이 연구는 동국대학교 대학원(편), 『동원논집』제10집, 1997.에 게재한 글을 수정 보완한 것임.

2) 윤사순, "회재의 仁思想", 대동문화연구원 편, 「이 회재의 사상과 그 세계」, 서울: 성균관대학교출판부, 1992, p.41; 회재의 조선조 유학사 위치에 관해서 金忠烈 교수는, 정도전, 권근의 이론과 김굉필, 조광조 등의 실천이 회재에서 비로소 하나의 체계로 묶인 것으로 보고 있다("이언적의 철학사상", 유명종, 「한국철학연구 中卷」論評 참조함). 退溪는 「회재선생行狀」을 術하면서 다음과 같이 끝을 맺고 있다. 원문을 보면……
"嗚呼 我東國 古被仁賢之化 而其學傳焉 麗氏之末 以及本朝 菲無豪傑 有志此道 而世亦以此名歸之者然孝之 當時 則率未盡明誠之實 稱之後世 則又罔有淵源之微 使後之學者 無所尋邃 以至于今泯泯也 吾先生 無授受之處 而自奮 於斯學章 闇然日章 而德符於行 炳然筆出 而言垂於後者求之東方 殆鮮有其倫矣."라고 극찬하였으며 훗날 회재의 27세 저작한 원조오잠(元祖五箴)을 쓰시며 스스로 후학이라 칭하였으며, 오늘날 그 내용물은 옥산서원 '청분각' 건물에 목판본으로 남아 보존되고 있다.

불구하고, 정치학적 시각에서 사화에 대한 연구는 그 초보단계에 있다. 본고는 그러한 연구의 기초 작업의 한 부분으로 회재 이언적의 經學思想硏究의 한 단면이며, 27세(중종 12년 1517)~29세 때 忘齋 孫叔暾과 忘機堂 趙漢輔에게 보낸 太極說, 즉 우주관에 관한 4편의 서한과 宋代 주돈이의 「태극도설」 및 그것에 관한 朱子의 註와, 朱子가 육구소, 육구연 형제에게 보낸 태극설을 변설한 6편의 왕복서찰을 책머리에 싣고, 서·발을 붙여서 단행본으로 출간한 「태극논변」에 관한 연구라 할 수 있다. 즉 晦齋의 '年譜'에 의하면 24세에 文科에 급제하고 副正字에 제수되었다가 25세 때 경주학교관(교수)이 되어 27세인 중종12년 6월에 재임하였고, 그때 그의 外叔·外祖인 孫叔暾, 孫昭, 趙漢輔 등과 태극을 論辯한 4편의 서신을 李彦迪의 孫子 求菴 李浚이 정사(精寫)하여 이황에게 질정을 구하고 다시 鄭逑에게 비평을 청한 것에 대한 「無極太極論辯」의 소개와 내용분석(Content Analysis)이라 할 수 있다.

晦齋 李彦迪은 시기적으로는 15세기 말, 16세기 후반의 중간에 해당하며, 趙光祖와 李滉의 중간에 위치한 학자이며, 晦齋의 학문과 사상을 통해서 士林派의 道學的 精神을 계승하고, 「太極論辯」에 나타난 李彦迪의 經學思想의 理論的 體系化 作業과 朝鮮朝 최초의 哲學的 論爭이었다는 데 그 중요한 문헌적 가치가 있다고 할 수 있으며, 이러한 사상적 배경은 宋代 朱子와 육구연, 육상산 형제의 태극논쟁을 始發로 하여, 李朝 儒敎思想의 理論的 體系化 과정에서 조한보, 손돈숙의 태극논쟁을 보고 회재 이언적의 비판, 花潭 徐敬德의 太極論 등을 그 후 퇴계 이황과 기대승의 四端 七情論의 사상적 논쟁의 사상적 흐름의 변화뿐만 아니라 조선조 중기 이후 엘리트들의 학문적 논쟁 큰 흐름 중의 하나였다. 忘齋, 忘機堂 입장과 李彦迪의 입장, 答忘機堂書, 이언적의 비판 등을 소개,

분석함으로써 그의 性理 思想을 理論的으로 體系化하고자 한다.

II. 本 論

第1節 中國 諸家들의 無極・太極辨의 由來와 그 意義[3]

宋明道學의 始祖라고 부르는 周廉溪의 「太極圖說」의 첫머리에 "無極而太極・太極動而生陽 ……"이라고 적혀 있다. 이 "無極而太極"이란 말의 '無極' 두 字에 對하여 朱子 當時에 朱子와 陸象山 사이에 論爭이 벌어진 일이 있었고 그 뒤 많은 理學者들이 또 이 '無極' 두 字에 疑義를 가지다가 마침내 淸代의 考證學者 黃海木에 이르러 그 그림은 周廉溪가 陳博으로부터 얻은 것인데 그것은 方士들이 전해 온 本名 「無極圖」라고 불렀던 것이라고 고증을 하여 놓았다. 當初에 陸象山의 兄(九韶)이 朱子에게 편지를 하여 "「太極圖說」은 「通書」와 같지 않으니 아마도 朱子가 지은 글이 아니거나 學問이 성숙하지 못한 때의 글이거나 그렇지 않으면 他人의 것을 뒷사람들이 모르고 朱子의 것이라고 한 것 같다고 하였다. 「通書」에는 理性命章에서 '中焉止矣・二氣五行・化生萬物・五殊二實・二本則一'이라고 하였다. '一'이라 '中'하는 것이, 즉 太極인데 그

---

3) 이상은 "회재선생의 철학사상—「무극태논변」의 소개와 분석", 묵민회 갑기념사업회 편, 「국역회재전서」, 첨가논문, 1972, pp.883-890; 시마 다겐지/김석근, 이근우(역), 「주자학과 양명학」, 서울: 까치, 1986, pp.41-68, 128-142. 참조함.

위에 '無極' 字는 加하지 않았고, 動靜章에서도 '五行・陰陽・太極'을 말하면서 역시 無極이란 글은 없다. 가령 太極圖說이 참으로 朱子가 傳한 것이라 하더라도 아마 젊었을 때 지은 것이요「通書」를 지을 때는 이미 그 說이 글은 '無極'을 말하지 않은 것일 것이다."라고 하며 '無極' 두 字에 대하여 의문을 일으켰다. 이에 대해 朱子가 答하기를

"太極篇 첫머리 말을 貴下는 매우 못마땅하게 생각하나 그러나 이것을 알아야 합니다. 無極이라 말하지 않으면 太極이 하나의 물건과 같아야 萬化의 根이 되기에 不足하고 太極이라 말하지 않으면 無極이 空숙조에 빠져 萬化의 根이 될 수 없습니다. 오직 이렇게 말해야 그 말이 정밀하여 미묘하기 끝이 없는 것입니다. ……<중략>…… 또 太極의 說은 저는 생각하기를 朱先生이 學者가 태극을 別個의 한 물건으로 오인할까 念慮하여 無極 二字를 붙여서 밝힌 것이라고 합니다. 이것은 先賢의 立言한 本意를 미루어 볼 때 重複됨을 꺼려하지 않고 그렇게 한 것이니 거기에는 깊은 뜻이 있는 것입니다. 그런데 來信에 저를 太極을 하나의 물건처럼 본다고 하였으니 이것은 朱先生의 요지가 아닐 뿐 아니라 저의 淺陋한 妄說에 對해서 그 뜻을 잘 살피지 못한 말씀입니다. 또 말씀하시길 '無極' 字를 붙여 놓으면 虛無・好高의 패가 있다고 하시는데 그러면 尊兄의 이른바 太極은 形器가 있는 物입니까, 形器가 없는 物입니까? 만약 形이 없고 理만 있다는 것이라 한다면 '無極'이, 즉 '無形'이요, 太極이, 즉 '有理'임이 明白한데 어찌 '虛無・好高'가 될 수 있겠습니까?"[4]고 하였다. 朱子와 陸象山의 論辨에서 '無極而太極'에 관한 陰陽이 道인가, 陰・陽하는 까닭이 道인가에 관

---

4) 朱子「朱子大全」, 卷三十. 내용은 이상은, 앞의 글 pp.883－884. 인용.

한 朱子의 주장을 보면

만약 無極이라는 표현을 사용하지 않는다면 太極은 마치 사물처럼 되는 모든 변화의 根本, 즉 일체 사물(朱子의 경우 사물은 일을 포함한다)의 근원이라는 자격이 없어지게 되고 거꾸로 또 太極이라는 표현을 쓰지 않는다면 無極이 단순히 공허한 무로 떨어져 버려서 역시 모든 변화의 근본이 될 수 없다. 무극이라는 형태가 없는 것이며, 太極이란 이로서 존재함, 有를 나타낸다. 周廉溪 先生은 학문하는 사람이 太極을 어떤 사물처럼 오해하지는 않을까 염려했으므로 일부러 '無極'이라는 두 글자를 덧붙여서 그 점을 명확히 했던 것이다.[5]

이에 대해서 陸象山 「易經」, "계사전"의 형이상학적인 것을 道라고 한다.(形而上者, 謂之道, 形以下者, 謂之器) 그리고 '一陰一陽謂道'라고 하는 두 문장을 근거로 하여, 이미 一陰一陽이 形而上學的인 것이라고 한 이상 太極도 당연히 그러하며, 「易經」, '계사전'이 출현한 이래 지금에 이르기까지 太極을 '어떤 사물인 것처럼' 오해한 사람이 있었다는 얘기는 들어 본 적이 없다고 주장한다. 이에 朱子는 이렇게 답변했다. 앞에서 말한 것처럼 음양이 道가 아니라 음양인 까닭이, 이것이 바로 道이다. 道는 陰陽과는 차원을 달리한다. 太極, 이도는 각각 관점을 달리하여 말했을 뿐, 결국 같은 것을 가리키는 말에 지나지 않는다. 이것에 관한 朱子의 주장은

"사물이 있기 전부터 존재하며, 일찍이 사물이 있은 후에도 서

---

5) 朱子, 「朱子大全」, 卷三十六. "故語之至極, 則謂之太極. 語太極之流行, 則謂之道. 雖有二名, 初無兩體. 周子所以謂之無極, 正以其無方所, 無形狀. 以其存無物之前, 而未嘗不立於有物之後. 以爲在陰陽之外, 而未嘗不行乎陰陽之中, 以爲通貫全體, 無所不在, 則又初無聲臭影響之可言也."

있지 않은 때가 없다. 음양의 바깥에 존재하지만 일찍이 음양의 운행 가운데 행해지지 않은 때가 없다. 전체를 관통해서 존재하지만 소리, 냄새, 그림자, 울림이 없다." 이러한 주장에 대하여 陸象山은 이 말을 격렬히 공격하여 다음과 같이 말한다.

"음양은 형이하학적인 氣이며 道일수 없다는 귀하의 주장에 대해서는 절대로 승복할 수 없다. '이 道라는 것은 一陰一陽일 뿐이다.'(易經). 앞과 뒤, 처음과 끝, 움직임과 고요함, 어두움과 밝음, 위와 아래, 나아감과 물러감, 옴과 감, 열림과 닫힘, 가득한 것과 텅 빈 것, 없어짐과 자라남, 높음과 낮음, 귀함과 비천함, 겉과 속, 보이지 않음과 드러남, 좇음과 등짐, 따름과 거슬림, 있음과 없음, 얻음과 잃음, 나옴과 들어감, 나아가서 일을 행함과 물러나서 숨음, 어느 하나 일음일양이 아닌 것이 있을까. 홀과 짝이 서로서로 찾아서 한없이 변화한다. 그래서 '그 道라는 것은 자주 옮아 다니며 변동하며 머물지 않는다. ……'고 말하는 것이니 ……또 '옛날 성인이 易을 만들어 이로써 만물의 이치에 따르려 한다. 그리하여 하늘의 道를 세워서 음과 양이라 하고, 땅(地)의 道를 세워서 온유함과 강건함이라 하고, 사람의 道를 세워서 仁과 義라고 한다.'(「易經」) ……그런데 지금 음양은 道가 아니며 형이하학적인 氣에 불과하다는 것이 귀하의 주장인데, 形而下, 形而上의 구분을 잘못하고 있는 것은 귀하인가 나인가, 과연 어느 쪽일까?"6)

---

6) 陸象山, 「陸象山先生全集」卷二, 與朱元晦二
至如直以陰陽爲形器而不得爲道, 易之爲道, 一陰一陽而已, 先後始終, 動靜晦明, 上下進退, 往來闔闢, 盈虛消長, 尊卑貴賤, 表隱顯, 向背順逆, 存亡得喪, 出入行藏, 何適而非一陰一陽哉. 奇遇相尋, 變化無窮, 故曰, 其爲道也 變遷, 變動不居……又曰, 借者 聖人之作易也, 將以順性命之理. 是以立天地 之道曰陰與陽, 立地之道 曰 柔與剛, 立人之道 曰 仁與義……令顧以陰陽爲非道, 而直謂之形器 其孰爲昧於道器之分哉.

이러한 주장에 대해서 朱子는 中庸에 "中은 天下의 大本이요 和는 天下의 達通이다. 中和를 이루면 天理가 자리잡고 萬物이 길러 난다고 하였으니 이 理致는 지극한 것이다. 이 밖에 어찌 다시 太極이 있겠는가? 이 모든 것이 一陰一陽이 아닌 것이 있겠는가?" 이것에 對하여 朱子의 答辯하기를

"老氏의 有無를 말하는 것은 有와 無를 둘로 하는 것이요, 朱子가 有無를 말하는 것은 有와 無를 하나로 하는 것이다. 좀 더 자세히 알아보기 바란다. 쉽사리 호평할 일이 아니다. '中也者天下之大本'이란 말은 희·노·애·락의 未發에서 이 理가 渾起하여 편기함이 없음을 가지고 말하는 것이다. 太極은 물론 편기 없이 萬化의 本이 된다. 그러나 그 이름을 얻은 것은 절로 至極한 極이라 해서, 또 兼하여 標準의 뜻을 가지기 때문이요, 처음부터 '中'이라 해서 그 이름을 얻은 것은 아니다. 만약 陰陽으로써 形而上이라 한다면 形下의 것은 또 무슨 물건인가? 나는 이렇게 말한다. 무릇 形이 있고 象이 있는 것은 다 器다. 그 器가 된 所以의 理가, 즉 道이다. 來書에 이른바 始終·晦明…… 등은 다 陰陽이 만들어 낸 器다.(皆陰陽所爲之器) 다만 그 器가 되는 所以의 理는 例컨대 눈의 明과 귀의 聰과 父의 慈와 子의 孝와 같은 것이니 이것이 道이다."[7]

이상은 朱子와 陸象山의 '無極而太極'에 대한 辨論의 內容이다. 이러한 內容을 요약해 보면 세 가지로 요약해 볼 수가 있다.

첫째, '無極'이란 말이 과연 老子의 "天地萬物生於有·有生於無"라 한 無의 思想에 근거한 것이냐, 아니냐 하는 문제이다.

둘째, '極'의 풀이를 어떻게 하느냐 하는 문제이다. 陸象山은 極

---

7) 朱子, 「朱子大全」, 卷三十六; 내용을 이상은, 앞의 글, p.886. 참고 및 인용.

을 '中'으로 풀이하여 '大中至正'의 '大中'으로서 太極을 해석한다. 이에 반해서 朱子는 '極'을 '至極'의 뜻과 '標準'의 뜻으로 풀이한 것은 주염계의 '主靜立人極'이란 말에 비추어 보아도 타당한 해석이 된다.

셋째, 形而上. 形而下의 구별, 즉 道와 器의 구별의 문제이다. 陸象山은 '易之爲道一陰一陽而己'라 하여 一陰一陽하는 것인즉 道라고 해석하니 이것은 陰陽을 形而上으로 보는 것이다. 그러나 朱子는 程伊川의 易傳에 따라서 一陰一陽은 氣니 形而下요 '所以 一陰一陽' 하는 것이 理이니 形而上이라고 한다. 道는 一陰一陽하는 所以이다. 그리하여 朱子는 太極은 理요 陰陽은 氣라고 分明하게 理·氣를 갈라서 놓고 이 理는 一陰一陽하는 氣 속에서 內在해 있으면서 그것의 所以가 되는 同時에 또 氣를 초월해 있는 形而上의 存在라 한다. 그러면 朱子와 陸象山의 無極而太極의 해석이 왜 이렇게 달라지는가? 그것은 두 사람의 학문적 立場이 다르기 때문이다. 陸象山은 '心卽理'를 主張하는 學者인데 '心卽理'를 主張하는 학문은 人間의 주체적 활동을 강조하는 만큼 人間의 立場에서 이 宇宙를 설명하려 한다. 그래서 人心이 宇宙의 中心 위치에 놓이고 人間活動을 中心으로 宇宙도 說明하려 든다. 그래서 '宇宙內事'가 다 나의 '分內事'라 하고 "六經이 다 나의 注脚이라."고 말하는 것이다. 이 때문에 陸象山은 孟子의 "先立 乎其大者"를 중요시하여 '立大本'하는 것을 강조하고 학문도 尊德性面을 치중하고 朱子의 格物窮理하는 道問學의 길을 支離事業이라고 하는 것이다. 그러나 朱子는 '心卽理'를 主張하는 學子이다. 性卽理를 主張하는 學問은 宇宙의 全體 이해를 목표로 하는 만큼 宇宙의 見地에서 人間을 본다. 그러므로 理와 氣를 人間이나 萬物에다 같이 적용하여 같은 원리로 풀이하려 한다. 中庸의 天命之謂性

의 性을 說明할 때 人間의 性으로 局限시키지 않고 "天以陰陽五
行, 化生萬物, 氣以形成, 理亦賦焉. 於是人物各得其所, 賦之理, 以
爲健順, 五常之德, 所謂性也"라고 하여 人·物의 性이라고 주해한
것도 이런 까닭이다. 이러한 '性卽理'의 立場과 '心卽理'의 立場이
서로 다르기 때문에 理와 氣, 形上과 形下의 해석도 달라진다.[8]
이러한 단계에서는 아직 그 의미가 완전히 드러내는 데에는 이르
지 못하고 明代의 王陽明과 그 학파에 이르러 명백해진다.

第2節 忘齋·忘機堂과 李彦迪의 無極太極辯

1. 朝鮮朝 最初의 哲學的 論辨

士禍期의 士林의 性理學思想은 주로 花潭 徐敬德(1489-1546)
과 晦齊 李彦迪의 學問에 의하여 대표된다.

花潭의 思想은 주로 「原理氣」, 「理氣說」, 「太虛說」, 「鬼神死生
論」, 「皇極經世數解」 등 저서가 있고 晦齊의 思想은 「太極問辨」,
「大學章句補遺」, 「求人錄」, 「中庸九經衍義」(未完) 關西問答 등 저
서와 「書忘齋,[9] 忘機堂,[10] 極太說後」 등에서 잘 나타난다.

---

8) 이상은, 앞의 글, pp.886-889. 참조함.
9) 忘濟, 孫叔暾의 이름이니 字는 叔卿, 忘濟는 그의 號이고 慶州사람이
   며 襄敏公 昭의 第三子이다. 成宗二十年 己酉(1489)에 賢良科 進士에
   合格하였다. 中宗 때 斥佛疎를 올려 佛敎를 排斥하였다. 일찍이 無極
   太極說을 지었는데 현재 전해지지는 않고 있으며 晦濟 李彦迪이 그
   끝에 破하는 글을 썼다. : 玉山書院 淸分閣建立委員會編, 「회재선생과
   옥산서원」, 1972, p.38. 慶州邑誌. 참조. 孫仲暾의 아버지는 세조 때 이
   시애난 평정에 공이 컸던 敵忾 功臣 城君 孫昭(이언적의 외조)이고,
   할아버지는 세종 때 參議였던 孫士晟이다. 중돈은 김종직의 제자로서

이러한 士林의 哲學은 고려의 불교가 李朝의 儒教的國家로 바
뀌게 되기까지는 상호 전환되어 가는 시간이 필요했고 이 시기의
人物로서 鄭圃隱, 權陽村, 鄭道傳을 들 수 있겠으나 儒. 佛. 道 비
판에 관한 저서도 처음 나온 것이 三峯 鄭道傳의 「佛氏雜辨」이었
다. ……(중략) 이것은 儒教입장에서 佛教와 道教를 비판한 것으로
는 한국 최초의 것이라는 데 그 意義가 있다고 생각된다.

이후로 金宏弼, 鄭汝昌, 趙光祖와 같은 학자들이 배출되었으나
학자 간의 眞理를 놓고 서로 論辨한 일은 없었다. 그러나 晦齊는
일찍이 性理學에 뜻을 두고 27세에 畏天, 養心, 敬身, 改過, 驚志
등 「元朝五箴」을 지었으며 而立에는 立箴을 지어 守操省察과 懲
分窒慾의 存養에 心血을 기울여 왔으나 특별한 師傅는 없었다. 그
의 性理學은 주로 忘機堂 曹漢輔와의 往復書 속에서 無極而太極
을 論[11]하였다. 晦齊의 太極觀은 朱晦庵의 理論에 立脚하여 無極

성종 때 과거에 급제하여 연산조에서 사간원 헌납을 역임했고, 중종 때
에는 尙州목사, 대사간, 경상도 관찰사, 대사헌, 이조판서 등 비교적 순
탄한 관료의 경력을 가졌다. 김종직 제자들의 대부분이 기묘사화로 慘
禍를 당하여 제거되었음에도, 그가 잔존할 수 있었던 것은 정파로서는
훈구파에 속하였기 때문이었던 것 같다(김만규, 조선조의 정치사상연구,
인천; 인하대학출판부, 1982, pp.172-173).

10) 忘機堂은 조한보의 이름이니 망기당은 조선 중종 때의 성리학자이며
그의 호이며 경주사람이다. 길재의 문인인 忠貞公 靜齊 尙治의 孫子이
다. 성종 때에 司馬試(進士科)에 합격하였다. 일찍이 「無極太極說」을
著述했는데 회재 이언적이 손숙돈과 조한보의 논쟁을 비판하였다. 조
한보는 성종 4년(1473)년 성균관 생원으로서 楊朱說을 극력 찬양하여
조정을 멸시하고 풍속을 더럽혔다는 이유로 決杖 90의 치를 받고 영영
천거될 수 없도록 되었다(「成宗實錄」, 卷 三十二, 四年 七月) 한다. 이
로 미루어 보면 그는 楊朱統학설에도 관심을 가졌고, 뒤에 宋代 老莊
思想의 영향을 받아 反朱子學的 태도를 취한 인물이었고, 회재 28세
때에 그는 70여 세에 가까운 듯싶다(김만규, 앞의 책, 1982, p.176).

11) 晦齊文集 十三券中 第五券속에 答忘機堂書 四篇이 있는데 晦齊가
27세 때에 忘機堂曹漢輔를 상대로 낸 書札이다. 主內容은 無極太極
을 論한 것으로서 朝鮮儒學思想 往復論爭의 書間이며, 一大論文이

의 개념을 疏忽히 하려는 立場에 서 있다. 晦齊는 그의 「晦齋文集」卷五 「書晦齊 忘機堂 無極太極說後」에서 대체로 어찌 太極이란 말 위에 다시 이른바 無極이란 말이 있을 수 있겠느냐 하면서 太極에 焦點을 맞추어 이 理致는 至高至妙하여 그 實體가 써 寄萬된 바인즉 至近至實한 것이다. 만약에 이 理致를 冥茫虛遠之地에서 찾으려고 한다면 空寂의 異端에 빠지지 않을 수 없을 것이다. 그러니 이른바 無極而太極이란 것은 道의 末始有物을 形容함으로써 萬物之根底로서 朱子가 잘 發見한 道體라고 한 것이다. 여기서 晦齊는 차리를 異端空寂에서 講求하지 말라고 하였지만 일찍이 宋末에 朱晦庵과 論難을 벌였던 陸子靜(象山의 字)은 無極을 老子所謂無名天萬天之之始에 그리고 太極은 老子所謂有名萬物之始에 비유한 것은 몹시 合當한 論理로 여겨진다.

本 연구에서는 太極問辯에서, 손숙돈과 조한보의 논변 「書忘齋忘機當無極論辨」 1편과 「答忘機當書」 4통을 중심으로, 「太極問辨」 속에 나타난 晦齊의 太極哲學 사상을 考察하고자 한다.

2. 忘齊와 忘機堂의 無極太極辯과 李彦迪의 無極太極辯

忘齊는 陸象山(陸九淵)의 이론을 이어 간 것으로 李彦迪은 이해한다. 즉 晦齊는 중국 朱子의 學問的 正統을 계승하고 있다. 그는 현상세계의 배후에 온갖 사물의 존재 및 생성근거가 되는 하나의 形而上學的 實在로서 太極을 인정한다.[12] "삼가 고찰하건데 忘齊

다. 往復討論을 벌인 동기는 中宗 12年(1517) 그가 27세 때에 晦齊의 外叔 愚齊 孫仲暾과 忘機堂 사이에 往復했던 無極 · 太極을 빌려 보고 書忘機堂 無極太極說後라는 論文에서부터 發端이다. (李丙燾 韓國儒學史) 이 論文은 答忘機堂書四篇과는 別個의 것이다.

12) 「晦齋集」卷五, 書忘其堂無極說後.

의 無極太極에 대한 辨說은 대개 陸九淵으로부터 나온 것인데 지난날의 朱子[13]가 이미 자세하게 논변하였으므로 어리석은 이 사람이 감히 더 말할 수 없다."[14]고 하여 忘其堂은 周廉溪의 旨義에 입각한 것으로 보이나 그 論旨에 비추어 지나치게 高遠하다고 하면서 忘機堂의 평생 학술의 잘못된 곳이 바로 공허에 빠진 데 있

---

13) 朱子(1130~1200)는 이름이니 南宋時代의 학자이다. 字는 元晦, 호는 晦庵 諡號는 文公이요 宋代의 理學은 주돈이에 의하여 창시되고 정호, 정이에 依하여 발전 확충되고 朱子에 依하여 樹立 完成되었으므로 宋代의 理學을 程朱學, 또는 朱子學이라 일컬었다. 그는 미주현에서 출생하여 19세에 급제하였으며, 22세로부터 40여 년 동안 官吏生活을 하였으나 官吏로서는 閑散한 직책에 시종되었다. 그의 學問은 '聖人의 道'를 탐구하는 것으로서, 老莊, 佛敎의 이단을 배척하고 儒學의 根本精紳에 돌아가고자 하였으니 朱子, 張子, 二程子의 학설을 계승 통합하여 哲學的 학문체계를 수립한 것이었다. 여기에는 佛敎의 조직철학과 道家의 우주적 탐구에 영향 자극되었으나 또한 이것에 대항하려는 의식의 활동을 착각할 수 없다. 그의 철학은 이른바 '理氣說'인 것이다. 모든 存在는 '形而下'인 氣에 依하여 구성되었으나 氣가 있는 곳에는 반드시 理가 있으므로 理는 '形而上'인 道이며 우주만물의 근원이란 것이다. 人間의 '性'은 본디는 理 그것이었으나 氣에 기인한 '欲'이 그것을 방해하는 까닭으로 學의 目的은 "人欲을 제거하고 天理를 回復하는 데" 있다는 것이다. 理는 內容的으로는 五倫 五常에 不外한 것이므로 君臣道德, 家族道德도 모두 理인 것이니 宋代 以後의 獨裁君五制가 특히 强力한 思想的 支柱를 얻었던 것이다. 學問의 方法에 있어서는 內面的인 五心誠意(居敬)와 함께 格物致知(窮理)를 중시하였으니 이러한 외적인 사사물물의 리를 窮理한다는 '格致說'은 뒤에 명의 王陽明의 비판을 받았던 것이다. 그가 유학의 근본정신을 가장 잘 표시한 것으로는 유명한 「四書集註」가 있어 이후 역대 왕조에서는 그의 학설을 과거의 기준으로 삼고 주자학은 완전히 사대부의 이데올로기가 되었다. 그의 학설은 중국뿐만 아니라 조선(이씨조선), 일본(江戶時代)에까지도 큰 영향을 끼쳤던 것이다(시마다겐지 김석근. 이근우(역)). 「주자학과 양명학」, 서울: 까치. 1985, pp.94-142: 이동희. "주자학의 철학적 특성과 그 전재 영상에 관한 연구", 성균관대학교 대학원, 박사학위논문, 1990 참조함.

14) 李彦迪, 「太極問辨」: 書忘齊忘機堂 無極太極說後에 보면 "謹按忘齊 無極太極辨基說, 蓋出於陸象山 而者 朱子辨之詳矣" 참조.

다고 지적하고 다음 3가지를 비판하고 있다.

첫째, '無極太極'에 관한 것이다. 周廉溪의 표현인 이 '無極而太極'은 그 「太極圖說」이 발표된 이후 陸象山에 의해 최초의 反論을 받은 바 있으나, 대체로 朱子의 견해가 正統儒家의 이론으로 정착되어 왔다. 李彦迪은 朱子의 관점에서 忘機堂의 주장을 辨析하게 된다. 대개 無極과 太極을 현실적으로 限해 있는 하나라는 것까지는 동의하지만 論理上으로 分內分外가 무시되어 名數之末에 집착되어서는 아니 되며, 大本과 達道가 혼연히 하나라는 것은 可當하지만 體用, 動靜, 先後, 本末의 論序가 무시될 수 없다는 것이다.[15]

둘째는 '中正仁義'이다. 이것은 無極太極에 대한 周廉溪[16]의 體得工夫인데 忘機堂은 이것을 망각하고 無極太虛의 體를 가지고

15) 晦齊 "太極問辨」其日太極卽無極也則是矣……安有得其揮然則吏無倫序之可論……".

16) 周敦頤(1017-1073)는 이름이니 北宋時代의 學者였다. 字는 茂叔, 號는 濂溪, 諡號는 元公, 道州 營道懸(湖南省道懸)의 사람이다. 일찍이 官途에 나갔으나 終始 地方官으로서 榮達하지 못하고 뒤에 廬山에 隱居하여 生涯를 마쳤다. 이 當時는 宋朝의 最盛期로서 學藝가 非常히 발달하였다. 주염계는 同時代의 歐陽修, 司馬光이 學文과 名聲이 빛났음에 對하여 그는 生前이나 死後나 學界에서 主流的인 存在로 알려지지는 않았으나 뒤에 朱子가 그를 二程子(정호 정이)의 스승으로 단정하고 孟子 以後에 끊어진 道統이 주염계에 依하여 다시 계승되었다 함으로써 그는 宋學(理學)의 始祖가 되었다. 저서로서는 「太極圖說通書」가 있다. 그의 著述을 통해 볼 때 그는 先秦 儒學 중에서도 특히 「周易」과 「中庸」을 중시하였다. 그는 「태극도」와 「태극도설」에서 자신의 세계관과 인간관을 설명하였다. 즉 天人關係의 터전 위에서 근원존재인 태극과 그로부터 전개된 세계와 인간에 대한 해명을 하고 있는 것이다. 그는 無極而太極이라는 명제로서 宇宙의 本體를 삼았다. 太極은 「周易」의 용어이며 無極은 「老子」의 용어인데 우주본체는 無色無明의 경지상태이면서 조화의 근본이 되고 만물을 발생하므로 둘을 합하여 '無極而太極'이라고 일컬은 것이다(유교사전편찬위원회 편, 「유교대사전」. 어울; 박영사, 1990, pp.1429-1430.) 주염계의 「通書」 및 사상에 관해서 자세한 내용은 고강옥, "주염계의 「通書」 연구", 고려대학교 대학원, 박사학위논문, 1987. 참조할 것.

吾心의 主로 삼는 데 대한 바탕의 비유로 天에 오르는 데 계단이 없으며 海를 건너는 데 다리가 없다[17]고 하였다.

셋째, 寂滅[18]에 관한 것이다. "太虛의 體는 본래 寂滅하다는 滅을 가지고 太虛의 體를 설명하는 것은 결코 儒者說이 아닌 것"이라고 주장한다.[19] 周廉溪 張載 이후 유자학설에 無나 虛의 거론은 거의 없었고 老. 佛의 有無·虛實과는 엄격하게 구별되어 왔다. 한국에 있어서 이것을 李彦迪이 분명하게 다루었는 데 중요한 의미가 부여된다. 이상과 같이 「書忘齊忘機堂無極太極說後」에서는 無極太極의 存在와 當爲의 양면을 朱子學說에 기초하여 비판을 하고 있다.

3. 曹漢輔의 答忘機堂書

회재의 最初의 글인 「書忘齋 忘機堂無極太極設後」는 그 全文을 소개해 보면 다음과 같다.

"대저 이른바 無極而太極이라고 한 것은 이 道가 처음부터 어떤 物體가 있는 것이 아니면서 實은 萬物의 根柢가 된다는 것을 形容한 것이다. 이것은 周子가 道體를 환히 들여다보고 常情을 뛰어넘어 용감히 나아가 前人이 敢히 말하지 못한 道理를 말하여 後來의

---

17) 同上, "若論工夫則只中正仁義……遽慾以無極".
18) 寂滅은 佛敎에서는 無名의 惱를 解說하고 生死의 患界를 끊는 것을 寂滅이라 이름. (中國의 소식詩에서는 "中有至 人於寂滅 悟者悲涕迷者手自捫……) 太虛之體作得吾心之主……是乃欲登 天而不慮其無개 欲涉海而不量其無橋……" 여기서 '太虛'란 宇宙의 根源이란 의미를 가지고 있고 性理學에서는 더할 나위 없이 조화로운 상태일 때 쓰이는 槪念임.
19) 이언적, 「태극논변」, "其日太虛之體本來寂滅, 以滅字說太虛體, 是斷非吾儒之說矣……".

學者로 하여금 太極의 妙가 有와 無 어디에도 속하지 않고 方體에 떨어지지 않음을 깨닫게 한 것이니 이는 진실로 千聖以來의 不傳의 秘를 얻은 것이다. 어찌 太極 위에 또 이른바 無極이란 것이 있다고 해서 그런 것이 있겠는가? 이 理는 비록 至高·至妙한 듯하나 그 實體의 붙어 있는 所以를 찾아보면 또한 지극히 가깝고 지극히 實한 것이다. 만약 이 理를 講明하고자 하여 창연·허원한 곳에만 求하고 至近至實한 곳에서 求하지 않는다면 異端의 空寂에 빠지지 않을 者 없을 것이다. 이제 忘機當의 說을 보면 그 이른바 '太極卽無極'이라 한 것은 옳은 말이나 '어찌 有를 論하고 無를 論하며 안과 밖을 나누고 名數의 末에 拘碍해서 되겠는가?'한 것은 지나친 말이다. '그 이른바 그 大本을 얻으면 人倫日用에 酬酌萬變하더라도 일마다 다 達道가 아님이 없다.'고 한 것은 옳은 말이나 '大本과 達道가 확연히 하나인데 어디서 다시 無極과 太極, 有中과 無中의 구별을 論할 곳이 있겠는가?' 한 것은 지나친 말이다. 이 極의 理는 비록 古今·上下를 관철하여 확연히 일치한 것이지만 그 精粗·本末과 內外·賓主의 구별은 그 속에 선명하게 갖추어 있어서 털끝만큼도 오차가 있어서는 안 되는 것이니 어찌 名數를 말할 수 없다는 말인가? 그 體가 나의 마음에 갖추어 있는 것으로 말하면 비록 大本·達道가 두 가지가 아니라 하더라도 그 속에 절로 體用·動靜·先後·本來의 別이 있는 것인데 어찌 그 확연한 것을 얻었다고 해서 다시 倫序를 論하지 않고 반드시 誠하여 없이 後에야 이 道의 極致를 이룬다고 할 수 있겠는가? 이제 所謂 확연한 것이 큰 줄만 알고 그것을 極言하면서 저 찬연한 것이 처음부터 떨어져 있는 것이 아닌 줄은 모르니 그 說이 合을 즐기고 離를 싫어하며 實을 버리고 虛로 들어가 마침내 눈 없는 저울이 되고 치[寸] 없는 자[尺]가 되고 말았다. 이 어찌 높고 먼 것

만 추궁하여 그칠 바를 모르는 것이 아니겠는가? ……대개 이 理가
붙어 온 곳으로 말하면 비록 지극히 미묘하며 滿事萬化가 다 이로
부터 流出하지만 實은 아무런 形象도 가리켜 말할 수 없는 것이
다. 그러나 그 工夫로 論할 것 같으면 다만 中正·仁義가 바로 일
을 理會하는 곳이며 따로 一段의 根源 工夫가 講學·應事하는 일
밖에 또 있는 것이 아니다. 이제 忘機堂의 說은 이런 工夫를 모두
던져 버리고 문득 無極太極의 體로써 吾心의 主로 삼고 天地萬物
로 하여금 나를 向해 圓滑히 運用하게 하려고 하니 이것은 하늘로
올라가려고 하면서 사다리는 없어도 좋다는 것이며, 바다를 건너려
고 하면서 다리(橋) 걱정은 아니 하는 것과 같다. 마침내 虛遠한
지경에 빠져 얻는 바 없을 것은 뻔한 일이다."20)

---

20) 이언적, 「태극논변」 서문의 내용을 보면 "夫所謂無極而太極云者 所以
形容此道之未始有物 而實爲萬物之根抵也 是乃周子 灼見道體 逈出
常情 勇往直前 說出人不敢說底道理 今後來學者 曉然見得太極之妙
不屬有無 不落方體 眞得千聖以來不傳之秘 夫豈以爲太極之上 復有
所謂無極哉 此理 若至高至妙 而求其實體 之所以寓 則又至近而至實
若欲講明此理 而徒鶩於 冥虛遠之地 不復求之至近至實之處 則未有
不淪於異端之 空寂者矣 今詳忘機堂之說 其曰 太極卽無極也則是矣
其曰 有論有論無 分內分外 滯於名數之末則過矣 其曰 得其大本 則
人倫日用 酬酢萬變 事事無非達道則是矣 其曰 大本達道 渾然爲一
則何處更 論無極太極 有中無中之有間則過矣 此極之理 雖曰 貫古今
徹 上下 而渾然爲一致 然其精粗本末 內外 賓主之分 粲然於其中 有
不可以 豪髮着者 是豈 漫無名數之可言乎 而其 體之具於吾心者 則
雖 曰大本達道 初無二致 然其中自有 體用動靜 先後本末之不容不辨
者 安有得其渾然 則更無倫序之可論 而必至於 滅無之地 而後爲此道
之極致載 今徒知所謂潭 然者之爲大 而極言之 而不知夫 粲然者之未
始相離也 是以其說 喜合惡離 去實入虛 卒爲無星之稱 無寸之尺而後
己 豈非窮高極遠而無所止者歟 ……<중략>……蓋原此理 之所自來 雖
極徵妙 萬事萬化 皆自此中流出 而實無形象之可指 苦論工夫 則只中
正仁義 便理會此事虛非是別有一段根原工夫 又在講學應事之外也 今
忘機之說 則都遺却此等工夫 遽欲以無極太虛之體 得吾心之主 使天
地萬物 朝宗於我 而運用無滯 是乃欲登天 而不慮其無階 欲涉海 而
不量其無橋 其卒陸於虛遠之域 而無所得也必矣"

회재는 이 글에서 "忘機堂이 太極 위에 따로 無極의 眞을 세워 놓고 그것의 '靈妙한 體'를 體認하는 데만 힘쓰고 形而下의 世界의 일인 人倫日用의 修養工夫를 등한히 하며, 至高至遠한 것에만 太極의 理를 求하고 至根至實한 곳에서는 그것을 求할 줄을 모르며, 大本과 達道가 一致되는 것만 强調하고 그것이 體와 用, 動과 靜, 先과 後, 本과 末이 혼동할 수 없는 구별이 있음을 無視한다." 고 評하였다. 그는 망기당이 "태극의 體는 本來 寂滅한다."고 한 말을 特히 지적하여 '滅' 字를 寂 字 밑에 使用한 것은 '吾儒'의 說이 아니라고 하였다. 上天의 일이 無聲無臭한 것은 寂이라 할 수는 있지만 그러나 그 至寂한 가운데 이른바 於穆不已한 것이 있어서 化育 流行하여 上下에 昭著하여 鳥飛魚躍의 現象을 드러내는 것인데 어찌 거기에 '滅' 자를 붙일 수 있겠는가라는 것이다. 여기서 그는 曹漢輔의 禪味를 배척하려고 했던 것이다.[21]

1) 答忘機堂 1書에서 李彦迪의 의문

第1書에서는 2가지 의문을 제기하고 있다. 첫째는 '寂滅存養'의 論은 道에 부합되지 않는다는 것이다. 周子의 「無極太極說」의 本旨에 비추어 볼 때, 老子의 "無에서 나와서 有로 들어간다."는 것과 佛敎에서 말하는 '空'과 다르다고 한다.[22] 둘째는 一理太虛說의 부당에 관한 것이다. "心이 無極의 眞에서 논다 하여 虛靈의 本體를 吾心의 主를 만들 수 있다."고 한다면 無極太極이 心外의 物처럼 되어 마음이 그 사이에 노닌 연후에야 主가 될 수 있게 된다고 비판한다.[23] 晦齊는 太極과 無極에 대한 자신의 견해를 밝히기를

---

21) 이상은, 앞의 글, 1972, pp.891-892.

22) 이언적, 「태극논변」, 「答忘機堂第一書」에서 "非若老氏之出無人有, 釋氏之所謂空也……".

答忘機堂 第一書에서 말하기를,

무릇 이른바 "太極이란 것은 이 道(儒家의 道)의 本體요, 萬化의 領要며 子思의 이른바 天命之性者이다. 대개 沖漠無朕 가운데 萬象이 이미 갖추어져 있으니 하늘이 써 덮은 바요, 땅이 써 실은 바이다. 日月이 비춘 바요, 鬼神이 龜玄한 바이며 風雷가 變化케 한 바요, 江河가 흐르게 된 바이다. 性命이 바르게 된 바이며 倫理가 나타나게 된 바여서 本末上下가 一理에 貫徹하여 참답지 아니함이 없어서 바꿀 수 없는 것이다."[24]고 한다. 晦齊는 朱晦庵의 太極觀에서 一步도 벗어난 것이 없을 정도로 太極은 곧 所以然之理로서 流行을 있게 하는 本原者요, 總體一理[25]라고 보고 있다.

이어서 회재는 전통적인 儒家의 理氣개념으로서 忘機堂의 主體觀을 다음과 같이 비판하였다.

"보내 주신 편지에 말하기를 '無라는 것이 아무것도 없는 것이 아니라, 마침내 사그라져 없어지고 만다.'고 하였으니 이것은 오로지 氣化로써 이 理의 有無를 말하는 것이니 어찌 道를 안다고 할 수 있겠습니까?

이른바 靈源이란 것은 氣입니다. 이것으로서는 理를 말할 수 없습니다. 至無한 가운데 至有가 있는 것입니다. 그런즉, 理는 氣글 떠나 있는 것이 아니나 또한 氣와 섞여 있는 곳도 아닌 것을 말합니다. 그런데 어찌 반드시 靈源의 독립을 본 연후에야 비로소 이

---

23) 이언적, 앞의 책, "今日遊心於無極, 日作得吾心之主, 則是以無極太極 爲心外之物 而別 以心遊之於其閒, 然復得以爲之也, 此等議論……".

24) 夫所謂太極者, 乃斯道之本體, 萬化之領要, 而子思所謂天命之性者也, 蓋其沖漠無朕之中, 萬象森然已具, 天之所以載, 地之所以覆, 鬼神之所以幽, 風雷之所以變, 江河之所以流, 性命之所以正 倫理之所以著, 本末上下, 貫乎一理, 無非實然而不可易者也. (晦齊, 答忘機堂第一書).

25) 成校珍, "朝鮮 性理學史敍說", 曉星女子大學校, 「現代思想硏究」, 第2輯, 1991. p.19. 참조.

理가 존재한다고 말한 것입니까?"[26]
이에 대하여 회재는 말하기를

"이 네 글 字(虛無寂滅)에 대하여 先儒가 이미 분석하여 말하기
를 이쪽의 虛는 虛이면서 有이고, 저쪽의 虛는 虛이면서 無이면서
無이며, 이쪽의 寂은 寂이면서 感이요, 저쪽의 寂은 寂이면서 滅이
니 彼此의 虛寂은 같은 그 虛寂이면서 그 귀추는 현저하게 다르니
진실로 분변 아니 할 수가 없는 것입니다. 그리고 無極이라고 하는
말은 다만 이 理의 오묘함이 형체도 없고 소리도 없고, 냄새도 없
는 것을 형용했을 따름이니 저들이 말하는 無와는 다른 것입니다.

그러므로 朱子는 말하기를 老子가 말하는 有無는 有無를 둘로
보고 하는 말이니 이는 南北이니 水火와 같이 서로 반대된다고 하
였으니 어찌 믿지 아니하겠습니까?"[27]

이상과 같이 회재는 朱子의 論理를 인봉하여 忘機當의 本論을
비판했던 것이다.

회재는 말하기를

---

26) 이완재, 「無極·太極論辨에 관하여」, 성균관대학교 대동문화연구원 편,
「이 회재의 사상과 그 세계」. 서울: 성균관대학교 출판부, 1992. pp.81
－84. 참조
이언적, 「太極論辯」, 「答忘機堂 書 一」
"來教所云, 無則不無而靈源獨立, 有則不有而還歸澌盡, 是專以氣化而
語此理之有無, 豈云知道哉, 所謂, 靈源者, 氣也, 非可以語理也, 至無
之中, 至有存焉, 故曰無極而太極, 有理而後有氣, 故曰 太極生兩儀, 然
則理雖不離於氣而實 亦不雜於氣而言, 何必見靈源之獨立然後, 始可以
言此理之不無乎"

27) 이언적 「答忘機堂 書二」
"先儒 於此四字, 蓋嘗析之, 曰 此之虛, 虛而有, 波之虛, 虛而無, 此之
寂, 寂而滅, 彼知寂, 寂而滅, 然則彼此之虛寂同而其歸絶異, 固不容不
辨, 而至於無極之云, 只是形容此理之妙 無響聲臭云耳, 非始彼之所謂
無也, 故朱子曰 老子之言有無, 以有無爲二, 周子之言有無 以有無爲
一, 正如南北水火之相反, 詎不信歟"

다음은 中庸의 문제, 즉 實踐的인 修養論에 관하여

"또 말하기를 '主敬存心하여 天理에 上達한다.' 하였으니 이 말이 진실로 좋기는 하나 上達天理 앞에 下學人事의 네 글자가 빠져서 聖人의 敎와 다름이 있습니다."[28]

라고 주장하여 忘機堂 주장의 誤謬를 지적하고 있다.

위 내용에서 본다면 忘機堂은 宇宙의 根源的 實在를 靈源으로 보았던 것이다. 그러므로 晦齋는 靈源이란 氣이니 氣로써 궁극적 실재라고 본다면 그 견해는 근원적으로 잘못되었다는 것이다. 朱子學에 있어서는 太極을 理로써 보기 때문이다.

晦齋는 朱子學의 입장에서 太極이 理임을 분명히 밝히고 나아가서 理氣의 관계를 밝혔다. 그런데 회재의 주장을 근원적으로 이해하기 위하여 晦齋가 입각하고 있는 朱子哲學의 기본원리를 설명해 보면 다음과 같이 요약할 수 있다.

첫째, 理와 氣는 宇宙의 基本 實體이다.

둘째, 理와 氣는 항상 떠날 수 없는 관계에 있다.

셋째, 理와 氣는 결코 두 實體라는 것이다.

넷째, 理는 氣에 앞서 존재한다고 할 수 있다.

이상과 같이 朱子의 理氣哲學은 理氣하는 宇宙의 두 根源的인 존재를 설정하고 그 두 存在는 '서로 떠날 수 없는 관계', 즉 '理氣不相離'의 관계와 서로 뒤섞일 수 없는 관계, 즉 '理氣不相離'의 관계라는 기본 구조를 가지며 그 論理的인 先後關係에 있어서는 '理가 氣에 앞선다.'(理先氣後)는 關係임을 밝혔다. 그런데 晦齋는 앞에 인용한 忘機堂에게 주는 글에서 이러한 理氣關係를 분명히

---

28) 「이언적 答忘機堂, 書二」

"又曰主敬存心, 而上達天理, 此語固善, 然於上達天理上, 却缺下學人事四字, 與聖門之敎有異"

말하였던 것이다.29)

2) 答忘機堂 二書에서의 李彦迪의 의문

第二書에서 忘機堂의 의견이 수정되었음을 볼 수 있고 그 내용은 첫째, 遊心於無極에서 遊心을 그리고 寂滅에서 滅자를 제거한 것을 晦齊는 기뻐한다.

둘째는 虛靈과 無極의 眞을 들어 虛無는 곧 寂滅이요 寂滅이 곧 虛無라고 한다면 彼此의 결과는 다르므로 용납될 수 없으며 朱子의 말을 인용하여 차이점을 명백히 한다.

이에 대하여 회재는 말하기를

　　"이 네 글자(虛無寂滅에)에 대하여 先儒가 이미 분석하여 말하기를 이쪽의 虛는 虛이면서 有이고, 저쪽의 虛는 虛이면서 無이면서 無이며, 이쪽의 寂은 寂이면서 感이요, 저쪽의 寂은 寂이면서 滅이니 彼此의 虛寂은 같은 그 虛寂이면서 그 귀추는 현저하게 다르니 진실로 분변 아니 할 수가 없는 것입니다. 그리고 無極이라고 하는 말은 다만 이 理의 오묘함이 형체도 없고 소리도 없고, 냄새도 없는 것을 형용했을 따름이니 저들이 말하는 無와는 다른 것입니다. 그러므로 朱子는 말하기를 老子가 말하는 有無는 有無를 둘로 보고 하는 말이니 이는 南北이니 水火와 같이 서로 반대된다고 하였으니 어찌 믿지 아니하겠습니까?"

---

29) 이언적, 「答忘機當, 書一」
　　"來教所云, 無則不無而 靈源 獨立, 有則不有而還歸斯盡, 是專以氣化而語此理之有無, 豈云知道哉, 所謂 靈源者, 氣也, 非可以語理也, 至無之中, 至有存焉, 故日無極而太極, 有理而後有氣 故日太極生兩儀, 然則理雖不離於氣而實 亦不雜於氣而言, 何必見靈源之獨立 然後, 始可以言此理之不無乎"

이상과 같이 회재는 朱子의 論理를 인용하여 忘機堂의 本論을
비판했던 것이다.

회재는 말하기를

다음은 中庸의 문제, 즉 實踐적인 修養論에 관하여

"또 말하기를 '主敬存心하여 天理에 上達한다.' 하였으니 이 말
이 진실로 좋기는 하나

上達天理 앞에 下學人事의 네 글자가 빠져서 성인의 敎와 다름
이 있습니다."

라고 주장하여 망기당의 주장의 오류를 지적하고 있다.

이에 세 번째는 '主敬存心'하여 天理에 上達한다는 칭찬과 아울
러 '下學人事'의 4자 결여를 지적[30] 강조한다. 晦齋는 다음은 第3,
4書에서도 주자의 太極論을 기준으로 망기당의 下學上達 工夫를
거듭 주장하고 있다.

晦齋에 의하면 忘機堂은 아직도 物我의 間隙이 없다고 하면서
오히려 내면적인 專一만 위주하고, 밖으로 體察함이 없음과 같아
여전히 空虛한 敎說에 떨어졌다는 것이다. 晦齋는 敬을 主로 한다
는 것은 그 안을 專一하게 밖을 制御하고, 그 밖을 다스려서 그 안
을 기르는 것이니, 안으로는 하나로 寂然不動하여 많은 변화의 주
인이 되게 하고, 밖으로는 엄연하고 숙연하게 깊고 자세히 살펴서
그 중심의 存養할 바를 보전하며 견고히 한다. 이 내외의 두 가지
공부는 어느 쪽만 위주로 할 수 없는 일이라고 주장하고 있다.[31]

---

30) 晦齊集, 答忘機堂第三書, "來敎於無極上去遊心二字, 於其體至寂下去
一減字, 是不以愚言爲鄙 有所許授幸甚辛甚……", 朱子曰, "老子之言
有無, 以有無爲二, 周子之言有無, 以有無爲一, 正如南北私火之相反,
不信". "又日主敬存心上遠天理, 此語固善, 然於上遠天理上, 去次下學
人事四字……是釋氏覺之說, 烏可諱哉……."

31) 朴鍾鴻, 「韓國思想史論攷」, 서울: 瑞文堂, 1986. pp.67－68.

4. 晦齊 李彦迪의 太極論

이언적은 太極을 다음과 같이 말한다.

"무릇 이른바 太極이라고 하는 것은 …… <중략 >…… 하늘의 덮은 바요, 땅의 심은 바며, 日月의 비추는 바요, 神의 그윽한 바이며, 風雷의 변하는 바요 江河의 흐르는 바이며, 性命의 바른 바요, 倫理의 나타나는 바이며, 本末上下가 一理로 貫通하여 實然하지 않음이 없어서 변동시킬 수 없는 것이다."[32]

이 가운데 一理라는 표현은 性則理의 입장을 견지한 것으로 생각된다. 또 無極에 관해서는 다음과 같이 말한다.

"周子의 이른바 無極이라고 하는 것은 正하여 方所도 없고 形狀도 없다. 無物之前에 있으면서 有物之後에 서지 않음이 없고, 陰陽의 밖에 있으면서 陰陽의 가운데 行하지 않음이 없고, 全體를 通貫해서 있지 않은 데가 없으니, 즉 애당초는 聲臭 影響으로는 말할 수가 없는 것이므로 老氏의 無로부터 나와서 有로 들어간다는 것과 釋氏의 이른바 空과는 같지 않다."[33]

여기서 특별히 강조된 것은 周敦頤의 無極의 無를 老子의 無와 釋迦의 空과 구별한 점이다.

---

32) 晦齊 太極問辨의 答忘機堂第一書에 보면 "夫所謂太極者, ……<중략>…… 天之所以履, 地之所以載 日月之所以照, 鬼神之所以照, 風雷之所以變, 江河之所以流, 性命之所以正, 倫理之所以著, 本末上下 貫乎一理, 無非實然而不可易者也……".

33) 회재, 앞의 책, "周子所以謂之無極者, 正以其無方所無形狀, 以爲在無物前 而未嘗不立於有物之後, 而爲在陰陽之外 而未嘗不行於陰陽之中, 以爲通貫全體無乎不在, 則又初無聲臭影響之可言也, 非若 老氏之出無入有, 釋氏之所謂空也……".

이언적은 <無極而太極>에 대해서 또 다음과 같이 말하고 있다.

"무릇 이른바 無極而太極이라고 하는 것은 이 道의 物 이전을 형용한 것이며 實은 萬物의 根抵가 되는 바이다. ……뒷날의 학자로 하여금 太極의 妙를 밝게 보아서 有無에 붙잡히지 않고 方體에 떨어지지 아니하여, 千聖 이래로 不傳의 비밀을 眞得하게 하는 것이니, 그 어찌 太極의 위에 無極이 다시 또 있으랴."[34]

이상과 같이 晦齊는 中國 朱子의 학문적 정통을 계승하고 있다. 그는 "현상세계의 배후에 온갖 사물의 존재 및 생성근거가 되는 하나의 形而上學的인 실재로서 太極을 인정한다. …… <중략> …… 그러나 忘機堂은 太極이 현상세계로부터 독립되어 효율적으로 존재하는 것으로 인식하고 있는 데 반하여 晦齊는 太極이 현상세계의 사물 속에 항상 절제적으로 표상되어 각 사물들의 내재적 질서 조리로 개별화되어 있다고 생각하기 때문이다. ……즉 太極 一理의 작용이며 聖人은 각 사물들의 개별적 本性을 적극 인정, 太極이라는 보편적 정신의 代行的 의식 속에서 인간과 각 존재자들이 조화롭게 생성되어 나간다고 인식"[35]된다는 것이 晦齊의 萬物一體論이다.

晦齊의 太極哲學이 조선조 性理學 思想으로서 그 의미는 어떠한 것일까? 그것은 社會政治史的인 측면에서 볼 때 당시 훈구세력에 대립하여 새로운 지도이념으로써 士林哲學을 이론적 통치이데올로기로 정립하는 데 기여했다는 의미를 갖는다고 볼 수 있을 것이다. 그러나 그보다 더욱 "晦齊가 正統朱子學의 입장에서 忘機堂의 사상을 非朱子學的 '異端'으로 배척하고 朱子學을 朝鮮朝 儒學

---

34) 회재, 앞의 책, "夫所謂無極而太極云者, 所以形容此道之未始有物, 而實爲萬物之根抵也……令後來學者, 曉然見得太極之妙, 不屬有無, 不落方體, 眞得千聖以來不傳之秘, 夫豈以爲太極之上, 復有所謂無極哉……".

35) 尹絲淳,「한국의 사상」, 서울: 열음사, 1984, pp.175－176.

思想으로 굳혔다는 데에 의의가 크게 주어지는 것처럼 보인다." 이는 退溪의 晦齋에 대한 평에서 잘 드러난다. 이후 그와 같은 '異端'이 철저히 억압되는 가운데 朱子學 일변도의 흐름을 우리는 익히 알고 있다. 결국 그의 性理哲學도 그 사색의 정밀성과 아울러 朝鮮朝 性理學者들이 논쟁[36]을 주로 朱子의 설에 부합하느냐의 여부를 놓고 벌였던 것과 같은 논쟁의 시초를 이룬다는 점에서 이중적으로 평가될 수 있을 것이다.

또한 그와 忘齊, 忘機堂의 논쟁은 16세기 퇴계 李滉과 奇明彦의 四端七情[37] 論辨의 기초적 시발점으로 평가되고 있다. 그렇다면

---

36) 윤사순, 앞의 책, p.177.
37) 四端七情論은 四端과 七情에 관한 理氣論的 해석이다. 四端이란 孟子가 말하는 인간의 착한 본성의 발로인 측은, 수오, 사양, 시비의 마음을 말하고, 七情이란 「禮記」, 「禮運」에 나오는 인간 감정의 총칭으로서 喜, 怒, 哀, 愛, 惡, 欲을 말한다. 사단과 칠정을 구분해서 보는 견해는 이미 조선 초기의 權近의 「入學圖設」, 天人心性合一圖에서 나타난다. 여기서 權近은 性은 理에 근원한다고 보고 칠정을 정이라 표시하였고, 칠정은 氣에서 근원한다고 보아 心 자 밑에 횡렬해 놓았다. 그리고 心은 발하여 意가 된다고 하고 여기서 선·악이 갈라져 나오며, 權近은 사단이 理를 근원으로 하여 선하지 않음이 없고, 칠정은 氣를 포함하고 있는 心에서 발생하기 때문에 선악을 가지고 있는 것으로 보았음을 의미한다. 그러나 사단과 칠정에 대한 理氣論的 해석을 둘러싼 논의가 본격적으로 이루어지게 된 것은 鄭之雲의 「天命圖」를 李滉이 수정 개작한 데에서 비롯된다. 정지운은 「천명도」에서 여러 번 수정을 가했는데, 이에 대해 1553년 이황이 정지운과의 논의 끝에 사단은 理에서 발생한 것(四端發於理)이고, 칠정은 기에서 발생한 것(七情發於氣)이라고 수정하였다. 그러나 이황은 2년 후 숙고 끝에 다시 사단은 理의 발현(四端理氣發)이고, 칠정은 氣의 발현(七情氣之發)이라고 고쳤다. 그러나 그로부터 5년 뒤 1559년 기대승이 이황의 사단칠정에 대해 의문을 제기하자 기대승과 이황의 사단칠정에 대한 서신교환 속에서 8년간의 논쟁을 의미한다(유교사전 편찬위원회 편, 「유교사전」. 서울: 박영자, 1990, pp.568-571; 이병도, 이상은(역), 「한국의 유학사상」서울: 삼성출판사, 1985, pp.74-125: 박충석·유근호 「조선의 정치사상」, 서울: 평화출판사, 1980, Pp.47-58; 강주진, 「기고봉의 생애와 사상」, 서울: 박영사, 1976; 유정동, 「퇴계와 생애의 사상」, 서울:

晦齋思想과 談論을 폈던 忘機堂의 思想은 어디에 있는가를 알아
보자. 不幸히도 晦齋보다 앞서 往復討論이 있었던 晦齋의 外叔父
인 愚齋, 孫仲暾과 曹漢輔에 관한 傳記가 確實치 못할 뿐 아니라
遺著도 없다고 하니 韓國性理學으로 봐서는 一大損失이 아닐 수
없다. 다만 晦齋의 글 속에서, 相對方의 말을 引用한 글 속에서 忘
機堂의 立場을 推理할 수밖에 없다. 그 中 두 가지만 들어보면

① "其曰太虛之體本來寂滅, 以滅字太虛體, 是斷非吾儒之說矣"
(그 말하되 太虛의 體는 본래부터 寂滅이라 滅 글자로써 太虛의
本體를 말하고 있으니

이것은 吾儒가 아닌 學說을 斷定한 것이다.

② "今如來教所云, 無則不無, 而靈源獨立, 有則不有, 而還歸盡,
是專以氣化而語 此理之有無, 豈云知道哉".[38](지금 來教 같은 데에
이른 無라고 하면 無가 될 수 없어서 靈源은 獨立不改한 것이요,
有라고 한즉 有가 아니어서 漸盡灰滅로 돌아가 버린 것이라 하니
이것은 오로지 氣化로써 이 理의 있고 없음을 말하고 있으니 어찌
道를 안다고 하겠느냐)

박영사, 1974, pp.104-228; 윤사순, 「한국유학사상론」, 서울: 열음사,
1986, pp.97-116).

38) ① 書忘齋忘機堂無極太極說後. 忘齋: 孫叔暾의 號字는 叔卿이요, 孫
仲暾의 아우요, 慶州사람이며 襄敏公 昭의 第三子이다. 1489(成宗 20
年)에 賢良科 合格, 中宗 때 斥佛疏를 올려 佛教를 排斥하였음. 일찍
이 無極太極說을 지었는데 晦齋 李彦迪이 그 끝에 辨破하는 글을 澤
하였음(慶州邑誌, 晦齋先生과 玉山書院 p.38). 忘機堂: 曹漢輔의 號.
慶州사람 忠貞, 靜齋, 尙治의 孫. 成宗 때 司馬試(進士科)에 合格하
였다. 古書를 博覽하고 文學에 從事하였다. 그는 일찍이 沖齋 權撥과
一本萬殊의 理를 論한 바 있거니와 그의 主著는 無極太極說이었는데
傳해 온 것을 볼 수 없다. 晦齋 李彦迪과 書로써 四次의 往復書가
있었다.
② 答忘機堂 第一書(同上, p.47).

고 한다. "①은 寂滅이란 말을 果敢히 使用하였고 ② 無則不無, 有則不有는 色空不異의 論理가 底邊에 깔려 있는 것으로 미루어 道家와 禪學的인 價値觀을 重視했던 人物인 것을 알 수 있다. 한 마디로 無極而太極에서 無極의 眞諦를 認定하면 道·佛의 立場이 요 太極의 比重을 높이면 儒家의 立場에서 實理論을 倡導한 것"[39] 이라고 말할 수 있다. 何如間 太極의 朱子的인 이해는 朝鮮朝의 性理學에 미친 影響이 至高至大했다고 말할 수 있다. 앞에서 도 본 바와 같이 花潭의 氣論과 晦齋의 太極之理는 退溪에게 傳授되어 後日의 主理氣哲學을 낳아 한 學統을 이룩하게 된 것이다.

III. 結 論

晦齋의 「太極論辨」의 哲學은 특히 朱子學을 바탕으로 이루어진 것이다. 忘機當의 老莊的 禪的要素를 철저히 배제하고 '斯道'의 本源에 對한 闡明으로 儒敎的 哲學을 정립해 놓은 太極論辯은 後日 퇴계를 감탄시켰고 영남유학의 개종이 된 탁월한 철학적 논문이거니와 그것은 단순히 朱子學의 倫理를 구사한 것이 아니라 깊은 사색과 참을 수양과 간단없는 연찬(研鑽)을 通하여 朱子學을 心融神會로 完全 消化한 뒤에 自己가 '把得'한 原理로써 思想의 世界를 재구성한 것이다. 이러한 晦齋의 '把得'은 그의 理論 展開

39) 成校珍, "조선 성리학사 서설", 효성여자대학교 현대사상연구소(편), 「현대사상연구」제2집, 1991, p.73.

過程 속 獨創性에서 오는 新鮮한 感覺과 진실성을 풍겨 주는 내용이라 할 수 있다.40) 이상과 같이 「太極論辨」은 5가지 문단으로 요약할 수 있다. ① 忘濟와 忘機堂의 見解를 槪評하였고, ② 無極·太極과 儒家的 修道方法에 대한 晦齋 自身의 견해를 밝히고, ③ 忘機堂의 견해를 條目을 들어 분석 비판하였고, ④ 忘機堂의 견해에 대한 오류를 지적하였고, ⑤ 異端의 폐해를 지적하고 忘機堂이 儒의 正道로 回歸할 것을 바라며 끝을 맺고 있다.41)

晦齋 李彦迪의 無極太極辨 全體의 글을 통하여 晦齋는 朱子學의 正脈을 계승한 것을 보여 준다. 그 正脈이란 다름 아닌 理氣二元論的인 宇宙觀·人生觀에 근거하여 道義의 主體인 人間의 自我認識(盡心知性)을 道의 體得과 實踐을 通해서 해야 하며 道의 체득을 위해서는 '居敬'과 '窮理' 양면의 병행적 공부가 필요하다는 사상이다. 그런데 道의 체득에 있어서 먼저 올바른 宇宙觀·人性觀을 가져야 하고, 바른 宇宙觀·人性觀을 가지려면 우선 周廉溪의 太極 圖說에서 말한 '無極而太極'의 理論을 올바로 이해해야 된다고 회재는 생각한다. 왜냐하면 道의 大原은 天에서 나온 것이요 道의 大原으로서의 天은, 즉 '無極而太極'이란 말의 해석이 朱子 當時부터 많은 논란이 있었다. 즉 朱子와 陸象山과의 論辨이 그것이다. 이 論辨에서 문제되었던 점은 최초에는 無極 두 字가 朱子 自身의 말이 아니라 老子에서 빌려 온 道家의 文字라고 배척하는 데서 發端되어 단순한 文字用語의 문제에 불과했던 것이나 朱子가 그것을 빌려 온 것이 아니라 朱子 自身이 道의 體를 설명하기 위해서 使用한 말이라 하면서 '無極'이라 말하지 않으면 太極

40) 이우성, "이회재 선생의 역사적 위치와 그 경세사상", 성균관대학교 대동문화연구원 편, 「회재전서」 1973. 부록 첨가논문 참조.
41) 이완재, 앞의 글, 1992, p.68.

이 하나의 물건과 같아야 萬化의 根이 되기에 不足하고 太極이라
말하지 않으면 無極이 空寂에 빠져 萬化의 根이 될 수 없다는 해
석을 내리면서부터 本體論的인 哲學문제로 전환하여 '有無'의 문
제, 理와 氣, 形而上과 形而下, 道와 器의 구별의 문제, '極'의 意
義로서의 '大中·大本'과 極至·標準의 문제로, 나중에는 학문적
경향인 尊德性과 道德學의 문제에까지 발전하였다.42)

이상과 같이 晦齋의 「無極太極辨」 全體의 글을 통하여 晦齋는
朱子學의 宇宙觀을 계승 발전한 것을 볼 수 있으며, 曹漢輔의 논
리는 陸象山의 論理를 계승한 것에 대한 오류를 비판한 글임을 알
수 있다. 이러한 논쟁은 朝鮮朝 二滉과 奇大升의 四端七情說으로
발전하여 朝鮮朝 Eliet의 주요한 학문적 논쟁으로 발전하였다고 볼
수 있다. 朝鮮朝 논쟁의 시초가 晦齋 李彦迪과 曹漢輔의 논쟁이라

(독락당관어대)

---

42) 이상은, 앞의 글, 1972, pp.904－905.

고 볼 수 있으며, 이것이 학문적 연구 가치의 중요성이라고 할 수
있다. 李彦迪은 이러한 宇宙觀을 바탕으로 보다 강력한 帝王勸體
制를 확립하기 위하여 체제강화를 위한 宇宙論을 주장하였다. 이상
으로써 晦齋의 不學上達을 본령으로 하는 性理學의 宇宙觀에서의
발전의 특색이 짐작되는 동시에 역사적인 발전에 있어서 晦齋의
士林世界에서 그 중요한 위치가 朱子의 陸象山 思想의 宇宙觀에
관한 論辯을 꿰뚫고 있음이 추측된다고 하겠다.

李彦迪의 「大學章句補遺」[1]

─ 朱子의 「大學 章句」해석에 대한 근원적 비판을 中心으로 ─

I. 緒 論

회재는 (1491-1553) 조선 王朝 전기 中宗·仁宗·明宗 삼대에 활동한 성리학의 思想家, 經世家로서 휘는 彦迪, 자는 復古, 호는 晦濟 또는 紫溪翁이라 하였으며, 조선조 사림의 세계에서 이언적의 위치는 조광조, 정여창, 김굉필 등과 조선조 東方四賢의 1인, 영남 士林[2]의 선구적 위치임에도 불구하고 그의 사상사적 연구와 그의 세계는 전문적 연구가 되지 않고 있다. 本 연구는 朱子의 晩年 力 作인 「大學章句」에 대한 해석상의 편차를 수정을 한 회재의 晩年

---

1) 본 연구는 한국동양정치사상사학회(편), 동양정치사상사, 제1권2호, 2003. 게재논문 수정보완한 것임.

2) 初期 性理學의 脈과 嶺南系列 士林派의 儒賢淵源 系譜圖

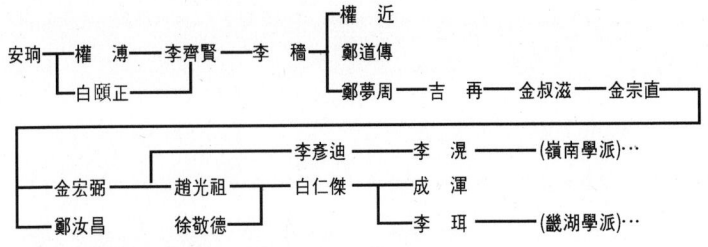

〈출처〉 1) 금장태, 고광식, 『유학근백년』, 서울: 박영사, p.558.
2) 최완기, 『한국성리학의 맥』, 서울: 느티나무, p.37.
3) 『典古大方』, 卷三, 誌 二, 三.
4) 이수건, 「영남 사림파의 형성」, 대구: 영남대학교출판부, 1984, pp.235-236. 등 을 참조하여 도표화함.

(59세) 力作인 「大學章句補遺」에 관한 분석이라 할 수 있다. 또한 회재의 「대학장구 보유」는 초기 성리학의 儒賢들의 朱子학설을 일방적 수용한 데 비해 회재의 이조사회에 있어서 주자학의 절대적 권위의 학문분위기를 자기 관점에서 일치하지 않으면 주자의 설도 따르지 않는 창의적·자주적인 학문태도는 높이 평가되어야 할 것으로 평가된다. 이에 대한 논평과 비판을 문헌연구에서 찾아보면 회재의 「대학장구보유」와 「속혹문」(合一冊)은 만년의 여러 저서 중 가장 힘을 들인 것으로 특색이 있다고 말하였고(「조선유학사초고」제3편, 1959, p.78), 고 성낙훈 선생은 "언적이 「대학장구보유」에 대하여는 주자의 설과 달랐으나……."라고 하였고, (고려대학교 민족문제 연구소 편, 「한국문화사대계 Ⅳ」, 1970, p.412), 윤사순 교수는 "회재 역시 비록 그의 학문궤도를 程朱系統에 두었지만, 그렇다고 程朱를 결코 맹종하지 않았다. …… 그의 「대학장구보유」가 그러한 例證으로 으뜸가는 것이다……."라고 하고, 그 修訂내용을 註로써 약술하였고("조선전기 성리학의 사상적 기능", 「한국유학논구」, 현암사, 1982), 이우성 교수는 "……주자의 필생의 힘으로 만들 놓은 「四書章句」 중의 하나인 「대학장구」에 대하여 선생은 자의대로 編次를 뜯어고치고……."라고 한다("이회재 선생의 역사적 위치와 그 경세사상", 「국역 회재 전서」 첨가논문, p.870). 또한 「대학장구보유」에 대한 비판으로서는 퇴계의 회재 「대학장구보유」에 대한 비판은 (성균관대학교 대동문화 연구원 편 「퇴계전서」, 1958, p.298)에 보이고, 서애 유성룡의 비판은 「서애선생문집」권15. (성균관대학교 대동문화 연구원 편, 「서애집」, 1958, p.263)에 보이며, 또 최근인 崔惟允(1809-1877)의 비판은 「夢關集」, 卷3, 誌24, 「讀 晦齊大學」에 보인다. 물론 비판의 입장은 주자의 「대학장구」의 입장이다. 이 외에도 회재의 「대학장구보유」를 비판한 것으로 박지성(1575-1635)의 「潛

治集」(李晦齊彦迪 大學格致章辯)에 있고, 최상룡(1786－1849)의「봉촌문집」에 (附大學補遺辯疑)를 수록하고 있고, 權秉天의「대학보유변」등이 있다. 또한 윤남한 편「韓國文集雜著記說類記事索引」, 한국정신문화연구원, 1982 등에서 다루고 있다. 그러나 자세한 내용분석은 자료구독의 미비로 다음 기회로 그 연구를 미루고 본 연구는 中國諸家들의「대학」관과 회재의 주자의「대학장구」해석에 대한 보다 근원적 이해를 위한 비판으로서「대학장구보유」를 중심으로 분석하고자 한다.

II. 本　論

1. 諸家들의「大學」觀[3]

「大學」이「禮記」의 일편으로 있었던 것을 종래에 와서 단행본으로 表章되었으나 그 이전에는「大學」의 註釋이「禮記」등의 일편

---

3) 諸家들의「大學」觀과 회재의「대학장구보유」에 관해서는 이동희, "회재 이언적의 경학사상: 대학장구보유의 분석", 조남욱 외,「조선유학사상탐구」, 서울: 여강출판사, 1988, pp.50－94; 이지형, "회재의 경학사상: 대학장구보유·중용구경연의", 성균관대학교 대동문화연구원 편,「이회재의 사상과 그 세계」, 1992, pp.7－40; 이지경, "회재 이언적의 정치사상연구", 한국외국어대학교 대학원, 석사학위논문, 1992, pp.33－45; 김교빈, "회재―철학사상연구", 성균관대학교 대학원 석사학위논문, 1983; 김종문, "회재의 철학사상에 관한 연구", 경북대학교 대학원 석사학위논문, 1965 등을 참조할 것.

의 주석으로서만 남아 있었다. 「禮記」의 주석으로서는 後漢의 鄭
玄[4](127-200)의 註가 가장 대표적인 것으로 표준이 되어 왔으며
정현의 주를 기본으로 타인의 주석과 자기의 견해를 가미하여 간
행한 것이 唐의 孔穎達의 「五經正義」 가운데 「禮己正義」이다. 鄭
玄과 孔穎達의 「禮記」 속에 大學篇에 대한 註疏는 송대 「大學」觀
을 대표하는 주석이다.

鄭玄·孔穎達의 「禮記」 속의 大學篇 주석은 ① 위정자가 자기
의 심신 수양을 통해서만 善政이 구현되고 民이 歸服한다는 帝王
學으로서의 「大學」으로 보고 ② 「大學」의 내용을 '誠意'에다 중점
을 둔 것이 특징이다. 정주학의 「大學」주석을 보면 정이는 「대학」
이라는 책이 '初學入德之門'으로 고인의 爲學次第를 볼 수 있는
것이 오직 대학편이라고 하였고 주자는 '明明德於天下者'를 주석
하여 "천하의 사람으로 하여금 모두에게 그 明德을 밝게 하도록
하려 한다."고 하여 「大學」이란 책을 帝王과 士大夫 및 일반서민
의 倫理敎科書로 윤리적인 해석에 치중한 것이다. 그러면 여기서
諸家들의 「大學」해석을 위한 篇次 구분내용을 살펴보기로 하겠다.

1) 「禮己」의 大學篇(鄭玄의 「古本大學」)구분

① 大學之道 ~ 則近道矣
② 古之欲明明德 ~ 未之有也
③ 此謂知本 此謂知之至也
④ 所謂誠其意者 ~ 故君子必誠其意
⑤ 詩云瞻彼淇澳 ~ 此以沒世不忘也

---

4) 정현은 127-200. 중국 後漢의 經學者, 字는 康成, 북해고밀현 서남
　출신 호는 後鄭이라 하였다.

⑥ 康誥曰克明德 ～ 皆自明也

⑦ 湯之盤銘曰 ～ 君子無所不用其極

⑧ 詩云邦畿千里 ～ 止於信

⑨ 子曰聽於 ～ 此謂知本

⑩ 所謂修身 ～ 此謂修身在正其心

⑪ 所謂齊其家 ～ 此謂身不修不可以齊其家

⑫ 所謂治國 ～ 此謂治國在齊其家

⑬ 所謂平天下 ～ 辟則爲天下僇矣

⑭ 詩云殷之未喪師 ～ 亦而出

⑮ 康誥曰惟命 ～ 驕泰以先之

⑯ 生財有大道 ～ 此謂國不以利爲利以義爲利也

2) 程顥[5]의 「改定大學本」

①, ⑥, ⑦, ⑧, ②, ③, ④, ⑩, ⑪, ⑫, ⑬, ⑤, ⑨, ⑭, ⑮, ⑯

---

5) 정호(1032－1083) 중국 北宋 때 성리학자, 자는 백순(伯淳), 시호(諡號)는 明道 송대의 河南 낙양 출신 아우인 程頤(정이)와 함께 二程子라고 불리며, 오랜 기간 낙양에서 강학하였으므로 그들의 학문을 新儒學이라고 부른다. 그는 周敦頤를 師事하면서 후에 진사에 합격하여 악현주부, 상원현주부, 택주진성령 등에 역임하였다. 그는 처음에는 齊家의 학설을 두루 공부하면서 老莊과 佛家에도 출입하면서 六經을 연구하면서 순수한 유학자가 되었으며, 학문과 덕행에 있어서 宋代의 제일인자가 되었다. 그의 철학은 「易經」에 근거하고 있으나 太極이라는 말을 쓰지 않고 '乾元'이라고 하였다. 즉 乾元一氣가 우주의 궁극적 원리라고 하였다. 氣一元論, 天人合一, 物我一體, 死生如一을 주장하게 되었다. 그는 특히 '仁'을 중시하여 仁에 도달함을 최고의 목적으로 삼았다. 그의 저서로서는 「二程遺書」・「二程外書」・「二程集」 등이 있다.

3) 程頤의 「改定大學本」

①, ②, ⑨, ③, ⑥, ⑦, ⑧, ④, ⑩, ⑪, ⑫, ⑬, ⑤, ⑮, ⑯

4) 朱子[6]의 「大學章句本」

① 大學之道~則近道矣를 3단계로 다시 구분함

┌ {1A}: 大學之道~止於至善
├ {1B}: 知止而后 ~能得
└ {1C}: 物有本末~近道矣

---

6) 朱子(1130-1200)는 중국 南宋의 儒學子, 성리학의 集大成者로서 北宋의 諸儒, 즉 주돈이, 소옹 장재, 정호, 정이 등의 학설을 계승 종합하는 한편, 동시대의 佛敎, 道敎, 이론까지 섭렵하여 방대한 사상체계를 창시하였다. 字는 元晦・仲晦, 호는(晦庵), 회옹, 운곡노인, 창주병수, 둔옹 등이며, 본관은 회주(지금의 江西省) 출신이다. 우리나라에도 문묘(文廟)에 배향(配享)되어 있다. 그의 저서로는 「대학장구」, 「대학혹문」, 「중용장구」, 「중용혹문」, 「중용집략」, 「논어강령」, 「논어집주」, 「논어혹문」, 「논맹정의」, 「맹자집주」, 「맹자혹문」, 「주역본의」, 「역학계몽」, 「서집전」, 「시집전」, 「의례경전통해」, 「고금가제례」, 「가례」, 「효경간오」, 「소학서」(주자의 지시로 유자등이지음), 「초사집주」, 「초사후어」, 「태극해의」, 「통서해」, 「서명해」, 「정몽해」, 「이락연원록」, 「정씨유서」, 「정씨유서부록」, 「정씨외서」, 「사상채어록」, 「연평답문」, 「근사록」, (여조겸과 공저), 「옥산강의」, 「백록동서원게시」. 「기의(記疑)」, 「잡학변」, 「주여참동계고이」, 「음부경주」, 「한문고이」, 「감흥시」, 「자치통감강목」. 「팔조명신언행록」. 「논어요의」. 「곤학공문편」. 「논어약해」(미간) 등이 있다. 그리고 후세 학자들이 모아 기록한 주자의 저서 중 중요한 것으로는 「주자대전집」, 「주자전서」, 「주자학적」, 「회암문초」, 「주자어류」, 「주자서절요」, 「주자어략」, 「주자유서」 등이 있다. 그 외에도 그의 거경궁리, 격물치지, 무극이태극, 사서집주, 사서혹문, 성리학, 수양론, 심성론, 심통성정, 위학지금, 이기론, 이일분수설, 주륙논쟁, 주자대전, 주자어류, 주자학, 주자행장, 태극론 등의 연구가 있다. 주자의 「대학장구」에 관한 연구로는 이동희, "주자의 대학장구에 대한 연구", 동양철학연구회 편, 「동양철학연구」제2집, 1981. 논문 참조할 것.

②, ⑥, ⑦, ⑧, ⑤, ⑨, ③, ④, ⑩, ⑪, ⑫, ⑬, ⑭, ⑮, ⑯

5) 회재의 「大學章句補遺本」

①1A, ②, ⑨, ⑥, ⑦, ⑧, ⑤, ①1C, ①1B, ③, ④, ⑩, ⑪, ⑫, ⑬, ⑭, ⑮, ⑯

위와 같이 「大學」을 정현이 구분한 「古本大學」을 중심으로 ①~
⑯까지 「改定大學本」과 朱子의 「大學章句本」, 晦齋의 「大學章句補
遺」를 一目瞭然하게 구분해 놓은 것은 이들의 編次구분이 크게 다
른 것을 쉽게 이해하기 위해 구분해 놓은 것이다. 위에 숫자로 표시
된 배열순으로 보면 「禮記」의 대학편인 정현의 「古本大學」에 대해
정호·정이의 「개정대학본」과 주자의 「대학장구본」, 회재의 「대학장
구보유」의 그 편차가 크게 다르다. 정호·정이와 주자는 「대학」에
있어서 ①과 ②의 문장을 가장 핵심적인 문장으로 보고 ⑥⑦⑧과
④⑩⑪⑫⑬과 ⑭⑮⑯을 ①②의 부연 설명으로 보고 있는 것은 동일
하나 정호는 ① 다음에 ①을 부연 설명한 문장으로 ⑥⑦⑧을 배열
하고 ②를 ⑥⑦⑧ 다음에다 옮긴 것과 ④⑩⑪⑫⑬을 ②의 부연설명
이라고 하여 ②③ 다음에 가져와 ⑤⑨를 뒤로 돌린 것이 특색이며,
정이는 ③의 문장 위에 ⑨를 배열하여 ③의 '此謂知本'이란 문장은
연문을 보고 ⑥⑦⑧을 한데 묶고 ④⑩⑪⑫⑬을 한데 묶어 그다음에
배열하고 ⑤를 ⑬ 뒤에 옮겨 정호와 함께 위정자의 태도와 심덕에
대한 해설로 보고 ⑭를 ⑮ 다음에 옮겨 '財'에 대해 언급한 ⑯과 한
묶음으로 한 것이 특색이며, 주자는 ⑤⑨를 ③의 문장 위에다 배열
하여 ③의 '此謂知本'이란 문장은 정이의 설을 따라 연문으로 보고
③의 '此謂知之至也' 위에 '格物致知'의 뜻을 해석한 궐문이 있다

고 하여 여기에 補傳章을 만들어 「大學」의 전문을 經一章과 傳十章으로 편차를 고쳐서 ①②를 經一章, ③을 補章하여 傳五章, ④를 傳六章, ⑧⑤를 傳三章, ⑥을 傳首章, ⑦을 傳二章, ⑨를 傳四章, ⑩을 傳七章, ⑪을 傳八章, ⑫를 傳九章, ⑬⑭⑮⑯을 傳十章으로 分章해 놓은 것이 특색이다. 회재는 주자의 「대학장구」에서 '本末'을 해석한 '子曰聽訟 ～ 此謂知本'을 경문의 말미에 갖다 놓고 {1C}, {1B}와 ③을 연결하여 '格物致知'를 해석하는 傳文 第四章으로 대치함과 동시에 주자의 <補七章>을 삭제하여 「대학장구」의 편차를 개정하여 經一章, 傳九章으로 재편성한 것이 특색이다.[7]

2. 朱子의 「大學章句」해석에 대한 회재 이언적의 대학관

주자의 「대학장구」해석에 대한 이언적의 「대학장구보유」의 비판으로써 그 내용을 살펴보면 다음과 같이 비교해 볼 수 있다. 우선 회재의 「대학장구보유」와 주자의 「대학장구」를 정현의 고본 대학의 문장 구분을 비교해 보면 크게 여섯 단으로 나눌 수 있다.

구 분	내 용
제1단	大學之道 이하
제2단	所謂誠其意者 이하
제3단	所謂修身在正其心者 이하
제4단	所謂齊基家在修其身者 이하
제5단	所謂治國必先齊其家者 이하
제6단	所謂平天下在治其國者 이하

---

7) 회재, 「대학장구보유」, 이지형, "회재의 경학사상: 「대학장구보유」·「중용구경연의」를 중심으로", 성균관대학교 대동문화연구원 편, 「이회재의 사상과 그 세계」, 서울: 성균관대학교출판부, 1992, pp.14-20. 참조함.

여기에서 제1단은 소위 三綱八目을 설명한 것이고 제2단은 八目 중에서 格物과 致知를 뺀 나머지 六條目에 대한 해설이다. 여기서 제1단과 제2단을 상세히 나누어 보면

구　분	내　　　　　용
제1 단	(1) 〈1〉大學之道 − − − 在止於至善[①1A] (2) 〈2〉知止而后有定 − − −則近道矣[①1b, 1c] (3) 〈3〉古之欲明明德於天下者 − − −國治而后天下平 (4) 〈4〉自天子以至於庶人 − − −未之有也 (5) 〈5〉此謂知本, 此謂之至也.
제2 단	(12) 〈6〉所謂誠其意者 − − −故君子必誠其意 (8) 〈7〉詩云瞻彼淇澳 − − −民之不能忘也 (9) 〈8〉詩云於戲 − − −此以沒世不忘也 (5) 〈9〉康誥曰 − − −皆自明也 (6) 〈10〉湯之盤銘曰」− −無所不用其極 (7) 〈11〉詩云邦畿千里 − − −與國人交止於言 (10) 〈12〉子曰聽訟 − − −此謂知本

*( ) 속의 숫자는 朱子의 「大學章句」의 문장순서이고 〈 〉 속의 숫자는 晦齊의 「大學章句補遺」의 문장순서이고, [ ] 속의 숫자는 주자, 회재의 세분화된 구분이다.[8] 이상과 같이 회재의 「大學章句補遺」와 朱子의 「大學章句」를 구조적으로 비교해서 다음과 같은 그 성격상 특성을 찾아볼 수 있다.

첫째, 朱子의 「대학장구」와 회재의 「대학장구보유」는 해석상 編次 수정 내용의 특색을 아래 도표에서 명확히 그 차이를 비교해 볼 수 있다.

---

8) 이동희, "회재 이언적의 경학사상 ─ 대학장구보유 분석"; 조남욱 「조선조 유학사상의 탐구」, 서울; 여강출판사, 1988; 이지형, 앞의 글, 1922, pp.7−40; 이지경, 앞의 글, pp.33−43. 참조할 것.

經傳區分	內容	朱子의 大學章句	晦齊의 章句補遺
經 1 章	三綱八目	(1)(2)(3)(4)	〈1〉, 〈2〉, 〈3〉, 〈12〉
傳 1 章	釋明明德	(9)	〈9〉
傳 2 章	釋新民	(10)	〈10〉
傳 3 章	釋止於至善	(11)(7)(8)	〈11〉, 〈7〉, 〈8〉
傳 4 章	釋本末	(12)	─ ─ ─
傳 5 章	釋格物致知	(補傳) (5)	〈2〉, 〈5〉
傳 6 章	釋誠意	(6)	〈6〉
* 第 7 章 이하 변동없음			

여기서 회재는 「聽訟」節을 經文으로 넣어 修身을 바라는 '爲本' 節
과 연결시켰는데 이것을 朱子 및 中國 諸儒에 비교해 보면 '格物致
知'9)의 傳文은 아니라고 한 점은 매우 독창적 견해라 할 수 있다.

─────────────

9) 聽訟節을 格物致知의 傳文으로 본 데 대해 퇴계와 서애, 율곡 등은 모
   두 반대한다. 퇴계는 經文의 구조는 三綱領과 八條目으로 크게 나누어
   지고 그 각각에 또 功夫·功效·結을 나타내는 세 개의 문장으로 구
   성되어 있다고 본다. 즉 三綱領은 "大學之道……在止於至善"이 功夫,
   "知止而后……而后能得"이 功效, "物有末本……則延道矣"가 結을 각각
   나타내는 것이며, 八條目은, "古之欲明明德……致知在格物"이 功夫,
   "物格而后……而后天下平"이 功效, "自天子……未之有也"가 結을 각각
   나타낸다고 한다. 그러므로 '知止', '物有'節은 格物致知의 傳文이 될
   수 없다고 한다(성균관대학교 대동문화연구원 편, 「퇴계선생문집」내집,
   권11 「퇴계전서」 1958, p.304).
   율곡은 經文의 두 節을 格物章으로 보는 것이 文理上으로 맞는 것
   같지만 반드시 그런지는 모르겠다고 하고 자기 생각에는 그렇게 될
   경우 格物의 범위가 "物有本末, 事有終始"에만 국한되어 格物致知功
   夫에 있어 着手處가 어딘지 모르게 될 것이므로 程朱의 說이 오히
   려 타당하다고 한다(성균관대학교 대동문화연구원 편, 「율곡전서」,
   1958, 권14(雜著), 「회재대학보유후의」, pp.298－299). 위 견해를 비
   교해 보면 율곡의 견해가 다소 객관성을 띠고 있는 것 같으며, 두
   사람 다 格物致知說에 대해서는 朱子의 견해를 비판 없이 받아들이
   고 있고 여기에 기초를 두고 「大學」을 보기 때문에 문헌적인 객관

둘째, 「聽訟」節의 문제이다.

朱子는 傳4章으로 삼은 것인데 회재는 朱子의 說을 부인하고 經
文을 결어 보았다. 이에 대한 근거로 체제는 두 가지로 둔다.

첫째 古人이 述作할 때는 옛 聖賢의 말을 結語로 삼는 수가 많
기 때문에 이로써 보면 曾子도 「大學」을 記述할 때 그렇게 했으리
라는 것이다. 晦齋는 말하기를

"古人이 述作할 적에 반드시 옛날 聖賢의 말을 취하여 結語로 만
들었으니 孔子의 弟子가 「論語」二十篇을 記述할 적에 堯帝·舜帝
의 말로써 結語를 만들어 聖學의 淵源이 由來되는 바가 있는 것을
밝혔으며 子思가 「中庸」을 지을 적에 혹은 章首에든지 혹은 意味에
서든지 孔子의 말을 많이 인용하여 증거를 대었으며, 卒章에 와서는
또 「詩經」과 孔子의 말을 引用하여 結語를 만들었으니 한 篇의 旨

적 변증 같은 것은 전혀 고려하고 있지 않다는 것을 알 수 있다.
서애 유성룡은 '物有本末'節은 朱子의 「대학장구」 그 위치가 올바르
며 그 위치에서 上文을 結末 짓고 下文을 提起하는 中間結語와 같은
것이라고 보았다. (정현의 「古本大學」)의 ① 小節 "大學之道……"와 ③
小節 "古之欲明明德……"을 연결시켜 주는 中間結語. 朱子도 '物有'節
集語에서 "此結上文兩節之音"라고 하였다.)
서애는 또 格致章은 별도로 한 章을 만들 필요가 없다는 특이한 견해
를 제시하고 있다(「서애선생문집」 권15, 「대학장구보유」는 성균관대학
교 대동문화연구원 편, 「서애집」, p.263). 또 최근세의 夢關 崔惟允도
서애와 같이 '物有'節은 上文의 三綱領의 뜻을 맺고, 下文의 八條目을
일으키어 이어 가는 의미를 갖는 中間結語라고 한다(정현의 「古本大學
」의 ⑤ 小節 "此謂知本此謂知之至也"를 고려하지 않는, '聽許'節은 朱
子의 「大學章句」의 구조에서 '釋本末'章으로 傳4章인데, 그 앞의 三綱
領을 설명한 3개의 傳文과 그 뒤의 格物補亡章 以下 八條目의 傳文을 연
결시켜 주는 中間위치에 있다). 「夢關集」卷3, 誌24. 「讀晦齋大學」 참조;
이동희, 앞의 글, pp.77-79. 참조함.

가 모두 孔子의 所傳에 근본을 둔 것임을 밝힌 방법이다. 「孟子」 七篇 중에도 또한 이러한 예가 많으며 曾子도 「大學」을 記述할 적에 經文의 章末에는 孔子의 말을 인용하여 結語로 한 것 또한 이 뜻인 것이다."10)

둘째 文理上으로는 前後와 접속이 잘 되지 않고 또 八條目을 해석하고 있으면서 그 條目과는 상관없이 '本末'을 해석할 리는 없다는 것이다. 晦齊는 또 말하기를

"傳文을 깊이 吟味하여 보면 文理가 連續되지 않고 맥락이 관통되지 않는 것은 없는데 다만이 한 節만이 傳三章의 뒤에 있으므로 위아래의 文義와 전혀 서로 連續이 되지 않는다. 또 「大學」의 書가 처음에 '明明德' '新民', '此至善'을 설명하여 한 篇의 綱領으로 삼고 다음에 八條目을 설명하여 三綱領의 뜻을 밝히고 또 傳義를 만들어 三綱領 八條目의 뜻을 發揮시켰으니, 그 중간에 별도로 한 章을 만들어 經文을 해석해야 本末의 뜻을 結語하지는 않을 것이다. 이제 程子가 編定한 바에 의거하여 經文의 아래에 두면 이 한 節이 한 章이 結語가 되어 文義가 절실하고 의미도 깊게 된다. 소위(使 無訟)이란 것은 대개 治國, 平天下의 도는 聽理의 밝음에 있지 않고 本源을 맑게 하여 人心을 감동시키는 데 있음을 말한 것이다."11)

---

10) 회재, 「대학장구보유」에서 원문을 첨가하면, "古人述作 必取高昔聖賢之言以結之 如孔門弟子述論語二十篇 終之以堯舜之言 以明聖之淵源 有自來也 子恩作中庸 或於章首 或於章末 多引夫子之言 以證之 至於卒章 又引詩及夫子之言以終之 所以明一篇之旨 皆本於夫子之所傳也 孟子七篇之中亦多此例 曾子述大學……".

11) 회재, 앞의 책, "經文章末 引孔子之言以結之者 亦此意也 且深味傳文 未有文理不屬 而絡不貫者獨此一節 置於傳三章之後 與上下之義 都不相屬 又見大學之書 首言明明德 新民止至善 以爲一篇之綱領 次言八條目 以明三綱領之義 又爲傳儀 以發揮三綱領八條目之意 不應其間別爲一章 以釋經文 結語本末之義也 令依程子所定 而置於經文之下 則此一節爲一章之結語 文義要切 而意味深長 所謂使無訟者 蓋言

라고 한다. 또 「補遺」'聽訟'節 按語에서 晦齋는,

"天下의 本은 나라에 있고, 나라의 本은 집에 있고 집의 本은 몸
에 있다. 그러므로 修身·正家하여 그것이 政事에 시행되면 民德이
스스로 새로워져 爭訟이 없어진다. 마치 虞가 人君이 田을 두고 爭
訟을 하다가 文王의 德에 감화되어 文王에게 가서 중재를 감히 청
하지도 못할 형세가 되었다는 말처럼 그 感化의 妙가 자연히 그렇
게 된 것과 같은 것이다. 이것이 聖人의 明德·新民의 효험으로서
이것에 의해 天下가 和平해지는 것이다. 大畏民志란 「中庸」에서 말
한 자, 人君이 賞 주지 않아도 백성들은 힘쓰며 성내지 않아도 백성
들은 그를 도끼보다 더 두려워하느리라." 하는 것과 같은 뜻이다. 12)

라고 하여 그것이 治國의 요점이기 때문에 경문이 틀림없다고
확정하였다.

셋째, '格物致知'의 傳文문제와 '物有本末, 事有終始'의 해석 문
제이다.

晦齋에 있어서의 '物'과 事는 같은 의미로 쓰이는 일반적인 無
規定의 天下의 <事物>이며, 따라서 格物致知는 '事物의 어떤 條理
(本末終始先後緩急등)의 올바른 파악과 실천'이 된다. 그리하여 晦
齋에게 있어서는 事物이 중요한 것이 아니라 이 事物의 條理가 더
중요시된다. 이에 대해 晦齋는 다음과 같이 말한다.

"五者의 理가 心에 存한 것은 本이고 事에 나타난 것은 末이다.
交際가 禮節에 있음에 어릴 때는 사랑할 줄 알고 長成해서는 공경

治國平天下之道 不在於聽理之明 而在於端本淸源而感人心也".
12) 이동희, 앞의 글, p.88.

할 줄 아는 것은 始이고 각기 그 法度를 따라 그 道를 다하기를 終
身토록 衰微해지지 않게 하는 것은 終이니 心에 存하지 않고 그 終
을 잘 처리하는 자도 없는 것이다. 그렇다면 '物有本末, 事有終始'
의 뜻이 포함하는 바가 매우 광범한데 朱子는 다만 明德 新民으로
서 物의 本末로 삼고 '知止', '能得'으로서 事의 終始로 삼았으니
그 뜻이 偏狹하고 周編하지 못할 것이다."13)

또한 敬은 聖學의 始終을 이루는 것이라고 주장하고 있다.

이어서 그 뜻이 晦齊는 「論語」, 「孟子」, 「中庸」, 「大學」, 「詩經」,
「書經」, 「易」, 「禮記」 등에서 '本末終始'에 관한 말을 뽑아 열거하
고 '格物致知'란 바로 物理에 本末終始가 있는 것을 아는 것이라
고 단정하면서,

대개 學者가 格物致知에 뜻을 두면서도 物理의 本末終始가 있는
것을 알지 못한다면 그 아는 바와 얻은 바가 輕重의 차례와 先後의
순서를 잃고 마침내 도에 들어가지 못하게 될 것이다. 지금 세상에
學問을 講求하지 않으므로 道가 밝지 못하여 學問을 하고 政治를
하고 忠誠을 하고 孝道를 하는 자가 本을 버리고 末을 일삼으며,
始는 있어도 終은 없으며 혹은 전혀 그 本末終始의 所在를 잃고 마
침내 敗亂에 이른 자가 많으니 이것은 이 章의 뜻을 講明하지 않은
데 기인한 것이다.14)

---

13) 회재, 앞의 책.
"五者之理 有乎心者 本也 顯於事者 末也 交際之有禮 孫提而知愛
乃長而知敬 始也 各循其則 而盡其道 至於沒身不衰者 終也 未有不
存於心 而能善其事者也 未有不先其始 而能善其終者也 然則物有本
末 事有終始之意 所該甚廣 朱子獨以 明德新民 爲物之本末 知止能
得 爲事之終始 其意偏而周矣……".
14) 회재, 앞의 책, "蓋學者 有志於 格物致知 而不知物理之有本末終始
則其所知所得 或失其輕重之倫 先後之序 而終無以入於道矣 今世學

그러므로 회재는 大學의 '一言一理'도 소홀하지 말아야 한다고 주장하고 있다.

넷째, '慮'를 '思'로 해석하는 문제에서 朱子는 「章句」에서는 '慮'를 '處事精詳', '得'을 '得其所止'라고 풀이하고, 「或問」에서는 '安而后能慮'를 "日用之間, 從用閑暇, 事至物來, 有以揆之而能慮矣"라고 하고, 또 '慮而后能得'을 "能慮則隨事觀理, 極深硏機, 無不各得其所止之地而止之矣"라고 하고 있다. 그러므로 朱子에 있어 '慮'의 뜻을 "일을 자세히 처리하는 것" 또는 "헤아림, 商量함(揆)" 또는 "일에 따라 理를 보고 더 깊이 자세히 살피는 것(그리하여 至善의 所在를 알아내는 것)"이라고 해석된다.

이에 대해 晦齊는 '慮'는 '思'라고 하여 소위 '생각한다'[15]라고 풀이한다. 또 朱子가 '得'은 '得其所止'라고 하여 '知止'가 '知'의 문제라면 '得'은 行의 문제로서 '至善을 알아', "(至善)에 머무를

不講 而道不明 爲學爲治爲忠爲孝者 或遺本而事於末 或有始而無其終 或專失其本末終始之所在 而卒至於敗亂者多矣 由其不講乎比章之義故也……".

15) 회재가 '慮'를 '思'라고 해석한 데 대하여 율곡은 "慮를 思로 본 것은 큰 잘못은 아니나 思 자체가 格物의 방법으로 思하지 않고는 '知止' 하여 '有定'할 수 없는 것이다. 그러므로 物格知至 외에 다시 思의 功夫가 있다는 것은 맞지 않는 것이다. 그러므로 先賢이 慮를 知와 行 사이에 두어 '臨事精詳'이라고 말한 것인데 이것이 아마 定論일 것이다. '所當然'과 '所以然'을 아는 것이 格物致知인데 만약 所以然을 모르면 아마 '知止'라고 말하지 못할 것이다. '定·靜' 이하는 바로 知의 功效로서 정도가 점점 더 높아지는 것을 말한다. 이것은 孔子의 '不惑, 知天命……'과 같이 관계가 있는 것과는 다른 것이다."라고 하여 朱子의 格物致知說에 의하여 慮를 知의 세계만이 아닌 知行세계의 일로 보아야 한다고 말한다. 그러나 회재는 '知止'小節을 格物致知의 傳文으로 봄으로써 慮는 知의 세계의 작용이라고 할 '思'로 해석하는 것이다(성균관대학교 대동문화연구원 편, 「栗谷全書」에서 「大學章句補遺後議」 편, 1958, p.293).

바를 얻었다." 하는 식으로 '知止'와 '能得'이 순환하는 因果관계로 보고 있다. 다시 말하면 '知止'와 '能得'까지의 중간 과정을 생략하면 '知止"와 '能得'은 知行合一의 세계를 단계적으로 나누어 기술한 데 불과하다. 그러기 때문에 아는 것도 '止於至善'이요 얻는 것 (행하는 것)도 '止於至善'이다.

그런데 晦齊는 이 '得'을 '得於心'이라고 풀이한다. 이것 역시 孟子의 '思則得之'의 그 '得'의 의미다.

다섯째, '至善'을 '中'으로 해석하는 문제이다.

晦齊는 '止於至善'의 '至善'을 「書經」에서 말하는 '允執厥中'의 '中'으로 해석한다. 이것은 '中'이란 '過不及'이 없는 것이므로 事理當然之極'의 '至善'과는 뜻이 통한다고 보았기 때문이다. 이에 대해 晦齊는 다음과 같이 설명한다.

> "至善의 뜻은 程子는 '義理精微의 極'이라 하고 朱子는 '事理當然의 極'이라 하였다. 朱子는 "또 德을 밝혀 백성을 새롭게 하고자 하는 반드시 이에 이르기를 구하여 그것이 조금이라도 過不及의 차가 있음을 허용하지 않는다." 하였으며 또 "明德 新民은 본디 하나의 당연의 法則이 있으므로 過 또는 不及하여도 되지 않는다." 하였으며, 그 中庸의 뜻을 해석함에 있어서는 "天命의 當然한 바로서 精微의 極致이다." 하였으니, 그렇다면 程子·朱子가 '執中'이 '止至善'이 된다고 明言하지는 않았으나 이른바 '極'이란 것은 '中'의 理이니 天下의 至善이 무엇이 '中'보다 나은 것이 있으리오."16)

___

16) 이동희, 앞의 글, p.91, 晦齊가 至善을 <中>으로 해석한 데 대하여 栗谷은 찬성한다. 그는 말하기를 "至善과 中은 이름은 다르나 내용은 같으므로 晦齊의 說이 옳다. 다만 이는 일반화된 說이므로 晦齊 독창적인 것은 아니다. 朱子가 『大學或問』에서 이를 논하는 곳이 聖賢의 說과 합일되는 것을 보아도 至善과 中이 다르지 않음을 볼 수 있다."

즉 회재는 禮樂의 本은 中和에 있으므로 ……政治의 本은 明德
이라고 주장하고 있다.

여섯째, '治國平天下'의 根本은 '仁'이라고 보는 문제이다. 그는
治國平天下의 근본을 爲政者의 '仁'에서 구한 것은 「大學」해석을
통하여 자기 政治思想을 표현한 것이라고 볼 수도 있다. 우리는
또 이것을 통하여 오히려 晦齋의 '民本'의 政治觀을 살필 수 있다.
「大學」의 治國平天下之條에 언급된 내용 자체가 모두 '矩之道',
'仁親以爲貴', '唯仁人放流之', '仁者以財發身', '未有上好仁而下不
好義者也' 등 '仁'이 爲政의 근본임을 설명한 것이므로 晦齋의 이
說이 새로운 것은 아니라 하더라도 당시 學問과 政治的 經綸을 겸
비하였던 그에게 있어서는 절실하게 체험한 바에서 우러나온 말이
라고 볼 수 있다. 그러므로 이것은 다른 측면에서 가치 있는 자료
가 될 것이다. 晦齋는 「補遺」에서

　　이 章은 政治의 道는 仁(割註: 孝. 弟. 慈가 行人의 근본이다)에
　　있고, 仁을 施行하는 要點은 矩에 있다는 것을 말하였다. 대개 好惡
　　을 반드시 公平하게 하여 民心을 따르고 偏私의 隱薇가 없게 한 후
　　에야 어진 이를 등용하고 邪惡한 자를 내리칠 수 있게 되고 德을
　　널리 베풀 수 있게 되어 天下가 和平해지는 것이다.[17]

라고 한다. 「續或問」에서는 「論語」, 「孟子」 등에서 仁과 爲政과
관련된 말을 뽑아 인용하고 程子·朱子의 말도 아울러 섞어 열거

<hr />

　　라고 한다. 성균관대학교 대동문화연구원 편, 『栗谷全集』, 「晦齋大學
　　補遺後議」, 1958, p.299.
17) 회재, 앞의 책, "可見仁爲治國平天下之本 而施仁之要 又在於絜矩此
　　也, …… 好惡得其民心正, …… 絜矩乃求仁工夫…… 又安知仁爲治國平
　　天下之本也……".

하고 있다. 「大學」의 처음 공부가 <窮理>로부터 시작되는데 晦齋
는 이 窮理도 결국은 '求仁'의 방법이라고 보며, 아울러 「大學」의
궁극 목적인 '平天下'도 이 仁에서 말미암는다고 하여 「大學」의
요점을 '仁' 하나로 귀결시켰다.[18]

　이상과 같이 회재의 自主的인 哲學態度는 「大學章句補遺」에서
볼 수 있고 그는 程朱子後의 性理學을 자신의 學問軌道로 삼지만
程朱說이라 하여 반드시 맹종하지 않았다. 이것은 朝鮮朝 性理學
의 수용과정에서 客觀的이고, 自主的 哲學態度의 한 단면이라고
할 수 있다. 특히 회재는 仁이 治國平天下의 本이 되고 仁을 베푸
는 요령은 혈구에 있음을 볼 수 있고 반드시 孝·弟·慈로써 仁을
행하는 것이 根本이니 이것을 미루어 백성에게 미치게 하여 天下
의 庶民이 편안하게 되며, 여기서 求仁을 하려면 혈구에서 시작하
고 義利의 分別을 밝히는 데서 시작해야 한다고 강조하고 있다.

Ⅲ. 結　論

　한 개인의 철학은 그 自身의 독창적인 것일 수도 있고 다른 사
람의 철학을 바탕으로 발전시켜 나간 것일 수도 있으며, 단순한 답
습에 그쳐 버릴 수도 있다. 또 한 時代를 풍미하고 끝나 버릴 수도
있고 후대에 끊이지 않고 영향을 미쳐 나갈 수도 있을 것이다. 그

---

18) 同上, 앞의 글, p.93.

러나 철학이 보편자에 대한 탐구임을 볼 때 자신의 독창적인 견해
도 중요하겠으나 그것은 편견이 아닌 세인이 공감할 수 있는 보편
타당성을 지녀야 하며 이렇게 되어야만이 후대에 새로운 철학의
발판이 되어 그 생명을 유지해 나갈 수 있는 것이다. 이런 점에서
회재의 철학은 결코 낮게 평가될 수가 없다. 조선 전기의 철학을
개괄하여 볼 때 주로 「대학연의」 등을 중심으로 도덕적 경세관이
활발히 전개되어 김굉필, 김안국 등의 「小學」을 中心으로 한 日用
實踐의 학문과 조광조 등의 至治主義 哲學으로 나타났고 一面으
로는 권근, 유숭조 등을 中心으로 理氣의 不相離, 不相雜의 二元
論的 탐구가 있었다. 節義派들의 義理精神이 士林에 의해 확산되
어 가치의식의 문제로 발전되었고[19] 이황·율곡을 중심으로 한 조
선 중기의 철학에서는 이황과 기대승 중심의 人性論에 관한 탐구
로 발전하여 理發·氣發의 論爭과 四端七情에 대한 문제가 활발
히 전개되었다. 회재의 철학은 이러한 兩期를 이어 주는 관절적 위
치[20]에 서 있다고 볼 수 있다. 그의 학문은 「大學」과 「中庸」을 중
심으로 하고 있는데 한국유학사상 최초의 태극논쟁(손숙돈, 조한보
와의 논쟁: 태극논변)을 통하여 태극을 성리학의 심성론 핵심문제
로 높였으며, 太極의 본체를 動靜이 共存하는 根原者로 규정하여
가치의 창출자로 보았으며 따라서 理를 우위에 두의 節義派의 가
치문제에 대한 관심을 확산하여 퇴계 이황으로 이어지는 가치철학
의 방향을 확립하였다.[21]

　회재 이언적은 조선조 전기 훈구파와 사림파의 권력 투쟁에서

---

19) 유명종, 「한국사상사」, 대구: 이문출판사, 1985, pp.178-179.
20) 김충렬, "이언적의 철학사상", 한국철학회 편, 「한국철학연구: 중권」,
　　서울: 동명사, 1987, pp.206-218. 참조함.
21) 김교빈, "회재 철학사상연구", 성균관대학교 대학원 석사학위논문,
　　1983, pp.118-125. 참조함.

을사사화의 참화 속에서 士林의 피해자로 함경도 江界로 유배되어
그곳에서 많은 저술을 남겼는데 그중의 하나가 「대학장구보유」로서
그의 나이 59세(1549년) 力作으로서 朱子의 「대학장구」의 해석상
근원적 모순을 비판한 저서이다. 여기서 회재의 학문적 태도에서
가장 주목해야 할 점은 이조사회에 있어서 주자의 만년저작과 절
대적 권위의 학문을 자기관점과 일치되지 않으면 주자의 학문적
관점과 따르지 않는 자주적, 철학적 태도이다. 이것은 조선조 유학
의 수용 및 이행과정에서 주체성을 나타낸 독특한 일면이라 할 수
있다.

회재의 「대학장구보유」 연구와 朱子의 「대학장구」의 비판 내용
을 다음과 같이 요약할 수 있다.

첫째, 「대학장구」를 비판적으로 수용하여 「대학」 原義를 밝히려
고 노력한 것은 그 자신의 經世濟民의 포부와 그 자신의 정치적
經論의 체험에서 비롯되었다. 따라서 그의 「대학장구보유」연구는
매우 실학적 성격이 강하다고 할 수 있다.

둘째, 朱子 「대학장구」의 비판적 연구에서는 ① 朱子의 格物補
傳을 부정하고 朱子 「대학장구」에서 經文에 속하였던 부분을 格物
傳文으로 보았으며 ② 「대학장구」의 釋本末章을 없애 經文의 結論
으로 보았으며 ③ 格物致知의 해석도 宋 以後 中國 및 우리나라
諸傳의 견해와도 또 朱子와도 달리하였다.

셋째, 「대학장구보유」는 위의 몇 가지 점 외에는 거의 주자의 「대
학장구」를 그대로 따르고 있으므로 오늘날 「대학」연구의 관점에서
보면 「대학장구보유」는 아직 미흡하다고 할 수 있고 그런 의미에서

회재의 「대학장구보유」의 비판적 연구도 한계를 갖고 있다고 할 수 있다.(聽訟節을 經文에 넣고 誠音傳文으로 보지 않는 점)

넷째, 이상의 형식적인 編次 조정 문제 외에 「續或問」을 통해서 전개된 그의 「대학장구보유」견해는 매우 일관된 논리를 갖고 있다.22)

이상과 같이 회재의 「대학장구보유」는 조선조 주자학의 맹목적 수용에 대한 形骸化, 無味乾燥化와는 대조적으로 회재는 朱子에 의해 크게 발전된 성리학을 내적 성찰을 통해 자신의 哲學的관점에서 자주적·비판적 태도가 독창적이며 서론 서평에서 주장했듯이 그의 「대학장구보유」의 分析은 한국유학사에 있어서 학문적으로 매우 중요한 한 단면이라 할 수 있으며, 회재의 후기사상연구 및 한국정치 사상사의 通史的 정립에 좀 더 구체적으로 朝鮮朝 政治史學建設에 기여할 뿐만 아니라, 나아가 한국 정치사상사의 총체적 해명작업의 사유방식에 있어서 동양과 서양의 거시적 접근, 즉 역사적 사상의 다양한 이론과 관점이 형성하였던 시대별 패러다임(paradigm)들을 추출하는 공시적 접근을 심화하는 동시에 사상과 실천이 사회문화적 발전으로 확대 및 비교연구에 공헌하고자 한다.

---

22) 이동희, 앞의 글, pp.93－94, 이지경, 앞의 글, pp.33－43. 참조함.

● 參考文獻 ●

近思錄

江界府 詞朝記

經國大典

慶北地方 古文書集

論語

大學

孟子

禮記

大學章句補遺

東國三綱行實圖

奉先雜儀

續大學或問

性理大全

五倫行實圖

中庸九經衍義

周易

潛溪集

進修八規

政府書啓十條

朱子大全

朱子語類

朝鮮王朝實錄: 中宗實錄

晦齋集

晦齋全書

退溪全書

晦齋先生行狀
晦齋神道碑銘
晦齋墓誌
弘文館 上疏
一綱十目疏
太極問辯
求仁錄
典古大方 卷, 1, 2, 3, 4.

강주진, 「이조당쟁사연구」, 서울; 서울대학교출판부, 1971.

강지원, 「근대조선정치사」, 서울; 대학생활사, 1950.

고권삼, 「조선정치사」, 서울; 을유문화사, 1948.

고령인, 「주희사적고」, 중국상해; 인민출판사, 1987.

권인호, 「조선중기 사림파의 사회정치사상」, 서울; 한길사, 1995.

금장태·고광식, 「유학근백년」, 서울; 박영사, 1986.

김길환, 「조선조 유학사상연구」, 서울; 일지사, 1986.

김만규, 「조선조의 정치사상연구」, 인천; 인하대학교출판부, 1982.

김운태, 「조선왕조행정사; 근세편」, 서울; 박영사, 1982.

당군곡, 「중국철학원론」, 대만; 학생서국, 1966.

동경대철학연구실(편), 「중국사상사」, 동경; 동경대학출판회, 1981.

대동문화연구원(편), 「이회재의 사상과 그세계」, 서울; 성균관대학교출
　　　　판부, 1992.

마종곽, 「중국경학사」, 대만; 상무인서관, 민국65.

라의준, 「評新儒家」, 중국상해; 인민출판사, 1991.

문원공 회재선생 추모사업회(편), 「여강이씨와 회재선생」, 서울; 여강출
　　　　판사, 1991.

배종호, 「한국유학사」, 서울; 연세대학교출판부, 1974.

백남운, 「조선사회경제사」, 동경; 개조사, 1933.

서복관, 「중국사상사논집」, 대만; 학생서국, 민국 68.

성균관대학교 대동문화연구원(편), 「이회재의 사상과 그 세계」, 서울; 성균관대학교 출판부, 1992.

안자산, 「조선문명사」, 서울; 진동서관, 1923.

양천석, 「주희급기철학」, 중국북경; 중화서국, 1982.

옥산서원 청분각건립위원회(편), 「회재선생과 옥산서원」, 1972.

유광진 외, 「한국정치의 쟁점과 과제」, 서울; 호암, 1997.

유교사전 편찬위원회(편), 「유교대사전」, 서울; 박영사, 1990.

유명종, 「한국사상사」, 대구; 어문출판사, 1985.

이병도, 「한국유학사략」, 서울; 아세아 문화사, 1986.

이선근, 「조선최근정치사」, 서울; 정음사, 1950.

이지림, 「기론여전통사유방식」, 중국상해, 해우문고, 1990.

이청원, 「조선사회사독본」, 일본동경; 백양사, 1936.

장등지, 「儒學・理學・實學・新學」, 중국협서; 인민출판사, 1991.

장입문, 「주희사상연구」, 중국북경, 1981.

장지연, 「조선유교 연원」, 경성; 진동서관, 1922.

전석담, 「조선경제사」, 서울; 박문출판사, 1949.

정인보, 「조선사연구」, 서울; 서울신문사, 1947.

조선사편수회 편, 「근대조선사연구」, 1934.

조월당 외, 「중국고대 정치사상사」, 중국; 남아대학출판부, 1992.

조홍성・이홍순, 「조선철학사상사」, 중국연변; 인민출판사, 1989.

최완기, 「한국성리학의 맥」, 서울; 느티나무, 1989.

채인후, 「송명이학」, 대만; 학생서국, 1980.

풍우란, (정인재 역), 「중국철학사」, 서울; 형설출판사, 1982.

한국사상사연구회 편, 「조선유학의 학파들」, 서울; 예문서원, 1996.

한국철학회 편, 「한국철학사 上・中・下권, 서울; 동명사, 1987.

현상윤, 「조선유학사」, 서울; 현암사, 1982.

九山眞男/ (김석근 역), 「일본정치사상사연구」, 서울; 통나무, 1995.

김교빈, "회재 철학사상연구", 성균관대학교 대학원 석사학위논문, 1982.

김기현, "회재 이언적의 철학사상", 고려대학교, 「민족문제연구」 제15
집, 1980.

김길환, "이언적의 심학관과 태극관", 김길환, 「조선조 유학사상연구」,
서울; 일지사, 1980.

김낙진, "회재 이언적의 심성론 연구", 고려대학교 대학원 석사학위논
문, 1986.

김시표, "회재 이언적의 한시연구", 계명대학교 대학원 석사학위논문,
1983.

김정진. "도덕정치의 철학적 의의와 중용구경연의 고찰; 회재선생의
도학사상을 중심으로", 경북대학교 퇴계연구소, 「한국철학」 제9
호, 1980.

김종문, "회재의 철학사상에 관한 연구", 경북대학교 대학원 석사학위
논문, 1965.

김종국, "이언적의 무극태극론에 관한 고찰", 동양철학, 1961.

김태영, "회재의 정치사상", 성균관대학교 대동문화연구원(편), 「이회재
선생과 그 세계」, 서울; 성균관 대학교 출판부, 1992.

김형효, "회재 이언적의 형이상학", 한국학보 16, 1979.

손문호, "고려말 신흥사대부들의 정치사상연구유교적 국가주의를 중심
으로", 서울대학교 대학원, 박사학위논문, 1989.

_____, "조선조 士林의 정치사상연구 ― 조선조 정치의 보다 근원적인
이해를 위하여", 정신문화연구원(편), 「정신문화연구」, 가을호,
1983.

송재소, "회재의 自然詩", 성균관대학교 대동문화연구원(편), 「이회재
의 사상과 그 세계」, 서울; 성균관 대학교 출판부, 1992.

유명종, "이언적의 철학사상", 한국철학회(편), 「한국철학사상」, 1978.

유정동, "이언적과 조한보와의 「無極而太極」에 관한논변", 성균관 대
학교 대동문화연구원(편), 「한국사상대계IV」, 1984.

이동권, "회재의 도학적 詩세계", 성균관대학교 대동문화연구원(편), 「이
회재의 사상과 그 세계」 성균관대학교 출판부, 1992.

이동희, "회재 이언적의 경학사상 ― 대학장구보유", 한국학논문 제11
　　집, 1984.

＿＿＿, "조선조 주자학사에 있어서 주리·주기 용어사용의 문제점에
　　대하여", 동양철학연구회(편), 「동양철학연구」제12집, 1991.

＿＿＿, "朱子의 대학장구에 대한 연구", 동양철학연구회 편, 「동양철
　　학연구」제2집, 1981.

이병도, "이회재와 그 학문", 「진단학보」 6, 1936.

이상은, "이회재의 무극태극론의 학술사적 의의", 학술논문집 제13집,
　　1974.

＿＿＿, "회재 선생의 철학사상", 묵민회갑기념사업회(편), 「국연회재전
　　서」, 1974.

이완재, "회재의 조망기당과의 태극논변에 관하여", 「대구사학」 12·13
　　집, 1977.

이우성, "을사사화의 얼 고찰; 회재의 현실대응 방식을 중심으로", 성
　　균관대학교 대동문화연구(편), 「이회재의 사상과 그 세계」, 서
　　울; 성균관대학교 출판부, 1992.

＿＿＿, "이언적선생의 역사적 위치와 그 경세사상", 묵민회갑기념사업
　　회(편), 「국연회재전서」, 첨가논문, 1974.

이운구, "이언적의 생애와 사상", 천옥환 기념 논문집, 1979.

이원균, "이회재의 경세사상과 시무론", 정중환 기념논문집, 1974.

＿＿＿, "이회재의 중용구경연의에 대하여", 부산수산대논문집, 제16집,
　　1976.

＿＿＿, "이회재와 그 정치사상", 부산수산대논문집, 제29집, 1982.

이원술, "선태정치사상에 있어서 「中」의 의의", 영남대학교, 「사회과학
　　연구」, 1982.

이원용, "회재선생연보", 성균관대학교 대동문화연구원(편), 「이회재의
　　사상과 그 세계」, 서울; 성균관대학교출판부, 1992.

이지경, "회재 이언적의 정치사상연구", 한국외국어대학교 석사학위논
　　문, 1992.

_____, "16세기 사림파 정치사상연구 ― 회재이언적을 중심으로", 서원 대학교 사회과학연구소(편), 『사회과학연구』제8집, 1995.

_____, "회재 이언적의「求仁」, 정치사상에 관한 소고", 동국대학교 대학원 신문, 학술논단, 1995년 10월 25일 4면.

_____, "회재 이언적의 왕도정치사상", 유광진 외,「한국정치의 쟁점과 과제」, 서울; 호암출판사, 1997.

이태진, "정조의 대학탐구와 새로운 군주론; 제선정회재속대학혹문권수 작성의 배경", 성균관대학교 대동문화연구원(편),「이회재의 사상과 그 세계」, 1992.

_____, "16세기 士林의 역사적 성격", 성균관대학교 대동문화연구소 (편),「대동문화연구」제13집, 1979.

_____, "조선시대의 정치적 갈등과 해결",「조선시대 정치사의 재조명」, 서울; 범조사, 1985.

_____, "붕당정치 성립의 역사적 배경",「조선유교사회사론」, 서울; 지석산업사, 1985.

조남욱, "이회재의 유가정치론 연구", 부산대 통일논총 제15집, 1984.

_____, "조선조 사림의 정치의식에 관한 연구, 사화와 의리사상을 중심으로", 성균관대학교 대학원 석사학위논문, 1983.

최병철, "조선조 사화기의 士林精神", 유승국 회갑기념 논문집, 1983.

李彦迪의 『中庸九經衍義』[1])

― 君主論을 中心으로 ―

Ⅰ. 緒 論

晦齋 李彦迪(1491－1553)은 朝鮮王朝 전기 中宗, 仁宗, 明宗, 三代에 활동한 士禍期의 대표적 사상가로서 思想史的 位置는 朝鮮朝 儒學思想이 宋代 性理學의 傳受期를 넘어 자기 성숙의 발전적 계기에 이르고 있다는 점에서 비중 있게 다루어진다.[2)]

中庸九經衍義[3)](1553)는 16세기 前半期의 嶺南 士林派 領袖였던

1) 본 연구는 서원대학교 사회과학연구소(편), 『사회과학연구』제11집, 1998. 게재 글을 수정 보완한 것임.
2) 김충렬, 1977, 218.
3) 회재 이언적의 중용구경연의에 관한 연구로는 이원균. 1976; 김정진. 1980; 이지형. 1992. 등을 참조할 것. 여기서, 九經은 먼저 修身에서 尊賢으로 始作하여 懷諸侯에서 끝나는데 그 아홉 가지 名稱과 內容을 먼저 살펴보면 첫째, 修身인데 수신은 먼저 자기 스스로 人格을 닦아 入道의 경지에 到達해야 한다는 뜻이니 九經에, 가장 重要한 始發이라 하겠다. 둘째, 尊賢인데 어질고 착한 賢人을 尊敬해야 한다는 뜻이다. 셋째, 親親인데 이 뜻은 宗族과 父母兄弟 또 內外에 和睦하게 生活해야 한다는 뜻이다. 넷째, 敬大臣인데 國家의 중책을 맡은 이를 공경해야 한다는 뜻이다. 특히 大臣을 王이 人格的으로 믿고 의사를 존중해야 한다는 뜻이 되겠다. 다섯째, 體君臣관계이다. 君臣관계는 서로 自己몸과 같이 믿고 사랑해야 된다는 뜻이다. 여섯째는 子庶民인데 君은 일반백성을 사랑하기를 자기 친자식같이 사랑해야 된다는 것이다. 일곱째는 來百工 모든 官員이나 人民은 貴와 賤이 없이 어루만져 모여들도록 한다는 뜻이다. 여덟째는 柔遠人인데 먼 데 있는 백성까지 부드럽게 어루만져 君과 한 가족같이 사랑이 넘쳐흐르는 社會를 이룬다는 뜻이다. 아홉째는 懷諸侯인데 강국이 약소국을 지배할 때는 그 대하는

晦齋 이언적의 貴著 중의 하나로서 大學章句補遺(1549), 奉先雜儀 (1550), 求仁錄(1550) 등이 있으며, 「關西問答」(1551)은 회재 이언 적과 子 全仁의 대화체 형식 언행록이라 할 수 있는 저서와 같이 그가 을사사화를 당하여 평안도 강계에 流配되었을 때 그곳에서 저술한 晚年의 大論著인 것이다. 그 내용은 國王 明宗에게 進獻하 여 政治에 이바지할 목적으로 宋儒 眞德秀의 「大學衍義」와 明代 의 丘濬이 지은 「대학연의보」의 체제를 보고 中庸의 제20장에 나 오는 「九經」(修身, 尊賢, 親親, 敬大臣, 体群臣, 子庶民, 來百工, 柔遠人, 懷諸侯)의 참다운 뜻을 洐述하되, 先賢의 經典을 根本으 로 삼고, 諸賢의 說과 諸史 百氏의 論述한 바를 두루 참조하면서 自身의 見解를 部門別 항목별로 開陳하여 君主가 天下 國家를 經 論하는 原理·原則을 論하고자 한 것이다. 그러나 불행히도 修身, 尊賢, 親親의 3篇에서 그치고 敬大臣 이하는 구상만 하였을 뿐 탈 고하지 못하여 미완성된 채 지금까지 보존되고 있다. 이 책은 原集 17卷과 別集 12卷으로 되어 있는데 別集에는 君主의 「修天職」, 「保 天位」에 필요한 「体天道」, 「畏天命」, 「戒滿盈」의 道를 실어 原集의 미진한 바를 보완해 놓은 것이다. 晦齋의 「中庸九經衍義」는 비록 未完成의 작품이지만 퇴계 이황이 論評한 바와 같이 그의 학문을 알아볼 수 있는 가장 精誠을 기울인 力作[4]으로서 그 내용이 君主 가 天下 國家를 다스리는 原理를 밝혀 당시의 국왕에게 올리려고 하던 政治學的인 論著인 만큼 君主의 훌륭한 君主政治學의 教科

마음이 自身이 약소국의 입장에서 생각하여 人道主義的으로 理解해 주어야 된다는 뜻이다. 또 지배를 받는 民族의 입장을 자기의 입장같이 생각해 주어야 된다는 뜻이다.
4) 「晦齋先生文集」卷14. 附錄 晦齋李先生行狀 "先生在謫所 作大學章句 補遺, 續或問, 求仁錄, 中庸九經衍義, 衍義未及成書, 而用力尤甚, 此 三書者, 可以見先生之學".

書인 동시에 하나의 長篇 '君主政治思想論'이라 하여도 무방할 것이며, 또 이것은 修身, 齋家, 治國, 平天下를 生治化하려던 당시의 士林派의 정치적 이데올로기 바로 그것의 반영이었다고 할 수 있을 것이다.

本 연구는 晦齋 이언적의 「中庸九經衍義」는 조선조 유학사에 있어서 특색 있는 儒學的 古典으로서 이에 대한 分析과 檢討는 晦齋의 道學 또는 君主 政治思想을 파악하고 나아가 16세기 士林의 儒學經典의 政治思想的 경향을 올바로 이해하는 데 그 목적이 있다. 士林派가 내세운 政治理念으로서의 '仁政'이 16세기 전반기 晦齋에 와서 그 이론적 체계가 完成되어 「中庸九經衍義」를 비롯한 몇 가지 저술에서 '帝王의 學'으로 구체화되어 있다. 그러나 晦齋의 仁政이나 제왕의 학이 모두 그의 경학사상에 바탕을 두고 있으므로 이제 「中庸九經衍義」에 나타나 있는 그의 경학사상 중 「中庸九經衍義」의 내용을 분석 및 君主論의 내용을 분석 및 소개해 보는 서론적 연구에 불과하다.

II. 本　論

1. 君主의 修身論

晦齋 李彦迪의 學問과 思想은 시종 君主의 心學的 修身論으로 일관하였고, 그는 「明德治心」의 學을 尊信하였고 「專精窮理」를 道

德的修業의 方法으로 삼았다. 治心은 心을 바르게 하는 것이므로 心學에서 正心은 매우 중요시된다. 왜냐하면 "君主의 人心의 正 · 不正이 국가의 興亡盛裏"[5]와 관계가 있고 朝鮮王朝가 유교적 王道政治를 표방 君主는 '德化禮治'를 기본으로 民의 敎化로 인한 心學의 「修己治心」의 성리학은 중요시되고 治者의 「兼善天下」가 「修身齊家治國平天下」의 理念이요 목표이기 때문에 더욱더 강조된 것 같다. 心學哲學과 王道政治에서 君臣有義의 계서적 秩序의 實踐的 의미를 갖고 있으므로 그 중요한 의미를 지닌다. 그렇다면 조선조 政治思想에서 이러한 心學哲學이 중종 · 명종의 統治時代에 강조되는 이유는 어떤 연유에서 일어나는 것인가? 그 政治的 배경은 무엇일까? 이에 대하여 尹南漢에 의하면 士大夫가 士禍로 인하여 士風이나 道學風이 타락되고 위축되었던 것과 같은 여러 현상은 그만큼 주자학의 窮理的 方向을 퇴화시키고 存義의 方向을 더욱 강조하였다고 한다.[6] 또한 吳鐘逸에 의하면 1520년대를 전후

---

5) 金吉煥, 1986, 31.
6) 윤남한, 1982, 20, 王陽明은 心學을 '聖人의 學은 心學'이라고 정의하고 있다(王陽明全書, 卷7, 13−14誌). ; 이와 같은 儒家 心學의 淵源은 '聖人의 學은 心學'이라고 한 王陽明의 말이 이미 內含하고 있듯이 先秦에 있어서는 一次的으로 孔子와 孟子의 思想에서 찾아지고, 더 거슬러 올라가면 尙書의 人心道心說에서 비롯된다. 尙書, 大禹謨, 漢文大系12(대북; 신문풍출판공사, 영인본, 민국67, 8쪽)에 보면 "人心, 惟危, 道心惟微, 惟精惟一, 允執厥中." 王陽明은 그의 「象山文集」序에서 聖人의 學은 心學이라고 말하고, 이어서 "堯舜禹相授曰, 人心惟危, 道心惟微, 惟精惟一, 允執厥中, 此心學之源也"라고 하여 儒學은 心學이고, 그 淵源은 이와 같은 人心道心에 있다고 한다. 陽明은 尙書의 16字心傳을 '精一之學'이라고 하여 心學의 한 代名詞처럼 자주 사용하고 있다. 16字心傳의 人心道心說은 '執中'을 强調한 것으로 이는 韓退之(AD768−824) 以來 儒家 道統의 根本으로 確로 된 것이지만, 心學이 표방하고 있는 窮極的 理念이 孔子(552−279 BC)가 一以貫之한 仁과 孟子(372−279 BC)가 發揚한 求放心의 本心之學을 具現, 道德的 自我, 즉 眞己의 完成에 있다고 할 때, 보다 具體的인 思想的 核心의 淵

하는 시기에는 연산군의 학정과 중종반정을 거쳐 오는 동안 왕정의 문란과 거듭되는 사림의 피해로 말미암아 士林 속에 묻히는 처사들을 낳게 하였고, 이 시기의 학문적 특색으로는 朱子學의 朝鮮朝 토착화 과정으로써의 朱子學의 心學化 현상을 그 특징[7]으로 하고 있다.

이 두 가지 견해는 心學化 현상의 원인을 士林의 현실에 대한 소극적 자세에 의한 것으로 풀이하는 데 일치하고 있다. 그러나 이러한 견해로 그 원인을 규정한다면 그것은 기묘사림이 지니는 드높은 價値志向性, 實踐志向性과 괴리가 된다고 생각한다. 오히려 어느 성리학자들보다도 강한 士林의 義理 具現精神이 현실과의 마찰로 인하여 더욱 강화되고 이에서 그들이 경세의 근간으로 여겼던 修身을 心性修養的으로 內面化하는 것으로 보인다. 그것은 晦齋의 저술과 상소문을 분석하면 선명히 드러날 것이다. 왜냐하면 士林의 중앙진출기에 그 또한 至治·王道를 표방하면서 國政에 참가하였고 전술한 바와 같이 당대인으로는 독특한 학문적 체계는 당대의 心學思想을 가름해 볼 수 있는 시금석적 성격을[8] 지닌다고 볼 수 있다.

이언적의 學問과 思想은 시종 心學的 修身論으로 일관하였고, 그는 '明心', '治心'의 學을 尊信하였고, 專精窮理를 進德修業의 方法으로 삼았다. 王道의 治心은 心을 바르게 하는 것이므로 心學에서 正心을 중요시하였다. 이러한 心學의 要諦는 여덟 개의 條目으로 풀이하였다. ① 明道理, ② 立大本, ③ 體天德, ④ 法往聖 宰

源은 孔子의 仁說과 孟子의 心說에서 탐색돼야 할 것이다(宋在雲, 1985, 9-10. 참조 및 인용함). 공자의 仁說과 맹자의 心說의 자세한 내용은 송재운. 1985. 16. 참조할 것.
7) 오종일, 1978, 82.
8) 오종일, 1978, 83.

王之學, ⑤ 廣聰明, ⑥ 施仁政, ⑦ 順天心, ⑧致中和가 그것이다. 이와 같이 晦齋의 心學哲學은 修己治心의 중요성으로 일관되어 있다. 여기서는 仁·政 論과 致中和사상을 君主의 修身論的 觀點에서 살펴보기로 하겠다.

1) 君主의 仁·政論

晦齋 李彦迪의 心學觀에서 仁은 實踐的인 덕목인 仁愛에 대한 깊은 관심을 보이고 있다. 仁은 그에 있어서 최고 가치였다. 그는 "사람의 性은 仁·義·禮·知·信의 5가지 五常을 구유하고 있는데 仁이 道에서 으뜸이 되며 이른바 仁德之全은 萬善之本"9)이라 한다. 그는 性은 仁을 중심축으로 하여 포괄하고자 한다. "정자가 말하기를 仁·義·禮·知·信을 性上에서 요약해서 말한다면 이 다섯 가지는 반드시 분별이 되어야 한다. 그러나 仁에 나타난, 즉 진실로 하나하나가 仁을 행하는 것이다. …… 仁은 四者를 포함하고 있는데 行으로 말미암아 마땅한 것은 義라 하고 이를 踐履표시하는 것을 禮라 하며 이를 아는 것은 智라 하매 이를 眞實되게 하는 것을 信"10)이라고 하였다. 晦齋 李彦迪의 찰학적 범주가 程子·朱子學이라는 것에서 그 기준을 찾을 수 있다. 그가 강계적소에서 유배 시 완성한 「求仁錄」11)에서 인용하고 있는 仁에 대한 글이 程

---

9) 晦齋,「求仁錄」序, "人之性見王常 而仁爲之道, 斯所謂心德之全, 而萬善之本也……".

10) 晦齋,「求仁錄」, "程子曰, 仁義札智信 於性上要之 此王事須要分別, 出仁則固一 所以爲仁, 仁載此四者 由行而宜之謂義, 履此之謂札 知此之謂智 誠此之謂信".

11)「求仁錄」은 1550년 명종5년 경무에 구인록을 저술하였고, 여기서 '求仁'의 뜻은 聖賢의 學問이 다만 어진 '仁'을 '求'하여 德을 실천하는 禮의 의미가 포함되어 있다. 전 4권으로 회재는 '仁'은 인간의 心德이

子·朱子나 그 계통에 있는 사람의 것이 대부분이고 그의 仁설이
지니는 색채가 程朱子學的인 것이 분명하다. 또한 그의 仁政에 대
한 관심은 그의 저술 곳곳에서 보이지만 대표적인 것은 「大學章句
補遺」의 '治國平天下' 장에서 治平이 仁에 근본이[12] 다른 내용과
政進修八規에서 六規에서 "周易에 乾元이며 萬物의 取用하여 始
初로 하여 지극하다. 여기서 元은 仁이요 仁은 人心"[13]이라고 강
조하고 있다. 이상과 같이 晦齋의 심학수신론에서 仁은 실천지향성
이 바로 이 求仁의 강조에서 나타나고 君主의 '仁治·德化'의 修
身論的 강조라 할 수 있다. 아울러 晦齋의 이상적인 군주는 '誠'을
실현하는 자이며, '誠'을 실현한 자의 政治道는 바로 仁政이며 이
仁政은 군주의 好生之德에 근본하고 있다.

　　"사람이 다 같이 좋아하는 것은 '生'이며 다 같이 欲求하는 것은
　'財'이니 財가 없으면 生할 수 없고, 財가 비록 족하다 하더라도 사
　람이 義를 알지 못하여 혹시라도 刑辟에 빠지면 또 그 生을 보존할
　수가 없다. 財를 다스려 民을 양육하고 義를 밝혀 民을 교화하는 것
　이 聖人의 好生之仁이다. 仁이란 것은 천지가 물을 生하는 마음이
　요 사람이 얻어서 生하는 것이니 이른바 '元'은 善 가운데 가장 으
　뜸이란 것이다. 군주가 大寶의 자리에 앉아서 民과 物의 主가 되어
　만약 천기의 마음은 체득하여 정사를 하지 않으면 군주 된 道를 잃
　을 것이니 어찌 그 자리를 보존할 수 있겠는가?"[14]

───────────────

　요, 모든 善의 根本이 되며 동시에 공문의 千言萬語가 모두 인을 구
　하는 설명이 아닌 것이 없다 하고, 四書五經을 비롯하여 程
12) 晦齋. 「대학장구보유」. "謹按此章爲治之道 本於也……".
13) 「周易」. 奉乾爲天에 元의 의미는 크다의 의미를 포함하고 있는 만물
　이 근본으로 시작한다는 내용과 원의 해석은 위대하다. 사람의 신체는
　미지부문을 나타내기도 한다. 즉 하늘 작용의 위대한 시작을 내포하고
　있다. 施仁政 易曰 大哉乾元 萬物資始 元者仁也人心也.
14) 이언적. 「중용구경연의: 별집」卷4. 「體天道」4. "臣按人之所同好者生也,

이것은 晦齋 이언적의 仁政에 대한 정의를 체계화한 것이다. 好生之德을 토대로 일면으로는 財政을 잘 관리하여 民의 生業을 안정시키고 다른 일면으로는 道義敎育을 시켜 體制에 순응하게 하는 것이 이상적인 군주로서의 仁政이라고 보았으며 이것은 곧 士林派가 주장하는 君主政治論이다.

2) 君主의 致中和論

儒敎思想에 있어서 현실 정치의 원리는 '修己治人'이 그 核心이며 이상으로 추구하는 "政治世界는 中으로 집약되어 있고, 여기서 中은 政治의 指導原理로써 '完善完美', 즉 至善의 의미를 포함하고 있고 君主는 이 中의 道를 실천해야 할 治道의 原理"인 것이다.[15)]

晦齋 이언적은 군주의 心學을 매우 중요시하고 있다. 그는 "君主가 학문을 하느냐 않느냐의 결과에 否·泰 나라의 治, 亂, 民의 休戚에[16)] 달려 있다."라고 주장하고 "君主가 致中和에 뜻을 가지고 있다면 그 도는 반드시 學에서 유래되어야 하는데 군주가 心學한다는 것은 德을 밝히는 일이다. 그 德을 밝히지 아니하고 民을 새롭게 敎化할 수 있는 자[17)] 없다."고 주장한다. 그리고 君主의 心

所同欲者財也, 無財則無以生, 財雖足矣, 人不知義, 而或陷於刑辟, 則又無以保其生矣, 理財以養民, 明義以敎民, 無非聖人好生之仁也, 仁者郎天地生物之心, 而人得以生者 所謂元者 善之長也, 人君居大寶之位, 爲民物之主, 苟不體天地之心而爲政, 失其所以爲主之道矣, 安能保其位乎."

15) 李元述, 1982, 10-12.
16) 회재. 「中庸九經衍義」. "人君之學不學 而世之否泰國之治亂 民之休叔潔焉".
17) 회재. 「中庸九經衍義」. "人君如有志於治化 其道必有於學 學者所以明德也, 不明其德, 末有能新民者也"

學은 그에 의하면 唐虞三代로부터 영원하는 것이다.

晦齋 李彦迪이 살피건대 "學이라는 명칭은 비록 銀의 高宗에 이르러 처음 보인다 하지만, 學의 연원은 실로 당우에서 개창되어 夏·銀에 전해지고, 周에 이르러 크게 밝아졌습니다. 대개 精一執中은 요순의 學이요 安止幾康은 大禹의 학이요 昭德制心은 成湯의 학입니다. 文王의 宅心, 武王의 訪道, 성왕의 緝熙光明에 이르기까지 이에 종사하지 않음이 없었으며, 전후성현의 言行이 다르다 하나 그 道는[18) 하나입니다." 이러한 연원으로 볼 때 晦齋는 '精一執中'의 工夫가 君主의 心學의 연원인 동시에 이를 心學이라고 규정한다.[19) 晦齋는 '精一執中'의[20) 工夫가 君主의 修身에서 최고의 지표로 설정되는 것이라 할 수 있다. 이러한 晦齋의 道德政治論에서 유학의 이상인 君主의 聖人政治에서 修身을 보다 강조하는 기본적 이유는 현실적 君主를 聖人君子로 승화하기 위한 수양, 德化禮治를 하기 위한 방향이나 목표를 위한 수단에 지나지 않는다. 그

---

18) 晦齋. 「中庸九經衍義」. "臣按學之名 雖曰至高宗而始見, 學之淵源則實啓於唐虞之世 而流傳於夏商 而及於周而大明, 蓋精一執中 堯舜之學也, 安止機康 大禹之學也, 昭德制心 成湯之學也, 以至文王之宅心, 武王之訪道, 成王之緝熙光明, 無非從事於此者 而前聖後聖言 殊 而道則……"

19) 회재. 「중용구경연의」. "人主之學 唐以二帝三王爲法, 唐虞三代之世……心學而已."

20) 孔子는 精一執中의 어려움에 대해 자주 언급하고 있다. 「논어」·「중용」에서 中에 대한 것을 찾아보면
    ·"子曰, 道之不行也, 我知之矣. 知者過之, 患者不及也, 道之不明也, 我知之矣. 賢者過之, 不子不及也. 人莫不飽食也, 鮮能知味也. (中庸 第四章).
    子曰, 中庸其至矣乎, 民鮮能久矣(中庸 第三章)
    ·子曰, 天下國家可均佹, 祿可辭也, 白刀可也, 中庸不可能也(中庸 第九章)
    ·子曰, 中庸之爲德也, 其至矣乎, 民鮮久義(論語雍也)"

러나 추상적 개념을 보다 구체적 內面的 가치의 세계로 이행에 實踐志向的 측면에서는 修身의 강조는 心學에 절대적인 君主의 心學으로써 필수적 요건21)이라고 할 수 있다. 또한 晦齋의 心學에서 中和의 思想은 사화기를 통한 士林과 여러 번 피해를 입은 것에 대한 언급의 회피는 그들 晦齋 李彦迪의 보수적이란 평을 내리는 부분이기도 하나, 을사사화를 통한 그의 보수적 사상은 퇴조하고 사림의 마지막 피해자로서 그 의미를 갖고 있다.

이상과 같이 儒家政治思想에서 추구하는 理想的 原理도 궁극적으로 精一執中하고 …中和의 원리가 心學에서 기본이며, 中하면 公·正·平·常하게 되고, 中이며 仁하고, 誠하며, 그리고 禮가 되는 것이다. '中和'22)는 天下의 大本이요 天下의 正道인 것이다. 中은 天道요, 人道요, 君主의 心學의 要帝가 된다. 여기서 晦齋 李彦迪의 道學的 中和思想은 서민에게는 순종의 요구와 지배계층은 수신을 통한 人欲 억제, 지나친 권력추구의 자제를 통한 중용의 제왕권 강화론적 의미를 갖고 있다고 볼 수 있고 서민대중과 상호간의 양보와 조화를 통한 세력균형이 가능하다는 中和論을 제시했다고 볼 수 있으며, 晦齋 이언적의 학문이 실천지향적이라는 특성이 강하므로 유학의 이상인 성인 정치가 修身을 보다 강화하는 것으로

---

21) 孔子·孟子·朱子學의 정통을 계승한 조선조 유교 국가에서 修身의 의미는 개인과 국가의 연결매체는 국가의 공적 지위와 사적 지위가 거의 구분이 되어 있지 않는 사회에서는 그 의미는 공·사의 구분이 거의 없지만 修身을 통한 德化禮治의 사상적 승화작용의 의미를 갖고 있다.

22) 이언적의 정치 및 사상적 제도는 조광조보다도 정통유학사상에 더 철저하였다. 특히, 회재는 강력한 제 왕권의 확립만이 당시의 질서 교란을 막을 수 있다고 보았으며, 때문에 君臣·上下 사이의 분별윤리를 천리로 규정하고, 支配계급의 修身을 통한 인욕을 억제할 것을 주장하였다. 즉 中庸의 帝王權 强化論을 재천명한 것이라 할 수 있다. 김만규, 1982, pp.171-175.

현실적 君主는 聖人君主로 승화하기 위해 心學的 修身 및 中和의 논리는 君主의 心學에 要諸가 되며 이러한 의미는, 현대적 정치학 의미로는 화의 원리는 통합 또는 정치안정이라는 개념과 中은 主權國家的 해석의 의미로 폭넓게 해석할 수 있다.

3) 「中庸九經衍義」의 君主修身論[23)]

晦齋 이언적이 國王에게 進獻할 목적으로 평안도 강계적소에서 유배 생활 시 최후의 저서로서 「中庸九經衍義」는 君主의 '修身'으로부터 시작된다. 家父長的 전제군주정치 시대에 있어서 君主의 學問과 間斷없는 修養을 통해 마음의 姿勢를 大公至正한 위치에 두고 君主의 心術과 行動의 如何가 실로 萬民에게 영향이 컸기 때문이다. 晦齋 이언적은 君主의 修身을 '爲天下國家之本'[24)]이라 하여 天下 國家를 다스리는 데 根本이 된다고 주장하고 있다.

晦齋가 말하기를

"군주가 위에서 修身하면 天下에 모범이 될 것이니, 父子의 仁을

---

23) 회재는 「中庸」의 九經이 군주의 爲政之道를 말한 것이기 때문에 經世의 조목에는 상세해도 修己의 공부에는 간략하다고 하여 군주의 修己에 대한 것을 경전을 비롯한 先賢의 遺集 속에서 찾아 이를 보완해 놓은 것이 그의 「中庸九經衍義」의 修身篇이다. 그는 경세의 조목인 「九經」中의 '修身'이 통치자인 군주의 통치능력에 가장 선행되는 요건으로 보고 "帝王의 齊家·治國·平天下"의 근본이 모두 修身에 있다고 하면서 修身의 조목으로 ① 講學明理之功, ② 誠意正心之功, ③ 言行威儀之講 등을 제시하고 있다.

24) 회재, 「中庸九經衍義」의 目次에서 修身을 '爲天下國家之本'이라 하여 天下 國家를 다스리는 근원이 된다고 보고, 그 이하의 尊賢, 親親을 '爲天下國家之要'라 하여 天下 國家를 다스리는 요령이 된다고 서술하고 있다.

다하면 天下의 父子된 자가 여기에 본받을 것이고, 君臣의 義를 다하면 天下의 君臣된 자가 여기에 본받을 것이며, 夫婦의 道를 다하면 天下의 夫婦된 자가 여기에 본받을 것이고, 형제와 朋友에 이르기까지 모두 그렇게 하면 齊家와 治國・平天下를 능히 달성할 수가 있다는 것이다."25)

그러나 修身은 반드시 학문을 講習하여 이치를 밝히는 '講學明理'를 통하지 않으면 안 된다는 것이다. 晦齋 이언적이 말하기를 학문이란 것은 곧 道學(心學)이며 이 道學이 바로 그대로 君主가 닦아야 할 학문, 즉 '帝王의 學'인 것이다.26) 帝王의 學(道學)은 곧 窮理(明理)와 正心을 그 내용으로 하는 학문으로서27) 그 요령은 晦齋 이언적이 말하기를

"군주가 학문을 하는가, 하지 않는가의 여부는 세상의 否泰와 國家의 治亂, 그리고 人民의 休戚에 절대적인 영향을 미친다고 보기 때문에 그가 여기서 말하는 학문이란 곧 道學이며, 이것이 바로 그대로의 帝王의 學인 것이다."28)

이상과 같이 군주가 이러한 방법으로 修身을 거듭하게 되면 그

---

25) 회재, 「中庸九經衍義」卷1, 總論爲治之道
"人君修身於上, 而爲法於天下 盡父子之仁 而天下之爲父子者 於此取則焉 盡君臣之義 而天下之 爲君臣者 於此取則焉 盡父婦之道 而天下之爲夫婦者 於此取則焉 以至昆弟朋友 莫不皆然 則家可齊 國可治 而天下可平矣"

26) 이원균, 1975, 41.

27) 회재. 「中庸九經衍義」. 卷3. 修身2. 講學明理之功 "夫所謂道學者 窮理正心而已矣"

28) 회재. 「中庸九經衍義」. 卷3. 修身2. 講學明理之功 "嗚呼, 人君之學興不學, 而世之否泰, 國之理亂, 民之休戚繫焉, 然則人主之於道學, 其可一日而不講乎, 夫所謂道學者, 窮理正心而已矣, 外此而爲學者, 皆非帝王之學也」."

마음이 純一無雜하여 확연히 大公하고 엄연히 至正하여 시비를 옳게 分辨하고, 事理를 올바르게 판단하여 公平正大한 政治를 할 수 있지만 그렇지 못할 때는 그것은 전혀 불가능하게 된다. 晦齋 이언적의 군주론에 대하여 그 大要를 살펴보았거니와 中宗反正 이후 王權이 계속 權臣들에 의해 견제를 받게 되고, 훈척세력이 無君의 마음을 품고서 줄곧 정치를 전단하고 있는 당시에 있어서 君主의 修身論의 帝王의 學은 士林派 政治人으로서 염원의 표현이라고 할 수 있다. 또한 유교가 목표로 하고 있는 修己·治人에 대한 이론을 체계화한 경전이라고 여겼기 때문이며, 帝王의 學으로써 군주의 政治하는 規模가 구비되어 있는 경전을 中庸이라고 보고 있기 때문이다.[29)]

2. 君主의 尊賢論

晦齋 이언적의 君主尊賢論은 곧 君主의 '人材登用論'이라 할 수 있다. 君主는 賢人을 찾아내어 任用하되 끝까지 小人으로 離間시키지 말고, 邪人을 제거하되 과단성 있게 할 것이니 그렇게 하지 못하면 반드시 賢者가 그 道를 행할 수 없게 된다. 晦齋 이언적은 결국 賢人(君子)의 등용여부는 君主의 마음의 如何에 달려 있다고 말하고

"군주의 마음속에는 邪念과 正念이 항상 서로 往來消長하기 때문에 正念이 자라나서 좋아하고 미워함이 이치에 맞으면 君子가 進用

---

29) 이원균, 1975, pp.41-45; 이지형, 1992, pp.29-30. 참조함.

되고 小人이 退斥됨으로써 天下가 通泰하게 되고, 邪念이 자라나서
좋아하고 미워함이 사람에게 背逆되면 小人이 進用되고 君子가 退斥
됨으로써 天下가 否塞하게 되는 까닭으로 君主는 언제나 그 마음이
純一하도록 努力하되, 마음을 純一하게 하는 요령은 慾心을 막고 이
치에 따를 뿐이나 君主된 자는 여기에 힘쓸 것이라고 하였다."30)

이상과 같이 晦齋 이언적의 尊賢論은 곧 군주의 '人材登用論'이
라 할 수 있으며, 이러한 내용은 당시 國王인 明宗에게 誠을 일깨
우고 賢邪의 實을 辨別하게 함으로써 전횡무도한 훈구척신들을 몰
아내고 거듭된 사회에서 호된 탄압을 받아 온 士林派를 政界에 다
시 進出시켜 그들의 理想을 실현해 보려는 士林派 政治人으로서
한결같은 염원 그것의 한 표현이었던 것이며, 이것은 당시의 君主
가 지향해야 할 인재등용에 대한 바람직한 방향의 제시이기도 한
것이었다.31) 晦齋 이언적은 尊賢의 條目을 ① 存好賢之誠, ② 辨
賢邪之實, ③ 審消長之幾 ④ 去讒邪之間 등으로 나누고 있다.

3. 君主의 親親論

晦齋 이언적은 尊賢에 이어 君主의 '親親'에 대해 논술하고 있
다. 여기서 親親은 親族을 親睦하다는 뜻으로, 君主가 天下 國家

---

30) 회재, 「中庸九經衍義」卷11. 尊賢4.
  "蓋人君心上, 邪正之念, 常相往來消長, 正念長, 而好惡合於理, 則君
  子進小人退, 而天下以泰, 邪念長, 而好惡拂於人, 則小人進君子退,
  而天下以否, 故周子曰, 心純則賢才輔, 賢才輔, 則天下治未有不純其
  心, 而能致天下之泰者也, 純心之要, 在於窒欲循理而己, 爲人上者
  可不勉哉"
31) 이원균, 1975, p.49. 참조.

를 다스리는 요령이 된다.

"帝王이 세상을 다스리고 萬物을 養育하는 道는 모두 仁愛의 마음에 根本을 두고 있으며, 仁을 시행하는 요령은 반드시 親親에서 시작하므로 요순으로부터 成王과 周公의 時代에 이르기까지 政治하는 方法은 반드시 親親으로 先務로 삼았다."[32]

위 내용에서 晦齋 이언적은 君主의 仁을 施行하는 요령으로서 親親의 必要性을 강조하고 있다. 晦齋 이언적이 君主에게 親親을 강조한 것은 親親은 소위 萬善의 根本이 되는 仁[33]을 시행하는 제1차적인 力法으로서 그 親族을 親睦하지 않고 仁을 家·國·天下에 미치게 할 수가 없다고 보았기 때문이다.[34] 또한 晦齋 이언적은 親親의 效果와 要訣은 孝에 있다고 강조하면서 다음과 같이 말하기를 君主가 위로는 誠敬을 다하여 廟社를 받들고, 아래로는 惠政을 베풀어 百姓을 편안하게 하며 教化가 행하여 禮俗이 이루어지고 天下가 和平하여 群生이 안락하게 되는 것은 모두 親親의 仁으로부터 推及된 것이라고 주장하고 있다. 또한 君主의 親親에 대해 언급하기를

"孔子의 부모를 傷害한다는 경계를 명심하고, 증자의 身體를 조심한다는 뜻을 体得하는 동시에 온전히 받은 德性을 훼손해서는 안

---

32) 회재. 「中庸九經衍義」卷13. 親親1, 總論親親之義, "蓋帝王經世育物之道, 皆本於仁愛之心, 而施仁之要, 必始於親親, 故自堯舜, 達於成周之世, 其爲治之治, 必以是爲先"
33) 회재. 「求仁錄」序. "天之道, 有四德, 而元爲之長, 人之性, 具五常 而仁爲之道, 斯所謂心德之全, 而萬善之本也"
34) 회재. 「中庸九經衍義」卷13. 親親1, 總論親親之義, "蓋聖人之治天下, 必本於仁, 而施仁之道, 必始於親親」, 未有不親其親, 而仁及於天下者也"

된다는 것을 안다면 반드시 酒色에 빠져 그 性命을 해치지 않을 것이고 逸樂과 豫怠에 방랑하여 그 덕을 멸하거나 수렵에 貪昌하여 그 위험한 테를 밟지 않을 것이니, 仁義를 賊害하여 그 몸을 망치고, 하늘을 소홀히 하고 民衆을 侵虐하여 宗社를 滅亡시키는 데에 이르지는 않을 것이라 하였다."35)

晦齋 이언적은 父母에 대한 孝誠과 同氣間의 友愛, 子女에 대한 명칭은 다르다고 하나 孝와 慈는 仁의 根本이므로 仁의 혜택을 입혀지지 않는 데가 없을 것이라고 하였다. 晦齋 이언적의 '親親論'은 君主에게 孝를 강조하여 親親의 실효를 거두게 하고, 그 결과로 얻어진 親親의 仁을 家・國・天下에 두루 미치도록 하는 데 그 목적이 있었던 것이며, 이것은 또한 君主가 '仁政', 즉 仁의 政治를 펴나가는 방법이라고 주장하고 있다.

4. 君主의 經世論

晦齋 이언적의 經世의 조목인 修身이 君主의 "爲天下國家之本"이라고 본 데 대해 「中庸九經衍義」의 九經中에서 尊賢・親親・敬大臣・體君臣・子庶民・來百工・柔遠人・懷諸侯 등을 통치자인 군주의 政治要領으로서 '爲天下國家之要'라고 주장하면서 이에 대한 주장을 「中庸九經衍義」에서 말하기를

---

35) 회재. 「中庸九經衍義」. "人主誠能念仲民傷親之戒, 体會子臨履之意, 而又知德性之全受者, 尤不可以或虧 焉則必不至于酒色, 以伐其性矣, 必不至埀于逸豫, 以減其德矣, 必不至昌原獸, 以蹈其險矣, 又何至於貝戎仁害義, 以喪其身, 慢天虐民, 以隆其宗也哉".

"대체로 성인은 세상에 흔하게 나지 않으며 賢人도 시대마다 있지 않으니 聖賢을 얻기란 진실로 어려울진대 이미 얻었다면 마땅히 그 존경하는 禮를 다해야 할 것이다. …… <中略> …… 군주가 이미 修身·尊賢의 道를 다하고 장차 천하에 德을 베풀려면 반드시 親親에서 시작하여 疏遠한 데까지 미치게 할 것이니 후하게 할 곳에 박하게 하고 박하게 할 곳에 후하게 함은 있을 수 없는 일이다. 孟子의 所謂 친족에게 친애한 뒤에 백성에게 仁愛를 베푼다는 것이 이것이다. …… <中略> …… 大臣은 職任이 중요한 데 있으므로 治亂安危가 매여 있으니 선임을 신중히 하지 않을 수 없고 禮敬을 후하게 하지 않을 수 없다. 選任을 신중히 하면 아는 것이 밝고 신임이 두터워서 성과를 바라보기만 하면 되는 안일함이 있을 것이며, 禮敬을 후하게 하면 소임이 專一하고 책무가 중하게 되어 大臣들이 그 經世齊民의 뜻을 다하게 될 것이니, 이것은 大臣을 존경하는 道이다. 만약 大臣을 임용함이 정당함을 잃고 혹시 李林甫, 蔡京, 泰檜의 무리와 같은 간흉들을 뽑아 이들을 총애하고 존경한다면 천하의 화는 이루 다 말할 수 없을 것이다. 군주는 元首가 되고 臣下는 手足耳目이 되어 일체로서 서로 의뢰하는 법이다. 군주가 신하에게 情義가 交通하여 항상 愛護하는 心念을 가지고 자기 몸처럼 보호한다면 신하도 군주를 腹心처럼 대할 것이니 어찌 忠誠을 다하지 않는 자가 있겠는가? 만약 臣下가 相合하지 않고 情義가 소원하여 犬馬나 土芥처럼 대하게 된다면 비록 충성스럽고 智謀 있는 신하가 있더라도 그 마음을 다할 수 없게 될 것이니 나라의 否泰治亂이 여기에서 나누어지게 된다. 임금과 백성이 서로 의지하여 생명을 삼는 것도 부모가 자식에게 대하는 것과 다름이 없으니 백성이 즐거워함을 즐거워하고 백성이 근심함을 근심하여 撫育慈愛하여 赤子처럼 보호한다면 백성들도 그 임금을 부모처럼 대할 것이다. 百工을 오게 하고 遠人을 撫柔하고 諸侯를 懷念하는 것은 친족을 친애하고 백성을 사랑하는 마음을 미루어 천하에 미치게 한 것이다. 聖人이 政體를 논함이 다만 이 같은 데 그쳤을 뿐이니 帝王의 政治하는 規模도 이에 구비되어 있다."[36]

여기에서 晦齋 이언적은 '子庶民'에 대한 주석으로 "君과 民이
서로 의지하는 生命으로 삼고 있다."라고 한 것은 民의 존재에 대
한 남다른 의미 부여로 볼 수 있으며, 경전 해석상에서도 民에 대
한 새로운 인식이라고 하겠다. 晦齋 이언적은 君主의 政治하는 규
모가 이에 벗어나지 않도록 주장하였고, 「中庸九經衍義」에서 經世
論에 해당되는 여러 항목 중 불행히도 修身篇·尊賢篇·親親篇만
집필하고 生을 마쳤다. 그러므로 「中庸九經衍義」는 未完成으로 지
금까지 전해지고 있다.

5. 君主의 政治哲學

晦齋의 君主論은 晦齋가 中宗에게 올린 1359년(中宗 34년)의 「一
綱十目疏」와 1541년(中宗 36년)의 「弘文館上訴」 등 疏章과 또 平安
道 江界의 謫所에서 장차 明宗에게 상소할 目的으로 기초한 「進
修八規」와 「中庸九經衍義」37) 같은 저서에는 이른바 「帝王의 學」

---

36) 회재 이언적. 「中庸九經衍義」卷1. <總論>, "夫聖人不世出, 聖人不時
有, 得之固難, 旣得之宜致其尊禮 …… <中略> …… 人君旣盡修身尊賢
之道, 而將施德於天下, 必於親親, 而乃於疎遠, 未有薄於所厚, 而能厚
於所薄者也, 孟子所謂親親而仁民, …… <中略> …… 大臣任居鈞軸,
理亂安危之所繫, 選任不可不愼, 禮敬不可不厚, 選之愼, 則知之明, 信
之篤 而有仰成逸 禮之厚, 則任之專, 責之重, 而彼得以盡其經濟之志,
此敬大臣之道也, 若任用失宜, 而或雜以奸兇, 如李林甫·蔡京·秦檜
之儔, 而謬加寵敬, 則天下之禍, 可膝言哉, 君爲元首, 臣爲手足耳目,
一体而相須, 君之於臣, 情義交通, 而常存愛護之念, 保之如己體, 則臣
亦視君如腹心 安有不盡其忠者乎, 如或上下不交, 而情義疎隔 或視之
如犬馬土芥, 則雖有忠智之臣, 亦無由盡其心矣, 此又否泰治亂之所由
分也, 君民相依爲命, 無異父母之於子也, 樂其樂而憂其憂, 撫育慈愛,
如保赤子, 則民亦視其君, 如父母矣, 至於來百工柔遠人懷諸侯, 則推
親親子民之心, 而及於天下也, 聖人論治體, 止於如此 帝王爲治之規
模, 具於此矣".

37) 이 저서는 1553년 회재 선생이 63세 때 강계적소 유배 시 저술한 것 이나 病患으로 완성하지 못한 未完成의 저서이다. 그러나 1553년에 손자 이준(李浚) 등이 간행하였다. 구경(九經)은 「중용」 제22장에 나 오는 수(修), 제(齊), 치(治), 평(平) 아홉 가지 절목(節目)으로 修身・尊賢・親親・敬大臣・體群臣・子庶民・來百工・柔遠人・懷諸候를 가리킨다. 별집에서는 따로 體天道・畏天命・戒滿盈의 제목으로 구경 을 보완 설명하였다. 회재는 自序에서, 구경은 공자가 애공(哀公)에게 고한 천하 국가를 다스리는 절목이며 「大學」의 팔 조목(條目)과 더불 어 서로 표리(表裏)가 된다고 하였다. 또 말하기를, "「大學」의 글은 학자에게 修己治心하는 道를 가르치는 것이므로 進德修業의 功은 자 세히 말하였으나 爲治의 節目은 간략하고, 「중용」의 九經에 관한 글 을 앞에 싣고, 이어서 「大學」의 삼강령(三江領)・팔조목(八條目)과 혈 구장을 「맹자」에서 구경에 관계되는 삼장을 실었다. 또한 동중서(董仲 舒)의 글과 주돈이의 「通書」의 1장을 제시하였으며 程朱를 비롯한 여 러 선현들의 설을 원용하여 자신의 입장을 설명하였다. 卷2 이하 卷 17까지의 체제는 동일하며, 먼저 사서오경의 경문을 제시하고 諸子의 說 가운데 글을 추리고 다음과 같은 목차에 따라 회재의 의견을 첨가 하고 있다. ① 수신(修身): 총론수신지도(總論修身之道), 강학명리지공 (講學明理之功), 언행위의지근(言行威儀之謹). ② 존현(尊賢): 총론존 현지의(總論尊賢之義), 존호현지성(存好賢之誠), 변현사지실(辯賢邪之 實), 심소장지기(審消長之幾), 거참사지간(去讒邪之間), 원색화지고(遠 色貨之蠱). ③ 친친(親親): 총론친친지의(總論親親之義), 진효제지도 (盡孝弟之道), 중배필지제(重配匹之際), 돈구족지서(惇九族之敘). ④ 경대신(敬大臣): 위조섭지직(委調燮之職), 치예우지륭(致禮遇之隆), 심 충사지실(審忠邪之實). ⑤ 體群臣: 명일체지리(明一體之理). 존애호지 성(存愛護之誠), 통상하지정(通上下之情), 양겸양지절(養兼讓之節), 용 직량지언(容直諒之言), 포절의 지신(褒節義之臣). ⑥ 자서민(子庶民): 염가색지간(念稼穡之艱), 민수역지고(憫戍役之苦), 박부세지렴(薄賦稅 之斂), 성형벌지시(省形罰之施), 명인륜지교(明人倫之敎), 점예악지화 (漸禮樂之化). ⑦ 내백공(來百工). ⑧ 유원인(柔遠人). ⑨ 회제후(懷諸 候). 이상과 같이 수신으로부터 자서민까지의 6경에는 29개의 세목(세 목)이 실려 있고 나머지 3경에는 세목이 없다. 또한 실제로 내용이 수 록되어 있는 것은 수신, 존현, 친친의 14개 세목이며 나머지 6경은 목 차만 있을 뿐이다. 별집에는 국가를 다스리는 요점으로 體天道・界天 命・戒滿盈의 제목 아래 12개의 세목으로 나누어 설명하고 있다. 이 저서는 천하국가를 다스리는 근본을 「중용」의 九經에서는 조목으로 나누어 거의 모든 경전을 諸儒 설로 이끌었다. 설명한 것으로서 회재 의 경전연구의 심도를 알아볼 수 있을 뿐만 아니라 그의 후기 사상의

에 대하여 …… 반복 논술하고 있다. 그 大要를 살펴보면 君主는
참된 學問과 間斷없는 修養을 통해 마음의 姿勢를 大公至正한 位
置에 두고 萬機를 總攝해야 한다는 것이다. 이러한 意味에서 회재
가 말하는 帝王의 學은 일종의 君主論이라 하여도 무방하다고 생
각한다. …… 그의 君主論에 의하면 君主는 항상 學問에 專念해야
만 되는 것이다. 왜냐하면 君主가 학문을 하느냐, 하지 않는가의
여부는 世上의 부패와 國家治亂, 그리고 人民의 休威에 절대적인
영향을 미친다고 보기 때문이다. 그가 말하는 학문이란 것은 곧 道
學이며, 이것은 바른 그대로 帝王의 學인 것이다.[38] 즉 帝王의 修
身인 心學을 의미한다. 회재의 帝王의 學은 君主의 精神姿勢가 대
중 至正 位置에서 萬機를 總攝해야 한다는 것이다. 燕山君의 荒異
로 왕이 威信이 땅에 떨어지고 反正以後 勳舊派 貴族이 勢力을
펴고 있는 당시의 정치상황에서 士林의 '帝王의 學'으로 表現된
晦齋의 有德者 君主論은 문란한 王權을 强化하고 中央集權的 秩
序의 確立과 勳舊派의 문란한 勢力柳制에 依한 民패의 上揚으로
그 이념으로 삼고 있다. 이러한 帝王之學의 기초는 그의 心學哲學
이며, 心學의 목표는 君主 또는 聖者가 되는 것이고 이러한 心法
之要는 精一(精粹純一)이며, 德行之要는 仁・孝라고 하고 있다.

"聖人의 道는 仁에 근본을 두고 仁을 行하는데는 반드시 孝에서
始作되는 孝라는 것은 百行의 根本이고 萬化의 根源입니다. 대개

중요한 자료로서 그의 사상을 연구하는 데 매우 중요한 저서이다. 특
히 경세의 근본으로서 수신을 말하는 것은 중용의 구경에 수신을 心
學 쪽으로 내면화시키는 것은 대학의 八條目에 주목하고 있다. 자세
한 내용은 이원균, 1976, 40-56; 김정진, 1980, 169-210; 이지형,
1992, 28-29. 논문 참조할 것.
38) 이원균. 1982. pp.62-63.

天에는 四德이 있는데 元이 으뜸이다. 사람이 그 理를 稟受하였으
니 이를 本心의 全德이라 이른다. 사람마다 이 마음이 없지마는 이
것을 保佐하는 사람이 드물다. 오직 성인만이 그 本心을 保全하여
仁・孝의 道를 다하고 愛親하는 마음을 미루어 民에게 영향을 주게
하고 仁政을 행하여 서민을 편안하게 교육하고 홀로 고독하여 각각
生養의 즐거움을 수행하게 한다."[39]

회재는 "帝王의 學은 窮理正心일 뿐이다."[40]라고 하였으니 이는
仁義를 根本으로 한 心學을 窮理正心은 講學과 居敬인 것이니 內
外를 合一하여 自身에 內在한 天性을 밝히는 과정인 것이다. 회재
는 窮理之道를 밝혀,

"무릇 帝王의 修齊治平의 요점과 古今의 다스려지고 어지러워지
며 興하고 亡하는 변화와 人材와 道術에 對한 邪되고 바르고 옳고
그른 分辨과 天命과 人心이 떠나고 오고 흩어지고 合해지고 機微가
모두 지극히 드러나고 지극히 감추어진 이치가 있어 經訓과 史策에
갖추어져 있으니 진실로 講하여 밝히겠으며 取할 것과 버릴 것을
定하여 百姓에게 표준을 세우겠는가. 그러므로 帝王의 學은 窮理보
다 먼저 할 것이 없다."[41]

---

39) 회재의 「疏, 進修八規四規에 보면」. "聖人之道本於仁而爲仁必始於孝,
孝者百行之本萬化之源也, 盡天有四德而元爲之長人稟其理是謂本心之
全德, 人莫不有是心而存之者鮮矣, 惟愛親之心以乃於民, 發政施仁撫
育燕黎使, 寡孤獨各途其生養之樂……".
40) 『晦齋全書』. 卷7. 『一綱十目疏』. "帝王之學 窮理正心而已矣"
41) 앞의 책. 卷8. 『進修八規』
"夫帝王修齊治平之要 古今理亂興亡之變 人材道術邪正是非之辨 天命
人心去就離合之幾皆有至箸 至微之理 具於經訓史策之中 苟不講而明
之 有所眩惑則 又何以明大道 定取舍于以建中於民平是故帝王之學
莫先於窮理"

고 하였고 또한 居敬을 말하여

　　"대저 敬은 仁을 하고 誠을 세우는 本이나 敬하여 잃지 않으면
私欲이 들지 않아 仁이 이르게 되고 敬하여 속이지 않으면 人僞의
속임이 없어 誠이 이에 서게 된다."42)

고 했다. 또한 人君은 欲心을 節制하여 마음을 맑게 해야 하며43)
仁을 体德하여 그 好生惡殺하는 마음으로 推及해 나아가는 것이니
마음을 바로잡으면 朝廷을 바로잡을 수 있고 百官을 바로잡을 수
있으며 萬民을 바로잡을 수 있고 四方을 바로잡을 수 있게 되는
것이다.44) 人君이 至誠으로 正心한다면 天下는 애써 다스리는 것
이 아니라 저절로 다스려지는 것이며45) 또한 格天하여 災沴를 모
두 소멸시킬 수도 있는 것이다.46) 바로 이러한 境地가 天人合一하
는 境地인 것이다.47)

　　이상과 같이 회재는 天下의 大本을 세우는 것이 바로 君主의 心
을 바로잡는 것으로 보았으며, 따라서 帝王의 道를 통한 이상적인
聖人政治를 실행해 보려고 했으며, 帝王의 道는 精一로 存心하여

---

42) 이언적.『중용구경연의』卷6.
　　"盖敬者爲仁立誠之本也　敬而無失則無私欲之間而仁可至矣　敬而無斯
　　則無仁僞之雜而誠斯立"
43) 이언적,『중용구경연의』. 卷1. "盖人主居天位　而能自節儉　則嗜欲薄而
　　心志淸　可以養性　可而養德"
44) 이언적,『중용구경연의』. 卷7.『一綱十目疏』
　　"正心以正朝廷　正庭以正百官　正百官以正萬民　正萬民以正四方"
45) 이언적,『중용구경연의』. 卷1.
　　"人主誠能体天之道　純其心而一其德　以至於久而無所間斷　無時怠荒則　不勞心思智
　　力而治自成"
46) 이언적,『중용구경연의』.『別集』卷1.『弘文館上疏』
　　"可以格天心而消災沴矣"
47) 이언적,『중용구경연의 별집』. 卷7.『一綱十目疏』
　　"聖人以一心之易簡而合天地易簡"

心體에 대한 보다 강력한 제왕권 체제를 확립하기 위한 군주의 '德化礼治'를 위한 修身의 중요성을 강조하고 있다.

Ⅲ. 結 論

晦齋 이언적은 16세기 前半期의 代表的인 士林派의 領袖로서 뛰어난 思想家일 뿐만 아니라, 政治思想家이기도 하였다. 그의 政治思想은 당시 中央政界에서 氣勢를 펴고 국권을 농단하고 있던 훈구파들의 勢力을 배제함으로써 문란한 國政을 바로잡고 파탄에 빠진 民의 救出을 그 目標로 삼고 있는 것이었다. 그는 이 目標에 도달하기 위해서는 무엇보다도 우선 훈구파 세력하에 약화된 王權의 强化가 先行되어야 할 것으로 보고, '帝王의 學'이라는 일종의 君主論을 提示하여 마땅히 君主는 經典을 익히고 間斷없는 修身을 통해 마음의 자리를 大公至正한 位置에 두어 '任賢不貳'하고 '去邪勿疑'하여 일호의 篇私도 없이 是非를 옳게 分辨하고 事理를 바르게 판단하여 公平正大한 政治를 해야 한다고 역설하였다. 그는 또한 君主는 好生惡殺하는 天道를 본받아 民에게 恩澤을 베풀어서 잘살게 하는 政治, 즉 仁政의 施行을 주장하여 人命을 所重히 여겨서 형벌을 신중히 할 것과 賦稅를 경감하는 民의 고통을 덜어 줄 것을 促求하고, 仁政의 시행에 방해가 되는 律外의 濫刑과 稅外의 징수를 철저히 없애야 된다고 주장하면서 이것만이 民을 살리는 길이라고 하였다. 그리고 晦齋 이언적은 당시 정부의 人

事行政이 그 公的 機能을 상실한 채 소수의 훈구파 세력들의 私意에 따라 左右되고 있음을 痛論하고, 이를 是正하기 위해서는 言路를 크게 열어 國人의 여론을 폭넓게 받아들이고, 이들의 의사에 따라서 公正한 인사행정을 해나가야 될 것이라고 주장하기도 하였다.

晦齋 이언적의 「中庸九經衍義」는 君主가 天下 國家를 經論하는 原理·原則을 논술하여 당시 國王(明宗)에게 進獻하려던 것으로 비록 未完成의 장으로 끝난 것이라 할지라도 晦齋 이언적이 가장 精誠를 기울인 晩年의 力作으로서 을사사화, 양재벽서 사건으로 함경도 강계적소 유배 시에 저술한 그의 학문사상과 君主 政治論을 알아볼 수 있는 大論著인 것이다. 그 내용을 결론적으로 요약해 보면 다음과 같다.

첫째, 君主는 帝王의 學을 講習하여 이치를 밝히고, 뜻을 成實히 하고 마음을 바르게 하며, 言行과 威儀를 謹愼함으로써 天下 國家를 다스리는 根本이 되는 修身을 達成해야 하고, 둘째는 항상 好賢의 誠心으로 賢人을 높이되 賢邪의 實을 辨別하고 尊賢의 實을 거둠으로써 人材를 바르게 등용할 것이며, 셋째, 仁을 天下에 施行하는 要領은 반드시 親親에서 시작된다는 것을 명심하고 孝弟의 道를 다하여 親親에 힘써야 된다는 것을 力說하고 있으며, 別集에서는 君主가 天道를 본받아 君道를 확립함으로써 비로소 천직을 원만하게 수행할 수가 있고, 天命을 敬畏하여 戒懼 修省하는 동시에 滿盈을 警戒하여 겸허한 마음을 가져 持守의 道를 다하는 것이 天位(王位)를 保守하는 길이 된다는 것을 밝히고 있는 것이다.

회재이언적의 「중용구경연의」는 바로 '帝王의 學'으로서 이상적인 군주상을 그린 것이며, 그 궁극적 목표는 士林派가 지향하는 '道學'政治, 즉 '仁政'이다. 仁政은 중세적 신분사회라는 제약 속에서의 善政으로서 民을 최대한으로 고려하고 있는 政治道이며, 회재의 仁政도 이에 벗어나지 못하나 그의 「一綱十目疏」에서 生을 좋아하는 정치 ‘好生之政’을 바탕으로 “民을 살리고 傷害하지 않으며 民을 厚하게 하고 困窮하게 하지 않으며 民을 扶護하고 위태롭게 하지 않으며 民力을 아껴서 다 쓰지 않게 한다.”는 것과48) 「進修八規」에서 仁政을 시행하라는 대목에 “仁은 人心이니 君主는 이 마음을 미루어 정치를 시행하여 四域에 생명 있는 무리에게는 모두 恩澤을 입도록 하며, 君民—一體의 道理를 밝혀서 民의 즐거움을 즐거워하고 民의 근심은 근심하라.”는 것과 49) 「弘文館上疏」에서 「書經」의 “民은 근본이니 근본이 굳건해야 國이 편안하다.”는 말과 「傳」에 나온다고 하는 “民은 國에 의존하고 國은 民에 의존하는 것이니 그 民을 사랑하지 않고서 그 國을 보전할 자는 없다.”라는 말을 인용하여 民의 苦痛을 구제하지 않으면 안 된다고 한 것과50) 「中庸九經衍義」에서 君主의 理想的 政治道로써 仁政을 목

48) 회재 이언적. 「一綱十目疏」. “赤法天好生之政也, 人情莫不欲壽, 三王生之而不傷, 人情莫不欲富, 三王厚之而不困, 人情莫不欲安, 三王扶之而不危, 人情莫不欲逸, 三王節其力而不盡, 此赤非順天綜仁之政也.” 「一綱十目疏」는 이회재가 1539년(中宗 三四年 己亥) 全州府尹으로 있을 때 王旨(中宗)에 依하여 上疏한 것인데 中宗은 이 疏를 東官과 外朝에 전시하여 官中의 規範으로 삼게 하였다. 이것은 당시 이언적의 정치적 입장이라 할 수 있으며, 그는 사림의 공론을 주도하면서 기묘사림파가 시도했던 개혁정치를 환원 내지는 재현하려고 노력하였다(「중종실록」102, 39년 4월 을해조 참조).

49) 이언적. 「進修八規」. “仁人心也, 惟人之生, 得天地生物之心以爲心, 故人皆有惻隱之心, 是乃仁之端也, 人君推此心, 而綜之于政, 使士域之內 含生之類或被其澤(中略), 故人君深明君民—體之理, 樂民之樂憂民之憂.”

50) 이언적. 「弘文館上疏」. “民隱不可不恤也, 書曰民惟邦本, 本固邦寧, 傳曰民依於國, 國依於民 不愛其民 而能保其國者 未之有也.” 弘文館은 ① 고려시대 관전의 하나. 995년(성종14년)에 숭문관(崇文館)을 고친 것으로 여기에 學士를 두어 임금을 시중하게 하였다. ② 조선시대 관청의 하나. 궁중의 경서 및 사적을 관리하고 문서를 처리하며, 임금의 자문에 응하는 일을 담당하던 기관이었다. 옥당(玉堂)·옥서(玉署)

표로 「九經」을 연역하면서도 好生之德을 강조한 것은 당시 民의 動向과 그 存在에 대해 특별한 관심을 갖고 民에 관한 인식을 남 다르게 새롭게 하고 있다는 면이 높이 평가되어야 할 것이다.

이상과 같이 晦齋이언적의 「中庸九經衍義」는 조선 전기의 한 특 색 있는 유교적인 문헌이요, 하나의 훌륭한 君主政治思想論이라고 할 만한 것으로, 이것은 修身·齊家·治國·平天下의 理想을 실현 해 보려는 士林派 政治人들의 이데올로기 爲國之念, 바로 그것의 反映이었다고 할 수 있을 것이다.

· 영각이라고도 하며, 사헌부, 사간원과 더불어 三司라고 한다. 조선시 대 초기에는 집현전이 홍문관의 기능을 담당하였으나, 1456년(세조2) 세조에 반대하는 사육신(死六臣)이 집현전과 관련되어 이를 폐지하였 다. 1463년(세조9)에 장서내각(藏書內閣)을 홍문관으로 이름을 바꾸어 설치하고 비서출납을 관장하게 하였으며, 성종 원년에는 집현전의 기 능을 담당하는 기관으로 다시 설치하였다. 연산군 때 진독청(進讀廳) 으로 고쳤다가 중종이 즉위하면서 다시 복구하였으며, 1894년(고종31) 에 경연청과 합쳐서 경연원으로 부르다가 다시 홍문관으로 개칭하였 다. 뒤에 궁내부(宮內府)에 소속시켰다가 1907년에 폐지하였다. 관원 으로는 영사(領事: 正一品)·대제학(大提學: 正二品)·제학(提學: 從二 品)·부제학(副提學: 正三品)·직제학(直提學: 正三品)·전한(典翰)· 응교(應教)·부응교(副應教) 각1명, 교리(校理)·부교리(副校理)·수찬 (修撰)·부수찬(副修撰) 각 2명, 박사(博士)·저작 각 1명, 그리고 정 자(正字) 2명이 있었다. 홍문관 관원은 모두 文官만으로 임용되었으며 경연의 관직을 겸하였다. 홍문관은 임금의 자문에 응하는 임무 때문에 자주 임금에게 조정(朝政)의 옳고 그름을 논하거나 간하는 입장에 있 었으므로 사헌부와 사간원의 합계에도 삼사합계(三司合啓)로 간언하 였다.
또한 홍문관은 임금의 학문상 자문기관이었기 때문에 이에 참여하는 관원은 가장 큰 영예로 알았고 임금과의 접촉이 가장 많은 기관의 하 나였다. 유교사전 편찬위원회 편, 1990, p.1731; 정신문화연구원 편, 1985, pp.10-49. 여기서 이언적의 홍문관 상소는 1537년(중종32년) 때 金安老가 패사하자 재등용되어 홍문관제학으로 있을 시 올린 상소 문이다.

● 참고문헌 ●

大學

大學章句補遺
中庸九經衍義
周易
朝鮮王朝實錄: (中宗實錄－明宗實錄)
晦齋集
晦齋全書
弘文館 上疏
求仁錄

金吉煥. 1981. 『韓國陽明學硏究』. 서울; 一志社.
_____. 1986. 『朝鮮朝儒學思想硏究』. 서울; 一志社.
金萬圭. 1982. 『朝鮮朝의 政治思想硏究』. 인천; 仁荷大出版部.
유교사전편찬위원회 (편). 1990. 『유교대사전』. 서울; 박영사.
윤남한. 1982. 『조선시대의 양명학 연구』. 서울; 집문당.
김길환. 1980. "이언적의 심학관과 태극관", 김길환. 『조선조유학사상
        연구』. 일지사.
김낙진. 1986. "회재이언적의 심성론연구", 고려대학교 석사학위논문.
김시표. 1983. "회재 이언적 한시연구", 계명대학교 대학원 석사학위논문.
김정진. 1980. "도덕정치의 철학적 의의와 중용구경연의 고찰 ―회재
        선생의 도학사상을 중심으로―", 경북대퇴계연구소. 한국철학 9호.
김종국. 1961. "이언적의 무극태극론에 대한 고찰", 동양철학 I.
김종문. 1965. "회재의 철학사상에 관한 연구", 경북대학교 대학원. 석

사학위논문.

김충렬. 1977. "이언적의 철학사상논평: 한국정치학회(편). 『한국철학연구, 中卷』. 서울; 민중서관.

김태영. 1992. "회재의 정치사상", 성균관대학교 대동문화연구원 편. 『이회재선생과 그 세계』.

김형효. 1979. "회재의 형이상학", 한국학보 16.

송재문. 1985. "왕양명의 심학연구", 동국대학교 대학원 박사학위논문.

송재소. 1992. "회재의 自然詩", 성균관대학교 대동문화연구원 편. 『이회재의 사상과 그 세계』. 성균관대학교 출판부.

오종일. 1978. "양명학 전래고·전승고", 고려대학교(편). 『철학연구』 제5집.

유명종. 1978. "이언적의 철학사상", 한국철학회(편). 『한국철학사상』.

유정동. 1984. "화담·회재 퇴계의 성리설 전개", 『한국사상대계』IV. 성균관대학교 대동문화연구원.

_____. "이언적과 조한보와의 『無極而太極』에 관한 논변", 성균관대학교 대동문화연구원(편). 『한국사상대계IV』.

윤사순. 1992. "회재의 인 사상", 성균관대 대동문화연구원(편), 『이회재의 사상과 그 세계』.

이동권. 1992. "회재의 도학적 詩세계", 성균관대학교 대동문화연구원(편). 『이회재의 사상과 그 세계』.

이동희. 1984. "회재 이언적의 경학사상—대학장구보유", 한국학 논문 11.

_____. 1992. "회재 이언적의 생애와 사상", 계명대학교 한국학연구원(편). 『한국학논집』. 제19집.

이병도. 1936. "이회재와 그 학문", 『진단학보』6. 경성; 진단학회.

이병휴. 1992. "중종·명종대 권신·척신 정치의 추이와 회재의 대응", 성균과대학교 대동문화연구원(편). 『이회재의 사상과 그 세계』.

이상은. 1974. "이회재의 무극태극론의 학술사적의의", 학술원논문집 13.

_____. 1974. "회재선생의 철학사상", 묵민회갑기념사업회(편). 『국역회재전서』.

이완재. 1977. "회재의 조망기당과의 태극론변에 관하여", 대구사학 12, 13집. 대구사학회 백초 홍순영박사 환영 기념사학특집.

_____. 1992. "무극·태극논변에 관하여", 성균관대학교 대동문화연구원 편. 『이회재의 사상과 그 세계』.

이우성. 1974. "이언적선생의 역사적 위치와 그 경세사상", 묵민회갑기념사업회. 『국역회재전서』 부록첨가논문.

_____. 1992. "을사사화의 일고탈: 회재의 현실대응방식을 中心으로", 성균관대학교 대동문화연구원 편. 『이회재의 사상과 그 세계』.

이운구. 1979. "이언적의 생애와 사상", 천옥환 기념 논문집.

이원균. 1974. "이회재의 경세사상과 시무론", 정중환기념논집.

_____. 1976. "이회재의 중용구경연의에 대하여", 부산수산대 논문집 16.

_____. 1982. "이회재와 그 정치사상", 부산수산대 논문집 29.

이원술. 1982. "선진 정치사상에 있어서 中의 의의", 영남대학교 사회과학연구소(편), 『사회과학연구』.

이원용. 1992. "회재선생연보", 성균관대학교 대동문화연구원(편). 『이회재의 사상과 그 세계』.

이지경. 1992. "회재 이언적의 정치사상연구", 한국외국어대학교 대학원 석사학위논문.

_____. 1995. "회재이언적의 「求仁」정치사상에 관한 소고", 동국대학원 신문. 학술논단. 1995년 10월 25일 4면.

_____. 1995. "16세기 사림파 정치사상연구", 서원대학교 사회과학연구소(편). 「사회과학연구」제8집.

_____. 1997. "회재 이언적의 왕도정치사상", 유광진 외. 「한국정치의 쟁점과 과제」. 서울; 정익사.

_____. 1997. "회재 이언적의 『대학장구보유』에 관한 연구: 주자의 『대학장구』해석에 대한 근원적 비판을 중심으로", 청주대학교 사회과학연구소(편). 「사회과학논총」제16집.

_____. 1997. "회재이언적의 「태극문변」에 관한 연구", 동국대학교 대학원(편). 「동원논집」제10집.

이지형. 1992. "회재의 경학사상", 성균관대학교 대동문화연구원(편). 『이회재의 사상과 그 세계』.

이태진. 1991. "정조의 태학탐구와 회재속대학혹문에 대한 평가", 성균관대학교 대동문화연구원 세미나 유인물.

조남욱. 1984. "이회재의 유가정치론 연구", 부산대통일농촌 5집.

觀心(이언적 한시)

(관심)

내 마음을 살피며

空山中夜整冠襟(공산중야정관금)

한 밤중 빈 산에서 의관을 바로잡으니

一點靑燈一片心(일점청등일편심)

한 점 푸른 등잔 불빛은 한 조각 내 마음이라.

本體已從明處驗(본체이종명처험)

본체는 이미 밝은 곳을 채험하여

眞源更向靜中尋(진원경향정중심)

참된 근원을 더욱 고요한 속을 향해 찾아간다.

제8장

曹植 政治思想의 要諦 '敬·義'1)

"칼을 찬 유학자"

1) 이 연구는 한국동양정치사상사학회, 『동양정치사상사』, 2003년 제2권2
호 게재 논문을 수정한 것임.

(산천재: 산청)

〈조식의 한시〉

봄 산 어디엔들 아름다운 꽃이 없겠는가(春山底處无芳草)

내가 여기다 집을 지은 이유는 다만 하늘이 가까워서다(只愛天王近帝居)

빈손으로 왔으니 무엇을 먹고 살 것인가(白手歸來何物食)

은하가 십리나 되니 먹고도 남겠네(銀河十里喫猶餘).

I. 서 론

朝鮮朝 政治理念인 性理學은 조선왕조의 건국(1392)과 함께 지배이념으로서 위상은 확보했으나 조선 초기의 그것은 사실상 형식만 있고 내용 없는 상태로 건국이념의 정권유지 명분의 수단으로 기능하는 데 그치고 있었다. 朝鮮朝 儒教國家의 통치이념인 性理學은 양반중심의 착취적 사회·경제, 문약하고 공리·공담에 가까운 性理學的 文化, 그리고 그 위에서 士禍와 黨爭, 세도 등으로 점철된 王朝體制의 權威主義的 정치, 군주의 억압정치 그런 것들이 일반적으로 조선왕조에 대한 역사상을 구성해 왔다. 조선왕조는 유교국가를 統治理念으로 명백히 표방했지만 실제의 통치는 그것을 內面化하는 데 이르지 못했다. 그런 상황에서 사림은 투철한 儒教精神에 입각하여 국가의 근본적인 儒教的 禮의 秩序化를 부르짖었다(서원대신문 1992). 조선조 性理學은 과도하게 哲學的이고, 또 지나치게 經學的이었다. 이로 인해 당시에는 性理學的 우주관과 인간관에 입각한 政治哲學의 형성에 의한 유교적 국가주의의 토대를 둔 국가 통치의 이념적 방안이 제대로 확립되지 못한 상황에서 왕권과 결탁한 勳舊士族들과 이들 전제군주정치 세력을 비판한 士林士族의 이념대립 속에서 정치적 격변의 士禍로 이어졌다.[2]

---

2) 儒教政治의 肯定的 측면과 否定的 측면을 보면, 韓國의 歷史에 있어서의 儒教 내지 儒學의 社會的 役割에 對하여 오래전부터 상당히 否定的인 見解를 지녀 왔다. 말하자면 朝鮮時代에는 支配階級인 兩班特權層이 性理學의 修己治人의 形式을 통하여 저들의 權益을 擁護 - 代辯하면서 被支配階級인 民衆, 즉 農民 - 賤民을 抑壓한 것으로 봐 온 것이다. 그리고 20世紀에 들어와서는 먼저 日帝가 儒教의 社會倫理를 그 主 內容으로 하는 修身教育을 실시하여 저들의 植民地 統治를

16세기는 勳臣政治에서 士林政治로 이항하는 과도기였다. 甲子士禍(1504), 中宗反正(1506), 己卯士禍(1519), 乙巳士禍(1545) 등 여러 차례 士禍로 인한 정치적 격변기였다. 이러한 정치과정에서 통치층 내부의 君·臣의 義를 둘러싼, 이른바 統治者의 自己規律과 修身의 문제가 사상가들 사이에 당면의 정치적 과제였다(박충석 1982, 23). 曺植은 李滉과 더불어 嶺南士林을 左道와 右道로 나누었던 인물이다. 조선조 건국과정에서 집권사대부와 결탁한 士族으로 성장한 사림세력이 중앙정계에 진출했다. 金宗直과 그의 문하들의 진출이 대표적이다. 16세기에는 趙光祖(1482-1519), 鄭汝昌(1450-1504), 金宏弼(1454-1504), 金馹孫(1464-1498), 李彦迪(1491-1553) 등 재야사림들이 정계에 진출했다. 曺植 당대의 군주는 선후 순서에 따라 燕山君, 中宗, 仁宗, 明宗, 宣祖 5대였다. 이 가운데 폭군인 燕山君의 暴政과 亂政이 曺植이 어릴 적 일이고 仁宗의 재위는 8개월이라는 단기간이어서 재위의 의미가 지극히 적기 때문에 논외로 하고 보면 曺植이 겪은 정치환경은 주로 中宗, 明宗, 宣祖 초기에 해당된다. 曺植(1501-1572)은 趙光祖, 李彦迪, 徐敬德 이후 李滉과 더불어 嶺南士林의 대표적 在野士林의 영수였다. 하지만 그의 연구는 歷史學, 哲學, 國文學에 비해 政治思想

강화하려고 했던 것으로 또한 解放 後에도 朴正熙 政權이 '三綱五倫'을 強調하는 새마음 運動을 벌여 軍事獨裁 體制를 維持하려고 한 것으로 把握해 온 것이다. 물론 오늘날에 와서 그렇게 오래 간직해 온 見地를 그리 쉽사리 버리는 것은 아니다. 儒教에서 아니면 儒教의 政治的 濫用에는 그런 위험한 要素가 다분히 內包되어 있다고 믿는 것이 筆者의 確固한 입장이다. 하지만 士林이라고 일컫는 儒學者들의 肯定的인 社會的 樣相, 즉 專制政治의 弊端을 規制하고 民衆을 擁護하는 思想과 活動을 發見하게 된 것이다. 韓國의 儒學史 특히 士林의 儒學에 이러한 肯定的인 面이 있다고 생각하게 되자 士林에 대해 再檢討할 필요가 있다고 느끼게 되었다(John B. Duncan 1995, 535-557).

분야인 韓國政治思想史에서 전무한 상태이다(박병 1997; 박홍규 2001 등 2편뿐). 본고는 정치학에서 조식의 연구도 중요함을 지적하면서 曺植의 도학정치사상 본질을 어떻게 볼 것인가를 논술하였다. 본 연구대상은 曺植 政治思想에서 要諦인 敬과 義의 실천개념을 중심으로 한 個別思想家 연구이다. 朝鮮儒學史에서 曺植의 嶺南 士林世界에서 歷史的 位置는 무엇이며, 政治學에서 曺植의 선행연구는 어떠한가? 曺植의 道學政治思想에서 實踐躬行의 핵심인 내면적 수양인 敬과 사리 판단의 근거인 義 개념 중심으로 연구하고자 한다. 曺植의 현실인식과 이를 극복하기 위한 방안이 가지는 의의와 한계는 무엇인가 그리고 그 해결방안이 歷史的 脈絡 속에서 어떤 의미를 갖는가를 규명하고자 한다. 그들이 살았던 16세기에서 500년이 지난 현시점에서 曺植 도학사상 연구의 現代的 意義를 再評價하고자 한다.

II. 朝鮮 儒學思想史에서
曺植의 歷史的 位置 및 論評

1. 曺植의 生涯와 嶺南士林世界에서 歷史的 位相

朝鮮 前期의 政治的 勢力을 크게 兩分하여 功臣과 그 後裔로서 居敬 大地主의 執權勢力인 소위 勳舊派와 政治的 權力으로부터 疎外되어 勳舊勢力과 鬪爭하는 在地 中小地主勢力인 소위 士林

派, 즉 2개의 社會經濟的 階層 내지 階級으로 설명하는 것이 朝鮮政治史에서의 一般通說로 굳어 버린 지가 이미 오래되었다. 그리고 이 두 勢力의 政治·社會的 利害關係도 그들의 思想에 反映되는 것으로 理解되고 있는 것이다. 즉 높은 官職을 代代로 이어받은 勳舊勢力은 事大交隣 政策에 필요한 詞章學과 國家統治力을 중심으로 하는 經世學을 중요시했던 반면에 在野地主層을 형성한 士林勢力은 道學의 道德政治論에 입각하여 中央官僚 社會의 腐敗를 批判하면서 鄕村禮-鄕飮酒禮 등의 儒敎的 禮俗과 鄕約-社會 등 儒敎的 制度의 실시를 主唱했던 것으로 봐 온 것이다(Wager Edward W, 1980).

누가 어떻게 君主 絶對王權에 대한 道德的 牽制와 均衡을 유지할 것인가? 君子, 士大夫, 大丈夫, 大人, 士林, 在野讀書人, 官僚들이 이러한 역할을 떠맡아야 하는가? 조선왕조 정치체제는 儒學의 政治化를 政治理念으로 통치의 正當性을 제공하고 있다. 조선조는 宋代에 잘 발달된 性理學을 수입하여 통치를 정당화하였다. 朝鮮朝 中期 儒學者 南冥 曺植은 칼(內明者敬 外斷者義)을 찬 유학자, 英豪한 處士였다(박병련, 1997). 영남사림[3] 세계에서 정신유학의 학풍을 일으킨 매화의 지조 같은 선비였다(금장태, 1997). 曺植은 朝鮮曺 中期 嶺南士林世界에서 性理學的 理念의 實踐을 위

---

3) 嶺南士林 世界는 16세기 후반에 접어들자 學界와 政界를 장악한 士林의 政派 분열과 동시에 人脈·地緣 및 學派상으로 점차 流派가 생기면서 東西分黨과 함께 嶺南學派와 畿湖學派로 대별되어 갔다. 高麗末 鄭夢周·吉再·金叔滋의 學統을 계승한 性理學은 15세기 후반 金宗直을 영수로 한 新進士類를 '嶺南學派'라 한다면, 16세기 중반 李彦迪·李滉·曺植의 학풍을 포괄해서 이를 '嶺南學派'라 할 수 있다. 1545년 乙巳士禍 이후에 굴기하여 1575년 東西分黨 이전에 일생을 마치면서 각기 慶尙左道·右道를 대표하여 영남학파의 2대 산맥인 退溪學派와 南冥學派를 형성하였다.

한 精神的 改革의 象徵的인 思想家, 敎育者, 在野山林處士였다. 曺植의 字는 楗仲이요, 號는 南冥 또는 山海 또는 方丈老子 또는 方丈山人이라 했다. 창령 조씨는 高麗末 토성이족으로서 고려 태조 때 曺瑞가 덕릉 공주의 아들로서 형부원외랑을 지낸 이후 현달하여 누대로 개경에서 벼슬살이를 했다. 그러다가 고려 말에 문중에서 曺敏修가 威化島回軍에 성공하여 權門으로 발돋움했다. 그러나 조민수가 이성계에게 숙청당하여 家勢가 기울기 시작하다가, 高麗末에 高祖 曺殷이 中郎將을 지내기는 했으나 조선 초기에 증조 曺安習 때 개경에서 三嘉縣 兎洞으로 낙향했다. 曺安習은 생원을 지냈으나 벼슬에 오르지 못했고, 祖父 曺永은 벼슬하지 않았으나 아버지 曺彦亨이 문과에 급제하여 승문원 判校직에 올랐고, 叔父 조언경은 吏曹佐郎에 올라 현달했다. 그러나 조언경이 己卯士禍로 죽임을 당하고 아버지 조언형도 좌천되어 벼슬길이 순탄치 않았다. 조언형은 성품이 강직하고 權勢家에 아부할 줄 몰랐다고 한다. 이러한 기질이 아들인 曺植에게도 일정한 영향을 미쳤을 것으로 생각된다.[4]

이상과 같이 曺植의 生涯는 士尊官卑의 가치관 확립과 山林處士로서 嶺南 士林世界에서 실천적 측면을 강조하고 후진 양성을 했다. 또한 韓國儒學思想史에서 曺植의 思想史的·歷史的 位置는 다음과 같다.

高麗末 朝鮮前期 儒賢淵源의 系譜圖를 요약하면 高麗末, 安珦·權→權溥·白頤正→李齊賢→李穀·李穡→鄭夢周·權近·鄭道傳 등 초창기는 家學을 중심으로 발달했다. 麗末鮮初의 性理學脈을 기초로, 曺植의 學脈은 東方 理學의 祖로 칭송되는 鄭夢周→吉再

---

4) 南冥先生年譜와 南冥先生墓地銘(成運 撰) 참조함.

→金淑滋→金宗直→金宏弼→趙光祖→李彦迪·徐敬德(1489-1546) 이후 李滉, 曺植, 李珥 등으로 이어진다(李志慶 1999, 11). 이상과 같이 曺植은 부친의 家學傳受, 鄭汝昌, 趙之瑞, 金宏弼 등 嶺南士 林派의 학문적 전통을 전수했다고 볼 수 있다. 여기서 曺植의 제 자 중 문인들은 크게 3가지로 나누어 볼 수 있다. 첫째, 학문에 힘 쓰면서 정계로 나간 사람 김우옹(1540-1603), 김우필, 오건(1521- 1574), 정술(1543-1620), 김효원 등이 대표적 인물이다. 둘째, 스승 과 같이 은둔한 선비로 최영경(1529-1590), 하항(1538-1590), 이 대기 등이 있다. 셋째, 정인홍(1536-1623), 조종도, 이노, 곽재우 (1552-1617), 하락, 곽종석 등은 임진왜란 때 의병장으로 활동하였 다. 조선 중기 曺植의 평가는 그의 수제자 정인홍의 비극적 생애와 깊은 관련이 있다. 민본 정치사상으로 무장했던 정인홍은 광해군 때 개혁세력인 북인의 우두머리로 뛰어난 정치가였다. 하지만 영의 정으로 있던 정인홍이 仁祖反正으로 광해군이 실각하고 인조가 집 권하자 보수파인 서인들의 비판의 초점이 되었고 참형당함으로써 남명학파는 위축되고 曺植의 사상도 제대로 평가받을 수 없는 중 요한 요인이 되고 있다. 曺植은 參奉, 縣監, 典籍 등을 제수받았으 나 거절하였고, 光海君 7년(1615)에 관학 유생들의 요구로 曺植에 게 대광보국숭록대부, 의정부영의정겸 영경연, 홍문관 예문관, 춘추 관, 관상감사세자사를 증직하고 시호를 文貞으로 정했다. 하지만 문묘에 종사되지는 못했다. 1572년 향년 72세로 죽자 宣祖는 통정 대부 사간원 대사간을 증직하였다. 조식의 학덕은 사후에도 그 문 인 사우들에 의해 현창되었다. 德川書院(1576), 白雲書院(1616), 晦 山書院, 龍巖書院, 新山書院(1578) 등을 창건하였다.

曺植은 경상우도, 즉 경상남도 유학의 구심점일 뿐만 아니라 한 국지식인의 전형인 선비상의 표본이다. 그는 경상좌도 유학의 거봉

인 퇴계 이황과 곧잘 대비된다.[5] 남명과 퇴계는 같은 해 태어난 동
갑이기도 하다. 퇴계와 남명에 의해 낙동강을 사이하여 형성된 경
상우도·경상좌도의 유학학풍은 영남유학의 양대 산맥을 형성했다.
퇴계에 비해 남명사상은 역사적 조명이 신비 속에 묻혀 왔다. 남명
의 사상과 연원이 알려지지 못한 것은 여러 가지 이유가 있다. 퇴
계 중심의 인물편중으로 연구했기 때문이다. 이 점은 仁祖反正
(1623) 때 남명의 제자 정인홍이 실각한 이후 남명의 대부분 제자

---

5) 16세기 후반의 영남학파의 2대 산맥 李滉과 曺植의 차이점을 比較分
析해 보면 다음과 같다(이수건 1992, 13). 참조 후 재작성하였다.

이황	구분	조식
• 1501－1570년 • 경북 안동시 도산면 온혜리 • 안동을 중심으로 한 경상좌도 및 우도의 상주권(청량산, 소백산) • 진한지역에서 신라로 발전, 고려태조와 밀착, 공민왕의 피란, 고려와 조선시대를 통해 중앙정부와 관권에 대한 반항사례가 거의 없음	생몰연도 및 출생지	• 1501－1572년 • 경남 산청군 사천면 사리 • 진주를 중심으로 한 경상우도 및 하도의 일부 지방, 지리산, 弁韓지역에서 가야 및 신라에 병합, 후백제와 제휴, 역대정권 및 관권에 대한 저항 및 반항사례
• 理氣心性論 • 삼가고 공경하는 마음으로 나랏일을 처리해야 한다면 경을 강조 • 講學論道, 沈潛義理, 尙仁, 主理, 東方의 朱子,	학문과 사상체계	• 學者의 實踐躬行 강조 • 內面의 修養이 敬과 義를 중시 • 講論보다는 스스로 경험에 의한 體得 중시, 理論보다 實踐강조, 敬의 出處강조, 老莊·陸王學의 요소가 있음
• 剛柔兼全, 지나친 소극성	성품	• 剛毅直方, 지나친 과격성
• 陶山及門錄 235명, 東儒師友錄 72명, 典故大方 304명(경북 115명, 경남 26명, 기타 60명)東人⇒南人⇒仁祖反正: 西南幷存, 유성룡과 이이 등에 영향	門人數 및 學脈, 黨色	• 德川師友源錄 69명(추가 66명, 東儒師友錄 45명, 典故大方 41명(경남 51, 경북 1, 기타 10여명)東人⇒北人⇒大北⇒仁祖反正, 失脚, 의병장 정인홍·곽재우 등
• 自省錄 • 聖學十圖 등	저서	• 學記類編 등
• 생태주의 • 인본주의 • 仁(성호이익은 이황의 인품)	현대적조명에서 영향	• 현실비판에 철저한 실천적 지식인상 • 인본주의 • 義(남명의 인품을 성호이익)

들이 벼슬을 포기하고 야인으로 일관했던 사실과 궤를 같이한다.
이 사건 후 남명의 문인들은 중앙정계와 손을 끊었다. 이후 남명의
제자 중 일부는 퇴계의 문하로 옮기기도 했다. 또 다른 이유로는
남명의 문인들은 '義'를 중하게 여겨 임란 이후 의병활동에 대거
참여했으며 그 정신은 개화기의 의병활동으로 이어졌다. 이 때문에
일제에 의해 고의로 남명이 배척되었다. 또한 철종 연간에 진주를
중심으로 삼정의 문란에 격분하여 폭발한 민란은 남명 정신의 영
향이 컸다. 이 민중봉기는 민권운동의 계기가 되었으며 뒤이어 위
정척사운동과 기미독립운동, 파리장서 및 형평사운동으로 이어졌다.
이 때문에 당국으로부터 심각한 탄압을 받는 원인이 되어 진주를
중심으로 남명학파는 더욱 역사의 조명으로부터 소외당했다. 이 밖
에 남명이 평생 유학을 궁구했으면서도 본격적인 저술을 남기지
못한 것 남명의 사상 속에 老莊學이 깃들어 있어서 正統儒學者들
의 비판을 받는 사례가 더러 있었음도 남명을 소외시킨 한 원인이
된다. 남명은 유학의 거봉이었을 뿐만 아니라 한국유학 풍토에 정
신유학의 학풍을 일으킨 고고한 선비였다.

남명학파의 지역적 범위는 대체로 진주를 중심으로 동쪽으로는
김해, 밀양, 청도, 북쪽으로는 창녕, 현풍, 성주, 서쪽으로는 산청,
함양, 하동 및 남쪽으로는 합천, 고성 등지에 미쳤다. 曺植 당시 경
상도를 크게 네 개의 界首官으로 구분할 때 진주목 관내의 전 지
역과 경주부 관내의 밀양, 청도, 창녕, 영산, 현풍과 상주목 관내의
성주, 합천, 고령, 초계가 남명학파의 지역적 범위에 들어간다고 하
겠다. 15세기 후반에 영남사림파의 종구인 김종직이 밀양에서 출생
하여 함양과 선산의 수령을 역임하면서 지방 문풍을 진흥시켰고
성종의 총애를 받아 중앙의 청요직을 한 데서 그의 문하에는 우도
출신 사림이 모이게 되었다. 그의 3대 제자라 할 수 있는 김굉필

(현풍), 정여창(함양), 김일손(청도)을 비롯하여 무오사화, 갑자사화의 희생된 자가 많았다(이수건 1999, 14-15). 이러한 15세기 조선왕조 2대 정치세력인 훈구파와 사림파 가운데 경상우도 출신이 많았고 이러한 사상적 영향을 받은 조광조는 김굉필의 영향을, 이언적은 김종직(손소의 과거동기), 손소(이언적의 외조), 손중돈(이언적의 외숙)의 家學 중심으로 영향을 받았다. 己卯士禍, 乙巳士禍 이후 16세기 후반에 와서는 曺植의 경상우도와 이황의 경상좌도로 영남사림의 양대 산맥과 더불어 전 지역으로 확산된다. 16세기 집권세력이든 士林勢力이든 모두 士族勢力으로서 일찍이 발달한 특정 지역의 家學을 중심으로 사림의 사상적 淵源을 찾을 수 있다.

2. 曺植사상의 평가들

조선시대 특정한 사상가들의 개별연구에 대한 인물 논평은 그 연구의 많은 한계와 문제점을 갖고 있다. 思想家의 활동과 사상이 그 당시는 물론이고 후대까지 일정한 역할을 해 왔고 역사의 진행과정에서 巨視的 社會變動(Social Change)과 政治權力의 變動에 영향을 미쳤다고 생각한다. 政治思想은 사상가의 개인적 배경, 사상 흐름의 지적배경, 정치·사회적 배경을 바탕으로 現實社會(Real Society)에 대한 사상가의 문제해결 방법이다. 그것은 사상가가 이해한 사회(Apprehended Society)에 대한 개념(Conceptions), 비전(Vision) 그리고 아이디어(Idea)의 끊임없는 수정 보완의 역사이다. 그러므로 시대 상황론, 특정문화권, 그리고 상호작용론의 변화는 있을지언정 인물에 대한 평가는 어떤 형태로든 긍정적, 부정적 관점이 있게 마련이다. 사상가의 평가 흐름은 현재사회의 정치·사회적 환경과도 밀접한 관계가 있다. 지금부터 500년 전 16세기 벽두에서 72년간의 생애를 보낸 曺植은 조선시대를 살았던 수많은 유학자 중에 한 사람이었다. 曺植의 인물 논평은 그 시대를 함께 살아왔던 조선시대 사람들의 지배적 담론의 논평을 통해 시대의 변화에 따라 어떻게 그 내용이 달라졌는가를 고찰하고자 한다. 현재 歷史學, 哲學, 國文學에 비해 그 연구가 절대적으로 빈약한 政治學은 조식 政治思想을 연구하는 政治學者들이 조식에 대한 평가를 어떻게 하고 있는지, 『조선왕조실록』에서는 어떻게 논평하고 있는지를 연구하고자 한다.

『明宗實錄』6)에서 曺植에 관한 史官의 論評과 後學者들의 代表的 평가를 적으면 다음과 같다.

① "爲人淸修苦節, 以禮法律身, 不以榮辱利達動其心, 操行卓異, 有名於世: 明宗8年 閏三月, 甲子條"

② "隱居自守, 學問精博, ……性高邁勇決, 不爲物欲所漬, 憤世嫉邪, 隱遯不仕, 識慮明睿, 氣節洒落, 聽其言論, 人皆竦動, 識之者以爲, 庶幾廉頑立懦之風云, 明宗15年7月丁卯條"

③ "方正廉潔, 二世出塵, 秋霜志氣, 老而彌厲, 不能容人過惡, 激世太過, 恒談譏諷, 蓋隱居方者也, 自言吾常多爲客氣所使也, 言甚峻激: 明宗21年7月 戊申條"

④ "居家凡喪祭冠婚, 皆倣朱文公家禮, 不混於流俗, 教學者每勤

---

6) 朝鮮時代의 역사적 기록인 『朝鮮王朝實錄』은 당시 집권자 군주를 옹호하는 긍정적 입장에서 군주 중심으로 기록했을 가능성이 높다. 왕조실록의 역사적 사실기록에 관한 객관성을 갖기 위해 있는 그대로 재인식, 재평가할 것이 아니라 비판적 시각에서 볼 필요가 있다. 하나의 정치권력 현상을 두고도 긍정과 부정적 입장에 따라 상황의 정의(Situational definitions)가 다르듯이 객관성을 유지하기 위한 연구자의 가치중립적 자세가 요망된다.

讀近思錄, 性理大全等書, 皆以體會自得爲急, 不屑屑於口讀
之末, 常以近日初學之士, 好談高遠, 不知灑掃應對之節, 而先
學啓蒙太極圖等書, 無益於心身, 而卒歸於爲名, 嘗以是貽書
李滉, 欲禁此習, 且議論英發, 善闇發人意, 聞者莫不聳然, 卽
進於學者極有益, ……其意氣峻潔, 若將浼於流俗者, 而憂時感
事之情, 未嘗小忘, 每於及朝廷闕失·生民困悴, 常慷慨太息,
或爲之泣下: 明宗21年12月 戊子條"

⑤ 鄭逑의 論評

"器局峻整, 才氣豪邁, 超然自得, 特立獨行, 學者難以爲要: 『退
溪全書』4. 言行錄"

⑥ 奇大升의 論評

"氣質磊落, 可謂壁入千仞, 可以激頑立儒, 而學問則有不循規
模之病矣: 『宣祖實錄』卷1宣祖 卽位年11月 丁卯條"

⑦ 金宇顒의 論評

"其(曺植)致知之功, …… 然其躬行賤履之工甚篤, 精神氣魄,
有動悟人處, 故遊其門者, 多有節行可任事之人: 『宣祖修正實
錄』, 卷7, 宣祖6年9月條"

⑧ 崔晛의 論評

"氣象嚴縠豪邁, 而勇猛奮發, 故其發之爲文章也, 淸新奇古,
慷慨激烈, 如風檣陳馬, 利劒長戟, 眞可以動天地而泣鬼神矣:
秋殺也, 孟子氣象: 訒齋集, 卷8. 答鄭仁弘書"

⑨ 李珥의 『石潭日記』人物論評이 흥미롭다.

當代 文廟에 從祀될 만한 人物로 東方諸賢(五賢)에서 金宏
弼, 鄭汝昌, 趙光祖, 李彦迪, 李滉 등을 가리킨다.[7](광해군2

---

7) 東方五賢 또는 士林五賢은 金宏弼, 鄭汝昌, 趙光祖, 李彦迪, 李滉을
통칭하는 것으로, 사림들의 절대적인 추앙을 받아 宣祖가 즉위하던

년: 1610년 6월 1일 결정) 여기에 曹植이 빠져 있고, 저술이 없다는 점 등 이렇게 본다면 이이는 曹植을 山林處士로 평가 절하하고 있다.

⑩ 李滉의 論評

曹植에 대한 퇴계의 비판은 대체로 다음 세 가지로 알려져 있다. 첫째, 남을 업신여기고 세상을 가볍게 본다(傲物輕世). 둘째, 너무 높은 것만 찾는 오만한 선비여서 中庸의 道를 찾기 어렵다.(高亢之士 難要以中道). 셋째, 老莊의 빌미가 되었다(老莊爲祟) 등이 그것이다.[8]

⑪ 『光海君日記』의 論評

광해군 연간의 실록에서 보이는 남명관계 평가는 대개 세 갈래 계통으로 구분된다. 첫째, 大北系列의 견해로서 自黨의 집권을 합리화하는 방편의 하나로서 自黨의 學的 淵源인 南冥을 追崇하려는 것이었다. 둘째, 남명의 追崇과 文廟從祀를

1567년 10월 奇大升은 경연에서 趙光祖를 '賢士', 李滉·金宏弼을 '賢人', 李彦迪을 '賢者'로 칭송한 일이 있었다. 표현은 다르지만 '어진 사람'이라는 점에서는 동일하다. 이후1568년 李滉이 金宏弼, 鄭汝昌, 趙光祖, 李彦迪을 '賢士'로 평가했다. 1570년 李滉이 죽자 당시 사림들이 李滉을 '賢士, 賢人' 칭호를 주면서 士林四賢에서 士林五賢이라는 용어가 歷史的으로 발로되었고 그 후 40년이 지난 光海君2년 1610년 6월 1일 완료되었다. 1610년 음력 9월 5일 文廟從祀되었다(이성무 1998, 490-496). 여기서 曹植이 빠져 있다는 것이다. 여기서 韓國儒學思想 先儒(陞廡) 18賢을 보면 설총, 최치원, 안향, 정몽주, 김굉필, 정여창, 조광조, 이언적, 이황, 김인후, 이이, 성혼, 김장생, 조헌, 김집, 송시열, 송준길, 박세채 등이 문묘종사에 배향되었는데 그중에 조선 후기에 배향된 9명은 모두 기호학파의 서인 일색이다. 김인후와 이이는 당쟁 발생 이전의 인물이라 할 수 있으나 그들의 출신지역과 학문적 연원 관계와 정치적 행동 정향으로 보아 서인들이 추앙하는 지역편중된 인물이다. 인조반정 이후 조선 후기 정계가 노론·소론, 남인의 주도로 북인은 철저히 탄압받고 이단시되었다.
8) 『退溪言行錄』. 卷5. 論人物條. 참조함

청하는 데는 뜻을 같이하면서도 특히 퇴계에 대한 辨斥에는 반대하는 움직임이 있었다. 여기에는 曹植 문인 가운데도 퇴계와도 일정한 師承관계를 갖는 鄭逑계열이 속한다.[9] 셋째, 남명의 文廟從祀에 냉소적 반응을 보이면서 퇴계의 曹植 평가를 더욱 확대하여 曹植을 이단 내지 非學問人으로까지 몰아가는 南人 내지 西人의 견해이다.

⑫ 박병련의 논평(박병련 2001, 141-198)

曹植을 '도덕적 자아 확립과 정치적 실천의 융합을 한 진정한 유학자'로 보아 '도학적 경세가'라는 용어로서 정당한 평가를 하였다. 이를 위해 주자학만을 '正脈'으로 인정하여 조식을 '高風'으로 나아가 이단으로 치부하는 것을 잘못되었다고 변호하며, 중국과 한국의 역대 사상가들을 분석 대비한 논문이다.[10]

위 사상가들의 논평에서 曹植의 도학사상을 몇 가지 긍정적 측면과 부정적 측면의 중요한 특징을 요약할 수 있다. 먼저 긍정적 측면에서는 첫째, 曹植은 冠婚喪祭를 朱子家禮에 준거하였고, 매양 『近思錄』, 『性理大全』을 중요시하고 있다는 점이다. 둘째, 성리대전 가운데서 『易學啓蒙』, 『太極圖說』 등 성리학의 본체에 관한 형이상학적인 것보다 정신유학의 실천적인 측면을 매우 중요시하고 있다는 점이다. 셋째, 章句之學보다는 초연자득, 독행을 중시했다는 점이다. 넷째, 그의 인품이 고매하다는 표현으로 나타나는데, 다른 사람으로 하여금 감동하여 깨우치게 한다는 점이다. 다섯째, 체득

---

9) 『光海君日記』. 卷39. 3年 3月 丙寅條; 卷119, 9年 9月. 癸未條.
10) 박병련, 2001, "남명 사상에서의 도학과 정치", 『남명曹植』, 청계, pp.141-198. 참조함.

과 실천위주의 下學공부와 民隱 타개의 時務를 중시하는 현실적 성리학자로서의 면모가 뚜렷이 부각되고 있다. 이런 점을 두고 볼 때 曺植은 성리학의 본체론적 탐구보다 實踐躬行의 爲己之學에 힘쓴 것을 알 수 있다. 曺植의 학문은 김굉필, 유승조, 조광조, 이언적 등의 학문적 바탕 위에 성리서를 추가하여 보다 정밀한 修身의 체계를 수립한 것이라 하겠다. 이런 점에서 曺植의 학문은 본질적으로 조선 전기의 성리학 도학과 일맥상통한다고 할 수 있다. 曺植은 당시의 학자들처럼 性理學의 두 축을 居敬과 窮理로 본다. 居敬은 存養을 위한 것이고, 窮理는 바로 格物致知이다. 그런데 曺植 사상은 『大學』의 三綱領을 存養(敬), 성찰(義), 克己의 修養論 쪽으로 비중을 두어 해석한다.[11] 남명의 사상을 보는 관점에 따라 다르게 볼 수 있다. 원시유학, 성리학, 양명학, 노장사상이 깃든 것으로 보기도 한다. 그러나 여기서는 曺植의 사상의 본질을 어떻게 볼 것인가에 대해서 성리학적 사유를 근간으로 하되 원시유학의 정신을 폭넓게 수용하였다고 보는 것이 타당할 것 같다. 또한 부정적 측면에서는 이황과 이이 그리고 『光海君日記』에서의 曺植에 대한 이단(道家, 老莊思想), 非學問인, 批判的 評價와 李珥의 문묘종사를 위한 東方五賢에 曺植을 배척한 점은 흥미롭다. 국가가 어지럽고 시대가 어려울수록 사회를 깨우치며 바른 방향으로 이끄는 인물에 대한 기대가 커진다. 1980년대 이후 曺植 사상에 대한 現代的 관심과 再照明이 필요한 것이 바로 여기 있다.

---

11) 曺植은 『南冥集』, 「解關西問答」에서 "大學不信存養 此必全仁之誤記 大學明明德止至善 乃開卷第一存養地也"라고 하였다. 이는 『大學』의 삼강령을 存養으로 보는 시각이다. 여기서 『關西問答』은 李彦迪과 아들 全仁이 乙巳士禍 後 江界 適所(북한: 자강도) 유배지에서 나눈 대화형식의 言行錄이다. 이것의 해제이다.

Ⅲ. 曹植 政治思想의 要諦 『敬·義』思想

儒教政治理念의 기본적 성격은 유교정치체제는 기원전 漢제국에서 시작되어 19세기 말까지 지속되어 온 유례없이 긴 수명을 누려온 정치체제이다. 이러한 장수의 역사와 聖人君主의 이상을 핵심으로 하는 유교정치이념은 '무갈등의 유교정치'라는 신화 생산에 일조하였다. 그러나 유교의 성인군주 추구 정치이념은 현실의 군주 의지를 절대화하는 專制主義的 政治哲學과는 정반대로, 유학적 기준에 배해 학문적으로 수양이 부족한 현실의 군주를 聖人君主의 이상에 끊임없이 대치시킴으로써 현실 군주의 절대권력을 도덕적으로 통제하려는 이념이었다. 우리는 이를 '聖人君主論'(有德者 君主論)이라 부른다. 유교의 간쟁은 특이하게 유교적인 현상으로서, 儒學者, 知識人, 官僚, 士林層이 군주를 유교도덕으로 통제하려는 강력한 수단이었다(Latourette 1946). 우리는 유교 정치이념의 핵심인 聖人君主論을 法家의 專制君主論과 상극적 관계에 있는 君主牽制論으로 이해한다. 우리가 보기에 유교는 군주에 현실정치의 힘을 집중하려는 법가의 脫道德的 政治學(Amoral politics)에 반대하여, 도덕적으로 완전무결한 聖人君主의 이상을 창조함으로써 理想政治, 道德政治의 유토피아적 이미지 역시 창조하였으며 이를 통해 정치이상과 현실정치 간의 이념적 간극을 넓혔다. 이러한 이념적 간극이야말로 儒學者들이 현실군주를 도덕적으로 견제할 이념적 힘의 장소이었다. 유교정치의 이념은 君主의 政治的, 軍事的 폭력을 체계적으로 삭제 내지는 최소화를 통한 절대권력의 견제에 있다. 조선조 儒教政治史는 근대국가 이전의 매우 성숙한 쟁의정치문화가 장기간 지속하였던 역사였음을 입증한다(Chang 1977. 1980. 1983; Allan 1981; Keightley 1978. 1999). 이러한 군주의 도덕적 통제의 윤리적 의미를 부여하는 방법의 正當性을 上古時代 전설적 군주들과 夏殷周 三代 성인군주의 太平聖代를 이상화, 윤리화시켰다.

曹植도 유학정치의 실현을 위해 程子·朱子의 學을 연구한 것은 당시 理學派 諸儒와 다름이 없으나, 특히 反射體驗과 持敬實行으로써 학문의 大主眼을 삼은 것은 그의 독특한 점이다. 曹植의 도학사상은 專精敬義의 學問인데, 一生用力이 전혀 持敬居義에 있었다. 또한 반드시 實踐躬行하였다(현상윤 1982, 100-102). 남명의 학문은 다른 성리학자들처럼 단순하지 않아 주자학 일변도가 아니고 성리학 전반을 널리 취했다. 특히 세속적인 유혹에 말려들어 어떤 규격에 얽매이거나 군왕 중심의 의리관에 빠지지 않고 끝까지 탁절한 기상과 담백한 생애를 유지한 것은 孔子의 제자 顔淵의 安貧樂道하는 고풍과 젊은 시절에 섭렵한 老莊學의 초탈을 체득하고 있었기 때문에 가능했을 것이다. 그는 유학사상의 저술을 남기지는 않았다. 그의 사상을 알아볼 수 있는 것은 그의 문집중의 『學記類編』으로서 남명이 성리학을 공부하면서 긴요하다고 생각되는 구절을 뽑아서 모아놓은 것을 그의 수제자 鄭仁弘이 정리해 체계화하였다.

曹植은 자기의 도학을 '敬·義' 두 글자로 집약했다. 검명에 안으로는 밝은 것이 敬이며, 밖으로 끊는 것은 義(內明者敬, 外斷者義)라 새겨 항상 가까이했다. 그의 학문의 목적은 행동에 있었으며, 그 행동 등은 義로 不義를 타파한 것이었다. '敬'과 '義'는 모두가 전통 유학의 기본 개념이다. 曹植의 성리학적 세계관에 기초한 사상사적 측면에서의 '內敬外義' 개념을 어떻게 인식하였는가? 그것에 대한 연구를 하고자 한다.

1. 『敬』思想으로서 道德政治[12]

朱子[13)는 이 '敬'을 다시 體用으로 나누어 보았다. 즉 未發時를 敬之體로 己發時를 敬之用으로 보았으므로 存養은 敬體에 省察은 敬用에 해당한다고 할 수 있다. 또 朱子는 능히 敬하면 求仁이 성취된다고 하여 中體和用을 敬體敬用으로 보아 未發之前에는 敬으로써 存養(中)하고 己發之後에는 敬으로써 省察(和)할 것을 주장하였다(배종호 1978, 55). 이상을 정리하면 다음과 같다.

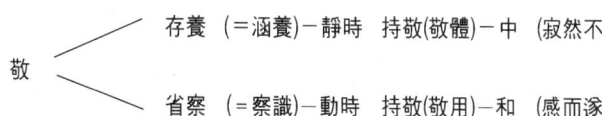

여기서 存養은 心性涵養의 體요, 省察은 心性涵養의 用으로서 그러고 보면 敬이야말로 心性涵養의 알파요 오메가인 셈이다. 이

---

12) 유교정치에서 禮는 권력이었다. 禮的 질서화로서 禮의 권력화는 조선조 유교정치에서 정점을 이룬다. 禮는 폭력적 강제가 아닌 윤리적 강제였고 禮의 履行層(Carrier)은 君王이 아닌 儒學者들이었다. 즉 유학자층이 군주의 유교도덕으로 통제하려는 강력한 수단이었다. 禮의 권력화 현상을 '道德政治'(Moral Politics)이라는 개념으로 해석할 수 있다. 모랄폴리틱이란 현세적 권력에 반대에서 비롯한 윤리체계가 또 하나의 권력으로 예적 질서화한 정치적 양식을 뜻한다. 유교정치에서 '모랄폴리틱'은 조선조 정치체제 운영원리의 핵심이었다.

13) 曺植의 政治思想에는 朱子學的 性理學의 요소가 많이 상존하고 있다. 朱子(1130-1200)의 政治思想을 요약해 보면 ① 仁義로서 道德的 기초로 삼고, 正心誠意를 治道觀의 우선으로 삼았으며, ② 君道를 중시하여 몸소 모범을 보임을 강구하였고, ③ 百姓이 國家의 근본임을 강조하였고, ④ 政治에는 마땅히 엄격함을 원칙으로 하여야 하고, ⑤ 尊賢使能이니 널리 인재를 구할 것을 주장한 데 있다(王雲五 1969, pp.260-275).

제 宋代 이후에 '敬'에 부여된 의미를 살펴보면 대략 7가지로 정리 되는바 ① 勿忘勿助長, ② 其心收斂 不容一物, ③ 整齊嚴肅, ④ 戒愼恐懼와 愼獨, ⑤ 心不在焉 視而不見 聽而不聞 食而不知其味 矣, ⑥ 常惺惺, ⑦ 主一無適이 그것이다.14) 그리고 이것을 간단하 게 정리하면 세 가지로 압축할 수 있다.

첫째, 마음은 항상 제자리에 있어야 한다. 둘째, 마음은 항상 자 각 상태에 있어야 한다. 셋째, 마음은 동정에 있어 항상 전일해야 한다.15)

이상을 요약하면 '敬'이란 純粹至善하고 깨어 있는 의식(靜時의 存養공부)으로 어떤 대상이든지 거기에 정일집중 내지 전일하는 것 (動時의 省察공부)이다(손병욱 1992. 2002).

'敬'을 강조한 조선 중기 대표적인 인물로서 曺植은 자기의 도학 을 경의 두 글자로 집약했다. 검명에 안으로는 밝은 것이 敬이며, 밖 으로 끊는 것은 義(內明者敬, 外斷者義)라 새겨 항상 가까이했다. 그의 학문의 목적은 행동에 있었으며 그 행동 등은 義로 不義를 타 파한 것이었다. '敬'과 '義'는 모두가 전통 유학의 기본 개념이다. 孔 子는 말하기를 "자기를 수양함에 경으로써 한다."(『論語』. 憲問)고 하였고 또 "君子의 道에는 네 가지가 있으니, 몸가짐을 공손히 하는 것이고, 윗사람을 섬김에 공경을 다하고, 백성을 보양함에 사랑으로 다하고, 백성을 부리는 데 의롭게 하는 것이다."(『論語』. 公冶長)라고 하였으며, 또 말하기를 "윗사람이 禮를 좋아하면 백성들도 경건하지 않을 리 없고, 윗사람이 도의를 잘 지키면 백성들도 복종하지 않을 리 없고, 윗사람이 신의를 잘 지키면 백성들도 성실하지 않을 리 없

14) 손병욱, "유가수행법으로서의敬에 대한연구", 경상대학교 편, 『민족통 일논집』, 제6집, pp.10-11. 참조함.
15) 李相殷, 1974, 『퇴계의 생애와 학문』, 서문문고, pp.239-252. 참조함.

다.”(『論語』. 子路)고 하였다. 孟子가 景丑과 대화를 할 때 景丑이 말하기를 “부자간에는 은혜를 위주로 하고, 군신 간에는 공경을 위주로 한다.”(『孟子』. 公孫丑下)고 하였다. 孟子가 또 말하기를 “임금에게 어려운 일을 책하는 것을 공손하다고 하고, 선한 것을 늘어놓고 사악한 것을 막는 것을 공경스럽다고 한다.”(『孟子』. 離婁上)고 하였다. 『大學』에서는 “人君이 되어서는 仁에 머물렀고, 人臣이 되어서는 敬에 머물렀고, 人子가 되어서는 孝에 머물렀고, 人父가 되어서는 慈에 머물렀고, 사람과 사귐에는 信에 머물렀다.”고 하였다. ‘敬’과 ‘義’는 모두 유학의 중요한 개념이요, ‘仁’과 ‘禮’에 대한 표현이다. ‘敬’은 본래 ‘敬意·尊敬’를 말하는 것이며, 여기에는 또 엄숙하고 진지한 뜻이 있다. 유가에서는 ‘敬’과 ‘義’를 ‘良知’와 ‘良心’을 융합시키고 있는데 여기에는 道德 本體의 意義가 들어 있다(조길혜 2001. 235-236). ‘敬’과 ‘義’는 본체이기도 하지만 또 工夫와 功用이기도 하다. ‘主敬·持敬·恭敬·心敬’은 승화되어 일종의 외재하는 행위의 표현인 도덕이론과 ‘主敬致用’사상 학설이 되었고, 개괄하면 ‘主敬致用’의 학문은 바로 修身, 窮理, 存養, 省察, 明善, 誠身하는 학문이요, 治國平天下하는 大學의 道인 것이다.

性理學에서 程頤가 ‘敬’이란 “敬은 오로지 자신을 간직하는 도리이다.”(遺書, 卷18: 敬只是持己之道), “敬은 한 곳에 열중하면서 마음이 딴 데로 흩어지지 않는 것(遺書, 卷十五: 所謂敬者, 主一之謂敬, 所謂一者, 無敵之謂一)이다.”라고 설명하고 있다. 曹植은 “敬이란 정제하고 엄숙히 하여, 항상 마음을 깨우쳐서 어둡지 않게 하는 것입니다. 孔子께서 이른바 ‘敬으로써 몸을 닦는다.’는 것이 이 것입니다.”[16] 曹植은 학문하는 방법의 근본으로써 ‘敬’의 구체적

---

16) 曹植, 戊辰封事: “必以敬爲主, 所謂敬者 整齊嚴肅, 惺惺不昧 主一心而應萬事……孔子所謂修己以敬者是也”

실천방법을 밝히고 있다. '敬'은 자기 수양의 한 방법이며, 즉 이는 對內的, 向內的, 爲己的, 獨自的 수양방법인 경을 '內敬'이라 하고 내면적인 자기 계발을 통해 賢明 또는 明智를 성장시킨다. 그런데 '敬'에는 또 다른 의미가 있다. 즉 對外的, 向外的, 爲他的, 關係的 생활 태도인 敬을 '外敬'이라고 하고 대외적인 친선관계를 추구함 이 그것이다. 曺植은 '敬'을 인격의 이상적 성취를 추구하는 유학 에서 학문방법의 근본과제가 되고 있음을 강조한다. 그는 모든 관 계에서 仁, 義, 禮, 智를 강조했다. 「戊辰封事」에서도 禮(禮所以修 身之要, 則非禮勿視聽言動)를 강조하고 있다. 또 民巖賦에서는 "백성이야말로 배를 띄우는 물과 같아서 백성은 배를 빠뜨릴 수도 있으니 무서운 줄 알라."(民猶水也, 古有說也, 民則載君, 民則覆君) 라고 주장한 것은 民權을 중시하고 남을 배려한 道德政治의 주장 이라 볼 수 있다.[17]

---

17) 荀子의 政治思想의 핵심은 禮治論이다. 治本觀은 先義後利의 現實肯 定主義이다. 禮治를 기본으로 하나 次善은 法治國家이다. 즉 禮本人 治가 중심이나 先禮後法이다. 治本觀은 先王後霸의 霸道肯定主義이 다. 人間의 本性은 惡하다고 보고 있다. 禮의 목적은 기르는 것(養)이 며, 그 수단은 분별하는 것(別)이다. 民水君主論은 백성은 물이요 군 주는 배이다. 물은 배의 위치와 전복의 군주권에 대한 저항적 의미가 있다. 孟子의 정치사상에서 治道觀은 崇王斥霸 王道至上主義이다. 治 本觀은 崇義斥法의 義本人治主義에서 仁 · 義 중심의 王道樂土는 義 國 · 義治를 의미한다. 天人觀은 崇天保民이다. 君道論에는 以德行仁, 貴德尊士, 與民同好惡의 의미를 포함하고 있다. 이러한 王道政治의 正當 性 위반은 暴君으로 추방의 革命性을 전제하고 있다. 이것이 暴君放伐 論이다. 이것은 曺植의 사상과 일맥상통한다.

2. 『義』思想으로서 尊法政治

曺植의 政治思想을 종합적으로 살펴보면, 淵源上에 있어서 원시 유가 孔子(551-479B. C)의 政治思想과 비슷한 곳이 있다. 孔子의 정치상에서 仁學 體系는 바로 愛人學 내지는 知人學 體系로서의 仁學 그 자체라고 보는 것이 타당할 것이다. 여기서 仁이 궁극적으로 政治를 통해서 발현되는 君子政治이다. 군자정치는 詩書禮樂을 통한 敎化에 의한 文敎主義라고 할 수 있다. 孔子의 政治思想에서 治道觀은 重王道 輕覇道政治이다. 治本觀은 重仁輕法 仁本人治主義 도덕국가의 실현이다. 孔子가 상정한 君子政治는 治本觀인 仁本人治主義에서 그 실현가능성의 당부에도 불구하고 修身 차원에서는 仁人, 治國 차원에서는 仁治 및 仁國, 平天下 차원에서는 大同世界의 실현이라는 이상적인 목표를 제시한 것으로 보아야 할 것이다. 孔子의 治術觀은 修身主義를 體로 하고 文敎主義를 用으로 하는 修身文敎主義라고 축약해 표현할 수 있는 것이다. 孔子의 文敎主義는 禮의 중요성을 강조하고 있다. 禮는 단순히 冠婚喪際의 禮만을 지칭하는 것이 아니라 君子가 지켜야 할 禮義 및 節度를 말한다. 孔子가 말하는 禮는 衣冠, 喪祭, 典禮, 風習 등 모든 國家, 사회적 儀禮와 規範을 포함하고 있다. 이와 같은 관점에서 볼 때 孔子의 文敎主義는 禮敎主義로 풀이해도 큰 무리는 없다고 할 수 있다(『論語』; 신동준 1998, 130-145). 孔子의 政治思想의 또 다른 관점은 ① '모든 덕을 도맡아 다스리고 인격을 완성시키는 말': 채원배. 『중국윤리학사』; 양계초는 "유가가 도를 말하고 또 정치를 말할 때마다, 모두 '인'에다 그 근본을 두었다."(양계초1923. 114)) 仁으로 이론의 중심으로 삼았으며, ② 王道와 德治를 제창하였고, ③ 正名을 중시하여 君君·臣臣·父父·子子의 道를 강구하였으며, ④ 誠을 修己治人의 근본으로 생각하여 모든 일을 직접 하는 것을 가장 중요시하였고, ⑤ 정치와 교육이 같은 功能임과 임금과 師傅가 같은 직분임을 강조하여, 정치사회의 본체가 실제로 人格培養의 위대한 조직과 다르지 않다고 하였다(소공권 1965. 62). 이상과 같이 孔子의 政治思想에서 治道觀의 핵심은 重王輕覇, 重仁輕法, 仁本人治主義라 할 수 있다. 이상과 같이 禮보다 仁을 강조하고 있다. 그럼 仁이란 무엇인가? '仁'의 구조에는 血緣이라는 기초로 하고 신분제를 특징으로 하는 지배체제이다. 예는 개개인에 대하여 외적인 구속력을 지니는 관습법, 의식, 예절, 무술 등의 총체인 心理的 기준, 외재적 측면의 人道主義, 개체로서의 인격인 君子는 마침내 實踐·實用理性을 특징으로 하는 사상의 유형 有機的인 統合體를 형성하게 되었다고 말할 수 있다

　曹植의 검명에 '外斷者義'는 『周易』의 文言傳에 '義以方外'(義로써 외적인 행동을 바르게 하자)의 한 변형으로 볼 수 있다. 또한 『周易』 坤卦에서 "敬으로 안을 곧게 하고, 義로 바깥을 반듯하게 하니, 敬과 義가 수립되면 뜻을 같이하는 이 많아 德이 외롭지 않다."(敬以直內, 義以方外, 敬義立, 而德不孤)고 하여, '敬'과 '義'가 마음이 안을 다스리고 밖을 다스리는 방법임을 보여준다.[18] 이처럼 '敬·義'는 德을 배양해 가는데 안팎의 두 방향에서 서로 대응하는 연결구조를 지닌 것으로 제시되고 있다.

---

18) 『論語』: 里仁 "子曰 德不孤, 必有鄰(덕이 있는 자는 외롭지 않다. 반드시 뜻을 같이하는 이웃이 있다)."라는 내용과도 일맥상통한다고 볼 수 있다. 여기서 '鄰'은 '親' 자와 같다. 德은 孤立되지 않고 반드시 類로써 응하므로, 德이 있는 사람은 반드시 그 同類가 있어 그를 따르게 된다. 마치 사는 데 이웃이 있는 것과 같다. 孔子는 德行을 修養하면 자연히 뜻과 신념을 같이할 수 있는 친구를 얻을 수 있다고 보는 것 같다.

孟子는 '義'란 "선한 마음만 가지고는 정치를 할 수 없고 법만 있다고 저절로 정치가 되는 것은 아니다."라면서 善인 도덕 이외에 惡을 제거하는 法도 필요하다는 사실을 이미 간파한 것이다. 아울러 孟子는 "仁은 사람이 사는 안전한 집이요 의는 사람이 통행하는 올바른 길이다. 큰집을 버려 둔 채 살지 않고 큰길을 버려 둔 채 다니지 않는 것이야말로 슬픈 일이다."고 했다.[19] 여기서 '길'은 곧 節次, 過程, 通路로서 모든 수속이나 업무집행에서 볼 때는 꼭 필요한 法律, 法規, 規則 등을 의미하는 것이다. 여기서 義 또는 法은 부정적인 대응으로 仁義禮智에 反하는 행동을 규제하여 仁義禮智를 추구하는 것이다. 즉 原始儒家로의 복귀이다. 荀子는 사회의 도덕규범을 禮라고 명명했다. 그래서 그는 "禮를 벗어나면 刑을 받는다."(出乎禮則入乎刑: 修身篇)고 했는데 여기서 禮는 敬, 즉 도덕의 실천이고 刑은 義, 즉 법률의 적용을 가리킨다. 荀子가 法을 강조하면서도 끝내 道德, 예의를 우선시했던 것과 마찬가지다.

曺植도 義의 필요성을 남달리 강조함으로써 사실상 법치의 불가피성을 주장하고 있다고 볼 수 있다.[20] 曺植의 '乙卯辭職疏'(1567년 宣祖 卽位年)에서 "王이 王답지 않으면 나라가 나라답게 되지 못한다.(極不極則國不國矣)"고 주장하고 있으며, '戊辰封事'에서 관리들의 부정부패를 개탄하면서 "舜임금이 四兇을 제거하던 것과 孔子가 小正卯를 목 베던 것과 같이(如大舜之去四兇, 孔子之誅小

---

19) 『孟子』, 離婁上: "徒善不足以爲政, 徒法不能以自行",
　　『孟子』, 離婁上: "仁, 人之安宅也; 義, 人之正路也, 曠安宅以不居, 舍正路以不由, 哀哉!" 참조함.

20) 曺植의 '義' 개념의 要諦에서 6가지 의미로 나누어 설명하고 있는데 "① 威儀, ② 義, ③ 道, ④ 裁斷·制裁·格正, ⑤ 節義·忠義, ⑥ 理"가 그것이다. 이는 孔子·孟子의 '義' 觀도 이 범위를 크게 벗어나지 않는다. 김충렬, 1988, 남명학의 요체 ― '경의', 남명학연구원 편, 『남명학연구논총』제1집, p.94. 재인용하였다.

正卯)" 등은 嚴罪, 즉 법적 조치를 통한 기강확립의 주장으로 해석할 수 있다.[21] '戊辰封事'는 曺植이 君王의 임무와 자질함양을 요청하고 있다. 그 요점은 다음과 같다. 첫째, 治人의 道는 善을 밝히는 데 있다. 善은 정성으로 修己하는 마음에서 四德(仁·義·禮·智)을 길러야 한다. 둘째, 敬의 마음가짐에서 治人의 자질을 연마할 때 王道가 확립된다고 하여 "전하께서 敬으로써 뜻을 닦아 모든 옳은 이치를 밝히시고 몸을 진실하게 행하는 공부를 함께 실행한다면 天德에 통달하고 王道를 행하였을 때 政治敎化가 이뤄져서 백성도 본을 받게 된다."고 했다. 셋째, 人事의 正當性을 논하면서 민생과 관련된 직책을 맡은 官吏의 專橫을 막고 그들의 폐단을 과감히 시정할 것을 촉구하였다. 넷째, 조정 안에는 올바른 신하를 두고서 자문을 구하여야 한다. 다섯째, 君王의 德이 治道에 절대적인 영향을 주므로 밝은 통찰력으로 통치할 것을 간청하였다. 이러한 점으로 미루어 曺植의 義는 君義로서 君臣間의 道德, 君子가 지켜야 할 준칙, 公 조직과 公益을 위한 마음이나 행동 등의 뜻이 있으며, 王權의 법률에 의한 遵法政治의 法治思想을 의미한다.

위 내용을 요약하면 敬은 外敬은 德治, 王道, 社會, 倫理, 文化 등과 상통하고, 義는 法治, 覇道, 國家, 政治, 軍史의 실천적 측면

---

21) 『南冥集』, 卷二, 卷八十一, 八十二. 「戊辰封事」 참조함. 戊辰封事는 1568년 宣祖 즉위년 曺植이 68세 때에 지어진 것으로서 만년의 성숙한 저작에 해당한다. 이 글은 '明善'(선을 밝힘)과 '聖身'(몸을 성실하게 함) 두 측면에서 '內聖外王'의 학문을 개괄하고 있다. '明善'은 '窮理'에서 기인하고, '窮理'는 독서·義理를 강론함·일처리에서 그 적합성을 추구하는 데 달려 있다. '明善'은 원래 본성 안에서 갖추어진 仁義禮智를 드러내는 것으로서 이른바 '본체를 밝혀서 작용을 이루는 것'(明體以致用)이다. 이 때문에 마음에 근거하여 실천을 할 수 있고 王道를 행할 수 있는 것이다. 곧 曺植은 학문의 순서는 '明善'에서 '誠身'·'謹獨'(혼자 있을 때 조심스러워함)으로 그리고 '力行'으로 나아간다고 보고 있다.

이 강하다고 할 수 있다. 曺植 성리학은 뚜렷한 실천적 특징을 갖
추고 있다. 義의 실천은 주로 '內聖'(氣節, 德操, 그리고 人格培養)
의 체현에 있는 것이다. 孟子가 義之端을 是非之心이라고 한 데서
우리는 '義'의 성격을 어느 정도 알 수 있다. '大義明分'에서도
'義'는 분별기능으로서 매사에 있어 善惡, 是非, 黑白을 가르는 것
으로 차가움·엄격성·공정성의 의미를 내포하고 있다. 이 점은 曺
植의 行義를 강조한 데서 잘 나타나 있다고 하겠다.

　16세기 성리학적 세계관에서 曺植의 학문이 어떠한 위치에 있으
며 그 의미는 어떤 것인가를 살펴보면 다음과 같이 요약해 볼 수
있다. 첫째, 16세기는 성리학적 세계관이 확립되었던 시기로 曺植
은 '內敬外義'의 학문적 태도를 견지하고 있다. 둘째, 曺植의 敬義
之學은 內的인 修養의 측면에서는 敬의 학문이라고 할 수 있는데,
성리학적 수양방법을 적용하는 위에다 특히 老莊의 수양방법도 도
입하며 佛敎와 陸王學에 대해서도 유연한 수용의 자세를 가지고
있었던바, 이는 曺植 학문이 가지는 開放性으로서 16세기 이후에
전개되는 학문의 경직성에 비추어 보면 특히 의미가 깊은 것이다.
셋째, 曺植의 敬義之學은 외적인 행동의 측면에서는 義의 학문이
라고 할 수 있는데, 성리학적 이론에 대한 탐구 자세를 적극 배제
하고 '致用'과 '實踐'을 강조하는 현실 지향적 성격이 매우 강하였
던바, 이는 16세기 이후 전개되는 지나친 이론에의 몰두로 인한 폐
해를 상기하면 그 意義가 크다(이상필 1993. 7-21). 曺植의 敬과
義 중시는 그 시대의 조선왕조에서 주자학이 살아 있었던 사상으
로서 존재하였음을 나타낸다. 이러한 실천의 精華는 반드시 문헌이
라는 형태로 남아있는 것은 아니지만 그 문류 가운데서 무언의 가
르침으로 전해져 많은 후학과, 의병활동, 민권운동으로 전해졌던
것이다(土田健次郎 2001, 41-42). 曺植이 가진 학문의 개방성은

'敬'을 바탕으로 하여 韓國儒學思想의 精神史에서 氣節을 중시하며, '義'를 바탕으로 하여 현실에 깊은 관심을 가지면서 과감하게 행동할 수 있는 유학자였다. 16세기 儒學思想의 展開 과정에서 曺植은 程朱의 正統性理學만 신봉하는 李滉과 달리 원시유학도 중시하면서 宋代의 程朱를 아울러 佛敎, 陸王學, 老莊思想을 두루 포괄한 學問的 開放性, 실천을 강조하는 現實 志向性을 볼 수 있다.

Ⅳ. 결 론

어느 시대에나 노출되는 권력현상의 상황적 모순을 극복하여 민족의 새로운 가치를 창출하고 보편적 이념으로 정립되고 역사의 전환점을 찾고자 시대를 초월하여 사상가를 재인식, 재평가하는 것이 중요한 정치사상사의 임무 중의 하나이다. 이러한 고민의 결과 새로운 아이디어, 비전을 제시하고, 핵심개념을 찾아내서 수정, 보완하는 것이 중요하다. 조선조 건국과정에서 집권사대부들과 결탁하여 士族으로 성장한 많은 사람이 중앙정계로 진출했다. 조선조 중기는 시대적으로도 과도기적 색채가 강했다. 훈척세력에서 사림세력으로 이행하는 과도기로 볼 수 있다. 이러한 과도기에서 정치지배층의 권력쟁탈전이 벌어졌고 훈구세력과 사림세력의 사대사화라는 정치과정에서 훈구파들이 계속 정치지배권을 장악했다. 그러나 선조 초기부터 사림세력이 중앙정계에 등장하여 사림세력간의 권력투쟁이라는 당쟁이 벌어졌다. 김종직과 그의 문하들의 진출이 대표적이다. 16세기에는 조광조, 정여창, 김굉필, 김일손, 이언적, 이황 등 재야사림들이 중앙정계를 진출했다. 그러나 조식은 仕宦을 버리고 山林處士로서 지방에 은거하는 대표적인 학자이다. 曺植은 칼을 찬 유학자, 이황과 더불어 嶺南士林의 兩大山脈, 山林處士, 曺植 사상의 본질을 어떻게 파악할 것인가? 다양한 해석과 관점에 따라 다양한 평가를 할 수 있다. 그만큼 그의 사상적 이해의 폭이 다양하다고 할 수 있다. 원시유가로의 복귀, 反官愛民 선비, 개혁적 지리산인, 도학사상으로서 敬과 義 사상, 우국의 지성인, 교육사상, 仁祖反正[22] 이후 수제자 정인홍의 실각, 곽재우 등의 의병활동 등 다양한 관점에서 曺植의 朝鮮儒學史, 韓國知性史에서 歷史的

---

22) 仁祖反正은 1623년(인조1년) 西人 일파가 광해군 및 大北派를 몰아내고 綾陽君 종(倧: 인조)을 왕으로 옹립한 사건이다. 宣祖의 뒤를 이어 왕위에 오른 광해군은 黨論의 폐해를 통감하고 이를 초월하여 좋은 정치를 해 보려고 애썼으나, 자신이 대북파의 도움을 받아 왕위에 올랐기 때문에 당론을 초월할 수 없었다. 처음에는 李元翼·李恒福·李德馨 등 명망 높은 인사를 조정의 요직에 앉혀 어진 정치를 행하려 하였으나, 李爾瞻·鄭仁弘 등 대북파의 무고로 친형 臨海君과 異母弟 永昌大君을 죽였으며, 또 계모인 仁穆大妃를 유폐하는 패륜을 자행하였다. 이와 같은 광해군의 失政이 계속되어 기강이 문란해지자 서인 李貴·金自點·김류·李适 등은 反正을 모의, 1623년 3월 21일을 거사일로 정하고 모든 계획을 추진하였다. 도중에 이이반의 누설로 탄로될 위기에 놓였으나 예정대로 거사를 단행하였다. 李曙는 長湍에서, 李重老는 伊川에서 군사를 일으켜 弘濟院에서 김류의 군대와 합류하였다. 이 군대를 능양군이 친히 거느리고 이괄을 대장으로 하여 12일 밤에 彰義門으로 진군하여 훈련대장 李興立의 내응으로 반정군은 무난히 궁궐을 점령하였다. 이어 왕대비(인목대비)의 윤허를 얻어 능양군(인조)이 왕위에 올랐다. 광해군은 醫官 安國臣의 집에 피신하였다가 잡혀 庶人이 되었으며 강화도로 유배되었다. 대북파 이이첨·정인홍·李偉卿 등 수십 명은 참수되었으며, 추종자 200여 명은 유배되었다. 반정에 공을 세운 이귀·김류 등 33명은 3등으로 나누어 靖社功臣의 호를 받고 권좌의 요직을 차지하였다. 그러나 이 論功行賞이 공평하지 못하다 해서 1년 후에 이괄의 난이 일어났다. 반정 후 남인의 이원익이 영의정에 영입됨으로써 남인도 제2의 당세를 형성하게 되었다.

評價를 할 수 있다. 국가가 어지럽고 시대가 어려울수록 사회를 깨우치며 바른 방향으로 이끄는 사상가에 대한 관심과 기대가 커진다. 曺植의 사상 재평가가 필요한 목적이 여기에 있다. 曺植에 대한 평가는 비판적 실천적 지식인으로, 그의 학문과 사상은 민을 주체로 한 혁명성의 내포 또는 실학적 단서를 연 것으로까지 이해되고 있다. 曺植의 敬은 자기를 정중히 하면서 다른 사람을 정중히 한다는 것이다. 義는 행동의 올바름을 의미한다. 賢君은 어질고 현명한 군주이며, 聖君은 가장 어질고 가장 현명한 국왕을 매개의 독재체계에서의 일원화, 즉 중앙집권제의 필연성, 민중의 역할과 참정, 관료배들의 성격과 지모의 강조 그리고 나라와 국민의 이익에 어긋나는 정부를 타도하는 혁명의 인정을 의미한다. 이 모든 것은 500년 후인 현대 세계에서 그 어느 곳에서도 실행되지 못한 추상적 이상사회의 대안이다. 曺植은 16세기 朝鮮中期 한국유학의 多樣性을 보여 주는 대표적 思想家이자 教育者이다. 그의 도학사상을 한마디로 압축한다면 敬과 義를 바탕으로 한 실천적 분투노력하는 '內聖外義'라고 표현할 수 있다.

曺植의 사상이 嶺南 士林世界와 儒教國家에 끼친 政治思想的 영향과 공적은 네 가지로 요약할 수 있다. 첫째, 四大士禍로 인해 頹喪한 사림의 사기를 진흥시킨 士林精神의 기상을 재정립하였다. 둘째, 벼슬을 하지 않으면서도 現實政治를 외면하지 않고 관의 타락과 횡포를 비판하고 士尊官卑의 가치관을 확립했다. 셋째, 主敬果義의 학문을 가르치고 고매한 人格修養과 함께 義를 위해 목숨을 바치는 有備無患의 精神修養을 가르친 것이 壬辰倭亂과 같은 국난극복의 殺身成仁하는 의병활동의 많은 의병장을 길러 냈다. 넷째, 朝鮮朝 中期 四大士禍 이후 精神儒學의 선비정신[23]을 확립했다. 선비의 학문은 알기만 하면 족한 것이 아니라 反躬體驗과 持

敬實行이 더욱 중요한 것이라 주장하였다. 그는 특히 '敬·義'를 높였는데, 마음이 밝은 것을 '敬'이라 하고 외적으로 과단성이 있는 것을 '義'라고 하였다.

이 연구에서 밝히지 못한 曺植 사상의 한계 및 부정적 의문점, 1. 16세기의 조선사회가 사상적 다양성을 경험하고 있었는데, 어떻게 퇴계의 주장이 사림의 지지를 확보하게 되었는가 하는 점과 아

---

23) 朝鮮時代의 學問史와 政治思想史는 儒學政治 支配의 歷史이다. 曺植 사상은 精神儒學의 실천적 선비정신이 내포된 대표적 사상가이다. 조선조 士林의 精神世界는 書院中心으로 올바른 선비정신을 확립하였다. 선비정신을 요약하면 8가지 의미로 압축해 볼 수 있다. 士란 十가지 일을 하나(一)같이 처리할 수 있는 能力者, 知識人, 讀書人, 官僚, 山林處士, 士族, 士大夫를 총칭한 말로서 지배양반층을 지칭하는 신분개념이다. ① 선비의 삶은 敎學에 있다. 이들의 敎學 理念은 人間敎化의 自己完成에 두었으므로 敬으로 사람 됨의 길을 수학하였다. ② 올바른 政治意識을 심어 주었다. 孔子의 正義實踐을 중요시하여 修己한 뒤 治國하였으므로 出處가 분명하였다. ③ 官職을 비롯한 公職에 대한 進退가 분명하여 책임 있는 공직업무를 수행하고 對國民에 대하여 羞惡之心을 갖는 의의 기준이 확고해야 한다. ④ 公論에 의한 輿論政治를 하여야 한다. ⑤ 義로움에 剛直함을 보여야 한다. ⑥ 士氣는 禮가 바탕이 되며 義로 집약된다. 선비는 자신들의 삶에 대한 正當性에 부끄러움이 없어야 한다. 이것을 孟子는 義로 集義하였는데 선비의 氣節은 義의 實踐精神에 있다고 본다. ⑦ 선비는 修己治人의 역할을 담당할 수 있을 것이다. ⑧ 孟子는 '선비는 뜻을 높이고 仁義를 높인다. 선비가 취할 것은 義이고, 선비가 머물 곳은 仁이다. 仁에 머물고 義를 좇는다면 선비의 자격을 갖춘 것이다. (맹자진심상편)'고 하였다. 여기서 ④번의 公論은 儒學政治에 있어서 '公論', '正論' 그리고 '正統論'의 본질이 무엇인지 매우 불명확하다. 公論을 儒學者, 士林, 知識人, 官僚 등의 다수견해로 볼 것인지, 言論 三司의 견해로 볼 것인지, 君主의 要求와 支持, 同意, 承認을 얻은 견해로 볼 것인지, 아니면 단순히 그 당시 支配的인 黨派의 견해로 볼 것인지 명확하지가 않다. 儒學政治에서 公論이란 正論이라는 의미를 함축하고 있으며, 공자·맹자·정자·주자의 유학지배에 의한 예적 질서의 학통 계승 의미를 가지고 있다. 그 당시 구체적인 정치상황 속에서 지배적 담론인 항상 어떤 특정한 견해를 지칭하고 정치권력의 지배세력 중심으로 변화하고 있음을 알 수 있다.

올러 曺植은 왜 광해군2년 수제자 정인홍이 활동한 시기인데 1610
년에 사림세계에서 결정된 문묘종사 '東方五賢'에서 빠졌는가?

2. 이황의 주장이 확립되어 가는데 특별한 시대적, 사회적인 요인
이 있었는가 하는 점이다. 또한 李滉과 奇大升의 四端七情論에 관
한 曺植의 理氣論에 대한 구체적 언급이 없다는 점이다.

3. '敬義'와 실천 위주의 曺植 학문이 과연 성리학의 경계할 요소
가 되는 것인지 하는 점이다. 그렇다면 당시 사림세계에서 왜 그
정당성의 지지세력을 확보하지 못했는가?

4. 曺植의 聖君論에 입각한 개혁론은 구체성과 현실성이라는 측면
에서는 한계를 가진다. 다시 말해 현실인식의 정확성과 비판의 엄
정함에도 불구하고 현실을 타개하기 위한 개혁론은 다분히 추상적
인 것이었다. 이것은 조선 후기 실학파들과는 물론이고, 사림정치
의 선배사상가들의 개혁론과 비교해 보아도 그러하다. 曺植의 聖君
論은 趙光祖의 至治主義에 입각한 王道政治에 접맥된다. 군주의
수양을 통한 王道政治는 실현될 수 없었을 뿐만 아니라 실행에 옮
겨진다 하더라도 中宗과 趙光祖의 관계에서 보듯이 그것은 위험한
것이었다. 현실 군주정치에서는 성군일 수 없었고, 王道政治의 실
현은 무엇보다 군주 자신이 수용할 수 없었기 때문이다.

5. 16세기 조선조 중기 대표적 사상가인 李滉과 曺植은 在朝·在
野에서 새로운 執權勢力으로 성장한 사림정치의 영수로서 당시 朝
野가 안고 있는 제도적 모순과 현실의 부조리, 잘못된 義禮와 官
行 및 朱子學의 한계에 대한 언급이 없다는 것이다.

曺植의 政治思想은 바로 孔子(仁)·孟子(義)의 道로써 근본으로
삼았다. 曺植은 大學之道(格致誠正修齊治平)를 깊이 알고 있었
다.24) 그는 伊尹의 포부를 가졌으나 다만 伊尹과 같은 때를 만나
지 못했다. 그는 爲學의 방면에서는 顏回를 표준으로 삼았으나 다

만 그의 물질적 환경은 顔回와 비교하여 조금 좋았던 것 같다. 그는 嚴光을 매우 존경하였으나 오직 세상을 구하고자 하는 마음을 잠시도 잊지 않았으니, 嚴光이 철저히 세상에서 숨었던 것과는 같지 않다. 그는 비록 제갈량을 영웅으로 칭찬하였지만 제갈량이 昭烈이 三顧草廬하여 출사한 것에 대해서는 약간의 말이 있었고 동시에 제갈량의 法家的 경향에 대해서는 불만스러운 뜻을 가진 것 같다. 그는 朱熹를 매우 尊崇하여 주희의 言行과 著作을 철저히 파악하기를 희망하였고, 이로써 孔孟의 道를 깊이 이해하였다. 그는 조선 중기 한 사람의 純儒이며, 한 사람의 山林處士라고 하겠다. 中國의 周道濟는 曺植의 政治思想의 구체적 특징을 요약해 보면 ① 王道 · 仁政 및 德治의 창도, ② 以君爲尊 以民爲本, ③ 政

---

24) 曺植은 實踐躬行을 강조하며 四書중 『大學』의 修己治人에 매우 중요시하고 있다. 『大學』의 三綱領 八條目을 그림으로 설명하면 다음과 같다.

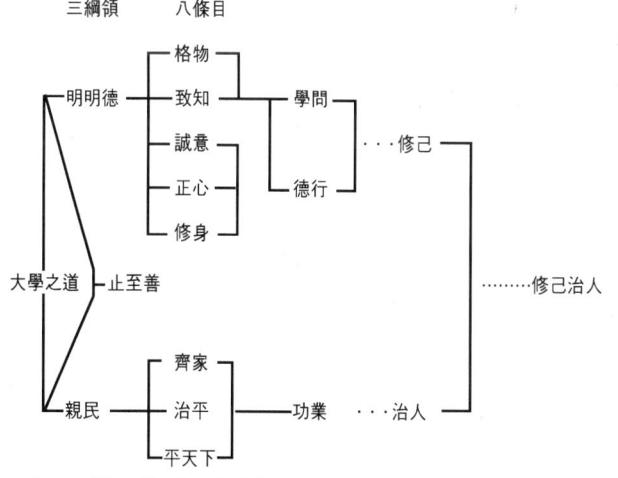

조식은 '敬 · 義'의 실천을 위한 학문과 사상, 앎과 행동을 일치시켜 실천한 조선 중기 성리학자이다. 뿐만 아니라 스스로 體化시켜 '義'를 향해 정점에 오른 영남사림의 실천적 지식인이었다.

治의 要諦는 첫째로 사람을 씀에 있음(用人之道), ④ 澈底한 改革
과 嚴格한 執行을 希望함, ⑤ 愛國憂時를 항상 마음에 품음, ⑥
進退出處에 한결같이 구애되지 않음으로 요약하고 있다(周道濟
1997. 14-31).

16세기 조선 중기의 정치적 격변기였다. 曺植도 혼란과 위기 그
리고 정치적 갈등의 정치화 시대에 살고 있다. 이상과 같이 曺植의
사상을 재조명함에 있어서 겸허한 자세와 냉철한 자기반성과 비판
이 필요한 때라고 본다. 500년 전 조선 중기 曺植이 살았던 유교
문화의 왕조 지배체제는 소멸했지만, 현대 생활에서 남아 있는 전
근대적 先賢들의 儒敎思想과 儒敎文化 속에 남아 있는 인식에 대
해서 냉철한 비판적 의식을 통해서 韓國政治의 權威主義 政治體
制에서 발생하는 부정적 非民主主義 요소를 과감히 청산하고, 지
금까지 존재해 온 道德的 敎育의 긍정적인 儒敎文化의 精神的 傳
統思想을 복원하고 冠婚喪祭의 禮的 秩序化의 기능적 측면은 유
지, 계승, 그리고 발전시켜야 한다. 曺植은 기존의 정치제도의 현실
적 개혁의지, 참여하는 山林處士 曺植의 義를 향한 과단성, 君臣
關係의 횡적 파악의 혁신사고, 16세기 조선 중기 精神儒學의 士林
學風을 일으킨 義·氣節의 崇尙은 民權運動으로 이어졌다. 曺植
사상의 재조명은 朝鮮儒學史를 풍부하게 하는 것 못지않게 현대인
들의 정신 면에서 주체의식 확립이 중시되어야 한다.[25] 조선조 유

25) 한국정치사상사 연구에서 인물중심의 개인 정치사상 연구는 사상사학
에 있어서 가장 기본이 되는 기초작업에 해당된다고 할 수 있다. 한
시대를 풍부했던 유력한 사상가들의 저술이나 행적에 대한 연구를 통
해서 시대사상의 개별적인 의미가 밝혀질 수 있고 또 그러한 작업의
축적을 통해서 시대사상의 전체적인 모습을 드러낼 수 있기 때문이다.
그러나 인물 중심의 개인사상 연구가 사상사학의 궁극적인 목표가 되
는 것은 아니다. 사상사학은 유력한 인물들의 개별적인 사상과 더불어
그것들이 각기 지니고 있는 역사적 및 사회적 위상과 구조적 연관성

학사상사는 성리학적 이론유학사상의 체계화한 퇴계학, 정치교육 사상의 율곡학, 실학사상의 다산학, 정신유학의 남명학이 조화를 이룰 때 비로소 韓國儒學 政治思想史가 확립될 수 있다고 본다.

에 대한 체계적인 조명을 통해서 비로소 완결성을 갖는 것이기 때문이다. 여기에서 다시 유의될 필요가 있는 것은 개인사상 연구의 충실한 축적이 없이는 어떠한 형태의 체계화 작업도 실효를 거둘 수 없다는 점이다. 개인사상 연구의 중요성은 바로 이러한 관점에서 다시 강조될 필요가 있는 것이다(강광식 1997. 11). 또한 특정 인물 중심으로 집중적 연구가 이루어지고 있는 한국정치사상사 연구 현실에서 지금까지 연구가 미진한 미개척 분야의 사상가에 대한 연구는 매우 중요하며 이러한 작업은 한국정치사상사의 통사적 연구 완성에 기여할 것이다.

● 參考文獻 ●

1. 1次 資料(原典)

『南冥集』, 『朝鮮王朝實錄』: (中宗實錄, 明宗實錄 - 宣祖實錄, 宣祖
修正實錄, 仁祖實錄, 玄宗實錄, 正祖實錄), 『退溪全書』, 『訒齋集』, 『光海
君日記』, 『星湖僿說』, 『燃藜室記述』, 『國朝人物志』, 『論語』, 『孟子』, 『大
學』, 『承政院日記』, 『乙卯辭職疏』, 『戊辰封事』, 『東儒師友錄』, 『陶山及門
錄』, 『德川師友錄』

2. 저서

강주진. 1971. 『이조당쟁사』. 서울대학교출판부.

경상대학교 남명학연구소(편). 2001. 『한국유학사상 남명학의 위상』.

──────────────────. 1991 - 2003. 『남명학연구』(창간호 - 제13집).

경북대학교 퇴계연구소(편). 1999. 『한국의 철학』제27호.

김명하. 1997. 『중국고대의 정치사상』. 대구: 청림.

남명학연구원(편). 1988 - 2003. 『남명학연구논총』. 제1집(1988) - 제11집
(2003). 진주: 남명출판부.

남명학연구원. 2001. 『남명학과 21세기 유학부흥운동과 전계』.

남명학회·서울대학교교육연구소. 2001. 『남명 曺植선생의 생애와 사상』.

노사광/정인재(역). 1992. 『중국철학사』(고대편). 탐구당.

박병련 외. 2001. 『남명曺植』. 청계.

박충석. 1982. 『한국정치사상사』. 서울: 삼영사.

배종호. 1978. 『한국유학사』. 서울: 연세대학출판부.

소공권. 1965. 『중국정치사상사』. 台北: 中華文化出版社業會.

_____. /최명·손문호(역). 1998. 『중국정치사상사』. 서울대학교출판부.

양계초. 1923. 『선진정치사상사』. 상해: 상무인서관.

왕운오. 1969. 『송원정치사상』. 台北: 商務印書館.

宇野哲人/박희준(역). 1997. 『중국의 사상』. 대원사.

유교사전편찬위원회 편. 1990. 『儒教大事典』. 서울: 박영사.

윤사순·고병익. 1987. 『한국의 사상』. 서울: 열음사.

윤사순. 1997. 『한국유학사상론』. 서울: 예문서원.

이황·이이/이상은·이병도(역). 1985. 『한국의 유학사상』. 서울: 삼성출판사.

이상은. 1974. 『퇴계의 생애와 학문』. 서문문고.

이성무. 1998. 『조선왕조사』1. 2. 동방미디어사.

이재석 외. 2002. 『한국정치사상사』. 서울: 집문당.

전락희. 1995. 『동양정치사상연구』증보판. 단국대학교출판부.

장군려. 民國74. 『신유가사상사』. 台北: 홍문관출판사.

장현근(편). 1997. 『중국정치사상입문』. 서울: 지영사.

조길혜 외. 1991. 『중국유학사』. 하남성: 중주고적출판사.

조셉니담/이석호 외(역). 1998. 『중국의 과학과 문명』Ⅰ. Ⅱ. Ⅲ. 서울: 을유문화사.

정윤재 외. 1999. 『한국정치사상사의 비교연구』. 성남: 한국정신문화연구원.

풍우란/정인재(역). 1999. 『중국철학사』. 서울: 형설출판사.

한양서원. 1925. 『전고대방』. 대동인쇄주식회사.

한국사상연구회(편). 1996. 『조선 유학의 학파들』. 예문서원.

현상윤. 1982. 『조선유학사』. 현음사.

3. 참고논문

강광식. 1993. "정파정치와 관련한 조선조의 유교정치문화: 사화와 당쟁의 정치문화 비교분석", 『한국의 정치와 경제』제3집. 성남: 정신문화연구원.

_____. 1997. "한국정치사상사 자료선집(조선시대편)편찬을 위한 에비연구", 한국정신문화연구원 편. 『한국의 정치와 경제』제10집.

권인호. 2001. "남명학파 정치사상의 현대적 재조명: 경세시중과 반민시폐를 중심으로", 남명학연구원(편). 『남명학과 21세기 유학부흥운동 전계』.

김충렬. 1988. "남명학의 요체 — '경의'", 남명학연구원(편). 『남명학연구논총』제1집.

김용직. 1998. "한국정치와 공론성(1): 유교적 공론정치와 공공영역", 『국제정치논총』38(3).

박병련. 1997. "남명曺植의 정치사상과 사상사적 위치", 한국정신문화연구원 편. 『정신문화연구』권20, 3호.

_____. 2001. "남명 사상에서의 도학과 정치", 『남명曺植』. 청계.

박홍규. 2001. "남명曺植과 山崎闇齋: 處士 · 賓師 · 王師", 『한국유학사상 남명학의 위상』. 경상대학교 부설 남명학연구소.

박충석. 1995. "유교의 정치학: 원리적 고찰", 이화여자대학교(편). 『사회과학논집』제15집.

_____. 1998. "조선주자학의 존재양식: 그 규범적 성격", 이화여자대학교 사회과학대학 사회과학연구소(편). 『사회과학연구논총』제2호.

손병욱. 1992. "남명'경의'사상의 기저로서의 정좌수행", 남명학연구원(편). 『남명학연구논총』. 제2집(1992)

설석규. 1999. "16세기 영남학파의 정치철학 형성과 붕당론", 경북대학교퇴계연구소(편). 『한국의 철학』제27집.

_____. 1994. "16-18세기 유소와 공롱정치", 경북대학교박사학위논문.

신동준. 1998. "선진 유법가의 치도관과치본관의 비교연구: 관중에 관한 논의를 중심으로", 서울대학교 박사학위논문.

윤대식. 2001. "맹자의 정치사상 연구: 왕도주의와 정치권력의 정당성을 중심으로", 한국외국어대학교 박사학위논문.

이수건. 1999. "퇴계와 남명의 역사적 위상", 경북대학교 퇴계연구소 (편).『한국의 철학』제27집.

_____. 1992. "남명학파 의병활동의 역사적 의의", 경상대학교 남명학연구소 편.『남명학연구』. 제2집.

이상필. 1993. "16세기 유학사상의 전개와 남명의 학문", 경상대학교 남명학연구소(편).『남명학연구』. 제3집.

이지경. 1999. "李彦迪의 政治思想研究", 동국대학교대학원 박사학위논문.

_____. 1995. "16세기 사림파 정치사상 연구", 서원대학교 사회과학연구소(편).『사회과학연구』제8집.

_____. 1997. "회재 이언적의 왕도정치사상", 유광진 외.『한국정치의 쟁점과 과제』. 서울: 정익사.

_____. 1997. "회재 이언적의『태극문변』에 관한 연구", 동국대학교대학원(편).『동원논집』제10호.

_____. 1997. "회재 이언적의『대학장구보유』에 관한 연구: 주자의『대학장구』해석에 대한 근원적 비판을 중심으로", 청주대학교 사회과학연구소(편).『사회과학논총』제16집.

_____. 1998. "회재 이언적의『중용구경연의』에 관한 연구", 서원대학교 사회과학연구소(편).『사회과학연구』제11집.

_____. 2002. "주자의 대학장구에 대한 이언적의 비판", 한국·동양정치사상사학회(편).『동양정치사상사』. 제1권2호.

_____. 2003. "조광조의 유교국가에 관한 연구: 정치개혁론을 중심으로", 한국사회역사학회(편).『담론201』. 봄·여름호. 제14집. (2003. 08. 30). 담론사.

조길혜. 2001. "조남명여이옹유학사상비교연구", 남명학연구원(편).『남명학과21세기유학부흥운동 전계』.

조회환. 2001. "조남명의 덕치사상과 법치사상의 고찰", 남명학연구원
(편). 『남명학과 21세기 유학부흥운동 전계』.

土田健次郎, 2001. "『학기유편』을 통해 본 남명의 성리학적 사유의 특
색", 경상대학교 남명학연구소(편). 『남명학연구』제11집.

周道濟. 1997. "南冥先生 政治思想的 研究", 남명학연구원(편). 『남명
학연구논총』. 제5집.

4. 정기간행물 및 국외문헌

Allan. Sarah. 1981. "Sons of Suns: Myth and Totemism in Eary
China", Bulletin of the School of Oriental and African studies,
Vol.XIVI part3: 290－326.

Chang. Kwang－chih. 1983. Art, Myth and Ritual. Cambrigge and
London: Harvard University Press.

_____. 1980. Shang Civilization. New Haven: Yale
University Press.

_____. 1977. The Archaeology of Ancient China. New
Haven: Yale University Press.

Edward W. Wagner. 1980. "이조 사림문제에 관한 재검토", 『전북사학』4.

James B. Palais. 1991. Politics and Policy in Traditional Korea.
Cambridge: Harvard University Press.

John B. Duncan. 1995. "A Reconsideration of The 'Sarim' of The
Choson Dynasty: Cho Nam－Myong and the Sarim", 남명학연
구원 편. 1995. 『남명학연구논총』. 제3집.

Kneightley. David. 1999. "The Oracle－Bone Insccriptions of the Late
Shang Dynasty", De Bary and Bloom(ed). Sources of Chinese
Tradition, second edition. New York: Columbia University

Press. pp.3－23.

_____. 1978. "The Religious Commitment: Shang Theology and Genesis of Chinese Political Culture", History of Rligions Vol.17: 211－225.

Latourette. Kenneth Scott. 1946. The Chinese. Their History and Culture. New York: The Macmillan Company.

『동아일보』. 1995. 01. 26; 1997. 09. 29.

『중앙일보』. 2002. 08. 02; 2001. 01. 04; 1995. 02. 07.

『대구매일신문』. 1982－1983; "영남학맥: 남명편", 기획시리즈<42－46>.

『경남신문』. 1986. 08. 01; 1986. 07. 31.

南冥先生 影幀

제9장

李滉의 政治思想[1]

---

1) 이 연구는 국제문화학회(편), 『역사와 사회』제33집, 2004년 겨울호에 게
재한 글을 수정 보완한 것임.

(도산서원 가을풍경)

I. 緒 論

朝鮮朝 政治理念인 性理學은 조선왕조의 건국(1392)과 함께 지배이념으로서 위상은 확보했으나 조선 초기의 그것은 사실상 형식만 있고 내용 없는 상태로 건국이념의 정권유지 명분의 수단으로 기능하는 데 그치고 있었다. 朝鮮朝 儒敎國家의 통치이념인 性理學은 양반 중심의 착취적 사회·경제, 문약하고 공리·공담에 가까운 性理學的 文化, 그리고 그 위에서 士禍와 黨爭, 세도 등으로 점철된 王朝體制의 權威主義的 정치, 군주의 억압정치 그런 것들이 일반적으로 조선왕조에 대한 역사상을 구성해 왔다. 조선왕조는 유교국가를 統治理念으로 명백히 표방했지만 실제의 통치는 그것을 도덕적으로 內面化하는 데 이르지 못했다. 그런 상황에서 사림은 투철한 儒敎精神에 입각하여 국가의 근본적인 儒敎的 禮의 秩序化를 부르짖었다(서원대신문. 1992). 조선왕조의 창업과정에서 왕권은 강화되었지만, 그것이 곧 초기의 국왕들의 현명하고도 절제 있는 권력사용을 보장해 주는 것은 아니었다. 국왕과 신료들에 대한 고양된 신유학의 철학적 지침에도 불구하고, 조선왕조는 개인적 야심을 충족하기 위해서 전통과 규범을 무시하는 것과 같은 세계사의 다른 왕정들이 똑같은 왕권 폐위와 찬탈이 진행되었다. 1398년과 1400년에 태종의 왕위계승 질서무시, 1455년 세조의 왕위 찬탈은 왕권의 정통성의 토대는 무너지기 시작했다. 또한 무능한 군왕을 대치시킬 수 있는 메커니즘이 유교적 왕정체제 안에는 존재하지 않았다. 오히려 조선왕조는 극소수의 관료만이 국왕의 정당성에 도전할 수 있었다. 유교는 국왕에 대한 충성심을 매우 중요시하

였고, 국가의 군사력이 국왕에게 집중되어 있었기 때문이다(박현모 2003, 73-76). 조선조 性理學은 과도하게 哲學的이고, 또 지나치게 經學的이었다. 이로 인해 당시에는 性理學的 우주관과 인간관에 입각한 政治哲學의 형성에 의한 유교적 국가주의의 토대를 둔 국가 통치의 이념적 방안이 제대로 확립되지 못한 상황에서 왕권과 결탁한 勳舊士族들과 이들 전제군주정치 세력을 비판한 士林士族의 이념대립 속에서 정치적 격변의 士禍로 이어졌다.2) 16세기는 勳臣政治에서 士林政治로 이항하는 과도기였다. 甲子士禍(1504), 中宗反正(1506), 己卯士禍(1519), 乙巳士禍(1545) 등 여러 차례 士禍로 인한 정치적 격변기였다. 이러한 정치과정에서 통치층 내부의 君·臣의 義를 둘러싼, 이른바 統治者의 自己規律과 修身의 문제가 사상가들 사이에 당면의 정치적 과제였다(박충석 1982, 23). 조선조에 있어서 주자학이 조선조 주자학으로서 체계화된 것은 16세기 후반 퇴계의 단계에 이르러서였다고 할 수 있다(박충석·유근호

---

2) 儒敎政治의 肯定的 측면과 否定的 측면을 보면, 韓國의 歷史에 있어서 儒敎 내지 儒學의 社會的 役割에 對하여 오래전부터 상당히 否定的인 見解를 지녀 왔다. 말하자면 朝鮮時代에는 支配階級인 兩班 特權層이 性理學의 修己治人의 形式을 통하여 저들의 權益을 擁護-代辯하면서 被支配階級인 民衆, 즉 農民-賤民을 抑壓한 것으로 봐 온 것이다. 그리고 20世紀에 들어와서는 먼저 日帝가 儒敎의 社會倫理를 그 主 內容으로 하는 修身敎育을 실시하여 저들의 植民地 統治를 강화하려고 했던 것으로 또한 解放 後에도 朴正熙 政權이 '三綱五倫'을 強調하는 새마음 運動을 벌여 軍事獨裁 體制를 維持하려고 한 것으로 把握해 온 것이다. 물론 오늘날에 와서 그렇게 오래 간직해 온 見地를 그리 쉽사리 버리는 것은 아니다. 儒敎에서 아니면 儒敎의 政治的 濫用에는 그런 위험한 要素가 다분히 內包되어 있다고 믿는 것이 筆者의 確固한 입장이다. 하지만 士林이라고 일컫는 儒學者들의 肯定的인 社會的 樣相, 즉 專制政治의 弊端을 規制하고 民衆을 擁護하는 思想과 活動을 發見하게 된 것이다. 韓國의 儒學史 특히 士林의 儒學에 이러한 肯定的인 面이 있다고 생각하게 되자 士林에 대해 再檢討할 필요가 있다고 느끼게 되었다(John B. Duncan. 1995. 535-557).

1987, 37). 16세기 조선조 사회는 유교정치체제의 지배적 역사이다. 유교국가에서는 성인, 군자, 유생의 학문 권력체계가 군주, 관료 그리고 백성으로 이어지는 정치권력체계를 주축으로 하는 신분제 사회였다. 여기서 누가 군주의 정치권력을 어떻게 통제할 것인가? 아니면 군주의 끊임없는 수신을 통한 현명해지기만을 기대하는 수밖에 없는데 현명하지 못할 경우 어떻게 할 것인가? 李滉(1501-1570)의 조선 중기 영남사림 세계에서의 역사적 위치는 성리학 사상가, 교육자이다. 李滉의 사상 연구는 국내뿐만 아니라 국외에서도 역사학계와 철학계의 많은 연구 성과물이 편중된 것이 사실이다. 李滉의 사상은 역사학, 철학, 유학의 선행 연구도 중요하지만 정치학을 포함한 다양한 분야에서 연구도 중요하다고 인식하고 있다. 정치학에서 한국정치사상사 연구자들이 李滉 유학의 정치사상 연구는 그 연구의 중요성에 비해 연구성과물이 다른 사상가에 비해서는 많다고 할 수 있다. 그러나 철학, 역사학, 유학에서의 정치사상과 역사적 자료를 바탕으로 한 정치학에서 李滉 유학의 정치사상 연구는 무엇보다도 정치사상사 연구 영역에서 이전 선행 연구와 다르게 차별성을 가져야 한다. 또한 기존 정치학자들의 연구에서 논의되고 있는 李滉 정치사상의 쟁점들에 대한 비교분석도 이루어져야 한다. 유학 자체가 정치적 현실 참여를 전제하고 있다. 조선조 개국 이후 유학을 정치이념으로 하였으나 이론적 체계화와 사림정치의 본격화는 16세기 후반 李滉, 이이의 활동 시기라 할 수 있다. 본 연구는 16세기 사림정치의 핵심인 東方五賢3)(金宏弼, 鄭

---

3) 東方五賢 또는 士林五賢은 金宏弼, 鄭汝昌, 趙光祖, 李彦迪, 李滉을 통칭하는 것으로, 사림들의 절대적인 추앙을 받아 宣祖가 즉위하던 1567년 10월 奇大升은 경연에서 趙光祖를 '賢士', 李滉·金宏弼을 '賢人', 李彦迪을 '賢者'로 칭송한 일이 있었다. 표현은 다르지만 '어진 사람'이라는 점에서는 동일하다. 이후 1568년 李滉이 金宏弼, 鄭汝昌, 趙

汝昌, 趙光祖, 李彦迪, 李滉) 중 李滉의 儒學 政治思想을 연구대
상으로 한다. 조선 건국 이후 사림정치의 성장과정에서 훈구파에
전횡에 대항한 정치세력이 사림세력이었다. 16세기 사림정치의 핵
심인 유학의 정치사상인 李滉의 儒敎的 士林政治論 중심으로 연
구하고자 한다. 또한 李滉 정치사상의 선행 연구에서 논쟁이 되고
있는 연구쟁점과 보수와 개혁에 관한 정치학자들의 이념 논쟁이
되고 있는 보수와 개혁에 관해 비교분석하고자 한다. 끝으로 오백
년이 지난 현재, 李滉의 政治思想과 그 現代的 意義의 중요성을
韓國政治思想史的 입장에서 새롭게 규명하고자 한다.

II. 李滉의 歷史的 位置와 士林學脈 淵源

李滉의 이름은 滉이요, 자는 景浩, 호는 退溪, 陶翁 또는 陶叟이
다. 李滉은 조선조 燕山君7年 1501년 예안현 온계리(현 안동군 도

光祖, 李彦迪을 '賢士'로 평가했다. 1570년 李滉이 죽자 당시 사림들이
李滉에게 '賢士, 賢人' 칭호를 주면서 士林四賢에서 士林五賢이라는 용
어가 歷史的으로 발로되었고 그 후 40년이 지난 光海君2년 1610년 6월
1일 완료되었다. 1610년 음력 9월 5일 文廟從祀되었다(이성무. 1998.
490-496). 여기서 曺植이 빠져 있다는 것이다. 여기서 韓國儒學思想
先儒(陞廡) 18賢을 보면 설총, 최치원, 안향, 정몽주, 김굉필, 정여창, 조
광조, 이언적, 李滉, 김인후, 이이, 성혼, 김장생, 조헌, 김집, 송시열, 송
준길, 박세채 등이 문묘종사에 배향되었는데 그중에 조선 후기에 배향
된 9명은 모두 기호학파의 서인 일색이다. 김인후와 이이는 당쟁 발생
이전의 인물이라 할 수 있으나 그들의 출신지역과 학문적 연원 관계와
정치적 행동 정향으로 보아 서인들이 추앙하는 지역편중된 인물이다.

산면 토계리)에서 태어나, 中宗, 明宗, 宣祖의 3대에 걸쳐 벼슬을
하며 활동하였다.[4] 李滉은 16세기 정치적 격변기인 6살 때 中宗反
正(1506), 己卯士禍(1519), 乙巳士禍(1545), 丁未士禍(良才壁書事
件)를 경험했다. 한국유학사, 조선조정치사, 영남사림 세계에서 高
麗末 · 朝鮮初期 儒賢淵源의 系譜를 요약하면 高麗末, 安珦 · 權晅
→ 權溥 · 白頤正 → 李齊賢 → 李穀 · 李穡 → 鄭夢周 · 權近 · 鄭道傳
등 초창기는 인걸과 학풍 그리고 사우 관계를 중심으로 한 家學의
학맥이 발달했다. 麗末鮮初의 性理學脈을 기초로, 李滉의 學脈은
東方 理學의 祖로 칭송되는 鄭夢周→吉再→金淑滋→金宗直→金宏
弼→趙光祖→李彦迪 · 徐敬德(1489-1546) 이후 李滉, 曹植,[5] 李珥
등으로 이어진다. 좀 더 구체적으로 성리학 계보를 보면 李滉은 고
려 말 영남사림 학맥의 정통을 바탕으로 경상좌도의 경주, 안동을
중심으로 김종직의 과거 동기인 손소, 손중돈의 계열에서 불교와
노장사상을 배척한 이언적의 주리론으로 발전하였고, 권벌, 이우(숙

---

4) 李滉의 관직생활은 10여 년에 그의 본직과 겸직을 합하면 30여 종류가
   내려졌으나 실제 직함은 10여 개뿐이고 특히 관직이 높은 정삼품 이상
   의 벼슬은 받아들이지 않았으며, 그가 맡은 관직은 권력과 거리가 먼
   홍문관, 승정원, 춘추관, 경연관 직이었다. 그러나 봉건 군주시대인 그
   당시 국왕을 보필하고 왕세자를 가르치는 중요한 직책으로도 볼 수 있
   다. 관직과 저술을 적기해 보면 28세(1528) 사마시 합격, 34세 식문과
   에 급제, 승무원 권지부정사, 박사, 전적, 호조좌랑, 39세 형문관 수찬,
   45세 홍문관 전한, 48-49세 단양 · 풍기 군수, 52세 홍문관교리, 대사
   성, 부제학, 공조참판, 67세 예조판서 대제학, 판중추부사겸 지경연, 춘
   추관사 등을 역임했으며, 저서로는『주자서절요』,『계몽전의』,『송계원명
   이학통록』,『답기고봉사단칠정』,『무진육조소』,『성학십도』등이 있다.
5) 조식의 정치사상에 관한 내용은 이지경, 2003. "조식 정치사상의 요체
   '경 · 의' 연구", 한국 · 동양정치사상사학회 편.『동양정치사상사』제2권2
   호; 박병련, 2004, "남명학파와 영남 강안지역 사림의 혈연적 연대", 남
   명학회 추계 학술대회발표논문; 박현모, 2004, "남명 조식의 정치비판
   과 도덕국가론", 남명학회 추계 학술대회 발표논문 등 참조할 것.

부에게 논어를 배움), 이현보 등을 기반으로 李滉이 출기하여 주리론을 체계화하였다. 정여창, 김굉필, 김일손 등의 학문적인 전통 위에서 조식이 경상우도에서 나왔다. 이황의 문하에서 배출된 수많은 명유 거벽들은 또 다른 걸출한 인재들을 배출함으로써 이황의 유덕은 '大河無聲'처럼 흘러내렸다. 그의 문인 정구의 문하에서 장현광·허목이 나왔고 실학파의 중진 이익이 허목의 영향 밑에 퇴계를 사숙했다. 또한 유성룡 밑에서 정경세가 배출되었고 김성일 문하에서 장흥효가 나왔다. 장흥효 계통에 속하는 이대산은 소퇴계라 칭송되었다. 이러한 학통들이 영남학파의 큰 줄기들이며 조선 말엽에 이진상, 곽종석 같은 거유를 낳았다. 李滉과 조식은 여러모로 비교되었다.6) 조선 전기의 이러한 학맥 형성 과정은 학연, 지연, 인맥 중심으로 학풍에 따라 세력화하였으며 정치적 의견도 같이하였다. 이것은 조선 전기 사화로 이어지면서 사림파와 훈구파의 권력투쟁으로 발전한다. 성리학 학문의 입장이 정치·사회에 미친 영향이 컸으며 조선 후기 당쟁으로 발달한다. 李滉은 주로 『논어』, 『성리대전』, 『주역』, 『심경부주』, 『소학』 등을 주로 읽었다. 이들은 영남 사림의 양대 산맥으로 역사적 위치를 차지하고 있다(李志慶, 1999: 11). 역사적으로 16세기는 조선지성사, 한국유학 정치사상사에서 볼 때 사림정치의 성장기로 규정할 수 있다. 士란 성리학을 전공한 지식인, 관료, 사대부, 산림처사로서 그 이념을 도덕적 자기 내면화하는 선비이며 士林이란 이들의 복수개념이다. 이들은 선비로서 수기 (자신의 인격과 학문을 닦음)하여 학자, 관료인 사대부가 되어 치인 (남을 다스림)으로 정치하는 것을 治道로 삼았다(동아일보. 1997). 조선조 정치의 지배세력은 건국 이래 정치권력을 독점적으로 향유

---

6) 16세기 후반의 영남학파의 2대 산맥 李滉과 曺植의 차이점을 比較分析해 보면 다음과 같다(이수건 1992, 13). 참조 후 재작성하였다.

해 온 훈구파와 그에 대응한 정치세력이 사림파이다. 즉 유학적 사상의 세계를 철저하게 실천을 추구하는 군주의 폭군 통치세력의 통제와 도학의 주체가 사림세력이었다. 조선 전기를 두 세력 간의 갈등을 딛고 넘어서서 사림파가 정치적으로 정착하여 사림정치를 전개할 수 있게 된 시기를 명종, 선조 때라고 할 수 있다(이병걸 1990. 163).

李滉은 사림정치의 이론적 체계적으로 제시하였다. 필자가 사림정치에 더 큰 관심을 가지는 것은 그들이 유교적 국가론을 바탕으

이황	구분	조식
• 1501–1570년 • 경북 안동시 도산면 온혜리 • 안동을 중심으로 한 경상좌도 및 우도의 상주권(청량산, 소백산) • 진한지역에서 신라로 발전, 고려태조와 밀착, 공민왕의 피란, 고려와 조선시대를 통해 중앙정부와 관권에 대한 반항사례가 거의 없음	생몰연도 및 출생지	• 1501–1572년 • 경남 산청군 사천면 사리 • 진주를 중심으로 한 경상우도 및 하도의 일부 지방, 지리산, 弁韓지역에서 가야 및 신라에 병합, 후백제와 제휴, 역대정권 및 관권에 대한 저항 및 반항사례
• 理氣心性論 • 삼가고 공경하는 마음으로 나랏일을 처리해야 한다면 경을 강조 • 講學論道, 沈潛義理, 尙仁, 主理, 東方의 朱子	학문과 사상체계	• 學者의 實踐躬行 강조 • 內面的 修養이 敬과 義를 중시 • 講論보다는 스스로 경험에 의한 體得 중시, 理論보다 實踐 강조, 敬의 出處 강조, 老莊·陸王學的 요소가 있음
• 剛柔兼全, 지나친 소극성	성품	• 剛毅直方, 지나친 과격성
• 陶山及門錄 235명, 東儒師友錄 72명, 典故大方 304명(경북 115명, 경남 26명, 기타 60명) 東人⇒南人⇒仁祖反正: 西南幷存, 유성룡과 이이 등에 영향	門人數 및 學脈, 黨色	• 德川師友源錄 69명(추가 66명, 東儒師友錄 45명, 典故大方 41명(경남 51명, 경북 1명, 기타 10여 명)東人⇒北人⇒大北⇒仁祖反正, 失脚, 의병장정인홍·곽재우 등
• 自省錄 • 聖學十圖 등	저서	• 學記類編 등
• 생태주의 • 인본주의 • 仁(성호이익은 이황의 인품)	현대적조명에서 영향	• 현실비판에 철저한 실천적 지식인상 • 인본주의 • 義(남명의 인품을 성호이익)

로 정치개혁을 담당한 주체로 보기 때문이다. 영남사림[7] 세계에서
주리론의 선구자인 이언적 이후 영남학파의 양대 산맥인 조식과
더불어 李滉은 주자의 성리학적 주리론(理發氣隨說)을 이론적으로
체계화에 공헌한 사상가이다. 여기서 理는 현대적 사상 개념으로
理性이며, 氣는 感性으로 볼 수 있다. 이 시기는 거듭되는 조선조
개국(1392) 이후 정치권력의 변동이 심했던 사림파와 훈구파의 권
력투쟁인 사대 사화 이후 사림의 정치참여가 극도로 제한된 시기
였다. 인간이 어떠한 성격의 국가에서 사느냐 하는 것은 해당 개인
의 행복에 매우 중요한 영향을 미친다고 할 수 있다. 현대인은 대
부분 민주국가라는 정치 환경에 속해 살고 있으며 현대 국가에도
다양한 국가의 형태가 있다. 군주국가, 민족국가, 관료국가, 민주국
가, 유교국가 등이 있다. 외형적으로 다양하게 나타나는 국가의 형
태는 상이한 국가건설의 사상이 뒷받침하고 있을 것이다. 조선조는
유교국가이므로 유교 국가적 관점에서 정치사상의 이해를 필요로
한다. 李滉은 조선시대라는 유교국가에서 공자, 맹자, 정자, 주자의
왕도정치론을 바탕으로 유교적 이상사회 건설을 시도했다. 李滉의
사림 정치사상 요체를 치도와 치본 중심으로 볼 수 있다. 또한 사

---

7) 嶺南士林 世界는 16세기 후반에 접어들자 學界와 政界를 장악한 士林
의 政派 분열과 동시에 人脈·地緣 및 學派상으로 점차 流派가 생기
면서 東西分黨과 함께 嶺南學派와 畿湖學派로 대별되어 갔다. 高麗末
鄭夢周·吉再·金叔滋의 學統을 계승한 性理學은 15세기 후반 金宗直
을 영수로 한 新進士類를 '嶺南學派'라 한다면, 유학의 계보에서 자세
히 보면, 김종직과 과거동기인 손소, 손중돈 계열에서 이언적이 나오고
권벌, 이우, 이현보 등이 경상좌도의 기반 위에 이황이 출기하였고, 정
여창, 김굉필, 김일손 등의 학문적인 전통 위에서 조식이 경상우도에서
나왔다. 16세기 중반 李彦迪·李滉·曺植의 학풍을 포괄해서 이를 '嶺
南學派'라 할 수 있다. 1545년 乙巳士禍 이후에 굴기하여 1575년 東西
分黨 이전에 일생을 마치면서 각기 慶尙左道·右道를 대표하여 영남
학파의 2대 산맥인 退溪學派와 南冥學派를 형성하였다.

림정치의 결정적 시기로 명종과 선조 때 주로 관직에 '출처진퇴'를 거듭하였다. 그런 상황에서 사림은 투철한 儒教精神에 입각하여 국가의 근본적인 儒教的 禮의 秩序化를 부르짖었다. 이른바 士禍 등과 같은 격렬한 정치적 갈등과 權力鬪爭을 거쳐 사림은 儒教政治를 주도하게 되었다. 그로부터 정치적 갈등은 적어도 표면상으로는 君主 내지 貴族과 士林 사이에서가 아니라 사림들 사이에서 君主와 政略結婚의 人脈形成, 政治的 利益, 地域, 學風과 學脈에 따라 일어나게 되었다. 당쟁 현상은 바로 그 표본인 것이다.

世界史의 흐름에서 존재해 온 國家의 형태는 대체로 君主國家, 貴族國家, 民族國家, 民主國家로 분류할 수 있다. 儒教國家는 대체로 中國의 진한왕조에서 정형을 이루고 인접사회에도 파급되어 東洋史에서 民主國家가 탄생할 때까지 發展的으로 지속되었다. 韓國史에서는 유교국가가 三國時代 中葉에 태동하여 高麗王朝를 거치고 朝鮮王朝에 와서 완숙했다. 그 과정은 유교가 성숙한 統治理念으로 발전해 가는 과정이었고, 統治機構로서의 官僚制가 세련되어 가는 과정이었다. 무엇보다도 그것은 君主나 貴族에 대항하여 참신한 세력이 형성 대두하는 과정이었다. 구체적으로 말해 이른바 士林勢力이 그것이었다. 사림세력은 조정에서 官僚制를 장악하여 국가를 주도하거나 최소한 在野에서 비판적 역할을 수행했다. 그들은 통치에서의 公道를 강조하고 그것을 실현하거나 與論化함으로써 國家의 公論을 合理化했다.[8] 그와 같은 사림은 군주와 귀족의

---

8) 公論은 儒學政治에 있어서 '公論', '正論' 그리고 '正統論'의 본질이 무엇인지 매우 불명확하다. 公論을 儒學者, 士林, 知識人, 官僚 등의 다수견해로 볼 것인지, 言論 三司의 견해로 볼 것인지, 君主의 要求와 支持, 同意, 承認을 얻은 견해로 볼 것인지, 아니면 단순히 그 당시 支配的인 黨派의 견해로 볼 것인지 명확하지가 않다. 儒學政治에서 公論이란 正論이라는 의미를 함축하고 있으며, 공자·맹자·정자·주자의

자의적 지배에 대항하는 개방적 세력이었고, 朝鮮王朝에서 국가의 주체가 바로 그들 사림이었다는 점에서 朝鮮王朝의 유교 국가적 발전성과 역사성을 인정할 수 있겠다. 朝鮮王朝가 완숙한 유교국가였다고 했지만 그것은 儒敎國家史의 큰 틀에서였다. 조선왕조의 역사는 훨씬 더 근본적인 儒敎國家化의 과정이었다. 그것은 朝鮮中期에 이른바 사림세력이 대두함으로써 비약의 단계를 맞이한다. 高麗王朝에 비한다면 朝鮮王朝가 훨씬 성숙한 儒敎國家지만 그때까지의 朝鮮王朝는 儒敎國家로서의 측면보다는 일반적인 君主, 貴族國家의 측면을 다분히 지녔다(서원대신문. 1992). 이러한 시기에 사림정치의 중심축에서 활동한 조선 중기 정치사상가 李滉이었다.

조선 중기 정치사는 매우 복잡, 미묘한 사건들로 점철되어 있고, 여러 차례 정치적 격동기의 변혁을 거치는 과정이다. 李滉9)이 6세 때, 1506년 中宗反正10)으로 사림의 시대가 도래한 듯싶었지만 아직 막강한 권력을 향유하고 있던 구정치세력인 훈구파와 조광조 등의 과격한 신진사림이 벌인 사림정치 개혁이라는 한판 승부는

유학지배에 의한 예적 질서의 학통 계승 의미를 가지고 있다. 그 당시 구체적인 정치상황 속에서 지배적 담론은 항상 어떤 특정한 견해를 지칭하고 정치권력의 지배세력 중심으로 변화하고 있음을 알 수 있다.

9) 李滉의 정치사상연구는 박충석, 1997; 손문호, 1997, 299－346; 전세영, 2003, 7－28; 배병삼2001; 김명하, 2002; 김병욱, 2000. 등을 참조할 것.

10) 中宗反正은 燕山君12年(1506) 9월 1일 前 사조판서 성희안, 지중구부사 박원종, 사조판서 유순정 등이 신윤무, 박영문, 홍경주 등의 협력을 얻어 일으킨 쿠데타이다. 이 쿠데타의 성공으로 성종의 둘째 아들인 진성대군이 왕위에 올랐다. 이 공로로 117명이 1, 2, 3, 4등으로 나뉘어 공신록에 녹훈되었으며, 공신호를 靖國功臣이라고 하였다. 이후 그의 개혁안의 하나로 中宗反正의 유공자로 훈구파가 된 정국공신76명의 훈공삭감을 주장하는 등 제도 개혁을 서두르다 훈구파로부터 사림파의 권익 확충을 도모한다는 공격을 받아 38세의 나이에 사헌부 大司憲을 끝으로 제거당한다. 『정암문집』, 卷5 附錄 年譜와 卷6 行狀 및 『中宗實錄』 卷23, 10년 6월－7월. 참조함.

중종의 심판으로 사림이 패배하고 말았으니 1519년의 기묘사화가 그것이다. 조광조 등 사림파의 개혁실패는 그 후 사림들의 행로에 여러 가지 영향을 미쳤는데 李滉의 일생 역시 그러한 시대상황과 무관할 수 없었다. 그의 일생은 1501년에 태어나서 33세까지의 성장기, 34세부터 49세까지의 관직에 있었던 사환기, 50세부터 70세 사망할 때까지의 강의하며 학문에 침잠하던 강학기로 크게 나누어 볼 수 있다. 34세에 대과에 급제하여 비교적 순탄하던 그의 관직생활은 1543년 43세 때 成均館 大司成職을 사퇴하는 것으로 시작하여 벼슬을 거절하는 辭職의 연속이었다. 바로 이때부터 朝鮮中期 仁宗과 明宗이 교체되면서 乙巳士禍(1545)의 싹이 나타나기 시작하고 문정왕후와 윤원형을 중심으로 한 亂政이 시작되었다. 李滉은 사림정치인으로서 어려운 시대에 사직으로 일관하였다. 士大夫로서 벼슬이 당위이지만 그것을 뿌리치며 사직한 것은 구정치세력이 주도하던 시대적 한계를 극복하는 대안이었고 정치적 반대 입장의 표명으로 볼 수도 있다. 明宗 때 물러나기를 되풀이함으로써 李滉은 50세부터 70세까지의 탁월한 성리학의 이론적 체계화라는 학문적 성취와 수많은 사림들의 제자 양성이라는 두 가지 업적을 이루어 내고 있다.

李滉은 1567년 宣祖가 즉위하자 왕의 스승(王師)으로 그의 제자들이 조정에 대거 등용됨으로써 士林政治의 기반을 다졌다. 그가 68세 되던 다음 해 선조에게 올린 '戊辰六條疏'는 노학자가 어린 왕을 위하여 평생의 학문의 온축을 풀어 내 제왕의 길 여섯 가지 항목으로 제시하고 있다. 같은 해 宣祖에게 올린 '聖學十圖'는 자신이 몇십 년에 걸쳐 공부한 성리학의 요체를 열 가지로 圖說化하여 조선학자로서 성리학 체계를 독자적으로 재편성한 것이다. 性理學을 공부하는 최종목표가 훌륭한 통치를 위한 것이므로 성학이란 성리학적 帝王學을 일컬으며 궁극적으론 정치학을 말한다. 정치를 제대로 하기 위해 최고통치자인 제왕의 치열한 자기연마와 인격적 완성에 이르는 방법을 제시하고 있는 것이다. 성리학적 철학의 기초는 宇宙論的인 理氣論에 있다. 陰陽動靜하는 작용으로서의 기와 그 작용의 원리인 理에 의하여 이 세상의 모든 현상을 설명하는 이론이다. 바로 이와 기가 어떻게 상호작용하느냐 하는 문제가 당시 사람들의 철학적 논제였고 그것을 해석하는 입장에 따라 현실 문제에 대한 관점과 대처방안도 차별성을 띠게 되었다.

李滉은 理와 氣가 같은 비중으로 상호작용한다는 '理氣互發說'의 입장이었다. 그의 논의 주안점은 이의 능동성을 인정하는 데 있었다. 후에 그의 제자들이 주리론을 들고 나와 구체적인 현실보다는 원칙에 강한 이론가들이 된 근거가 여기에 있다. 李滉이 받은 국가적 예우와 그 제자들의 정계 등장은 그들의 정치적 기초이자 이념적 지주로서 기능하던 성리학에 대한 이해의 심화와 그 필요성에 대한 공감대가 그만큼 넓어졌다는 것을 의미한다. 李滉을 비롯한 사림의 학문적 축적과 제자 양성 등 각고의 노력은 조선조 중기 학계뿐만 아니라 정계에서 사림이 대세화했던 것이다. 외래사상으로서의 성리학에 대한 완벽한 이해를 이뤄 내 조선조 통치이념의 기초를 닦았다고 평가할 수 있다. 그는 을사사화 이후 낙향하여 그의 내면적이며 개인적 성찰은 敬을 실천하는 것으로 일관했다. 16세기는 조선왕조 전기의 체제가 이완되어 나타난 여러 가지 문제점과 사림과 훈구의 정치적 대결하는 과정에서, 그러한 시대적 과제를 해결할 수 있는 양심세력인 사림을 양성하기 위해 자신은 물론 제자들을 의식화시킨 진정한 사상가, 교육자였다(동아일보, 1997). 그러면 이황의 사림정치사상에서 군주론, 심학의 '경'사상, 사림의 덕치주의, 인재등용론, 민본사상을 중심으로 살펴볼까 한다.

Ⅲ. 李滉과 士林政治觀

1. 李滉의 君主論

麗末鮮初에 전래된 정주성리학은 조선 초·중기를 거치는 동안 철학적인 면에서 사단칠정과 심성론 분야에서 독자적인 연구, 발전이 있었고, 정치적인 면에서도 四大士禍 등의 정치적 권력투쟁과 사림들의 사상적 투쟁과정 속에서 혼란을 겪으며 원시유학의 왕도사상과 민본주의가 그 현실적인 구현책으로 더욱 강화되는 정치사상사적 특징을 보이고 있다(김명하 2002, 233). 조선조 유학자들의 유교 정치사상 핵심은 공자, 맹자, 순자, 주자 등에서 군주를 중심으로 大同太平, 大同治平, 大同至治, 太平聖代, 그리고 有德者 聖君賢相을 강조하는 王道政治論이다(손문호 1997, 300 - 307). 李滉의 堯舜時代의 道學 복원의 德治, 禮治, 民本, 正名의 政治思想에서 예외는 아니다(전세영 2003, 9). 李滉의 정치적 사고는 정치사회의 질서 문제를 도덕적 내면화의 차원의 해결하려는 것으로 볼 수 있다(박충석 1997, 342). 조선조 儒敎政治理念의 기본적 성격은 유교정치체제는 기원전 漢제국에서 시작되어 19세기 말까지 지속되어 온 유례없이 긴 수명을 누려 온 정치체제이다. 이러한 장수의 역사와 聖人君主의 이상을 핵심으로 하는 유교정치이념은 '무갈등의 유교정치'라는 신화 생산에 일조하였다. 그러나 유교의 성인군주 추구 정치이념은 현실의 군주 의지를 절대화하는 專制主義的 政治哲學과는 정반대로, 유학적 기준에 반해 학문적으로 수양이 부족한 현실의 군주를 聖人君主의 이상에 끊임없이 대치시킴으로써

현실 군주의 절대권력을 도덕적으로 통제하려는 이념이었다. 우리
는 이를 '聖人君主論'(有德者 君主論)이라 부른다. 유교의 간쟁은
특이하게 유교적인 현상으로서, 儒學者, 知識人, 官僚, 士林層이
군주를 유교도덕으로 통제하려는 강력한 수단이었다(Latourette.
1946). 우리는 유교 정치이념의 핵심인 聖人君主論을 法家의 專制
君主論과 상극적 관계에 있는 君主牽制論으로 이해한다. 우리가
보기에 유교는 군주에 현실정치의 힘을 집중하려는 법가의 脫道德
的 政治學(Amoral politics)에 반대하여, 도덕적으로 완전무결한 聖
人君主의 이상을 창조함으로써 理想政治, 道德政治의 유토피아적
이미지 역시 창조하였으며 이를 통해 정치이상과 현실정치 간의
이념적 간극을 넓혔다. 이러한 이념적 간극이야말로 儒學者들이 현
실군주를 도덕적으로 견제할 이념적 힘의 장소이었다. 유교정치의
이념은 君主의 政治的, 軍事的 폭력을 체계적으로 삭제 내지는 최
소화를 통한 절대권력의 견제에 있다. 조선조 儒教政治史는 근대
국가 이전의 유교국가 건설을 위한 매우 성숙한 쟁의정치 문화가
장기간 지속하였던 역사였음을 입증한다(Chang, 1977, 1980, 1983;
Allan, 1981; Keightley, 1978, 1999). 이러한 군주의 도덕적 통제의
윤리적 의미를 부여하는 방법의 正當性을 上古時代 전설적 군주들
과 夏殷周 三代 성인군주의 太平聖代를 이상화, 윤리화시켰다. 이
와 더불어 공자, 맹자의 원시유가의 복원을 주장하며, 이황의 유
학11) 정치사상을 정리하는 것은 그들의 상관성을 연구하는 데 도

---

11) 유학 자체가 실천을 강조하지만 그것이 지적 탐구라는 학문의 일반적
성격이 강하다면, 도학은 그 위에 행적 수양이라는 인간완성의 윤리적
경지를 추가함으로써 더욱 실천을 강조하는 개념이라 할 수 있다. "지
적 탐구의 면은 남겨 놓은 저술로써 추궁해 알 수 있지만 행적 수양
에 이르러서는 그것이 반드시 입언으로 남는 것이 아니요, 그때그때의
정신활동의 과정으로 생활면에 나타나는 것인 까닭에 그 당시에 그의

움이 될 것 같다.

孔子의 仁學體系는 바로 愛人學 내지는 知人學 體系로서의 仁學 그 자체라고 보는 것이 타당할 것이다. 여기서 仁이 궁극적으로 政治를 통해서 발현되는 君子政治이다. 군자정치는 詩書禮樂을 통한 敎化에 의한 文敎主義라고 할 수 있다. 孔子의 政治思想에서 治道觀은 重王道 輕覇道政治이다. 治本觀은 重仁輕法 仁本人治主義 도덕국가의 실현이다. 孔子가 상정한 君子政治는 治本觀인 仁本人治主義에서 그 실현가능성의 당부에도 불구하고 修身 차원에서는 仁人, 治國 차원에서는 仁治 및 仁國, 平天下 차원에서는 大同世界의 실현이라는 이상적인 목표를 제시한 것으로 보아야 할 것이다. 孔子의 治術觀은 修身主義를 體로 하고 文敎主義를 用으로 하는 修身文敎主義라고 축약해 표현할 수 있는 것이다. 孔子의 文敎主義는 禮의 중요성을 강조하고 있다. 禮는 단순히 冠婚喪際만을 지칭하는 것이 아니라 君子가 지켜야 할 禮義 및 節度를 말한다. 孔子가 말하는 禮는 衣冠, 喪祭, 典禮, 風習 등 모든 國家, 사회적 儀禮와 規範을 포함하고 있다. 이와 같은 관점에서 볼 때 孔子의 文敎主義는 禮敎主義로 풀이해도 큰 무리는 없다고 할 수 있다(『論語』; 신동준 1998, 130-145).

孟子의 정치사상에서 治道觀은 崇王斥覇 王道至上主義이다. 治本觀은 崇義斥法의 義本人治主義에서 仁·義 중심의 王道樂土는 義國·義治를 의미한다. 天人觀은 崇天保民이다. 君道論에는 以德行仁, 貴德尊士, 與民同好惡의 의미를 포함하고 있다. 이러한 王道

인격에 직접 부딪혀 보고 그의 생활을 관찰한 사람이 아니면 그 학문의 심천을 정확히 측정하기 곤란하다. 이런 까닭에 도학자들은 학술사상사에 있어서도 일반유학자와는 따로 취급되어 『宋史』에서도 「유림전」 외에 「도학전」이 따로 편술되었다."(이상은1978, pp.155-156)

政治의 正當性 위반은 暴君으로 추방의 革命性을 전제하고 있다. 이것이 暴君放伐論이다.

〈이황의 군주정치론〉

군주의 치도관	孔子의 重王道輕覇道, 仁本人治主義(仁人, 仁國, 仁治의 大同至治) 孟子의 義本人治主義, 崇王斥覇, 崇義斥法(義國, 義治의 王道政治) 순자의 禮治論 등의 堯舜의 太平聖代와 '堯舜禹相授之心法' 지치의 도학정치 실현, 이황은 주자학을 발전시켜 퇴계학 정립 理·氣조화시켜 유교 국가의 도덕사회 구현
군주정치의 의미	德治, 禮治, 仁治, 民本, 正名, 盛治, 聖治, 善治, 崇王保民, 內聖君·外王道政治, 仁과 義(이황의 관료 출처진퇴의 기준) 도덕적 내면화 중시, 정치의 요체: 與民同樂
군주의 조건과 학문	1. 사사로움 경계 2. 교만의 경계 3. 나태와 쾌락경계 4. 天意의 代行者 (天權委任說: 君主主權論) 5. 繼統을 중히 하여 仁孝을 온전히 할 것 6. 讒訴를 막아 兩宮을 친하게 할 것 7. 聖學을 돈독히 하여 政治의 근본을 세울 것. 8. 도술을 밝혀 인심을 바로잡을 것
군신관계	1. 君權至尊論, 2. 臣權論, 3. 君臣共治論 또는 君臣義合의 관계 4. 聖君賢相
군주의 통치자세	겸손한 통치, 덕치와 민본의 선정, 선치 치세와 난세의 원인제공자 주체: 군주
군주의 용인술	1. 재능에 따른 인재의 적재적소 배치 2. 재질과 인품에 따른 관직 등급 부여 3. 적절한 선발과정을 통한 직책부여 4. 무능력자 출척 5. 현인등용과 간신, 소인 배척
군주의 통치 조목	用賢과 公開政治·委任統治: 외척 및 환관·궁녀의 아첨차단/간언의 사적 거절금지/헛되고 무익한 것 추구금지/사면남용 금지/절의숭상 및 염치장려/ 검약존중 및 사치금지/법제정 취지를 살린 폐법 개정/고관중 시기질투 자 및 모사꾼 경계/분파간의 배척과 반목억제/수구적이고 안일한 신하 신뢰금지/진보적 신진관료 편애절제/경향각지의 하급관리 부패감독 철저/변방장수들의 부패감독 철저/흉년에 따른 도적발생 억제책 수립/변방방비강화를 통한 외적침입 억제(무진육조소)

이상과 같이 이황의 군주정치론을 선행 연구한 정치학자들의 이황 정치사상에서 나타난 군주의 치도관, 군주정치, 군주의 조건과 학문, 군신관계, 군주의 통치자세, 군주의 용인술, 군주의 통치조목을 중심으로 연구에서 정리하여 적시하여 보았다.[12) 이황의 정치사

상에서는 堯舜時代와 공자, 맹자, 순자의 유학 사상을 바탕으로
'三綱五倫'의 도덕적 내면화를 추구하면서 군주의 끊임없는 학문적
수양을 통한 內聖外王의 자질함양에 노력했다. 누가 막강한 중앙집
권적 절대 군주의 정치권력을 통제할 것인가? 이황의 사상에서 그
주체가 성리학의 예적 질서를 정치·사회적으로 실천 강조한 훈척
세력 타파와 사림정치의 확립이었다.

이황의 '聖學十圖'[13] 제3조에서 제왕학의 의의를 다음과 같이
말한다. "신은 듣자오니 제왕학은 그 心法의 堯가 舜이 禹에게 명
한 말에 연원한다고 합니다. 그 말이란 人心惟危, 道心惟微, 惟精
惟一, 允執厥中입니다. 대저 천하로서 서로 전수함에 있어서 받는
사람으로 하여금 천하를 편안하게 하고자 함이니 그 부탁하는 말
이 정치에서 더 급한 것이 없을 터인데, 舜이 禹에게 정녕히 告戒
하는 말이 이 몇 마디에 불과하니, 이 어찌 학문·성덕으로써 정치
의 큰 근본을 삼은 것이 아니겠습니까? 精一執中은 爲學의 大法
입니다. 큰 법으로써 큰 근본을 세우면 천하의 정치는 다 이로부터
나오는 것입니다." 이황의 聖學十圖는 군주로 하여금 정치의 근본
이 德治主義 사상에 근거한 내용이다. 유학사상으로서 政治文化의
정신은 法治를 보조 수단으로 삼고 德治를 근본 목적으로 삼는다.
帝王學으로서의 心學은 이런 의미에서 현대문화의 위기를 극복할
수 있는 가장 핵심이 되는 방법적 과제의 하나로서 현대인에게 주
위를 환기시키고 있다. 이황의 聖學十圖는 이런 의미에서 그 존재

---

12) 김명하, 2002; 김석근, 1995; 박충석, 1997; 부남철, 1996; 배병삼,
   2001; 손문호, 1997; 전세영, 2003; 이지경, 2004, 이황의 '戊辰六條疏'
   등을 참조하여 작성함.
13) 이황의 '성학십도'는 17세에 새로 등극한 선조에게 올리는 그림이므로
   여기서 말하는 성학은 성왕이 되는 제왕학 학문으로 풀이해야 할 것
   이다.

의 의의를 유지하고 연구 가치가 크다.

2. 心學의 '敬' 思想

　李滉은 宋代 유학인 程朱 性理學을 자신의 학문 본령으로 했던 학자이다. 佛教, 道教, 陽明學 등 당시 다른 사상들을 모두 비판 배척하면서, 그는 오직 정주 성리학만 신봉 탐구한 끝에 거기에서 일가를 이루었다. 그로 말미암아 조선시대 程朱性理學의 연구 수준은 비로소 中國 性理學의 集大成者인 주희를 능가하게 되었다. 그리하여 한국 성리학은 중국 것과 다른 韓國化의 새로운 단계로 올랐고, 그 자신은 중국과 일본을 포함한 범위로도 주희 이후 최고라는 평을 받게 되었다. 그의 程朱性理學 업적은 당시부터 한국학자들에게는 물론 中國과 日本의 학자들에게 영향을 끼쳤으며, 오늘날까지 학문의 생명력을 발휘하고 있다. 그 생존 시에 그의 編書가 중국에서 발행되었고, 일본학자 야마자키 안사이가 퇴계의 저서를 읽고서 일본 제일의 性理學者가 되었으며, 오늘날 그의 저술들이 영역 출판되어 구미학자들의 연구물을 속출하고 있는 사실이 그 증거이다. 李滉이 조선 최초의 사액 서원제를 시행하게 한 것은 學者 관리답게 文藝復興을 지향한 그의 문치적 업적이다. 그가 민생의 피폐상을 암행어사로서 목도하고서, 부정한 공주 판관 인귀손을 치죄토록 하였으며, 爲民 民本의 정책을 天見說에 입각하여 기회 있는 대로 역설한 것은 趙光祖,14) 李彦迪15) 그리고 徐敬德 등의

---

14) 조광조의 개혁사상에 관해서는 이지경, 2003, "조광조의 유교국가에 관한 연구: 정치개혁론을 중심으로", 한국사회역사학회 편, 『담론201』, pp.76-109. 참조할 것.

사림파 정신을 계승 구현하려던 그의 政治思想의 면모였다. 제자들에게 신의와 겸손의 중요성을 가르치면서 언행일치를 강조한 것은 그가 양명학의 知行合一說을 배척하며 주장한 知行竝進說과 연결되는 것이다. 그것은 선비다운 인간됨을 목표로 한 그의 교육관의 일면이다. 그가 서적 중에서 특히 심경을 가장 중요시한 것은 그의 교육관이 덕성 또는 인성함양을 최우선시하는 것이었음을 시사한다. 진지한 마음가짐인 敬이 그 인성함양을 뒷받침하는 가장 근본적인 요인이라는 것이 그의 修養性이다.16)

李滉이 심성의 문제를 파고든 이론 중에서 학계에 제일 큰 파문을 일으킨 것은 四端七情을 理・氣 개념으로 해석한 이론이다. 즉 善한 情인 四端(惻隱, 辭讓, 羞惡, 是非)은 理의 發이고, 善惡을 고려치 않고 말하는 인간의 情 전체인 七情(喜, 怒, 哀, 懼, 愛, 惡, 慾)은 氣의 發이라는 것이 그 이론의 요지이다. 이 이론이 당시부터 조선조 말까지 논란을 일으켰지만, 논란의 核은 무작위하다고 전제된 理를 發하는 것으로 해석한 데 집중되었다. 그것을 인정하고 안 하는 데 따라 主理派・主氣派로 분류된 사실이 그 점을 입증한다. 學派를 이룰 만큼 理의 發에 대한 합리화는 지난한 것인데, 그 합리화를 위해 李滉이 안출한 것이 理氣互發說이다. 互發說이야말로 주희 등에게서 볼 수 없는 그의 새 이론인 만큼 그의 사상의 깊이를 짐작게 하는 단적인 예이기도 하다. 네 가지 선한 정을 四端이라 하고 하는 까닭은 그것이 仁義禮智라는 선한 본성의 본유를 알게 하는 단서라는 데 있다. 程朱 性理學者들이 성을

---

15) 이언적의 정치사상에 관한 연구는 이지경, 1999, "이언적 정치사상연구", 동국대학교 박사학위논문 참조할 것.

16) 여기서 心學의 세계에서 敬의 의미는 主一無敵, 整齊嚴肅 그리고 其心收斂, 常惺惺의 뜻을 내포하고 있다.

리와 동일시하였음을 고려하면, 理의 發을 강조한 이면에는 善性의 본유와 그 본성의 發現能力에 대한 신뢰가 있었던 것이다. 道德 역시 本性의 發現으로 이루어진다는 儒學者들의 사고까지 감안한 다면, 그의 理發說에는 도덕의 자율적 정립 가능성을 제시하려는 의도가 있었던 것이다. 그의 사상이 오늘날에도 生命力을 지니는 이유의 하나가 이런 윤리설의 독창성에 있다.

李滉은 자연의 物我一體 또는 天人合一을 이루어 인간과 조화 롭게 살아갈 대상으로 보았다. 그 物我一體를 이룰 수 있도록 하 는 것이 인의 본성이라는 것이다. 인간을 사랑하는 본성인 仁은 또 生意 또는 生物하는 특성까지 지니는 까닭에, 이것을 확충하면 우 리는 宇宙 自然 全體를 내 몸처럼 여기면서 아끼게 된다고 한다. 날로 자연의 오염과 파괴로 인류를 멸망의 위기로 몰아가는 시대 가 현대임을 고려하면, 이 자연 친화적 사상이 지니는 의의 역시 지대함은 더 말할 나위 없다(중앙일보 2001). 이황은 진리를 터득 함이란 格物致知・知行竝進・下學上達을 통해 가능하게 할 수 있 는 방법은 오로지 敬밖에 없다는 것이 그의 강력한 주장이다. 敬이 란 것은 宋・明 이래 실시된 유가의 독특한 수양방법이다. 그것은 정신통일을 위해 불교의 좌선을 본뜬 것이다. 그러나 경은 禪의 관 념적인 태도를 버리고 유가의 현실적 인륜성을 가미한 것으로 풀 이할 수 있다. 이황의 경을 가리켜 마음은 항상 제자리에 있어야 하고 언제나 자각상태이어야 하며, 동정에 있어서 처음과 끝이 같 아야 한다는 측면에서 음미했다. 이황의 敬學은 중국의 眞德秀가 쓴 『心經』에서 시작됐으며 이를 다시 체계화한 것이 '心經後論'이 다. 이황의 제자 이덕홍은 "선생은 심경을 구한 후부터 심학의 외 연원과 심법의 정미함을 알고 이책을 神明같이 믿고 존경했다."고 기록했다. 사람이 참되려고 노력하는 과정인 敬을 지니는 방법은

整齊嚴肅을 제일 중요시했다. 이황에 의하면 敬이란 것은 철두철미한 것이어서 진실로 敬을 지니는 방법을 안다면 理가 밝아지고 마음이 안정하여져서, 이것으로 物의 이치를 다한다면 물이 나의 거울을 피할 수 없고, 이것으로 일에 응하면 일이 즐거워진다는 것이다. 이황 이전까지는 『大學衍義』가 주로 경연에서 강론되었지만 이황 이후는 경학의 출발지인 심경이 그 자리를 대신했다. 이황 이후 조선조 학풍이 主理·主氣 절충파 등으로 난립했으나 심경을 중하게 여기는 점은 한결같았다. 심경의 중시사상은 조선조 중기 이후에 태동된 실학과 洪大容 등에까지 이어졌다. 철저히 경으로 일관되어 있는 이황의 역저 『朱子書節要』와 『心經後論』의 탄생은 조선조 학풍을 변혁하는 결정적 계기를 마련하였다. 이것은 유가의 형이상학적 공론에서 실천적인 인간 수양 공부로 회전시켰다는 점에서 이황 敬으로 空論의 儒學 면모를 一新했다고 볼 수 있다.

3. 士林의 德治主義

士林에 대하여 좀 더 면밀히 살펴보면 다음과 같다. '士'의 用列는 우리나라 文獻에서 찾아보면, 天子, 諸侯, 大夫, 士族, 士流 또는 士大夫 등의 用語는 주로 高麗後期부터 나타난다. 『高麗史』에 의하면 士人 또는 士流란 말이 나온다. 이때의 士人 또는 士流는 科擧 合格者를 지칭하였다. 일반적으로 士林이라는 말은 儒學을 전공하고 그 이념을 德化禮治하는 讀書人, 知識人, 官僚의 美稱인 士와 우거진 수풀을 가리키는 말로 많은 뜻을 지닌 접미어 '林'의 合成語이다. 또 士林은 功利를 초월해 '山林'에 거처하면서 科業을 외면하고 官職을 업으로 하지 않으면서 講學, 養德을 통해서

公論에 영향을 미치는 在野人士의 분위기를 담고 있다(손문호 1990, 211). 儒敎는 그 本質에 있어서 社會參與를 지향한다. 後世에 와서 歷史的 특수한 환경 속에서 儒者들 가운데는 세상을 등지고 山林으로 隱遁해서 절개를 지키는 山林思想이 일어난 일도 있지마는 이것도 결국 社會參與에서 실패하거나 또한 參與가 不可能하다고 생각될 때에 취해지는 행동이고, 그것 자체가 唯一한 옳은 方式이라고 생각되어서 하는 일은 아니었다(고병익 1976, 31). 孔子에게까지 거슬러 올라가 보면 『論語』에서 孔子는 子夏더러 "너는 君子儒가 되지 小人儒가 되지 말라(옹야편)." 한 것을 보면 士林의 기본목표는 君子儒임을 유추해 볼 수 있다. 또한 士林派는 朝鮮前期 時代 政治勢力의 하나, 高麗末의 鄭夢周, 吉再, 金叔滋를 祖宗으로 하며 朝鮮時代에 와서는 金宗直, 金宏弼, 趙光祖, 李彦迪, 李滉으로 이어진다. 이들의 學統은 영남지역 일대를 중심으로 繼承되어 儒學의 主流를 형성하였다. 成宗 때부터 정계에 진출하면서 기존의 勳舊派의 정치질서를 비판하고 理想的 儒敎政治, 즉 明宗, 宣祖 때 사림정치는 본격화된다. 李滉이 이때 중심적인 한 인물이었다. 즉 儒敎國家의 실현을 위한 '隆古主義' 복원 이상주의 王道政治를 실현하려는 政治勢力이다.

高麗後期부터 등장하기 시작한 新興士大夫는 조선조 건국과정에서 학문적·정치적 입장을 달리하는 두 계열의 정치세력으로 나누어졌다. 그 하나는 건국과정에 참여한 공신 계열이고, 다른 하나는 그에 반대한 인물들로서 그 일부는 향촌에 은거하며 후일을 예비한 在地士林 세력이었다. 조선조 16세기 사림지배 세력이란 건국 이래 政治權力을 독점적으로 향유해 온 勳舊派와 그 대응세력으로 등장한 士林政治 세력을 의미한다. 사림주의적 개혁은 조선조 정치사의 한 축이었다. 朝鮮政治史는 분명히 士林主義의 정치적 실현과정이었고, 훈척정치의 일탈현상이었다. 그것은 勳戚政治에 대한 사림주의의 저항이라는 맥락에서 개혁적 성격을 내포하고 있다. 훈구파보다 士林派에 더 많은 관심을 가지게 되는 중요한 이유는 그들이 유교적 국가건설을 위한 政治改革을 담당하는 주체 세력이었기 때문이다. 士林政治는 性理學的 윤리질서의 보급과 학문체계의 정립, 새 향촌질서의 수립, 새 인재등용제의 채택과 위훈삭제, 경연활동의 강화와 有德者 賢哲君主論의 전개 등으로 구체화되었다.

 朝鮮朝 政治史에서 사림정치의 성장과 정착화 과정을 구분하면 다음과 같다. ① 훈구파의 독점적 지배하에 사림이 학문적·인간적 접촉을 통해 하나의 세력으로 결속되어 가던, 사림파의 성립기, ② 사림파의 성립 후 초기적 改革政治를 펴가던 成宗 및 燕山君대와 戊午士禍·甲子士禍기, ③ 中宗反正 후 기호지방 출신 사림파가 주축이 되어 개혁정치를 본격적으로 전개한 시기, ④ 기묘사화 후 사화 起禍人과 金安老가 집권하면서 사림파가 실세하고 잠재적 성장을 추구해 가던 시기, ⑤ 金安老의 실세 후 사림파의 일부가 재등용되면서 사림파에 대한 인식에 일정한 변화를 가져와 조광조가 복관되고 현량과가 복과된 시기, ⑥ 을사사화 및 그 후 확산된 옥사로 척신 지배체제가 굳어지고 사림파에 대한 인식 및 그 대응방식이 반전되면서 다시 실세한 시기, ⑦ 明宗末·宣祖初, 성리학과 사림파에 대한 인식이 제고되면서 '己卯人' 및 '乙巳人'의 복권이 이루어지고, 조정 내에서 사림파가 실질적인 우세를 확보하면서 주도적 세력으로 정착한 시기이다(이병걸 1990, 163-192). 李滉은 마지막 시기에 활동한 대표적 사림이었다. 조선왕조 統治理念으로서의 性理學의 학문적 체계와 가치관·윤리규범 등이 지속적으로 확산되어 가는 추이를 보이게 되었으며, 그것이 곧 士林政治 주도의 지배체제 수립을 가능케 한 歷史的·內在的 요인으로 작용하게

되었던 것이다.

朝鮮朝 士林政治 사상가들이 경전 해석 입장이나, 사상가의 학연, 지연, 그리고 학풍과 관련된 존재, 당파가 政治思想을 결정한다고 볼 수는 없지만, 정치사상의 결정적 요소 가운데 하나라는 것은 부인하기 어렵다. 일반적으로 政治思想은 사상가 자신이 속한 구성부분이 정치를 주도세력이 되어야 한다고 주장한다. 아니면 적어도 그에 적대적인 구성 부분이 정치를 주도해서는 안 된다고 주장한다. 李滉의 경우도 예외는 아니다. 士林政治를 주장하는 思想家들은 훈척 중심의 정치에 대한 부정이었다. 여기서 勳戚政治에 대한 비판이 주된 초점이었다는 사실에 상대적으로 사림주의의 이면은 군주주의였다. 李滉을 포함한 사림의 정치사상이 군주주의를 조금이라도 부정했던 것은 아니다. 역시 군주는 지존이었다. 군주의 전제정치에 대한 통제를 어떻게, 누가 할 것인가? 그것에 대한 正當性을 사림들은 유교적 질서의 內面化를 추구했다. 현실적으로 부족한 군주의 덕을 학문을 통해서 수양하는 것이었다. 하지만 군주의 絶對權力을 통제하는 구체적 방법은 되지 못하고 실패를 거듭했다. 조선조 四大士禍가 그 증거이다. 사림주의가 군주주의와 동행, 실패할 수밖에 없었던 것은 훈척 세력을 첫째의 정적으로 삼는 한편 스스로를 평민과 구별시켰던 사림의 속성을 반영한다고 볼 수 있다. 士林主義는 현실에서 유교질서가 확립되고 난 뒤에도 군주주의를 넘어서지는 못하고 단지 군주가 진정한 사림의 붕당을 가려내어 정치를 주도케 해야 한다는 이른바 붕당의 논리를 제시했을 뿐이었다. 붕당의 논리는 조선조 후기에 와서 탕평의 논리에 의해 朋黨의 논리가 압도되는 것은 군주주의를 극복할 수 없는 사림주의 정치의 한계를 보여 준다고 할 수 있다. 사림주의가 勳戚政權에 대한 政治的 權力鬪爭을 의미한다면, 사림정치의 도학주의

는 先秦儒學의 政治思想을 자기 내면화하는 내면적 도덕세계의 사상적 투쟁의 산물이다. 李滉이 사상가로서 상대적 우위를 보이는 것은 후자의 측면이 강하기 때문이다. 이러한 이유 때문에 李滉의 정치적 정향(Political Orientation)이 보수주의, 소극성, 그리고 보신주의이라는 정치적 투쟁에 소홀하다는 사림세계의 비판을 받기도 한다.[17](손문호 1996, 211, 1997, 307 - 346; 이성무 1998, 334 - 402) 이 시대의 사림파가 훈구파에의 대응능력 제고를 위해 결속하는 일 이외에 地域的 特殊性, 獨自性, 異質性의 상호인식에 힘을 쏟을 여유를 가지지 못했기 때문에 정치적 주도 세력으로 성장하는 데 한계를 가지고 있었다.

朝鮮은 抑佛崇儒政策을 국가의 統治 理念의 기본정책으로 채택함으로써 유교의 思想 및 理想은 국가의 統治 理念이나 중요 정책 판단 등에 절대적 영향을 주게 되었다. 君主나 官僚들에게 영향을 주었던 儒敎思想의 주요내용은 첫째, 孔子의 大同社會의 구현 이념은 養民, 救民, 爲民, 利民, 그리고 愛民 등의 정책 내용이 포함되어 있다. 둘째는 孟子의 王道政治 사상으로 여기는 '德治'와 '禮治'를 강조하는 이념으로 仁義 政治思想이다. 이러한 이념과 유학의 정치사상에서는 修己治人이 강조되어 統治者의 資質, 敎育을 매우 중시하고 있다. 또 한 유학의 '天命思想'은 聖王之道가 천명사상을 지주로 그 위에 성립되어 있으며 民의 향배에 의하여 天命도 바뀐다는 인식을 토대로 民意를 기본으로 하는 革命의 근거를 天命에 두고 있다. 孟子의 革命論도 爲民思想을 바탕으로 하고 있

---

17) 李滉이 정치투쟁에 소홀했다는 비판에 대해서, 조식의 李滉이 정치에 얽매였다고 한 비판이 이색적이다. 이러한 비판은 조선 중기 동방오현 결정과정에서 회퇴배척소에서 기묘사화, 을사사화에서 사림의 이익을 대변하지 못한 내용을 조목조목 들면서 이언적보다는 이황을 더 많이 비판하고 있다.

〈16세기 조선 중기 사림정치의 변동적 특성: 왕조 중심〉

구분	16세기 조선 중기 사림정치의 특성
사림정치 개혁의 특성	1. 훈척세력 타파와 사림정치 확립, 성리학적 유교국가 실현 2. 왕정 운영의 성리학 학문체계와 윤리적 규범, 가치관의 지속적 확산 3. 修 己지향성: 경학위주의 '修己之學', 治人지향성: 사장학의 '治人之 學' ⇒양자 공통점: 치자층으로서 국가를 통치하는 관료의 역할
成宗代 특성	1. 문치지향성인 사림파의 훈구세력 독점 견제기능 2. 왕권의 안정 추구, 성리학적 실천윤리보급, 사림의 중앙대거 진출 3. 경제적 재지 중소지주층이 주류 김종직 일파의 언론삼사 중심으로 국정운영의 직접 참여유향소 중심의 향촌자치제실시, 유향소 복원은 사림의 기반강화의 미, 왕정운영에서 도학이념을 사회적으로 확산
中宗代 특성	1. 연산군 때 잠재적 성장, 중종 초 언관, 사조진출, 훈구세력견제, 천 거제, 현량과 실시, 사림진출 시도, 중종반정으로 명맥만 유지 2. 무 오, 갑자사화로 위축된 사림이 정광필, 안당 중심으로 성장 3. 훈구 파 견제로서 중종 자신이 사림세력 인정 4. 전향사림파(기호사림계열) 5. 조광조 중심의 사림정치: 훈구파 이익과 직결된 제도개혁, 정국공신 록삭제, 언로의 확충, 현량과 실시, 소격서 철폐, 소학 진흥운동 지방 자치 향약실시 등 개혁의 급진성(기묘사화로 도학정치의 좌절) 6. 김 안국 중심의 점진적인 사회문화 풍토 기반조성, 소학의 보급과 실천 향촌교화, 향약실시 7. 이자, 권벌 중심의 사림파와 훈구파의 완충기 능 8. 이언적 중심의 정통유학의 왕권강화를 위한 치중화 사상 재천 명 9. 전통적 명분회복, 궁중관습의 혁파, 예전체제의 정비 10. 새 로운 통치질서 수립운동, 성리학적 윤리질서의 보급과 학문체계 정립, 새향촌질서 수립, 새인재 등용제 채택, 위훈삭제, 경연활동강화,
明宗代 특성	1. 외척 간의 권력투쟁으로 소윤·대윤의 파벌성(을시사화 사림피해) 2. 양재 벽서 사건으로 많은 사림의 피해로 사림정치 위축 3. 어린 명종으로 인한 문정왕후의 수렴청정, 1553년 이후 친정체제 4. 사림 세력의 본거지 서원의 출현: 선현, 선사의 제향하는 詞와 자제를 교육 하던 齋가 결합된 것. (백운동서원→소수서원: 최초 사액서원)
宣祖代 특성	1. 이황, 이이의 사림정치의 최 전성기, 기묘사화 이후 사림이 대거 진출 2. 동서분당: 조선조 300년 당쟁의 원류 3. 명나라의 쇠퇴와 일본의 침입 (임진왜란: 조선왕조 최대의 국난), 조식계열의 제자들이 의병활동 4. 분열하는 사림들 남북분당
光海君代 특성	1. 김굉필, 정여창, 조광조, 이언적, 이황을 동방오현(1610년)으로 문 묘종사 결정 2. 조식계열의 정인홍등 북인시대

다(이광종 2000, 87-88). 孔子의 仁사상, 孟子의 義사상, 그리고 순자의 禮사상은 조선조 유학자들의 사림정치에 근본이 되었다. 조선 중기 사림정치도 이러한 先秦儒家의 王道政治 理論을 기본토대로 政治의 준거기준으로 철저한 실천을 강조하고 있다. 조선왕조의 군주정치의 통제와 견제의 주체 세력이 사림이었다. 이황이 활동하던 朝鮮中期는 사림정치의 최대 전성기라 할 수 있다. 즉 그 어느 때보다도 사림의 정치적 역할이 크다고 할 수 있다.

李滉의 民本 및 道學的 德治主義 이념은 王道政治에 그대로 강조되고 있다. 그의 심오한 성리학 연구를 토대로 道學的 經世論을 심화, 발전시켰으며 爲民政治를 강조하는 民本的 德治主義 근거를 밝혀 주고 있다. 朝鮮朝 도학이념은 麗末 鮮初의 嶺南士林의 正統을 이어받아 16세기 趙光祖, 李彦迪, 그리고 徐敬德 등 사림파에 의하여 확립되었으며 엄격한 道統論에 근거한 유학적 예의 실천을 전제로 한 信念體系로서 성리학에 기초하여 도덕적 내면수양과 義理의 사회적 실현을 지향하는 강한 실천의지를 지닌다(금장태 1994, 37). 이황은 '戊辰六條疏'에서 학문을 배우고 德行을 이룩함이 다스림의 근본(爲治之大本)이라고 하였으며 道를 강구하거나 德治를 이룩함에 있어서 꾸준하게 할 것과 중단하지 말 것을 임금에게 忠諫하였다. 그렇게 되면 道가 흥성하기를 바라는 선비나 스스로 새롭게 향상하고자 하는 백성들이 함께 大道에로 나아가게 될 것이라 한다. 또한, 德治의 중요성을 강조하여 도를 얻어 君德을 이루게 되면 本과 末이 모두 알차게 실현되고 堯舜禹와 같은 이상적인 德治가 구현될 것이며, 반대로 道를 잃고 君德을 이루지 못하면 本과末이 모두 허망하게 되어 말세의 화를 초래하게 될 것이라고 하며 德治의 공효에 대하여도 德治가 가능하게 되면 德化가 훈훈하게 이어지고 안과 밖이 융합하여 통하게 되고 조정에서는 서로 공경하고 사양하며 가정에서는 孝悌를 행할 것이고(朝敬讓而家孝悌) 선비들은 학문을 알게 되고 백성들은 의를 알게 된다. (士知學而民知義)하고 어찌 사람들의 마음에 부정이 있을 것이며 道術에 어찌 밝지 못할 것인가 하였다.[18]

德治 또는 愛民의 구체적인 실현방법에 대하여 李滉은 統治者의 당연한 책임이라고 강조하면서 經筵에서 옛날의 어진 임금들은 백성을 바라보기를 다친 사람을 다루듯 하였고, 마치 어린아이 보호하듯이 하였으며 愛子하는 마음으로 끊임없이 백성을 사랑하였다 한다.[19] 이상과 같이 이황은 善政實現 중심이 되는 이념을 仁愛가 德治의 주된 내용으로 보고 있다.

4. 人才登用論

조선시대의 정치체제는 기본적으로 군주를 정점으로 하는 中央集權的 絶對君主制와 兩班官僚體制의 특징이 혼재한 統治의 構造的 特徵을 지니고 있다. 통치자는 모든 지혜를 모아 인재를 발탁하고 등용해야만 한다. 군주의 용인술은 통치의 요체이며 통치 그 자체라고 할 수 있기 때문이다. 조선조 군주의 왕조지배의 유교정치나 現代政治學에서나 人才登用의 중요성은 매우 중요한 내용이다. 인재등용의 適材適所 활용은 정치의 중요한 개혁의 한 요소이다. 인사가 만사이기 때문이다. 군주의 善政의 理念的 준거기준의 근거가 人才登用 및 活用으로 볼 수 있다. 이황의 人才登用에 있어

---

18) 『退溪全書』, 卷6, 「戊辰六條疏」, 참조함.
19) 『退溪全書』, 卷6, 「戊辰六條疏」, 참조함.

서 무엇보다도 재능과 도량을 중요시하였다. 이황의 '戊辰六條疏' 는 68세 때(1568년) 宣祖에게 戊辰年에 올린 이황의 時務封疏를 뜻한다. 戊辰六條疏는 단순한 時務封疏가 아니라 당시 이황의 성리학자로서 老大家의 經世觀, 특히 군주의 統治術을 포괄적으로 담고 있는 점에서 하나의 性理學的 統治書의 성격을 내포하고 있다고 할 수 있다. 이황은 '戊辰六條疏'에서 인재등용은 그의 재량을 헤아려 알맞게 직책을 내림으로써 재량이 큰 자는 큰 임무를 주고(大以任大) 재량이 작으면 작은 임무(小以任小)를 주어야 한다고 하면서 대소사에 모두 합당하지 않은 경우에는 물리쳐야 한다고 주장했다. 또한 賢者가 재위해야 하고 能者가 재임해야 할 것을 강조하였으며 그렇게 함으로써 각자는 충성과 힘을 다하게 되어 朝廷에서 다스림을 바르게 이룰 수 있다고 한다. 한편 재능이 없는 자들은 야에 물러가 있게 허락함으로써 禮義와 염치를 지키고 백성으로 하여금 나라의 다스림에 잘 좇게 할 수 있다는 것이다. 그리하여 賢者나 愚者 모두 저마다 얻은 바 있어 禮養이 흥성하고 治道가 이루어질 수 있다고 한다.[20] 임금이란 군주와 스승의 직책을 겸하는 것이며 인재를 양육함에 있어서 재질의 특성을 살리고 재질의 장점을 취하며 그에 맡도록 일을 맡기며 등용의 경우에도 마땅히 이런 식이어야 한다고 이황은 주장한다.[21] 이황은 임금에게 편벽되거나 기울어지지 말 것(無偏無黨)과 의를 지켜야 하며 한쪽만을 좋아하거나 한쪽만을 미워하는 일 없이 王道를 좇으며 無偏無黨해야 王道政治가 널리 퍼지고 無黨無偏해야 王道政治가 평탄하게 되며 피차가 없어야 王道政治가 바르게 뻗어 나갈 것이라고 함으로써 올바른 王道政治의 핵심 길이 人才登用이라고 분

---

20) 『退溪全書』, 卷6, 戊辰六條疏, 참조함.
21) 『退溪全書』, 「言行錄」, 卷3, 참조함.

명히 밝히고 있다.22) 이황의 辭職에 대한 士大夫의 사퇴가 한나라
의 기풍이 쇠퇴하느냐 융성하느냐에 관련해서 '戊午辭職疏'에 士大
夫의 공직에서 '義'란 준거기준을 다음과 같이 주장하며 辭職의 이
유를 밝히고 있다.23) ① 어리석음으로 직위를 훔치는 일, ② 虛名
으로 欺世 하는 일, ③ 병들어 자기 직분 못 하면서 國祿을 축내
는 일, ④ 그릇됨을 알면서도 나서기만 하는 일, ⑤ 직책을 다하지
못하면서 물러나지 않는 일, 이상의 다섯 가지 경우에 해당하면 조
정에 나아가면 義가 아니라는 이황의 사퇴 이유는 당시 官僚들에
직위와 관련된 倫理的, 心情的 責任認識이 무엇인지 인식하는 중
요한 인사의 원칙을 제시하고 있다고 볼 수 있다. 이황의 인재등용
및 활용의 능력위주 관직에 임하는 자세, 임무, 그리고 개혁의 적
정성으로써 강조, 재능에 따른 인재의 적재적소배치, 재질과 인품
에 따른 관직등급 부여, 적절한 선발과정을 통한 직책부여, 무능력
자 출척, 현인등용과 간신, 소인배척 등의 원칙을 주장하고 있다.
이러한 이황의 인재등용 원칙과 활용기준 및 사퇴 이유의 사상적
토대는 現代政治 政策決定權者(Elite)들에게도 더욱 중요한 政治改
革 부분에서 善政實現의 대원칙으로 본받을 도덕적 가치와 의의가
높다고 할 수 있다. 조선조 정치체제는 중앙집권적 절대군주제 형
태였다. 여기서 군주의 제왕적 리더십의 핵심은 군주의 타고난 본
성, 성장기에서 나타난 개인적 성격, 끊임없는 학문과 수신을 통한
높은 도덕심, 군신 간의 감동시킬 수 있는 카리스마적 지도력, 정
치적 기술과 지적능력, 적재적소의 용인술 이모든 것이 군주의 통
치력에 관한 왕권의 정당성을 결정짓는다고 할 수 있다.

---

22) 『退溪全書』, 卷7, 戊辰經筵啓箚, 참조함.
23) 『退溪全書』, 권6, 「戊午辭職疏」. 참조함.

5. 民本思想

동양과 서양을 막론하고 '국가'라는 개념을 쉽사리 규정하기 어렵다. 국가는 시대와 지역에 따라 서로 다른 형태와 양상을 띠고 변하기 때문이다. 동양의 국가이론은 거시적으로 유가, 도가, 법가로 구분된다. 도가에 있어서 국가는 일체의 인위적인 행위를 배제하는 무위자연의 '小國寡民'을 주장하였고, 법가에 있어서는 인위적인 강제세력을 제창하는 權謀術數와 富國强兵을 주장하고 있다. 여기에 비하면 유가는 도가의 인위적 배제나 법가의 철저한 강제성을 부정하는 『중용』의 '治國救民'을 지향한다. 유가의 국가사상은 무엇보다도 가족공동체의식을 기반으로 하고 있다. 유가의 국가사상적 기반은 가족조직이 종법질서와 더불어 공동체로 확대 결성되어 국가공동체로 발전한다. 유가에서는 堯舜의 정치적 왕도와 국가적 기틀을 근간으로 하고, 文, 武, 周公의 '制禮作樂'을 본받고자 함이 있다. 이와같이 공자의 유교국가 사상은 『書經』에 나타나 있는 堯·舜·禹·湯·文·武·周公의 업적을 근거로 인물을 부각시키고 도덕적 정치의식으로 발전하였다. 德治主義에 입각한 王道政治 그것이다. 그러나 德治主義는 民本을 본질적 대상으로 爲民이 정치의 목적이다. 결국은 국가운영 원리체계로 발전되었던 것이다. 유교에서 국가의 개념은 가족공동체, 天·王·民의 天人合一 사상 또는 天下一家, 天下國家의 의미를 포함하고 있다. 유가에서 국가형성은 天, 地, 人의 三才意識과 국가체제로서의 예의 실천이 일체가 된 국가공동체를 형성하고 있다. 유교국가의 구조는 봉건제도(feudalism)에 기인한다. 봉건체제로서 외적구조는 '分王分權'적 성격과 내적 구조는 '設官分職'이 특징이다(최병철1993, 265-288). 유교국가는 인간사회의 특수성 가운데 중요한 하나는 의식과 사유를 통해서만 사회현실을 주체적으로 변혁, 개조해야 한다는 사실이다. 유교국가는 진보된 '大同至治'로의 건설을 위하여 끊임없는 유교의 예적 질서의 실천을 위한 개혁을 해야 한다는 것이다. 유가의 국가 개념은 무엇보다도 '家族共同體意識'이 전제된 정치적 공동체였다. 그리하여 『禮記』와 『周易』에서는 '大同'을 설명하였고, 孟子는 '天下統一'을 예견했으며, 『春秋』, 「공양전」은 '大統一'을 말했다.

儒學의 政治思想에서 말하는 民本政治 혹은 爲民政治의 개념을 단순하게 治者의 주체인 君主이고 被治者(백성)는 객체라고 이해하는 이분법적 사고는 옳지 못하다. 이황은 정치가 지향하는 궁극적인 목표는 치자·피치자 모두가 일체인 정치공동체이며, 모두가 정치의 주체가 되어 최고의 정치공동체인 국가 속에서 정치적 자아로 한 몸이 되는 것을 지향한다. 仁(자기 사랑의 주체)과 恕(자기 마음을 다스리는 마음으로 다른 사람을 다스리고, 자신을 사랑하는 마음으로 다른 사람을 사랑하는 것)를 실천하는 것을 정치로 이해하기 때문이다(부남철 1996, 128-132). 유교에서 天意의 代行者 天命思想은 공자·맹자 이래 연면히 계승되어 왔다. 천명은 유덕군왕 권력의 원천으로 절대 군주로서 정당성을 주는 것이며, 군왕은 천명을 거역해서는 안 된다. 이러한 천명사상은 이황에게 있어서도 여전히 강조되고 있고 「개정천명도」를 펴낼 정도였다. 이황의 '성학십도'에서 '군왕이 천명을 받고'라는 말은 군왕이 천의, 즉 민의에 의해 추대되었으니 결코 민심은 천심을 거역하지 말며, 항시 모든 치인의 법은 민을 위하고 민에 근본을 두어 행하려는 위민·민본사상을 말하는 것이라 하겠다(김명하 2002, 226). 또한 이황의 민본의식은 예안향약에서 군주에 의한 하향적 위민·민본사상이 아니라 백성들 자신에 의한 민주·민본자치사상으로 나타난다. 조선조 사림정치의 왕도적 덕치주의의 달성 방법으로 군주의 明明德과 致

中和[24]가 帝王學의 핵심이다. 따라서 군왕은 천명에 따라 천의와 민의를 거역함 없이 성학의 修性을 이루고 治本을 세우고 安百姓을 위한 民本·爲民政治를 달성해야 한다.

Ⅳ. 結 論

조선조 오백 년의 대표적인 학문은 성리학이다. 신유학이라고 불리는 성리학은 선진정치사상의 공자·맹자 중심의 원시유학을 사상적으로 재정립한 학문이다. 원시유학의 제이론은 형이상학에서부터 인간학 및 도덕학에 이르기까지 통일적으로 재인식하고 성인의 학문으로서 이론적 체계를 확립한 것이 성리학이다. 이황은 주자학을 깊이 연구하여 주자 자신도 미처 정리하지 못한 부분까지 체계화시켜 새로운 사상의 세계를 수립했다. 이른바 이것이 퇴계학이다. 성리학은 이기론과 심성학을 근간하고 있듯이 이황의 사상세계도 이를 바탕으로 하고 있다. 성리학의 이기론과 심성론은 우주의 근

---

24) 中和의 域은 『中庸』첫 장에 "喜怒哀樂之未發, 謂之中, 發而皆中節, 謂之和, 中也者, 天下之大本, 和也者, 天下之達道, 致中和, 天地位焉, 萬物育焉."이라고 하였다. 中和의 域이란 中和는 致中和의 中和를 말하는 것이니, 中은 不偏·不倚하며 過·不及이 없는 中道를 말하는 것이요, 和는 사람과 사람 사이의 관계가 모순 충돌 없이 조화를 이룬 것을 말한다. 爲政者의 '喜怒哀樂의 發' 실제 의미는 事理判斷을 가리킴이 公正無私하면 그 판단에 따라 취해지는 시책들이 모두 누구나 납득할 수 있는 합리적인 노선을 따르게 되므로 人和를 얻게 된다는 말이다. 그러므로 中和의 域은 이상적인 정치의 의미로서 中道, 中正, 中庸, 太虛 더할 나위 없이 조화로운 상태를 뜻한다.

원과 실체를 밝히려는 철학뿐만 아니라 자연과 인간생활에서 일어나는 현상계의 모든 것, 그리고 사람의 기질(마음의 심적 상태)과 실천적 도덕문제까지 통합적으로 언급하고 있기 때문에 일반인들은 접근하기조차 어렵다. 이황에 의하면 리는 기의 주제요 기는 리의 재료다 리와 기는 본래 분별이 있는 것이나 사물에 있어서는 뒤섞이어 쪼개어 나눌 수 없다. 리는 기의 대장이요 기는 리의 졸병이다. 여기서 리는 이성이요 기는 감성이다. 사람은 모름지기 이성과 감성을 조화시켜 가며 살아가되 이성이 감성을 다스리며 살아가야만 천리와도 잘 조화된 이상적인 도덕사회를 이룩할 수가 있다는 것이다. 이황의 사상사상의 대본은 마음을 外界로부터 돌리기보다는 마음을 內界로 돌려 自省과 省察을 통하여 人間修養을 쌓고 그러면서도 다사로운 생명의 존재를 자각하여 드디어 우주의 생명력에 合一한다는 實踐사상이요 人間 完成學이다.

韓國政治思想史에서 16세기 朝鮮中期는 정치적 대권력 변동기로서 四大士禍 등 사림세력과 훈척세력의 권력투쟁기, 사상적 투쟁의 내면화 시기였다. 儒學者 李滉의 政治思想을 평가하는 작업에는 많은 이념적 평가의 어려움이 있다. 李滉의 정치사상은 勳戚세력의 타파와 士林政治의 확립에 있다. 李珥처럼 현실적 정치문제 해결을 위한 구체적인 法的, 制度的 政治改革案이 명확하지 않기 때문이다. 李滉의 정치사상의 특징은 첫째, 성리학의 실천윤리의 주관적인 방법(存心)과 객관적 방법(格物致知) 중에서 전자에 중점을 두고, 통치(정치)의 근본을 存心에 추구하여 修身과 治人의 연속성을 논하면서도 오히려 수신을 강조한 왕도적 성현정치를 주장하고 있다. 둘째, 민본정치사상에서는 성리학적 인본정신이 퇴계에서는 理氣, 心性 연구의 발전을 보여 理貴氣賤 사상이 강조되었으니, 이것은 윤리적으로는 인간권위의 확립을 꾀하는 인본사상이

며, 정치적으로는 왕도정치의 시행에 의한 爲民, 民本精神의 고양
으로 나타났다. 이러한 이(천리)의 중시는 천명의 중요성을 인정하
였다. 셋째, 정책론에서는 조선 초, 중기의 장기간의 척신집권, 계
속된 사화, 정계 불안 등 정세가 퇴계로 하여금 정계에의 적극적인
진출을 단념케 하였으니, 이로 인하여 정치제도론이 미흡함을 인정
하지 않을 수 없다(김명하 2002, 234). 李滉의 政治思想이 改革主
義는 아니다. 그러나 점진적 개혁에로의 접근은 바람직한 것으로
보고 있다. 李滉의 政治思想은 士林主義와 道學思想主義로 요약
할 수 있으며, 그는 타고난 유학자였다. 李滉의 政治思想은 학자로
서 中庸의 사상에 가까우며, 政治的 現實主義(Political Realism)와
政治的 理想主義(Political Idealism)의 조화를 이루고 있다. 李滉의
조정의 관직에 여러 번 '出處進退'에서 '물러남의 정치'(뜻 없는 관
로 72번 사양)에 대한 정치학자들(김명하, 부남철, 배병삼, 손문호,
전세영)의 해석은 다양하다. 仁과 義를 펼친 인격자, 큰 정치가, 교
육자(부남철 1996, 125 - 131), 혁명적 지향성으로서 한국정치사상사
에 새로운 힘의 세계를 발견하고 작동시킨 창조적 정치사상으로
평가하고 있다(배병삼 2001, 58 - 59). 시대의 문제를 정확히 포착하
고 발전의 방향으로 해결 시도할 때 정치사상은 개혁주의라고 평
가받을 수 있다고 보고 있다. 당시 조선정치사의 한 축인 훈척 정
치의 타파와 사림 정치의 확립이 양자는 개혁주의로 볼 수 있다(손
문호 1997, 341 - 342). 앞의 주장에 대해 개혁적이라는 개념 속에
는 적극성이 내포되어 있으므로 이황의 군주론과 경세론에서의 정
치성향은 수구적, 反改革的은 아니지만 온건, 보수적 성향이 나타
나고 있으며 개혁적 성향은 아니라고 평가하고 있다(전세영 2003,
25). 이들의 서로 다른 주장은 이황을 보는 관점적 차이에서 오는
이념적 해석의 편향된 시각을 가지고 있기 때문이다. 이러한 해석

을 종합적으로 판단해 보면 이황은 당시 훈척집권과 사림세력의 계속되는 사화의 피해에서 사림정치의 성리학적 유교국가 건설의 개혁에 많은 한계를 느낀 한 관료였다. 또한 훈척세력에 대한 정치적 반대의 의사 표시 및 학자로서 후대의 사림세력의 교육과 도학의 사상적 투쟁의 內面化에 전념하고 싶은 李滉의 내적으로 사상의 고갈등·외적 훈척세력의 저협력을 의미하는 儒學者의 결단으로 보아야 할 것이다. 이황은 한평생 性理學 연구에 몰두했으며, 일상 언어, 행동도 『小學』의 規範대로 실천했다. 士禍의 원인을 修養 부족으로 보고, 사림의 所信대로 義를 실천하는 가치지향적 순수도덕주의자로 평가해야 한다.

李滉의 政治思想은 군주 중심의 王道政治를 좇으며, 無偏無黨, 無黨無偏의 큰 정치를 위하여 후학교육을 통한 사림정치 주도의 엘리트 양성에 헌신한다. 李滉의 정치주체는 '知德'을 바탕으로 愛民意識에 입각한 救民, 養民, 保民 등의 安民 또는 教民을 구현해야 할 天命的·倫理的 책임이 君主(Top-Elite)나 官僚(Elite)에게 있다고 보았다. 李滉의 政治思想에는 官僚의 主觀主義的, 心情的 요소를 강조하면서 法的, 制度的 요소에 대한 구체적 政治改革安이 명확하지 않다는 점이 한계로 지적될 수 있다. 현대사회의 官僚의 부정부패가 만연한 상태에서 李滉이 주장한 관료의 윤리적, 심정적 책임의식과 전문지식과 기술개발의 책임성을 향한 가치지향 문제는 현대정치의 관점에서 善政實現의 중요성 강조는 현재에도 여전히 큰 평가적 意義를 가지고 있다. 이황은 청렴한 관료 생활과 義를 중시하고, 仁을 실천하는 조선 군자의 전형이었다. "자기를 진심으로 사랑하는 일부터 시작하여 온 백성을 자기 몸처럼 사랑한다."는 유교적 理想政治論이 조선정치·사회에서 더욱 발전할 수 있도록 평생 공부하는 자세를 버리지 않는 학자관료로 인정받았으

며, 더 큰 士林政治를 위해 書院을 중심으로 私敎育에 헌신하는
고귀한 이상주의자로 남았다. 이황은 어려운 여건 속에서도 性理學
의 학문을 연구하며 이론적 토대를 마련했다. 朝鮮朝 中期 대표적
士林政治의 표상, 큰 政治家, 學者, 그리고 敎育者로 남아 있다.
李滉이 건설하고자 했던 儒敎的 國家主義의 사림정치는 '仁人, 仁
治, 仁國' 그리고 '義國, 義治, 禮國, 禮治'를 중심 이념으로 한
'重王道・輕覇道' 정치의 '崇王保民', '大同至治' 실현이었는지 모
른다. 오늘날 한국의 最高 政治 指導者들도 관직에 있을 때 최후
의 일각까지 공직에서 최선을 다하고, 이황의 '물러남의 정치'처럼
임기만료 후는 후학양성과 고향에 내려가 지역발전 및 자기 자신
을 위해 여생을 老子의 삶으로 돌아가 安貧樂道해야 할 귀중한 가
르침을 이황에게서 배워야 할 것 같다. 마지막 결론을 대신하는 이
황이 죽기 전 매화나무에 물을 주라고 하면서 자신이 지은 한시로
그의 소박한 삶과 초연한 삶의 정리한 학자의 한 단면을 볼 수 있
다. 제자들의 거창한 獻詩가 거북했던 듯하다. 이황 스스로 쓴 墓
碑銘, 즉 自銘은 당대 朝鮮朝 中期 大儒學者의 것이라기엔 너무
소박하고, 순수하다. 스스로를 낮추고, 安分知足하고, 자신의 삶에
감사하며 떠나는 마음가짐이 표연하다.

> "나면서부터 크게 어리석었고
> 자라면서 병이 많았네
> 중년에 어찌 학문을 좋아하게 되었고
> 말년엔 외람되게 벼슬이 높았네……
> 근심 속에 즐거움 있고
> 즐거움 속에 근심 있네
> 저 세상으로 떠나며 생을 마감하는데
> 다시 무엇을 구할 것인가."……

● 參考文獻 ●

1. 원전(1차자료)

『퇴계전서』,『조선왕조실록: 중종실록, 명종실록, 선조실록, 선조수정
실록』,『전고대방』,『고려사』,『동유사우록』,『도산급우문록』,『덕천사
우원록』,『남명집』,『주자서절요』,『계몽전의』,『광해군일기』,『논어』,『중
용』,『주자서절요』,『계몽전의』,『송계원명이학통록』,『답기고봉사단칠정』,
『무진육조소』,『聖學十圖』.『大學衍義』.『聖賢道學淵源』,『屛銘』,『理學通
錄』,『性理淵源撮要』,『國朝儒先錄』

2. 참고서적

강광식. 2000.『신유학 사상과 조선조 유교정치문화』, 서울: 집문당.
강광식 외. 1998.『조선시대 개혁사상연구』. 성남: 한국정신문화연구원.
고병익. 1976.『동아사의 전통』. 서울: 일조각.
경북대학교 퇴계연구소(편), 2001.『퇴계학과 남명학』, 지식산업사.
김우영. 1995.『한국정치사상사』. 이문출판사.
김형효 외, 1997,『퇴계의 사상과 그 현대적 의미』, 한국정신문화연구원.
금장태. 1998.『퇴계의 삶과 철학』. 서울대학교출판부.
_____. 1994.『한국유학의 이해』. 민족문화사.
박병련 외. 2004.『남명학파와 영남우도의 사림』, 예문서원.
_____. 2001.『칼을 찬 유학자: 남명조식』, 청계.
박충석. 1982.『한국정치사상사』. 서울: 삼영사.
박충석·유근호. 1987.『조선조의 정치사상』. 서울: 평화출판사.

부남철. 1996.『조선시대 7인의 정치사상』. 서울: 사계절.

유정동. 1987.『퇴계의 생애와 사상』. 박영문고22. 박영사.

윤사순. 1980.『퇴계철학의 연구』. 고려대학교출판부.

이상은. 2001.『퇴계의 생애와 학문』. 서울: 예문서원.

이상은·이병도(역). 1985.『한국의 유학사상』. 서울: 삼성출판사.

이성무. 1998.『조선왕조사』1. 2. 서울: 동방미디어사.

이택휘. 1999.『한국정치사상사』. 서울: 전통문화연구회.

정순목. 1989.『퇴계평전』. 서울: 지식산업사.

주홍성·이홍순·주칠성. 1989.『조선철학사』. 연변인민출판사.

최연식. 2003.『수성과 창업의 정치학』. 서울: 집문당.

3. 참고논문

강광식. 1997. "한국정치사상사 자료선집(조선시대편) 편찬을 위한 예비연구", 한국정신문화연구원(편).『한국의 정치와 경제』제10집.

강주진. 1976. "퇴계의 정치사상",『한국의 철학』제4집.

김만규. 1982. "율곡과 퇴계의 이기론적 정치사상", 김운태 외.『한국정치행정체계』.

김명하. 2002. "퇴계 李滉의 정치사상", 이재석 외.『한국정치사상사』. 서울: 집문당.

김병욱. 2000. "퇴계의 정치사상: 통치이론으로서 사단칠정론에 관한 연구", 중앙대학교 박사학위논문.

_____. 2003. "퇴계의 힘과 공개념에 관한 검토: '자체질서분석모델' 정립을 위한 시론(Ⅱ)" 한국·동양정치사상사학회(편).『동양정치사상사』제2권2호.

김석근. 1995. "조선시대 군신관계의 에토스와 그 특성."한국정치학회(편).『한국정치학회보』제29집1호.

김우형. 2005. "이황의 마음 이론에서 '지각' 과 '의'", 한국학중앙연구원, 『정신문화연구』, 2005 여름호, 제28권2호.

류성렬. 1998. "퇴계의 우민론에 관한 연구", 한국정치학회(편). 『한국정치학회보』제32집 1호.

_____. 1997. "퇴계의 정치도의 실현과 성군의 역할", 경북대학교 퇴계연구소(편). 『퇴계학연구논총』제5권.

박충석. 1997. "퇴계정치사상의 특질", 경북대학교 퇴계연구소(편). 『퇴계학연구논총』제5권.

박현모(역). 2003. James B. Palais "조선초기 정치체제의 해체: 1592년까지", 국제문화학회(편). 『역사와사회』제30집.

부남철. 1990. "조선전기 정치사상연구: 군주·관료론을 중심으로", 한국외국어대학교 박사학위논문.

배병삼. 2001. "전통한국의 '정치'의 의미변화에 대한 연구", 『21세기정치학회보』11집제2호. 21세기정치학회.

윤대식. 2001. "맹자의 정치사상연구: 왕도주의와 정치권력의 정당성을 중심으로", 한국외국어대학교 박사학위논문.

신동준. 1998. "선진 유법가의 치도관과 치본관의 비교연구: 관중에 관한 논의를 중심으로", 서울대학교 박사학위논문.

손문호. 1997. "퇴계 李滉의 정치사상", 김형효 외. 『퇴계의 사상과 그 현대적 의미』. 성남: 한국정신문화연구원.

이광종. 2000. "퇴계의 경세이념과 현대적 의의", 청주대학교 사회과학연구소(편). 『사회과학논총』제21집.

_____. 2000. "조선시대 관료의 왕권 견제 기능", 청주대학교 사회과학연구소(편). 『사회과학논총』제22집1호.

이병걸. 1990. "조선전기 지배세력의 갈등과 사림정치의 성립", 영남대학교 민족문제연구소 편. 『민족문화논총』제11집.

이지경. 1999. "李彦迪의 政治思想研究", 동국대학교대학원 박사학위논문.

_____. 1995. "16세기 사림파 정치사상 연구", 서원대학교 사회과학

연구소(편). 『사회과학연구』제8집.

_____. 2002. "이언적의 중용 정치사상에서 '致中和' 개념에 관한 연구", 2002년 한국정치학회 춘계학술대회 발표논문(2002. 05. 18).

_____. 2002. "주자의 대학장구에 대한 이언적의 비판", 한국·동양정치사상사학회(편). 『동양정치사상사』. 제1권2호.

_____. 2003. "조광조의 유교국가에 관한 연구: 정치개혁론을 중심으로", 한국사회역사학회(편). 『담론201』. 봄·여름호. 제14집. (2003. 08. 30). 담론사.

_____. 2003. "조식 정치사상의 요체 '敬·義' 연구", 한국·동양정치사상사학회(편). 『동양정치사상사』제2권2호.

_____. 외.2004. "중등사회과 현직교사 연수프로그램의 실태와 개선방안", 서원대학교 교육연구소(편) 특성화 연구과제: 교원연수특집, 『교육발전』제23집2호.

_____, 2004. "정여창 정치사상의 재평가", 한국·동양정치사상사학회(편). 『동양정치사상사』. 제3권2호.

_____, 2004, "세종의 공세적 안보정책: 대마도 정벌을 중심으로", 세종의 국가경영연구팀/한국·동양정치사상사학회 공동 학술대회 발표논문(2004년11월22일: 한국정신문화연구원).

_____, 2004, "이황의 정치사상연구", 국제문화학회(편), 『역사와 사회』제33집, 겨울호.

_____. 2005. "세종조 사대교린의 국가경영 사례연구: 대마도 정벌과 파저강 토벌을 중심으로", 한국학중앙연구원, 세종국가경영연구소 개소기념학술대회, 『세종의 국가경영과 한국학의 미래』.

_____. 2005. "태종상왕기 공세적 국가경영: 세종즉위년, 1418-1422를 중심으로", 한국정치학회 부산특별학술회의 발표논문(2005. 8. 12: 부산동의대).

조남욱. 1983. "이퇴계의 치도관 연구", 『부산대학교 교육논집』.

전세영. 2003. "퇴계의 군주론 연구", 한국정치학회(편). 『한국정치학회보』제37집 1호.

정순우, 2002, "퇴계 도통론의 역사적 의미", 퇴계학연구원, 『퇴계학보』제
111집.

최병덕. 2001. "조선성리학의 정치사상적 변용", 경북대학교 박사학위
논문.

4. 외국문헌 및 정기간행물

Allan. Sarah. 1981. "Sons of Suns: Myth and Totemism in Eary
China", Bulletin of the School of Oriental and African studies,
Vol.XIVI part3: 290−326.

Chang. Kwang−chih. 1983. Art, Myth and Ritual. Cambrigge and
London: Harvard University Press.

_____. 1980. Shang Civilization. New Haven: Yale
University Press.

_____. 1977. The Archaeology of Ancient China. New
Haven: Yale University Press.

Edward W. Wagner. 1980. "이조 사림문제에 관한 재검토", 『전북사학』4.

James B. Palais. 1991. Politics and Policy in Traditional Korea.
Cambridge: Harvard University Press.

_____. 1996. Confucian Statecraft and Korean Institutions.
Seattle; University of Washington Press.

John B. Duncan. 1995. "A Reconsideration of The 'Sarim' of The
Choson Dynasty: Cho Nam−Myong and the Sarim", 남명학연
구원 편. 1995. 『남명학연구논총』. 제3집.

Kneightley. David. 1999. "The Oracle−Bone Insccriptions of the Late
Shang Dynasty", De Bary and Bloom(ed). Sources of Chinese

Tradition, second edition. New York: Columbia Univertiy Press.
pp.3－23.

_____. 1978. "The Religious Commitment: Shang
Theology and Genesis of Chinese Political Culture", History of
Rligions Vol.17: 211－225.

Latourette. Kenneth Scott. The Chinese. Their History and Culture.
New York: The Macmillan Companyenneth Scott. 194.

『대구매일신문』. 1982. 12. 24.; 12. 27.; 12. 29.－1983. 01. 05.; 01.
07.; 01. 09.

『동아일보』. 1997. 10. 02.

『중앙일보』. 2001. 09. 20.

제10장

西厓 柳成龍의 國防安保觀[1]

「하늘에서 찬 이슬 내려 / 푸른 연꽃 잎에 방울려 있구나
물의 성품은 일정한 모습이 없지만 / 연꽃 가지는 기울어짐을 좋
아하네 / 흩어지면 도리어 잃어버리기 쉽구나 / 그대를 좇아 사흘
밤을 지내면서 / 마음을 안정시킬 방법을 묻노라」

－우영(偶詠): 유성룡 한시－

---

1) 본고는 2007년 여름 뿌리회(한국종손종친모임) 유적지답사로 안동 서애
유성룡 묘소 참배와 병산서원 만대루에 앉아서 구상한 것을 쓰기 시작해
서 강의시간에 쫓겨 방치해 두었다가 2008년 여름방학에 완성한 글임.

(병산서원만대루)

I. 서 론

1. 연구목적 및 문제제기

서애 유성룡(1542 – 1607), 그는 16세기 후반기에 주로 활약한 조선조 경세가로서 조선시대 최대 국난이었던 임진왜란을 극복하는 데 '설득과 통합의 리더' 중추적 역할을 수행하였던 '국난극복의 명재상'으로 널리 알려져 있다.2) 그는 조선왕조 최대위기 상황에도 크게 동요하지 않고 차분히 대응하면서 그 국난극복을 실질적으로 주도해 나아간 학자이자 관료였다. 또한 반대파의 탄핵을 받아 파직을 당하는 그 순간까지도 국난의 극복과 수습을 맡았으며, 조선 – 명나라 동맹관계의 연결고리에서 능숙한 외교적 역할을 했던 인물이다. 하지만 아직까지 일반의 인식 속에서 유성룡은 중앙정계에서 이순신을 옹호했다가 피난을 하는 임금 선조를 호종(護從)한 충성스러운 관료였다는 것 이외에는 잘 알려져 있지 않은 것 또한 사실이다(김석근 2004, 89).

본 연구는 조선조 최대 국난위기 임진왜란과 선조시대에 국가경영의 한 축에 있었던 '설득과 통합의 리더십을 발휘한 재상 서애 유성룡의 국방안보관'을 연구 대상으로 한 개별 연구이다. 16세기 최 말기에 발생한 임진왜란은 조선의 역사상 중요한 전환점이 되었다. 즉 이 전란을 계기로 조선사회는 성격이 상이한 두 가지로 구분될 수 있으니 이른바 조선 전기와 후기가 그것이다.

---

2) 『西厓先生文集』, 西厓先生 年譜, 卷2. ; 이덕일, 『유성룡』, 역사의 아침, 2007. 참조할 것.

주지하다시피 유교적 국가주의에서 국가경영은 조선 전기 2백여 년간은 건국의 주체자인 신흥사대부들의 정치적 이념이 결집된 경국대전 체제가 비교적 그대로 유지될 수 있었던 것이다. 그러나 왜란이 끝나고 시작되는 조선 후기는 전란의 영향으로 각 방면에 걸쳐 많은 변화를 가져오게 되었으니 그 가운데 두드러진 것은 신분제의 동요와 산업의 발달 그리고 실학사상의 보급 등이다. 그러한 뜻에서 임진왜란은 우리의 역사상 중요한 비중을 갖게 되는 것이다. 그런데 만약 이 전란에서 우리 측이 패배했더라면 아마도 조선은 16세기 말경에 이미 일본에 예속되어 주권국가로서의 면모를 상실하였을 것이며 그로 말미암아 우리의 역사발전은 더욱 지체되고 왜곡되었을 것이다.

그러나 이 왜란은 우리 민족의 주체적 역량에 의해 극복되었으므로 그다음의 역사를 성장과 발전의 방향으로 이끌어 갈 수 있었던 것이다. 본고는 이와 같이 임란을 승리의 길로 이끌어 가는 데 주도적 역할을 한 서애 유성룡의 국방에 대한 견해를 구명하고자 한 것이다. 왜냐하면 그가 당시 국정의 전반을 거의 독자적으로 이끌어 갔으므로 그것에 대한 보다 정확한 이해는 임란극복에 대한 지식의 폭을 확대할 수 있다고 믿기 때문이다.

지금까지 서애 유성룡의 선행연구에 관한 논문이 수편 발표되기는 했으나 대체로 역사, 철학적 관점에서 어느 한쪽 면만을 취급하고 있는 경향이어서 1차 자료 접근의 『징비록』과 『조선왕조실록』을 중심으로 서애의 국방안보에 대한 사상적 체계를 총괄적으로 정치학에서 국방안보관 연구를 파악하는 데는 미흡한 점을 지적하고자 한다. 또한, 임진왜란 과정에서 전술적 차원에서 조선-명나라 연합군의 승리를 종결짓는 전략적 차원에서 명나라와 외교관계를 통해서 전쟁을 승리로 이끄는 과정에서 명재상으로서 유성룡의 업적은 좀 더 종합적 관점에서 재조명의 필요성이 있다고 본다. 특히 급작스러운 전란과정에 국가의 위기관리 명령체계가 붕괴되고 정상적인 인적·물적 자원의 동원이 불가능한 상황에서 추진되었던 국방외교 정책과 관련해서 유성룡이 추진한 절충과 통합의 변화와 혁신은 그 중요성이 더욱 부각되는 측면이 두드러진다. 임진왜란 시기 유성룡의 국방정책 연구가 단순한 과거 역사의 고찰뿐만 아니라 국론이 사색당파 등으로 동인-서인으로 국론 분열로 국가적 역량 결집이 어려운 상황에서 유성룡의 설득과 통합의 정치적 리더십을 발휘하였다. 그러한 유성룡의 설득과 통합적 리더십은 오늘날 한국정치 상황에서도 그 시사점이 크다고 본다.

본 연구는 이러한 미비점을 보완하기 위하여 다음과 같은 내용에 중점을 두고 「선조실록」, 「서애집」, 『징비록』을 중심으로 그의 협력적 자주 국방안보 사상에 대한 전반적인 측면을 해명하고자 한다. 또한 임진왜란 극복에 있어서 설득과 통합적 리더십의 대표적 재상이었던 토대가 되었음을 재인식을 토대로 유성룡의 국방안보 관점을 재조명하고자 한 것이다.

2. 선행연구의 비판적 검토

서애 유성룡의 선행연구를 국내 사회과학에서 연구와 국외(일본) 연구로 나누어 보면 다음과 같다. 한국학계에서 유성룡 연구가 1970년 이후 본격화된 것과 비교하면 일본은 대단히 선진적이다. 1945년 해방 후 한국에서는 새로운 시대의 정신적 중심으로 퇴계 이황과 충무공 이순신이 크게 부각되면서 그들과 깊은 관련이 있는 서애 유성룡도 관심을 모았다. 특히 박정희 대통령은 충무공의 열렬한 숭배자였기 때문에 충무공을 천거하고 후원한 서애 유성룡을 위해 1966년 기념전시관인 '영모각'의 건립을 지원하는 등 그 역사적 자리매김에 적극적이었다. 이후 1978년 유성룡기념사업회가 결성되고 서애 유성룡 관계 문헌의 출판과 연구논문 발표가 활성화되었다. 허선도, "진관체제 복구론 연구", 『국민대학논문집』, 1974; 이재호 "인진왜란과 유서애의 자주국방책", 『역사교육론집』11집, 역사교육학회, 1987; 조정기, "서애 유성용의 군정사상(Ⅰ)", 『부산사학』14, 15합집, 부산사학회, 1988; 조정기, "서애 유성용의 군정사상(Ⅱ)", 『창원대학 논문집』11−1, 1989; 김석근, "서애유성룡과 임진왜란기 국방정책의 혁신", 국제문화학회, 『역사와 사회』제33집 2004 겨울호; 김호종, "서애유성룡의 인권및 민주사상", 안동대학교 퇴계연구소(편), 『퇴계학』제12집; 유광열, "유성룡전" 대한지방공제회, 1960; 조정기, "서애유성룡의 군정사상", 부산사학회 편, 『부산사학』14·15합본; 이수건, "서애 유성용의 사회경제", 『대구사학』12·13합집; 이재호 외, 『서애유성룡의 경세사상과 구국정책(상, 하)』, 책보출판사 등이다. 이상과 같이 국내 선행 연구는 역사, 철학적 연구가 중심이며, 그러나 정치학에서 임진왜란 시기 국방정책의 혁신을 중심으로 정치사, 정치사상사학적 접근은 2004년 김석근, "서애유성룡과 임진왜란기 국방정책의 혁신" 연구가 유일하다. 일본의 유성룡 연구는 한국보다 반세기 빠르다고 할 수 있다.

　일본인들은 우리보다 먼저 유성룡의 『징비록』에 관심을 기울였다. 일본학자들도 『징비록』을 통해서만 소위경장의 역, 즉 임진왜란의 진상을 접근할 수 있기 때문이다. 『징비록』에 관한 논문으로 학계에 최초로 소개된 것은 1927년 3월 일본 三田史學會의 잡지 『사학』 제6권 제1호에 실린 稻葉岩吉의 "초본 징비록에 대하여"이다. 稻葉岩吉은 1923년 가을 유성룡 종가를 방문하여 필사본 징비록뿐만 아니라 그 밖의 家傳 사료도 접했다. 종가 방문 후 그는 이들 사료를 조선총독부 산하 조선사편수회를 통해 빌리는 공작을 거듭한 결과 종손 유승우의 허락을 받아 유성룡에 관한 집중연구를 할 수 있었다. 그는 1936년 『초본징비록』을 발간했다. 조선서편수회는 8·15 해방 전해인 1944년 『통문관지』 21권을 간행했는데 그중에 유성룡 관련 사료가 『군문등록』, 『난후잡록』, 『초본징비록』 등 6종이나 포함되었다. 『초본징비록』 발간 1년 전인 1935년 中村榮孝라는 일본인 학자도 유성룡 종가를 방문하여 한동안 머물며 관련사료를 연구했다. 그는 1969년 출판된 『日鮮關係詞硏究』에 「유성룡가의 임진·정유왜란 사료」를 담고 해설도 했다. 또한 제2차대전 종전 이후의 일본에서도 서애 연구는 꾸준하다. 1979년 평범사에서 출판된 『징비록』은 현대어로의 번역에 성공했다는 평가를 받았다. 이 책은 관서학원대학 강사이며 재일교포인 박종명이 일본어로 번역하였고 상세한 주석을 단 것이다. 그 직후 일본 학습원대학 명예교수 末松保和는 "역사가로서의 유성룡"이란 논문을 발표했다. 그는 1944년 봄에 유성룡 종가를 방문한 서애 연구자이다. 末松保和 교수는 『징비록』에 대해 통감강목의 주자학적 사관과 강목체의 서술을 구체화한 역사서로 보았다. 그는 역사가로서의 서애에 대하여 사료의 수집, 정리, 비판, 사서의 저술, 사관의 확립 등 3대 조건을 구비했다고 높이 평가하고 있다.

3. 연구방법

한 사상가를 연구대상으로 한 연구에는 많은 방법론적 한계가 존재하는 것이 사회과학 연구의 학문적 현실이다. 그러나 한국정치사상사 통사 연구에 절대적으로 필요한 연구가 개별 연구의 축척이기도 한 것이 학문적 현실이다. 특히 그간 연구되지 않은 사상가 개별 연구는 통사 연구와 학문적 공헌에 기여하는 점이 크다고 본다. 본 연구는 개별 연구의 한계를 인정하지만 서애 유성용을 연구대상으로 한 국방안보관의 개별 연구의 한 단면이라 할 수 있다.

본고의 연구 방법은 역사, 철학, 그리고 문중사학 중심의 연구를 뛰어넘어서 1차 자료를 바탕으로 한 한국정치사상적 측면에서 서애 유성룡의 국방 안보관을 중심으로 고찰하고자 한다. 첫째, 지금까지의 유교적 고문헌 원전과 『西厓集』, 『謙菴集』, 『懲毖錄』, 『조선왕조실록: 중종실록-선조실록』, 『연려찬기술』, 「備邊五策」, 「上疏文」, 「차자」 등을 중심으로 통독, 완미, 발췌하여 1차 자료의 문헌 연구를 중심으로 내용분석에 초점을 맞추어 연구하였다. 둘째, 역사적 사실 중심의 비교분석 방법을 보완하고자 하였다. 셋째, 역사, 철학의 기존 선행연구 내용분석을 바탕으로 그의 사상사적 미비점을 보완하고자 한다. 넷째, 문중에 흩어진 문중 중심의 사학적 자료와 전문가, 종손, 병산서원, 하회마을 등의 심층면접(interview), 델파이(delphai) 조사방법을 보충하고 있다. 다섯째, 역사, 철학 연구와 차별화된 한국정치사상사적 관점에서 유성룡의 국방안보 정책의 관점을 재조명하고자 한다. 여섯째, 기존 선행연구 분석을 통해 외교안보의 국방정책을 중심으로 새로운 관점에서 문제를 제기하고 있다.

II. 유성룡의 국방안보 사상의 시대적 배경

임진왜란 전 조선의 국방실태와 군정의 문란상은 여러 유형으로 살필 수 있다. 유성룡 역시 제 측면에서 그 요인을 구명하였지만 특히 사회적, 정치적, 제도적인 면에서 그 요인을 살필 수 있다. 먼저 사회적인 면, 즉 문무신간의 갈등 내지 전쟁에 대한 인식을 살펴보고자.3)

임진왜란이 발생하기 직전 당대의 명장 신립이 서애와 군무를 의논하는 자리에서 '오늘날 적군의 세력을 상대하기가 어떠하겠는가.' 하고 물으니 신립이 대수롭지 않게 여기면서 '두려워할 게 없습니다.'라고 말하자 서애는 '그렇지 않소, 과거에는 왜적이 다만 단병만을 믿었는데 지금은 조총이란 장기를 가졌으니 경시할 수 없지 않소.'라고 하여 왜침에 대한 방위책도 없이 지나친 자신감을 갖고 있는 야전 지휘관의 태도에 대하여 의구심을 표시하였다. 그러나 신립은 '아무리 조총이 있다 한들 어찌 다 맞힐 수 있겠습니까.' 하니 서애는 '국가의 승평일구하여 사졸들이 취약한데 만약 유변 시는 지탱하기 어려울 것이오, 나의 생각으로는 수년 후 습병해지면 혹 수습이 가능하겠지만 처음에는 어렵다고 생각되오.' 하였는데 신립은 도무지 성찰하지 않고 가 버렸다.4)

여기서 장군 신립이 취한 태도로부터 조선의 군정실태를 충분히 파악할 수 있다. 적 세력을 두려워할 게 없다고 판단한 것은 군웅할거의 전국시대를 종식하고 중국대륙까지 정복하려는 망상을 가진 왜군의 정세에 얼마만큼 무지했던가를 대변해 주고 있으며, 조총에

---

3) 임진왜란 전후 재상들의 정책별 입장을 비교해서 정리하면 다음과 같다.

대한 과소평가, 역시 북방 야인 방어에서 기병으로 실전 경험이 풍부했던 신립에게는 장병의 효용은 알아도 신병기에 대한 인식과 일본군의 지식이 없었음을 알 수 있다.

일국의 명장이 군란에 대한 사전 대비하기는커녕 무지한 군정사상을 개진한 신립의 개인의 사상이기 전에 당시 조선의 국방안보 실상을 적나라하게 나타낸 것이라 여겨진다.

전쟁 기간 동안 유성룡이 국방정책의 혁신이 필요하다는 것을

당색		성명	당쟁	1580년 10만 양병론	1591년 세자책봉문제	임란1년 전 예상 및 대비	선조의 피란방향	종전무렵 대일정책
서인		이이	조정적	주창자	1584년 별세			
		정철	투쟁적 기축옥사 주도		세자책립의 *주창자로 귀양 감	귀양 중		
		성혼	투쟁적					온건협상
		윤두수			세자책립에 동조, 면직당함	면직 중	함경도 쪽 몽진	
		이항복	조정적				불가피하면 중국망명	
		황윤길				전쟁 일어난다		
동인	남인	유성룡	조정적	국가재정상불가		전쟁발발 대비 이순신, 권율발탁	평안도 쪽 몽진 중국 망명은 불가	온건협상
		김성일				전쟁 안 일어난다		
	북인	이덕형	조정적 (이산해 사위)					
		이산해	투쟁적		정철·윤두수 탄핵함			강경· 유성룡 탄핵
		정인홍	투쟁적					초강경· 유성룡 탄핵

(자료출처: Win1997. 7월호, p.256.)

4)『西厓先生文集』, 西厓先生 年譜, 卷2. 참조함.

절실하게 느끼게 된 계기는 무엇보다, 임진왜란 초기 조선군이 일본군을 상대로 보여 준 대책 없는 연패 때문이었다. 1592년 4월 14일 고니시 유키나가(小西行長)를 선봉으로 하는 1군의 부산 상륙으로 시작된 일본군의 공격에 조선군은 잇따른 패배를 면치 못했다. 한양으로 향하는 요충지였던 조령과 충주 방면의 방어를 맡았던 도순변사 이일이 상주에서 패배하였다. 특히 조정에서 신임이 높았던 신립의 패보는 민심을 극도로 동요시켰으며, 선조가 한양을 버리고 개성, 평양 방면으로 피난을 떠나게 하는 결정적 계기가 되었다.

유성룡의 『징비록』에서 보면 이일이 상주에서 적과 조우하기 직전의 절망적인 상황을 묘사해 놓은 부분은 그가 임진왜란 초기 조선의 국가방어체계에서 심각한 허점을 발견하게 되었다는 것을 알 수 있게 해 준다.

> "이렇게 된 후에야 순변사(이일)가 문경에 다다랐으나, 현은 이미 텅 비어 사람이 없었다. 이일은 창고의 곡식을 꺼내어 군사를 먹이고, 함창을 거쳐 상주에 이르렀다. 상주 목사는 순변사를 마중하러 나간다는 핑계를 붙여 산속으로 달아나 숨어 버리고, 오직 판관 권길만이 고을을 지키고 있었다. 이일이 권길에게 군사가 없음을 질책하여 목을 베려 하니, 권길이 나아가 밤새도록 마을마다 수색하여 수백 명을 모아 왔는데 모두 농민이었다. 이일이 하루 더 상주에 머무르면서 창고의 곡식을 꺼내어 흩어진 백성을 모았다. 산과 골짜기에서 하나 둘씩 나와서 다시 수백 명을 얻어 바삐 대오를 갖추니 겨우 6000여 명 정도였다. 이때 적은 이미 선산에 이르러 있었다. ......"5)

위 기록에 의하면, 이일이 조령을 넘어 첫 군현인 문경과 상주에

---

5) 『懲毖錄』卷1, 誌18.

이르렀을 때, 그곳에 원래 있어야 했던 군사가 이미 없었다. 이러한 결과는 급박하게 전개되는 전황 탓과 군사들의 겨를 없음에도 그 이유를 돌릴 수도 있겠지만, 따지고 보면 국방체제로서 유명무실화된 진관체제를 대체한 국방관리체제의 비효율성이 필연적으로 초래한 당시 상황을 볼 수 있는 중요한 자료라 볼 수 있다.

서애 유성용(1542~1607)의 국방사상을 제대로 파악하기 위해서는 우선 그를 둘러싼 주변 환경, 즉 가정 및 사회적 분위기와 시대적 상황을 고려하지 않을 수 없을 것이다. 왜냐하면 인간은 누구나 인격 형성에 있어서 환경의 영향을 크게 받기 때문이다.

먼저 그가 성장한 가정적 배경을 살펴보면 그의 가문은 안동부의 속현인 풍산고을의 토성으로서 고려 후기에 사족으로 발전하였던 것이며 그의 6대조 때 풍산현 내에서 지금의 하회촌으로 이주하였다. 그들은 대체로 여말선초에는 강력한 재지적 기반을 가진 품관계층이었으며 그때까지는 대개 검교나 군직 등의 직책을 역임하다가 그의 조부대부터 실직사족으로 성장한 것 같다.[6] 특히 그의 부 고조인 소(沼)는 선략장군과 충무위 부호군이란 군직으로 있었으며 그의 조부 공작(公綽)은 국방상 요새인 강원도 간성지방의 군수로 재직하였다. 더욱이 부친인 중영은 평안도와 더불어 국방상 요충지인 황해도 관찰사를 역임하였다.[7]

그런데 조선시대 지방의 수령이나 관찰사는 법제상 자기 관할구역의 행정 책임자인 동시에 군사령관을 겸하고 있었으므로[8] 그의 조부는 당연히 병마동첨절제사란 직책으로 간성 지방의 군사적 업

---

6) 이수건, "서애 유성용의 사회경제관", 대구사학회(편), 『大邱史學』12, 13 합집, p.225, 1977.
7) 『西厓集』兵典 世界圖.
8) 『經國大典』兵典 外官職.

무를 수행하였을 것이다. 더욱이 그에게 가장 많은 영향을 끼쳤을 부친 중영은 1552년에 국경지방인 평안도에 파견되어 군무를 감독하였으며 그로부터 12년 뒤에는 황해도 관찰사로 임명되어 그곳의 육군 사령관인 병마절도사와 해군 사령관격인 수군절도사를 겸하고 있었기 때문에[9] 일반 문관적 지식 이외도 국방이나 군사에 관한 소양도 상당한 수준이었을 것이다. 그렇지만 그는 기본적으로 청렴 강직한 학풍을 지닌 재지사족의 가문에서 성장하였고[10] 더구나 학업과 인격이 거의 성숙단계인 21세 때 도산으로 퇴계 선생을 찾아 뵙고 수개월 동안 머물면서 근사록 등 성리학을 배우면서 크게 칭찬을 받았으므로[11] 그의 학문상 주된 골격은 자연히 정통 성리학적 입장에 보다 접근되었을 것이다.

그러나 당시 시대적 조건은 그로 하여금 성리학에의 편향을 허용하지 않았으니 이제부터 그가 주로 활동한 16세기란 조선왕조의 시대적 상황을 개관하고자 한다. 주지하는 바와 같이 14세기 말엽에 창업한 조선은 15세기에 들어와서는 창업 초기의 새로운 기풍과 개혁의지의 왕성한 발로로 국가 전반에 걸쳐 제도정비를 함으로써 발전을 기할 수 있었다. 그럼에도 불구하고 지배층의 타성과 안주는 그들의 보수화를 초래하였고 평화의 지속은 안일과 방만을 수반하여 갖가지 모순과 비리가 만연되었으므로 혼란이 가중되고 있었다. 그 결과 16세기 말엽에 이르러서는 집권층이 동과 서로 나뉘어 각립하는 지경에 도달하였다.[12]

---

9)『明宗實錄』卷13, 7年 11月 乙丑條 및 같은 책, 卷30, 19年 7月 壬午條.
10) 이수건 앞 논문, p.249.
11)『西厓集』年譜.
12)『宣祖實錄』卷9, 8年 10月 戊子條를 보면 동서 붕당의 영수인 김효원을 부령부사로, 심의겸을 개성유수로 보내어 분열을 막고자 했으나 미봉책에 불과하였다.

사태가 여기에 이르자 지배층의 분열은 더욱 심화되었으며 그로 인해 위정자 가운데 상당한 부류가 국가 민족의 이익보다는 좌파의 이익에만 집착하게 되었다. 이 같은 풍조의 만연은 기강의 문란을 초래하여 지방의 군사령관 중에는 동남부 지방에서 왜구들의 날뜀이 심상치 않아도 이에 대한 방책은 강구하지 않고 백성들을 더욱 수탈하여 원성을 사고 있었으니 1575년 3월 경자일에 사헌부가 상계한 전라도 수군절도사 이숙남의 비리는[13] 그 좋은 사례가 될 것이다. 이런 상황 아래서 가장 고통받는 계층은 말할 것도 없이 일반 백성들로서 위정자 가운데 뜻있는 자들은 일대 개혁을 단행하지 않고서는 이 같은 사태를 수습할 수 없을 것으로 판단했다.

이와 같은 국방상의 취약점을 누구보다 잘 알고 있는 서애로서는 그 나름대로 일정한 견해를 갖고 이에 대응하지 않을 수 없었으니 먼저 그는 민심수습책의 일환으로 유력한 사대부들이 대토지를 소유하면도 조세는 적게 내는 현실을 왕에게 지적하여 이를 시정토록 함으로써 백성들의 부담을 줄이려고 노력하였으며[14] 그로부터 8년 뒤인 선조 14년의 경연에서 율곡 이이가 "먼저 반드시 배성들의 누적된 고통을 해결하여 그들의 마음을 기쁘게 한 다음이라야 세금을 거두어들일 수가 있습니다. 그런데 우리나라의 공안(貢案)은 민호(民戶)의 잔성(殘盛)과 전결(田結)의 다소를 고려하지 않고 함부로 세액을 결정하고 있으며, 또한 토산물이 아닌 것을 부과하고 있으므로 방납(防納)하는 무리들이 큰 이익을 얻는 반면 백성들은 모두 고통받고 있습니다. 그러니 지금 필히 공안을 개정하여 민호의 전결을 헤아려 고르게 부과하고 그 지방에서 산출되는 것만으로 공물을 바치게 하면 백성들은 쌓인 고통을 풀 수 있을

13)『宣祖實錄』卷9, 8年 3月 更子條.
14)『宣祖實錄』卷7, 6年 3月 丁酉條.

것입니다."라고 건의하자 유성용은 바로 그 자리에서 이이의 주장을 지지하면서 이것을 시급히 실시할 것을 역설하였다.[15]

이와 같이 서애는 율곡과 당파를 달리하는 처지이면서도 국가의 안정을 위해 유리한 것으로 판단되는 경우에는 적극 이를 지지하고 있었는데 이런 생각은 그 뒤에도 변치 않고 있음을 확인할 수 있겠다.[16] 하여튼 서애는 국가를 안전하게 유지하는 방법을 여러 가지 측면에서 모색하고 이의 실천을 위해 노력하였는데 이런 임진왜란 과정을 통하여 그의 국방에 대한 견해는 더욱 확고해졌을 것이다.

III. 국방안보 사상의 주요내용

서애 유성용은 유교적 국가주의 영남학파 퇴계 이황과 가학의 영향으로 정통 성리학적 경향이 두드러졌으나 현실 문제에 대한 학문도 외면하지 않았다. 그리하여 그는 정치·행정 및 경제·군사 등의 실용적인 학문에도 해박한 지식을 갖고 있었음을 다음 기록에서 충분히 엿볼 수 있었다.

"요사이 유성룡을 오랫동안 부리지 않는데 지금처럼 인재가 많지 않은 때에 임금께서 돌보지 않고 버리시는 것은 어찌된 일입니

---

15) 『宣祖實錄』卷15, 14年 5月 丙戌條.
16) 『宣祖修正實錄』卷16, 15년 9월 丙辰條 및 『練藜室記述』卷13, 宣祖條 故事本末 李珥.

까. 그의 재주는 금전이나 곡식들을 취급하는 일과 군사나 국방 등에 관한 일을 맡기시면 더욱 잘 할 것 같습니다."[17]라고 하였는데, 이것은 선조가 편전에서 야대(夜對)할 때 참찬관 이성중이 『통감강목』을 진강한 뒤 왕에게 올린 것으로 유성룡의 이 방면에 대한 지식과 능력을 조정의 고관들도 인정하고 있음을 나타내는 좋은 사례가 될 것이다. 더구나 『선조실록』은 왜란이 끝난 직후 서애가 실각하면서 그의 반대파인 기자헌과 이이첨 등에 의하여 집필되었으므로[18] 그에 대한 평가가 왜곡되었거나 객관성이 절하된 부분이 많은 점을 감안한다면 더욱 그러할 것이다.

이성중의 위의 건의가 있는지 약 1년이 지나서 그는 군사관계의 실질적 책임자인 병조판서에 취임하였다. 그런데 3년 뒤인 선조 25년에 왜란이 터지자 그는 영의정으로서 국정을 총괄하는 한편 도체찰사란 직책을 겸대하여 국가방어에 대한 사무를 전담하면서 전시체제를 이끌어 갔던 것이다.[19]

서애가 이처럼 막중한 책무를 원활히 수행할 수 있었던 것은 평소 이 같은 실학 방면에도 소양이 풍부했기 때문일 것이며 그 결과 임진왜란도 극복할 수 있었던 것이다. 그리하여 지금부터 임란 극복에 있어서 중요 구실을 한 그의 국방에 대한 견해를 몇 가지 영역으로 구분하여 살펴보고자 한다.

---

17) 『宣祖實錄』 卷22. 21年 1月 壬辰條 및 『燃黎室記述』 卷18, 宣祖朝故事本末.
18) 『仁祖實錄』 卷42, 19年 2月 丁巳條.
19) 『燃黎室記述』卷15, 宣祖朝故事本末.

1. 國防의 自主的 항쟁의 원칙

우리의 역사상 일찍이 그 유례를 찾기 어려운 큰 전란을 맞이하
여 이를 앞장서서 처리한 유성룡의 적에 대한 대응태세와 마음가
짐을 고찰하는 것이 그의 자주국방 사상을 이해하는 첩경이 될 것
이다.

왜란이 터지자 그는 먼저 이를 우리 스스로 막기 위하여 당시
우리 처지에 적합한 방어수단인 수성(守城)을 강조하는 한편 이를
위해 전국 각지에 성을 쌓거나 수선토록 하였다. 그리고 연달아 왜
적의 장기(長技)인 조총에 대응할 수 있는 방어전술로서 대포(大
砲)를 활용할 수 있도록 성안에 포루(砲樓)를 설치하게 하였으니[20]
이는 성곽을 지키는 데는 대포가 필수적인 무기로 판단했기 때문
일 것이다.

그러나 당시 전반적으로 보아 우리의 왜적에 대한 준비가 너무
나 부족하여 수도 한성 방어가 어렵게 되자 조신(朝臣)들 사이에
의견이 분분하였다. 이를테면 영의정 이산해는 왕이 평양으로 몽진
할 것을 주장하는가 하면 도승지 이항복은 중국 쪽으로 피란해야
한다고 말하였다. 그러자 장령 권협이 수도 한성을 굳게 지키기를
역설하자 서애도 이에 적극 동조했으나 사태의 악화를 막지는 못
했다.[21]

그 뒤 왕의 몽진대열이 동파관을 출발할 때 선조가 이항복을 돌
아보면서 어디로 가면 좋겠는가 물으니 그는 외주로 가 있다가 나
라 전체가 함락되면 중국에 들어가 호소하는 것이 좋겠다고 하였

20) 『宣祖修正實錄』卷27, 26年 12月朔 庚戌條.
21) 『宣祖實錄』 卷22. 21年 1月 壬辰條 및 『燃藜室記述』 卷18, 宣祖朝故
事本末.

다. 이에 대하여 유성룡은 다음과 같이 굳게 반대하였다.

"왕의 행렬이 우리나라를 한 걸음이라도 벗어난다면 조선은 우리의 것이 될 수 없습니다……. 지금 동북지방의 여러 도는 아직 그대로 남아 있고 호남지방의 충의 열사들이 곧 봉기할 것인데 어찌 이와 같은 논의를 할 수 있습니까."[22]

라고 하면서 물러나서는 이항복에게 그 부당성을 책망하였다. 위의 짧은 문장에서도 그의 국방에 대한 자주적인 견해를 충분히 간파할 수 있겠다. 즉 그는 우리나라에 침입한 외적은 끝까지 우리 국토 안에 머물면서 우리의 힘으로 격퇴할 것을 주장하였다. 이와 같은 그의 신념을 확인할 수 있는 사례를 하나만 더 보기로 하자.

"지금 왜적은 우리나라의 심장부에 웅거하고 있습니다. 명(明)나라 군사만 믿을 수 없습니다. 이때를 당하여 위아래 사람들이 힘을 합하여 스스로 강해질 계책으로 해야 합니다."[23]

라고 하는 데서는 충분히 그 같은 사상을 엿볼 수 있겠다. 그는 이어서 말하기를 "지금 사태는 나날이 급박해지고 있습니다. 명나라 군대를 믿을 수 없다는 것은 명백합니다. 우리나라가 취할 조치들을 모두 강구한 다음 죽을 생각을 갖고 최선을 다한다면 살아날 수 있는 길이 될 것입니다."[24]라고 역설하였다.

아직 많은 사람들은 당시 조선의 지배층들이 사대주의에 사로잡혀 중국 명나라에만 의존하여 자주적인 방어태세는 거의 찾을 수 없을 것으로 생각하는 경향이 없지 않으나 위에서 예거한 몇 가지 사례만을 통하여 보더라도 모든 위정자들이 다 그런 것은 아님이 판명되었다. 여하튼 서애는 기본적으로는 우리나라의 방어를 우리

---

22) 『宣祖修正實錄』 卷 26, 25年 5月朔 庚申條.
23) 『西厓先生遺稿』 行狀.
24) 『西厓集』啓辭 措置忠州上流 且於鳥嶺設開屯田啓.

스스로 책임져야 하겠다는 자주국방 사상이 확고했던 것이며[25] 부득이한 경우는 어쩔 수 없이 외세를 이용했던 것이다.

유성룡이 우리나라를 우리 스스로 방어해야 하며 또 그것이 가능하다고 믿는 근본적인 배경은, 우리나라 사람들의 역량이 본질적으로 다른 나라의 그것보다 뛰어나다고 보기 때문이다. 다만 그동안 잘못된 제도 운용과 지배층의 태만으로 이를 거양하지 못하여 위축된 것으로 인식했을 따름이다. 이러한 서애의 견해를 엿볼 수 있는 자료는 많이 있지만 다음 두 가지 사례에서도 그것을 충분히 확인할 수 있을 것이다.

> "① 만일 좋은 장수를 얻어 수만 명의 군사들을 잘 훈련시키고 그 대오를 밝게 하는 한편 이들을 한마음으로 유지한다면 우리나라 군사들이 중국 군사들보다 더 훌륭합니다.[26]
> ② 만약 재주를 비교한다면 중국병사들은 우리병사들에게 반드시 지고 맙니다. 이를테면 산판을 오르내리거나 사격 등에 있어서 반드시 중국인들을 이깁니다."[27]

라고 하였다. 위의 사료 ①은 임란이 터진 지 일 년쯤 지나서 선조가 편전에 있으면서 영의정인 유성룡을 인견하여 자문을 구할 때 그가 말한 것으로 우리 병사들의 자질의 우수성을 말한 것이고 사료 ②는 정유재란이 일어나던 해 선조가 별전(別殿)에 있을 때 유성룡이 입시하면서 우리 군사들의 탁월한 기능을 강조한 것으로서 그의 그 같은 신념이 잘 드러나 있다.

---

25) 『宣祖實錄』 卷88. 30年 5月 乙巳條에서 유성룡은 "조령 이북지방은 한 치라도 잃어서는 안 되며 조선으로써 조선을 방어해야 합니다."라고 선조에게 거듭 말하고 있다.
26) 『宣祖實錄』 卷45, 26年閏 11月 壬午條.
27) 『宣祖實錄』 卷88, 30年 5月 丁巳條.

2. 軍紀의 成立

유성룡은 평소부터 인간의 집단에는 항상 일정한 질서가 유지되어야 한다고 생각하고 있었는데, 그것은 아마도 그가 학습한 성리학과 가정적 영향이 컸을 것이다. 이러한 사유체계를 갖고 있는 그가 조정에 나가 벼슬하면서 그것은 더욱 강화되는 느낌이 없지 않았다.[28]

임진왜란이 일어나기 13년 전 그가 승정원의 동부승지로 있을 때, 지배층 간에 동서로 나뉘어 서로 반목함으로써 혼란이 야기되었다. 이런 까닭으로 사림 간의 대립이 격화되어 기강이 크게 무너지자, 서애는 정국의 안정을 위해 이를 크게 우려하면서[29] 왕에게 그 시정을 요구하였다. 이러한 사실은 그가 무엇보다도 이런 사태로 인하여 조정의 기강이 무너질 것을 두려워했기 때문일 것이다.

이 같은 생각을 지닌 서애가 그 뒤 승진을 거듭하면서 정책을 입안하는 자리에 오르자 기강확립에 대한 신념은 더욱 굳어지고 있음을 확인할 수 있으니 선조 27년의 다음과 같은 사건은 그 좋은 증거가 될 것이다.

"조정의 체통은 오직 예와 경으로 유지됩니다……. 보통 외정(外庭)에서 모임을 가질 때 관원들이 먼저 와서 앉아있더라도 뒤에 대신(大臣)이 들어오면 반드시 일어서서 예의를 표시하는데 이는 그를 위해서가 아니라 조정(朝廷)을 존중하기 때문입니다. 오늘 승지들이 외정에 모여앉아 제가 들어오는 것을 보고서도 그대로 앉아서 보기만 하고 일어서지 않습니다……. 조정의 등급이 문란하고 체통이 무

---

28) 『宣祖實錄』卷88 31年 9月 丁末條에서는 그의 "夫有一日朝廷 則當有一日紀網"이라고 강조하는 데서 그런 느낌이 강하게 드는 것이다.
29) 『宣祖實錄』卷13, 12年 6月 壬午條.

너져 이를 유지하기가 더욱 어렵습니다. 청하옵건대 저의 직책을 바꾸시고 조정의 기강을 엄숙하게 하십시오."[30]

라고 왕에게 건의하였다. 당시 그는 영의정으로 있으면서 이렇게 하였는데 이는 그 자신이 존경받기 위해서 취한 행위는 결코 아닐 것이다. 서애의 이 같은 건의에 대해 왕은 즉각 사헌부에 명하여 문제의 승지들을 처벌했던 것이다.

유성룡의 이러한 생각은 특수사회의 군사집단에 있어서는 더욱 엄격한 형태로 표출되고 있음을 볼 수 있으니 "지금 마땅히 군령을 단단히 타일러 일보라도 물러서는 자는 즉각 목을 베어야 모든 장수들이 반드시 명령을 따를 것입니다."[31]라고 하는 데서도 그것을 충분히 엿볼 수 있겠다. 물론 이때는 임란이 터진 지 두 달 정도밖에 되지 않아 사태가 다급한 점도 없지 않지만 그런 생각을 알아보는 데는 크게 무리가 따르지는 않을 것이다.

그 후 각처에서 의병(義兵)들의 저항이 계속되고 또 명나라 원군도 다수 들어와 전황이 호전되고 있음에도 불구하고 그는 군기확립을 위하여 다음과 같은 강경한 건의들을 연발함으로써 그의 확고한 신념을 그대로 나타내고 있는 것이다.

"① 요사이 기율(紀律)이 엄하지 않아 여러 장수(將帥)들은 스스로 거만하며, 호령은 행하여지지 못하고 있습니다. 그리하여 국사의 무너지는 것이 모두 여기에 그 원인이 있으므로 조정에서는 이런 장수들을 급히 법에 따라 처단하셔서 군정(軍政)을 엄숙하게 하십시오.[32]

---

30) 『宣祖實錄』 卷55, 27年 9月 庚寅條.
31) 『宣祖實錄』 卷27, 25年 6月 契卯條.
32) 『宣祖實錄』 卷34, 26年 1月 丁丑條.

② 지금 마땅히 기율과 법령을 밝게 하여 장수로서 진지(陣地)에서 달아나거나 수령으로서 성을 지키지 못하는 자들은 도원수로 하여금 먼저 목을 베어 죽인 다음 보고토록 하여 사람들로 하여금 도망치는 것이 군법(軍法)에 의하여 불가함을 미리 알게 하여야 피하지 않고 힘껏 싸울 것입니다."[33]

위의 사료 ①은 서애가 도체찰사로 군사업무를 총괄하면서 황해도 우방어사 김경로 등 지휘관들이 방만한 태도로 근무하자 이를 시정하기 위해서 건의한 것이고 ②는 그가 영의정으로 있으면서 전선에 배치된 일선책임자들이, 기강의 해이와 책임추궁 부실로 도망치는 사례가 빈발하자, 이러한 사태를 시정하기 위하여 강경한 군기확립 방안으로 제시된 것이다.

이와 같은 몇 가지 사례만 보아도 그가 기강을 엄정히 하여 군기를 확립고자 하였으며 이것을 바탕으로 일사불란한 군령체제를 구축하고자 노력했던 것이다. 그는 이 길을 통해서만 강력한 군대가 출현할 수 있다고 확신했던 것이다.[34]

이와 동시에 그는 질서가 잡힌 강한 군대의 보유만이 외적을 방어하는 데 가장 중요한 요소임을 믿고 있었으니, 그것을 환언하면 군기가 확립된 군대만이 강력한 방어력을 구사할 수 있는 것으로 생각했던 것이다.

그렇다면 이같이 중요한 군기의 확립은 어디에서 먼저 시작할 것인가 이 문제에 대하여 서애는 군사집단을 통솔하여 기강을 확립하기 위해서는 무엇보다 지휘관들의 명령이 여러 계통에서 나와서는 안 되며 반드시 하나의 명령체제가 형성되어야 한다고 보았

---

33) 『宣祖實錄』 卷61 28年 3月 辛卯條.
34) 『西厓集』 「雜著」, 戰守機宜十條 및 『懲秘錄』 卷4 慶尙道廳行事宜啓.

던 것이다. 그리하여 그는 명령계통의 단일화를 도모하는 방안의 하나로 국가의 군정(軍政)업무를 병조에 전담시킬 것을 역설했는데 다음 기록에서도 그것을 확인할 수 있을 것이다.

> "군사에 관한 일을 병조에 모두 책임 지우게 철하는 것은 명령이 한곳으로부터 나오게 하여 체통을 서로 유지하고자 함입니다……. 국가의 군정은 병조에서 맡아하게 하고 대신(大臣)으로 하여금 개입하게 할 필요가 없으니 청하옵건대 저의 훈련도감 제조의 직책을 면하게 하여 병조가 전담하게 함으로써 조정의 임관(任官)하는 체계를 바르게 하옵소서."[35]

라고 하였는데 이와 유사한 사료는 많이 산견되고 있다. 위의 사실을 요약하면 영의정으로서 그가 군사 지위권까지 장악하는 것은 행정체계로 보아서 바람직하지 못하니 전문성을 제고하고 책임행정을 구현하기 위해서는 병조에서 군정을 전담하는 것이 타당하다는 주장이다. 따라서 이러한 그의 인식도 결국 따져 보면 군기의 확립으로 강한 군대를 보유하고 이를 토대로 굳건한 방어태세를 견지하여 국가의 안전을 이룩하고자는 것으로 이해된다.

3. 戰術의 開發

어느 시대를 막론하고 상황변화에 따른 새로운 전술의 개발은 방어력증진에 있어서 중요한 구실을 한다. 임진왜란 때 왜적은 종래에 볼 수 없었던 새로운 무기인 조총을 찾고 전투를 시작함으로

---

35) 『宣祖實錄』 卷53, 27年 7月 乙酉條.

써 조선 측을 당황하게 하였다. 이 같은 새로운 국면에 직면하여 당시 영의정과 도체찰사란 막중한 직책을 띠고 전시체제를 이끌어 간 서애는 왜란을 극복하기위하여 여러 가지 전술을 새로 개발하지 않을 수 없었던 것이다.

그러나 이와 같은 일을 무난히 추구할 수 있었던 것은 그가 평소 이 같은 방면에도 깊은 관심을 보여 전략·전술 면에 뛰어난 식견을 가졌기 때문인데[36] 이제부터 그의 이것에 관한 사실을 밝혀 보고자 한다. 먼저 유성룡은 왜군의 신무기인 조총에 대하여 상당한 관심을 갖고 이에 대응하고자 했음을 다음 기록은 밝혀 주고 있다.

"임진왜란 때 안과 밖으로 모두 쓰러지게 되었으니 십여 일 사이에 수도를 빼앗기고 사방이 무너진 까닭은 비록 평화가 백여 년간 지속되어 백성들이 군사에 관하여 모르는 점이 있었다고 하더라고 실제에 있어서는 왜적들이 조총(鳥銃)을 가졌기 때문입니다. 조총은 수 백보 바깥 것까지 명중시켜 관통시킬 수가 있습니다."[37]

라고 말하면서 왜란 초기 우리 측의 참패원인을 왜적의 조총 소유에 두고 있는 것이다.

그는 이 같은 성능을 가진 왜군의 조총에 대하여 우리의 주 무기인 궁시는 상대가 곤란하다고 판단하고 새로운 전술 개발에 주력하였다. 그리하여 파괴력이 뛰어나고 비교적 정교한 무기의 개발에 유의하여 화차(火車)와 화전(火箭)을 보급시켰다. 먼저 화차에 대한 그의 사용방안을 보면 우선 여기에 승자총통 15개를 실어 동

---

36) 이재호, 『임진왜란과 류서애의 자주국방책』, 『역사교육론집』 11집 112쪽, 1987.
37) 『西厓集』, 「雜著」.

시에 발사시켜 탄환이 비 오듯 쏟아지게 하는 한편 산과 들을 진
동시키며 진격하면 적병이 비록 많다고 해도 저항하지 못할 것이
라 생각하고 있었다. 화전에 대한 그의 견해는 다음 글에서 잘 드
러난다. 즉 선조가 왜적의 우수한 무기는 오직 조총뿐인데 이것을
막을 병기는 우리 측에 없는가 하고 유성룡에 물으니 그는 "조총
을 발사할 때 화전 1~2천 개를 동시에 쏘면 연기가 적진으로 흩
어져서 왜적은 반드시 놀라 혼란에 빠질 것입니다. 이때 다수의 병
사들이 돌입하여 공격하면 반드시 승리할 것입니다."[38]라고 대답하
였다. 여기에서 우리는 서애가 왜군의 최신무기인 조총에 대응하는
길은 화차 등을 동원하여 적의 위세를 좌절시키는 한편 화전으로
서 왜적을 혼란에 빠뜨려 집중 공격하면 우리 측이 이길 수 있다
고 확신했던 것이다. 아울러 그는 조총의 우수성을 인정하고 그것
을 우리 측도 수용하기 위하여 부단히 노력하였음을 다음 사료에
서 확인할 수 있겠다.

> "지금부터 전선에서 획득한 조총은 이것을 함부로 사용하지 말고
> 모두 수습하여 각 진(各陣)의 군사들로 하여금 매일 학습하게 하여
> 그것을 터득한 사람들로 하여금 다른 사람들을 성의껏 가르치게 합
> 시다."[39]

라고 말하였다. 물론 이것은 비변사에서 건의한 내용이지만 당시
비변사의 건의 가운데 상당한 부분이 유성룡에 의해 주관되었기
때문에 이 내용도 전후 관계로 보아 그가 상계(上啓)한 것에 틀림
없을 것이다. 다시 말하면 우리 군사들도 성능이 우수한 조총을 많

---

38) 『宣祖實錄』 卷48, 27年 2月 己巳條.
39) 『宣祖實錄』 卷45, 26年 11月 壬午條.

이 받아들여 이를 보급하고 활용하는 데 힘쓰자는 것이다. 그런데 이러한 그의 생각이 그 뒤 구체적으로 추진되고 있음을 증명할 수 있는 사례가 있으니, 즉 1596년 평안도 안주 진관 관할하의 관군(官軍) 무기 연습상황을 보면 등재된 관군 73면 가운데 조총을 연습하고 있는 자가 48명으로 나타나 전체 관군의 약 66%를 차지하고 있어서 조총에 대한 우리 측의 관심도 그 당시 매우 높았다는 사실을 그대로 입증하는 것이다.

다음으로 서애가 진력한 전술개발 부분은 적의 전술상 취약점을 파악하여 우리 측이 반대로 이를 활용함으로써 승리로 이끌자는 것이다. 즉 그는 당시 왜군이 수전에 약한 것을 탐지하고 이를 우리가 이용하자는 것으로 우선 수전에 능속한 사람을 수사(水使)로 임명하고 판옥전선 일백여척을 만들게 하여 왜군을 격파하자는 것이다.[40] 이러한 그의 생각은 구체화되어 거제도에 들어가 웅거하면서 장기전을 시도하는 왜적들을 한산도 앞바다로 유인하여 우리의 수군들로 하여금 적파시켰던 것이다.[41]

그런데 임진왜란 당시 서북지방에는 북쪽의 오랑캐들조차 마구 날뛰어 조선정부를 이중으로 괴롭히고 있었다. 그래서 유성룡은 이들에 대한 방어전술도 모색하였는데 그것은 그들 전술에 대한 분석으로부터 시작되었으니 서애가 파악한 북쪽 오랑캐의 전술은 대략 다음과 같은 것으로 요약될 수 있겠다.

"① 요사이 서북사정을 보니 나날이 더욱 염려가 됩니다…… 북쪽 오랑캐의 장기(長技)는 말 타고 달리는 데 있으니 오직 보병만 사용해서는 막을 수 없습니다.[42]

---

40)『懲毖錄』卷7, 진사록.
41)『宣祖實錄』卷49, 27年 3月 丁亥條.

② 북쪽 오랑캐가 성곽을 공격하는 것은 왜적과 그 방법이 다릅니다. 그들은 말 위에 탄 사람들이 모두 흙 한 봉지씩을 가지고 일시에 달려와 그것을 성 아래에 쌓은즉 잠간 사이에 성과 같은 높이가 되어, 사람과 말이 모두 넘어갈 수 있습니다. 동시에 그들 병사들은 모두 철갑을 하고 말 또한 갑옷으로 덮었으므로 화살로는 도저히 공격할 수 없습니다."[43]

라고 하였다. 위의 사료 ①은 군문등록에 실려 있는데 그 골자는 북쪽 오랑캐의 주된 전술은 기마병으로 공격하는 것이므로 우리는 이에 대하여 종래 보병(步兵) 위주의 전법은 곤란하다는 것이다. 그리하여 이에 대한 새로운 전술개발의 일환으로 각 지방의 목장에서 사육하고 있는 말들을 끌어내어 기병을 양성함으로써 이에 대응하자는 것이다. 사료 ②는 ①과 같은 배경 아래 전개되는 북쪽 오랑캐의 공격에 대한 방어책으로서 종래의 궁시(弓矢)로는 곤란하니, 새로운 전법으로 화포를 개방 보급함으로써 그들을 효과적으로 제압해야 한다는 것이다.

그리하여 그는 산성(山城)에 화포를 설치하기 위하여 포루(砲壘)를 각처에 축조하도록 조치하는[44] 한편 무기제조 부서인 군기시(軍器侍)의 주부 이자해(李自海) 등에게 화포를 제작시켜 이것을 보급해 나갔으므로[45] 그것은 그 뒤 육전과 해전에서 큰 전과를 올릴 수 있는 배경이 되었으며[46] 나아가 임진왜란을 극복하는 데 중요한 구실을 했다고 이해되는 것이다.

---

42) 『西厓先生遺稿』, 「軍門謄錄」, 丙申 4月 7日條.
43) 『西厓先生遺稿』 乙未 11月 26日條 및 『宣祖實錄』 卷69, 28年 11月 庚寅條.
44) 『西厓先生遺稿』, 「軍門謄錄」, 丙申 1月 30日條.
45) 『西厓集』雜著.
46) 『西厓先生遺稿』, 「軍門謄錄」, 丙申 4月 11日.

그런데 임진왜란 초기에는 우리 측이 전쟁준비가 제대로 되어 있지 못한데다가 제반 여건마저 불리하여 수세 위주의 전술을 구사할 수밖에 없어서, 성곽을 중심으로 청야(淸野) 전법이 크게 장려되었다.[47] 그 결과 변경지방이나 군사적 비중이 높은 요새지 등에는 성곽을 많이 축조하게 되었으므로 이를 근거로 하는 새로운 전술이 요구되어 서애는 그 방법의 하나로 다음과 같은 것을 고안하여 보급하였다.

"남북 변경지반의 성곽 위에는 반드시 가는 모래나 연한 재(栽)를 준비해 두어야 합니다. 그래서 적들이 공격해 올 때 이것을 그들의 눈에 뿌려 어지럽힘으로써 성곽 위로 오르지 못하게 해야 합니다. 이 방법은 장난에 가까울지 모르나 실은 크게 유익하니 꼭 준비해야 합니다."[48]

라고 건의했는데 이것은 많은 비용이나 노력은 소모하지 않으면서도, 그 효과는 매우 큰 전술의 하나라고 생각된다. 따라서 이 전법은 그 뒤 성곽 중심의 수세전에서는 크게 보급되었을 것으로 이해되는 것이다.

그러나 앞에서도 이미 지적한 바와 같이 우리 측의 전쟁준비가 이루어짐에 따라 화포 등을 중심으로 한 공격 위주의 전술로 임진왜란 후기에는 바뀌었을 것으로 짐작된다.

---

47) 『宣祖實錄』 卷47, 27年 1月 丁酉條 및 같은 책, 卷68, 28年 10月 丙寅條.
48) 『宣祖實錄』 卷68, 28年 10月 辛酉條.

4. 軍糧의 確保

군량을 비롯한 군수품의 지속적 조달은 동서고금을 막론하고 전쟁을 수행하는 데 있어서 불가결한 요소이다. 그러면 임란 당시 이에 대한 서애 생각은 어떠했는지 고찰하기로 하자.

유성룡은 먼저 여러 군수품 가운데서도 인간의 생명유지와 직결되는 군량을 가장 중요한 것으로 파악하고, 이것의 확보가 무엇보다 시급하다고 생각했음이 다음 두 가지 사례에서도 충분히 드러나고 있는 것이다.

> "① 군사를 일으킬 때 가장 긴급하게 조치해야 할 일은 식량을 준비하는 일로서 이것보다 앞서야 할 일은 결코 없습니다. 식량이 부족하면 모든 일이 다 불가능해집니다.[49]
> ② 대개 군사를 일으킬 때는 반드시 양식을 갖춘 뒤에야 군사를 이를 수 있습니다. 그렇게 하지 못하면 비록 군법을 엄격하게 적용한다 하더라도 도망치는 것을 막기 어렵습니다."[50]

라고 하였다. 위의 사료 ①은 그가 지은 『징비록』과 『군문등록』에 거의 비슷한 형태로 나타나는데 군사를 일으킬 때 제일 먼저 우선적으로 수행할 일은 군량확보이며, 이것이 부실하면 모든 일이 이루어질 수 없다는 것이다. 사료 ②는 군사를 일으킬 때는 반드시 먼저 군량이 확보되어야 하는데 그것이 되지 않으면 모였던 군사들도 도망치게 됨으로 군법을 엄하게 적용할 수 없다는 것이다. 이것을 환언하면 군량이 부족하여 병사들의 배를 채워 주지 못하면

---

49) 『西厓先生遺稿』, 「軍門謄錄」, 丙申 6月 15日條.
50) 『宣祖實錄』卷43, 26年 10月 庚寅條.

우수한 병력자원을 확보할 수 없을 뿐만 아니라, 가령 그들이 모였다 하더라도 이를 유지할 수 없다는 것으로서, 군량의 확보가 군사유지와 발전에 매우 긴요하다고 인식한 그의 생각이 가장 잘 함축된 것으로는 "먹을 것이 부족한즉 사람들을 모을 수가 없고 사람을 모을 수 없다면 군사들을 단련시킬 수가 없는데 이 같은 사실은 필연적 추세이다."라고 하는 것을 들 수 있겠다.

이 기록은 그가 영의정으로서 임란을 몸소 체험하면서 왕에게 올린 시무책의 한 구절로서 군량이 차지하는 높은 비중을 여실히 드러내고 있는 것이다. 그리하여 그는 군량의 확보에 크게 신경을 쏟아 다른 어떤 것보다도 우선순위에 두었으며, 특히 군량을 위한 관곡(官穀) 관리에 철저를 기하도록 조치하는 한편, 만약 이를 어긴 관원에게는 가혹하리만큼 준엄한 형벌을 직접 가함으로써 군량확보의 중요성에 대한 그의 굳은 의지를 보여 주었던 것이다.

그런데 이와 같이 중시한 군량확보를 위하여 전란이란 어려운 상황 아래서 그가 구체적으로 어떠한 노력을 경주하고 있었던가를 몇 부분으로 나누어 살펴볼 필요가 있을 것이다. 먼저 그는 자염(煮塩)을 통한 군량확보에 크게 유의했는데, 그것은 인간이 매일 일정량의 소금을 섭취하지 않고서는 생존할 수 없을 뿐만 아니라 대체할 만한 다른 물질이 없었기 때문에 전통사회에서 이를 장악하여 관리만 잘 한다면 큰 소득을 올릴 수 있다는 사실을 인식하고 있었기 때문일 것이다. 그리하여 그는 소금 생산자인 염호(塩戸)의 부담을 가볍게 하는 한편 그들을 수탈하지 못하게 함으로써 자염생산량을 확대해 나갔으며, 생산된 소금을 배에 싣고 수로(水路)를 따라 내륙지방에 운반하여 식량을 받고 판매하도록 했는데, 이렇게 함으로써 군량도 확보할 수 있고 백성들의 소금에 대한 수요도 충족시킬 수 있었던 것이다.[51]

그다음으로 그는 둔전(屯田) 경영에 관심을 보였으니, 주지하다시피 둔전이란 차전차경(且戰且耕)을 원칙으로 하는 병사들의 특수 영농 형태로서, 병사들을 전투의 여가로 영농에 동원하는 것이 관례이긴 하지만 때로는 성곽에 피난 온 노약자들의 유휴 노동을 이용하기도 하였다.52) 이리하여 실제로 경상도 고령과 합천지방 사이에 설치된 둔전과 대구, 상주, 안동 그리고 성주 등의 큰 고을에 설치된 둔전에서는 종자 1말을 뿌려 가을에 6~7석이란 많은 수확을 올릴 수 있을 정도로 큰 성과를 얻었던 것이니53) 이는 당시 군량보급에 크게 기여했을 것이다.

서애가 군량확보 방안으로 추진한 것 가운데 또 다른 것으로는 각 도에서 중앙정부로 바치는 공물(貢物)을 모두 쌀로 납부하게 한 것과, 봉족(奉足)이나 각사(各司) 소속 노비들이 바치는 신공을 역시 쌀로 바치게 했던 것이다. 특히 지방의 공물을 쌀로 통일하여 바치게 한 것은 전란 때 군량 확보 방편의 하나로 취한 조치이긴 했으나, 결과적으로 조선 후기 대동법(大同法) 실시의 선례가 되었다는 점에서는 전향적 시책으로 이해된다.

마지막으로 떼놓을 수 없는 군량확보 방안은 공명고신면역첩(空名告身免役帖)의 판매를 들 수 있겠다. 이는 비교적 적은 량의 식량을 받고 백성들에게 이것을 팔았는데, 그 결과 지배층의 수적 증가를 초래하여 신분제 동요의 한 요인이 되었다. 그런데 서애는 기본적으로 전통적인 신분제(身分制)를 고수하려는 생각이 비교적 적었던 것으로 이해되는데 다음 사료는 그 좋은 증거가 될 것이다.

---

51) 『宣祖實錄』 卷65, 28年 7月 乙酉條.
52) 『宣祖實錄』 卷32. 25年 11月 辛巳條 및 『宣祖修正實錄』 卷28, 27年 2月 庚戌條.
53) 『宣祖實錄』 卷59. 28年 1月 乙未條 및 같은 책 卷65, 28年 7月 乙酉條.

"요사이 사람을 채용하는데 반드시 먼저 문지(門地)를 논하는데 무릇 문지가 과연 능히 적을 칠 수 있겠습니까."[54]

라고 하였다. 이는 물론 급박한 상황에서 나온 말이기는 하지만, 그의 여러 가지 언행으로 보아 신분제 유지에 대한 관심은 희박한 것으로 보인다. 이와 같은 그의 생각은 뒷날 영향을 끼쳐 근대적 신분관 형성에 일조가 되었을 것이다.

위에서 언급한 서애의 여러 가지 군량확보 방안은 그런대로 일정한 성과를 거양할 수 있어서, 당시 조선의 군대를 유지하는 바탕이 되었으며 이를 토대로 임란도 극복할 수 있었던 것이다.

5. 訓練의 强化

병사들이 실전에 대비하여 훈련을 강화한다는 것은 어느 시대나 필요한 일로서, 이것은 나아가 강병 육성에도 중요한 구실을 할 것으로 보이는데 서애의 이에 대한 견해는 어떠한지 살펴보고자 한다.

그는 먼저 군사를 훈련시키는 것이 매우 중요하고 시급한 일이라고 다음과 같이 강조하였다. "지금 지극히 중요하고 급한 일은 병사들을 훈련시키는 것보다 더한 것이 없습니다. 병사들이 만약 훈련되어 있지 않다면 비록 그 수가 백만 명이 있다고 하더라도 양을 몰아서 호랑이를 공격하는 것과 같으니 그 부당함은 명백합니다."[55]라고 하는 데서 그의 훈련 강화에 대한 강한 집착을 엿볼 수 있겠다.

---

54) 『西厓集』啓辭, 措置防守事宣啓.
55) 『西厓集』啓辭, 請訓鍊軍兵啓 및 『宣祖實錄』卷96, 31年 1月 己酉條.

　그는 일부의 사람들이 시간과 경비 등의 이유 때문인지는 몰라
도 병사를 훈련시키는 일이 시급하지 않다고 주장하는 데 대하여
이것은 참으로 생각을 잘못하는 데서 나온 소치라고[56] 단정하면서
앞을 내다보지 못하는 단견을 질책하였다. 서애는 군사를 훈련시키
는 문제가 군사정책에 있어 큰일 중의 하나라고 거듭 주장하면서
만약 병사들이 하루라도 훈련을 실시하지 않는다면 이는 곧 하루
가 퇴보하는 것을 보았으며, 이런 상태가 계속된다면 그 군대는 끝
내 무너지고 말 것이라고 단언하였다.

　그러면 서애가 왜 병사에 대한 훈련강화를 이와 같이 강조했을
까. 그것은 아마도 군대란 거듭된 훈련을 통하여서만 일당백 할 수
있는 정병이 될 수 있다고 보았기 때문일 것이다. 그는 훈련받지
못한 다수의 오합지졸보다는 핵심적인 정병을 육성함으로써 승리에
대한 확신을 가질 수 있는 동시에 나아가 그가 확보에 심혈을 기
울인 귀중한 군량에 대한 소비도 줄일 수 있다고 판단했을 것이다.

　서애는 훈련을 잘하기 위해서는 군사를 선발하는 과정도 매우
중요하다고 생각하는 동시에 직접 전투를 체험한 병사들을 더욱
소중히 여겼다. 그리하여 이들이야말로 용감무쌍하기 때문에 일당
십 혹은 일당백 할 수 있는 정병으로 확신했던 것이다.

　그런데 서애는 특히 병사들의 개인적 능력을 중시하여, 정병(精
兵)이 될 수 있는 가능성만 보인다면 공사천인(公私賤人)이나 혹은
그 어떤 신분적인 제한에도 구애받지 않고 오직 그의 능력에 의해
서만 병사로 선발하였으며, 더구나 그 군사적 능력이 뛰어난 자는
관직을 부여하여 사기를 고양했던 것이다. 따라서 여기에서도 이미
언급한 바와 같이 그의 진보적인 신분관을 엿볼 수 있겠다.

---

56) 『宣祖實錄』 卷53, 27年 7月 己酉條.

그리고 서애는 훈련강화를 위하여, 병사들이 체계적인 훈련을 받을 수 있도록 통일된 연병규식(練兵規式)을 만들어 전국에 반포하였으며[57] 더욱이 훈련을 직접 맡아 관장하는 장수와 수령들의 자질향상과 지휘책임을 강조했는데[58] 그것은 아마도 이런 것들을 토대로 하여, 훈련 강화의 성과를 제고시키고자 함이었을 것이다. 그래서 성실히 부하병사들을 훈련시켜 많은 실적을 올린 지휘관들에게는 포상을 하게 하고, 그 반대의 경우에는 처벌하도록 함으로써[59] 그들 일선 지휘관들의 훈련강화에 대한 인식을 새롭게 하고 부단히 훈련시키는 풍토를 조성하였던 것이다.

유성룡이 항상 이와 같이 병사들에 대한 군사훈련을 강화하고자 한 것은 이미 언급한 바와 같이 이런 것을 통하여 정병을 양성함으로써 군대 유지에 필요한 경비를 줄이는 한편 그들의 적에 대한 대응능력을 한층 높일 수 있다고 판단했기 때문일 것이다. 그리하여 평소 이렇게 훈련된 병사들을 사변이 발생하면 즉시 동원함으로써 실전에 투입될 수 있도록 했는데 이와 같은 서애의 노력은 그 뒤 많은 성과를 거두어 임진왜란을 극복하는 데 큰 보탬이 되었을 것이다.

---

57) 『西厓先生遺稿』 年譜 萬啓 24年條.
58) 『西厓先生遺稿』 軍門謄錄 丙申 1月 3日稟 및 『宣祖實錄』 卷65, 28年 7月 己卯條.
59) 『西厓集』 啓辭, 令兵曹專委鍊兵啓.

IV. 임진왜란 전시 선조에게 정책제안

1. 유성룡의 邊境防備策(「備邊五策」)

선조16(1583)년 「備邊五策」 2월에 북방 오랑캐 등이 변방을 침입할 때 유성용이 교지에 의해 '비변오책'을 올렸으니 이 '비변오책'은 북방 변경방비에 관한 계책으로서 그 요지는 다음과 같다.

1) '杜禍源' 禍의 근원을 막는 일

"……신은 듣건대 오랑캐의 환란은 옛날부터 있던 것인데, 다만 우리가 정도로써 이를 방어하는 데에 있을 뿐입니다. ……현재의 북려의 형세는 중국역대의 강적인 북방의 흉노, 돌궐, 계단, 여진과는 달라서, 우리의 영토를 다투고 우리의 성읍을 빼앗으려 우리에게 항거하는 것은 아닌데도, 북방의 수령들은 대개 무신으로서 그들 변민을 침학하여 이러한 여환을 초래했으니 무신 중 청렴하고 신중한 사람을 변장으로 임명하고 문관의 무재 있는 사람으로 섞어서 임명하여 그들 오랑캐를 잘 무마한다면 변방이 평온해질 것입니다."

2) '定戰守' 나아가서 싸우느냐, 아니면 지키느냐를 결정 하는 일

"병법에 먼저 적이 우리를 이길 수 없는 완벽한 방비를 한 후에, 우리가 적을 이길 수 있는 기회를 기다린다고 했으며, ……옛날 사람의 말에 오랑캐는 짐승처럼 모였다가 새처럼 흩어지기 때문에 이들을 공격하는 것은 마치 그림자를 치는 것 같다고 했는데, 지금 나라 안에 있는 병졸을 모집하여 수천 리나 되는 먼 길을 지나서, 수초따라 정처 없이 행동하는 오랑캐를 공격하려고 하는데 병졸이 채 강을 건너기도 전에 소문만 서방에 퍼져서 오랑캐들은 모두 도망해 산골짜기에 숨어서 아득히 발자취도 없을 것이니 우리 군사는 나아가도 얻을 것이 없고, 물러서도 의지할 곳이 없을 것입니다. ……王者(왕도로 세상을 다스리는 임금)의 군대는 만금을 도모하여 출동해야 할 것인데, 어찌 위험을 무릅쓰고 요행을 바라면서 期必할 수 없는 성공을 바랄 수 있겠습니까. 이것이 바로 신이 말하는 위태한 방법이란 것입니다. 그러므로 당면의 계책으로서는 먼저 우리를 지키는 계책을 세우고 군대의 기율을 거듭 밝혀 오랑캐에게 우리를 침범할 수 없도록 한 후에 시세를 살펴보고 변통을 마련하여 나라의 위력을 떨치고, 이길 형세를 보고는 진격하고 어려운 형편을 알고는 멈추어 군대가 유리한 쪽에서 행동한다면 신축이 우리 편에 있게 되어 향하여 가는 곳마다 뜻대로 안 되는 일이 없을 것입니다. ……대체로 싸움에는 군사의 多寡와 용법에는 관계가 없고 다만 장수가 군사를 쓰기에 달려 있을 뿐입니다. ……지금 오랑캐가 여러 번 변경을 침범하는데도 우리가 그들에게 그 범죄를 토벌하지 않는다면 그들이 무엇을 징계하여 스스로 물러가겠습니까. ……신의 생각으로는 오랑캐들이 동심하여 다 배반한 것은 아닐 것이고, 그들 중에는 성심으로 우리들에게 귀순하는 사람도 있고, 양쪽에 복속하는 사람도 있고, 피차의 승부를 바라보고서 귀순하거나 배반하거나 하는 사람이 있고, 겉으로는 귀순한 것처럼 하면서도 물러가서는 실제 도적이 된 사람도 있으니…… 귀순하지 않고 侵盜하는 놈은 날랜 병졸을 보내 전격적으로 토벌하여 목을 베어 諸部에 보이고 귀순한 사람은 무마하고 후대한다면 우리를 배반한 놈은 두려워할 것이고, 우리에게 복종한 사람은 激勵될 것이니 군대를 괴롭혀 가면서 먼 곳에 가서 토벌할 필요도 없이 威令이 떨칠 수 있을 것인데, 이런 장수가 시기에 당하여 잘 처리하는 데에 달려 있을 뿐입니다. …… 일찍이 듣건대 적의 수비가 부족한 것을 공격하는 것은 우리의 수비가 여유가 있을 때 하는 것이며, 싸움을 잘하는 사람은 적을 나에게 오도록 하고, 내가 적에게 끌려가지 않는 것이라고 했으니 옛날부터 지키거나 싸울 계획을 결정하지 않고서 오랫동안 시일만 보내다가 성공한 사람은 있지 않았습니다."

3) '察虜情' 오랑캐의 실정을 살피는 일

"대체로 분란을 해결하고 분쟁을 止息하는 방법은 먼저 그들의 실정을 알고서 그 기회에 알맞게 처리하는 데 있을 뿐입니다. 지금 오랑캐가 원망하는 발단을 조정에서는 다 알지도 못하고, 왕래한 고인들의 역순에 관한 진위도 또한 환하게 알지 못하는 까닭으로 대처하는 계책이 적당하지 못한 것이 많았습니다. 더구나 용병할 즈음에는 적인의 실정을 세밀히 살펴서 동기에 따라 대응해야 하며, 그들이 반드시 공격해 올 곳을 공격한다면 뜻을 이룰 수 있을 것입니다. …… 신은 원하옵건대 북도의 장수와 왕래하는 사신들에게 오랑캐의 실정을 세밀히 살피게 하여, 비록 오랑캐의 일이 아니더라도 민생의 이해나 군기(군사상의 비밀)의 득실에 관계되는 것은 들은 대로 전부 조정에 보고하게 하고 사로잡힌 오랑캐도 또한 가두어 서울로 보내어 그 정상을 추궁한 후에 처치한다면 변경의 사정이 밝혀져서 거사에 잘못된 계책이 없을 것입니다."

4) '給饋餉' 식량을 공급하는 일

"……현재까지 북도에 운송된 양식의 수량은 이미 10만여 섬이 넘고, 천포가 5만여 필이나 되니 이것은 곧 1만여 명이 수년 동안에 먹을 양식입니다. 변방에서 놀고먹는 병졸은 대략 3천, 4천에 불과하니 만약 조달 수송하는 것이 법도가 있고 회계를 세밀히 밝혀서 중간에서 남용되는 일만 없게 된다면 4, 5년은 능히 지탱할 수가 있을 것인데, 어찌 이같이 위태로운 지경까지 이르겠습니까. 백성의 골혈을 다 짜내고 동남지방의 재력을 다 긁어내어 조금씩 운반하느라고 갖은 고생을 다 겪은 것인데도, 도리어 이것을 탐관오리에게 맡겨서 진흙 모래처럼 써 버리는데, 담당하는 관원은 곡식이 있고 없음을 가려내지 못하고, 조정에서는 군사들이 떠남과 머무름을 추호하지 못하기 때문에, 마치 모래를 모아서 바다에 던지듯 어디에 들어간 곳을 알지도 못하니 군국의 중요한 일이 어찌 어린애 장난처럼 된 것이 아니겠습니까. 신의 생각으로는 먼저 그동안 수입된 양곡의 원수를 합계하고 한편으로는 안변에서 각 고을에 분송된 수량을 계산하여, 또 수년 동안 병졸을 미발하여 변방에 보낸 명부로써 그동안 그들에게 먹인 양곡의 수량을 제한 후에 현재 남아 있는 양곡의 수량과 서로 비교 대조하여 그 모자란 것을 추궁한다면 중간에서 남용했거나 도적질한 수량을 숨길 수가 없게 되어 실제의 수량을 알아낼 수가 잇을 것입니다. 이와 같이 실제의 수량을 알아내어 우선 몇 달을 지탱할 수 있는가를 알고 난 후에 내지에 수송하는 계획을 미리 조치하여 차례대로 수행한다면 일이 조리가 있어 사람들이 그다지 고생하지 않을 것입니다. …… 또한 풍년이 들면 중앙과 지방의 속포(贖布)[60]와 병조의 궐군가포와 남방의 남세포와 노비신공[61] 등을 받아들인다면 해마다 수만여 필이 될 것이니 오랑캐와 우리 백성을 물론하고 대략 常平[62]의 규정에 따라 시가대로 팔아 곡식을 사들인다면 수년 후에는 변방의 곡식이 반드시 쌓여서 내지에서 곡식을 운반하는 수고도 제거될 수가 있을 것입니다. …… 신이 나라의 정세를 살펴보건대 수년 동안 허둥지둥 서둘면서 날마다 북쪽 오랑캐의 일로써 근심해 왔는데도, 군량 한 가지 일에 대해서는 망연히 두서를 알지 못하여 노력과 비용이 그치지 않아서 서방이 동요하고 있으니 한심한 일이 어찌 이보다 더한 것이 있겠습니까?"

---

60) 속포(贖布)는 조선시대 백성의 공납의무를 이행치 않거나 고역에 못 이겨 도망할 때 이들을 대신하여 포를 상납하던 것을 말함.
61) 奴婢身貢은 외거노비가 身役을 복무하지 않은 대가로 바치는 布를 말함.
62) 상평은 미곡, 천포 등 생활필수품을 물가가 내릴 때 다소 싼 값으로 사들였다가 물가가 오르게 되면 시가보다 다소 싼 값으로 물가를 조절하는 제도(漢書 食貨志).

5)'修荒政'흉년에 백성을 구제하는 정치를 하는 일

"신이 듣건대 지금 북도에 길주이북 지방에서는 백성이 굶주려
제 몰골이 아니며 길바닥에 굶어 죽은 송장이 깔려 있다고 하니 매
우 참혹하고 슬퍼할 일입니다. 조정에서 이 소식을 듣고서 비로소
의논하여 천 리나 되는 먼 곳에서 양곡을 운반하여 이들을 구제하려
고 하지만, 이른바 먼 곳의 물을 가져다 눈앞의 불을 끌 수 없다는
것이므로, 어찌 위급에 미칠 수가 있겠습니까. 신의 생각으로는 민호
의 빈부를 자세히 좌하여 이를 등급을 정하고 현재 북도에 남아 있
는 곡식으로써 굶주림이 너무 심한 백성을 먼저 구제하고 그것이 모
자란다면 이미 운반된 군량으로써 지급하고 뒤에 운반될 곡식으로써
그 부족분을 채워야 할 것을 보충한다면 시기를 놓쳐서 실효를 잃는
폐단은 없을 것입니다. …… 屯田에 대한 의논은 전에도 의견을 아뢴
사람이 많았으나 끝내 성공하지는 못했는데 …… 다만 남도에서 북
도에 들어와 사는 백성의 수효가 매우 많은 그 六鎭의 묵어 있는
둔전의 다과를 조사하여 이에 따라 이들 백성들이 나누어 거처하게
하고, 관가에서 農牛와 農器具를 보조해 주어 그들에게 협력 경작하
도록 하되 대략 옛날 둔전 제도와 같이 하여 그 소출을 먹게 하고
官吏된 사람은 별도로 이들을 구제하여 이들더러 일을 시작하여 농
작에 힘쓰게 한다면 수년 동안에 자력으로 일을 해내 수가 있을 것
입니다. …… 신이 올린 말들은 모두가 이미 시험해 본 일이지만 사
정에 비추어 계책을 찾는다면 이밖에 달리 방법이 없습니다. 다만
그 요령은 적임자를 얻는 일에 있을 뿐이니 조정에서 인재를 임용하
여 오랑캐의 실정을 상세히 살피고 신중히 대처하여 요동하지 말고
백성과 오랑캐를 어루만져 모이게 하여 그들에게 은혜와 위업을 다
베풀고 변경의 방비를 튼튼히 하고 군량을 넉넉히 저축하여 오랑캐
가 감히 침범하지 못하게 한 후에 유리한 점을 살펴보고 편리한 형
세를 이용하여 시기에 따라 動兵하는 것이 만전의 계책이니 곧 상
책인 것이고 오랑캐의 역순하는 형세를 알고는 가을과 겨울에는 군
대를 査閱하고 졸병을 훈련시켜 군사를 멀리서 징발할 필요 없이

다만 사졸 수천 명을 사용하도록 하고, 그 죄악이 심오한 오랑캐를 골라서 나라의 위력을 대강 보이고는 곧 강을 건너 진으로 되돌아오도록 하며, 다른 오랑캐로서 우리에게 귀부하는 자는 무마 후대하여 동요하지 못하게 하는 것이 중책이고, 우물쭈물 시일만 보내고 소란하고 분분하는 중에 병졸은 피로에 지치고 백성은 곤궁하게 되며 창고의 곡식은 바닥이 나고 있는데 쓸모없는 군졸만 많이 거느리고 간다면 소리는 비록 크게 나더라도 실제는 쓸모가 없는 것입니다. 어려움을 무릅쓰고 군대를 이끌고서 멀리 오랑캐의 땅에 들어간다면 승패는 알기가 어려우며, 군사가 돌아온 후에 여러 부족이 편동한다면 능히 진정시킬 수가 없게 되고 전쟁이 잇달아 일어나 끝날 시기가 없게 될 것이니 이것은 하책입니다."[63]

이상과 같이 유성룡의 '비변오책'은 선조16년(1583)년 2월에 북방의 침입으로 선조가 문무 당상관에게 변경방비책의 대책을 개진하도록 한 교지에 응하여 올린 군국중사를 포괄적으로 진술한 것이지만 그 내용이 매우 '精察周密'한 구체성을 띠고 있다는 것이 그 특징이다.

2. 선조27(1594)년 전수10조목

유성룡은 임진왜란 전시 중인『선조실록』27(1594)년 전수 10조목을 마련하여 전선의 장수들이 실전에 응용토록 했다. 임진왜란 당시 국가위기를 타개하기 위한 그의 전략, 전술 사상을 집약한 10조목을 정리하면 다음과 같다.

---

63)『西厓集』卷14,「雜著」,「北邊獻策議」.

1) 척후(斥候)

척후는 3군의 눈과 귀다. 신립과 이일의 패전은 척후를 몰랐기 때문이다. 척후의 임무는 적의 정보를 수집하고 적을 교란시키는 것이다. 척후병은 영리한 용사들 중에서 선발하고 척후의 공은 적을 목 벤 것 이상으로 포상해야 한다.

2) 장단점

우리 군사는 오합지졸이므로 이런 단점을 갖고 야전과 속전하면 불리하다. 장책(長策)은 지구전, 수성전, 매복전, 기습전, 그리고 적 보급로의 차단이다.

3) 속오군(束伍軍)

병법의 요체는 부대의 조직, 즉 속오에 있다. 우리 장수들 가운데 속오의 분수법(分數法: 편제)을 아는 사람이 없다. 장수가 『기효신서』를 읽어 속오의 원리를 안다면 비록 시정의 집안들을 모아 훈련시킨 부대라도 적과 능히 교전할 수 있다.

4) 약속(約束)

약속이란 대장의 군령을 병사들이 감히 이기지 못하도록 하는 것이다. 약속이 명확하지 않아 병사가 이를 범하는 것은 대장의 책임이다. 평일에 부대를 명확히 편제하고 전투에 임해 약속을 숙지

시키면 모든 장병이 힘껏 싸운다.

5) 중호(重壕)

무릇 성 밖과 영책의 밖에는 이중 참호를 설치해야 한다. 동래성과 진주성의 함락은 모두 참호가 없어 적의 성벽접근이 용이했기 때문이다.

6) 설책(設柵)

진영을 설치할 때 반드시 요새지를 이용한다. 목책의 모퉁이 꺼지는 곳에 바깥을 향해 1-2칸 볼록하게 나오도록 만들고 아래쪽에는 구멍을 뚫어 대포를 쓸 수 있도록 하여 중간에는 작은 구멍을 뚫어 조총 등을 놓게 한다. 또 다락엔 방패를 설치하여 화살을 쏘고 경계도 할 수 있도록 해야 한다.

7) 수탄(守灘)

적의 무리가 1백만이라도 선박 없이는 큰 강을 건널 수 없기 때문에 반드시 얕은 여울로 우회해서 도보로 전진할 것이다. 우리 군사가 먼저 물 가운데 마름쇠 등 기계를 설치하고 강가에 매복했다가 적병이 반쯤 건너왔을 때 공격한다. 강 언덕에 대포를 설치하면 더욱 좋은 묘법이 된다.

8) 수성(守成)

왜병은 흙으로 보루를 쌓고 비루(높은 다락)를 만들어 성 안쪽을 향해 조총으로 지중사격을 하여 성을 함락시켰다. 성벽의 일정한 간격에다 포루를 만들고 여기에 대포와 소총을 설치해 놓으면 수성할 수 있다. 진주성의 함락은 포루를 만들려다 중단했기 때문이다.

9) 질사(迭射)

질사(연속사격)를 해야 적의 돌격을 저지할 수 있다. 예컨대 사수가 1백 명이라면 10명 단위로 10대를 만들고 1대가 다 같이 화살을 당기되 1대 중 3명이 먼저 쏘고 또 3명이 다음으로 쏘고 또 4명이 그다음으로 쏘게 하여 연속 30-40개의 화살이 날도록 한다. 화살과 더불어 조총을 쏘면 더욱 묘미가 있다.

10) 형세론(形勢論)

왜군과는 야전에서의 정공법보다 산성과 목책을 축조하여 장기적 방어전을 전개하는 것이 유효하다. 공성(攻城)에 실패하고 청야(淸野)전술에 의해 들판에 약탈할 것조차 없으면 저의 사기가 떨어지고 굶주려 반드시 후퇴한다. 그때 매복전으로 적의 앞뒤를 친다. 수군을 활용하여 적의 보급로를 요격한다.

3. 인재등용 10원칙 건의안

임진왜란 군사안보 업무를 처리할 관아는 경외를 막론하고 적임자는커녕 절대적인 숫자가 부족하였다. 그럼에도 인적 자원 확보에 대한 대책은 강구되지 않았고 임기응변으로 위기에 대처하고 있었다.

유성용은 인재가 나라의 이기(利器)라고 한 것은 그것이 곧 국사를 부흥시키고 치성(治成)하는 요인으로 파악하고, 자신은 그런 능력을 갖추지 못한 인물이라고 비하하고 있는 것이다. 그러나 서애는 지금 같은 위급한 때는 인재를 얻으면 창성하고 잃으면 망하게 된다면서, 인재를 구하는 데 성의를 다하고 구제에 구애받을 필요가 없다는 폭넓은 인재 채용을 주장하면서 인재등용의 현실적 문제점을 다음과 같이 지적하였다.[64]

유성용이 지적한 문제점은 인재등용의 길이 협소하고, 광관(曠官)의 비방이 많은 점, 인재를 구하고 등용하는 방법이 잘못된 점 때문에 현자를 발굴, 등용하지 못하고 있다고 하였다. 또한 인재가 없는 것이 아니라 공적과 업적을 스스로 세상에 들어낸 자가 얼마 없고 숨어서 나타나지 않는 자를 한정할 수 없기 때문에 이를 찾아내는 데는 역시 현자가 있어야만 가능하다면서 "천리마는 항상 있는 것이지만 그를 알아볼 백락이 있지 않다."고 한 당대 한유의 말을 인용하여 그의 인재설에서 강조하였다.[65]

임진왜란 전시 난세에 유성용의 인재등용의 구체적 방안으로서 10조를 정리하여 선조27년 9월에 왕에게 품의하였다. 그는 2품 이상의 문무대신과 양사, 홍문관에 명하여 각기 지인을 추천하되 신

---

64) 『宣祖實錄』, 卷56, 27年 甲午, 10月 辛酉條.
65) 『西厓先生文集』, 卷15, 「雜著」, 人材說.

분에 구애 없이 실재를 천거하도록 하고 외방의 감, 병사, 수령에게도 인재를 발굴하여 본사에 보고하도록 하였다. 그 구체적 내용은 다음과 같다.

① 재주와 지혜, 견식과 사려가 깊고, 병법에 밝아 자우의 임무를 할 사람
② 시국에 대처할 식견이 있고, 품성이 자상하며 청렴, 근검해서 수령 직을 수행할 사람
③ 담력과 역량이 있고 언사에 능해 외국 사신으로 적합하고
④ 효성과 우애가 있어 타인의 모범이 되며 의분에 북받쳐 국가를 위해 목숨을 바칠 사람
⑤ 문장이 특이하고 외교를 잘할 사람
⑥ 용감하고 활, 창을 잘 쓰거나, 무거운 짐을 지고도 빨리 달릴 수 있거나, 담력이 커서 겁내지 않고 적진에 들어갈 사람
⑦ 농사일을 잘 알고, 마르고 젖은 땅을 분별하여 황무지를 개간해서 둔전을 마련할 만한 사람
⑧ 바닷물을 끓여서 소금을 만들거나 산에서 광석을 캐내 쇠를 만들어 능히 이리저리 옮기고 바꾸면서 무역을 하거나 무품의 조달과 처분을 잘 하여 이윤을 내고 재정에 밝은 사람
⑨ 계산에 밝아 군량의 출납에 조그만 착오도 없는 사람
⑩ 기술이 좋아 창칼, 화약, 조총, 대포, 소포 및 성을 지키는 기계를 만들 줄 아는 사람[66]

위에서 언급한 인재등용10조의 핵심은 장사, 수령, 사신, 의, 관병, 문장가, 용병, 근농관, 경제가, 회계사, 군수물자보급, 유통에 능통한

---

66) 『西厓先生文集』, 卷7, 啓辭; 『宣祖實錄』, 卷55, 27年 甲午, 10月 癸巳 條.

자 등 각 방면에 걸쳐 난국을 수습할 수 있는 자질과 특기를 구비
한 자를 선발하여 효과적으로 이용할 수 있도록 배려된 내용이다.

유성용이 임진왜란 전 이순신을 천거하여 정읍현감에서 수사(水
使)로 초배하였을 뿐만 아니라 광주목사 권율, 소막관, 조호익 이외
에 배결, 신충원 등 임진왜란 극복을 담당한 주역들의 대부분은 유
성용이 천거 발탁한 인물들이었다. 그렇지만 서애의 인재등용론을
이해하는 사람들은 그렇게 많지 않았던 것 같다. 이순신의 천거와
갑작스런 승진을 당리당략으로 의심하는 자도 있었고, 또 서애가
무명의 인사를 채용한다고 모함까지 하였다.[67]

이상과 같이 임진왜란 중 선조에게 유성룡의 인재등용의 10원칙
건의안은 관습과 구제를 혁파하고 문지와 신분을 초월하여, 능력
본위의 유재시취(有才是取)하고 실재를 적재적소에 배치함으로써
등용된 사람들의 재질을 활용하여 임진왜란을 극복하려 하였다. 전
통적 신분사회에서 과감하게 제도와 관습을 타파하려 한 서애 유
성용의 발전적이고 혁신적인 인사정책은 그 목적이 애국애민에 기
초한 국방 안보 사상으로 임진왜란 전시하에 난국 수습이었음을
재론할 여지가 없을 것이다.

4. 『懲毖錄』 분석 및 평가[68]

유성용의 『징비록』은 임진왜란으로 초토화한 조국 앞에 국정의

---

67) 『懲毖錄』, 卷1; 『宣祖實錄』, 卷74, 29年 丙申, 4月 戊戌條 및 『연려
    찬기술』卷17에 洪以恭의 상소에 유성룡을 모함하는 내용이 상세히 기
    술되어 있다.
68) 유성룡/이재호(역), 『징비록』, 위즈덤하우스, 2007. 참조함.

책임자 중의 한 사람인 서애 유성용이 바친 만년의 참회록이다. 유성용은 선조대에 활약한 문신으로 정치적으로는 남인에 속했다. 임진왜란이 발발했을 때 그는 병조판서, 영의정 등의 직책에 있었다. 『징비록』은 왜란과정의 수기와 왕에게 올린 글 및 각종 문서를 모은 것이다. 전란 전의 대일관계, 전쟁의 진행상황, 향후의 대비책 등을 포괄적으로 개진하고 있어서, 그의 문집인 『서애집』과 함께 임진왜란사 연구에 있어서 필수적인 『자주국방의 바이블』이다.

1) 『징비록』의 집필동기

『징비록』은 임진왜란으로 초토화된 조국의 비극을 기록한 넌픽션 스토리이며 국난극복의 역사철학이다. 임진왜란 후 저자가 벼슬에서 물러나 임진왜란 중에 일어났던 각종 사건과 역사를 기록한 것이다. 임진왜란 이전의 대일외교관계 및 임진왜란의 원인과 전황을 상세하게 기록하여 임진왜란의 중요한 사료는 물론 조선왕조 사회에 관한 고전적 연구자료가 되고 있다. 『징비』라는 말은 『시경』의 『소비편』에 나오는 "미리 징계하여 후환을 경계한다(징비후환)."이라는 구절에서 인용한 것이다. 서애는 『징비록』서문에서 이 책을 저술하게 된 동기와 원인을 다음과 같이 서술하고 있다. "『징비록』이란 무엇인가? 임란이 일어난 후의 일을 기록한 것인데 그중 난전의 일도 왕왕 기록한 것은 그 발단을 밝히기 위한 것이다. 오호라! 임진의 화는 참혹했도다. 한순간에 3도가 떨어지고 8도가 와해되어 임금이 파천했는데 그러고도 오늘이 있음은 천운이다.
『시경』에 이르기를

　　　'내가 지난 일을 징계하여 (징) 후환을 삼가노라(비).' 했는데 이것이 『징비록』을 저술한 소이다. 나같이 모자라는 사람이 어지러운 시기에 나라의 중책을 맡아 위태로운 판국을 바로잡지 못할 것이다. 그러고도 구차스럽게 생명을 이어 가고 있음은 어찌 임금님의 너그러운 은혜가 아니겠는가? 걱정과 가슴 두근거림이 조금 진정됨에 지난 일을 생각할 때마다 황송하고 부끄러워 몸 둘 바가 없도다. 이에 그 한가로운 가운데 그 듣고 본 바 임진년에서 무술년까지의 일을 대략 서술했고 그 뒤에 장계, 소차, 문이 및 잡록을 붙였는데, 비록 보잘것없으나 역시 모두 당시의 일들이므로 전원에 살며 삼가 힘써 충성하고자 하는 뜻으로 또 어리석은 신하의 나라에 보답하지 못한 죄를 나타내고자 하는 바이다.”

이 서문에서 보는 바와 같이 『징비록』은 과거 우리나라에서 흔히 볼 수 없는 뚜렷한 저술의도를 가진 저술이다. 서애는 임진왜란 중 국가의 중책을 맡아 직접 견문함과 동시에 자기가 다룬 공문서를 정리하는 등 풍부한 사료와 지식으로 『징비록』을 저술했다. 그러므로 『징비록』은 임진왜란에 대한 종합적인 저작이 되는 셈이다.

서애는 당파에 있어서는 동인이요 그중에서도 남인에 속했다. 그러나 『징비록』을 저술함에 있어서 당색을 떠나 가능한 한 객관적 입장에 서려 했고, 어떤 사건이나 인물을 평함에 있어서 그 경위나 배경을 골자로 서술하고 있다. 이러한 그의 서술은 그도 역시 당쟁 중의 인물이긴 했으나 관계를 떠나 낙향 후에 그가 『징비록』을 저술할 때는 좀 더 큰 것을 생각하며 담담한 심경에 있었기 때문이 아닌가 생각된다. 그는 이때의 심경을 이렇게 말하고 있다.

“수년간이나 경영한 것이 다만 쓸데없이 빈말이 되었구나. 지나간 것이 이와 같으나 오는 것도 또한 그러할 것이니 한없는 세월에 지사의 감개만 더할 뿐이다. 금년에 내가 눈 속에 얼어 죽는다면 내년에 누가 큰 그릇에 떡국을 먹는다 하여도 내가 알바가 아니로다.”

서애는 임진왜란 중 자기와 관계한 문수 등을 정리하면서 허탈감에 사로잡힌 일이 한두 번이 아니었을 것이다. 이러한 그의 심경은 스스로 겪은 민족의 수난을 객관적으로 관찰할 수 있는 사안을 갖게 되었다. 그러므로 『징비록』은 난전과 난중의 일을 있는 그대로 숨김없이 기록하고 있다.

2) 『징비록』의 내용

『징비록』의 찬술이 끝난 시기를 정확히 알 수는 없으나 대략 그가 낙향한 지 3 · 4년으로 추측되며, 친필로 쓴 『초본 징비록』은 지금도 하회종가에 간직되어 있다. 그리고 약 30년 후에 후손에 의해 처음으로 『징비록』이 간행되어 세상에 유포되었다. 우리는 흔히 『징비록』이라 하면 이 간행본을 말하지만, 간행본도 16권본과 2권본의 2종류가 있기 때문에 『징비록』은 모두 3종이라 할 수 있다. 그중 『초본 징비록』이 가장 근원이 된다.

『징비록』의 내용은 임진란의 발단으로부터 시작하여 난중의 여러 사건을 수술하고 그 뒤에 『잡록』을 싣고 있는데, 그 서술방법은 한 사건씩 독립되어 있으면서도 임진왜란을 전체적으로 파악할 수 있도록 했다. 또한 『징비록』은 임진왜란에 관한 저술이기 때문에 그 주 내용을 이루고 있는 기사는 역시 전쟁 경위에 관한 것이다.

그러나 사실은 정치, 경제 등을 포함한 종합적인 서술이라 할 수 있다. 그것을 증명하는 한 예로 난중의 식량문제와 명군과의 정치교섭을 상세하게 기록한 것을 들 수 있다. 난중의 군량과 식량의 부족은 심각한 문제로서 서애가 이의 해결책을 위해 백방으로 노력한 것이나, 명군과의 정치교섭도 직접 담당한 것들이 상세히 기록되어 있다.

그리고 난중의 정치, 민정도 저자가 직접 체험하고 시찰한 것이기 때문에 생생하게 기록되어 있다. 기아에 허덕이는 백성들의 참상 역시 생생하게 기록되어 있다.

『징비록』의 내용 중 몇 부분을 간추려 보기로 한다.

"임진란이 일어나기 전 조정에서는 일본의 동태를 걱정하여 충청. 전라. 경상도에 명해 병기를 정비하고 성을 수축게 했다. 그러나 태평이 오랫동안 계속되었으므로 안팎이 편안에 젖어서 백성들은 노역을 꺼려 원성이 거리에 자자했다. 나의 어떤 친구는 그것을 보며 '성을 쌓는 것이 좋은 계책이 아니며 고을 앞에 강이 있으니 어찌 날아서 건널 것인가? 공연히 성을 쌓느라고 백성들을 괴롭히는가?' 라고 했다. 그 당시 사람들의 의견은 모구 이러했다."

"임진년 봄에 신립과 이일을 보내 변방의 군비를 순시케 했는데 점검한 것이라 겨우 활, 화살, 창뿐이었다. 도읍에서는 문서의 기록만으로 법을 피했다."

"17일 이른 아침에 왜군 침략의 급보가 처음으로 조정에 이르고 얼마 안 되어 부산 함락의 소식이 이르렀다. 순변사 이일이 서울에 있는 정병을 거느리고 가고자 병조의 병적을 가져다 보니 모두 거리의 훈련되지 않은 병정과 서리, 유생이 반수나 되었다. 임시 검열하니 유생은 관복을 갖추고 과거 보는 시험지를 들고 있으며 서리들은 평정건을 쓰고 군사로 뽑히는 것을 모면하려는 자들로 뜰에 차 있었다." 이상은 우리 백성들의 심리상태나 사기 등에 관한 기록이다.

또한 전투에 관해서도 신랄한 전략적 비판을 가하고 있다. 행주대첩과 진주성의 싸움에 대해서도 『징비록』에서는 비판하고 있으며, 신립 장군의 충주패전은 조령의 험한 지세를 이용하지 못한 전략적 실패로서 슬픈 일이라고 평하고, "옛사람이 말하기를 지금 후회한들 어찌 하오리만은 후일의 경계가 되겠기로 상세히 기록하여 둔다."라고 했다. 임진란의 여러 장수 중에서 이순신은 가장 훌륭한 전략가로서 찬양되고 그를 추천하는 데서부터 주요 해전이 상세히 기록되어 있다.

물론 서애의 인물평이나 사건평은 그의 당색이나 주관을 감안해야 되겠지만 그의 여러 전투에 대한 전략적 평가는 한국전쟁사를 연구하는 데 기본이 된다고 할 수 있다. 그럼 백성들의 비참한 상황에 대한 기록을 보자.

"임금께 군량을 제외한 나머지 곡식을 내어 굶주린 백성을 구하고자 아뢰니 허락하다. 왜군이 서울을 점거한 지 벌써 2년, 전화를 입어 천리가 쓸쓸하고 백성은 농사를 짓지 못해 아사하는 자가 속출했다. 성중에 남아 있던 백성은 내가 동파에 있다는 소문을 듣고 서로 부축하고 이고 지고 하여 온 자가 헤아릴 수 없었다. 어떤 명나라 장수는 길가에서 어린애가 죽은 어미의 젖을 빨고 있는 것을 보고 불쌍히 여겨 군중에서 기르고 있다.

솔잎으로 가루를 만들어서 솔잎가루 10에 쌀 1을 섞어 물에 타서 먹였으나 사람은 많고 곡식은 적어 생명을 건진 것이 얼마 되지 못했다.

어느 날 밤에 큰 비가 내리는데 굶주린 백성이 내 주위에서 신음하는 슬픈 소리를 차마 들을 수 없더니 아침에 깨어 보니 쓰러져 죽은 자가 심히 많더라. 대저 서울에서 남쪽 끝까지 왜적이 가로 꿰뚫고 있었으며 때는 4월인데 인민들은 모두 산과 골짜기에 피난하여 한 곳에도 보리를 심은 곳이 없었으니 왜적이 수개월이나 있었더라면 우리 백성은 죽었을 것이다."

3) 『懲毖錄』의 평가

임진왜란 관계의 기록으로는 우리나라의 『조선왕조실록』을 비롯하여 중국이나 일본에도 몇 가지 기록이 있으나, 이 『징비록』처럼 임진왜란을 대국적으로 관찰하고 종합적으로 기술하여 후손에게 전해 준 저서는 없을 것이다. 그것은 무엇보다도 저자 자신이 국정의 최고책임자로서 전쟁을 진두지휘한 사람이므로 그의 기록은 다른 어느 것보다 신빙성이 있다고 할 수 있다.

또한 서애가 본서에서 기술한 인물평이나 사건에 대한 평들도 그의 당색이나 주관을 감안하지 않을 수 없지만, 일차적으로 그가 기술한 여러 전투에 대한 전략적 평가는 한국전사 연구에도 기본이 된다고 할 수 있는 것이다. 그런 의미에서 『징비록』은 훌륭한 사료가 되는 동시에 또한 전쟁문학의 가치도 있으니 이것이 임진란관계의 문헌으로서 가장 중요한 책이요, 당시 조선왕조 사회의 기본 사료이며 우리의 고전적 문헌으로 많은 역사적 교훈을 주는 저술이라 하겠다.

서애는 전란 중에 처음에서 끝까지 국난을 처리했으며 전쟁 후에는 낙향하여 전원 속에서 지나간 날의 전쟁의 성패를 조용히 반추해 보고, 그의 명석하고 정확한 판단력을 한 자루의 사필에 경주함으로써 앞일을 징계하여 뒷걱정을 조심한다는 국가의 대계를 토로했으니, 이러한 그의 정치가다운 양심과 애국자다운 모습이 이 책 속에 생생하게 나타나 있다. 특히 내용에 있어서도 그의 유창한 필치와 탁월한 식견으로 전후 7년 동안의 조선, 중국, 일본 세 나라 사이의 외교관계와 전국의 추이를 명쾌하게 묘사하고 간결하게 기술하여 그 당시 민족의 수난상을 우리 눈앞에 생생하게 펼쳐 현재 국제화, 개방화 시대에 직면한 우리들에게 다시금 과거를 거울 삼아 미래를 대비해야 하는 결의를 더 한층 환기하게 해 준다.

유성룡의 『징비록』은 (1) 임진왜란의 전체 국면을 성찰한 최고의 사료, (2) 군략가로서 초전의 궤멸적 패배원인 분석, (3) 지세이용의 중요성 인식, (4) 왜군 지도부의 전략적 능력에 대해 낮게 평가, (5) 역사의 최종 승리자의 집필로 평가되고 있다.

Ⅳ. 結 論

서애 유성룡은 임진왜란 기간 중 탁월한 대세관과 국민총동원체제로 최후의 승리를 쟁취한, 국운을 되살리는 비상한 위기관리능력을 발휘했다. 임진왜란 후에는 낙향하여 후세의 경계를 위해 국난극복의 회고록『징비록』을 저술했다. 일찍이 그는 25세에 벼슬길로 나선 이후 딱딱한 이념 위주의 성리학 원리주의보다 설득을 통한 절충과 통합의 리더십을 발휘해 40대 말 정승의 반열에 올랐으나 당쟁의 와중에 대신의 풍모답지 못하다는 비판도 들었다. 그러나 국난을 당해 외교, 군략, 행정실무 등 군사업무의 대소를 능히 담당할 수 있었던 것은 그의 융통성, 합리성 그리고 열린 사고 때문이었다. 임란시기에 이순신과 권율을 발탁해 국난극복 및 통합적 리더십의 대표적 재상 영남학맥 명 재상의 사표로 상징성을 가지고 있다.

이상으로 서애 유성룡의 국방사상에 대하여 소략하나마 고찰해 보았다.

주지하다시피 임진왜란은 우리나라 역사상 미증유의 대전란으로, 당시 조선왕조에 정치·경제·사회·문화 등 모든 영역에 걸쳐 많은 변화와 피해를 안겨 주었다.

이러한 국가적 위기에 직면하여 설득과 통합적 리더십으로 대표적 재상의 반열에 오른 유성룡의 용의주도한 계획과 과감한 실천력이 수반되지 않았더라면 임진왜란 극복이 어려웠을 것으로 생각된다. 그러므로 임진왜란 극복에 있어서 중추적 역할을 수행한 유성룡의 국토방위에 대한 지금까지 구명(究明)한 견해들을 요약 정리함으로써 결론에 대신하고자 한다.

먼저 그의 국방사상 형성양상을 보면 가정적 배경이 선대부터 무직을 가졌거나 혹은 이를 겸대(兼帶)하는 직책을 거친 경우가 있어 그 영향을 직접 혹은 간접으로 많이 받았을 것이며, 당시 시대적 분위기도 국내 위정자들의 분열사태와 이로 인한 부작용은 외적침투의 가능성을 높여, 국방에 대한 관심을 불러일으키기에 적당한 조건을 형성하고 있었다. 다음으로 이러한 상황 아래 이루어진 그의 국방사상을 서애가 보다 많은 관심을 기울인 다섯 개 영역으로 구분하여 간추리면 대체로 다음과 같다.

첫째, 국방에 대한 자주성 확립 문제인데 그는 우리 민족 역량의 우월성을 확신하고 이를 더욱 배양함으로써 가급적 우리 자신의 힘으로 우리 국토 안에서 외적의 침략을 격퇴해야 한다고 주장하였다.

둘째, 군기의 확립을 강조했는데, 그는 인간집단에는 반드시 질서가 유지되어야 한다고 믿고 있었으며, 더욱이 특수 집단인 군사조직에 있어서는 더욱 일사불란한 기강이 확립되어야 한다고 확신하였다.

그리고 군대 내부의 기강이 확립되기 위해서는 군사관계 전문기관 중심으로 군무(軍務)가 집행되어야 하며, 더구나 군의 명령은 한곳으로부터 나와야 한다고 역설하였다.

셋째는 전술개발 문제로서, 서애는 적을 효과적으로 방어하기 위하여 적의 전술을 세밀히 분석하는 한편 이에 대한 새로운 전술을 부단히 개발하였으니, 이를테면 왜적의 신무기인 조총에 대하여 화차와 화전 그리고 화포를 개발 동원하였고, 아울러 우리 측의 수군 강화에 노력한 일들이 그것이다.

넷째는 군량확보 문제로서 그는 군사를 일으킬 때, 다른 어떤 일보다도 군량확보가 우선되어야 한다고 굳게 믿었다. 군량이 충분해야 강한 군대를 유지할 수 있다고 확신한 그는, 군량확보 방안으로 자염생산 촉진과 둔전의 개발, 그리고 지방 공물과 각종 신공의 미곡으로의 대납을 주장하는 한편, 공명첩을 싼 값으로 판매하도록 조치하였다.

마지막으로 그는 군사훈련의 강화를 역설했는데, 서애는 군대가 강해지자면 평소부터 훈련을 강화하지 않고서는 불가능하다고 믿었다. 즉 그는 부단한 군사훈련을 통해서만 정병이 될 수 있으며, 정병이 되어야만 용감하게 전투할 수 있는 동시에 군대유지 경비도 절감할 수 있다고 보았던 것이다.

이와 같은 서애의 국방사상은 당시 그가 실질적으로 국정을 주도하는 책임자로 일해 왔기 때문에, 대부분 그대로 실현될 수 있었으며, 이것을 바탕으로 우리 측은 방어력을 증대시켜 임진왜란 극복이 가능했다고 판단되는 것이다.

재상 서애 유성룡 연구의 현대 정치적 리더십의 의의를 요약하면 다음과 같다.

첫째, 위기돌파능력이다. 둘째, 비전제시 능력이다. 셋째, 위기관리 및 탁월한 국정수행능력이다. 넷째, 뛰어난 현안해결능력이다. 다섯째, 능수능란한 외교수행능력이다. 여섯째, 유연한 사고방식이다. 일곱째, 날카로운 인재발탁능력이다.

● 참고문헌 ●

1. 원전

『서애집』, 『겸암집』, 『징비록』, 『신종록』, 『영모록』, 『관화록』, 『난후잡록』, 『상례고증』, 『무오당보』, 『침경요의』, 『운암잡기』, 『대학연의초』, 『포은집』, 『퇴계선생연보』, 『황화집』, 『구경연의』, 『문산집』, 『정충록』, 『효경대의』, 『CD-ROM: 조선왕조실록: 선조실록, 선조수정실록』

2. 단행본

김호종, 『서애 유성룡연구』, 새누리, 1994.
유성룡/이재호(역), 『징비록』, 위즈덤하우스, 2007.
이덕일, 『유성룡: 설득과 통합의 리더』, 역사의 아침, 2007.
이재호 외, 『서애유성룡의 경세사상과 구국정책(상, 하)』, 책보출판사

3. 연구논문

곽순태, "유성룡 『징비록의 경쟁력』", 『WIN』, 1997. 7월호.
김석근, "서애유성룡과 임진왜란기 국방정책의 혁신", 국제문화학회, 『역사와 사회』제33집, 2004 겨울호.
김호종, "서애유성룡의 인권및 민주사상", 안동대학교 퇴계연구소(편), 『퇴계학』제12집, 1990.

_____, "서애유성룡의전술론", 『퇴계학』, 안동대학교퇴계연구소(편), 『퇴계학』. Vol.6, 1994.

_____, "유성룡 난세의 위기관리학", 『WIN』1997. 7월호.

_____, "서애 유성룡의 학문과 학통", 『역사교육논집』, Vol.31, 역사교육학회, 2003.

_____, "서애 유성룡의 국방사상", 안동대학교퇴계연구소(편), 『퇴계학』. Vol.2, 1990.

유광열, "위인실기: 유성룡전(1)-(8)", 『지방행정』, Vol.9, No.76-84, 대한지방행정공제회, 1960.

서태원, "임진왜란에서의 지방군지휘체계", 『실학사상연구』, Vol.19-20. 무악실학회, 2001.

송양섭, "임진왜란기 국가의 둔전 설치와 경영", 『한국사학보』, Vol.7, 고려사학회, 1999.

허선도, "진관체제 복구론 연구", 『국민대학논문집』, 1974.

이재호, "임진왜란과 유서애의 자주국방책", 『역사교육론집』11집, 역사교육학회, 1987.

허선도, "진관체제 복구론 연구", 『국민대학논문집』, 1974.

_____, "제승방략 연구(상): 임진왜란 직전위체제의", 『진단학보』, Vol.36, 진단학회, 1973.

_____, "제승방략 연구(하): 임진왜란 직전위체제의", 『진단학보』, Vol.37, 진단학회, 1974.

이재호, "임진왜란과 유서애의 자주국방책", 『역사교육론집』11집, 역사교육학회, 1987.

_____, "선조수정실록 기사의 의점에 대한 변석: 특히 이율곡의 십마양병론과 유서애의 양병불가론에 대하여", 성균관대학교 대동문화연구원, 『대동문화연구』제19집, 1985.

이수건, "서애 유성용의 사회경제관", 『대구사학』12, 13합집, 225쪽, 1977.

_____, "유성룡 경세론과 처세학", 『WIN』, 1997. 7월호.

이장희, "유성룡의 생애와 학맥", 『WIN』, 1997. 7월호.

_____, "임진왜란중둔전경영에 대하여", 『동양학』, Vol.21, No.1, 단국
　　대학교동양학연구소, 1996.

이재호, "임진왜란과 유서애의 자주국방책", 『역사교육논집』, Vol.11,
　　역사교육학회, 1987.

조정기, "서애 유성용의 군정사상(Ⅰ)", 『부산사학』14, 15합집, 부산사
　　학회, 1988.

_____, "서애 유성용의 군정사상(Ⅱ)", 『창원대학교 논문집』11권-1호,
　　1989.

정순태, "유성룡", 『WIN』, 1997. 7월호.

팔레. 제임스/박현모(역), "임진왜란이후 국방과 경제발전", 『역사와 사
　　회』, Vol.31, 국제문화학회, 2003.

황하현, "임진왜란과 국가재정의 파탄", 『경제연구』, Vol.1, 한양대학교
　　경제연구소, 1979.

西厓 柳成龍

서애 류성룡 선생(1542~1607)은 임진왜란이 일어났을 때 영의정으로서 국난극복을 위해 힘쓴 뛰어난 명재상이다.

Seoae Ryu Seong-ryong

Seoae (Seoae is his penname) Ryu Seong-ryong (1542~1607) was a prominent prime minister who played a crucial role in saving the nation from a crushing defeat in the Japanese Invasion of 1592.

西厓 柳成竜

西厓 柳成竜(1542~1607)は任辰倭乱の時、領議政として国難の克服のために努力した偉い官吏である。

西厓 柳成竜

西厓 柳成竜先生在壬辰倭乱时，为祖国做出杰出贡献的名宰相。

조선시대의 정치흐름(4색붕당)

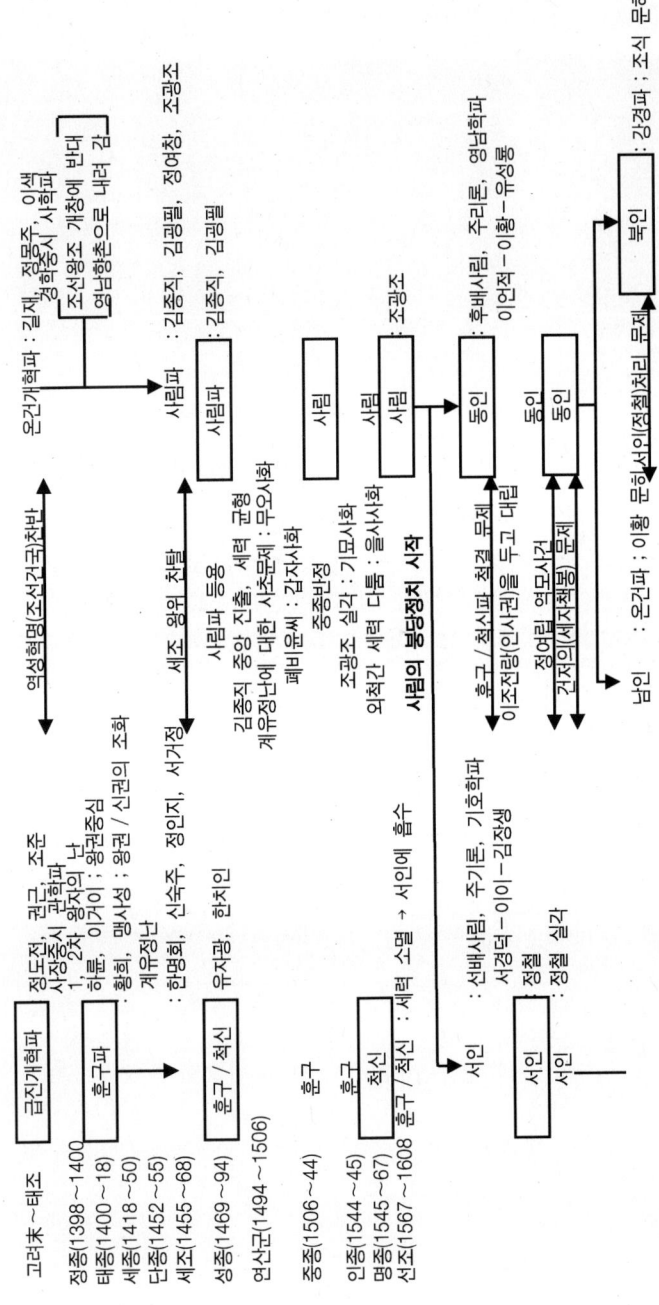

고려末~태조

정종(1398~1400)
태종(1400~18)
세종(1418~50)
단종(1452~55)
세조(1455~68)

성종(1469~94)

연산군(1494~1506)

중종(1506~44)

인종(1544~45)
명종(1545~67)
선조(1567~1608)

급진개혁파
정도전, 권근, 조준
사전혁시 권력파
1, 2차 왕자의 난
하륜, 이거이 : 왕권중심
훈구파
: 황희, 맹사성 : 왕권 / 신권의 조화
계유정난
: 한명회, 신숙주, 정인지, 서거정

훈구 / 척신
유자광, 한치인

역성혁명(조선건국)찬반

세조 왕위 찬탈

사림파 등용
김종직 중앙 진출, 세력 균형
계유정난에 대한 시조문제 : 무오사화
폐비 윤씨 : 갑자사화

훈구
척신
훈구 / 척신 : 세력 소멸 → 서인에 흡수

중종반정
조광조 실각 : 기묘사화
외척간 세력 다툼 : 을사사화
사림의 붕당정치 시작

온건개혁파 : 길재, 정몽주, 이색
정몽주시 사화파
조선왕조 개창에 반대
여남향촌으로 내려 감

사림파 : 김종직, 김굉필, 정여창, 조광조

사림파 : 김종직, 김굉필

사림

사림
사림 ── 조광조

서인 : 선배사림, 주기론, 기호학파
서경덕─이이─김장생
서인
정철
정철 실각

동인 : 후배사림, 주리론, 영남학파
이언적─이황─유성룡
흥구 / 척신과 척결 문제
이(조전랑(인사권)을 두고 대립

동인
정여립 역모사건
건저의(세자책봉) 문제

북인 : 강경파 : 조식 문하

남인 : 온건파 : 이황 문하
서인의 정처리(정철처리) 문제

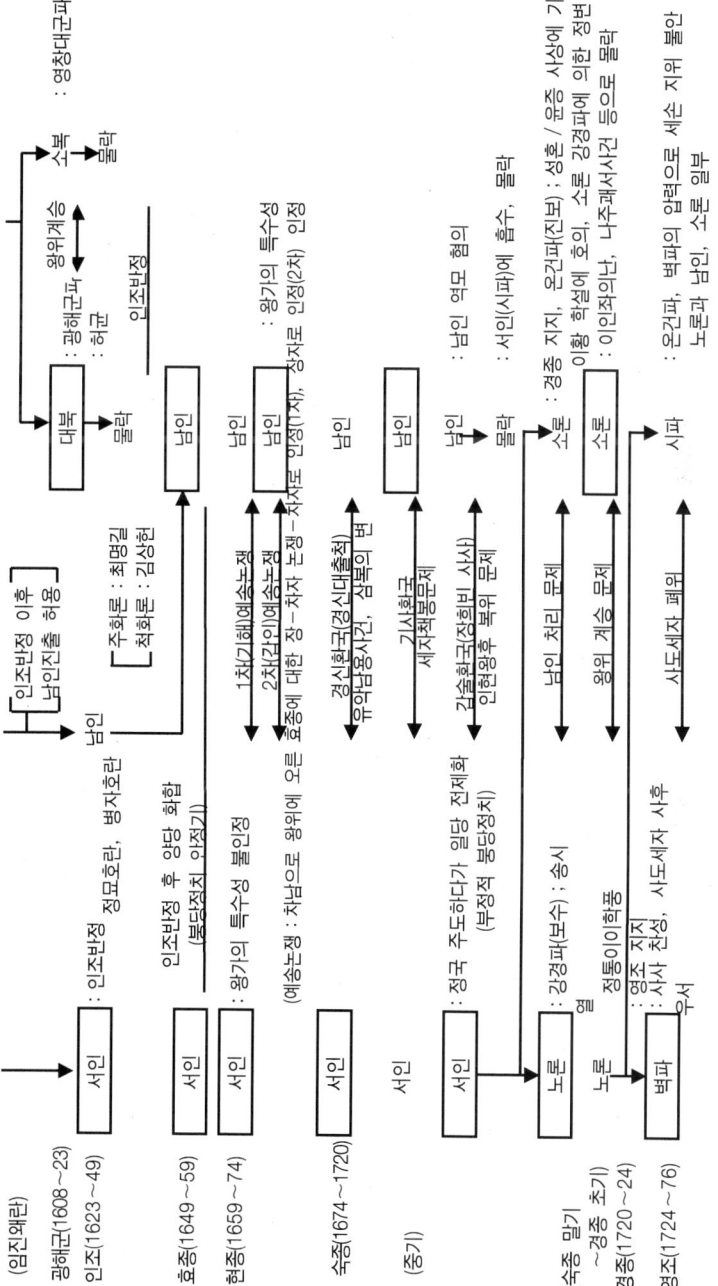

(임진왜란)

광해군(1608~23) — 북인(대북)
- 광해군파 : 하균 → 왕위계승 → 선복(물락), 영창대군파
- 대북 : 광해군파 : 하균 / 물락
- 인조반정

인조(1623~49) — 서인
- 인조반정 정묘호란, 병자호란
- 인조반정 이후 남인진출 허용 → 남인
- 주화론 : 최명길
- 척화론 : 김상헌

효종(1649~59) — 서인
- 인조반정 후 양당 화합 (붕당정치 이었기)
- 남인

현종(1659~74) — 서인
- 왕가의 특수성 불인정
- 1차(기해)예송논쟁 → 남인 : 왕가의 특수성 인정
- 2차(갑인)예송논쟁 → 남인
- 효종에 대한 장~차자 논쟁-자의로 인정(1차), 장자로 인정(2차)
- (예송논쟁 : 차남으로 왕위에 오른 효종에 대한 장~차자 논쟁)

숙종(1674~1720) — 서인
- 경신환국(경신대출척) 유아남용사건, 삼복의 변 → 남인
- 기사환국 세자책봉문제 → 남인
- 갑술환국(정희비 사사) 인현왕후 복위 문제 → 남인 / 물락

(중기) — 서인

서인
- 정국 주도하다가 임당 전제화 (부정적 붕당정치)
- 남인 역모 혐의
- 서인(사파)에 흡수, 물락

(숙종 말기 ~경종 초기)
경종(1720~24) — 노론
- 강경파(보수) : 송시열
- 남인 처리 문제 → 노론 : 경종 지지, 온건파(진보), 소론
- 정통이이학통 : 영조 지지
- 왕위 계승 문제 → 소론 : 이황 하설에 호의, 소론 강경파에 의한 정변 다
- 이인좌의난, 나주괘서사건 등으로 물락

영조(1724~76) — 벽파
- 영조 지지
- 사사 천성, 사도세자 사후 우서
- 사도세자 폐위 → 시파
- 시파 : 온건파, 벽파의 압력으로 세손 지위 불안 노론과 남인, 소론 일부
- 벽파 : 노론강경파, 성혼 / 운증 사상에 기

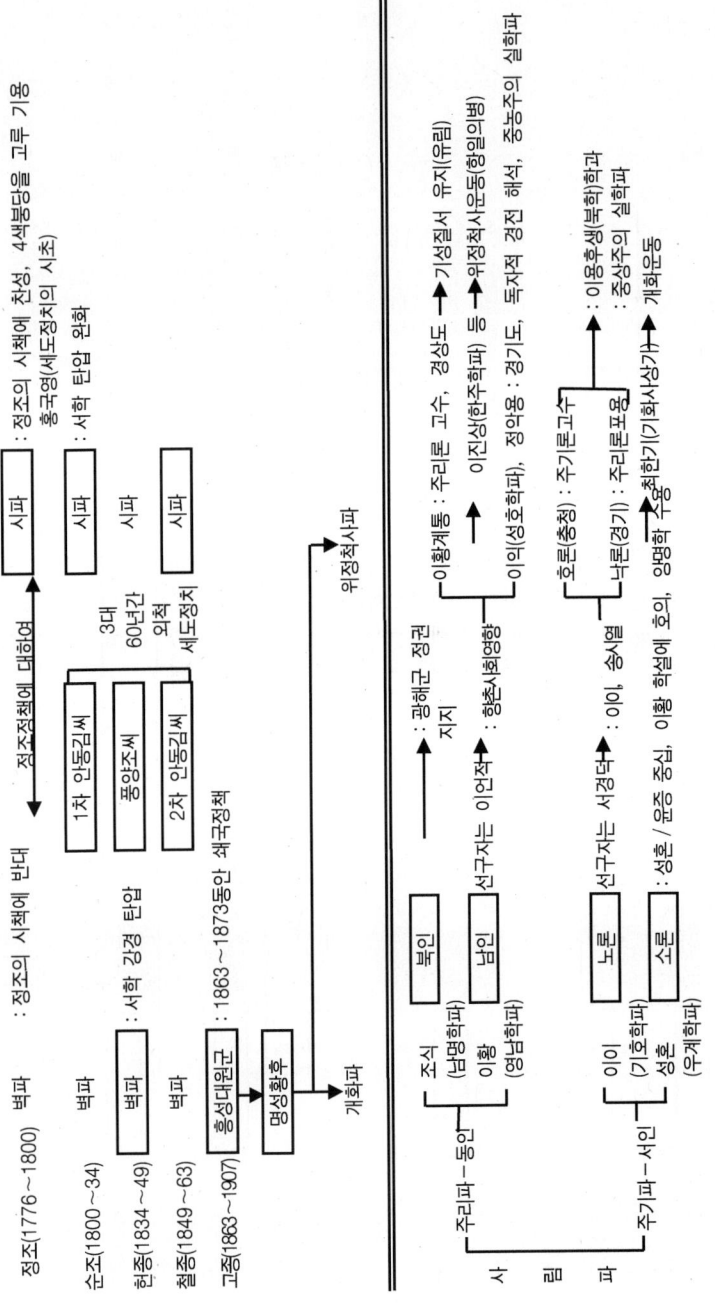

• 저자 •

이지경(李志慶)

•약력•

1961. 3. 4. 慶州市 玉山書院마을 출생 회재 이언적의 15대 후손
청주사범대학 일반사회교육과 수석 졸업(1985)
한국외국어대학교정치외교학과대학원정치학석사(1992)
동국대학교 정치학과 대학원 정치학박사(1999)
해군학사(O. C. S76차) 함정병과장교(1985. 04. 22 - 1990. 07. 31): (해군대위전역)
해군 2함대사령관 전속부관, 해군군수사령관 전속부관
해군본부 해군의장대 중대장 (대통령 의장대행사 담당관)

•학회활동•

한국정치학회 상임이사(2005), (2005 - 2008: 이사)
한국국제정치학회 섭외이사(2008)
한국지방정치학회 부회장(2006 - 2008)
21세기정치학회 섭외이사(2006) 정회원(2006 - 2008)
한국정치정보학회 이사(2007 - 2008)
아태정치학회 섭외이사(2005 - 2006)
한국시민윤리학회 연구이사(2008)
한국정치사상학회 정회원(2000 - 2008)
한국동양정치사상사학회 섭외이사(2007 - 2008. 7)
한국정당학회정회원(2008)
한국세계지역학회 편집위원 상임이사(2008)
동아시아국제정치학회 정회원(2005 - 2008)
국방부군사편찬연구소 연구위원(2005 - 2008)

•연구경력 및 강의대학•

한국학중앙연구원, 『세종의국가경영』, 연구교수(2004. 09. 01 - 2005. 08. 31)
고려대학교 북한학과 북한학연구소 전임연구조교수
(2005. 09. 01. - 2008. 08. 31.)
국제뇌교육대학원 평화학과 겸임교수(2006 - 2008 현재)
고려대학교, 홍익대학교, 명지대학교, 경상대학교, 충남대학교, 서원대학교, 청주대학교, 대전대학교, 국제뇌교육대학원, 주성대학에서 정치학 강의(1992 - 2008)

•주요논저•

「(정몽주, 태종, 세종, 김종직, 정여창, 조식, 조광조, 이언적, 이 황, 유성룡, 홍익인간, 신채호)의 정치사상연구」
『한국정치의 쟁점과 과제』(공저), 정익사, 1997.
『한국정치사상사』(공저), 백산서당, 2005.
『세종의 국가경영』(공저), 지식산업사, 2006.
『지방자치단체와 글로벌투자유치전략』(공저), 혜민기획, 2006.
『한국정치의 미래와 통합』(공저), 유광진교수 정년논집, 2007.

• Homepage: http://cafe.daum.net/mujeekae
• E - Mail: mujeekae@hanmail.net
* 표지 題號: 경상대학교정치외교학과 서양중 교수

韓國政治思想史의 諸斷面

-조선조 사림파 정치사상-

• 초판 인쇄	2008년 9월 1일
• 초판 발행	2008년 9월 1일
• 지 은 이	이지경
• 펴 낸 이	채종준
• 펴 낸 곳	한국학술정보㈜
	경기도 파주시 교하읍 문발리 513-5
	파주출판문화정보산업단지
	전화 031) 908-3181(대표) · 팩스 031) 908-3189
	홈페이지 http://www.kstudy.com
	e-mail(출판사업부) publish@kstudy.com
• 등 록	제일산 115호(2000.
• 가 격	45,000원

ISBN 978-89-534-9940-9 93900 (Paper Book)
     978-89-534-9941-6 98900 (e-Book)